THE ROYAL HORTICULTURAL SOCIETY

OBST- UND GEMÜSEANBAU

THE ROYAL HORTICULTURAL SOCIETY

OBST- UND GEMÜSEANBAU

MICHAEL POLLOCK Herausgeber

London, New York, Melbourne, München und Delhi

Beiträge
Jim Arbury Obstbäume, Wein
Guy Barter Gemüse, Ernte
John Edgeley Beerenobst
Jim England Gemüse, Grundlagen und Ernte
Michael Pollock Obst- und Gemüseanbau, Kräuter

Neuausgabe 2012

DK LONDON
Projektbetreuung Caroline Reed
Bildredaktion Alison Donovan, Joanne Doran, Elaine Hewson
Lektorat Helen Fewster
Umschlaggestaltung Nicola Powling
Herstellung Sean Daly, Claire Pearson
Cheflektorat Esther Ripley, Mary Ling
Art Director Peter Luff

DK INDIA
Redaktion Kanarindhana Kathirvel, Nidhilekha Mathur
Redaktionsassistenz Neha Ruth Samuel
Bildredaktion Navidita Thapa, Balwant Singh
DTP-Design Pushpak Tyagi
Cheflektorat Glenda Fernandes
CTS Manager Sunil Sharma

ROYAL HORTICULTURAL SOCIETY
Cheflektorat Rae Spencer-Jones
Redaktion Simon Maughan

Ausgabe 2002
Lektorat Annelise Evans
Bildredaktion Murdo Culver
Fotos Peter Anderson

Für die deutsche Ausgabe:
Programmleitung Monika Schlitzer
Projektbetreuung Manuela Stern
Herstellungsleitung Dorothee Whittaker
Herstellungskoordination Claudia Rode
Herstellung Anna Ponton

Bibliografische Information der Deutschen Bibliothek
Die Deutsche Bibliothek verzeichnet diese Publikation in der Deutschen Nationalbibliografie; detaillierte bibliografische Daten sind im Internet über http://dnb.ddb.de abrufbar.

Titel der englischen Originalausgabe:
Vegetable & Fruit Gardening

Übersetzung Susanne Bonn, Feryal Kanbay
Redaktion Agnes Pahler

ISBN 978-3-8310- 2383-7

Printed and bound in China

Besuchen Sie uns im Internet
www.dorlingkindersley.de

INHALT

Das Gartenjahr

Die Zeitangaben bei den Kulturen sind kalendarisch, nicht meteorologisch, zu verstehen. Stichtage bilden die Anfänge der Jahreszeiten im Jahreslauf. Bei Terminen müssen jedoch immer die jeweils vorherrschenden klimatischen Bedingungen sowie jährliche Schwankungen im Witterungsverlauf berücksichtigt werden.

EINFÜHRUNG

Der Anbau von Obst, Gemüse und Küchenkräutern im eigenen Garten vermittelt ein ganz besonderes Gefühl von Zufriedenheit. Natürlich muss man zunächst einiges in Samen oder Pflanzen investieren, um regelmäßig frisches Obst, Gemüse und Kräuter zu ernten – gleich ob man nur eine kleine Auswahl an Arten kultiviert oder ob man sich weitgehend selbst versorgen möchte. Wer Rückstände in handelsüblichen Nahrungsmitteln befürchtet, geht beim eigenen Anbau auf Nummer sicher. Die eigentliche Freude am eigenen Küchengarten liegt jedoch in dem feinen Geschmack von Obst und Gemüse begründet, das frisch aus dem Garten kommt.

Früchte der Arbeit
Unübertroffen ist der Geschmack von frisch gepflückten Früchten.

Nicht zu unterschätzen sind die dekorativen Eigenschaften von Nutzpflanzen – ob auf besonderen Flächen oder inmitten von herkömmlichen Zierpflanzen gezogen. Die Obstbäume schmücken sich im Frühling mit einer Überfülle an Blüten, hübsches Laub wie die farnartig eingeschnittenen Blätter von Möhren oder krause Salatblätter zieren den sommerlichen Garten und immergrüne Kräuter sowie Wintergemüse verleiht Raureif eine besondere Kontur. Ebenso können Obstbäume und Beerensträucher, die an Mauern und Zäunen oder über Bögen erzogen werden, dekorativ sein und Ertrag bringen.

Durch Erfahrung lernen

Generationen von Erwerbs- und Hobbygärtnern haben Erfahrungen und ein beeindruckendes Fachwissen zu den Anbaumethoden für Obst und Gemüse angesammelt. Diese Tradition gilt es fortzusetzen, indem man das Bewährte den Möglichkeiten des modernen Gärtners anpasst. Der Anbau von Nutzpflanzen verlangt vom Gartenfreund Engagement – mehr als jede andere Form des Gartenbaus. Grundlagenwissen, sorgfältige Planung, gute Vorbereitung und – am wichtigsten – genug Zeit für die regelmäßige Pflege der kultivierten Pflanzen entscheiden über den Erfolg; sonst können enttäuschende Ergebnisse, Zeit- und Geldverschwendung die Folgen sein.

Wer mit dem Nutzgarten gar keine Erfahrung hat, sollte in kleinem Umfang beginnen, aber den Garten so planen, dass sich der Bereich für Obst und Gemüse mit steigender Erfahrung erweitern lässt. Es gibt keine ideale Größe für einen Nutzgarten, weil diese von verschiedenen Faktoren abhängt wie Ansprüche der Familie, Lage des Gartens und persönlichen Fähigkeiten und Vorlieben. Andererseits kann man Nutzpflanzen in jeder Art von Gefäßen ziehen, sogar in Blumenkästen.

Im Einklang mit der Natur

Die meisten Gärtner fühlen sich naturverbunden und wollen ein Gleichgewicht zwischen den lebenden Organismen innerhalb des Gartens schaffen und natürliche Ressourcen erhalten. Viele wollen daher ihren Nutzgarten biologisch bewirtschaften. Man muss nicht unbedingt absolut makellose Früchte ernten oder bei jeder Pflanze den höchsten Ertrag erzielen, wie es beim Erwerbsanbau der Fall ist. Ein vernünftiges Maß an Schädlingen und Krankheiten kann man im Garten tolerieren und es gibt Möglichkeiten, organischen Abfall wieder zu verwerten und Wasser sparsam zu verwenden. Diese Anschauung wird Sie durch

Gemüsegarten in Tintinhull
Ordentliche Reihen gut wachsender Gemüsepflanzen und Schnittblumen haben ihre eigene, verlockende Schönheit.

das ganze Buch begleiten, und vielleicht wollen Sie weitere Aspekte des biologischen Anbaus ausprobieren. Zugelassene chemische Mittel sind für jeden erhältlich, der sie einsetzen will. Jedoch wird deren Auswahl aufgrund der gesetzlichen Vorschriften immer kleiner.

Wachsende Auswahl

Die große Palette an Obst, Gemüse und Küchenkräutern, die in diesem Buch beschrieben wird, spiegelt das Interesse moderner Gärtner an der immer größer werdenden Vielfalt an Nutzpflanzen. Die meisten genannten Arten lassen sich im gemäßigten Klima im Freien erfolgreich kultivieren, wenn auch einige wie Paprika und Pfirsich unter einer Abdeckung eine bessere Ernte über einen längeren Zeitraum versprechen. Bezieht man Gewächshäuser in die Überlegungen mit ein, eröffnen sich ganz neue Möglichkeiten. Deshalb sind hier – zur Anregung – auch empfindliche Arten wie Zitrusfrüchte und Ananas enthalten.

Die Einführung von neuen Kultursorten, oft mit verbesserter Qualität oder genetisch fixierter Widerstandsfähigkeit gegenüber einem Schädling oder einer Krankheit, bedeutet obendrein einen Segen. Um die Wahl aus einer verwirrenden Anzahl von heute erhältlichen Sorten zu erleichtern, gehört zu jeder beschriebenen Nutzpflanze eine Liste der wichtigsten bzw. empfehlenswerten Sorten. Viele haben den Qualitätspreis (Award of Garden Merit) der Royal Horticultural Society erhalten. Dennoch stellt die eigene Erfahrung das wichtigste Kriterium dar. Dieses Buch will dazu angeregen, einen eigenen Stil für den Anbau von Nutzpflanzen zu entwickeln. Vergessen Sie aber nie sich die Zeit zu nehmen, Ihren Garten zu genießen.

ANBAU VON OBST UND GEMÜSE

Pflanzen, die für den Verzehr angebaut werden, unterscheiden sich von den Zierarten in einem ganz wichtigen Punkt: Mit der Ernte für unsere Ernährung entnehmen wir der Pflanze und dem Boden etwas. Deshalb müssen wir diese Schuld begleichen, indem wir unseren Nutzpflanzen den bestmöglichen Standort bieten, die Vorgänge im Boden verstehen und den Boden richtig ernähren und alles wiederverwerten, wo es nur möglich ist (zum Beispiel biologischen Abfall kompostieren). Die Pflanzen müssen wir pflegen, sie brauchen Schutz vor wuchernden Unkräutern, vor Krankheiten und Schädlingen sowie vor unwirtlichen Umweltbedingungen.

Der Anbau von Obst und Gemüse erfordert Einsatz, bringt aber viel Freude und Genuss: Angefangen bei der spannenden Planung, während man sich für bestimmte Sorten oder Arten und die Kulturmethoden entschieden hat, über das Wissen, wie die geernteten Früchte gewachsen sind, bis zum Gefühl der Erwartung. Groß ist das Vergnügen, wenn Arbeit und Geduld durch eine reiche Ernte belohnt werden.

Standortbedingungen

Für die meisten von uns richtet sich die Wahl des Wohnortes nach anderen Gesichtspunkten als nach den idealen Bedingungen zum Gärtnern. Oft stellt der Standort eine Herausforderung dar, aber durch sorgfältige Planung, fantasievolle Gestaltung und durchdachte Auswahl der Nutzpflanzen kann man viel erreichen. Die vorherrschenden Bedingungen spielen für den Anbau von Obst und Gemüse sogar eine noch größere Rolle als für die Kultur von Zierpflanzen. Denn die Palette an Pflanzen ist kleiner, sodass wenig Spielraum für eine an das spezielle Klima angepasste Auswahl bleibt. Um gesunde Pflanzen zu kultivieren, muss man deren Grundbedürfnisse kennen: die Ansprüche an das Licht, die richtige Temperatur, der Bedarf an Wasser, Luft und Nährstoffen. Jeder dieser Faktoren wird in unterschiedlichem Maße vom Standort, den wir nicht ändern können, beeinflusst. Aber durch entsprechende Maßnahmen, allen voran durch Bodenpflege, können wir diesen Ansprüchen bis zu einem gewissen Grad gerecht werden.

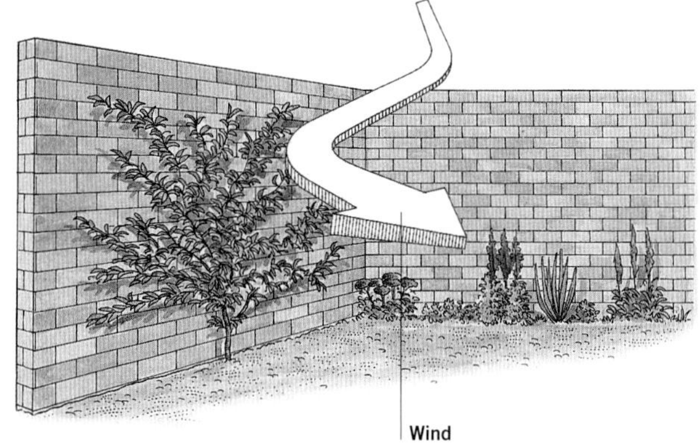

Warmer Platz
Eine sonnenbeschienene Mauer speichert am Tag die Wärme und strahlt sie in der Nacht wieder ab. Sie verstärkt auch die Sonnenkraft, indem sie einen Teil der Wärme unmittelbar zurückwirft. Winde werden abgeschirmt, aber Mauern eignen sich in exponierten Lagen nicht als Windschutz.

Wind
Die warme Mauer schützt vor Abkühlung durch Wind.

DIE BEDEUTUNG DES LICHTES

Die direkte Sonneneinstrahlung bestimmt die Menge und die Intensität des Lichtes. Bei der Fotosynthese bauen die Pflanzen mithilfe des Lichtes als Energiespender aus Wasser und Kohlendioxid Speicherstoffe auf. Eine gute Lichtversorgung ist wichtig für ein gesundes Wachstum, für die Bildung von kräftigem Laub bei Blattgemüse sowie für die Entwicklung von Blüten und Früchten. Die Bedeutung der Sonne wird am schwachen, wenig ertragreichen Wuchs von Pflanzen deutlich, die im Schatten von Gebäuden oder Hecken stehen. In der Sommersonne reifen die Triebe von Obstgehölzen, mehr Blüten werden gebildet und dadurch fällt die Ernte reicher aus.

Die durchschnittliche Sonneneinstralung am Tag variiert je nach Standort, aber grundsätzlich sollte ein Küchengarten möglichst wenig Schatten erhalten. Man kann zum Beispiel versuchen, Schatten werfende Bäume oder andere Hindernisse zu vermeiden oder muss sie eventuell entfernen. Manche Beerenfrüchte, Kohlgemüse und mehrjährige Gemüsearten vertragen etwas Schatten, wenn der Standort zumindest teilweise Sonne erhält.

Gelegentlich muss man vorübergehend künstlich beschatten. Sind Pflanzen zu lange der direkten Sonneneinstrahlung ausgesetzt, kann es zu Verbrennungen kommen oder frisch gepflanzte Gewächse welken.

DIE BEDEUTUNG DER TEMPERATUR

Die Erwärmung der Luft durch die Sonne ist für den Gärtner fast nur von Nutzen. Wärme begünstigt alle Stadien des Pflanzenwachstums – von der Aussaat der Gemüsepflanzen oder der Knospenbildung an Obstgehölzen bis hin zur Fruchtreife. Die Sonne wärmt den Boden; sie fördert so die Keimung der Samen und regt die Wurzelbildung an. An hellen, warmen Tagen nimmt die Aktivität der Insekten zu, die eine Bedingung für eine erfolgreiche Bestäubung von Fruchtgemüse und Obst darstellt. In Gebieten mit viel Sonne und warmer Luft herrscht gewöhnlich eine lange Vegetationsperiode. Das Wachstum setzt früh ein und endet spät, sodass sich die Erntezeit verlängert, besonders bei Gemüse.

Die nachteiligen Auswirkungen niedriger Temperaturen sind beträchtlich. Kalte Luft und ein kalter Boden verlangsamen den Keimvorgang, das Wachstum und das Öffnen der Knospen. Obendrein kann Frost viel zerstören. Nicht winterhartes Gemüse wie Tomaten oder Zucchini gehen ein, die Blüten der Obstbäume erleiden durch Spätfrost starke Schäden, was die Ernte beeinträchtigt.

In frostgefährdeten Gebieten lässt sich durch die Auswahl winterharter Arten und Sorten einiges an Nachteilen

WAS IST EIN MIKROKLIMA?

Ungeachtet vom allgemeinen Klima eines Gebietes gibt es durch die Topographie bedingte Unterschiede. So bewirkt eine sonnige oder schattige Hanglage ein abweichendes Mikro- oder Kleinklima. Die Elemente und Pflanzen um und in einem Garten haben ihr eigenes Kleinklima, das einen Garten oder sogar Bereiche innerhalb eines Gartens von anderen unterscheidet. Auch die Schattenmenge und Schutzmaßnahmen bewirken Unterschiede (manche Ecken sind frostanfälliger), auch die Bodenfeuchtigkeit variiert innerhalb einer Anlage. Wer diese Unterschiede kennt, kann sie zu seinem Vorteil nutzen. Gerade Nutzpflanzen, die an einer Stelle gut wachsen, können woanders verkümmern.

- **Offene, sonnenbeschienene** Flächen im Garten – besonders in Hanglage – erwärmen sich im Frühjahr rasch und sind ideal für Frühsorten.
- **Sonnige Mauern** und Gebäude können für Obstbäume zusätzliche Wärme und Schutz bedeuten. Windundurchlässige Barrieren bewirken möglicherweise Turbulenzen.
- **Schützende Hecken** schaffen für alle Nutzpflanzen ein besseres Mikroklima, aber die unmittelbar angrenzenden Bereiche können ziemlich trocken und dunkel sein.
- **Niedrig gelegene Stellen** sind zwar windgeschützt, aber möglicherweise Frostsenken. Im Winter ist hier der Boden kälter und nässer.

◀ **Frost**
Manche Nutzpflanzen wie dieser Gemüse- und Zierkohl sind völlig winterhart. Er trotzt sogar einer gefrorenen Schneedecke.

Ungehinderter Wind
Kalte Luft ist schwerer als warme und fließt hangabwärts bis zum niedrigsten Punkt.

Windbarriere
Ein Hindernis hält die kalte Luft zurück, es entsteht ein Kaltluftsee.

▲ **Wie Frostsenken entstehen**
In abgesenkten Bereichen des Gartens kann sich kalte Luft ansammeln; diese Flächen bezeichnet man als Frostsenken. Sie können in Hohlräumen am Grund oder hinter einer Barriere, zum Beispiel einer Hecke, entstehen. Lichtet man die unteren Äste der Heckenpflanzen etwas aus, verbessert sich die Situation, weil die Luft zirkulieren kann.

wettmachen. Die Kohlgewächse zum Beispiel umfassen Arten und Sorten, die verglichen mit den eher empfindlichen Hülsenfrüchten sehr winterhart sind. Beim Obst ist beispielsweise der Pfirsich viel empfindlicher als der Apfel. Es gibt Salatsorten, die gezüchtet wurden, um den Winter im Freien auszuharren. Schließlich leiden spät blühende Sorten im Allgemeinen weniger unter Spätfrösten. Der Anbau unter Glas oder Folie stellt eine gut erprobte Methode für die Kultur von Obst und Gemüse in frostgefährdeten Regionen dar (*siehe S. 43–48*). Empfindliches Obst lässt sich zudem im Schutz einer relativ warmen Mauer kultivieren (*siehe links oben*).

Der Frost kann jedoch für den Gärtner auch von Nutzen sein. Er bewirkt die sogenannte Frostgare in schweren, tonigen Böden (*siehe S. 14–15*), wobei die kompakten Erdklumpen zerbröseln, und er tötet oder reduziert überwinternde Schädlinge und Krankheitserreger. Kalte Luft fließt talwärts, deshalb sind Frostsenken zu meiden (*siehe oben rechts*).

NIEDERSCHLAGSMENGE

Der Regen spielt eine Hauptrolle im Obst- und Gemüseanbau. Die Höhe der Niederschläge kann in gemäßigten Regionen beträchtlich schwanken, je nach der Topographie, d.h. der Landschaftsform (*Ebene, Hügelland, Gebirge*). Eine der Windrichtung zugewandte Hanglage erhält ziemlich viel Regen, da in der aufsteigenden feuchten Luft mit der Abkühlung der Wasserdampf zu Regentropfen kondensiert. An der dem Wind abgewandten Seite des Hügels fällt im Regenschatten viel weniger Niederschlag, da die absteigende Luft sich erwärmt. In Gebieten mit geringem Niederschlag besteht die Gefahr von Wassermangel, der verschiedene Auswirkungen haben kann – von verkümmertem Pflanzenwuchs bis zum Verlust der Früchte. Blattgemüse wie Salate benötigen eine ständige Wasserzufuhr, um sich richtig zu entwickeln, und für das Fruchtwachstum ist Wasser genauso eine Grundvoraussetzung. Der sparsame Umgang mit natürlichen Wasserressourcen hat größte Bedeutung. Daher sollte jeder Gärtner danach trachten, die Feuchtigkeit im Boden zu halten und die Verdunstung an der Oberfläche zu reduzieren, indem er mulcht (*siehe S. 41–42*).

Klimazonen mit viel Regen haben ihre eigenen Probleme, am schwersten wiegt die Gefahr von Staunässe im Boden. Eine gute Bodendränage ist für den Nutzgarten generell sehr wichtig, sie spielt jedoch in solchen Lagen eine besondere Rolle. Junge Gemüsepflanzen sind in nassen, kalten, schlecht belüfteten Böden besonders krankheitsanfällig. Sie stocken im Wachstum und die Versorgung mit wichtigen Nährstoffen wie Kalk und Stickstoff wird unterbrochen.

Starke Regenfälle begünstigen einige Schädlinge und Krankheitserreger wie Schnecken und Schwächepilze (*siehe Pflanzenprobleme, S. 246–264*). In Gebieten mit viel Regen und hoher Feuchtigkeit sind die Früchte anfälliger für Krankheiten: Bäume leiden unter Infektionen der Triebe, Blätter und Früchte; Beerenobst wie Erdbeeren und Himbeeren werden von Grauschimmel befallen und zeigen ein verkümmertes Wachstum der Wurzeln. Obstanbau in Regionen mit mehr als 1000 mm durchschnittlichem Jahresniederschlag kann schwierig werden. Krankheiten lassen sich oft mithilfe von synthetischen Fungiziden bekämpfen, aber man sollte sie möglichst selten einsetzen und wenn, dann so, dass weder die Umwelt noch der Gärtner Schaden erleidet. In Gebieten mit hoher Niederschlagsmenge sind solche Mittel nicht sehr wirksam.

HÖHE UND EXPOSITION

Starke Winde sind überwiegend ein Merkmal von exponierten Standorten. Gärten in großen Höhen werden unter starken Winden gewöhnlich mehr zu leiden haben als Gärten an der Küste, wo Salzablagerungen auf Blättern ein zusätzliches Problem darstellen können.

Die deutlichsten Auswirkungen sind physische Schäden und der Verlust an Stabilität. Zu den nicht sofort ersichtlichen Auswirkungen zählen der größere Wasserverlust und eine verminderte Bestäubungsaktivität von Fluginsekten. Vorrichtungen in Form von richtig platziertem Windschutz (*siehe S. 12–13*) sind unbedingt notwendig, will man unter diesen Bedingungen erfolgreich ernten.

Windschutz

An jedem Standort, unabhängig von Boden und Klima, steigert ein mit Bedacht angebrachter Windschutz den Ertrag. Die Temperaturen können um bis zu 3 °C ansteigen, die Entfaltung und Bestäubung der Blüten sowie das Ausreifen des Holzes und der Früchte werden begünstigt.

Geschützter Garten
Die ausgewachsene Hecke, die den Garten einfasst, bietet idealen Schutz vor Wind. Durch ihren lichten Aufbau blockt sie den Wind nicht ab, doch sie bremst ihn ab, ohne dass Luftwirbel entstehen. Unter solchen geschützten Bedingungen gedeihen Nutzpflanzen zuverlässig.

DIE WIRKUNGEN DES WINDES

Die deutlichsten Schäden verursachen starke Winde: Die Äste von Obstbäumen und -sträuchern brechen ab, flach wurzelnde Bäume können bei Sturm umfallen. Heftige Winde können Blüten beschädigen oder reifende Früchte abwerfen. Zu Windschäden kommt es auch an hochwüchsigen Gemüsearten wie Rosenkohl und Stangenbohnen, die gelegentlich umkippen. Wind kann die Rankhilfen von Erbsen und Bohnen lockern und beschädigen. Starke Winde zerstören obendrein die Schutzvorrichtungen aus Glas und Kunststoff wie etwa die Folientunnel, die man zum Schutz von Erdbeeren und vielen Gemüsearten aufstellt. In Küstennähe führt der Wind außerdem zu schädlichen Salzablagerungen.

Neben diesen deutlich sichtbaren Auswirkungen des Windes haben Versuche einen deutlichen Rückgang im Wachstum und Ertrag von Obst und Gemüse belegt, das in offenen Lagen wächst. Die wahrscheinlichsten Ursachen dafür sind der hohe Wasserverlust der Pflanzen und die niedrigeren Durchschnittstemperaturen von Luft und Boden. Die vorbeistreifende Luft erhöht die Verdunstung und somit den Wasserverlust der Pflanzen, besonders der neu ausgepflanzten. Durch die verstärkte Wasserabgabe verlangsamt sich das Wachstum, da die Pflanzen ihre Aktivität herabsetzen, um Feuchtigkeit zu speichern. Dieser Effekt steigert sich in heißen, trockenen Sommermonaten und wird durch die austrocknenden Winde über der Bodenoberfläche verschlimmert.

An exponierten flachen oder erhöhten Stellen kann Wind leichten oder torfhaltigen Boden abtragen. Auch die Aktivität von Insekten und somit die Bestäubung werden vermutlich reduziert. Werden Pestizide gesprüht, verpufft ihre Wirkung, weil sie weggeweht werden.

SCHUTZVORRICHTUNGEN PLANEN

Schutzvorrichtungen gegen den Wind bieten eine Reihe von Vorteilen, sowohl in geschützteren Stadtgärten als auch in ländlichen Gärten. Trotzdem sollte man den erwarteten Nutzen gegen mögliche Nachteile abwägen. Das Errichten von Schutzvorrichtungen kostet Geld und Mühe. Wenn ein Bereich umschlossen wird, in dem sich sehr kalte Luft ansammeln kann *(siehe S. 11)*, entsteht möglicherweise eine Frostsenke. Hecken und Wände werfen immer auch Schatten und können die Verteilung der Regenfälle behindern. Die erhöhte Temperatur und die relativ geringe Luftbewegung *(siehe S. 10)* bieten unter Umständen gute Bedingungen für Pflanzenschädlinge und Krankheitserreger. Dienen lebende Pflanzen als Windschutz, kann es zu Konkurrenz um Feuchtigkeit kommen.

Eine Vorrichtung ist eindeutig notwendig, um Nutzpflanzen gegen die Hauptwindrichtung zu schützen. Natürlich können auch starke Winde aus anderen Himmelsrichtungen Schäden anrichten. Deshalb sollte ein Obst- und Gemüsegarten von allen Seiten geschützt sein. Eine gute Vorrichtung bringt auf der Windschattenseite für jeden Meter an Höhe Schutz im Bereich bis zu 10 m dahinter.

Zu vermeiden sind stabile Barrieren, die starke Luftwirbel entstehen

Windbewegung
Fest gebaute Barrieren bringen Nachteile. Die auftreffende Luftmasse wird über der Barriere beschleunigt und fällt auf der anderen Seite durch den Unterdruck hinter der Wand ab. Wirbel entstehen auf der dem Wind abgekehrten Seite und in geringerem Ausmaß vor der Barriere.

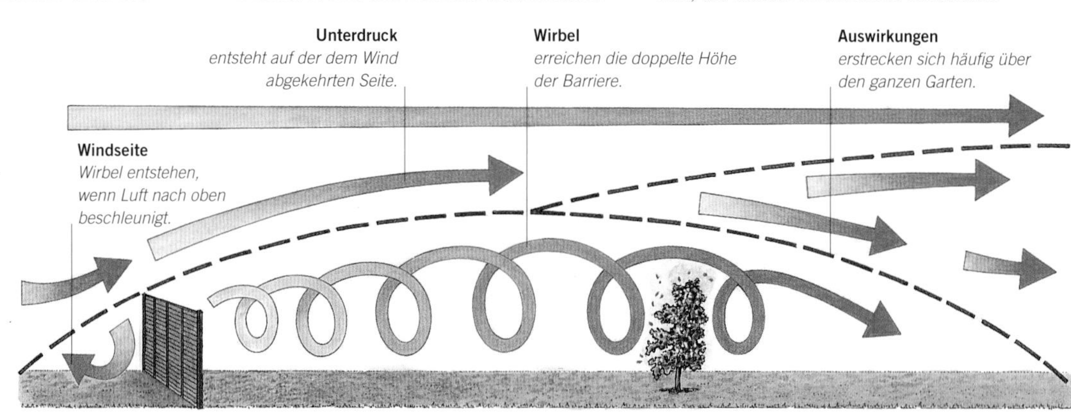

PFLANZEN FÜR SCHUTZHECKEN

Schwarzerle (*Alnus glutinosa*). *Gut in feuchten Lagen. Trägt im Frühjahr Kätzchen. Schnitt im Herbst. Vermehrung durch Aussaat möglich und daher kostengünstig.*
Hainbuche (*Carpinus betulus*). *Trägt kleine, gezähnte Blätter. Viele der abgestorbenen Blätter bleiben bis zum Frühjahr am Strauch, wenn der Schnitt im Spätsommer erfolgt. Vermehrung durch Aussaat möglich.*
Haselnuss (*Corylus avellana*). *Kräftig verzweigter Strauch. Dekorative Kätzchen erscheinen im Frühjahr, wenn nur mäßig geschnitten wird; im Herbst gelbes Laub.*
Weißdorn (*Crataegus monogyna*). *Verträgt starke Winde. Anfällig für Feuerbrand, deshalb für Obstgärten nicht zu empfehlen. Schnitt nach der Blüte oder im Herbst.*
Rotbuche (*Fagus sylvatica*). *Trägt dichtes, hübsches Laub. Verträgt Schnitt gut, wobei viele der toten Blätter bis zum Frühjahr hängen bleiben, wenn im Spätsommer geschnitten wird. Kann durch Aussaat vermehrt werden, daher relativ kostengünstig.*
Blutjohannisbeere (*Ribes sanguineum*). *Bildet eine dekorative Hecke mit roten Blüten im Frühjahr, wenn sie in der Sonne wächst. Gedeiht in allen Böden. Schnitt nach der Blüte.*
Spierstrauch (*Spiraea 'Arguta'*). *Gedeiht auf den meisten Böden in voller Sonne und trägt im Frühjahr dichte Büschel weißer Blüten. Schnitt nach der Blüte.*

Spiraea 'Arguta'

lassen, die an der Windschattenseite zu Schäden führen können. Wenn starke Winde von einer zu etwa 50 Prozent durchlässigen Vorrichtung gefiltert werden, besteht diese Gefahr kaum. Viele Hecken bieten auf natürliche Weise diese Art von Schutz. Bei gebauten Wänden sollten die stabilen Teile etwas weiter auseinanderstehen.

SCHUTZHECKEN

Hecken bedeuten meist die erste Wahl, denn sie sind dekorativ und korrespondieren von Natur aus mit Obst- und Gemüsepflanzen. Sie erfordern eine sorgfältige Planung, damit sie die Sonne nicht verdecken und den Einfall von Regen nicht verhindern. Ein regelmäßiger Schnitt lässt sie immer ordentlich aussehen und hält den Umfang in Grenzen. Der Garten muss groß genug sein, damit man entlang der Hecke eine Fläche von mindestens 2 m Breite unbebaut lassen kann, um den Ansprüchen der Heckenpflanzen an Nährstoffen und Wasser zu genügen. In vielen Gärten lässt sich dieser Bereich als Weg nutzen. Fast alle Ziergehölze kann man zu Hecken formen (*siehe Kasten oben*) und viele Immergrüne werden traditionell als Hecken gezogen. Am besten wählt man jedoch für die Umgrenzung eines Nutzgartens eine sommergrüne Art aus. Derartige Hecken lassen etwas mehr Wind durch, was vielen heimischen Pflanzen gut bekommt.

Eine Pflanzung im Herbst gibt den Bäumen oder Sträuchern die Möglichkeit, sich im Winter einzugewöhnen, sodass sie im folgenden Frühjahr zügig weiter wachsen. Man setzt die Pflanzen in Abständen von 60–90 cm und rechnet bei Schutzhecken nur mit einer Höhe bis 2,5 m. Nach der Pflanzung bringt man entlang der Hecke eine Mulchschicht aus abgelagertem Stallmist oder Kompost aus (*siehe S. 41–42*).

GEBAUTE BARRIEREN

Zäune bieten sofortigen Schutz und erfordern weniger regelmäßige Pflege als Hecken. Aber die Anfangskosten und der Arbeitsaufwand sind größer als bei einer Hecke und das Ergebnis ist weniger dekorativ. Künstliche Schutzwände, die als Grundstücksgrenze oder Trennwände dienen, sollten nicht höher als 2 m sein. Für den Zaun empfehlen sich stabile Stützpfosten, deren Abstände der Höhe entsprechen müssen. Die Verkleidung wird an der dem Wind zugewandten Seite der Pfosten befestigt.

Dafür gibt es verschiedene Fertigmaterialien wie Kunststoffnetze oder die beständigere, aber kostspieligere Verkleidung mit Holz- oder Kunststoffleisten. Eine schnelle und dekorative Begrenzung erzielt man mit zwischen Pfosten gespanntem Maschendraht, der mit Brombeeren und Kletterrosen bepflanzt wird. Durchlässige Lattenwände aus Holz und Weidenflechtzäune eignen sich ebenfalls.

Barrieren

Verkleidung aus Kunststoffleisten
Diese schwere Barriere eignet sich für exponierte Lagen. Bei hohen Anfangskosten stellt sie nicht die ansehnlichste Lösung dar, aber sie trotzt starken Winden und hält jahrelang. Die Stützen müssen eng stehen.

Maschendraht
Der leichte Maschendraht bildet einen wirksamen und relativ kostengünstigen Windschutz. Er kann als vorübergehende Lösung dienen, bis sich die dauerhafteren Heckenpflanzen eingewöhnt haben.

Der Gartenboden

So wie wir das Gesamtklima und die Witterung nicht ändern können, müssen wir den Boden eines Gartenstücks akzeptieren. Entweder befindet man sich in der glücklichen Lage, einen Garten mit einem idealen Boden für den Obst- und Gemüseanbau zu besitzen, oder man muss diesen Zustand durch sorgfältige Bodenpflege anstreben. Der ideale Boden wäre humusreicher, gut durchlässiger Lehmboden von 45 cm Dicke. Oft aber müssen wir uns mit anderem zufriedengeben. Diese problematischen Böden lassen sich fast immer verbessern und wo dies nicht möglich ist, kann man ein paar Pflanzen in Hochbeeten *(siehe S. 32–34)* oder in Gefäßen *(siehe S. 35–36)* kultivieren.

Der Boden bieten den Pflanzen Halt, versorgt sie mit Wasser und Nährstoffen. Die Bodentypen variieren stark je nach Standort, sogar zwischen nah benachbarten Lagen. Böden unterscheiden sich in ihren physikalischen Eigenschaften, in ihrem Gehalt an organischem Material sowie durch ihre Tiefe und ihre Struktur. Alle Böden setzen sich aus verwittertem Gestein und abgestorbener pflanzlicher sowie tierischer Substanz zusammen. Dazu kommen die unzähligen Bodenorganismen, die aus der Erde ein lebendiges Medium machen.

BODENSTRUKTUR

Der Hobbygärtner braucht Bodenkunde nicht bis ins Detail zu verstehen, aber es ist nützlich, die vorhandene Bodenart bestimmen zu können. Schließlich haben die verschiedenen Bodenarten unterschiedliche Eigenschaften, die das Pflanzenwachstum beeinflussen. Dies wiederum wirkt sich auf die Kulturmethoden und die Bodenvorbereitung aus.

Aus kulturtechnischer Sicht lassen sich fünf Bodentypen unterscheiden: Tonboden, Lehmboden, Sandboden, Kalkboden und Moorboden *(siehe Kasten unten)*. Der Begriff Lehm wird oft mehrdeutig verwendet. Hier sollte man jedoch unterscheiden zwischen tonigem, schluffigem oder sandigem Lehm. Die Bezeichnungen Ton, Schluff und Sand beziehen sich auf die Größe von Bodenteilchen. Die Krümelstruktur lässt sich durch die Zugabe von Kalk *(siehe S. 18–19)* und organischem Material *(siehe S. 24–26)* verändern.

BODENFRUCHTBARKEIT

Der Anteil an organischem Material und die Bodenfauna bedingen die Fruchtbarkeit eines Bodens und eine stabile Krümelstruktur. Diese beiden Faktoren sind eng miteinander verknüpft. Eine wichtige Komponente eines fruchtbaren Bodens ist der Humus. Darunter versteht man ein kompliziertes Gebilde aus zersetztem organischen Material, das mit mineralischen Bodenteilchen und Mikroorganismen, zu stabilen Aggregaten, den Ton-Humus-Komplexen, zusammengeklebt sind. Dieser dunkel gefärbte Bodenbestandteil hat größte Bedeutung für das Anlagern und Freisetzen von Nährstoffen, für die Bildung einer guten Bodenstruktur und die Fähigkeit des Bodens, Wasser zu speichern.

Ebenso wichtig für die Fruchtbarkeit des Bodens sind darin lebende Organismen. Dazu gehören – neben einigen bodenbewohnenden Kleintieren – zunächst die unzähligen Bakterien, Algen und Strahlenpilze und Pilze, eine Reihe mikroskopisch kleiner Tierchen wie Milben und Springschwänze. Hinzu kommen größere Gliedertiere wie Hundert- oder Tausendfüßer, Asseln, Würmer, Käfer und nicht zuletzt die Regenwürmer. Sie alle ernähren sich vom organischen Material, das beim jährlichen Mulchen ausgebracht und eingearbeitet wird, und durch ihre Tätigkeit entsteht daraus Humus.

Ein Boden muss eine gute Struktur aufweisen, wenn Pflanzen richtig gedeihen sollen. Unter Bodenstruktur

BODENTYPEN

Tonboden

Bodenteilchen unter 0,002 mm Größe werden als Ton bezeichnet. Tonböden sind schwer zu bearbeiten, trotzdem besitzen sie sehr gute Eigenschaften. An den Tonteilchen lagern Nährstoffe an, sodass sie nicht so leicht ausgewaschen werden, sondern den Pflanzenwurzeln nach und nach zur Verfügung stehen. Tonböden binden stärker als sandige Böden und speichern das Wasser besser. Die Nachteile sind, dass sie sich relativ langsam erwärmen und im Winter zu Staunässe, im Sommer zur Austrocknung neigen – Probleme, die sich durch Zugabe von organischer Substanz reduzieren lassen. Schwarze Johannisbeeren, Pflaumen, Rosenkohl und andere Kohlarten gedeihen auf Tonböden meist gut.

Schluffboden

Korngrößen zwischen 0,002 mm und 0,05 mm werden als Schluff eingestuft. Der Schluffboden steht zwischen Ton- und Sandboden und weist eine glatte Struktur auf. Schluffiger Boden kann Wasser und Nährstoffe besser halten als Sandböden, neigt aber zur Verdichtung, besonders wenn er trocken ist. Mithilfe von viel organischem Material kann Schluff einen guten Boden ergeben, besonders für Frühgemüse.

Sandboden

Bodenteilchen zwischen 0,05 mm und 2,0 mm Größe bezeichnet man als Sand. Sandiger Boden bröselt auseinander und neigt daher in exponierten und in Hanglagen zur Erosion. Er ist arm an Nährstoffen und kann Wasser schlecht speichern. Diese Nachteile lassen sich durch das Einarbeiten von großzügigen Mengen organischer Substanz ausgleichen. Sandböden sind leicht zu bearbeiten und erwärmen sich rasch – eine Eigenschaft, die Erdbeeren, Salatpflanzen, jungem Wurzelgemüse und Hülsengemüse zugutekommt.

Kalkboden

Kalkboden tritt gebietsweise auf. Er ist ausnahmslos flachgründig und durchlässig, und der hohe Kalkgehalt kann zu Problemen führen, besonders beim Anbau von Obst. Dieser Bodentyp ist mäßig fruchtbar und enthält organisches Material, das sich rasch zersetzt. Er sollte regelmäßig mit sauren, organischen Zusätzen wie Stallmist *(siehe S. 22–23)* verbessert werden.

Moorboden

Moorböden kommen hauptsächlich in Feuchtgebieten vor, wo Seggen und Moose natürlich gedeihen. Wenn er durchlässig gemacht und mit Düngemittel angereichert wird, kann dieser Boden sehr fruchtbar sein, da er Feuchtigkeit speichert und viel organisches Material enthält. Moorböden sind gewöhnlich sauer und werden leicht vom Wind verweht, wenn sie austrocknen.

Optische Bestimmung der Bodenart

Tonboden
Ein Tonboden besteht zu mehr als 25 Prozent aus Tonteilchen. Nach Regen ist er klebrig, bildet harte Erdklumpen, wenn er austrocknet, das Umgraben ist schwer (oben links). *In der Faust zusammengepresst muss sich feuchter Ton klebrig anfühlen, er glänzt bei glatter Oberfläche und lässt sich zu einem festen Klumpen formen* (oben rechts).

Sandige und schluffige Böden
Sandböden enthalten weniger als 8 Prozent Ton und bestehen hauptsächlich aus Sandteilchen. Das Umgraben geht leicht und der Boden fühlt sich körnig an; beim Zusammendrücken entstehen keine Klumpen (siehe oben rechts). *Schluffböden fühlen sich fein an und zeigen beim Verformen Abdrücke, lassen sich aber nicht zu Klumpen formen.*

versteht man die Anordnung und den Zusammenhalt der mineralischen und organischen Bodenpartikel. Böden mit einer guten Struktur lassen sich leicht kultivieren und sind durch gleichmäßig verteilte Poren gut durchlüftet. Das ausgewogene System an weiten und feinen Poren erlaubt den Pflanzenwurzeln, dass sie sich im Boden ungehindert ausbreiten können und erleichtert den Transport von Wasser und Nährstoffen. Ebenso ermöglicht eine gute Durchlüftung die Erwärmung des Bodens und begünstigt so das Pflanzenwachstum. Die Bodenstruktur wird von der Aktivität der Humus bildenden Bodenorganismen und vom Anteil an organischem Material bestimmt. Ebenfalls wichtig sind Nährstoffe, die die Organismen benötigen, um Humus zu bilden, sowie Kalk *(siehe S. 18–19)*, der für die Bildung stabiler Bodenkrümel benötig wird.

Zur Entstehung einer guten Bodenstruktur tragen ebenfalls die Witterungsverhältnisse bei, wie Frost oder abwechselnd nasse und trockene Bedingungen. Daher ist es wichtig, die Bodenstruktur nicht durch das Bearbeiten bei Nässe oder durch häufiges Betreten einer umgegrabenen Oberfläche zu zerstören. Schäden lassen sich gering halten, wenn man die Bodenoberfläche im Winter mit einer Schicht aus organischem Material abdeckt, das später eingearbeitet wird.

▲ Der Freund des Gärtners
Regenwürmer zählen zu den nützlichsten Bodenbewohnern: Sie durchmischen die Erde, verbessern die Belüftung; sie bringen organisches Material ein und sorgen mit ihrer Verdauung für dessen Zersetzung.

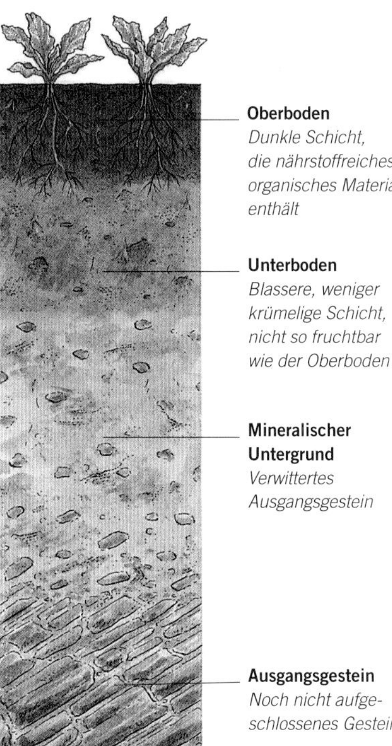

▸ Bodenprofil
Böden besitzen eine charakteristische Schichtung: Oberboden, Unterboden und Verwitterungshorizont. Die Dicke dieser Bodenhorizonte variiert je nach Entwicklungsgeschichte des Bodens.

BODENPROFIL

Der Boden setzt sich aus verschiedenen Schichten mit einer unterschiedlichen Färbung, den Bodenhorizonten, zusammen. Beim Umgraben eines Bodens werden sie sichtbar. Die einzelnen Horizonte bilden das Bodenprofil. Die am einfachsten zu bestimmenden Schichten im Gartenboden sind der Oberboden (auch Mutterboden), der Unterboden und das Ausgangsgestein. Der Oberboden ist die Schicht mit der höchsten Aktivität, da sie viel organisches Material und den höchsten Anteil darin lebender Organismen enthält. Der Unterboden ist gewöhnlich heller gefärbt und ging aus verwittertem Gestein hervor. Die Stärke von Ober- und Unterboden bestimmt die Tiefe, wie weit die Wurzeln eindringen können, und hat somit für das Wachstum der Pflanzen große Bedeutung.

Obstbäume *(siehe S. 174–205)* gedeihen am besten dort, wo die Verwitterungstiefe mindestens 60 cm beträgt, Süßkirschen benötigen mindestens 90 cm. Beerenobst *(siehe S. 214–233)* benötigt eine Bodentiefe von 45 cm, außer Erdbeeren, die wie Gemüse bei 35 cm gut gelingen. Diese allgemeinen Angaben basieren auf Erfahrungen im Erwerbsanbau.

BODENDRÄNAGE

Die Wurzeln brauchen Luft, um zu wachsen und Nährstoffe sowie Wasser aufzunehmen. Vernässte Böden werden kalt und verlieren Luft. Das behindert den Nährstofftransport und führt dazu, dass die Pflanzenwurzeln erkranken oder sogar absterben. Es gibt Anhaltspunkte für einen Gartenboden mit schlechter Wasserführung. Der deutlichste Beweis sind Pfützen nach Regen. Weitere Anzeichen sind Nässe liebende Pflanzen wie Seggen, Binsen, Moose und wenn mehrjährige Pflanzen schlecht wachsen.

Eine schlechte Wasserführung kann verschiedene Ursachen haben: manchmal ist der Oberboden unfruchtbar geworden aufgrund von Kulturfehlern oder Mangel an Humus. Sorgfältige Kultur und das Ausbringen von organischem Material *(siehe S. 22–23)* kann solche Strukturen verbessern. Das Bodenprofil enthält manchmal eine von Natur aus undurchlässige Schicht, die oft nur 2,5–5 cm dick ist. In diesem Auswaschungshorizont haben sich häufig Mineralien, besonders Eisen, angereichert. Andererseits kann es im Ober- oder Unterboden eine Barriere geben, die durch Verdichtung verursacht wurde. Eine natürliche Sperrschicht ist leichter zu erkennen als eine Verdichtung, die oft als ein dunkler waagerechter Streifen *(siehe oben)* erscheint.

Verdichtete Bereiche können durch Holländern *(siehe S. 38–39)* gelockert werden, eine harte Sperrschicht lässt sich mit einer Spitzhacke aufbrechen. Andere Probleme sind dagegen schwerer zu handhaben: Es kann sein, dass der Garten in einer Senke liegt oder dass das Gebiet generell einen hohen Grundwasserstand hat. Unter solchen Bedingungen baut man Nutzpflanzen am besten in Hochbeeten *(siehe S. 32–34)* oder Gefäßen *(siehe S. 35–36)* an.

Eine Sperrschicht
Das probeweise Ausheben des Bodens bis zu einer Tiefe von 90 cm gibt Aufschluss über die Ursache schlechter Dränung. Hier liegt eine stark verdichtete Sperrschicht zwischen Ober- und Unterboden vor. Dadurch kann das Wasser nicht richtig in den Unterboden abfließen, die Schicht muss aufgebrochen werden. Verdichtungen beugt man vor, indem man den Boden wenig betritt.

Oberboden
Offener Boden mit krümeliger Struktur kann vorübergehend vernässen, wenn Wasser nicht abfließen kann.

Verdichtete Schicht
Eine Lage verdichteten Bodens verhindert den Wasserabfluss.

Unterboden
Wurde die Verdichtung aufgebrochen, müsste das Wasser durch den Unterboden abfließen.

Dränage einbauen

Wo das Problem durch Kulturmaßnahmen nicht zu lösen ist, lohnt es sich manchmal, ein Abflusssystem zu bauen, obwohl nur wirklich schwierige Stellen die hohen Kosten und die harte Arbeit rechtfertigen. Das einfachste System besteht aus offenen Gräben *(siehe unten)*, die zu einer mit Schotter gefüllten Sickergrube führen. Die Gräben können offen bleiben oder werden mit Kies gefüllt und oben mit Substrat bedeckt. Komplizierter ist die Rohrdränage in Fischgrätanordnung *(siehe rechts)*.

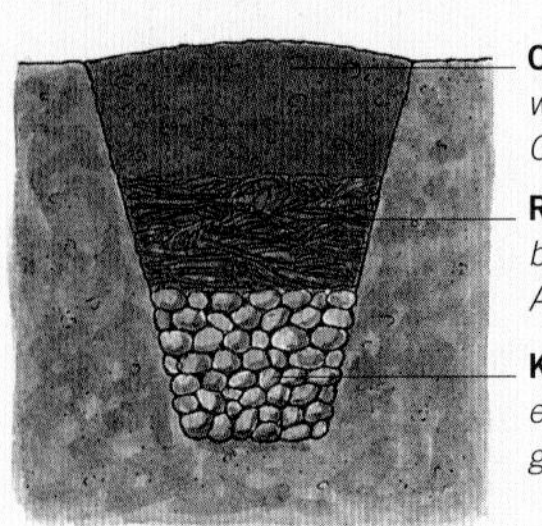

Oberboden
wird für eine bündige Oberfläche aufgebracht.

Reisig
bewahrt den Boden vor dem Absickern in den Kies.

Kies oder Steine
ermöglichen einen guten Abfluss.

Dränagegraben
Ein einfacher, bis zu 90 cm tiefer Graben mit schrägen Wänden erhält zunächst eine Lage Kies, darüber kommt Reisig, schließlich wird alles mit Oberboden bedeckt, damit eine ebene und natürliche Oberfläche entsteht.

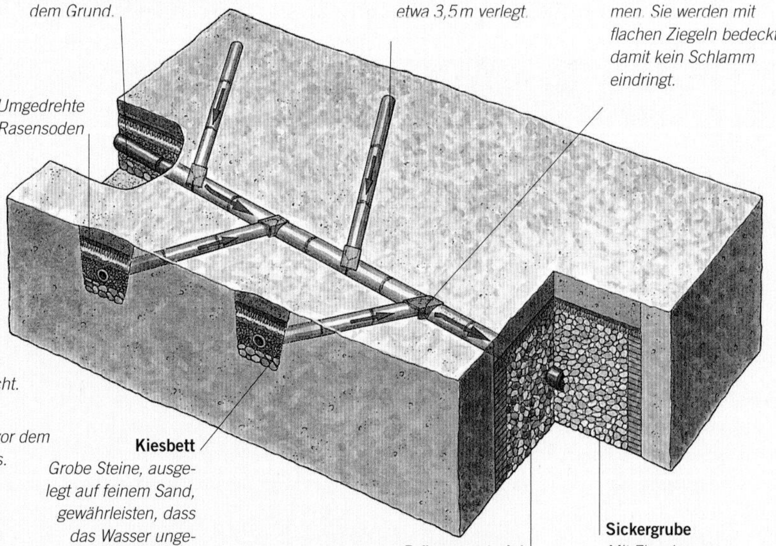

Gräben für Rohre
Die Rohre liegen mindestens 60 und bis zu 90 cm tief unter dem Grund.

Sammelrohre
Kunststoff- oder Tonrohre werden im Abstand von etwa 3,5 m verlegt.

Verbindungsrohre
Die Verbindungsstellen passen genau zusammen. Sie werden mit flachen Ziegeln bedeckt, damit kein Schlamm eindringt.

Umgedrehte Rasensoden

Kiesbett
Grobe Steine, ausgelegt auf feinem Sand, gewährleisten, dass das Wasser ungehindert in die Abflussrohre fließt.

Dränagematerial
Die Sickergrube wird mit Steinen, dann grobem Sand oder Kies gefüllt und mit umgedrehten Rasenstücken bedeckt.

Sickergrube
Mit Ziegel ausgekleidete Grube, etwa 2 m² groß und bis zu 2 m tief.

Rohrdränage mit Sickergrube
Ein dauerhaftes System entsteht aus perforierten Kunststoffrohren mit einem Durchmesser von 10–15 cm in Fischgrätanordnung. An einer flachen Stelle werden die Rohre schräg in Richtung Sickergrube verlegt. In Hanglage bringt man sie parallel zur Oberfläche ein.

Pflanzennährstoffe

Alle Obst- und Gemüsepflanzen benötigen eine ständige Zufuhr von Nährstoffen, um gute Erträge zu liefern. Die Grundlage für eine richtige Versorgung wird bei der Bodenvorbereitung geschaffen, gefolgt von kontinuierlicher Pflege. Bodennährstoffe entstammen verschiedenen Quellen: verwitterten Mineralien, zersetztem organischen Material, chemischen Reaktionen und Aufnahme aus der Luft. Durch Zugabe von Dünger und organischem Material wird der Gehalt an Nährstoffen beeinflusst *(siehe S. 20–23).*

Bormangel
Kohlgemüse leiden gelegentlich unter Bormangel. Häufig kommt es zu hohlen Trieben. Als wahrscheinlichste Ursache ist der Kalkgehalt im Boden zu hoch oder es gab eine übermäßige Kalkzufuhr, denn bei hohen pH-Werten wird Bor im Boden festgehalten, sodass es für die Pflanze nicht mehr zur Verfügung steht.

HAUPTNÄHRSTOFFE

Wichtige Pflanzennährstoffe sind Stickstoff, Phosphor und Kalium. Stickstoff fördert generell dass Pflanzenwachstum; besonders Blattgemüse *(siehe S. 123–128)* benötigt Stickstoff in großen Mengen, aber auch Obstarten wie Schwarze Johannisbeere, Pflaume und Birne *(siehe S. 146–237)* haben einen hohen Bedarf. Phosphor ist wichtig für die chemischen Abläufe in der Pflanze und lebensnotwendig für die Zellteilung, folglich für die Entwicklung der Triebe und Wurzeln. Kalium spielt im Stoffwechsel der Pflanze eine bedeutende Rolle und sorgt für Festigkeit, kräftigen Wuchs, Widerstandskraft gegen Krankheiten und für Farbe und Geschmack bei Gemüse und Obst.

Magnesium, Kalzium und Schwefel werden in geringeren Mengen benötigt. Magnesium ist wichtig für Chlorophyllbildung und wird zur Umwandlung von Licht in Energie gebraucht; es ist auch notwendig für den Transport von Phosphor in der Pflanze. Kalzium fördert das Wachstum. Schwefel ist ein wesentlicher Baustein der Proteine in lebenden Zellen. Spurenelemente sind in viel kleineren Mengen erforderlich. Zu den wichtigsten zählen Eisen, Mangan, Kupfer, Molybdän, Bor, Chlor und Zink.

BESTIMMUNG DES NÄHRSTOFFGEHALTS

Dass Nährstoffe im Boden gänzlich fehlen, ist selten. Ein niedriger Nährstoffgehalt infolge von Auswaschung durch Regen oder Überschwemmung oder wegen einer einseitigen Fruchtfolge kommt schon häufiger vor. Weitere Ursachen für Nährstoffmangel können Aufnahmeprobleme durch einen zu niedrigen pH-Wert *(siehe S. 18)*, der Überfluss an einem anderen Nährstoff oder eine schlechte Wurzelentwicklung sein, sodass die Pflanze nicht an die Reserven im Boden herankommt.

Die Bestimmung des Gehalts an Nährstoffen wie Stickstoff, Phosphor und Kalium im Gartenboden ist nicht einfach, besonders bei Stickstoff, der in verschiedenen Erscheinungsformen auftritt. Es gibt Mini-Sets zur Bestimmung des Nährstoffgehalts, aber für genauere Analysen sollte man Bodenproben an ein privates oder staatliches Labor schicken.

GEHALT AN HAUPTNÄHRSTOFFEN

Stickstoff wird in großen Mengen benötigt und leicht durch Regen ausgewaschen. Man verabreicht regelmäßige Gaben, aber Überschüsse sind zu vermeiden, sonst werden die Pflanzen mastig und bilden keine Früchte. Außerdem trägt die Überdüngung mit Stickstoff zur Nitratanreicherung des Grundwassers bei. Beim Düngen sind stets die Angaben des Herstellers zu beachten *(siehe S. 20–21).*

Phosphor wird im Boden gut gespeichert und ist meistens in ausreichenden Mengen vorhanden, außer auf umgebrochenen Wiesenflächen. Zusätzliche Gaben werden in gut gepflegten Gärten nur alle zwei oder drei Jahre notwendig.

Kalium liegt in tonigen Böden gewöhnlich ausreichend in austauschbarer Menge vor, es wird in Sandböden, gut durchlässigen und sauren Böden jedoch leicht ausgewaschen.

GEHALT AN SPURENELEMENTEN

Da Pflanzen nur ganz geringe Mengen an Spurenelementen benötigen, sind tatsächliche Mangelsymptome selten zu erkennen. Ein Mangel liegt am häufigsten bei alkalischen Böden vor, besonders bei leichten Böden, die unter Trockenheit leiden. Hier kommt es oft zu Eisenmangel, der zum Vergilben der Triebspitzen und der reifen Blätter führt, wobei die Blattadern grün bleiben. Dieses Symptom, das bei Fruchtgemüse häufig auftritt, bezeichnet man als Chlorose. Manganmangel tritt ebenfalls auf alkalischen Böden auf und bewirkt, dass ältere Blätter, beginnend am Rand vergilben. Auf sauren Böden wirken größere Mengen an Mangan schädigend für die Pflanzen. Bormangel kann auf leichten Böden nach hohen Kalkgaben vorkommen, Kohlgemüse reagiert darauf mit der Bildung hohler Triebe. Zu Zinkmangel kommt es bei ähnlichen Bedingungen; er hemmt das Wachstum der Triebe und Blätter. Auf sauren Böden kann Molybdän nicht aufgenommen werden, was bei Blumenkohl zu Wachstumsstörungen führt, da sich die Blattspreite nicht entwickelt.

Bodenreaktion

Kalk ist ein lebenswichtiger Bestandteil des Bodens, denn er beeinflusst dessen Fruchtbarkeit auf verschiedene Art und Weise. Kalk ist eine chemische Verbindung des Kalziums und dieses wiederum stellt ein wichtiges Element für ein gesundes Pflanzenwachstum dar.

DIE WIRKUNG VON KALK

Die Anwesenheit von Kalk bestimmt den Säuregrad des Bodens: je mehr Kalk vorhanden ist, umso weniger sauer ist der Boden. Das veranlasst die Mikroorganismen, organisches Material abzubauen, die in einem sehr sauren Milieu in der Regel nicht überleben. Der Säuregrad ist auch wichtig für den Transport von Nährstoffen, da manche wie Kaliumverbindungen in stark sauren Böden nicht mehr von den Pflanzen aufgenommen werden können. Andere wiederum reichern sich in wachstumsschädlichen Konzentrationen an *(siehe S. 17)*. Das Auftreten einiger Krankheiten hängt vom Säuregrad des Bodens ab. Die Kohlhernie zum Beispiel wird in sauren Böden begünstigt, Kartoffelschorf tritt häufiger in alkalischen Böden auf *(siehe Pflanzenprobleme, S. 246–264)*.

Kalk wirkt sich positiv auf die Struktur von Tonböden aus, indem er zur Bildung stabiler Ton-Humus-Komplexe beiträgt. Eine gute Krümelstruktur ist wichtig für eine ausreichende Belüftung des Bodens und die wirksame Speicherung von Wasser und Nährstoffen *(siehe S. 15)*.

Der Kalkgehalt hat auch Einfluss auf die Bodenlebewesen. Die Tätigkeit von Regenwürmern und Mikroorganismen, besonders von Bakterien, die Unmengen von organischem Material zu Humus *(siehe S. 14)* umsetzen, nimmt ab, wenn der Boden saurer wird.

PH-WERT DES BODENS BESTIMMEN

Um aus Kalk den größtmöglichen Nutzen zu ziehen und Problemen durch Kalkmangel oder -überschuss vorzubeugen, ist es jedoch notwendig zu verstehen, wie man den Säuregrad des Bodens misst und wie man ihn richtig einstellt. Der Säuregrad wird auf einer Skala von 0 bis 14 gemessen. Das Maß für den Säuregrad ist der pH-Wert. Der Bereich von 0 bis 7 gilt als sauer, der von 7 bis 14 als alkalisch. Bei einem pH-Wert von 7 verhält sich das Medium neutral. Gartenböden haben gewöhnlich einen pH-Wert zwischen 4,5 und 7,5 und die meisten Obst- und Gemüsepflanzen gedeihen bei pH 6,5 am besten. Diesen Wert sollte man für den Gartenboden anstreben.

Für den Hobbygärtner gibt es einfache und kostengünstige Methoden, den Säuregrad im Boden und den Bedarf an Kalk zu bestimmen. Kleine Testboxen sind in gut sortierten Gartencentern oder über Versandkataloge erhältlich; die Ergebnisse sind einfach zu lesen und recht zuverlässig.

PROBLEME MIT DEM PH-WERT

Der Säuregrad des Bodens beeinträchtigt die Aufnahme von Nährstoffen *(siehe S. 17)*. Somit stellt die Regulierung des pH-Werts durch Kalkzugabe ein wirksames Mittel dar, um die Verfügbarkeit von Nährstoffen zu beeinflussen. Manche Kalkformen enthalten auch Hauptnährstoffe; zum Beispiel geben Kalkammonsalpeter und Kalksalpeter Stickstoff ab und kohlensaurer Kalk enthält Magnesium und Kalzium.

Ein Boden mit zu hohem Kalkgehalt führt im Obst- und Gemüseanbau ebenso zu unbefriedigenden Ergebnissen wie ein Boden mit Kalkmangel. In stark alkalischen Böden können die Pflanzen wichtige Nährstoffe, die nur in geringen Mengen benötigt werden (Spurenelemente wie Eisen, Mangan und Kupfer) nicht mehr zu leicht aufnehmen *(siehe S. 17)*. Auf übermäßig kalkhaltigen Böden vergilbt das Laub von Apfel- und Birnbäumen oft zwischen den Blattadern, man spricht von Chlorose. Dies deutet darauf hin, dass die Aufnahme von Eisen oder Mangan behindert wird.

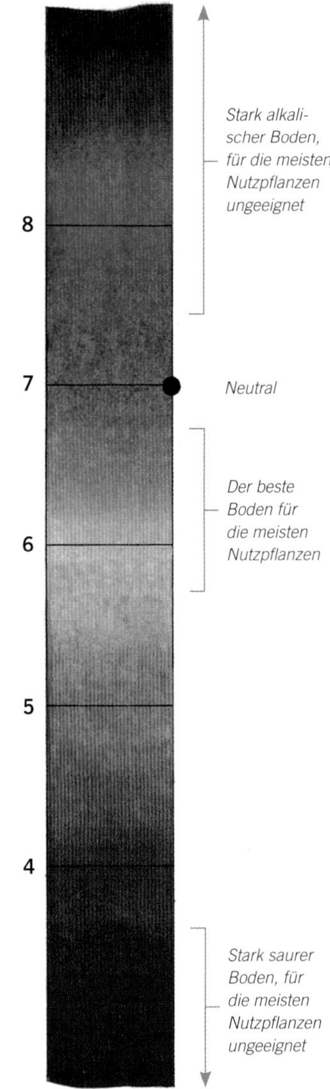

pH-Wert des Bodens
Gartenböden weisen in der Regel einen mittleren pH-Wert auf. Für den pH-Test wird Erde mit destilliertem Wasser vermengt; die Farbe der Lösung zeigt den pH-Wert an.

RICHTWERTE FÜR KALKGABEN

Ausgangs-pH-Wert	Menge an Kalk pro m², um pH 6,5 zu erreichen		
	Sand- oder kiesiger Boden	mittlerer Lehmboden	Moor- oder Tonboden
4,5	640g	920g	1150g
5,0	400g	650g	390g
5,5	225g	375g	470g
6,0	135g	190g	400g
6,5	0	0	0

Bodenverbesserung mit Kalk

1 Wiegen Sie ausreichend Kalk ab, um auf 1 m² des Gartens Kalk auszubringen. Geben Sie ihn in einen Behälter und markieren Sie die Höhe, sodass Sie den restlichen Kalk mithilfe des Gefäßes abmessen können. Markieren Sie die Fläche als 1 m² großes Gitter.

2 Verteilen Sie mit der Schaufel den Kalk vorsichtig und gleichmäßig über das markierte Quadrat.
Kalk bringt man besser an einem windstillen Tag aus, sodass er nicht verweht wird, denn er kann zur Verbrennung von Pflanzen führen.

3 Jedes Quadrat der zu verbessernden Fläche wird in gleicher Weise behandelt. Mit einer Harke wird der Kalk gleichmäßig über die Oberfläche verteilt und eingearbeitet. Man kann ebenso durch Umgraben den Kalk bis zu einer Tiefe von 15 cm einbringen.

KALK AUSBRINGEN

Es ist viel einfacher, den Säuregrad zu reduzieren als ihn zu erhöhen. Deshalb ist Vorsicht angebracht bei der Wahl der richtigen Kalkform. Branntkalk ist aggressiv und wirkt sofort; er wird bei schweren, stark sauren Böden eingesetzt. In Verbindung mit Wasser wird er heiß und wirkt ätzend. Kohlensaurer Kalk wirkt dagegen langsam und eignet sich für sandige und mittelschwere Böden. Algenkalk, der aus Meeresalgen hergestellt wird, ist besonders mild. Er wirkt langsam und eignet sich für leichtere Böden.

Die Höhe der erforderlichen Kalkgaben, um etwa einen sauren Boden auf einen pH-Wert von 6,5 anzuheben, hängt nicht nur vom tatsächlichen pH-Wert ab, sondern auch von der Bodenart: So setzt die chemische Beschaffenheit eines Tonbodens die Wirkung des Kalks stärker herab als die eines Sandbodens. Die Tabelle auf der linken Seite nennt Richtwerte für Kalkgaben. Der pH-Wert stark saurer Böden lässt sich nur allmählich erhöhen, sodass man in den Anfangsphasen der Bodenvorbereitung den pH-Wert regelmäßig kontrollieren sollte. Wird ein Bedarf von mehr als 400 g je Quadratmeter ermittelt, werden die Gaben über mehrere Jahre verteilt.

Unabhängig von der Menge wird die beste Wirkung dort erzielt, wo der Kalk lange vor der Pflanzung, am besten auf zwei oder mehrere Male verteilt im Herbst oder Winter, verabreicht wurde. So kann der Kalk Veränderungen im Boden allmählich und wirksamer in Gang setzen. Kalk wird mindestens drei oder vier Wochen nach dem Aufbringen und Einarbeiten von tierischem Mist ausgebracht. Dadurch vermeidet man, dass Stickstoffverbindungen in gasförmiges Ammoniak umgewandelt werden und Stickstoff entweicht. Kalk wird etwa 15 cm tief in den Boden eingearbeitet.

PH-WERT SENKEN

Regenfälle und beständiges Bewirtschaften und Beernten erhöhen allmählich den Säuregehalt des Bodens. Die Zugabe von elementarem Schwefel (Schwefelblüte) oder schwefelsaurem Ammoniak hat eine ähnliche Wirkung, die aber langsam eintritt. Sie hängt von der Aktivität der Bodenorganismen und somit der Bodenwärme ab. Zugabe von relativ teurer Schwefelblüte lohnt sich nur bei extremen Bedingungen, wenn man sich eine wesentliche Verbesserung erhofft.

TIPPS FÜR DIE SICHERHEIT

- **Bewahren Sie** Kalk oder Schwefel sorgfältig in deutlich beschrifteten und verschlossenen Behältern und vor Kindern geschützt auf.
- **Kalk oder Schwefel** nur an windstillen Tagen ausbringen.
- **Schützen Sie** die Augen mit einer Schutzbrille, die an den Seiten geschlossen ist.
- **Lange Hosen und Ärmel** sowie eng anliegende Handschuhe bieten Schutz.
- **Ein einfacher** Mundschutz verhindert, dass Kalk eingeatmet wird.
- **Keine Sorge:** Das Ausbringen von Kalk birgt keinerlei Risiken, wenn Sie diese einfachen Ratschläge befolgen.

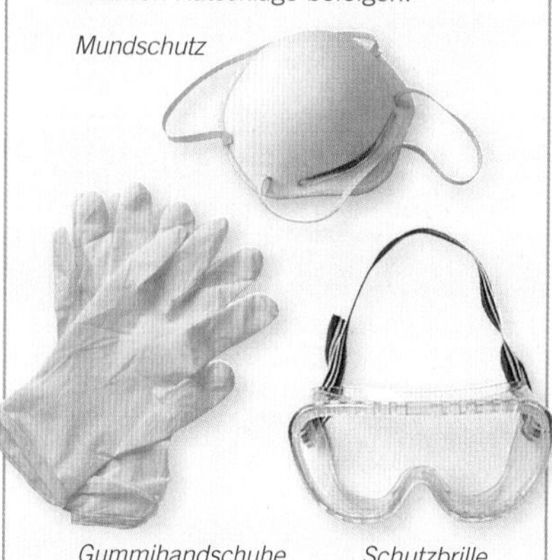
Mundschutz
Gummihandschuhe *Schutzbrille*

Düngung

Die meisten kultivierten Gartenböden verfügen über ausreichende Mengen an Nährstoffen *(siehe S. 17)*, vielleicht mit Ausnahme von Kalk *(siehe S. 18–19)*. Die Ernte entzieht dem Boden beträchliche Nährstoffmengen, dadurch braucht ein Obst- und Gemüsegarten mehr Düngung als ein Ziergarten. Um die Versorgung sicherzustellen, arbeitet man vor dem Pflanzen Düngemittel in den Boden ein *(Einzelheiten unten und auf S. 22)*, die Stickstoff, Phosphor und Kalium als Grundnährstoffe enthalten. Nach einer sorgfältigen Bodenvorbereitung *(siehe S. 37–40)* wird der Nährstoffgehalt durch jährliche schwache Düngergaben aufrechterhalten. Man gibt sie vor Beginn einer Kultur und düngt wachsende Pflanzen durch Kopfdüngung.

EINIGE WICHTIGE BEGRIFFE

Unter Wirtschaftsdünger versteht man Material, das direkt von Tieren und aus Pflanzenabfällen stammt. Dagegen bezeichnet »Dünger« jedes Material, das stärker konzentrierte Nährstoffmengen zuführt und als Pulver, Granulat oder Flüssigkeit erhältlich ist.

Wirtschaftsdünger ist zwangsläufig organischen Ursprungs; Düngemittel können organischer oder mineralischer Herkunft sein. Organische Substanzen stammen aus aufbereiteten Pflanzen- und Tierüberresten sowie tierischen Abfallprodukten. Mineralische Dünger sind nicht organische, industriell hergestellte Produkte, welche die Nährstoffe in Form von Mineralsalzen enthalten. Viele biologisch wirtschaftende Gärtner bevorzugen organische Dünger und verzichten nach Möglichkeit auf mineralische Düngemittel, weil sie deren Einsatz aus verschiedenen Gründen als inakzeptabel betrachten. Eine Ansicht lautet, dass organische Substanzen die Umwelt nicht so stark belasten, und dass biologisch angebautes Obst und Gemüse gesünder und schmackhafter ist.

CHEMISCHE BESTANDTEILE

Die Buchstaben N, P und K auf den Düngemittelpackungen sind die chemischen Symbole für Stickstoff, Phosphor und Kalium. Düngemittel enthalten Phosphor und Kalium als stabilere oder besser verfügbare chemische Verbindungen: Phosphor als Phosphat (P_2O_5) und Kalium als Kaliumkarbonat (K_2O). Die kurzen chemischen Symbole werden meist aus praktischen Gründen verwendet, aber die verschiedenen Beschreibungen verwenden meist den eingebürgerten Namen. Es gibt eine allgemeine Kennzeichnung für den Nährstoffanteil in Düngemitteln, die immer auf der Packung aufgedruckt ist. Sie gibt die Mengenanteile der Nährstoffe stets in der Reihenfolge N:P:K an. Ein Volldünger, bei dem das Zahlenverhältnis 20:10:10 aufgeführt ist, enthält demnach 20 Prozent Stickstoff, 10 Prozent Phosphat und 10 Prozent Kaliumkarbonat *(siehe auch Tabelle unten)*.

MINERALISCHE DÜNGER

Düngerart	durchschnittlicher Nährstoffgehalt in Prozent			Höhe der Gaben	Eigenschaften und Anwendung
	Stickstoff	Phosphat	Kali		
schwefelsaures Ammoniak	21	0	0	35–70 g/m² oder das 1,5-Fache für Starkzehrer	Ammoniumsulfat. Schnell wirkende, kristalline Stickstoffverbindung, besonders für die Folgedüngung. Für Kohlgemüse, Kartoffel, Sellerie, Lauch, Rote Bete, Birne, Pflaume, Schwarze Johannisbeere und Rhabarber.
schwefelsaures Kali	0	0	50	20–35 g/m²	Kaliumsulfat. Im Vergleich dazu hat Kaliumchlorid eine höhere Kaliumkonzentration und ist billiger, im Übermaß wirkt es jedoch giftig, besonders bei Tomaten, Stachelbeeren und Roten Johannisbeeren. Das relativ teure Kaliumnitrat ist in Flüssigform erhältlich. Kalium ist wichtig für Fruchtqualität, ausgewogenes Wachstum und Widerstand gegenüber Krankheiten.
Tripelsuperphosphat	0	47	0	35–75 g/m²	Rasch wirksame, konzentrierte Form von Phosphat, am besten 20 cm tief einarbeiten. Phosphat ist lebenswichtig für Zellteilung und Wurzelwachstum. Es wird kaum ausgewaschen, daher jährlich nur in kleinen Mengen geben. Stallmist und Kompost erhalten die geeignete Menge. Superphosphat enthält nur etwa 18–21 % Phosphat.
Mehrnährstoffdünger	7	7	7	135–210 g/m²	Universaldünger, geeignet für die Folgedüngung auf gut vorbereiteten Beeten. Versorgt den Boden mit allen Hauptnährstoffen.
stickstoffbetonter Dünger	20	10	10	35–70 g/m²	Mineraldünger für die Grunddüngung; gleichmäßig über die Oberfläche verteilen, damit keine nicht versorgten Stellen bleiben. Am besten eignet sich die Granulatform. Die Zusammensetzung 20:10:10 ist für Blattgemüse geeignet.

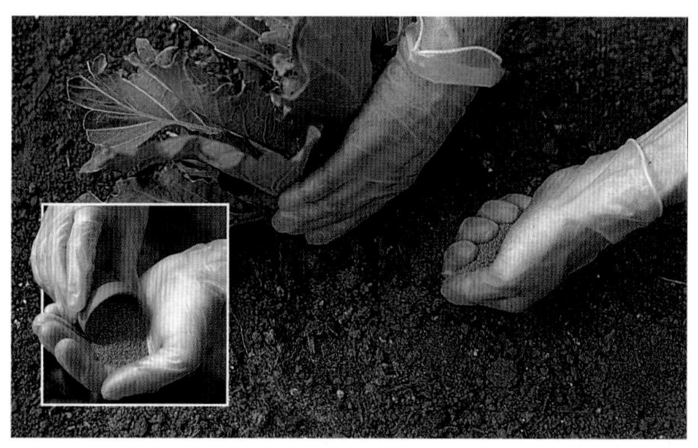

Kopfdüngung bei Gemüse
Wiegen Sie die Düngermenge für 1 m² ab und messen Sie in einem kleinen Gefäß genau ab. Ziehen Sie Handschuhe an und streuen Sie den Dünger gleichmäßig über den Wurzelbereich der Pflanze. Es sollte kein Dünger auf das Gemüse kommen, da die Blätter sonst verbrennen.

DÜNGEMITTEL AUSBRINGEN

Tragen Sie Handschuhe und treffen Sie Schutzmaßnahmen, damit Sie Schwebstoffe aus der Luft nicht einatmen, wenn Sie mit irgendeiner Art von Dünger oder Tiermist umgehen. Wenn Sie eine Grunddüngung vor dem Pflanzen ausbringen, markieren Sie die Fläche am besten rasterartig und messen Sie mindestens ein Quadrat aus, um die Fläche abzuschätzen. Wiegen Sie die entsprechende Menge ab, markieren Sie deren Volumen in einem Gefäß, das Sie dann zum weiteren Abmessen verwenden. Arbeiten Sie den verteilten Dünger mit einer Harke bis zu 10 cm tief ein. Somit ist das Beet für die meisten Pflanzungen und Saaten vorbereitet. Alle Düngemittel brauchen Feuchtigkeit, um wirken zu können. Deshalb empfiehlt es sich mit dem Ausbringen bis kurz vor einem Regen zu warten oder man wässert trockenem Boden nach der Düngergabe.

Flüssigdünger lassen sich mit dem Gießwasser entlang der Pflanzenreihen oder um jede einzelne Pflanze herum verabreichen. Man gießt die Lösung immer über feuchten Boden, um die Nährstoffe gleichmäßig zu verteilen. Flüssigdünger werden verdünnt auch als Blattdüngung mit einer Gießkanne oder Sprühflasche ausgebracht, wobei man die Blätter vollständig benetzen muss. Man darf eine Blattdüngung niemals in praller Sonne durchführen, da die Blätter sonst leicht verbrennen.

MINERALISCHE DÜNGEMITTEL

Mineralische Dünger werden oft als Kunstdünger bezeichnet. Diese Düngemittel wirken schnell, sie sind oft wirksamer als organische Dünger und weisen einen gleichmäßigen Nährstoffgehalt auf. Meist fehlen jedoch die Spurenelemente und die Wirkung ist von nur kurzer Dauer. Sie nutzen eher direkt der Pflanze als dem Boden.

Einzelnährstoffdünger enthalten nur einen der Hauptnährstoffe Stickstoff, Phosphat oder Kalium, um den Mangel eines bestimmten Elements zu beheben. Die durchschnittliche Nährstoffkonzentration ist auf der Packung angegeben *(siehe Tabelle gegenüber)*. Sogenannte Mehrnährstoffdünger enthalten eine Kombination aus mehreren Verbindungen. Einzelnährstoffdünger sind als Pulver und Granulat erhältlich, während Mehrnährstoffdünger fast ausschließlich als Granulat verkauft werden, das einfacher auszubringen ist. Mineraldünger sind auch in flüssiger Form erhältlich und werden mit dem Gießwasser oder zur Kopfdüngung verabreicht, um das Wachstum zu fördern oder Nährstoffe zu ergänzen.

Wo Einzelnährstoffdünger zur Grunddüngung eingesetzt werden, ist zu beachten, dass Phosphor und Kalium von den Pflanzen langsamer aufgenommen werden als Stickstoff. Die idealen Zeiten, um diese Nährstoffe auszubringen, sind der Herbst und der Frühling. Mehrnährstoffdünger wird dann gegeben, wenn es notwendig erscheint.

Mineralische Stickstoffdünger eignen sich zum Beispiel für eine gezielte Folgedüngung. Der Dünger soll aber nicht mit den Trieben oder Blättern in Berührung kommen, weil diese sonst Verbrennungen erleiden. Eine Nachdüngung wird stets mit einer Harke oberflächlich eingearbeitet. Die Angaben in der Tabelle *(siehe gegenüber)* sind für humusreiche Böden etwas zu hoch. Im Interesse der Ökologie und um den Garten vor Schäden zu bewahren, setzen Sie Düngemittel nur begrenzt ein. Durch sorgfältiges Beobachten erfahren Sie viel über den tatsächlichen Bedarf.

ORGANISCHE DÜNGEMITTEL

Im Nutzgarten werden konzentrierte organische Düngemittel zusätzlich zur mineralischen Düngung verwendet. Handelsübliche organische Dünger *(siehe Tabelle S. 22)* sind gewöhnlich ziemlich teuer und die Hauptnährstoffe liegen weniger konzentriert vor als in Mineraldüngern. Aber sie haben den Vorteil, dass sie Spurenelemente enthalten, die dem synthetischen Dünger oft fehlen, und dass sie langsam wirken, weil die Nährstoffe allmählich freigesetzt werden, wenn die Substanz im Boden abgebaut wird. Diese Freisetzung hängt von der Bodentemperatur ab, weil die Aktivität der beteiligten Bodenorganismen mit zunehmender Wärme steigt. Die organische Düngung zielt somit hauptsächlich darauf ab, das Bodenleben zu ernähren.

Alle Bodenarten ziehen Nutzen aus organischem Material, das den Humusanteil erhöht und die Regenwurmtätigkeit fördert. Dadurch wird die Bodenstruktur verbessert, was wiederum die Speicherkapazität für Wasser erhöht und den Lufthaushalt verbessert, Bodentemperatur und Wasserführung werden positiv beeinflusst *(siehe S. 14–16)*.

Hornmehl- oder -späne und Fischmehl sind konzentrierte organische Düngemittel, die für die Grunddüngung zu empfehlen sind. Viele Biogärtner empfehlen Flüssigdünger aus Beinwell- oder Seegrasextrakt, beide sind reich an Mineralien.

WIRTSCHAFTSDÜNGER

Diese tragen wesentlich mehr zu einer guten Bodenstruktur bei als die

Den Dünger verteilen
Den abgemessenen Dünger streut man auf das Beet (hier ein Saatbeet). Er wird eingearbeitet, indem man einen Rechen leicht und gleichmäßig über die Erde zieht.

konzentrierten organischen Düngemittel. Sie werden meist als Bodenverbesserer verwendet, aber auch zum Mulchen eingesetzt *(siehe S. 41–42)*. Wirtschaftsdünger sind oft schwer zu bekommen sowie zu transportieren und das Ausbringen ist wesentlich arbeitsintensiver, aber die Arbeit lohnt sich. Gartenkompost hat den Vorteil, dass er in großer Menge anfällt und an Ort und Stelle hergestellt wird *(siehe S. 24–26)*.

Die häufigste Form von Wirtschaftsdünger ist Stallmist. Darunter versteht man eine variable Mischung aus Mist, Jauche und Einstreu, gewöhnlich Stroh. Meist handelt es sich um Rindermist, aber Schweine- und Hühnermist können darunter gemischt werden. Der Gehalt an Nährstoffen schwankt und ist niedrig *(siehe Tabelle)*. Pferdemist hat gewöhnlich einen ziemlich hohen Anteil an Stroh und einen höheren Nährstoffgehalt; er eignet sich hervorragend zur Verbesserung der Bodenstruktur.

Verwenden Sie nur abgelagerten, reifen Mist, in dem die Einstreu vollständig zersetzt wurde. Frischer Mist setzt beim Verrotten Ammoniak frei, das die Pflanzen schädigen kann. Wenn der Tiermist nicht schon im Freien abgelagert wurde, schichtet man ihn zuerst zu einem Haufen auf, der abgedeckt mindestens sechs Monate ruhen muss, bevor er verwendet wird.

Gebrauchtes Pilzsubstrat besteht aus Stroh, das mit Pferdemist oder einem stickstoffreichen Düngemittel gut kompostiert wurde, und der Außenschicht mit dem Myzelgeflecht, gewöhnlich eine Mischung aus Torf und Steinmehl oder Kalk. Der Stickstoffgehalt des Pilzsubstrats entspricht etwa dem von Stallmist.

Klärschlämme sind als Düngemittel nicht zugelassen und Abfälle erscheinen ebenso bedenklich.

ANWENDUNG VON WIRTSCHAFTSDÜNGERN

Stallmist und andere Wirtschaftsdünger werden meist im Herbst oder Winter beim Umgraben des Bodens ausgebracht *(siehe S. 37–40)*. Den meisten Nutzpflanzen bekommt es am besten, wenn der Wirtschaftsdünger gleichmäßig, etwa spatentief in den Boden eingearbeitet wird *(siehe S. 38)*. Als eine andere Möglichkeit kann man das Material den Winter über als dicke Schicht - über die Bodenoberfläche verteilt - aufbringen und im zeitigen Frühjahr in den Boden einarbeiten. Ein nennenswerter Teil dieser Mistschicht wird bereits durch die Tätigkeit der Regenwürmer in den Oberboden eingetragen. Aufgrund dieser natürlichen Aktivität dringt zwar das Material nicht tief ein, dennoch eignet sich die Methode gut für sandige Böden. Sie werden dabei vor strenger Winterwitterung geschützt und die verbleibenden Reste lassen sich im Frühjahr leicht einarbeiten. Allgemein gilt: Je mehr gut abgelagerter Wirtschaftsdünger im Zuge der Bodenvorbereitung für einen Nutzgarten eingearbeitet wird, umso besser. Man rechnet mit etwa 5 kg/m².

GRÜNDÜNGUNG

Sie stellt eine Alternative zu Stallmist und Kompost dar. Als Gründünger eignet sich eine Reihe von Pflanzen, die entweder

ORGANISCHE DÜNGEMITTEL

Dünger	Nährstoffgehalt in Prozent			Höhe der Gaben	Eigenschaften und Anwendung
	Stickstoff	Phosphat	Kali		
Blutmehl	10–12	0	0	70 g/m² trocken oder in 1 l Wasser	Blutmehl eignet sich zur Grunddüngung, als Kopfdüngung fördert es das Wachstum. Es wird als Pulver oder flüssig ausgebracht.
Blut-, Fisch- und Knochenmehl	3,5	8	5	135 g/m²	Der Einsatz erfolgt mehrere Wochen vor der Aussaat oder Pflanzung. Geeignet auch zur Kopfdüngung.
Hornmehl	7–15	1–10	0	135 g/m²	Langzeitdünger mit variabler Nährstoffkonzentration, geeignet zur Grunddüngung. Erhöht den Kalziumgehalt im Boden.
getrockneter Hühnermist	2–5	1–4	1–2,5	135 g/m²	Getrockneter Hühnermist ist im Fachhandel erhältlich und einfacher auszubringen als die natürliche Form. Hühnermist enthält mehr Stickstoff als Stallmist. Zur Grunddüngung verwenden.
abgelagerter Stallmist	0,5	0,25	0,5	5 kg/m²	Der am häufigsten eingesetzte Wirtschaftsdünger. Das NPK-Verhältnis variiert je nach Kompostierung, Strohanteil und Lagerzeit; Pferdemist hat gewöhnlich höhere Konzentrationen. Verbessert die Bodenstruktur.
gebrauchtes Pilzsubstrat	0,7	0,3	0,3	5 kg/m²	Die Eigenschaften variieren je nach Alter. Geeignet hauptsächlich zur Verbesserung der Bodenstruktur. Niedriger Nährstoffgehalt. Durch den hohen Kalkgehalt kann der pH-Wert im Boden ansteigen.

Vernachlässigter Boden
Humusarme Böden besitzen eine schlechte Bodenstruktur. Die Speicherfähigkeit kann bei leichten Böden mit schlechter Struktur ein besonderes Problem darstellen. Wirtschaftsdünger tragen in allen Böden zur Verbesserung bei.

Mist ausbringen
Leichte Böden werden vor Winterniederschlägen geschützt, indem man eine 5–8 cm dicke Schicht aus gut abgelagertem Stallmist aufbringt. Der Großteil wird von Regenwürmern eingemischt, den Rest arbeitet man im Frühjahr ein.

breitwürfig oder in sehr dichten Reihen ausgesät werden. Man mäht sie jung ab, zerkleinert sie am besten und arbeitet sie oberflächlich in den Boden ein. Hier verrotten die Pflanzenteile rasch, setzen die darin enthaltenen Nährstoffe frei und helfen so bei der Humusbildung.

Wenn ein Nutzgarten richtig angelegt und der Boden gut vorbereitet wurde, trägt die Gründüngung dazu bei, die Fruchtbarkeit zu verbessern und zu erhalten. Gründüngung ist hilfreich für die Humusbildung und dient zur Erhaltung der Bodenstruktur; sie reicht aber allein nicht aus.

Gute Planung ist wichtig, damit die Gründüngung Erfolge zeigt. Man sollte sich schon überlegen, welche Pflanzen und an welcher Stelle innerhalb der Fruchtfolge ausgesät werden. Auch das Alter der Pflanzen zum Zeitpunkt der Einarbeitung in den Boden ist zu bedenken. Die Bodenart und der Nährstoffgehalt beeinflussen den Erfolg der Gründüngung. Besonders für Sandböden erweist sich die Gründüngung als nützlich, vor allem wenn die Pflanzen den Winter über auf der Fläche stehen. Dadurch wird der Boden festgehalten und Nährstoffe, die sonst ausgewaschen würden, werden von den Pflanzen aufgenommen.

Gründüngungspflanzen können jedoch in Trockenperioden dem Boden die Feuchtigkeitsreserven entziehen. Vor dem Einarbeiten werden die Pflanzen zerkleinert, um die Zersetzung zu beschleunigen.

GRÜNDÜNGUNG PLANEN

Die Gründüngung stellt lediglich eine Ergänzung zu anderen Humuslieferanten und Düngemitteln dar, sie ist jedoch kein Ersatz dafür. Darüber hinaus eignet sich eine Gründüngung besser für Flächen mit kurzlebigen Nutzpflanzen als für Beete, auf denen mehrjährige Arten wachsen.

Von allen Nährstoffen liefern die Gründüngungspflanzen am meisten Stickstoff. Um den größtmöglichen Nutzen daraus zu ziehen, plant man kurze Abstände zwischen Ausbringen und Ernte ein. Der beste Zeitpunkt, um diese Pflanzen einzuarbeiten ist dann, wenn sie kurz vor der Blüte stehen. Lassen Sie die Pflanzen nicht zu lange im Boden, damit sie nicht an der Basis strohig werden. Denn dann wird beim Abbau der organischen Substanz dem Boden vorübergehend Stickstoff entzogen.

GRÜNDÜNGUNGSPFLANZEN

Geeignete Gründünger müssen nach der Aussaat rasch wachsen, um viel organisches Material zu liefern. Gute Einjährige sind Wicken und einjährige Lupinen, beide besitzen Wurzelknöllchen, die aus der Luft Stickstoff aufnehmen. Ebenfalls geeignet sind Winterraps *(Brassica napus)* und Weißer Senf *(Sinapis alba)*, die schnell wachsen und rasch wieder abgebaut werden.

Mehrjährige Gründüngungspflanzen sind Beinwell *(Symphytum officinale)* und Borretsch *(Borago officinale)*. Deutsches Weidelgras *(Lolium perenne)* ist wegen seines weitreichenden Wurzelwachstums von Nutzen. Die oberirdischen Pflanzenteile aller mehrjährigen Gründüngungspflanzen werden vor dem Ausbringen abgeschnitten. Sind die Pflanzen schon übermäßig ausgereift, gehören sie eher auf den Komposthaufen als in den Boden.

Gründüngung ausbringen

1 **Gründüngungspflanzen** werden zerkleinert, wenn sie 15–20 cm hoch und noch grün und weich sind. Man lässt sie zum Welken zwei bis drei Tage liegen.

2 **Die welken Pflanzenteile** mischt man durch spatentiefes Umgraben ein (*siehe S. 38*).

Kompostbereitung

Verrotteter Pflanzenabfall bedeutet eine wertvolle Quelle für organisches Material, das dazu beiträgt, den Boden zu verbessern sowie seinen Nährstoffhaushalt zu erhalten.

Kompost stellt eine praktische Alternative zu Stallmist *(siehe S. 22)* dar, der für Hobbygärtner oft schwer zu bekommen ist. Gartenkompost hat einen niedrigen Nährstoffgehalt, ist aber reich an Humusstoffen *(siehe S. 14)*.

Anzustreben ist ein dunkel gefärbtes, krümeliges Material von gleichmäßiger Konsistenz, das gut zu handhaben und nicht zu nass ist. Dazu muss der Komposthaufen ausreichend belüftet werden, damit die Abbauvorgänge zügig vonstattengehen.

KOMPOSTBEHÄLTER

Für die Kompostbehälter wählt man an einer schattigen Stelle einen Bereich mit Sichtschutz, vielleicht in der Nähe der Küche. Abhängig von der Größe des Gartens, der Material liefert, und dem verfügbaren Platz werden mindestens zwei benachbarte Behälter mit einem Platzbedarf von je 1–1,5 m² eingeplant. Das hat den Zweck, dass man den Kompost wenden und umsetzen kann. Diese Arbeit lohnt sich, weil dadurch mehr Sauerstoff zugeführt wird.

Die Behälter werden entweder über eine 20 cm hohe Schicht aus dünnen Zweigen vom Gehölzschnitt gesetzt oder man versieht sie mit einem Boden aus starkem Maschendraht, der über Ziegelsteine gelegt wird. Beide Methoden ermöglichen eine Luftzirkulation in Bodenhöhe.

Man kann die Behälter selbst bauen *(siehe links)*. Die Wände können aus stabilen Holzbrettern, nicht imprägnierten Paletten, aus Beton oder sogar aus Strohballen bestehen. Die Vorderseite wird am besten aus abnehmbaren Brettern gebaut, die man nach und nach einsetzt, wenn der Komposthaufen an Höhe gewinnt. Eine Abdeckung ist notwendig, damit der Kompost nicht zu nass wird. Sie muss aber so angebracht sein, dass an der Oberfläche noch Luftaustausch stattfindet.

MATERIAL FÜR DEN KOMPOST

Zur Kompostierung eignen sich alle organischen Stoffe aus Garten und Küche. Stickstoffhaltige Materialien wie Laub und tierischer Mist beschleunigen die Zersetzung. Im Komposthaufen muss ein Gleichgewicht an Materialien herrschen, um die Luftzirkulation zu gewährleisten. Werden immer wieder auch teilweise verholzte Stoffe beigemischt, kann sich der Haufen nicht verdichten.

Im Sommer fallen krautige Abfälle im Übermaß an, aber gegen Jahresende enthält das Kompostmaterial nur noch wenig Stickstoff. Die Temperaturen gehen ebenfalls zurück und verlangsamen den Zersetzungsprozess. Zu diesem Zeitpunkt wird die Rotte durch Zugabe von Stickstoff in Form einer 5 cm dicken Schicht aus Tiermist, versetzt mit Einstreu von Hühnern oder Kaninchen, gefördert.

Rasenschnitt, Falllaub und ausgeputzte Teile von Zierpflanzen eignen sich zum Kompostieren genauso gut wie Ernterückstände von Gemüse und Obst- und Gemüseabfälle aus der Küche. Kohlblätter und -strünke, am besten zerkleinert, Erbsen und Bohnenpflanzen samt Wurzeln dürfen auf den Kompost. Nicht verwertetes Wurzelgemüse wird

Bau eines Kompostsilos

1 Zwei Kanthölzer auf den Boden legen. Bretter an jedem Ende im Abstand von 1 cm mit Nägeln befestigen. 8 cm über dem Boden beginnen. Man braucht zwei Seitenwände.

2 Die Seiten aufstellen und zwei Holzbretter oben an beiden Seiten mit Nägeln befestigen, damit die Seitenteile im richtigen Abstand stehen. Mit der Rückseite ebenso verfahren.

3 Am Boden der Vorderseite wird ein Brett festgenagelt, auf einer Linie mit den unteren Brettern der Seiten und des Rückteils. Die beiden stabilisierenden Bretter entfernen.

4 Zwei Latten an den vorderen Pfosten mit Nägeln befestigen. Einen Zwischenraum zum Bretter durchschieben lassen. Unten ein Stück Holz als Stopper annageln.

5 Ziehen Sie jedes Brett für die Vorderfront zwischen den Latten probeweise hoch, um sicher zu sein, dass sie richtig passen. Überstehende Enden abschneiden.

6 Streichen Sie den Behälter mit einem Holzschutzmittel auf Wasserbasis an. Binden Sie um die vorderen Pfosten eine feste Nylonschnur, damit sich die Seiten nicht verbiegen.

zerkleinert hinzugefügt, vorausgesetzt es ist frei von Schädlingen und Krankheiten. Zweifel gibt es oft bei Rhabarberblättern, aber sie eignen sich ebenfalls. Triebe von Kartoffelpflanzen, die an der Kraut- und Knollenfäule erkrankt sind, lassen sich in einem gut funktionierenden Komposthaufen, in dessen Innern hohe Temperaturen erreicht werden, verwerten. Ein- und mehrjährige Unkrautpflanzen sind ebenfalls reich an Stickstoff und werden ebenfalls kompostiert.

Abfall vom Heckenschnitt und dünnere Äste vom Gehölzschnitt werden zersetzt, sofern man sie vorher zerkleinert. Für diesen Zweck lohnt sich die Anschaffung eines kleinen Häckslers. Auch andere nicht als selbstverständlich geltende Materialien können in kleinen Mengen kompostiert werden, solange sie aus Naturstoffen bestehen: Zeitungspapier und Pappe müssen zerkleinert werden; sogar Reste aus Baumwolle und Wolle eignen sich für den Komposthaufen, aber die Zersetzung dauert viel länger als bei anderem organischem Abfall.

UNGEEIGNETE MATERIALIEN

Obwohl die Hitze, die in einem richtig angesetzten Komposthaufen entsteht, viele Pflanzenschädlinge und Krankheitserreger *(siehe Pflanzenprobleme, S. 246–264)* abtöten würde, gehören erkrankte Pflanzenteile nicht auf den Kompost. Das gilt strikt für alle Pflanzen, die von Kohlhernie, Sternrußtau, Obstbaumkrebs oder Grauschimmel befallen sind. Ebenso sollte man die Wurzeln von Kohlgemüse anderweitig entsorgen, da diese erkrankt sein könnten. Gleiches gilt für Kartoffeln.

Samen, Wurzeln, Zwiebeln, Knollen und fleischige Teile von Unkrautpflanzen sollten nicht auf den Kompost kommen, da sie unter Umständen den Zersetzungsprozess überleben. Alle unterirdischen Teile beispielsweise von Quecke, Ampfer, Brennnessel und Sauerklee sind ungeeignet. Auch einjährige Unkräuter, die reichlich Samen bilden, dürfen nicht auf den Kompost.

Grasschnitt und Stroh, die dem Kompost beigemengt werden, sollten nicht kurz zuvor mit einem Herbizid behandelt worden sein. Es besteht die Gefahr, dass später die Nutzpflanzen darunter leiden, wenn derartig verunreinigter Kompost in den Boden gelangt.

Natürlich haben alle nicht organischen Stoffe wie Metalle, Kunststoff und Glas nichts auf dem Kompost zu suchen. Gekochte Speisereste sind zu vermeiden, ebenso gewachste Schalen von Zitrusfrüchten und Fleisch, denn es könnte Ratten anlocken.

Geschichtetes Material
15–20 cm starke Schichten aus unterschiedlich strukturierten Materialien wechseln mit Stroh ab.

Verrottetes Material
Im Verlauf der Rotte nimmt das Volumen ab und der Haufen sackt zusammen.

Kompostieranlage mit zwei Behältern
Der erste Behälter wird abwechselnd mit den verschiedenen organischen Abfällen befüllt. Man deckt den Komposthaufen mit einer schwarzen Kunststofffolie oder einem alten Teppich ab, damit er feucht und warm bleibt. Wenn der Behälter voll ist, und der Inhalt teilweise zersetzt wurde, schichtet man das Ganze in den zweiten leeren Behälter um und beginnt erneut mit dem Befüllen des ersten. Der ältere schwarze und krümelige Kompost kann verwendet werden.

Kompostbeschleuniger
Spezielle Zusätze beschleunigen den Zersetzungsprozess und empfehlen sich dort, wo wenig krautiges Pflanzenmaterial anfällt. Schwefelsaures Ammoniak wirkt aktivierend.

KOMPOST AUFSETZEN

Setzen Sie den Komposthaufen aus jeweils etwa 15 cm starken Schichten auf, die sich während des Rottevorgangs vermischen. Im Idealfall werden die verschiedenen Stoffe an einem Platz neben den Behältern gelagert, bis sich genug Material angesammelt hat, um eine entsprechende Schicht einzufüllen. Die Zusammensetzung spielt für ein gutes Gelingen eine wichtige Rolle. Zusätzlich empfiehlt es sich, zerkleinertes, feuchtes Stroh in gleicher Stärke über jede Schicht zu geben, um die Belüftung zu gewährleisten. Verwenden Sie nicht nur eine Sorte von Pflanzenmaterial wie Rasenschnitt, der leicht zu festen Paketen verklebt und eine faulige Masse bildet. Dadurch wird die Luftzufuhr beeinträchtigt und der Zersetzungsprozess verlangsamt sich.

Der Kompost darf nicht vernässen, denn das führt zu Ausschluss von Sauerstoff und zu niedrigeren Temperaturen. Der Kompost sollte immer abgedeckt sein, um den Regen abzuhalten und um die Wärme und die Feuchtigkeit im Innern zu erhalten. Der Kompost darf auch nicht zu trocken sein, denn fehlende Feuchtigkeit verlangsamt die Zersetzung ebenfalls. In heißen Sommern muss man den Komposthaufen sogar wässern.

Beim Rottevorgang entsteht durch die Aktivität der Mikroorganismen

Wärme. So kann ein richtig aufgesetzter Komposthaufen innerhalb von drei bis vier Wochen Temperaturen um 70 °C erreichen. Große Kompostmengen müssen von Zeit zu Zeit umgeschichtet werden, wobei das teilweise zersetzte Material aus einem vollen Behälter in einen leeren umgefüllt wird. Dabei schiebt man die weniger gut zersetzten Teile von den Seiten des Behälters in die Mitte des neu aufgesetzten Kompostes, wo der Abbau schneller vonstattengeht. Ein voller Behälter sollte mindestens einmal umgesetzt werden, je öfter desto besser.

Die Geschwindigkeit des Zersetzungsvorgangs hängt von der Art des Abfalls, aber vor allem von der richtigen Behandlung des Kompostes ab. Ein Komposthaufen, der sorgfältig aufgeschichtet und regelmäßig umgesetzt wird und geeignete Zusätze erhält, kann innerhalb von sechs Monaten gebrauchsfertig sein, obwohl man besser ein Jahr einplanen sollte.

ANAEROBES KOMPOSTIEREN

Nicht immer hat man die Möglichkeit, den Kompost in idealer Art und Weise aufzusetzen. Es lohnt sich dennoch, Wirtschaftsdünger herzustellen, indem man einfach Pflanzenreste in Kunststoffsäcken übereinanderstapelt. Man verwendet dafür möglichst viele Materialien – so wie bei einem traditionellen Komposthaufen. Bei dieser Methode kann viel weniger Luft eindringen, daher spricht man von anaerober Kompostierung. Die vollständige Zersetzung dauert länger, mindestens ein Jahr und bis zu zwei Jahre.

LAUBKOMPOST

Gesammeltes Herbstlaub kann sich zu kompakten Schichten verkleben, wenn es nicht mit anderen Stoffen vermischt wird, bevor man es auf den Kompost gibt. Falllaub wird am besten getrennt in einem Behälter kompostiert, der zwar eine ähnliche Größe wie eine Komposttonne hat, aber an den Seiten mit einem Netz oder Maschendraht versehen ist. Blätter zersetzen sich langsam und es dauert mindestens ein Jahr, bis der Kompost fertig ist. Dieser hat jedoch eine gute Struktur und eignet sich hervorragend zum Mulchen und als Zusatz für Topferde. Eichen- und Buchenblätter ergeben einen besonders hochwertigen Laubkompost.

Kompost ausbringen
Der Kompost ist fertig, wenn er zu einer krümeligen, dunklen Masse mit wenig groben Bestandteilen abgebaut ist. Er dient als Mulchmaterial oder wird in die Beete eingearbeitet.

Kompost aus der Wurmkiste

Kompostwürmer verwandeln Küchenabfälle innerhalb von zehn Wochen in feinen Wurmhumus. Verwenden Sie keine Abfälle von Zwiebeln und Lauch und keine Zitrusfrüchte, die das Gemisch stark ansäuern können. Eierschalen wirken der Versäuerung entgegen. Fleisch- und Molkereiprodukte können Fliegen und Ungeziefer anlocken, wenn die Kiste nicht richtig verschlossen wird. Eingefüllt wird in dünnen Schichten.

Kompostwürmer

Küchenabfälle *Gut zerkleinerte Abfälle werden gut vermischt.*

Kompostiertes Material *Die Würmer arbeiten sich von unten nach oben durch.*

Dränagematerial *Überschüssiges Wasser läuft zwischen Brettern oder durch ein Vlies in die Schicht aus Kies oder Tonscherben ab.*

Abdeckung *Lagen von Zeitungspapier halten Wärme und Feuchtigkeit.*

Aktive Schicht *Die Würmer gedeihen am besten unter warmen, dunklen Bedingungen.*

Erste Schicht *Feuchtes Stroh, zerkleinertes Zeitungspapier oder verrotteter Mist*

Abflusshahn *Überschüssiges Wasser regelmäßig ablassen*

WURMHUMUS

Diese Kompostbereitung in kleinem Maßstab eignet sich besonders bei beschränkten Platzverhältnissen oder zur Verwertung von Küchenabfällen. Der so gewonnene nährstoffreiche Kompost wird vor allem in trockenem Zustand der Topferde beigemengt. Wurmkisten sind in verschiedenen Größen und Ausführungen erhältlich; auch eine Kunststofftonne, eine Holzkiste oder jeder feste Behälter kommen dafür infrage. Die Wurmkiste muss einen Deckel und eine gute Dränage haben. Sie wird an einem geschützten, frostfreien Platz aufgestellt. Kompostwürmer ähneln kleinen Regenwürmern, sind aber dunkelrot. Man kann sie in verrottetem Mist oder Pflanzenabfall finden und es gibt sie im Gartencenter oder bei Zuchtbetrieben zu kaufen.

Das Verfahren verlangt ein bisschen Fingerspitzengefühl: Als unterste, etwa fingerdick aufgebrachte Schicht dient Komposterde. Darüber kommen Küchenabfälle und ein Gemisch aus Pferdemist und nassem Zeitungspapier. Die Würmer zersetzen die Mischung zu Kompost.

Den Garten planen

Die Größe und die Gestaltung eines Gartens wird von vielen Faktoren bestimmt. Wenn auch beim Anbau von Obst und Gemüse praktische Überlegungen an erster Stelle stehen, sollte man sich bemühen, das Beste aus diesen Pflanzen herauszuholen und sie gleichwohl als dekorative Elemente zu betrachten. Sie bieten meist nicht die gleiche Mannigfaltigkeit an Aussehen wie Zierpflanzen, aber mit Sicherheit haben sie ihren eigenen Reiz.

NUTZPFLANZEN IM GARTEN

Ein Garten braucht ein festes Gerüst aus Umgrenzung und Gehölzen. Einzelexemplare von Obstgehölzen können sehr wirkungsvoll sein, denn das Gerüst von sorgfältig erzogenen Bäumen bietet das ganze Jahr über einen strengen, interessanten Anblick. Auffallende architektonische Formen finden sich außerdem bei Mais und mehrjährigen Nutzpflanzen wie bei hoch wachsenden Artischocken sowie in den ausdrucksstarken Blättern des Rhabarbers. Schlingpflanzen wie Erbsen, Bohnen, Kürbisse und Melonen sorgen mithilfe der benötigten Stützelemente für einen Gewinn an Höhe und Struktur. Die dafür verwendeten Holzstäbe, Reisig oder dekorativere Holz- oder Metallformen stellen selbst hübsche Elemente dar.

Die Art, wie man die Pflanzen zieht, kann ebenfalls eine Wirkung erzielen: Obst- und Gemüsepflanzen, die auf den Beeten in exakt gezogenen Reihen wachsen, erwecken einen strengen, geometrischen Eindruck.

Steht das Grundschema erst einmal fest, kann man Aspekte der Textur und Farbe mit einbeziehen. Viele Gemüsepflanzen besitzen auffallende Blätter und Stängel. Rote Bete zum Beispiel besitzt gewellte, intensiv gefärbte Blätter und Mangoldsorten entwickeln Stängel in leuchtenden Farben. Möhren tragen anmutiges, fein zerschlitztes Laub, die bläulich grünen Blätter von Kohl haben eine auffallende Form und Salatblätter wirken meist weich und wellig. Die große Palette an Gewürzkräutern umfasst Pflanzen, die sowohl Zierwert haben als auch nützlich sind. Dazu zählen der Salbei mit seinen samtigen Blättern, Krause Petersilie und Thymian, der seine duftende Polster zusätzlich mit Blüten schmückt. Obstgehölze bringen schöne Blüten und leuchtend gefärbte Früchte hervor.

RABATTEN UND BEETE

Es gibt zwei Möglichkeiten, Obst und Gemüse in den Ziergarten zu integrieren: Sie können in einer gemischten Rabatte wachsen oder werden neben dekorativen Elementen in formalen Beeten kultiviert. Der Anbau von Nutzpflanzen inmitten von Zierrabatten bietet sich besonders dann an, wenn Platz nur begrenzt zur Verfügung steht oder wenn man nur wenig ernten will. Diese Kulturform hat seine Nachteile: Unschöne Lücken entstehen, wenn einjähriges Gemüse geerntet wird, und es ist schwieriger, in Folge anzubauen und zu ernten. Zieht man Gemüse in Gefäßen vor, sodass man sie in die abgeernteten Flächen einsetzen kann, schwächt sich dieses Problem etwas ab.

Obst und Gemüse, die zusammen mit Zierpflanzen wachsen, brauchen besondere Aufmerksamkeit. Zusätzliches Gießen und Düngen sind häufig notwendig, da die Nachbarpflanzen Nährstoffe und Wasser entziehen. Gelegentlich muss man auslichten, damit wüchsigere Arten nicht die Oberhand gewinnen. Auch wird ein Schädlings- und Krankheitsbefall leichter übersehen, sodass besondere Wachsamkeit

Hübsches Gemüsebeet
Sogar auf einer kleinen Fläche lässt sich mit Gemüse und Kräutern ein dekoratives und nützliches Gemüsebeet gestalten. Buchsreihen trennen die Parzellen ab und ermöglichen Fruchtwechsel. Gemüsesorten mit kontrastierenden Formen und Farben wurden in einfachen Mustern gepflanzt. Sobald die Ernte beginnt, füllen Folgesaaten die Lücken.

erforderlich ist. Für Gärtner, die ihre Zierpflanzen mit chemischen Mitteln behandeln, aber die Nutzpflanzen damit nicht belasten wollen, wird ein kombinierter Anbau von Zier- und Nutzpflanzen nicht möglich sein.

Mit Obst und Gemüse bepflanzte formale Beete stellen eher die herkömmliche Methode dar, um Nutzpflanzen in den Garten zu integrieren. Sie werden von einer ausdauernden, gestutzten Randbepflanzung umsäumt. Dazu dient unter anderem Buchs *(Buxus)*, Lavendel *(Lavandula)* oder Heiligenkraut *(Santolina)*. Die Nutzpflanzen werden auf den Beeten in sorgfältig geplantem Verhältnis zueinander eingesetzt, um die beste optische Wirkung zu erzielen. Eine entspanntere Variante bilden kleine Inselbeete in passender Größe und Ausrichtung. Sie können sogar eine geschwungene Form haben und eignen sich dadurch für einen naturnahen Garten. Gemüse, Kräuter und Obst lassen sich in kleinere Gärten integrieren, wenn man sie in Gefäßen wie Töpfen, Kübeln, sogar in Hängeampeln oder Blumenkästen zieht *(siehe S. 35–36)*.

Kurzfristiges Trennelement
Eine Reihe von Feuerbohnen an Stützstäben bildet schnell ein buntes Trennelement zwischen einzelnen Kulturen oder zwischen dem Nutz- und dem Ziergarten. Es gibt Bohnen mit roten, weißen oder zweifarbigen Blüten, verschiedene Sorten in Kombination wirken besonders dekorativ.

DER KÜCHENGARTEN

Traditionell werden Obst und Gemüse auf einer abgetrennten Gartenfläche kultiviert. Ein extra dafür eingesäumter Bereich bietet nicht nur Schutz *(siehe S. 12)*, sondern schafft einen »Gartenraum« abseits vom Ziergarten, was die gesamte Anlage interessanter erscheinen lässt.

In einer großen Anlage lässt sich der Nutzgarten mit Hecken oder Zäunen *(siehe S. 13)* einsäumen. Hecken wirken hübsch, werfen aber Schatten und entziehen dem Boden Nährstoffe und Wasser, sodass für kleinere Gärten Zäune eher zu empfehlen sind. Ein fester Drahtzaun bzw. ein Rankgerüst für Kletterpflanzen oder Kletterrosen sowie am Spalier oder als Schnurbäume erzogenes Kern- oder Beerenobst stellen ebenfalls dekorative und ertragreiche Alternativen dar, solange sie nicht starken Winden ausgesetzt sind.

STANDORT UND GRÖSSE

Es gibt gute Gründe, einen Küchengarten in unmittelbarer Nähe des Hauses anzulegen. Bei nassem oder kaltem Wetter ist der kurze Weg besonders wünschenswert. Außerdem stellen Nutzpflanzen während der ganzen Wachstumsperiode eine Menge Anforderungen, vor allem wenn man viele Arten kultiviert. In besonderem Maß gilt dies für den Kräutergarten.

Zierbeete
Der Anbau auf unterschiedlichen Ebenen, dekorative Stützen aus Weidengeflecht und dichte Bepflanzung mit bunten Sorten wie rotlaubiger Salat, Erbsen, Rotkohl und Kapuzinerkresse schaffen ein üppiges Bild.

Bei kurzen Wegen fallen die regelmäßigen Kontrollen und der häufige Gang zum Kompostbehälter *(siehe S. 24–26)* nicht schwer. Außerdem werden manche tierische Schädlinge durch die Nähe zum Haus abgeschreckt.

Wie groß der Nutzgarten werden soll, hängt davon ab, was und wie viel angebaut werden soll und wie groß der ganze Garten ist, was in vielen Fällen alle hochtrabenden Ambitionen einschränkt. Dadurch erscheinen allgemeine Empfehlungen zur Größe eines Nutzgarten nicht sinnvoll. Doch empfiehlt es sich, die folgenden Überlegungen in die Gartenplanung einzuziehen.

Ein Platz für Kompostbehälter muss vorhanden sein. Vielleicht wollen Sie ein Gewächshaus mit Glas- oder Kunststoffeindeckung oder Frühbeete *(siehe S. 43–48)* für die Anzucht oder die Kultur wärmebedürftiger Pflanzen aufstellen. Mithilfe des Kleingewächshauses lässt sich die Erntezeit verlängern, indem es Schutz für Frühkulturen oder späte Sorten bietet. Derartige Schutzvorrichtungen erweitern die mögliche Auswahl und steigern den Ertrag. Man wird für die Zeit, Arbeit und Fläche, die man dafür investiert, reichlich entschädigt. Wege dürfen im Nutzgarten nicht fehlen: Ein durchgehender Pfad sollte um den Küchengarten verlaufen, während mehrere Wege im Innern die Fläche in kleinere Bereiche einteilen. Planen Sie eine Wegbreite von 60 cm ein und denken Sie daran, dass für Schubkarren breitere Wege von bis zu 90 cm notwendig sind.

Als Nächstes sollten Sie sich Gedanken darüber machen, was und wie viel Sie anbauen wollen. Wenn ausreichend Platz vorhanden und Ihre Begeisterung groß genug ist, wird eine Fläche von 150 m² eine gute Auswahl an Obst und Gemüse bequem aufnehmen.

DEN PLATZ OPTIMAL NUTZEN

Für die Planung ist es hilfreich, wenn man ungefähr weiß, welchen Ertrag man von den einzelnen Obst- und Gemüsepflanzen erwarten kann. Die Einschätzungen variieren oft stark, weil die Erträge von vielen Faktoren abhängen. Die Produktivität unterscheidet sich je nach Alter der Pflanzen: Gemüsepflanzen können eine frühe kleine, gute Ernte einbringen oder sehr ertragreich sein, wenn man spät erntet. Verschiedene Kultursorten der gleichen Pflanzenart zeigt oft beträchtliche Unterschiede. Der örtliche Beginn und die Dauer der Wachstumsperiode, der Standort sowie das Dünge- und Gießverhalten haben ebenfalls großen Einfluss auf die Ernte. Die Durchschnittserträge *(siehe S. 242)* dienen in der Anfangsplanung als Anhaltspunkt, aber bei den vielen Variablen, die den Ertrag beeinflussen, muss man eigene Schätzwerte durch Ausprobieren – und Fehler – herausfinden. Langfristig betrachtet, ist das die einzige realistische Methode, um zu ermitteln, wie viel man anbauen muss.

Wer den zur Verfügung stehenden Platz optimal nutzen will, muss ausrechnen, wie lange der Satz einer Art den Boden beanspruchen wird: Auf ein und derselben Fläche lässt sich eine große Vielfalt ernten, sofern schnell reifende Arten und Sorten in Folge angebaut werden. Die gleiche Fläche wirft viel weniger Ertrag ab, wenn eine langsam wachsende Pflanze den Boden während der ganzen Wachstumsperiode beansprucht. Zwischenkultur ist eine gute Möglichkeit, den Ertrag zu steigern. Hier werden schnell reifendes Gemüse wie Salat oder Radieschen zusammen mit langsamer wachsenden Kulturen angebaut *(siehe S. 70)*. Die Kosten sind ebenfalls zu berücksichtigen. Gemüse wie Kartoffel, Rosenkohl und andere Kohlarten brauchen nicht nur lange Zeit und viel Platz, sondern sind ziemlich preiswert im Geschäft erhältlich. Deshalb lohnt sich ihr Anbau in kleineren Gärten nicht. Salat, Bohnen und Paprika kosten jedoch relativ viel und werden in großen Mengen gebraucht. Auch durch Fruchtwechsel lässt sich der Platz gut ausnutzen und die Abfolge der einzelnen Kultursätze muss sorgfältig geplant werden *(siehe S. 31)*.

Einen gewissen Einfluss auf die angebauten Mengen hat die Frage, welches Gemüse sich einfrieren und gut lagern lässt. Erbsen, Brokkoli, Stachelbeeren und Schwarze Johannisbeeren kann man tief gekühlt gut aufbewahren. Äpfel, Kürbis, Zwiebeln, Möhren und Kartoffeln lassen sich bis in den Winter lagern *(siehe S. 73)*.

Schnell wächst ein Überschuss an Früchten und Gemüse heran. Daher plant man besser Folgesaaten bei raschwüchsigen Kulturen wie Salat, Gartenkresse, Buschbohnen, Spinat und Kohlrabi ein *(siehe S. 69)*.

DIE ANBAUFLÄCHE

Wenn der Standort für den Nutzgarten bestimmt ist und die Pflanzen ausgewählt sind, geht es an die Verteilung innerhalb der vorgegebenen Fläche. Der Platz für einjährige Arten richtet sich nach dem Fruchtwechsel *(siehe S. 31)*. Ein wichtiger Punkt bei der Planung ist Schatten, der tagsüber einfällt. Obst- und Gemüsepflanzen gedeihen im Schatten von Zäunen, Hecken oder überhängenden Bäumen ohnehin nicht. Zusätzlich sollten sich die einzelnen Pflanzen möglichst wenig gegenseitig beschatten. Das erreicht man, indem man Obstbäume an die nördliche Seite des Nutzgartens pflanzt, niedrige Arten wie Erdbeeren setzt man an das südliche Ende. Sehr hochwüchsige Gemüse wie Mais, Topinambur oder Feuerbohnen an Stützen stehen im Idealfall nicht in Ost-West-Reihen, sonst würden sie

Arbeit und Freude *In diesem Küchengarten wachsen Studentenblumen (Tagetes) und Zierlauch neben Kohl und Roten Beten. Manche Gärtner schwören darauf, dass zusätzliche blühende Pflanzen mehr bestäubende Insekten anlocken und den Ertrag bei Fruchtgemüse steigern. Mit Sicherheit tragen sie zur Gestaltung einer attraktiven Fläche bei.*

niedrigeren Gemüsearten das Licht wegnehmen.

Nutzen Sie alle Vorteile relativ warmer Bereiche aus *(»Was ist ein Mikroklima?«, S. 10)*. Sonnenexponierte Flächen, mit einem Zaun oder einer Sonnenwand im Rücken, eignen sich sehr gut für empfindlichere Pflanzen wie Tomaten, Melonen, Auberginen und Paprika sowie Erdbeeren. Die Reihen sollten möglichst von Norden nach Süden verlaufen, sodass alle Pflanzen gleichmäßig viel Sonnenlicht erhalten.

Eine weitere Möglichkeit, die Sonneneinstrahlung maximal zu nutzen, bieten stabile Wände aus Holz, die den Küchengarten teilweise umgrenzen oder innerhalb der Anbaufläche als Trennelemente dienen: Wenn direktes Sonnenlicht auf eine Seite fällt, entsteht eine warme Oberfläche, vor der ein als Fächerspalier erzogener Pfirsich- oder Kirschbaum wachsen könnte. Es darf durch Aufstellen solcher Wände jedoch nicht zur Bildung von Luftwirbeln *(siehe S. 12)* oder Schatten kommen. Am Kordon oder Spalier erzogene Obstbäume oder Beerenobst an Pfählen und Drähten bilden sehr wirksame und dekorative Abgrenzungen bzw. Trennelemente. Dagegen pflanzt man Beerensträucher im Block und von den Obstbäumen getrennt. Beerenobst, Pfirsich und Kirsche benötigen Schutz vor Vögeln; das Gleiche gilt für Feingemüse wie Erbsen und Kohlarten, besonders junge oder frisch gesetzte Pflanzen. Den besten Schutz bieten Netze, die zum Beispiel in Form eines Käfigs *(siehe S. 51)* angebracht werden. Die Vorrichtung sollte mobil sein, um sie immer bei Bedarf einsetzen zu können, und man sollte darin arbeiten können.

GESTALTUNG DES KÜCHENGARTENS

Es lohnt sich, den Obst- und Gemüsegarten zunächst auf einem Blatt Millimeterpapier zu entwerfen. Messen Sie zunächst die Fläche aus und gehen Sie dabei von festen Punkten wie Hausecken aus. Zeichnen Sie eine Skizze und tragen Sie dauerhafte Elemente wie Beete, Bäume, mehrjähriges Gemüse oder Kompostmiete ein. Man kann diese einzelnen Elemente auch ausschneiden, um verschiedene Positionen auszuprobieren. Wenn der Plan fertig ist, wird der Platz für die einzelnen Kulturen bestimmt. Dieser letzte Schritt ist sehr wichtig, gleich ob Sie einen richtigen Küchengarten, ein formales Gemüsebeet oder ein naturnahes Inselbeet bewirtschaften.

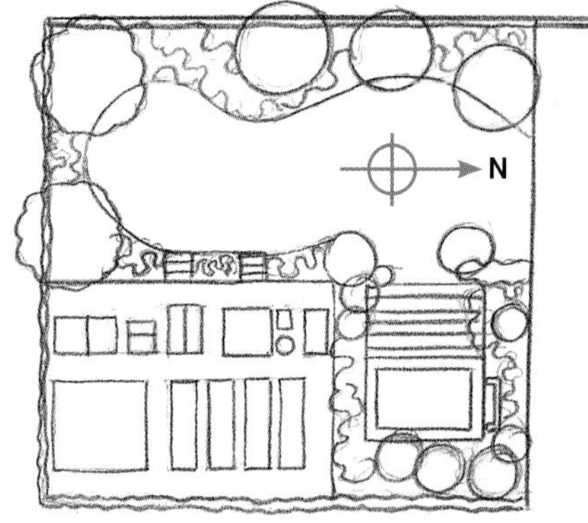

Grobe Skizze
Eine erste grobe Skizze in relativ kleinem Maßstab zeigt den Nutzgartens innerhalb der Anlage. So erhält man einen Eindruck von der geplanten Anbaufläche und von dem Gesamtbild des Gartens.

Genauer Plan
Ein Plan des eigentlichen Nutzgartens in größerem Maßstab ermöglicht eine genaue Berechnung, wie viel sich auf jedem Beet unterbringen lässt. Noch ist die Gestaltung flexibel: Für eine optimale Lösung ist eine Balance zu finden zwischen den Ansprüchen der einzelnen Pflanzen an den Platz, das Lichtangebot und den erforderlichen Schutzmaßnahmen. Jeder Plan schließt Kompromisse ein.

Kompostbehälter
Mindestens zwei Behälter von etwa 1,2 m Breite

Frühbeete
Nützlich zum Abhärten von Jungpflanzen und zur Kultur von Gurken und Melonen

Obstbäume als Kordon erzogen
Apfel- und Birnbäume als Kordon und Spalier verkleiden die Begrenzung, während Loganbeeren und Brombeeren an Bögen am Eingang ranken.

Gewächshaus
Ein 2 m x 2,5 m großes Gewächshaus genügt meist. Regentonnen fangen vom Dach abfließendes Regenwasser auf.

Obstbaum als Fächerspalier
Die als Fächerspalier erzogenen Bäume stehen im Abstand von 4 m.

Beete für Fruchtwechsel
Einjähriges Gemüse wird im Wechsel jährlich auf einer anderen Parzelle angebaut und erhält bei Bedarf Schutz durch Vlies oder ein Folientunnel.

Fruchtkäfig
Er muss groß genug sein, um die Sträucher von allen Seiten zu erreichen – die Sträucher müssen für die Pflege und für einen guten Ertrag etwa 2 m voneinander entfernt stehen.

Stachelbeeren
sollte man von beiden Seiten ernten können.

Erdbeertunnel
Erdbeerpflanzen, in 30 cm Abstand gepflanzt, erhalten Schutz durch ein Folientunnel.

Kletterbohnen
an zeltartig aufgerichteten Stäben

Abmessung:
17 m x 12 m

Fruchtwechsel

Langjährige Erfahrungen im Gartenbau haben gezeigt, dass Nutzpflanzen schlechter gedeihen und weniger Erträge bringen, wenn sie viele Jahre hintereinander auf derselben Fläche angebaut werden. Die drei Hauptgründe für den Fruchtwechsel lauten: Vorbeugung vor Schädlingen und Krankheiten, Erhaltung der Bodenfruchtbarkeit und kontinuierliche Bewirtschaftung.

DIE VORTEILE

Fruchtwechsel bedeutet, dass man mindestens drei bis vier Jahre wartet, bis ein Gemüse auf derselben Fläche erneut kultiviert wird. Dadurch vermeidet man Bedingungen, unter denen sich spezielle Schädlinge und Krankheiten anreichern könnten. Verschiedene Schaderreger bei Obst und Gemüse *(siehe S. 246–264)*, wie Älchen (Fadenwürmer) an Kartoffeln und Tomaten, Fuß- und Welkekrankheiten bei Erbsen, Fett- und Brennfleckenkrankheit bei Bohnen, die Kohlhernie bei Kohlgemüse, Mehlkrankheit der Zwiebel und Wurzelwelke an Pastinaken, werden über den Boden übertragen.

Erdbeeren sind sehr anfällig für Viruskrankheiten. Manche davon werden durch Älchen übertragen. Man setzt neue Pflanzen also dort ein, wo eine Fadenwurmpopulation unwahrscheinlich erscheint. Man sollte auch vermeiden, Obstgehölze wieder an Stellen einzupflanzen, wo alte Pflanzen derselben Art bereits entfernt wurden. Dadurch kann es zur sogenannten Bodenmüdigkeit kommen und das Wachstum stockt. Nährstoffmangel, Virusinfektionen, übertragen durch Älchen, und Pilzkrankheiten sind die mögliche Folge.

Eine gut durchdachte Abfolge trägt dazu bei, die Fruchtbarkeit des Bodens zu erhalten. Schließlich bietet der Fruchtwechsel die Möglichkeit, den unterschiedlichen Nährstoffbedürfnissen der Pflanzen gerecht zu werden. Hülsenfrüchte, besonders Dicke Bohnen, nehmen Stickstoff aus der Luft auf *(siehe S. 95)*, während Kohlarten viel Stickstoff benötigen, um ihre Blattmasse und Blütenstände zu bilden. Deshalb macht es Sinn, Kohlgemüse dort anzubauen, wo zuvor Hülsenfrüchte gewachsen sind. Wurzelgemüse, das niedrige Mengen an Stickstoff braucht, wird dann nach Kohl kultiviert.

Ein Fruchtwechsel hilft auch den idealen pH-Wert des Bodens zu erhalten *(siehe S. 18–19)*. Hülsenfrüchte ziehen Nutzen aus einem Boden, der mit organischem Material angereichert wurde, was den pH-Wert senkt, während Kohlgemüse sich am besten bei höherem pH-Wert entwickelt, weil dann die Krankheit Kohlhernie nicht auftreten kann. Die wechselweise Gabe von organischem Material und Kalk sorgt für eine stabil bleibende Bodenreaktion.

EINSCHRÄNKUNGEN BEIM FRUCHTWECHSEL

Wenn man sich streng an vorgegebene Zyklen hält, entstehen praktische Probleme. Die Nutzpflanzen der einzelnen Gruppen werden in unterschiedlichen Mengen gebraucht oder ihre Vegetationszeiten überlappen sich. Durch die Dichte der Pflanzen breiten sich Schaderreger schnell auf andere Bereiche aus. Außerdem können einige Krankheiten wie Kohlhernie und Mehltau ungeachtet einer angemessenen Fruchtfolge viele Jahre im Boden überdauern. Fruchtwechsel beugt zwar Schädlingen und Krankheiten vor, er stellt jedoch keinen absoluten Schutz oder gar eine Bekämpfungsmethode dar.

FRUCHTWECHSEL PLANEN

Es ist schwierig, sich in einem kleinen Garten strikt an einen Wechsel auf drei Flächen zu halten, aber die Regeln sind einfach und man kann eine geeignete Rotation durchaus anstreben. Das hier vorgeschlagene System ist ziemlich flexibel: Solange man die Hauptgruppen (Hülsenfrüchte und Fruchtgemüse, Kohlgemüse, Kartoffeln und Wurzelgemüse) getrennt voneinander anbaut, dürfen weitere Nutzpflanzen bei der einen oder anderen Gruppe kultiviert werden. Es müssen zwei vollständige Vegetationsperioden verstreichen, bevor eine Gemüsegruppe erneut auf dieselbe Fläche kommt.

Gruppe der Wurzel- und Knollengemüse

Haferwurzel, Kartoffel, Lauch, Blatt- und Stielmangold, Möhre, Pastinake, Rote Bete, Salat, Schwarzwurzel, Spinat, Zwiebeln

Gruppe der Hülsenfrüchte und Fruchtgemüse

Aubergine, Bohnen (Saubohne, Gartenbohne, Limabohne, Feuerbohne), Erbsen, Gartenkürbis, Gurke, Mais, Okra, Paprika und Pepperoni, Sellerie, Tomate, Tomatillo, Wassermelone, Zucchini, Zuckermelone

Gruppe der Kohlgewächse

Barbarakraut, Blumenkohl, Brokkoli, Chinakohl, Grünkohl, Kohlrabi, Kopfkohl, Mairüben, Meerkohl, Rettich, Rosenkohl, Speiserübe, Steckrübe, Stielmus

Die Fruchtfolge

Dieser Fruchtfolge liegt eine Einteilung der Gemüsearten in drei Gruppen zugrunde. Manche Arten werden nicht mit den Pflanzen zusammengefasst, mit denen sie am nächsten verwandt sind, sondern denen mit ähnlichen Kulturbedingungen zugeordnet. Tomaten z. B. sind mit Kartoffeln verwandt, aber keine Wurzelgemüse; daher helfen sie weder die Erde aufzubrechen noch haben sie Vorteile durch den niedrigen Stickstoffgehalt, der nach dem Anbau von Kohlgemüse vorliegt, und deshalb ordnet man sie den Hülsenfrüchten zu.

Das Beetesystem

Obst und Gemüse gedeihen am besten im Freien, entweder auf flachen Beeten oder auf Hochbeeten. Regen und Witterung wirken positiv auf den Boden und die Pflanzenwurzeln können sich ungehindert ausbreiten. Obwohl es durchaus möglich ist, Nutz- und Zierpflanzen zu kombinieren *(siehe S. 27–28)*, wird meistens ein bestimmter Gartenbereich für den Anbau von Obst und Gemüse angelegt. Das kann schlicht eine offene Fläche sein, aber eine gute Alternative stellen mehrere schmale Gemüsebeete dar, die durch Wege getrennt sind.

DER KLASSISCHE GEMÜSEGARTEN

Traditionell wird Gemüse in lang gezogenen Reihen gesät oder gepflanzt. Salatsamen wird zum Beispiel in Reihen von 30 cm Abstand ausgesät; die Sämlinge vereinzelt man später auf 20 cm Abstand. Dieses sehr effektive Verfahren eignet sich sogar für Erdbeeren: Die Fläche wird maximal genutzt und man kann große Flächen bestellen.

Beim Anbau von Gemüse sollte man die Pflanzen leicht erreichen können; schließlich müssen sie gesät, pikiert, ausgepflanzt, gegossen, gedüngt und geerntet werden. Weitere Arbeiten sind Unkraut jäten, Pflanzenschutzmaßnahmen und die Vorbereitung des Bodens. Wird die gesamte Fläche von langen Reihen durchzogen, ist man gezwungen, bei allen Pflegearbeiten den Boden neben den Pflanzen zu betreten und der Boden verdichtet sich an diesen Stellen. Dadurch verschlechtert sich die Durchlüftung des Bodens und führt zu nachlassendem Wachstum *(siehe S. 14–16)*. Bodenverdichtungen lassen sich vermeiden oder reduzieren, wenn man wassergesättigten Boden nicht betritt und über ausgelegte Bretter läuft; dadurch verteilt sich das Gewicht besser. Bei schmalen Beeten braucht man die Kulturfläche überhaupt nicht zu betreten.

Hochbeet
Diese Variante bietet Rollstuhlfahrern eine Möglichkeit zu gärtnern oder sie ermöglicht mobile Beete für einen Innenhof. Die Stärke der Erdschicht sollte mindestens 15 cm betragen.

▲ Gewöhnliches Hochbeet
Die Erde auf einem Hochbeet wird nicht verdichtet, dadurch finden Pflanzen beste Wachstumsbedingungen vor. Hier gedeiht Mangold.

◀ Schmales Flachbeet
Vom Weg aus leicht zugängliche Beete eignen sich besonders für häufig geerntete Arten wie diese Schnitt- oder Pflücksorten.

BEETANBAU

Beete im Gemüsegarten gründen meist auf einer mehr oder weniger dauerhaft vorgenommen Einteilung. Die einzelnen Arbeiten werden vom Weg aus durchgeführt und man braucht das bestellte Beet nicht mehr betreten. Pflegemaßnahmen können gleich nach Regenfällen durchgeführt werden, ohne dass die Bodenstruktur leidet. Wurden die Beete gut vorbereitet und hat man einen humusreichen Boden erreicht, muss man nur noch selten umgraben. Ein weiterer Vorteil von Beeten: Da man Wirtschaftsdünger auf kleinere Flächen ausbringen kann, wird bei Bedarf eine hohe Bodenfruchtbarkeit erreicht. Wasser- und Lufthaushalt des Bodens werden verbessert, was wiederum zu kräftigerem Wurzelwachstum führt.

Großes Beet
Verschiedene Gemüsearten werden in langen Reihen kultiviert. Doch die Aufteilung hat den Nachteil, dass man die Anbaufläche betreten muss, um an die Pflanzen heranzukommen.

Die Zahl der Pflanzen pro Quadratmeter lässt sich auf dem Beet im Allgemeinen erhöhen. Im Vergleich zum oben erwähnten großflächigen Anbau in Reihen stehen Salatpflanzen auf einem Beet in 20 cm Abstand und jeweils versetzt. Diese Anordnung sichert für die Wurzeln einer jeden Pflanze den größtmöglichen Ausbreitungsradius. Der Boden wird optimal genutzt und der Gesamtertrag gesteigert.

Der dichte Besatz der Beete hat zudem indirekte Vorteile: Bewässerungssysteme mit geringer Reichweite wie Sprühschläuche *(siehe S. 54)* lassen sich auf kleineren Flächen viel effektiver einsetzen. Auch wird das Wachstum von Samenunkraut auf den Beeten unterdrückt, sodass man weniger jäten muss. Die Beetkultur erleichtert außerdem die Einhaltung des Fruchtwechsels *(siehe S. 31)*. Man kann im jährlichen Wechsel jeder Gemüsegruppe ein bestimmtes Beet zuteilen.

Ein Beet anlegen

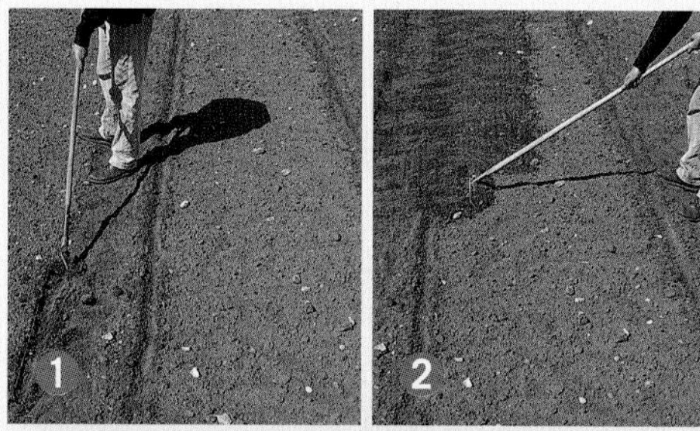

1 Beete und Wege werden in der benötigten Breite markiert (hier sind es 120 cm breite Beete mit 45 cm breiten Wegen).

2 Mit der Harke schiebt man die Erde von den vorgesehenen Wegflächen auf die Anbaufläche, sodass die Beete etwas höher liegen als die umgebenden Wege. Durch das Einarbeiten von organischen Stoffen wird sich die Anbaufläche weiter erhöhen.

3 Durch Festtreten der Wege zeichnen sich die Kanten der Beete schärfer ab. Die Wege können so belassen bleiben oder sie werdem mit einem geeigneten Material bedeckt *(siehe S. 34)*.

BEETEFORMEN

Beete können rechteckig, quadratisch oder sogar geschwungen sein – je nach Gestaltungsidee. Jedoch sollte man das ganze Beet von den Wegen aus bearbeiten können. Die ideale Breite beträgt 120 cm; sie kann auf 150 cm erhöht werden, wenn sich der verfügbare Platz dadurch besser nutzen lässt. Eine Breite von 100 cm empfiehlt sich, falls man die Fläche mit Glas- oder Folienbauten schützen will. Schmale Streifen eignen sich besonders gut für Erdbeeren, da man einfacher mulchen und ernten kann. Die Länge eines Beetes hängt davon ab, wie weit man gehen muss, um auf die andere Seite zu gelangen, ohne das Beet zu betreten. (Natürlich kann man das Beet mithilfe einer Holzplanke überqueren, die man auf die erhöhten Kanten platziert.) Die Richtung der Beete hat keine elementare Bedeutung, aber wenn sie in Nord-Süd-Richtung verlaufen, erhalten alle Bereiche gleichmäßig viel Sonnenlicht. Die Pfade zwischen den Beeten sollten mindestens 45 cm breit sein, um das Begehen zu erleichtern.

VERSCHIEDENE BEETTYPEN

Sinnvoll erscheint es, grundsätzlich zwischen ebenerdigen, erhöhten und Hochbeeten zu unterscheiden. Ein Beet auf Bodenniveau ist eine bestellte Fläche innerhalb des umgebenden Gartens *(siehe oben)*. Durch die jährliche Bodenvorbereitung und die Zugabe von Wirtschaftsdünger wird die Oberfläche eines solchen Beetes allmählich über dem Niveau des Pfades liegen.

Erhöhte Beete entstehen ebenso auf einer abgesteckten Fläche und werden aus bis zu 30 cm hohen Seitenteilen aus Holz oder sogar aus Ziegelsteinen oder Betonblöcken gebaut (*siehe unten*). Man kann auf die Wände verzichten, dann aber sollte die Sohle etwa 30 cm breiter sein als die Anbaufläche am Scheitel, damit alles stabil bleibt. Diese Form eignet sich am besten für schmalere Beete wie für Erdbeeren. Eine abgerundete

Ein erhöhtes Beet anlegen

1 Die Fläche für das Beet wird abgesteckt. Als Umrandung dienen Bretter von 15 cm x 2,5 cm, die 5 cm tief in den Boden versenkt und von Holzpflöcken gestützt werden.

2 Gute Gartenerde einfüllen, die mit organischem Dünger wie Stallmist *(siehe S. 22–23)* oder Kompost angereichert wurde.

3 Mit einer Harke die Erde verteilen, dabei alle Erdklumpen zerkrümeln, damit eine stabile Struktur entsteht. Die Oberfläche sollte mit der Umrandung bündig abschließen.

4 Mit dem Rechenrücken ebnet man den Boden ein, um eine glatte Oberfläche zu erzielen. Das Beet setzt sich noch und man wird Erde nachfüllen müssen.

Einen Weg mulchen

Wege zwischen den Beeten entstehen einfach durch Festtreten der Erde, aber es lohnt sich einen etwas dauerhafteren Pfad anzulegen, um lästiges Unkraut zu unterdrücken und eine feste, witterungsbeständige Oberfläche zu schaffen. Für die Kanten eignen sich 10 cm x 2,5 cm große Bretter aus Holz. Die Holzeinfassung muss die Beetoberfläche überragen. Als Belag kommen verschiedene Materialien infrage (siehe unten); hier wurde Rindenmulch aufgebracht.

1 **Den Weg markieren** (*Breite 45–60 cm*) und die Mulchfolie zurechtschneiden; sie soll 15–20 cm breiter sein als der Weg. Die Fläche einebnen und die Erde festtreten. Entlang der Wegkanten 2,5 cm tiefe Rille anbringen.

2 **Die Folie am Rand falten** und in die Vertiefung auf der einen Seite legen. Anschließend das Holzbrett für die Wegkante darauflegen und mit dem Hammer festklopfen. Auf der anderen Seite verfährt man genauso.

3 **Mit einem scharfen Messer** dicht an den Brettern jeweils gegenüberliegend Kreuze in die Folie einschneiden, und zwar in Abständen von 1,5–2 m. In jeden dieser Schlitze zur Stütze einen Holzpflock einschlagen bis etwa 2,5 cm tief unterhalb der oberen Brettkante.

4 **Die Mulchschicht** (hier Rindenmulch) ausbringen. Mit dem Rechen den Belag so verteilen, dass er mit der oberen Brettkante abschließt.

Kuppe begünstigt das Abfließen überschüssigen Wassers und vergrößert die Anbaufläche.

DIE VORTEILE EINES HOCHBEETS

Ein Hochbeet besitzt alle Vorteile eines ebenerdigen Beets, weist aber eine bessere Dränage auf und es erwärmt sich im Frühjahr schneller. Wird eine Seite des Hochbeets höher gebaut als die andere, sodass die Oberfläche in Richtung Sonne abfällt, erwärmt sich das Beet noch besser und das Pflanzenwachstum setzt früh ein.

Hochbeete bieten sogar auf besonders ungeeigneten Böden wie zum Beispiel über staunassen Flächen *(siehe S. 16)* oder sogar über Betonbelag die Möglichkeit, erfolgreich zu gärtnern. Hochbeete ermöglichen es selbst weniger beweglichen Menschen in den Genuss eines Gartens zu kommen, obwohl es sich zugegeben um eine kostspielige Sache handelt. Für Hochbeete baut man 60–90 cm hohe Seitenwände. Die Sohle sollte aus Schotter bestehen, der mit einer 30–45 cm hohen Schicht aus humusreicher Erde bedeckt wird.

WEGE ANLEGEN

Am einfachsten ist es, die Wege zwischen den einzelnen Beeten zu belassen und aufkommendes Unkraut regelmäßig zu jäten. Ein gemulchter Weg macht anfangs mehr Arbeit, erfordert aber langfristig weniger Pflege. Der Weg wird zuerst mit einer Mulchfolie, die das Wachstum von Unkräutern unterdrückt, bedeckt. Darauf bringt man Rindenmulch oder Kies *(siehe unten)* aus. So entsteht ein strapazierfähiges und dekoratives Gartenelement.

Rasenwege sind eine weitere Möglichkeit, vorausgesetzt die Beete haben eine stabile Einfassung aus Kunststein oder Beton. Die Grasfläche sollte überstehen, damit man ungehindert mähen kann.

Verschiedene Wegbeläge

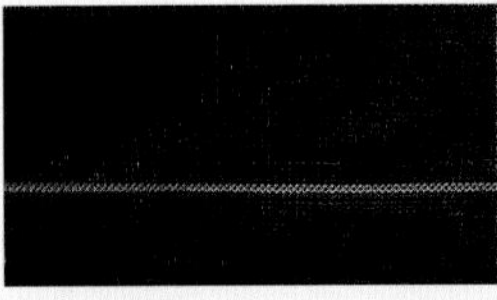

Mulchfolie
Als Meterware erhältlich, kann nach Maß zugeschnitten werden. Wasserdurchlässig.

Rindenmulch
Relativ preiswert. Harmoniert gut mit der Umgebung und ist angenehm zu betreten.

Granitsplitt
Ein langlebiges Material, das auf die Mulchfolie ausgebracht wird.

Schiefersplitt
Eine dekorative Alternative, erhältlich in Blau- oder Grüntönen, aber ziemlich teuer.

Kies
Nachgiebiger Belag, der aber regelmäßig glatt gerecht werden muss.

Rasen
Ziemlich preiswert und einfach anzulegen, erfordert aber regelmäßige Pflege.

Topfkultur

Nicht alle Gärten eignen sich für den Anbau von Nutzpflanzen auf Beeten. Der Boden kann zu Staunässe neigen (*siehe S. 16*), ausdauernde Schädlinge bzw. Krankheitserreger enthalten oder ist versiegelt. In solchen Fällen lassen sich viele Nutzpflanzen auch in Gefäßen kultivieren. Der Anbau in Gefäßen hat seine Vorteile: Die Pflanzen, besonders Kräuter, lassen sich direkt vor der Küchentür ziehen oder man rückt kleinere Topfpflanzen in den Blickpunkt, wenn sie am schönsten sind. Außerdem lassen sich Gefäße mit Substrat füllen, das eine bessere Struktur besitzt als der Gartenboden.

Die Topfkultur stellt jedoch einige Anforderungen. Zunächst entstehen Kosten beim Kauf von Gefäßen, obwohl man manche selbst herstellen kann. Große Mengen an Substrat werden benötigt, die man selbst bereiten oder kaufen und auch transportieren muss. Darüber hinaus ist ständige Aufmerksamkeit in Form von Gießen und Düngen erforderlich.

Kräuterschau

Viele Obst- und Gemüsearten wirken genauso dekorativ wie Blumen. Das Arrangement aus Küchenkräutern enthält Basilikum, Schnittlauch, Pfefferminze, Petersilie und Thymian. So entsteht ein buntes, prachtvolles und aromatisches Bild an einem sonnigen Platz.

AUSWAHL DER GEFÄSSE

Es gibt die unterschiedlichsten Pflanzgefäße zu kaufen: Töpfe in allen Formen und Größen aus Terrakotta oder Keramik, Beton, Kunststoff, verzinktem Metall oder Holzbehälter, entweder speziell angefertigt oder aus Fässern gemacht, außerdem Steintröge und vorübergehend aus Ziegelsteinen oder Holz gebaute Gefäße. Sogar kleine Gefäße wie Blumenkästen und Hängeampeln eignen sich und außerdem kann man alle möglichen Gebrauchsgegenstände zur Kultur von Gemüse und Obst einsetzen – sogar alte Reifen oder Teile von breiten Abflussrohren. Es gibt auch fertige, mit Substrat befüllte Kultursäcke zu kaufen, oder man füllt Säcke aus Kunststoff selbst mit Gartenerde.

Auf jeden Fall müssen die Gefäße für die gewünschten Nutzpflanzen groß genug sein. Je größer das Volumen eines Gefäßes, desto mehr entsprechen die Wachstumsbedingungen denen eines Beetes - und das spielt bei der Wasserversorgung eine große Rolle. Kunststoffcontainer, die sich für die Kultur von kleinen Obstbäumen und -sträuchern oder für die meisten Gemüsearten eignen, haben einen Durchmesser von 90 cm und eine Tiefe von 60 cm. Kleinere Formen, in denen man einjähriges Gemüse oder Erdbeeren zieht, sollten eine Tiefe von mindestens 15 cm haben; je tiefer die Töpfe sind, umso besser gedeihen die Pflanzen. In einem Blumenkasten von etwa 60 cm Länge, 20 cm Breite und Tiefe kann man Salate und viele Kräuter problemlos anbauen. Ein Hängekorb von 40–45 cm Durchmesser eignet sich für Kräuter, Erdbeeren oder Ampeltomaten. Kultursäcke sind gewöhnlich 90 cm lang, 30 cm breit und bis zu 15 cm hoch.

Unabhängig vom Gefäß ist der Standort sorgfältig zu wählen. Meiden Sie Schatten, aber platzieren Sie die Töpfe nicht an vollsonnigen oder windgefährdeten Lagen, wo sie rasch austrocknen. Sehr große Behälter sollte man an den endgültigen Standort bringen, bevor man Substrat einfüllt und bepflanzt, weil sie danach sehr viel wiegen. Wenn die Gefäße keine Füße haben, empfiehlt sich eine Unterlage etwa aus Ziegelsteinen, um den Wasserabzug zu verbessern. Töpfe für Gehölze oder hohe Pflanzen mit Kletterhilfen dürfen nicht kopflastig werden, wenn die Pflanzen ihre volle Größe erreicht haben. Daher müssen bereits die Gefäße einen entsprechenden Umfang haben und schwer sein.

NUTZPFLANZEN FÜR DIE TOPFKULTUR

Apfel- und Birnbäume, die auf schwach wachsenden Unterlagen veredelt wurden (*siehe S. 174 und 181*), gedeihen in großen Kübeln, ebenso wie viele Obststräucher. Sogar Kulturheidelbeeren eignen sich für die Topfkultur, sofern das Substrat kalkfrei ist. Erdbeeren lassen sich in normalen Gefäßen oder in speziellen Erdbeertöpfen, die Öffnungen für mehrere Pflanzen haben, ziehen.

Nahezu jedes Gemüse kann man in Gefäßen anbauen. Folgesaaten sorgen für eine kontinuierliche Ernte und für die Aussaat empfehlen sich grundsätzlich Multitopfplatten (*siehe S. 65*). Es gibt Tomatensorten für jeden Gefäßtyp, sogar für Hängekörbe. Andere Fruchtgemüse sowie Hülsenfrüchte gedeihen ebenfalls. Salate eignen sich sogar hervorragend für Gefäße und Gewürzkräuter lassen sich in Balkonkästen ziehen. Selbst Wurzelgemüse reift in Gefäßen; das Umtopfen aus Multitopfplatten in normale Gefäße bekommt diesen Pflanzen besonders gut. Der Anbau von mehrjährigem Gemüse und Kohlarten in Töpfen lohnt sich am wenigsten.

TÖPFE BEPFLANZEN

Alle Gefäße müssen Abzugslöcher haben, denn Staunässe bedingt Pflanzenschäden. Mehrere Löcher im Topfboden gewährleisten eine gute Dränage. Sollte nur ein Loch vorhanden sein und man kann keine weiteren bohren, legt man auf den Boden eine Lage Tonscherben, um den Wasserabzug zu verbessern.

Die käuflichen Substrate, ob anorganisch (synthetisch bzw. mineralisch) oder auf Torf- oder Kompostbasis, eignen sich für kleine Gefäße und ebenso für Balkonkästen oder Hängekörbe am besten. Ein Tonanteil sorgt für mehr Stabilität und das Substrat hält die Feuchtigkeit besser. Als Zusatz kann man etwa 20 Prozent Sand oder Feinkies unterheben, um die Dränage zu verbessern, und das Ganze zu beschweren; außerdem werden dadurch die Kosten gesenkt. Große Kübel und

Anbau in einem Erdsack

Schütteln Sie den Kultursack, um die Erde zu lockern und legen Sie ihn an einen warmen Platz (hier vor eine sonnenbeschienene Mauer). Hohe Gewächse wie Tomaten benötigen Stützhilfen: z. B. gespannte Drähte in 30 cm Abstand, einzelne Stäbe oder (wie hier) fertige Stützen. Schneiden Sie Löcher in den Sack – für Tomaten reichen drei Löcher aus – und pflanzen Sie das Gemüse ein. Setzen Sie vor jeder Pflanze einen 8-cm-Topf zur Aufnahme des Gießwassers ein. Binden Sie jede Pflanze an der Stütze fest, aber so locker, dass später nichts einschneiden kann. Zum Schluss gründlich angießen.

Kunststoffsäcke befüllt man am besten mit guter Gartenerde, die mit zerkleinertem Stallmist oder Kompost und mit entsprechender Menge Feinkies gründlich vermischt wird. Zusätzlich gibt man etwas mehr Nährstoffdünger (50 g pro Quadratmeter) auf die Oberfläche und arbeitet ihn 5–8 cm tief ein.

GIESSEN UND DÜNGEN

Bei porösen Materialien wie Terrakotta ist es ganz hilfreich, die Seiten mit einer dünnen Kunststofffolie auszukleiden, um den Wasserverlust herabzusetzen. Die Verdunstung an der Oberfläche lässt sich durch eine Mulchschicht aus gut abgelagertem organischen Material, zum Beispiel aus Rindenhumus, oder aus Kies reduzieren *(siehe unten)*. Auf jeden Fall sind die Witterungsverhältnisse und der spezielle Anspruch der Nutzpflanzen in Gefäßen zu bedenken, und man muss ein Gefühl für das Substrat entwickeln. Gießen Sie immer ausgiebig und nicht schluckweise. Bei Hitze oder Wind muss man meist zweimal am Tag wässern. Sie dürfen niemals voraussetzen, dass der Regen diese Arbeit für Sie erledigt.

Nährstoffe werden in Gefäßen rascher verbraucht. Die Wurzeln beziehen im Vergleich zum gewachsenen Boden die notwendigen Nährstoffe aus einem kleineren Volumen an Substrat, sodass zusätzliche Düngergaben *(siehe S. 20–23)* notwendig sind. Für die Kopfdüngung eignet sich Mehrnährstoffdünger in Granulatform, die beste Wirkung erzielt jedoch Flüssigdüngung. Einjährige Nutzpflanzen versorgt man besser jedes Jahr mit frischem Substrat, aber Erde in großen Kübeln, die richtig gedüngt und gewässert wurde, kann über mehrere Jahre gute Dienste leisten. Das Substrat in den Kultursäcken enthält bereits Dünger, der für eine Kultur von Tomaten, Gurken oder Paprika ausreicht. Im Folgejahr eignen sich die Säcke noch für die Kultur von Erdbeeren oder Salat.

Die Höhe nutzen
Erbsen und Bohnen wachsen in großen Kübeln. Kletterzelte aus Bambus oder fertige Kletterhilfen bieten den Pflanzen Halt.

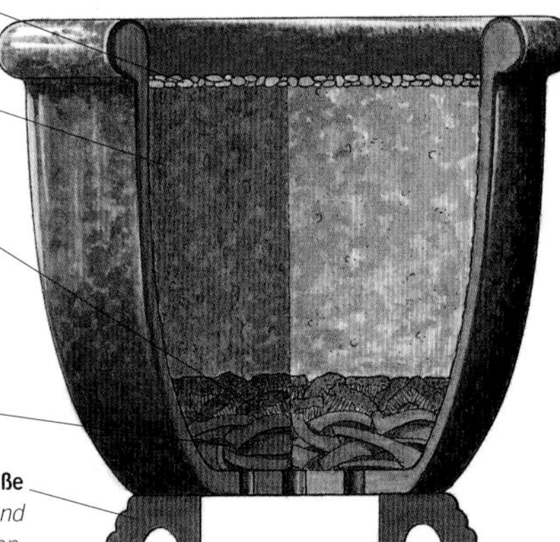

Ein Gefäß befüllen
Eine Schicht aus Tonscherben verbessert den Wasserabzug. Sie sollte in großen Kübeln 10 cm, in ganz kleinen 2,5 cm hoch sein. Darauf kommt eine Abdeckung aus umgedrehten Rasensoden oder Vlies, bevor man das Substrat bis 2 cm unterhalb des Randes einfüllt, damit ein Gießrand verbleibt.

Bodenvorbereitung

Die Zeit und die Arbeit, die in die Vorbereitung des Bodens investiert wird, machen sich später bezahlt. Das Wetter stellt eine unabänderliche Gegebenheit dar, aber die Bedingungen im Gartenboden lassen sich durch Verbesserungsmaßnahmen und gute Pflege kontrollieren. Gründliche Vorbereitung und ständige Pflege dienen dazu, das Porengefüge des Bodens zu erhalten, damit er ausreichend Feuchtigkeit speichert, aber zugleich gut durchlüftet ist. Die gute Bodenstruktur und die Zufuhr von Nährstoffen fördern das Wurzelwachstum als Voraussetzung für eine gesunde Entwicklung *(siehe S. 14–17)*.

Die meisten Gemüsepflanzen sind Einjährige oder kurzlebige Stauden, deshalb ist die eigentliche Bodenvorbereitung eine Saisonarbeit. Die Mehrzahl der Obstpflanzen ist mehrjährig und die ebenfalls wichtige Bodenpflege erfolgt gelegentlich. Gartenböden, die über Jahre gut gepflegt wurden, bereitet man kurz vor der Pflanzung vor, aber zuvor unbestellte Flächen sollte man 12 Monate zuvor schon umgraben, um Dauerunkräuter zu entfernen, Verdichtungen aufzubrechen und die Fruchtbarkeit durch Zugabe von Kalk und organischem Material zu verbessern *(siehe S. 18–23)*.

UMGRABEN

Die meisten Gärtner denken, das Umgraben stelle die beste Bodenvorbereitung dar. Als Hauptgrund spricht für das Umgraben, dass sich der Boden dabei von ein- und mehrjährigen Unkräutern befreien lässt. Es bleibt eine saubere Oberfläche, die der Witterung ausgesetzt wird. Durch Umgraben werden außerdem verdichtete Schichten im Bodenprofil *(siehe S. 15)* aufgebrochen. Dadurch verbessert sich die Durchlässigkeit und die Pflanzenwurzeln können sich ungestört entwickeln. Durch das Umgraben des Bodens lässt sich bereits zersetztes organisches Material schneller in die oberen Schichten einarbeiten (aber unterschätzen Sie die Fähigkeit von Regenwürmern nicht, die die gleiche Arbeit an nicht umgegrabenen Stellen erledigen). Gleichzeitig geraten schädigende Bodeninsekten an die Oberfläche, wo sie Vögeln als Nahrung dienen.

Sandigen Boden vorbereiten
Leichte, sandige Böden kann man im Frühjahr mit der Grabegabel vorbereiten. Zuerst – am besten schon im Winter – wird eine 5–8 cm dicke Schicht gut abgelagerter Wirtschaftsdünger oder Kompost über die Oberfläche verteilt. Die Grabegabel hält man möglichst aufrecht und sticht sie in voller Tiefe in den Boden. Durch Drehen der Grabegabel werden die Erde gewendet und das organische Material eingearbeitet.

Graben Sie den Boden niemals um, wenn er nach Regenfällen durchnässt ist; dies könnte zu Verdichtungen und Strukturverlust führen. Außerdem ist die Arbeit dann viel mühsamer, weil der umgegrabene Boden schwer und klebrig ist und die Erfolgsaussichten sind gering.

VERSCHIEDENARTIGE BÖDEN

Schwere Böden werden am besten im Herbst oder Winter in groben Schollen umgegraben. Die gewendeten Erdschollen sind den Winter über der Witterung ausgesetzt, sie werden mürbe und zerspringen – mühsames Zerkleinern entfällt. Diese sogenannte Frostgare bringt zwar nur eine kurzfristige Verbesserung, aber durch das Aufbrechen der verdichteten, Wasser stauenden Schichten wird die Erde durchlässiger gemacht. Zusätzliche Kalkgaben *(siehe S. 18–19)* verbessern bei tonhaltigen Böden die Struktur.

Leichte Sand- oder Schluffböden werden am besten im Frühjahr, ein oder zwei Wochen vor dem Pflanzen umgegraben, da sonst die Winterwitterung die von Natur aus vorhandene Struktur zerstören würde. Diesen Böden bekommt eine Abdeckung im Herbst aus organischem Material gut *(siehe S. 22 und S. 41–42)*.

Beide Bodenarten können mit einem Spaten umgegraben werden, aber auch mit der Grabegabel. Mit diesem unverzichtbaren Gartenwerkzeug lassen sich Unkräuter vollständig entfernen, ohne deren Wurzeln zu kappen, und die Grabegabel hilft beim Verteilen von organischem Material.

VORBEREITUNG VOR DEM UMGRABEN

Umgraben verlangt planmäßiges Vorgehen, was am besten auf einer rechteckigen Fläche gelingt. Große Bereiche werden durch eine Trennlinie in kleinere Flächen geteilt: So wird der Boden effektiver umgegraben als bei zwei nebeneinanderliegenden Flächen. Beete *(siehe S. 32–34)* gräbt man von einem zum anderen Ende um.

Gewöhnlich wird eine Bodenschicht in Spatentiefe (also etwa 25–30 cm) bewirtschaftet. In manchen Fällen ist es vorteilhafter zwei Spaten tief umzugraben. Das erscheint bei stark verdichteten Böden notwendig, wenn ein Nutzgarten erstmals anlegt wird und gelegentlich vielleicht noch einmal später. Sicher gibt es verschiedene Techniken, wie man

TIPPS ZUM UMGRABEN

- **Gehen Sie methodisch** nach den Anweisungen vor.
- **Eine entspannte Körperhaltung** beugt vorzeitiger Ermüdung vor.
- **Halten Sie die Schulter unten** und stechen Sie den Spaten oder die Grabegabel mithilfe Ihres Eigengewichtes und nicht mit den Armen in den Boden.
- **Muten Sie sich** niemals zu viel auf einmal zu.
- **Eine senkrechte** Grabenwand gewährleistet, dass der Boden spatentief bearbeitet wird.
- **Auf gutes Werkzeug** achten. Große Personen sollten sich Geräte mit langen Stielen kaufen, um bequem zu arbeiten.
- **Geräte sauber** und scharf halten, um effektiv arbeiten zu können.

Umgraben in einfacher Spatentiefe

1 Stecken Sie die Fläche ab und heben Sie den ersten Graben einen Spaten tief und 30–40 cm breit aus. Bringen Sie den Aushub mit einer Schubkarre an das andere Ende der Fläche, um dort zum Schluss den letzten Graben aufzufüllen.

2 Gut abgelagerter Mist oder Kompost wird 2,5–5 cm hoch auf dem Grund des Grabens und auf das folgende Beetstück verteilt.

3 Markieren Sie die anschließend zu bearbeitende Fläche. Setzen Sie den Spaten senkrecht an und teilen Sie den Boden in handliche Schollen, damit beim Wenden der Spaten nicht überladen wird.

4 Entlang des Grabens wird nach und nach jeder Abschnitt gelockert, den Spaten dabei senkrecht einstechen.

5 Drücken Sie den Stiel nach unten, um eine Hebelwirkung zu erzielen. Durch Vor- und Zurücklehnen wird eine Scholle gelockert. Sie fällt durch Drehen des Spatenblattes in den Graben. Gehen Sie leicht in die Knie und halten Sie den Spatenstiel näher am Blatt fest, um den Rücken zu entlasten.

6 Bei jeder neuen Reihe werfen Sie etwas organisches Material auf den Grund, auf den gewendeten Boden sowie auf das noch unbearbeitete Stück. So erreichen Sie eine gute Vermischung in der oberen Bodenschicht.

7 Reihe für Reihe wird auf diese Weise bearbeitet. In den letzten Graben kommt die Erde aus dem ersten. Klopfen Sie die Bodenoberfläche nicht fest, denn sie soll noch der Witterung ausgesetzt bleiben, damit die Erdklumpen aufgebrochen werden.

umgräbt, aber bei der Bodenvorbereitung unterscheidet man im Wesentlichen zwei Methoden: in einfacher Spatentiefe und in doppelter Spatentiefe (Holländern). Bei beiden werden die Erdschollen vollständig gewendet und beide eignen sich für die meisten Nutzgärten.

UMGRABEN IN EINFACHER SPATENTIEFE

Bei dieser häufigsten Form der jährlichen Vorbereitung wird die Erde in einfacher Spatentiefe gewendet. Dabei arbeitet man methodisch rückwärts und gräbt abwechselnd von rechts nach links und von links nach rechts. Als Erstes hebt man einen Graben von 30–40 cm Breite und in Spatentiefe aus. Die Aushuberde bringt man mit der Schubkarre an das gegenüberliegende Ende des Beetes und lädt sie in einer geraden Linie ab. Mit dieser Erde wird der letzte Graben am Ende des Beetes wieder aufgefüllt.

Die Arbeit geht weiter, indem man die abgestochene Erde wendet und in den ersten Graben wirft, wodurch ein zweiter Graben entsteht *(siehe oben)*. Zuvor ausgebrachtes organisches Material wird gleichzeitig eingearbeitet. Wirtschaftsdünger gibt man auf den Grund eines jeden Grabens oder besser noch: Man verteilt ihn mit der Grabegabel. Dadurch wird das organische Material gut eingemischt und verrottet schneller.

Gejätetes Gras und einjähriges Unkraut kann man mit untergraben *(siehe gegenüber oben)*, aber ausdauernde Arten sollte man gesondert absammeln und die Wurzelausläufer von Quecke, Giersch und Brennnessel mit der Grabegabel herausholen.

Der Vorgang wird auf der gesamten Fläche wiederholt, bis der letzte Graben mit dem ersten Aushub aufgefüllt ist. Hat man eine große Fläche geteilt, wird der zweite Teil in entgegengesetzter Richtung umgegraben und der letzte Graben liegt auf der Höhe des ersten. Dadurch spart man sich die Arbeit, die Erde aus dem ersten Graben über die ganze Länge des Beetes zu bewegen. Der allererste Aushub wird neben der zu bearbeitenden Fläche gelagert.

UMGRABEN IN DOPPELTER SPATENTIEFE

Diese Methode kommt vor allem dann in Betracht, wenn man einen Bereich erstmals kultiviert. Man geht nach dem gleichen Prinzip wie beim Umgraben in einfacher Spatentiefe vor, aber der Boden wird eben in doppelter Spatentiefe gewendet. Der Graben wird 60–75 cm breit ausgehoben; dadurch kann man besser in doppelter Spatentiefe arbeiten. Da der Graben breiter ist, muss man die Erde in zwei Reihen statt einer in den vorherigen Graben umfüllen *(siehe unten)*. Dabei darf der Unterboden aber nicht an die Oberfläche gelangen, damit die natürliche Schichtung des Bodens erhalten bleibt.

Unkraut entfernen

1 Entfernen Sie alle eingewachsenen mehrjährigen Arten mit einer Grabegabel. Danach die einjährigen Arten jäten und vergraben.

2 Bevor die Gräben gezogen werden, teilen Sie die Fläche mit dem Spaten in kleine Bereiche entsprechend der Spatenlänge. Führen Sie das Spatenblatt gerade unter die Bodenoberfläche und heben Sie das Unkraut heraus.

3 Die Überreste kommen umgedreht auf den Grund des vorigen Grabens. Von Erde bedeckt, werden sie abgebaut und reichern den Boden mit Humus an.

BODENVORBEREITUNG OHNE UMGRABEN

Manche Gärtner halten das Umgraben nicht für notwendig und weisen auf die Nachteile dieser Art von Bodenbearbeitung hin. Der offensichtlichste Nachteil zeigt sich in der harten Arbeit (wobei körperliche Tätigkeit sehr gesund sein kann). Doch kann das Umgraben auch die Bodenstruktur zerstören und das Gleichgewicht an nützlichen Bodenorganismen verschiebt sich möglicherweise. Unkrautsamen gelangen durch das Umgraben an die Oberfläche und außerdem kann der Boden Feuchtigkeit verlieren, wenn er der Luft ausgesetzt wird.

Der Verzicht auf das Umgraben ist verknüpft mit einer minimalen Bearbeitung der Oberfläche, auf die regelmäßig eine dicke Mulchschicht aus abgelagertem organischem Material ausgebracht wird *(siehe S. 41–42)*. Dies muss lange vor dem Anbau geschehen, damit die Regenwürmer genug Zeit haben, das Material in den Oberboden einzubringen, die Bodenstruktur zu verbessern und den Humusgehalt zu erhöhen.

Bei Böden mit einer guten Struktur eignet sich diese Methode gut für Bereiche zwischen den Pflanzenreihen oder zwischen auseinanderstehenden Bäumen. Mehrjährige Problemunkräuter wie Quecke, Ampfer und Brennnessel müssen unbedingt vor dem Anbau entfernt werden, wenn man aufs Umgraben verzichten will. Die einzelnen Pflanzen werden so ausgegraben, dass keine Reste im Boden verbleiben. Man kann die Fläche auch mit einer Mulchfolie bedecken, die aber dann

Umgraben in doppelter Spatentiefe

1 Markieren Sie die Fläche; ein so großer Bereich wie hier wird der Länge nach in zwei Hälften geteilt. Heben Sie an einem Ende einen Graben von 60–90 cm Breite und einer Spatentiefe aus wie beim einfachen Umgraben. Häufen Sie den Aushub in der Nähe des nächsten Abschnitts auf.

2 Bedecken Sie den Grund des Grabens mit einer 5–8 cm dicken Schicht Kompost und arbeiten Sie das Material mit der Grabegabel in einer weiteren Spatentiefe in den Boden ein, sodass der Wirtschaftsdünger mit dem Unterboden vermischt ist.

3 Markieren Sie einen zweiten Graben von gleicher Breite. Heben Sie ihn auf zwei Raten aus. Stechen Sie dabei die Erde ab, um sie vor der weiter entfernten Grabenwand anzuhäufeln. Dadurch bleibt die Form der Gräben erhalten.

4 In den ersten Graben kommt die Erde aus dem nächstfolgenden Streifen. Dadurch entsteht ein neuer, zweiter Graben. So fährt man fort bis zum Ende der Fläche.

Füllen Sie in den letzten Graben der ersten Flächenhälfte die Erde aus dem ersten Graben der zweiten Flächenhälfte. Fahren Sie so fort; in den allerletzten Graben kommt der Aushub, den man zu Beginn an der Seite angehäuft hatte.

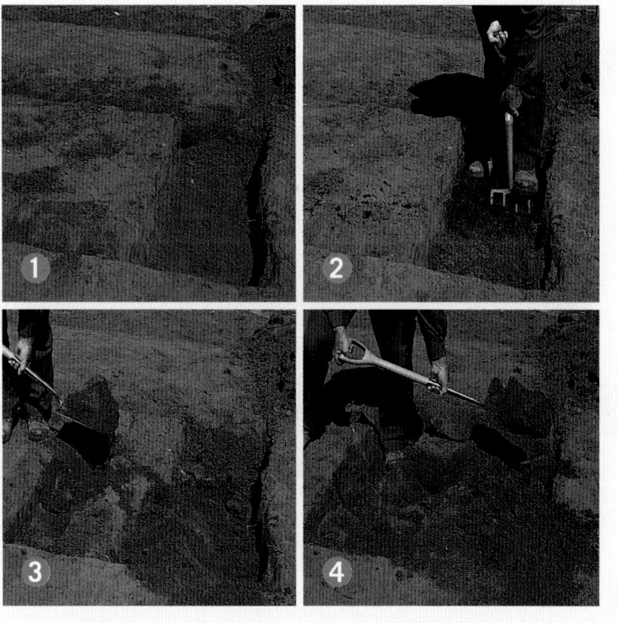

mehrere Monate liegen bleiben muss, damit das darunter keimende Unkraut erstickt *(siehe S. 49)*.

Den Verzicht aufs Umgraben kann man bei der Planung des Nutzgartens *(siehe S. 27–30)* als Teilaspekt mit einbeziehen, aber man darf diese Vorgehensweise nicht als die einfachere Lösung betrachten. Die Bodenbearbeitung erfordert in diesem Fall besondere Aufmerksamkeit, sonst wuchert das Unkraut und die Nutzpflanzen schwächeln.

Verdichtungen vermeiden
Stellen Sie sich bei der Bodenvorbereitung auf Bretter, die Sie über die Beete legen, um eine Verdichtung des Bodens zu vermeiden. Markieren Sie die Abstände der Reihen und legen Sie auf eine Reihe ein Brett, auf dem Sie dann stehen. Ziehen Sie mit einem Stab oder einer Hacke eine Rille entlang des Bretts.

BEARBEITUNG DER OBERFLÄCHE

Die weitere Aufbereitung der Bodenoberfläche hängt davon ab, was man anbauen möchte. Für Fruchtgemüse und zum Bepflanzen mit robusten Gemüsearten wie Kohlgemüse *(siehe S. 78–81)* und Porree *(siehe S. 93)* genügt es, die Oberfläche mit einem breiten Holzrechen glatt zu harken. Extrem leichte Böden muss man beim Glattziehen manchmal vorsichtig festtreten.

Aussaaten und empfindliche Gemüsesetzlinge erfordern allerdings eine feinkrümelige Oberfläche. Das gelingt bei leichten Sand- und Schluffböden am besten, wobei man den Rechen immer wieder in verschiedene Richtungen über die Oberfläche zieht.

Steine und Pflanzenreste lassen sich problemlos mit dem Rechen entfernen, wenn er fast aufrecht geführt wird.

Das Glattharken und Zerkrümeln der Oberfläche geschieht, indem man den Rechenstiel möglichst nah zum Boden hin hält. Für schwere Böden, die im Herbst oder Winter umgegraben wurden und Frost sowie Regen ausgesetzt waren, eignet sich ein Kultivator mit drei oder fünf Zinken am besten. Danach wird mit einem Rechen in alle Richtungen glatt geharkt. Durch Zertreten werden die Erdklumpen in schweren Böden zerkleinert. Man darf aber nasse Böden niemals betreten, welche Struktur sie auch haben. Als zuverlässiges Merkmal ausreichend trockenen Bodens darf die Erde nicht an den Schuhen kleben, sondern sollte beim Zerreiben leicht zerfallen. Mit der Bodenbereitung wird schließlich auch bei Bedarf Dünger eingearbeitet *(siehe S. 20–21)*. Hat man eine krümelige Auflage von 5–8 cm Dicke erreicht, kann man Saatrillen ziehen oder man markiert flache Rillen zum Einsetzen der Setzlinge *(siehe S. 66–67)*.

Verzichtet man aufs Umgraben, braucht man nur den Boden mit der Grabegabel von Unkraut und Ernterückständen zu befreien und zu lockern. Mit dem Sauzahn lässt sich die obere Krume ohne großen Aufwand zerkleinern. Die Erde wird den Winter über mit einer dicken Mulchschicht abgedeckt. Im Frühjahr findet man einen krümeligen Boden vor, der beste Bedingungen für die Aussaat bietet.

Bodenvorbereitung für Aussaat und Pflanzung

Kultivator
Ein Kultivator mit drei oder fünf Zinken dient zum Bearbeiten grob umgegrabenen Bodens. Er wird durch den Boden gezogen, um große Erdklumpen aufzubrechen.

Holzrechen
Ein Holzrechen wird gebraucht, um die Oberfläche einzuebnen und große Steine zu entfernen. Man hält ihn niedrig und führt mit der anderen Hand.

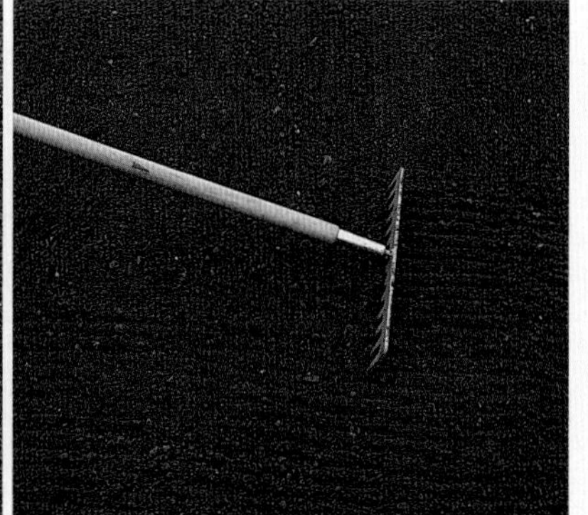

Metallrechen
Mit einem mind. 30 cm breiten Metallrechen lassen sich feine Saatrillen ziehen. Harken Sie die gesamte Oberfläche zuerst in eine Richtung, dann noch einmal um 90 Grad gedreht.

Mulchen

Mit Mulchen bezeichnet man allgemein das Abdecken des Bodens mit organischem Material oder mit synthetischen Folien. Diese sehr nutzbringende Methode spart Arbeit und ermöglicht deutlich bessere Ergebnisse beim Anbau von Obst und Gemüse. Auf alle Fälle sollte man das Mulchen - unabhängig von der Größe des Gartens - sowohl bei der Planung als auch beim eigentlichen Anbau mit einbeziehen.

VORTEILE DES MULCHENS

Alle Nutzpflanzen brauchen ständige Wasserzufuhr und eine Mulchschicht hilft dabei auf zweierlei Weise: Jedes Mulchmaterial bildet eine Decke, welche die Verdunstung des Bodens herabsetzt; bei warmem oder windigem Wetter ist das besonders vorteilhaft. Organische Materialien verbessern die Wasserhaltefähigkeit des Bodens, indem sie die Bodenstruktur verbessern *(siehe S. 14–17)* und den Humusgehalt erhöhen. Das Einmischen in den Oberboden übernehmen die Regenwürmer. Eine Mulchschicht verhindert, dass die Bodenstruktur durch schwere Regenfälle zerstört wird.

Eine Mulchdecke trägt dazu bei, die Bodentemperatur zu erhöhen oder zu erhalten. Sie reduziert bei fallenden Temperaturen den Wärmeverlust. Dadurch können die Pflanzen weiter wachsen und Schäden an unterirdischen Pflanzenteilen, etwa an reifenden Möhren, werden verhindert. Eine vor der Aussaat ausgebreitete Mulchfolie erhöht die Bodentemperatur, was wiederum die Keimung und frühes Wachstum fördert. Andere Mulchmaterialien schützen den Boden im Sommer vor Überhitzung; das setzt den Wasserverlust herab und sorgt für gleichbleibend gute Bedingungen für die Bodenorganismen. Eine Mulchschicht unter Obstbäumen und -sträuchern wirkt sich positiv auf das Wachstum aus.

Jede Art von Mulch unterdrückt das Unkrautaufkommen, weil kein Licht mehr durchdringt. Kurzzeitiges Mulchen hilft bei einjährigen Arten. Um jedoch mehrjährige Unkräuter wirksam zu bekämpfen, muss der Boden vor dem Anbau lange Zeit mit einer dicken, schwarzen Folie abgedeckt werden *(siehe S. 49)*. Finden einjährige Unkräuter doch ihren Weg durch die Mulchdecke, besitzen sie meist schwache Wurzeln und lassen sich leicht ausreißen.

Organischer Mulch

▼ Verwenden Sie nur gut abgelagerten Mist
Stallmist und alle anderen Tierprodukte sollten vor dem Gebrauch gut zersetzt sein, damit sie kein schädliches Ammoniak mehr freisetzen. Nach dem Kompostieren nimmt der grob strukturierte, strohhaltige Mist eine dunkle Farbe an und wird krümelig.

▲ Mulchen mit Mist oder Kompost
Bringen Sie gut abgelagerten Stallmist oder Kompost 5–8 cm dick aus, während der Boden noch feucht ist. Das Material darf die Pflanzenstängel (hier Feuerbohnen) nicht berühren, um Krankheiten zu vermeiden.

ORGANISCHE MULCHMATERIALIEN

Die meisten Wirtschaftsdünger *(siehe S. 22–23)* kann man als Mulchdecke ausbringen, vorausgesetzt das Material ist gut zersetzt. Garten- und Laubkompost *(siehe S. 24–26)* eignen sich genauso gut wie Pilzsubstrat. Holzhäcksel und Rindenhumus sowie kompostiertes Sägemehl kommen ebenfalls infrage. Sie sollten aber mit einem stickstoffreichen Düngemittel *(siehe S. 20–21)* angereichert werden, da der weitere Abbau dieser Substanzen im Boden viel Stickstoff festlegt. Kokosschalen sind als Mulchmaterial erhältlich, aber ziemlich kostspielig und ihr Geruch kann Tiere anlocken. Stroh erscheint als Mulch unter Erdbeerpflanzen nahezu unentbehrlich; es erweist sich auch auf dem Rhabarbarbeet als nützlich.

Organische Mulchdecken müssen gut durchlüftet und durchlässig sein. Daher

Strohmulch
Eine Mulchschicht verhindert, dass Erdbeeren, Melonen und Kürbisse verschmutzen. Stroh eignet sich dafür besonders gut.

scheidet Rasenschnitt als Mulch aus, weil Gras rasch fault und sich verdichtet. Manche Gartenfreunde verwenden alte Teppiche, Kartons oder Zeitungen; so etwas mag nützlich sein, sieht aber gar nicht gut aus.

SYNTHETISCHE MULCHMATERIALIEN

Spezielle Folien aus synthetischem Material sind zum Mulchen sehr verbreitet. Durchsichtige Folien erwärmen den Boden besser, sind aber lichtdurchlässig, wodurch das Wachstum von Unkrautpflanzen begünstigt wird. Diese Folien erwärmen den Boden und eignen sich zum Schutz von Saatbeeten. Vorsichtig angebracht, kann man damit sogar eine Aussaat in den ersten Wochen abdecken.

Als langfristige Lösung bieten sich schwarze Folien an. Sie unterdrücken das Aufkommen von Unkraut, bewahren die Bodenfeuchtigkeit und verhindern, dass Früchte und Gemüse mit der Erde in Berührung kommen. Die festeren Kunststofffolien reißen nicht so leicht und halten länger als ein Jahr, besonders die UV-stabilisierten Produkte.

Folien, die auf der einen Seite weiß oder silbern und auf der anderen Seite schwarz sind, haben besondere Vorteile: Liegt die schwarze Seite unten, wird das Licht zu den Pflanzen hin reflektiert. Die Anschaffung dieser teuren Folie lohnt sich womöglich für Nutzpflanzen, die gewöhnlich im Gewächshaus oder Folientunnel wachsen. Alle weißen Folien haben ähnliche Vorteile.

Sehr schwere Folien dienen als langfristige Mulchunterlage, wie zum Beispiel unter Obstgehölzen oder für Wege, wo sich die Investition auszahlt.

Eine dekorative Möglichkeit stellt manchmal eine Abdeckung mit Steinen dar, besonders um Obstpflanzen an Mauern. Diese Art von Mulch erhöht die Bodentemperatur deutlich. Eine weniger offensichtliche Form des Mulchens ist das Hacken der Beetoberfläche: Dadurch entsteht eine feinkrümelige Abdeckung des Porengefüges und die Verdunstung wird gesenkt.

NACHTEILE DES MULCHENS

Gelegentlich kann eine Mulchschicht zur Falle werden. Organische Substanzen begünstigen oft Krankheiten, wenn die Schicht zu dicht und zu hoch an den Stängeln der Pflanzen aufliegt.

Mulchfolie
Wasser- und luftdurchlässige Folien eignen sich für den langfristigen Einsatz, oder man verwendet sie als Membran und bringt loses Mulchmaterial darüber aus.

Frischer Tiermist kann Gewächse schädigen, da er hohe Konzentrationen an Ammoniak freisetzt.

Weniger aktive Materialien wie Holzschnitzel entziehen dem Boden beim Abbau Stickstoff. Manche Materialien sehen nicht schön aus oder werden von Vögeln bei der Futtersuche verstreut. Alle Arten von Mulch bieten Schadtieren wie Schnecken und sogar Wühlmäusen Unterschlupf. Die meisten Folien sind wasserundurchlässig, sodass das Regen- und Gießwasser nicht eindringen kann. Für all diese Probleme gibt es eine Lösung. Man muss sie nur erkennen und eventuell bei bestimmten Materialien mit geeigneten Maßnahmen zur Schädlingskontrolle reagieren.

MULCH AUSBRINGEN

Wenn man Mulch ausbringt, darf der Boden weder zu nass noch zu trocken sein, denn eine Mulchdecke kann nur die vorhandenen Bedingungen erhalten. Vor allem das Mulchen im Frühjahr bringt großen Nutzen, da die gespeicherte Feuchtigkeit das frühe Wachstum fördert und das aufkeimende einjährige Unkraut unterdrückt. Obstgewächse mulcht man immer gleich nach dem Pflanzen. Bei Erdbeeren wird Stroh um die Pflanzen herum verteilt, sobald die jungen Früchte größer werden. Gemüsereihen werden gemulcht, sobald die Pflänzchen eingewurzelt sind. Schließlich dient eine im Herbst ausgebrachte Mulchschicht als Schutz für den Boden und schützt Wurzelgemüse vor Frost. Eine Mulchdecke aus Gartenkompost, Laubkompost oder Wirtschaftsdünger muss eine krümelige Struktur besitzen und sollte 2,5–8 cm hoch sein. Eine Decke aus Stroh oder Heu, die man um robuste Pflanzen legt, kann doppelt so hoch sein, da sie sich allmählich setzt.

Kunststofffolien sind möglichst gut zu befestigen. Sie werden an einem sonnigen Tag ausgebracht, damit das Material geschmeidig ist. Die Bodenoberfläche muss eben sein, damit sich kein Wasser in Pfützen sammelt. Die Kanten der Mulchfolie schiebt man mit dem Spaten in zuvor ausgehobene Schlitze im Boden. Die Folie wird entfernt, sobald sie ihren Bestimmungszweck erfüllt hat.

▲ Schwarze Mulchfolie
Dünne schwarze Kunststofffolie sollte dem Boden dicht aufliegen, damit der Wind sie nicht wegweht oder darauf Pfützen entstehen.

◀ Lochfolie
Durchsichtige Lochfolie gibt es zu kaufen, oder man durchlöchert selbst eine Folie, damit das Wasser durchsickern kann, während sich der Boden darunter für einen frühen Anbau erwärmt.

Kultur unter Glas und Folie

Die Vielfalt und die Erntezeit von Obst und Gemüse werden von unterschiedlichen Faktoren bestimmt. Die Jahreszeiten und der Standort spielen eine Rolle, aber den größten Einfluss übt die Temperatur aus. Viele beliebte Obst- und Gemüsearten können bei niedrigen Temperaturen nicht überleben oder entwickeln sich nur mühsam. In unserem kühl gemäßigten Klima gedeihen Zitrusfrüchte und manche andere Obstart nur in besonders milden Gebieten im Freien. Kartoffeln, Zucchini und Feuerbohnen gehören zu den Gemüsepflanzen, die sehr niedrige Temperaturen nicht vertragen, und ihre Wachstumszeit beschränkt sich daher auf frostfreie Perioden.

SCHUTZ FÜR NUTZPFLANZEN

Die Palette der anbauwürdigen Nutzpflanzen lässt sich beträchtlich erweitern, wenn man verschiedene Formen der Abdeckung einsetzt. Unter der Schutzvorrichtung sind die Boden- und Lufttemperatur im Vergleich zur Umgebung höher. Es handelt sich jedoch um eine andere Art der Abdeckung als beim Schutz vor starken Winden *(siehe S. 12–13)*.

Es gibt verschiedene Methoden, Nutzpflanzen unter Schutz zu kultivieren. Ein Gewächshaus, die wohl anspruchsvollste Form, bietet zugleich die meisten Möglichkeiten, verschiedene Kulturen über einen sehr langen Zeitraum zu ziehen. Ähnlichen Nutzen bieten Frühbeetkästen und Hauben oder Glocken. Die überall erhältlichen Kunststofffolien und Vliese stellen wirksame Abdeckungen dar, besonders für den Gemüseanbau. Pflanzliches Material wie Stroh, Heu und Farnwedel lassen sich ausgezeichnet zur Isolierung verwenden, und mit verrottetem Tiermist und Pflanzenresten kann man Wurzelgemüse abdecken, das den Winter über im Boden bleibt.

▲ Frühgemüse
Frühes Wurzelgemüse – hier breitwürfig ausgesäte Radieschen – wachsen gut auf Beeten unter Glas. Mit dem Gefäß voll Salat auf dem Weg wird die Fläche optimal genutzt.

◀ Schutz für Obstbäume
Ein Gewächshaus sichert Obstgehölzen wie Pfirsich höhere Temperaturen, eine kontrollierte Bewässerung, bessere Bestäubungsbedingungen sowie Schutz vor Vögeln.

Aufgebundene Tomaten
Viele Gemüsearten liefern im Gewächshaus bessere Ergebnisse. Ist der Boden mit Krankheitserregern verseucht, bieten Kultursäcke eine gute Lösung.

Kultursäcke im Gewächshaus
Pflanzen in Kultursäcken wie diese Honigmelonen erweitern die Anbaufläche innerhalb des Gewächshauses. Für den Gurkenanbau können die Säcke auf dem Tisch liegen.

GEWÄCHSHÄUSER

Ein Gewächshaus ist von unschätzbarem Wert, wenn man Gemüse wie Kohl, Möhren, Rote Bete, Zwiebeln und Salat ziehen möchte *(siehe S. 62–65)*. Man kann schon früh mit der Kultur beginnen; ausgesät und pikiert wird in Multitopfplatten bei höheren Lufttemperaturen als im Freien. Die kräftigen Sämlinge werden bei nachlassender Spätfrostgefahr und steigenden Bodentemperaturen ausgepflanzt *(siehe S. 70–71)*. Unter Glas keimen Saaten besser und Folgekulturen lassen sich besser planen. Außerdem bleiben die Pflänzchen im Verlauf ihrer Entwicklung unter Kontrolle.

Radieschen, Kartoffeln, Salat, Möhren und Mairüben können bis zur Ernte im Gewächshaus wachsen.

Frühes Fruchtgemüse wie Tomaten, Paprika, Gurken und Melonen *(siehe S. 108, 117)* lässt sich im Gewächshaus auf Beeten oder in Gefäßen kultivieren. Erdbeeren eignen sich gut fürs Gewächshaus; sie können in Kutursäcken wachsen. In größeren Gewächshäusern haben sogar Obstbäume Platz wie Pfirsich, Aprikosen, Feigen *(siehe S. 149–205)* oder auch Wein *(siehe S. 227–233)*.

Lüftung im Gewächshaus

Ausreichende Lüftung ist in einem Gewächshaus lebenswichtig. Warme Luft steigt bis zum Dachfirst und wird mithilfe eines Ventilators verteilt. Als ein Richtwert sollte die zu öffnende Dachfläche etwa 20 Prozent der Glashausgrundfläche betragen. Seitliche Luftklappen sind notwendig, um für zusätzliche Luftzufuhr zu sorgen. Die beste Wirkung zeigen sie, wenn sie an beiden Seiten der Konstruktion so niedrig wie möglich angebracht werden. Lüftungsklappen, die man von Hand bedient, sind zwar preiswert, aber eine automatische Ausführung ist praktischer. Lamellen ergeben eine wirksame Seitenbelüftung und werden mit einem einfachen Hebel bedient.

Lamellen

Lüftungsklappen im Dach

Seitliche Lüftungsklappen

Ein Gewächshaus ist aber nicht zwingend notwendig. Vorgezogene Pflanzen gibt es zu jeder Zeit beim Gärtner zu kaufen, und alle Gemüsearten, die sich für die Gewächshauskultur eignen, gedeihen auch im Freien - wenn auch nur zu bestimmten Zeiten und vielleicht in geringerer Qualität als es unter Glas möglich ist.

Auch im Gewächshaus sind Pflege und Sorgfalt erforderlich. Zu den regelmäßig anfallenden Arbeiten gehören – neben der individuellen Pflege der kultivierten Pflanzen – Lüften, Gießen und bei Bedarf Beschatten.

DAS RICHTIGE GEWÄCHSHAUS

Glas stellt im Hinblick auf Lichtdurchlässigkeit und Wärmespeicherung das beste Material dar; es ist auch das beständigste Abdeckungsmaterial, wenn man sorgfältig damit umgeht. Das relativ teuere Glas wiegt aber viel und es kann zerbrechen. Kunststoff braucht keine so stabilen tragenden Teile und Konstruktionselemente wie Glas. Die Einheiten sind daher preiswerter und einfacher zu reparieren. Formstabiler Kunststoff ist in Form von Acrylglas oder als Glasfaser verstärktem Polyester erhältlich. Auch wenn diese Materialien weniger haltbar sind als Glas, besitzen sie viele gute Eigenschaften.

Ein Folienhaus stellt die preiswerteste Variante dar. Die Kunststofffolie wird über gebogene Metallbügel, die man in regelmäßigen Abständen in den Boden steckt, gezogen; die Enden werden der ganzen Länge nach in den Boden eingegraben, damit die Folie nicht wegfliegt. UV-stabilisierte Folien halten bis zu drei Jahre.

Gewächshäuser mit Glas- oder Kunststoffisolierung sind in vielen Formen und Qualitäten erhältlich; es gibt sogar vieleckige Konstruktionen wie ein dekoratives Gewächshaus in der Form eines Pavillons. Ein Gewächshaus kann frei stehen oder sich als Anbau an ein Gebäude anlehnen – ideal für Obstgehölze, besonders Wein. Die Tragkonstruktion kann aus Holz bestehen, das jedoch viel Pflege braucht, oder aus Aluminium. Ältere oder auf traditionelle Art gebaute Gewächshäuser aus Glas gründen oft auf einer halbhohen, aus Ziegeln aufgemauerten Stützwand, aber die Seitenwände können auch bis zum Boden aus Glas oder Kunststoff bestehen. Je größer die Konstruktion ist, desto besser kann sie befestigt werden. Ein Gewächshaus aus festem Material und mit 2 m × 2,5 m Grundfläche stellt eine sehr nützliche Erweiterung des Nutzgartens dar; für ein Folienhaus misst die kleinste sinnvolle Einheit für den Garten 4,5 m × 6 m.

AUSSTATTUNG EINES GEWÄCHSHAUSES

Ein Gewächshaus, das voll genutzt wird, benötigt eine Heizung. Je höher die gewünschte Temperatur ist, umso kostspieliger wird das Heizen. Um die Pflanzen vor Frost zu schützen, muss die Lufttemperatur bei mindestens 7 °C gehalten werden, wozu man eine elektrische Heizung oder einen Öl- bzw. Gasofen braucht. Die Hersteller liefern genaue Angaben zur Auslegung der Heizung, um dieses Ziel zu erreichen. Da Folie die Wärme nicht so gut speichert wie Glas oder Acrylglas, lohnt sich das Heizen in einem Folienbau kaum. Aber für die Anzucht von Pflanzen kann man auch einen kleinen Rahmen oder eine andere abgeschlossene Einheit innerhalb dieser Konstruktion bauen. Der Wärmeverlust von Gewächshäusern mit stabiler Eindeckung lässt sich durch zusätzliche Isolation im Winter und zeitigem Frühjahr herabsetzen. Noppenfolie eignet sich dafür sehr gut, bei vertretbarem Lichtverlust.

Alle Gewächshäuser brauchen ein Lüftungssystem. Bei Folienkonstruktionen erfolgt die Luftzufuhr durch die Türöffnungen an den beiden Enden, die man je nach Bedarf nach oben zusam-

Das Gartenjahr verlängern
Obwohl ein Folientunnel ein beheiztes Gewächshaus nicht ersetzen kann, verlängern sich damit die Wachstums- und Erntezeit beträchtlich. Hier reifen asiatische Gemüsearten wie Mizuna und Pak Choi neben Roter Bete und Winterrettich.

menrollt. Die Türen dienen auch in festen Bauweisen aus Glas oder Acrylglas zur Belüftung, aber zusätzlich werden Lüftungsklappen eingebaut.

Damit die Pflanzen wegen Überhitzung keinen Schaden erleiden, muss ein Gewächshaus gelegentlich schattiert werden. Das kann mithilfe von wetterfesten Rollos nach Bedarf erfolgen; eine preiswerte und für alle Bauweisen geeignete Möglichkeit bietet Schattierfarbe, die im Spätfrühling aufgetragen und im Herbst entfernt wird.

Auch ein Wasseranschluss muss im Gewächshaus vorhanden sein, um die regelmäßige Wasserversorgung zu gewährleisten. Aufgefangenes Regenwasser in Tonnen bietet eine nützliche Ergänzung; es reicht aber in Zeiten mit hohem Wasserverbrauch nicht aus.

Tische, bevorzugt abbaubare, sind für ein Gewächshaus unerlässlich.

Es lohnt sich eine Beetheizung, um die Keimung der Samen und die Pflanzenentwicklung voranzutreiben. Am besten eignet sich ein beheizter Kasten, den man auf den Tisch stellen kann. Die Heizung sollte über ein Thermostat zu regeln sein, um Kosten zu sparen. Die erforderlichen elektrischen Leitungen lässt man am besten von einem Fachmann legen.

Viele Nutzpflanzen, die bis zur Reife im Gewächshaus bleiben müssen, brauchen Stützhilfe. Die beste Methode ist das Anbringen von Drähten und Schnüren an den Konstruktionsteilen des Gewächshauses.

ANWENDUNG VON FRÜHBEETEN

Frühbeete werden schon seit Generationen im Obst- und Gemüsebau verwendet. Bei der Anzucht von Pflanzen stellen sie eine mögliche Alternative zum Gewächshaus dar, besonders wenn das Frühbeet beheizt werden kann. Frühbeete sind obendrein wichtig für das Eingewöhnen und Abhärten von Jungpflanzen, die unter Abdeckung kultiviert wurden, bevor man sie auspflanzt. Dabei wird das Frühbeet jeden Tag etwas mehr gelüftet, bis die Pflänzchen für den Umzug ins Freie kräftig genug sind.

In Frühbeetkästen kann man außerdem niedrige Nutzpflanzen wie Erdbeeren, Zucchini, Melonen und frühe Wurzelgemüse und Salat anbauen. Zwischen der Erdschicht und der Abdeckung beträgt der Mindestabstand 30 cm. In höheren Kästen kann man auch Gemüse wie Kohl und Blumenkohl bis zur Reife kultivieren. Buschtomaten haben darin ebenso Platz wie Gurken; zum Schutz der Früchte vor Verschmutzung sollte man eine Mulchfolie auslegen.

Ziegelkasten
Kalte Kästen mit Ziegelwänden sind die beständigsten. Die Ziegel speichern die Wärme obendrein besser als Frühbeete, die vollständig aus Glas oder Kunststoff bestehen. Angebaut an ein Gewächshaus ist ein solcher Kasten für das Abhärten von Jungpflanzen von großem Nutzen.

Der Frühbeetkasten sollte sich an einer gut zugänglichen sowie windgeschützten und sonnigen Stelle befinden. Für die Anzucht von Jungpflanzen sollte der Kasten auf einem harten Untergrund stehen, aber bleiben die Pflanzen bis zur Reife im Frühbeet, muss ein guter Boden von mindestens 20 cm Stärke vorhanden sein. Leicht abschüssig angelegte Beete erwärmen sich früher, was die Reife begünstigt.

FORMEN VON FRÜHBEETEN

Klassische Frühbeete sind ortsfeste Bauweisen mit Seitenteilen aus Ziegel, Beton oder Holz und einer Abdeckung aus Glas oder Kunststoff; auch ausrangierte Fensterrahmen werden verwendet. Glas ist das effektivste Abdeckmaterial, aber auch Plexiglas und in manchen Fällen Kunststofffolien sind geeignete Alternativen. Den größten Erfolg erzielen Sie mit Kästen, deren Rückseite etwa 5–10 cm höher ist als die Vorderseite. So kann das Regenwasser ablaufen und man erreicht am geeigneten Platz ein Maximum an Sonneneinstrahlung. Auch vorgefertigte Systeme aus Leichtmetall und Kunststoff *(siehe unten)* bringen gute Ergebnisse. Bei der abgebildeten Form handelt es sich um eine hochwertigere, dafür aber vielseitige und haltbare Ausführung.

Frühbeetkästen sind in verschiedenen Größen erhältlich oder werden passend für den Standort gebaut. Die sinnvolle Mindestgröße beträgt 120 cm × 60 cm. Die Kästen kann man nach Bedarf und Platz beliebig aneinanderreihen. Bei Doppelkästen befindet sich beiderseits des Firstes eine Glasfläche.

PFLEGE DER FRÜHBEETKULTUREN

Frühbeetkästen sind ziemlich niedrig und schließen bei geschlossenem Deckel

Kalter Kasten aus Aluminium und Glas
Diese Variante sorgt für optimale Lichteinstrahlung; hinzu kommt die Lichtreflexion der Mulchfolie. Ein Bewässerungssystem regelt die Wasserversorgung.

Kalter Kasten aus Holz
Die Rahmen kann man fertig kaufen oder man verwendet ausgediente Fensterrahmen. Holz braucht Pflege und die Streben setzen den Lichteinfall herab.

nahezu luftdicht ab, sodass man besonders auf gutes Lüften achten muss. Zum Lüften klemmt man ein Stück Holz zwischen Kastenwand und Fenster. Für eine maximale Luftzufuhr oder damit Regen eindringen kann, müssen die Fenster entfernt oder zumindest so weit wie möglich geöffnet werden. Frühbeetfenster können schwer und unhandlich sein, deshalb gehen Sie damit vorsichtig um. Große Kästen sind so konstruiert, dass man die Abdeckung seitlich in speziell angefertigte Vertiefungen schieben kann. Nicht ausreichende Lüftung führt zu hoher Luftfeuchtigkeit, die das Auftreten von Pflanzenkrankheiten begünstigt, oder die Blätter verbrennen wegen Überhitzung bzw. die Pflanzen erschlaffen. Zum Schutz vor Überhitzung kann man Frühbeetkästen schattieren; dafür eignen sich spezielle, im Handel erhältliche Schattierfolien. Im Winter und Frühjahr wiederum muss der Kasten mit dicker Mulchfolie, Strohmatten oder einem alten Teppich isoliert werden, um empfindliche Pflanzen zu schützen. Eine Schneedecke wirkt isolierend, daher wird sie nicht entfernt.

Achten Sie auf Mäuse, die in die Kästen gelangen, besonders in kalten Zeiten. Sie können beträchtliche Schäden an jungen Pflanzen, vor allem an Erbsen, verursachen.

Folientunnel und -zelte
Die ganze Palette der Abdeckungsmöglichkeiten wird hier genutzt – vom Gewächshaus im Hintergrund bis zum Folientunnel und -zelt.

ABDECKHAUBEN

Auch Hauben oder Glocken *(siehe unten)* schützen und fördern das Wachstum. Für Erdbeeren eignen sie sich besonders gut, aber auch für frühes Wurzelgemüse, Salat, Melonen und Zucchini. Erbsen, Bohnen und Kartoffeln entwickeln sich in der Anfangsphase sehr gut unter Hauben. Auch für Jungpflanzen im Saatbeet bedeuten Hauben eine sinnvolle Abdeckung, denn der Boden erwärmt sich dadurch früh. Am Ende der Saison schützen Hauben Tomaten und Zwiebeln, die noch reifen sollen.

Der Begriff Haube oder Glocke leitet sich von Glasglocken ab, die man in viktorianischen Gärten über einzelne Pflanzen gestülpt hat, um die Reife zu beschleunigen. Es gab früher verschiedene Varianten aus Metallrahmen mit Glasfüllung, die wie eine Laterne geformt waren. Heute sind diese Formen, aus Kunststoff gefertigt, wieder erhältlich. Man verwendet auch Abdeckungen aus Gartenklarglas; hier werden die Wände beispielsweise an einem Drahtgestell befestigt. Die einfachsten sind zeltartig gestaltet und bestehen aus zwei Glasscheiben von 60 cm × 30 cm, die von einer speziellen Klammer in der Mitte zusammengehalten werden. Vielseitiger ist die Form aus vier Seitenteilen. Glasabdeckungen müssen immer dicht aufsitzen und an den ausreichend gesicherten Kanten gut abschließen. Als einfachste Version sind tütenartige Kunststoffhauben im Gartenfachhandel erhältlich.

DAS RICHTIGE MATERIAL

Glasglocken haben ihre Nachteile. Sie können leicht zerbrechen, da man sie je nach Bedarf von Pflanze zu Pflanze trägt. Das Glas muss jedes Jahr gereinigt und vor allem vom Algenbelag befreit werden. Darüber hinaus stellen Glasglocken eine Gefahr im Garten dar, besonders für kleine Kinder. Wenn man Glasabdeckungen verwendet, sollte der Bereich mit einem Netz, das an vier stabilen Pfosten gespannt wird, gesichert sein.

Die günstigeren Abdeckungen aus festem Kunststoff erscheinen in dieser Hinsicht sicherer. Man kann das Material als Platte kaufen und sie zeltartig

Abdeckhauben

Kunststoffhauben
Hauben aus Kunststoff muss man im Boden verankern, aber sie sind preiswerter als Glasglocken und haben manchmal oben ein Lüftungsloch.

Zeltartige Glasabdeckung
Zwei schräge Scheiben bilden ein Dach, in einem steileren Winkel stehen die zwei Seitenteile. Werden wie hier die Enden mit Glas oder Folie geschlossen, wird der Schutz wirksamer.

Laternenform
Diese Glocke besteht aus einem Metallrahmen, der die Glasscheiben einfasst. Der Deckel lässt sich zum Lüften heben und drehen, ohne die Abdeckung zu entfernen.

Tunnel aus Wellkunststoff
Die Enden können offen bleiben und dienen zur Lüftung. Ist mehr Schutz nötig, lassen sich die Enden mit Kunststofffolien verschließen.

Bau eines Folientunnels

1 Als Schablone dient ein Brett mit Bolzen, um die Ösen und 25 cm langen Füße aus verzinktem Metall herzustellen.

2 Bögen zurechtbiegen von 60 cm Breite. Hilfreich ist dafür eine zweite Schablone in Form von Nägeln, die im Umriss des Bogens in eine dicke Holzplatte geklopft wurden.

3 Die Bügel gleichmäßig und gerade in den Boden stecken. Schlagen Sie Holzpflöcke in einer gedachten Linie von 45 Grad außerhalb der Endbügel in den Boden. Befestigen Sie ein Ende einer Folie mit einer Nylonschnur an dem Holzpflock. Ziehen Sie die gesamte Folie möglichst straff über die Unterkonstruktion. Befestigen Sie das andere Ende der Folie an dem zweiten Holzpflock. Darauf achten, dass die Folie straff bleibt.

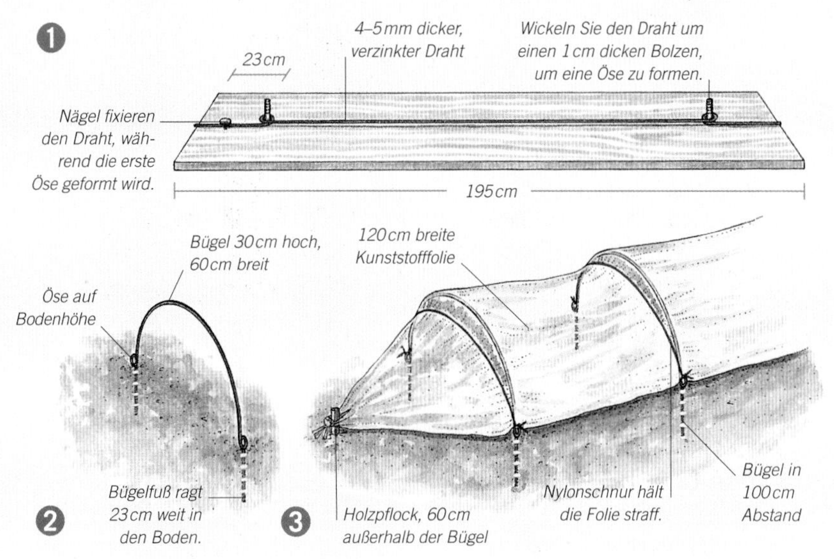

oder wie ein Häuschen bauen; es gibt auch tragbare kompakte Einheiten aus Wellkunststoff.

Der Hauptnachteil dieser Materialien ist, dass sie im Vergleich zu Glas weniger Licht durchlassen und die Wärme nicht so gut zurückhalten. Darüber hinaus sind sie sehr leicht und werden vom Wind verweht. Deshalb muss man solche Hauben mit starkem Draht oder Erdankern sichern. Während Glas bei sorgfältigem Umgang sehr beständig ist, wird nicht UV-stabilisierter Kunststoff durch das Sonnenlicht rasch spröde.

FOLIENTUNNEL

Kunststofffolien eignen sich sehr gut für den Bau von niedrigen Tunneln, die eine ähnliche Wirkung wie ein Gewächshaus haben. Diese Form der Abdeckung ist preiswert und lässt sich einfach aufbauen. Der Tunnel besteht aus einer Kunststofffolie, die über gebogene Bügel aus verzinktem Metall gezogen wird *(siehe oben)*. UV-stabilisierte Folien halten mindestens zwei Jahre. Ein Folientunnel bringt ähnliche Vorzüge wie eine Glaskonstruktion und begünstigt das Wachstum vieler Nutzpflanzen wie Erdbeeren, Salat, Bohnen und zahlreicher anderer Gemüsearten.

ANBAU IN TUNNELN

Um den größtmöglichen Nutzen aus Tunneln zu ziehen, baut man Nutzpflanzen in langen, schmalen Reihen an. Hat sich eine Reihe kräftig genug entwickelt, wird die Konstruktion über einer anderen Reihe aufgebaut. Hier wachsen die Pflanzen weiter, während das Obst oder Gemüse der ersten Reihe im Freien reift.

Wie bei der Kultur im Frühbeet ist auch hier das Gießen sehr wichtig. Wenn man die Abdeckung abnimmt oder Folien zurückschiebt, fällt Regen ein, aber um sicherzugehen, sollte man entlang der Reihen ein einfaches Bewässerungssystem *(siehe S. 54)* auslegen. Unter der Abdeckung kann zusätzlich eine Mulchfolie ausgebracht werden, um die Bodenfeuchtigkeit zu erhalten. Viele Gewächse gedeihen gut über solchen Folien.

Das Tunnel sollte nach Möglichkeit an einem geschützten Platz stehen (jedoch sollten gut befestigte Konstruktionen starken Winden standhalten). Beim Aufbau von Folientunneln ist sorgfältig darauf zu achten, dass die Folie straff anliegt. Die Enden werden fest verankert oder in den Boden eingegraben.

FOLIENKULTUR

Vor allem im Erwerbsanbau kommen Bodenabdeckungen aus Folie, Vlies und Kulturnetze zum Einsatz, um das Wachstum von Frühgemüse zu fördern. Die Folienkultur eignet sich für Beete von 120 cm Breite *(siehe S. 32–34)* in jedem Hausgarten. Unter einer Abdeckung erwärmt sich der Boden schneller und Sämlinge sowie Jungpflanzen erhalten Schutz vor Wind und schweren Regenfällen; Frostschutz bieten diese Materialien jedoch kaum, zumindest nicht in dem Maße wie Frühbeete oder Folientunnel. Ein weiterer Vorteil von Flachfolien ist, dass sie als Barriere dienen und so die Nutzpflanzen vor Schädlingen wie Blattläusen und Gemüsefliegen schützen *(siehe Pflanzenprobleme, S. 246–264)*.

Durchsichtige Folien fördern das Wachstum von direkt ausgesäten Gemüsepflanzen, aber bessere Ergebnisse werden mit Loch- und Schlitzfolien

Zugang zum Folientunnel
Um die Pflanzen im Folientunnel zu belüften, wird die Folie entlang der Stützbügel hochgeschoben. Zugleich kann man die Pflanzen ungehindert gießen und beernten.

sowie Vlies erzielt. Bei Lochfolie ist auf eine leichte Qualität zu achten, die etwa 500 Löcher pro Quadratmeter aufweist. UV-stabilisierte Folien sind langlebiger als unbehandelte. Schlitzfolie stellt eine Weiterentwicklung der Lochfolie dar: Da sie dehnbar ist, wird sie als »mitwachsende Folie« bezeichnet. Eine ausgezeichnete Alternative zu perforierten Folien stellen Vliese dar. Es handelt sich um leichte, lockere, textilähnliche Gespinste aus Kunststoffen wie Polyethylen oder Polypropylen. Das gewöhnlich weiße und sehr weiche Vlies ist luft- und wasserdurchlässig, sodass darunter kein Hitzestau entsteht. Es besitzt bessere isolierende Eigenschaften als Kunststofffolie und wirkt dadurch als Frostschutz. Wenn man sorgfältig damit umgeht, kann man Vlies mindestens zwei Jahre lang verwenden.

Folie und Vlies begünstigen die Samenkeimung, aber Loch- oder Schlitzfolien eignen sich für diesen Zweck besser, weil sie anders als Vlies bei Nässe nicht am Boden kleben. Die feinmaschigen Gemüsenetze dienen vor allem dazu, schädliche Insekten abzuwehren.

Kultur unter Folien und Vlies

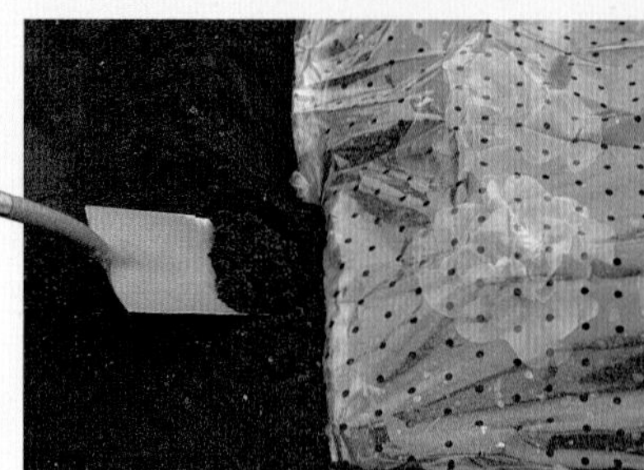

Lochfolie dauerhaft befestigen
Heben Sie um das Beet herum einen schmalen Graben aus und schieben Sie die Enden der Folie hinein, bis sie straff aufliegt. Bedecken Sie die Enden mit Erde.

Vorübergehende Befestigung
Eine kurzfristig benötigte Abdeckung, hier Vlies, wird an den Enden mit Ziegelsteinen, großen Steinen oder Holzbrettern beschwert.

Vlies lockern
Vlies fördert nicht nur frische Aussaaten, sondern dient auch als Schutz vor Frost wie hier bei Kartoffelpflanzen. Die Abdeckung darf das Wachstum nicht behindern; also die Pflanzen regelmäßig kontrollieren und bei Bedarf die Abdeckung etwas lockern.

FOLIEN UND VLIESE VERLEGEN

Für eine optimale Nutzung müssen Flachfolien und Vliese sicher befestigt sein. Die beste Methode ist das Beschweren der Enden mit Erde. Dazu sticht man mit dem Spaten einen ganz schmalen Graben um die Fläche herum aus und drückt die gefalteten Enden mithilfe des Spatens hinein. Die Folie muss straff über das Beet gebreitet sein, aber dennoch soll genügend Platz für schnell wachsende Pflanzen bleiben; vielleicht wird man die Enden später etwas aus dem Boden herausziehen und wieder befestigen müssen. Möhren, Salat und Rote Bete können direkt in tiefere Rillen gesät werden, sodass die Abdeckung unabhängig vom Material nicht mit der Saat in Berührung kommt.

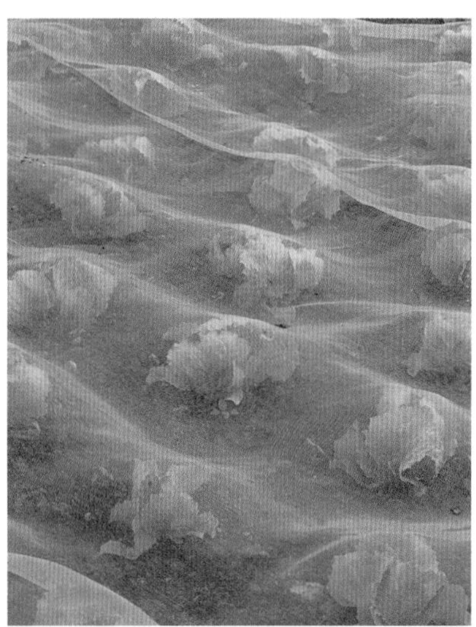

Schutznetz
Dieses feinmaschige Netz wurde vorsichtig über Salatpflanzen ausgebreitet, um sie vor Schadinsekten zu schützen.

Flachfolien eignen sich im Frühjahr für vorgekeimtes Gemüse wie Frühkartoffeln. Sie bieten auch für Spätgemüse im Herbst und Winter Schutz und gewährleisten eine bessere Qualität. Alles Unkraut muss entfernt werden, bevor man eine Abdeckung ausbreitet, da es sich sonst noch schneller entwickeln würde. Kulturen unter Abdeckungen erfordern regelmäßige Kontrollen. Die Materialien lassen unterschiedliche Mengen an Regen durch, sodass man bei Bedarf die Abdeckung hochnehmen muss, um zu wässern. Die Pflanzen dürfen nicht zu lange unter Folie oder Vlies bleiben; das Wachstum stockt, wenn sie eingeengt werden. Folien werden entfernt, bevor sie durch den Einfluss des Sonnenlichtes brüchig werden.

WEITERE SCHUTZMASSNAHMEN

Empfindliche Gewächse wie Feigenbaum und Wurzelgemüse in spätfrostgefährdeten Regionen erhalten Schutz durch isolierende Materialien, wie Sackleinen, Vlies, Stroh oder Farnkraut. Für das Umwickeln wie für die Bodenabdeckung gilt, dass die Gewächse darunter nicht ersticken dürfen: Dies verhindert man durch regelmäßiges Lockern oder Wenden des Materials.

Alle beschriebenen Schutzmaßnahmen haben ihren Preis und brauchen Zeit. Es ist nicht zwingend, all diese Mittel in einem neu angelegten Garten sofort einzusetzen. Betrachten Sie schützende Abdeckungen als eine Möglichkeit, die Zahl der angebauten Kulturen zu erweitern und die Saison zu verlängern oder als Maßnahme zur Qualitätsverbesserung. Sobald Sie einige Jahre lang grundlegende Erfahrungen im Obst- und Gemüseanbau gesammelt haben, werden Ihnen die geschilderten Maßnahmen dienlich sein.

Unkrautkontrolle

Bei Unkraut handelt es sich für gewöhnlich um wild vorkommende Pflanzen, aber bisweilen sind es auch aus der Kultur ausgebrochene Pflanzen, die weite Flächen besiedeln.

Manche Wildpflanzen sehen nicht nur attraktiv aus, sondern sind auch nützlich. Ackergauchheil *(Anagallis arvensis)* und wilde Stiefmütterchen *(Viola tricolor)* tragen hübsche Blüten, Wiesenkerbel *(Anthriscus sylvestris)* bietet den nützlichen Schwebfliegen Nahrung und die Rote Taubnessel *(Lamium purpureum)* lockt Bienen an. Wildpflanzen sind daher bis zu einem gewissen Grad zu tolerieren und man weist ihnen am besten geeignete Stellen im Nutzgarten zu.

Allerdings wirkt sich die Konkurrenz der Unkrautpflanzen negativ auf das Gedeihen der Nutzpflanzen aus und die meisten Gartenbesitzer empfinden eine unkrautfreie Anlage als angenehmer als einen Garten, der sich natürlich entwickeln darf. In Bezug auf die Bekämpfung ist zwischen ausdauernden und einjährigen Unkräutern zu unterscheiden.

SCHADEN DURCH UNKRÄUTER

Unkräuter bedeuten zuallererst eine Konkurrenz für die Nutzpflanzen. Sie entziehen dem Boden Wasser und Nährstoffe und beeinträchtigen so deren Wachstum. Sie konkurrieren auch um Licht, und der Schatten, den wucherndes Unkraut wirft, kann Jungpflanzen ernsthaft gefährden.

Unkrautpflanzen können auch Einfluss auf Schädlings- und Krankheitsbefall haben *(siehe Pflanzenprobleme S. 246–264)*. Manche, die mit den Kulturarten nahe verwandt sind, dienen als Wirtspflanzen für Schädlinge wie Älchen und Pilzkrankheiten wie Kohlhernie oder Rost. Dichter Unkrautwuchs trieft nach Regen vor Nässe, die Durchlüftung wird herabgesetzt und die Luftfeuchtigkeit in Bodennähe steigt – ideale Bedingungen für Krankheiten wie Grauschimmel *(siehe S. 255)*, der vor allem Erdbeeren befällt.

Schließlich scheiden manche Unkrautpflanzen im Wurzelbereich chemische Substanzen aus, die das Wachstum von nicht verwandten Arten hemmen.

Unkrautkontrolle durch Lichtausschluss

Schwarze Folie
Ein- und zweijährige Unkräuter lassen sich unterdrücken, wenn die Fläche mit dicker, schwarzer Folie abgedeckt und an den Enden befestigt wird. Eine Saison liegen lassen.

Alter Teppich
Jedes feste, lichtundurchlässige Material eignet sich zur Unkrautbekämpfung. Selbst wenn einige ausdauernde Arten nicht absterben, wachsen sie merklich schwächer.

AUSDAUERNDE UNKRAUTPFLANZEN

Wahrscheinlich die lästigsten Unkräuter sind die mehrjährigen Arten, die sich bevorzugt auf vegetativem Weg wie Wurzelausläufer, Ableger oder wurzelnde Triebspitzen vermehren. Diese Pflanzen kommen vor allem auf unbebauten Flächen vor, wo sie sich gut eingewöhnen. Wenn sie sich zwischen neu ausgesäten oder gepflanzten Nutzpflanzen ansiedeln, werden sie ebenfalls sehr lästig. Sie sind dann kaum mehr zu beseitigen, ohne das Obst und Gemüse zu beschädigen. Berüchtigte ausdauernde Unkrautarten sind verschiedene Ampfer *(Rumex*-Arten*)*, Löwenzahn *(Taraxacum officinale)*, Große Brennnessel *(Urtica dioca)*, Kriechender Hahnenfuß *(Ranunculus repens)*, Giersch *(Aegopodium podagraria)*, Quecke *(Agropyron repens)*, Brombeeren *(Rubus*-Arten*)* und Schachtelhalm *(Equisetum*-Arten*)*.

Mehrjährige Unkräuter
Eingewachsene mehrjährige Arten können tief wurzeln wie diese Brennnessel. Versuchen Sie mit der Grabegabel das meiste Wurzelwerk zu entfernen.

MECHANISCHE UNKRAUTKONTROLLE

Mehrjährige Arten kann man langfristig bekämpfen, indem man eine schwere, schwarze Kunststofffolie oder ein anderes festes, lichtundurchlässiges Material, z.B. einen alten Teppich, darüber ausbreitet. Um wirklichen Erfolg zu haben, muss diese Abdeckung mindestens eine Wachstumsperiode lang liegen bleiben. Heben Sie die Abdeckung gelegentlich hoch und graben Sie geschwächte Pflanzen vorsichtig aus.

Die üblichere Methode ist die Bearbeitung des Bodens mit einem Spaten oder einer Grabegabel. Man bricht dazu den Boden in einer Spatentiefe auf und entfernt alle verdickten oder verholzten Wurzeln oder unterirdischen Ausläufer mit der Hand. Diese Arbeit wird am besten an einem warmen Tag erledigt, um die Pflanzen eine Weile der Witterung auszusetzen, damit sie vertrocknen und absterben; danach werden sie entfernt.

Handfräsen sind zur Zerkleinerung der Pflanzendecke nicht ratsam. Hier zeigt sich der Erfolg erst nach mehrmaligen Wiederholungen, da die unterirdischen Teile der Unkräuter in kleine Stücke zerteilt werden, die sich wieder zu neuen Pflanzen entwickeln. Das Schlimme daran ist, dass die Bodenstruktur dabei zerstört wird, und es entsteht eine verdichtete Bodenschicht *(siehe S. 16)* in der Eindringtiefe der Zinkenräder.

Die ausdauernden Unkräuter unterscheiden sich im Hinblick auf ihre Hartnäckigkeit. Giersch, Ampfer, Löwenzahn und Kriechender Hahnenfuß verschwinden bei gründlicher Bodenbearbeitung bald, aber Quecke und Brennnessel müssen sorgfältig und öfter ausgegraben werden. Am schlimmsten ist der Schachtelhalm, der sehr tief wurzelt und sich meist nicht ausrotten lässt. Übel sind auch die bedornten Triebe der Brombeere, aber mithilfe von Gartenschere und Spaten kann man sie dennoch entfernen.

Unkräuter mit Überwinterungsorganen im Boden wie einige Sauerklee-Arten *(Oxalis)* oder Bärlauch *(Allium ursinum)* müssen peinlich genau ausgegraben werden oder man schwächt die Pflanze durch ständiges Entfernen der Blätter. Zum Glück stellen diese hübschen Unkrautpflanzen kaum eine Konkurrenz dar, aber bei zu dichtem Wuchs unterdrücken sie andere Pflanzen.

PFLANZENSCHUTZMITTEL

Für den Einsatz der chemischen Präparate gibt es gesetzliche Bestimmungen, die eingehalten werden müssen. Achten Sie beim Einsatz von Pflanzenschutzmitteln auf möglichst geringe Auswirkungen auf die Umwelt. Pflanzenschutzmittel müssen immer wie vorgeschrieben und in der vorgegebenen Konzentration eingesetzt werden. Das ist entscheidend für die Wirkung. Halten Sie sich strikt an die Hinweise des Herstellers. Bei unsachgemäßer Anwendung können die Mittel Pflanzen in der Nähe gefährden oder Tiere schädigen.

EINJÄHRIGE UNKRAUTPFLANZEN

Einjährige Unkräuter vollenden ihren Lebenszyklus in einer Wachstumsperiode; es kann sogar zu mehr als einem Zyklus pro Saison kommen.

Im Großen und Ganzen wird man einjährigen Unkrautpflanzen leichter Herr als den ausdauernden. Diese Gruppe umfasst: Vogelmiere *(Stellaria media)*, Kreuzkraut *(Senecio vulgaris)*, Rispengras *(Poa annua)*, Weißer Gänsefuß *(Chenopodium album)*, Schaumkraut *(Cardamine hirsuta)*, Ehrenpreis-Arten *(Veronica-*Arten*)* und Kleine Brennnessel *(Urtica urens)*. Diese Unkräuter vermehren sich durch ein Übermaß an Samenprodukion. Viele Samen werden von Vögeln und Bodenlebewesen gefressen, während andere sich nach der Keimung nicht weiterentwickeln. Durch die Bodenbearbeitung werden zahlreiche Samen zerstört, aber zugleich zahlreiche ruhende Samen ans Licht gebracht. Unkräuter sind zu entfernen, bevor sie Samen angesetzt haben.

Regelmäßiges Hacken ist die wirksamste Bekämpfungsmethode bei einjährigen Arten, da sich hier keine Pflanzenteile regenerieren. Erstmals wird gehackt, sobald die Reihen mit den Nutzpflanzen zu erkennen sind. Arbeiten Sie flach, damit keine Samen an die Oberfläche gelangen und um den Feuchtigkeitsverlust möglichst gering zu halten. Am wichtigsten ist es zwischen den Pflanzenreihen zu hacken.

Das Jäten mit der Hand empfinden manche als einen sehr befriedigenden Zeitvertreib. Wer will, kann auch thermische Unkrautvernichter einsetzen. Gasbrenner oder Geräte mit Elektroheizplatten eignen sich für Wege, aber man sollte nicht vergessen, dass es sich hier um Werkzeuge für Fachleute handelt und sie sind nicht unbedingt notwendig.

Eine gute Methode ist folgende: Man lässt die Samenunkräuter auf einem vorbereiteten Beet aufkeimen und nach etwa zwei Wochen werden sie entweder mit der Hacke oder dem Abflammgerät zerstört.

Pflanzen in Mulchfolie
Über das Beet ausgebreitete und an den Enden befestigte Mulchfolie erübrigt das Unkrautjäten. Die Pflanzen werden durch kreuzförmig eingeschnittene Schlitze eingesetzt.

Wie Herbizide wirken

1 **Systemische Blattherbizide** wirken gut gegen mehrjährige Unkräuter. Niemals an windigen Tagen sprühen, denn die Tröpfchen können auf Kulturpflanzen abdriften und sie schädigen.

2 **In den folgenden zwei Wochen** sterben die behandelten Unkräuter allmählich ab und lassen sich leicht herausziehen.

Ein gesunder Garten

Obst und Gemüse gedeiht nicht bei ungünstiger Witterung, schlechter Ernährung, Bedrängung durch Unkraut, Wassermangel oder bei Schädlings- und Krankheitsbefall. Tiere, Pilze, Bakterien, Viren und andere Organismen können die Pflanzen beschädigen, verformen oder schwächen. Wichtig ist, die Gründe für Probleme bei einzelnen Pflanzen zu erkennen, bevor man dagegen vorgeht.

NATÜRLICHE STRATEGIEN

Pflanzen besitzen bemerkenswerte Mechanismen, um Schädlinge abzuwehren. Manche bilden Geruchs- oder Geschmacksstoffe, die einen Befall verhindern. Manche Insekten, z.B. die Raupen des Kohlweißlings, vertragen solche derartige Substanzen, wie sie von Kohlarten gebildet werden und finden eine Nische als Spezialisten; andere Schädlinge fressen an verschiedenen Pflanzen. Manche Pflanzen setzen Duftstoffe frei, die Räuber oder Parasiten anlocken, und die wiederum befallen die Schädlinge. In der Natur werden die Auswirkungen von Schädlingen und Krankheiten in einer Pflanzengemeinschaft sehr gering gehalten. In Nutzgärten bauen wir oft eine einzige Art in größerer Stückzahl an, was die Gefahr eines Befalls erhöht. Hält man die Fläche frei von Unkraut, beseitigt man mögliche Wirtspflanzen für Schaderreger.

GESUNDE PFLANZEN

Schwache oder von Unkräutern eingeengte Pflanzen sind anfälliger für Krankheiten. Durch Pflanzenabfälle können sich Krankheiten ausbreiten wie auch durch infiziertes Holz, etwa wenn von Obstbaumkrebs *(siehe S. 259)* befallene Äste nicht entfernt werden. Hygiene spielt in dieser Hinsicht eine wichtige Rolle.

Staunässe und Trockenheit bedeuten Stress für die Pflanzen, sodass man den Boden gut vorbereiten und richtig pflegen sollte *(siehe S. 37-40)*. Pflanzen, die kein ausgewogenes Nährstoffverhältnis vorfinden, vor allem wenn stickstoffreicher Dünger *(siehe S. 20–21)* im Übermaß ausgebracht wurde, sind anfällig für Blattlausbefall *(siehe S. 252)* oder Grauschimmel *(siehe S. 255)*. Pflanzenjauchen und -brühen, z.B. aus Brennnessel, Schachtelhalm oder Beinwell, stärken die Kulturpflanzen und regen deren Abwehrkräfte an.

Wird eine Kultur wiederholt auf demselben Boden angebaut, steigt der Befallsdruck, wie z. B. von Zystenälchen bei Kartoffeln *(siehe S. 257)* oder Mehlkrankheit bei Zwiebeln *(siehe S. 258)*. Daher stellt Fruchtwechsel *(siehe S. 31)* allein schon eine gute Abwehrmethode dar. Wer sich ein Grundwissen über die einzelnen Entwicklungszyklen angeeignet hat, kann leicht einer ständigen Übertragung von Krankheiten auf den Boden vorbeugen.

Kaufen Sie nur gesunde Pflanzen. Kohlhernie *(siehe S. 257)* wird häufig über gekaufte Ware übertragen. Schließlich weisen die verschiedenen Gemüse- und Obstsorten unterschiedliche Resistenzen auf. Es gibt gegen Schorf *(siehe S. 251)* tolerante Apfelsorten, Möhrensorten, die von der Möhrenfliege *(siehe S. 258)* fast verschont bleiben, und Pastinaken, die nicht an Bakterienbrand *(siehe S. 251)* erkranken.

Sauberes Gartenzubehör
Verschmutzte Geräte und Gefäße können Krankheitserreger und Schädlinge übertragen. Säubern Sie die Gerätschaften regelmäßig und schrubben Sie die Töpfe mit einer festen Bürste in einer geeigneten Desinfektionslösung.

Barrieren und Abwehrmechanismen

▲ Käfig gegen Vögel
Ein Käfig aus Kunststoffnetz, das an Holz- oder Metallpfosten befestigt wird, schützt vor Vögeln. Man kann ihn selbst bauen oder als Fertigbausatz kaufen. Hier erhalten Winterkohl und Rosenkohl Schutz.

▲ Vögel vertreiben
Ein Greifvogel aus Kunststoff auf einem Stab dreht sich im Wind, um die Vögel zu vertreiben. Solche Vogelscheuchen müssen sich ständig bewegen, um zu wirken.

▶ Netz über Kohlgemüse
Netze werden an Pflöcken befestigt und über das Gemüse ausgebreitet, um Vögel abzuwehren. Feinmaschige Netze schützen das Gemüse vor der Eiablage durch Schadinsekten wie Kohlweißling.

Natürliche Verbündete im Garten

Es lohnt sich, bewusst die natürlichen Feinde in und um den Nutzgarten anzulocken und sie zu fördern. Da genügen kleine Hecken, die dem Igel Schutz bieten oder ein Teich, in dem Frösche und Kröten leben. Nützliche Insekten wie Schwebfliegen brauchen eine Vielfalt von blühenden Pflanzen als Nahrungsquelle. Lassen Sie Flächen in der Nähe des Küchengartens unbebaut, damit Lebensräume für Nützlinge entstehen. Bedenken Sie das Wohlergehen der nützlichen Wildtiere, bevor Sie schädliche Chemikalien einsetzen.

Frosch

Schwebfliege

Igel

Marienkäferlarve vertilgt Blattläuse.

Florfliege

SCHUTZVORRICHTUNGEN

Wirksamen Schutz vor Vögeln, Hasen und Wild bieten Netze oder Schutzvorrichtungen, die man um die Obstbaumstämme herum anbringt. Zahlreiche Insekten lassen sich mechanisch bekämpfen. In einem geringen Maß kann man Raupen und Schnecken mit der Hand absammeln oder Blattlauskolonien an Triebspitzen mit Fingern abstreifen. Ein Kragen aus Karton oder Kunststoff, der am Wurzelhals von Kohlpflanzen angebracht wird, verhindert die Eiablage der Kohlfliege. Vor Möhrenfliegen schützen feinmaschige Netze oder Vlies *(siehe S. 48)*. Auch mit früher oder später Aussaat kann man die Flugzeiten der Gemüsefliegen umgehen. Mit Fanggürteln, die man um den Stamm anbringt, lassen sich die Raupen des Frostspanners *(siehe S. 255)* abwehren, und klebrige Fallen, die mit Sexuallockstoffen versehen sind, beugen einem starken Befall durch den Apfel- *(siehe S. 251)* oder Pflaumenwickler *(siehe S. 260)* vor. Pfirsichbäume mit Winterschutz werden weniger von der Kräuselkrankheit *(siehe S. 257)* befallen.

Biologische Abwehr
Es gibt viele Formen biologischer Abwehr – von Räubern bis zu Fallen oder Parasiten. In aller Regel müssen sie zu einem bestimmten Zeitpunkt oder bei einer bestimmten Temperatur ausgebracht werden, damit sie wirken.

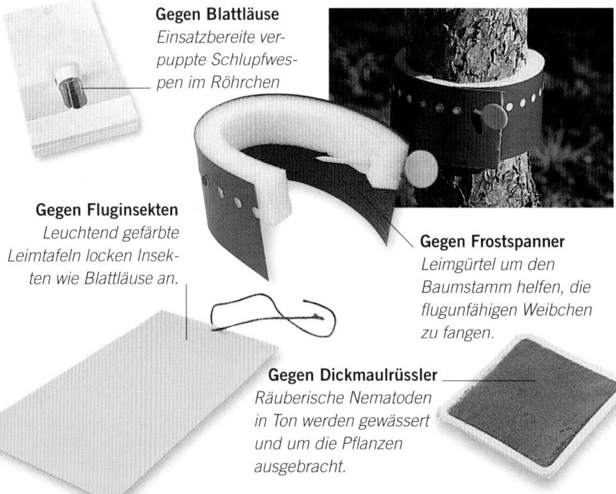

Gegen Blattläuse
Einsatzbereite verpuppte Schlupfwespen im Röhrchen

Gegen Fluginsekten
Leuchtend gefärbte Leimtafeln locken Insekten wie Blattläuse an.

Gegen Frostspanner
Leimgürtel um den Baumstamm helfen, die flugunfähigen Weibchen zu fangen.

Gegen Dickmaulrüssler
Räuberische Nematoden in Ton werden gewässert und um die Pflanzen ausgebracht.

EINSATZ VON NÜTZLINGEN

Neben den natürlichen Gegenspielern wie Vögeln, kleinen Säugetieren und Raubinsekten gibt es Nützlinge, die man für eine biologische Schädlingsbekämpfung einsetzen kann. Im Schutz eines Gewächshauses oder Wintergartens bringt ein solcher Einsatz das zuverlässigste Ergebnis. Ein gutes Beispiel sind Schlupfwespen (*Encarsia formosa*), die gegen die Larven der Weißen Fliege *(siehe S. 263)* gute Dienste leisten. Im Freien kann man mit räuberischen Nematoden Schnecken, Drahtwürmer und Dickmaulrüssler bekämpfen; mit verschiedenen Bakterienpräparaten lassen sich schädigende Raupen abwehren. Diese biologischen Maßnahmen erfordern gewisse Kenntnisse und behutsames Vorgehen. Allein die Vielfalt der biotechnischen Methoden macht deutlich, dass es viele Alternativen zum bloßen Griff nach der Sprühflasche gibt.

CHEMISCHE ABWEHRMITTEL

Strenge gesetzliche Vorschriften begrenzen die Auswahl an synthetischen Bekämpfungsmitteln immer mehr. Alternative Methoden werden zunehmend an Bedeutung gewinnen. Doch der Hobbygärtner muss, anders als der Erwerbsbetrieb, nicht absolut makellose Produkte bei einem Maximum an Ertrag ernten. Im Hausgarten lassen sich schadhafte Stellen an Obst und Gemüse einfach nach der Ernte entfernen.

Chemische Produkte kosten viel – sowohl in Bezug auf die Anschaffung als auch im Hinblick auf den erforderlichen Zeiteinsatz. Synthetische Mittel schaden dem Menschen nicht, sofern die Ausbringvorschriften befolgt werden, sie können jedoch für die natürlichen Feinde der Schädlinge oder nützliche Insekten wie Bienen verheerende Folgen haben. Spritzen und Stäuben sind also als letzte Möglichkeiten anzusehen, der Vorzug gilt umweltverträglichem Pflanzenschutz. Vorbeugende Maßnahmen zielen darauf ab, Schädlinge und Krankheiten im Zaum zu halten.

Gießen und Bewässern

Gesundes Wachstum und gute Ernte sind nur möglich, wenn eine regelmäßige Bewässerung in ausreichenden Mengen gewährleistet ist. Das wiederum hängt vor allem von der Bodenart und den Bodenbedingungen ab. Tonige Böden halten das Wasser besser als Sandböden, denn es sind hier mehr wasserspeichernde Feinporen vorhanden. Andererseits können die Pflanzen das Wasser den Sandböden schneller entziehen, weil die Hohlräume hier größer sind. Die Wasserspeicherfähigkeit eines Bodens wird durch Zufuhr von organischem Material *(siehe S. 22–23)* verbessert, der Wasserverlust lässt sich durch Mulchen *(siehe S. 41–42)* herabsetzen.

Der beste Wasserspender ist der Regen, aber bedingt durch jahreszeitlich unterschiedlich hohe Regenmengen und hohe Temperaturen im Sommer können Böden in den entscheidenden Wachstumsphasen der Pflanzen austrocknen. Deshalb sind zusätzliche Wassergaben notwendig. Der Gartenfachhandel hält eine gute Auswahl an Bewässerungsgeräten bereit.

Aufsätze für Gießkannen

Ein nach oben zeigender, ovaler, flacher Brausekopf erzeugt einen feinen Wasserstrahl – günstig für Sämlinge oder um die Blätter zu benetzen. Eine runde, konische Brause mit den Löchern nach unten erzeugt einen kräftigeren Strahl, um eingewöhnte oder neu gepflanzte, aber robuste Pflanzen zu gießen.

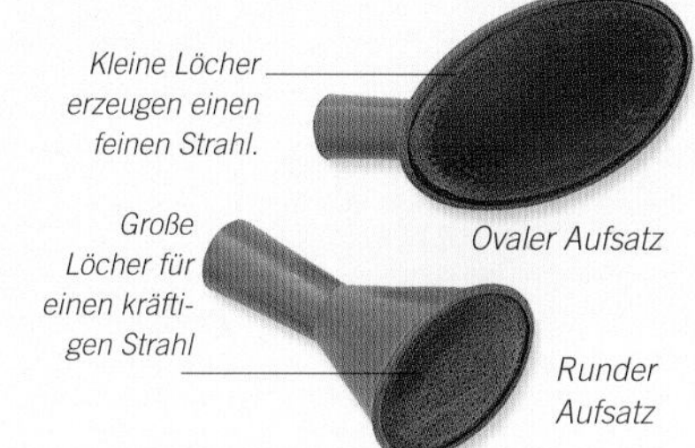

Gießstab
Er eignet sich gut zum Gießen von Gemüse oder zum Verabreichen von Flüssigdünger. Es entsteht ein gleichmäßiger, kontinuierlicher Strahl, der das Wasser gezielt verteilt.

GIESSEN

Gießen Sie ausgiebig, sodass die Wassermenge tief genug eindringen kann. Dies erreicht man durch mäßiges und wiederholtes Gießen mit einer feinen, regenartigen Brause oder durch ständiges Tröpfeln an der Basis der Pflanzen. Bei starken oder schnellen, überschwappenden Wassergaben fließt das Wasser ab und der Boden im Wurzelbereich wird ausgewaschen und verarmt. Allgemein sollte man nicht weniger als 10 Liter pro Quadratmeter gießen – ob mit Gießkanne, Gartenschlauch oder Regner. Eine ausreichende Wasserversorgung gewährleisten Mini-Wasserreservoirs, die man bei weitem Abstand für jede Pflanze einzeln oder entlang bepflanzter Reihen wie bei Bohnen und Erbsen einbringt: Formen Sie aus Erde flache Wälle, die eine Art Becken darstellen. Ähnlichen Nutzen bieten Kunststofftöpfe oder abgeschnittene Plastikflaschen, die man in der Nähe einzelner Pflanzen – etwa Tomaten – bis zum Rand eingräbt.

▲ **Bewegliche Regner**
Regner werden an einem Schlauchende angebracht, um eine größere Fläche auf einmal zu bewässern. Die einfachsten haben ein unbewegliches Düsenteil.

▶ **Gießstab**
Eine Brause an einem langen Stab, der auf das Schlauchende gesteckt wird, erleichtert das Gießen, ohne die Beete betreten zu müssen. Da man den Gießstab zwischen die Pflanzen halten kann, lässt sich der Boden effektiv wässern.

GIESSKANNE

Die herkömmlichste Art der Wasserversorgung geschieht mithilfe einer Gießkanne aus Kunststoff oder verzinktem Stahlblech. Modelle mit einem langen Gießrohr sind besonders praktisch und man kann verschiedene austauschbare Brauseköpfe verwenden. Runde Brauseköpfe haben große Löcher und erweisen sich ideal für frisch gesetzte Pflänzchen, die sich eingewöhnen müssen, oder für ausgiebiges Wässern eingewachsener Pflanzen auf einem Boden mit guter Struktur. Ovale Brauseköpfe mit kleineren Löchern erzeugen feine Wasserstrahlen und eignen sich für empfindlichere Pflanzen oder Saatbeete.

GIESSAUFSÄTZE UND REGNER

Ein Gießaufsatz für den Gartenschlauch erlaubt eine ähnliche Wasserverteilung wie die Gießkanne. Es gibt auch Gießaufsätze an einem langen Stab *(siehe links)*. Der Fluss und die Verteilung des Wasserstrahls lassen sich durch Drehen am Sprühkopf verstellen und bei manchen Produkten kann man den Strahl vorn am Kopf abstellen.

Gute Dienste leisten Regner, die an einen Schlauch angeschlossen werden *(siehe ganz links)*. Bei manchen bewegen sich die Düsen durch den Wasserdruck hin und her, um den Wasserstrahl zu verteilen; für den Nutzgarten genügen jedoch schon die preiswerteren einfachen Modelle. Regner haben den Vorteil, dass man sie nicht ständig beaufsichtigen muss, aber regelmäßige Kontrollen des Wasserdrucks und der Wasserverteilung sind notwendig, damit es nicht zu Verschlämmungen kommt. Auch Regner mit beweglichem Düsenteil verteilen das Wasser gelegentlich recht ungleichmäßig.

Tröpfchenbewässerung zwischen Erdbeeren
Ein mit Löchern versehener Schlauch, der nah bei den Pflanzen verläuft, wird an den Wasserhahn angeschlossen. Dadurch kommt Wasser direkt an die Wurzeln und die Verdunstung bleibt gering. Das System wird von Hand oder über eine Schaltuhr reguliert.

BEWÄSSERUNGSSYSTEME

Es gibt eine Reihe von Bewässerungssystemen aus Kunststoff oder Kautschuk. Sie gewährleisten eine wirksame Wasserversorgung im Nutzgarten, das Wasser gelangt in ausreichender Menge direkt an die Pflanzen und wird kaum verschwendet.

Die einfachste Form besteht aus einem dünnwandigen Kunststoffrohr, das auf dem Boden liegt und an einen Wasserhahn angeschlossen ist. Aus winzigen Löchern im Abstand von 30–50 cm treten feine Wasserstrahlen in leichten Bögen aus *(siehe rechts)*. Praktisch für Beete sind die Schlauchregner. Hier sprühen aus einem mit kleinen Löchern versehenen Schlauch feine Wasserstrahlen. Die Sprühweite hängt vom Wasserdruck ab, der bei solchen Systemen sehr niedrig ist. Da die Löcher mit der Zeit verstopfen können, ist regelmäßige Pflege notwendig. Wenn Sie den Schlauch biegen oder zusammenrollen und dann mit einem starken Wasserstrahl durchspülen, werden die Löcher wieder frei. Dickwandige Rohre aus festem Kunststoff mit einem Durchmesser von 1–2,5 cm eignen sich als dauerhafte Systeme und sind mit verschiedenen Düsenteilen erhältlich. Bei manchen werden Miniregner in regelmäßigen Abständen angebracht. Noch besser ist die Tröpfchenbewässerung. Hier tropfen ständig kleine Wassermengen auf die Bodenoberfläche und werden direkt zu den Pflanzen geleitet. Dieses Prinzip lässt sich am einfachsten verwirklichen, wenn man einen Schlauchregner mit den Öffnungen nach unten auf den Boden legt und den Wasserhahn nur leicht aufdreht. Frostsichere Perlschläuche können in den Boden eingegraben werden und geben das Wasser tropfenweise direkt in den Wurzelbereich ab.

Kontrollieren Sie die Wassermengen bei allen Systemen regelmäßig, damit die Pflanzen nicht welken, weil Düsen oder Löcher verstopft sind. Graben Sie in der Nähe der Pflanze mit der Handschaufel in die Erde, um sicher zu sein, dass das Wasser tief genug eingedrungen ist. Bringen Sie am Wasserhahn eine auf ein bestimmtes Zeitintervall eingestellte Schaltvorrichtung an, um eine optimale Wirkung zu erzielen.

Schlauchregner
Aus den Löchern im Schlauch sprüht Wasser und sorgt für Wasserzufuhr. Es verteilt sich gleichmäßig, wenn der Schlauch zwischen den Pflanzen liegt.

Miniregner am Schlauch
Kleine Regner werden in geeigneten Abständen angebracht, um das Wasser direkt zu den Pflanzen zu leiten. Sie sind mit verschiedenen Düsenteilen erhältlich und wässern eine oder beide Seiten des Schlauchs.

SPARSAMER UMGANG MIT WASSER

Unabhängig von den Bewässerungssystemen ist zu bedenken, dass Wasser ein kostbares Gut ist, welches man effektiv und sparsam einsetzen sollte. Viel Wasser brauchen frisch eingepflanzte Gewächse und alle Früchte, die sich gerade entwickeln (wie Erdbeeren, Himbeeren, Erbsen, Bohnen), außerdem Blattgemüse wie Salate sowie Kartoffeln. Am besten gießt man morgens und abends; in der Mittagszeit geht zu viel Wasser durch Verdunstung verloren. Nach Möglichkeit wird Regenwasser aufgefangen. Obwohl sich die Tonnen rasch leeren, lohnt es sich dennoch.

Mit Abwasser aus dem Haushalt sollte man Ziergewächse, keine essbaren Pflanzen gießen.

Geräte und Zubehör

Für die Anlage und Pflege eines Nutzgartens wird eine Reihe von Gartengeräten benötigt.

Bei der Anschaffung lohnt es sich auf eine gute Qualität zu achten, denn bei sachgemäßem und sorgfältigem Gebrauch können die Geräte ein Leben lang halten. Qualitätsware sollte eine gute Form besitzen, stabil und – wenn nötig – leicht sein. Rostfreier Stahl ist seinen Preis wert, da er stabil und langlebig ist, und Stiele aus Eschenholz oder Aluminium sind die beste Wahl.

Achten Sie beim Kauf ebenfalls auf stabile Verbindungen zwischen den einzelnen Geräteteilen, etwa zwischen Schaufelblatt und Holzstiel. Prüfen Sie das Gewicht und ob das Gerät auch gut in der Hand liegt. Probieren Sie mehrere Größen und Modelle aus, bevor Sie sich zum Kauf eines Gerätes entschließen.

AUSWAHL DER GERÄTE

Zur Grundausstattung an Gartengeräten gehören Spaten, Grabegabel, Hacke, Schaufel, Handgabel und Gartenschere. Alle sind in verschiedenen Ausführungen erhältlich. Zu den weniger bekannten Gartengeräten zählen die Kultivatoren mit pfeilförmigen Zinken, die man zum Aufbrechen von grobscholligen Böden nach dem Umgraben oder nach der Winterruhe verwendet. Sie eignen sich auch

Spaten und Grabegabel

Das sind die wichtigsten Geräte zum Umgraben, Furchenziehen und Unkrautentfernen (*siehe S. 37–40*) sowie zum Pflanzen und zum Bearbeiten des Bodens. Die Stiele sind bei den Standardausführungen etwa 60cm lang, aber für den individuellen Bedarf gibt es sie auch länger.

▼ Spaten

Ein normales Spatenblatt misst 28cm × 20cm; ein Damenspaten mit einem Blatt von 23cm × 15cm ist leichter in der Handhabung und eignet sich zum Umstechen von kleineren Flächen. Für spezielle Arbeiten gibt es unterschiedliche Formen.

Standardspaten

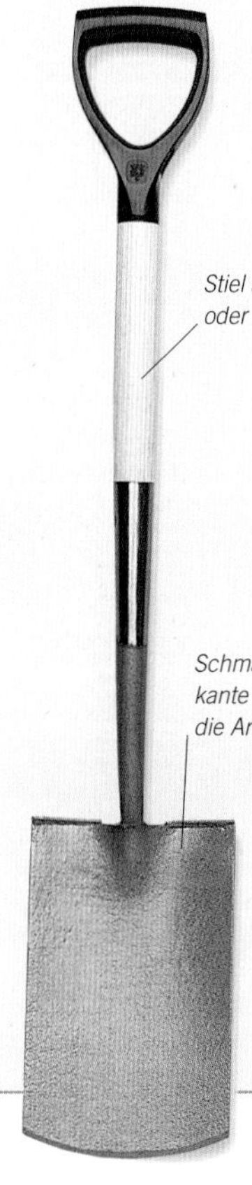

Stiel aus Holz oder Metall

Schmale Trittkante erleichtert die Arbeit.

Damenspaten

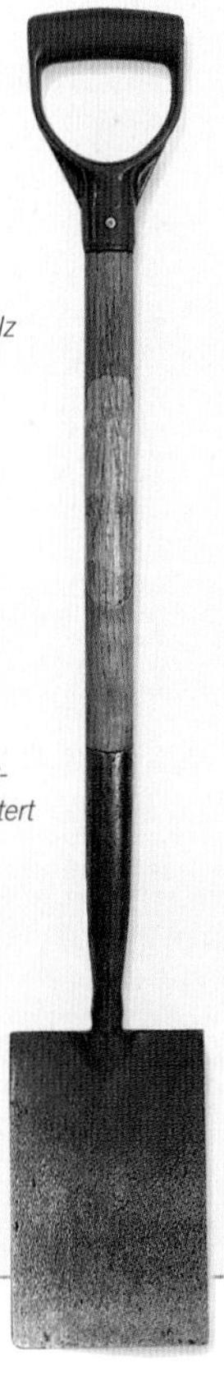

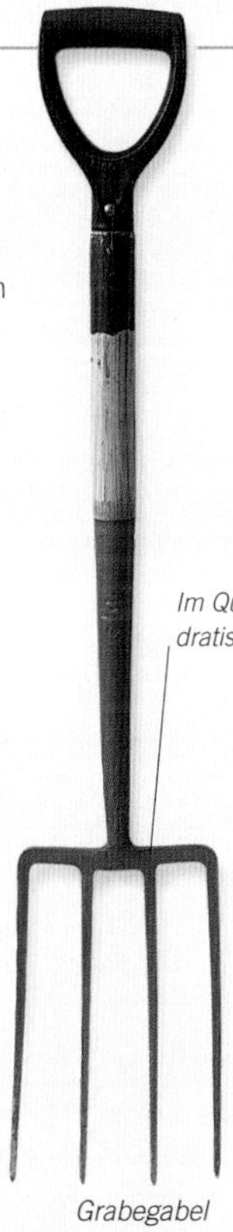

Im Querschnitt quadratische Zinken

Grabegabel

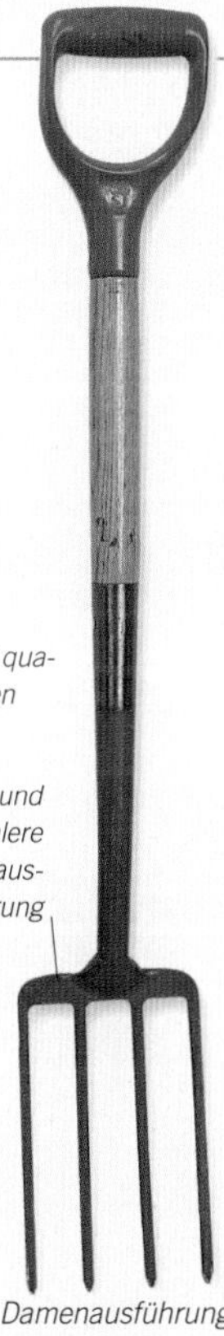

Kürzere und schmalere Damenausführung

Damenausführung

▲ Grabegabel

Eine Standardausführung hat vier Zinken von je 30cm Länge; die zierlichere Damenversion eignet sich gut für Arbeiten zwischen mehrjährigen Pflanzen.

▼Griffarten bei Spaten und Grabegabel

Griffe haben unterschiedliche Formen; die meisten Gärtner bevorzugen D- und Y-förmige Griffe.

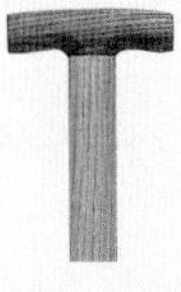

T-Griff

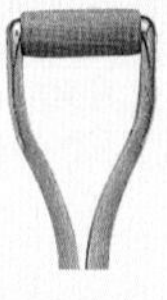

Y-Griff

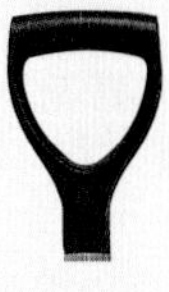

D-Griff

Rechen

Rechen braucht man zum Einebnen der Oberfläche, besonders im Saatbeet, zum Ziehen von Saatrillen, zum Glätten von Saatreihen nach der Aussaat sowie zum Entfernen von Pflanzenresten.

Metallzinken sind ideal zur Vorbereitung von Saatbeeten.

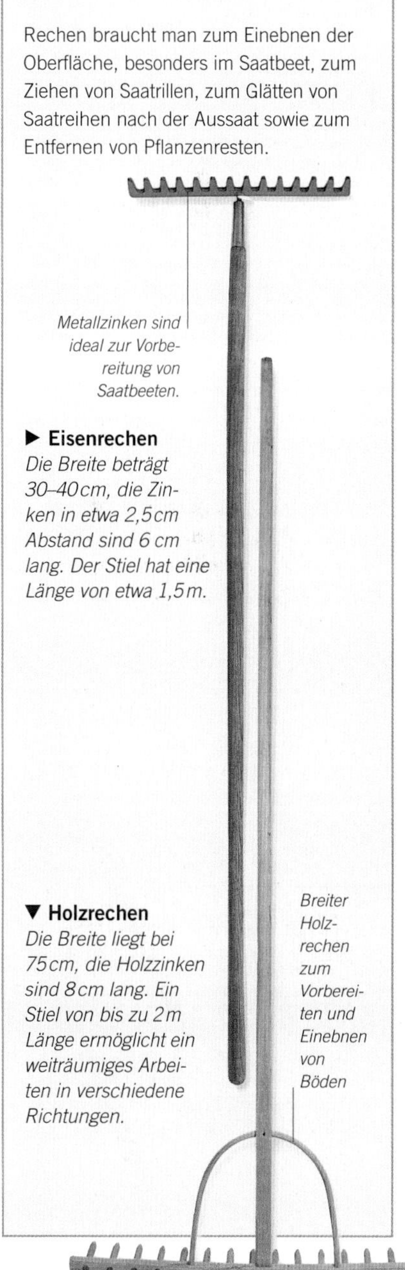

▶ Eisenrechen

Die Breite beträgt 30–40cm, die Zinken in etwa 2,5cm Abstand sind 6 cm lang. Der Stiel hat eine Länge von etwa 1,5m.

Breiter Holzrechen zum Vorbereiten und Einebnen von Böden

▼ Holzrechen

Die Breite liegt bei 75cm, die Holzzinken sind 8cm lang. Ein Stiel von bis zu 2m Länge ermöglicht ein weiträumiges Arbeiten in verschiedene Richtungen.

zum Lockern verkrusteter Erde zwischen den Gemüsereihen oder auf Wegen. Von Anfang an ist der Sauzahn ganz nützlich; er besteht aus nur einer stark gekrümmten flachen Zinke mit einer pflugartigen Spitze und eignet sich zum Auflockern von leichten bis schweren Böden.

Spezialgeräte kann man kaufen, wenn der Geldbeutel es zulässt. Astschere und Säge werden nur für den Obstbaumschnitt gebraucht. Zubehör wie Pflanzholz oder Sähilfen erleichtern die Arbeit, sind aber nicht notwendig.

PFLEGE DER GERÄTE

Sorgfältige Pflege ist bei allen Geräten sehr wichtig, damit sie sauber bleiben und nicht rosten. Gelegentlich müssen sie nachgeschärft werden. Vernachlässigte Gartengeräte leisten keine guten Dienste mehr und halten nicht so lange. Nach Gebrauch werden Erd- und Pflanzenreste entfernt. Bei Edelstahl ist das die einzige Pflegemaßnahme nach jedem Einsatz. Normaler Stahl kann rosten, wenn die Geräte feucht bleiben, sodass man sie nach jedem Gebrauch mit einem ölgetränkten Lappen abwischen sollte. Bewahren Sie das Werkzeug an einem trockenen Platz auf und lassen Sie es nie im Freien liegen.

Alle Geräte mit scharfen Kanten und Schneiden wie Gartenscheren und Hacken müssen mit einem Schleifstein regelmäßig nachgeschärft werden. Vor dem Winter werden die Geräte gründlich gereinigt und eingefettet, bevor man sie wegräumt.

Kultivatoren und Hacken

Kultivatoren eignen sich ausgezeichnet zum Aufbrechen von frisch umgegrabenem Boden und zum oberflächigen Einarbeiten von Kopfdünger. Die Schuffel oder Stoßhacke dient vor allem zum Abhacken von Unkraut zwischen Kulturen; sie muss immer scharf sein. Die Ziehhacke mit breitem Blatt wird ziehend durch den Boden bewegt. Sie eignet sich auch zum Ziehen von Saatrillen und zum Anhäufeln von Erde. Mit der Handhacke kann man zwischen den Gemüsereihen arbeiten und vereinzeln.

Werkzeug zur Bodenpflege

Ein Kultivator hat meist drei oder fünf Zinken (es gibt auch verstellbare Modelle). Die Holländerhacke besitzt ein flaches, verlängertes Blatt, während die Ziehhacke im rechten Winkel zum Stiel angebracht ist. Die Handhacke ist die kleinere Ausführung der Ziehhacke.

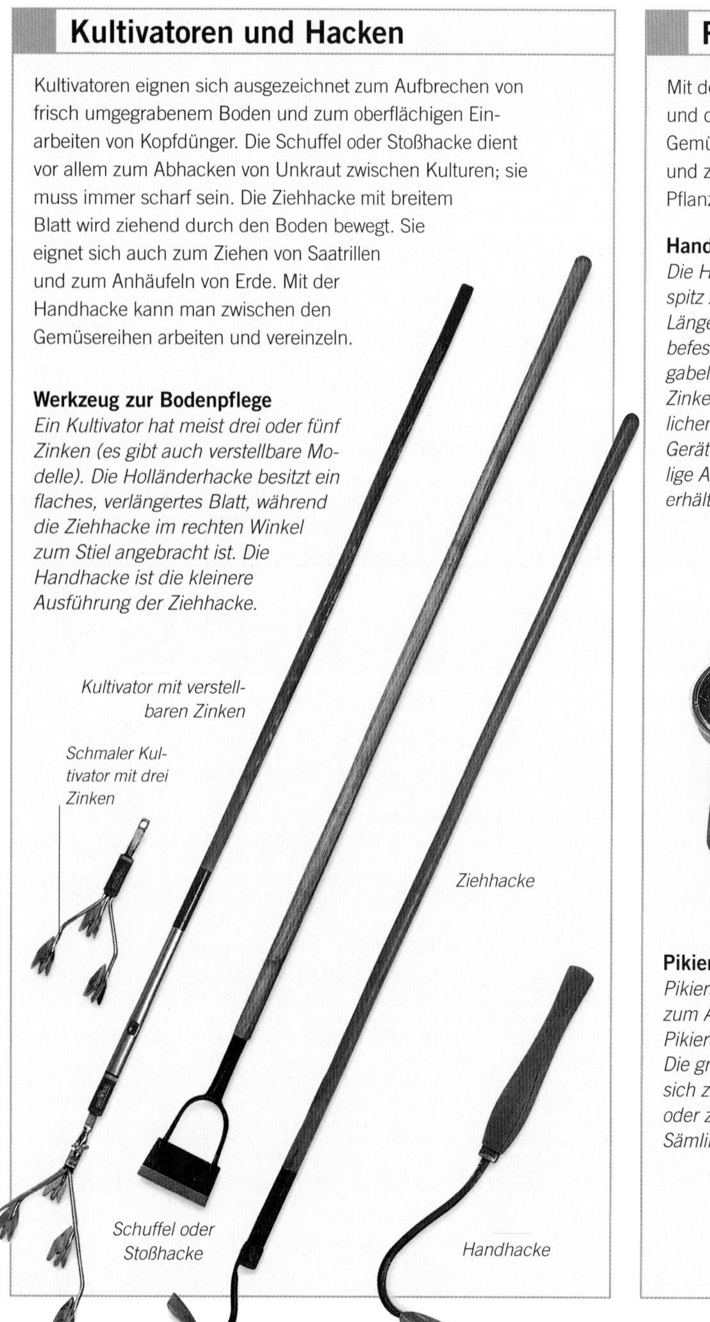

Kultivator mit verstellbaren Zinken

Schmaler Kultivator mit drei Zinken

Ziehhacke

Schuffel oder Stoßhacke

Handhacke

Pflanzwerkzeug

Mit der Handschaufel oder Pflanzkelle hebt man Pflanzlöcher aus und drückt die Erde um frisch gesetzte Pflanzen (vorgezogenes Gemüse oder Erdbeeren) an. Die Handgabel ist nützlich zum Jäten und zum Lockern der Erde entlang der Reihen und zwischen den Pflanzen.

Handschaufel und -gabel

Die Handschaufel hat ein kellenförmiges, spitz zulaufendes Blatt von etwa 15 cm Länge, das an einem kurzen, runden Stiel befestigt ist. Die Handgabel hat drei oder vier Zinken und einen ähnlichen Stiel. Von beiden Geräten sind langstielige Ausführungen erhältlich.

Handschaufel

Schmale Handschaufel

Handgabel

Sähilfe

Es wird immer nur ein Samenkorn freigelassen, sodass dünn gesät werden kann. Der Auslass lässt sich je nach Saatgutgröße verstellen.

Pikierstäbe

Pikierstäbe aus Holz, Metall oder Kunststoff werden zum Ausheben von kleinen Pflanzlöchern oder zum Pikieren der Sämlinge benötigt. Die groberen Setzhölzer eignen sich zur Aussaat von Bohnen oder zum Auspflanzen von Sämlingen.

Pikierstab aus Kunststoff

Pikierstab aus Metall

Pflanzstab mit Metallspitze

Schneidwerkzeuge

Garten- und Astscheren werden in der klassischen zweischneidigen Form oder als Klinge mit Amboss angeboten. Bei der Ambossschere drückt die Klinge gegen eine breite Druckfläche; damit lässt sich dickes Holz durchschneiden. Die zweischneidigen Formen funktionieren eher wie eine gewöhnliche Schere.

▼ Baumsäge
Klappsägen mögen praktisch sein, aber mit einer Gartensäge, die ein leicht gebogenes Sägeblatt hat, lässt sich leichter schneiden.

▼ Gartenschere
Sie sollte stabil sein und verholzte Triebe bis zu 1,5 cm Dicke durchtrennen können. Qualitätskriterien sind eine Klinge aus gehärtetem Stahl, ausreichend lange Griffe, Einhand-Sicherheitsverschluss und Messerfeineinstellung.

Die Klinge drückt auf den flachen Amboss.

Ambossschere

Zweischneidige Ausführung

Klassische Gartenschere

Kunststoffummantelter Griff

Feste oder ausziehbare Griffe

◀ Astschere
Mit ihr schneidet man dank der Hebelwirkung Äste bis zu 4 cm Dicke.

Das Sägeblatt wird wie beim Taschenmesser eingeklappt.

Klappsäge

Eine gebogene Klinge ist besonders gut zu handhaben.

Gartensäge

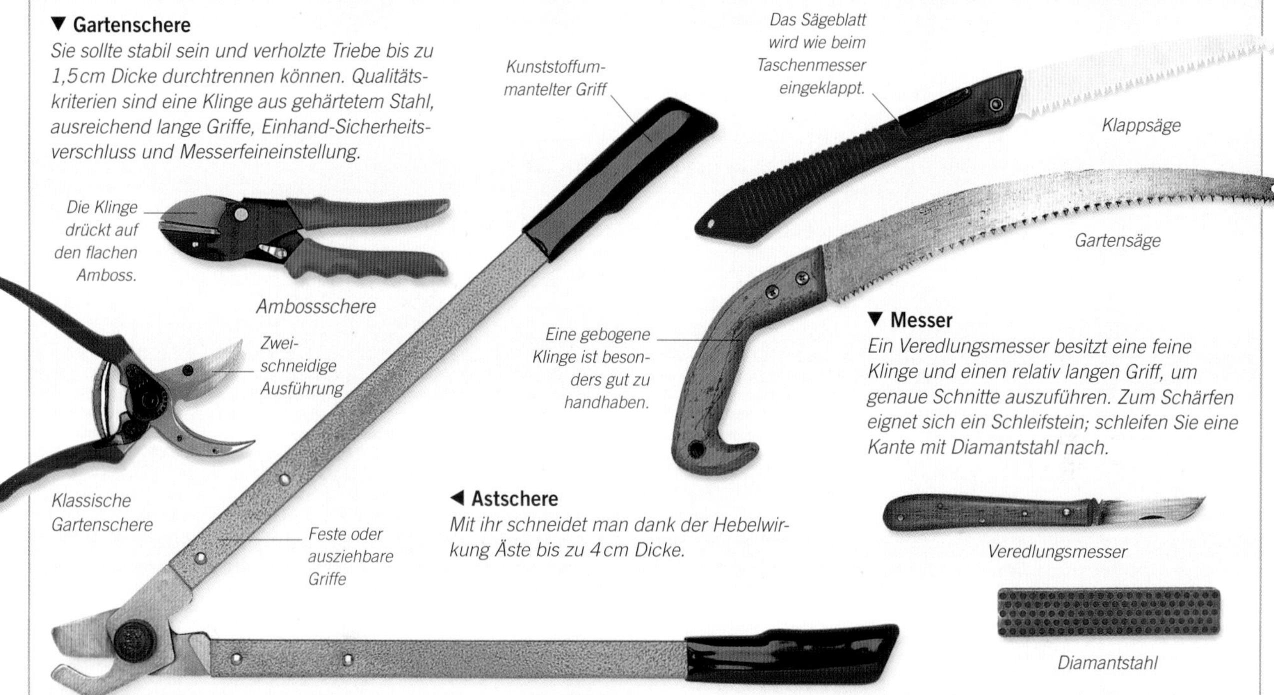

▼ Messer
Ein Veredlungsmesser besitzt eine feine Klinge und einen relativ langen Griff, um genaue Schnitte auszuführen. Zum Schärfen eignet sich ein Schleifstein; schleifen Sie eine Kante mit Diamantstahl nach.

Veredlungsmesser

Diamantstahl

Gießen und Spritzen

Eine Gießkanne ist unerlässlich zur Bewässerung, ob unter Glas oder im Freien. Die unterschiedlichen Brausen sprühen feine oder starke Wasserstrahlen. Es gibt eine große Auswahl an Gießkannen, aber Modelle mit einem langen Gießrohr sind ideal. Sicherheitshalber sollte man getrennte Gefäße zur bloßen Bewässerung und für Pflegemittel verwenden und sie eindeutig beschriften.

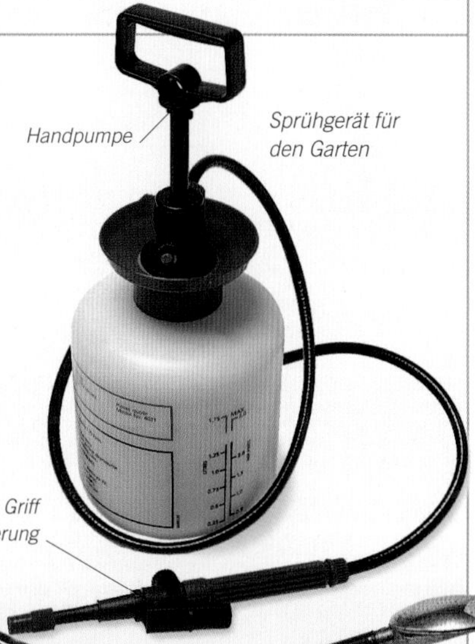

Handpumpe

Sprühgerät für den Garten

Hebel am Griff zur Regulierung

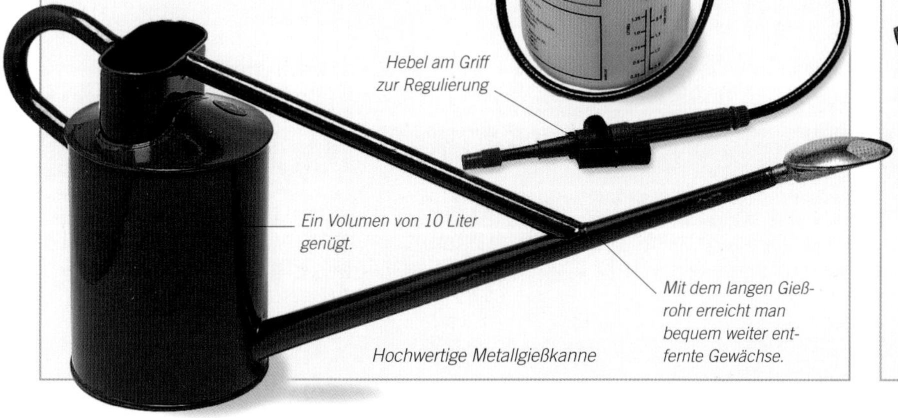

Ein Volumen von 10 Liter genügt.

Mit dem langen Gießrohr erreicht man bequem weiter entfernte Gewächse.

Hochwertige Metallgießkanne

Ausmessen

Geeignetes Hilfswerkzeug zum Ausmessen und Markieren gewährleistet eine ideale Platzverteilung. Ein Meterstab lässt sich leicht in die Tasche stecken, aber ein aus einer Holzleiste selbst gefertigter Messstab mit einer 15-cm-Einteilung leistet ebenso gute Dienste. Farbige Pflanzschnüre, an zwei Pflöcke gewickelt, dienen zum Markieren.

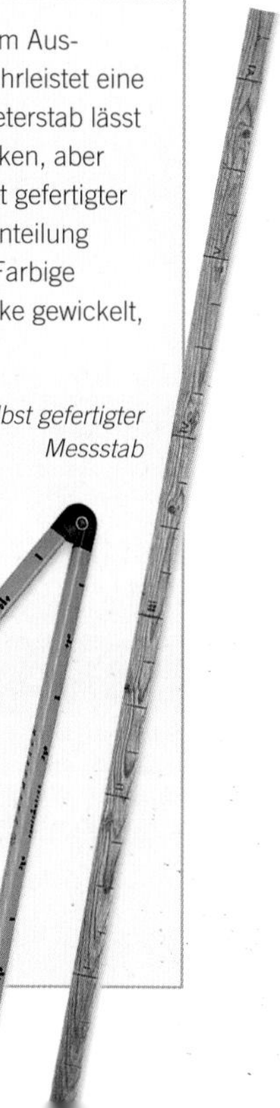

Selbst gefertigter Messstab

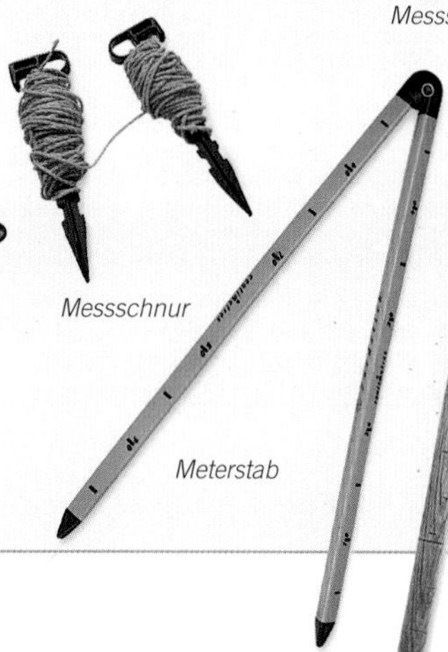

Messschnur

Meterstab

GEMÜSE

Im Garten lässt sich eine enorm grosse Palette an Gemüse kultivieren und eine ganze Reihe von Faktoren hat Einfluss auf die individuelle Auswahl. Bestimmte Arbeitsweisen und Kulturmethoden wie etwa bei der Aussaat stimmen bei den meisten Gemüsepflanzen überein und erfordern einige Kenntnisse, die aber einfach zu erwerben sind. Für manche Gärtner ist der Gemüsegarten der einzige Bereich, wo sie ihre Pflanzen eigenständig vom winzigen Samenkorn bis zur Ernte kultivieren und pflegen. Die Gemüsearten werden im Folgenden in Gruppen behandelt. Die einzelnen Vertreter jeder Gruppe – z.B. Zwiebelgewächse oder Salate – stimmen in vielen Merkmalen wie Ansprüche an den Boden oder Anfälligkeit für verschiedene Probleme überein, sodass man sie gut nebeneinander anbauen kann. Dadurch lässt sich ein Fruchtwechsel – zum Wohl der Pflanzen und für eine gute Ernte – einfacher verwirklichen. Selbst jede einzelne Gruppe hält noch eine Vielfalt an nutzbaren Pflanzenteilen wie Blätter, Stängel, Wurzeln, Blütenknospen und Früchte bereit und liefert zu jeder Jahreszeit frisches Gemüse.

Gemüsesamen

Gemüse wird in aller Regel aus Samen gezogen. Saatgut, das sich nach natürlicher Bestäubung entwickelt hat, kann man selbst von Samenträgern sammeln oder kaufen. Aufgrund der unterschiedlichen Erbeigenschaften der Eltern ist dieses Saatgut genetisch inhomogen. Qualitätssaatgut, wie es von Züchtern angeboten wird, unterliegt dagegen einer sorgfältigen Auslese. Im Handel findet man auch sogenannte F1-Hybriden, die aus Kreuzung ausgewählter Elternlinien hervorgegangen sind. Sie zeichnen sich durch außergewöhnliche Eigenschaften aus und sind meist besonders ertragreich. Hybrid-Saatgut ist teurer als herkömmlicher Samen. Beide Arten können Sie entweder unbehandelt oder vorbehandelt in verschiedenen Formen kaufen, die das Säen und die Keimung erleichtern *(siehe Kasten, unten)*.

KAUFEN ODER SELBST SAMMELN?

Gemüsesaatgut, das es abgepackt im Handel zu kaufen gibt, unterliegt Qualitätsstandards, die im Saatgutverkehrsgesetz geregelt sind und von den Behörden überprüft werden. Den Gärtner interessiert vor allem die Sorte und die Keimfähigkeit. Bei der Aussaat sollte man das angegebene Verfallsdatum nicht überschreiten, damit sich tatsächlich voll keimfähige Samen zu gesunden Sämlingen entwickeln. Außerdem stehen auf den Samenpackungen weitere wertvolle Tipps.

Viele Gärtner ziehen es vor, Samen im Garten selbst zu gewinnen, um Kosten zu sparen und als ein zusätzliches Vergnügen beim Eigenanbau von Gemüse. Dabei treten zwei Hauptprobleme auf: Das Saatgut muss erstens aus den Früchten ausgelöst und richtig gelagert werden, damit es keimfähig bleibt. Zweitens kommt es zur genetischen Aufspaltung: Gemüsesorten, die im Freien Samen ansetzen, kreuzen leicht untereinander, sodass deren Nachkommen Unterschiede zeigen und andere Merkmale aufweisen als die Elternpflanzen. Ein weiteres, großes Problem ist, dass die Samen in kühleren Regionen meist nicht voll ausreifen.

SORTENANGEBOT

Der Handel darf nur das Saatgut von Gemüsesorten anbieten, die auf den offiziellen Sortenlisten erscheinen. Diese enthalten zwangsläufig nur Sorten, deren Vermehrung sich lohnt. Dabei verschwinden zahlreiche alte Sorten, die für Hobbygärten geeignet wären, aus den Saatgutkatalogen. Inzwischen haben sich Organisationen gebildet, die das Ziel haben, solche Sorten zu erhalten – aus Interesse und um das Genmaterial für die Zukunft zu sichern. Da sie das Saatgut nicht verkaufen dürfen, arbeiten sie als »Samenbibliotheken«, wo die Mitglieder gegen Gebühr Samen »ausleihen« können. Einzelheiten erfährt man oft in Gartenzeitschriften.

WAHL VON GEMÜSESAATGUT

Die Wahl des Saatgutes kann von vielen Faktoren abhängen, etwa wenn man Wert auf Saatgut aus biologischem Anbau legt. Samen erhält man im Handel in verschiedenen Formen *(siehe Kasten, links)*, die oft die Abwehr von bestimmten Schädlingen und Krankheiten erleichtern. Pillierte Samen sind größer und daher leichter zu handhaben, damit sie im richtigen Abstand gesetzt werden.

Die Sortenwahl wird weitgehend vom Klima und von den persönlichen

SAATGUTFORMEN

normal (Pastinake)

Unbehandeltes Saatgut wird nur gesammelt und gesäubert. Es kann sich um selbst gesammeltes, im Handel erhältliches oder biologisch gewonnenes Saatgut handeln. Das Letztere wird garantiert ohne Einsatz von Mineraldünger und synthetischen Pflanzenschutzmitteln produziert.

inkrustiert (Blumenkohl)

Inkrustiertes Saatgut ist mit einem fungizid- oder insektizidhaltigem Mantel umgeben, um gesunde Keimlinge zu gewährleisten. Zur besseren Handhabung kann es mit Ton umhüllt sein, der im Boden abfällt. Chemische Inkrustierungen sind abriebfest und gewöhnlich auffallend eingefärbt. Tragen Sie bei der Aussaat Handschuhe und waschen Sie danach die Hände. Das Saatgut sollte bald ausgebracht werden.

vorbehandelt (Möhre)

Saatgut von Möhren und Zwiebeln wird gelegentlich extra behandelt, um die Keimung zu starten, und danach wieder getrocknet. Es muss innerhalb von zwei Monaten nach dem Kauf ausgebracht werden. Da der Keimvorgang bereits gestartet ist, kann man die Samen früher und bei weniger idealen Bodenbedingungen säen.

Multigerm (Rote Bete)

Multigerm-Saatgut besteht aus den zusammengewachsenen Samenknäueln von Rote Bete und Mangold. Jedes bildet eine Gruppe von Sämlingen, die ausgedünnt oder in Multitopfplatten zusammen wachsen können *(siehe S. 65)*. Monogerm-Saatgut bringt jeweils eine Pflanze pro Samenkorn hervor.

kalibriertes Saatgut

Kalibriertes Saatgut enthält ausschließlich Samen ab einer bestimmten Größe, die schneller und gleichmäßiger keimen. Einheitliche Samen lassen sich leichter mit Saatgeräten ausstreuen. Sie sind teurer als Standardsaatgut, daher wird jedes Korn einzeln abgelegt, um Verluste durch das spätere Vereinzeln zu vermeiden.

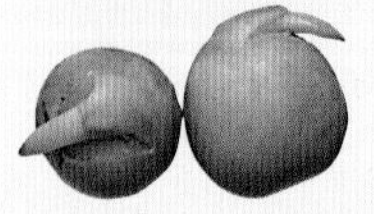

vorgekeimt (Zuckererbse)

Vorgekeimtes Saatgut wird gelegentlich über Samenkataloge angeboten. Es bietet sich für den Hobbygärtner bei schwer keimenden Samen an, z. B. bei Gurken und Melonen, die hohe Keimtemperaturen brauchen. Man kann aber auch selbst Bohnen oder Erbsen quellen lassen (bis zu 24 Stunden), damit nach der Aussaat die Keimung schneller erfolgt.

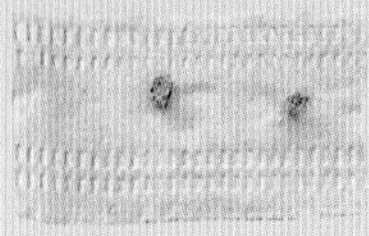

Saatband (Zwiebel)

Saatbänder gibt es für eine Reihe von Gemüsearten; sie ermöglichen eine gleichmäßige Aussaat. Auf diesen abbaubaren Papierstreifen liegen die Samen zwischen zwei Lagen im richtigen Abstand eingebettet. Das Band wird einfach in die Saatrillen gelegt *(siehe S. 66)*. Man kann es in langen Reihen ausbringen, das Vereinzeln entfällt.

Saatgut von Hülsenfrüchten
Bei nasser Witterung zieht man ganze Triebe (hier Bohnen) mit den Hülsen heraus und hängt sie mit dem Kopf nach unten an einem trockenen, luftigen, frostfreien Platz auf. Nach dem Trocknen lassen sich die Schoten durch Zerdrücken leicht öffnen.

Samen aus Fruchtgemüse

1 Mit einem Löffel holt man die Samen aus dem Fruchtfleisch einer reifen Frucht heraus und legt sie in ein Sieb. Man spült die Samen unter fließendem Wasser, bis das ganze Fruchtfleisch entfernt ist; sonst wird die Keimung gehemmt.

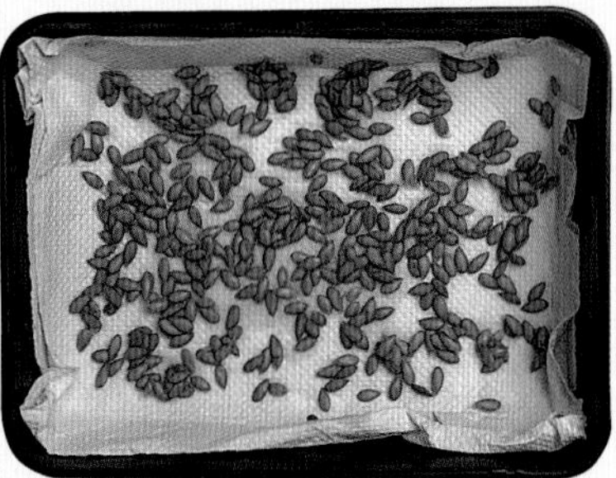

2 Flach ausgelegt auf einem Stück Küchenpapier lässt man die Samen an einem warmen und luftigen Platz mindestens eine Woche lang trocknen. Das gewonnene Saatgut wird in einem kühlen, trockenen Raum bis zum Frühjahr gelagert.

Vorlieben bestimmt. Wer noch wenig Erfahrung hat, sollte sich an den Sorten orientieren, die von der amtlichen Gartenbauberatung empfohlen werden oder – noch besser – man fragt Gärtner am Ort nach Sorten, die im Gebiet besonders gut wachsen oder sich als widerstandsfähig gegenüber Krankheiten erweisen.

SAATGUTEINKAUF

Gemüsesaatgut kann man im Fachhandel, im Gartencenter oder über Samenkataloge beim Samenzüchter oder -händler kaufen. Kataloge bieten gewöhnlich ein breiteres Spektrum an Sorten. Damit die gewünschten Sorten rechtzeitig vorliegen, sollte man früh bestellen. Lesen Sie vor der Aussaat alle Informationen auf der Samenpackung genau durch. Säen Sie nur zum angegebenen Zeitpunkt aus, ansonsten treten rasch Probleme auf, z.B. keimen die Pflanzen schlecht oder sie neigen zum Schossen.

EIGENES SAATGUT

Nur Samen von kräftigen, gesunden Pflanzen lohnen die Mühe. Samen von F1-Hybriden sind meist steril! Zweijährige Gemüsearten wie Möhren müssen überwintern, bevor sie im zweiten Jahr blühen. Die abgenommenen Samen oder Früchte, z.B. Tomaten und Honigmelonen *(oben)*, müssen unbedingt voll ausgereift sein. Lassen Sie die Schoten von Erbsen und Stangenbohnen an den Pflanzen, bis sie trocken sind und aufspringen. Danach holen Sie die Samen heraus. Bei nassem Wetter können Sie ganze Triebe herausziehen und sie im Haus trocknen lassen *(siehe oben links)*. Bei Dicken Bohnen und Feuerbohnen kultiviert man auf einer Fläche nur eine Sorte, um Kreuzungen weitgehend zu verhindern. Für die Saatgutgewinnung werden die besten Hülsen ausgewählt.

SAATGUT RICHTIG LAGERN

Samen bleiben nur für eine begrenzte Zeit keimfähig; werden sie feucht und warm gelagert, lässt die Keimfähigkeit schneller nach. Für manche Gemüsearten wie Petersilie, Möhre und Pastinake kauft man am besten jedes Jahr frisches Saatgut. Die Samen von Erbsen, Bohnen und Kohlgemüse bleiben bei richtiger Lagerung für mehrere Jahre keimfähig.

Samen werden an einem kühlen, trockenen, dunklen Ort bei 1–5 °C und gleichbleibender Luftfeuchtigkeit und Temperatur aufbewahrt. Schuppen und Schubladen in der Küche sind ungeeignet. Ungeöffnete, luftdichte Packungen lassen sich am besten lagern. Geöffnete Tüten verschließt man sorgfältig mit Klebeband. Selbst gesammelte Samen werden in Papiertütchen eingepackt. Bewahren Sie die Päckchen in einem luftdichten Behälter mit Silicagel auf, das die Feuchtigkeit aufnimmt. Wenn Sie eine Packung öffnen und nur einige Samen entnehmen, lassen Sie die restlichen nicht vor dem Wiederverschließen feucht werden. Für Samen, die älter als ein Jahr sind, empfiehlt sich eine Keimprobe *(siehe links)*, um die Keimfähigkeit zu bestimmen.

Keimprobe

Wurde Saatgut zu lange gelagert, empfiehlt sich vor der Aussaat eine Keimprobe. 50 oder 100 Samen legt man auf feuchtes Küchenpapier in einer Schale. Sie wird an einen dunklen, warmen Ort gestellt und feucht gehalten. Die Samen sollten innerhalb von zwei bis drei Wochen keimen. Zählen Sie die Keimlinge und rechnen Sie die Keimungsrate aus; dabei zählen nur gequollene Samen nicht mit (alle nassen Samen quellen, ob sie keimfähig sind oder nicht). Ab einer Keimfähigkeit von 60 Prozent (oder wenn 30 von 50 Samen keimten) lohnt sich die Aussaat, aber die Keimrate wird im Freien niedriger ausfallen. Der Test von Kohlsamen erbrachte links 60 Prozent Keimfähigkeit, rechts 100 Prozent. Die Keimlinge rechts wirken außerdem gleichmäßiger und kräftiger – ein Zeichen, dass sie sich zu wüchsigeren, robusteren Sämlingen entwickeln werden.

Geringe Keimfähigkeit

Hohe Keimfähigkeit

Aussaat unter Schutz

Die Vorkultur von Gemüse im Gewächshaus, im Frühbeet *(siehe S. 43–48)* oder im Haus hat viele Vorteile. Die Wachstumsbedingungen (Temperatur, Substratfeuchte und Luftfeuchtigkeit sowie Nährstoffzufuhr) lassen sich regulieren, damit Keimung und die Entwicklung der Sämlinge optimal gefördert werden. Frostempfindliche Pflanzen keimen so in einer geeigneten Umgebung und die Sämlinge wachsen weiter, bis die Frostgefahr im Freien vorüber ist. Durch das Abhärten im kalten Gewächshaus oder im Frühbeet entwickeln sich Pflanzen wie Salat, Zwiebeln und Möhren kräftiger und besser als Direktsaaten im Freiland. Sogar Erbsen und Dicke Bohnen, die im Freien bei sehr niedrigen Temperaturen keimen würden, profitieren von der Anzucht unter Glas, denn Samen und Sämlinge faulen leicht in kaltem, feuchtem Boden.

In einem sehr kleinen Garten wird kaum Platz für ein Saatbeet vorhanden sein, wie es sich für viele Kohlarten empfiehlt. Vorgezogene Kohlpflänzchen leiden weniger durch das Umpflanzen und widerstehen manchen Krankheiten besser als Sämlinge, die im Freien gezogen und später umgesetzt wurden.

TEMPERATURANSPRÜCHE

Die meisten Gemüsearten keimen in einem unbeheizten Gewächshaus oder in einem kalten Kasten (obwohl zusätzliche Wärme die Keimung beschleunigen würde). Pflanzen aus wärmeren Gefilden, z.B. Tomaten, Gurken, Paprika, Zucchini, Mais und Auberginen, keimen nur bei einer konstant hohen Temperatur von etwa 15–24 °C.

Im Keimstadium spielt die Bodentemperatur eine größere Rolle als die Lufttemperatur, daher muss man das Aussaatsubstrat von unten her warm halten. Man kann die Töpfe und Schalen auf ein mit Heizkabeln versehenes Sand- oder Kiesbett oder auf eine Heizmatte stellen. Ein Heizsystem kann im Boden einer Anzuchtschale *(siehe gegenüber)* bereits installiert sein; die Abdeckung hilft, Wärme und Luftfeuchtigkeit zu erhalten.

Nach der Keimung kommen die Sämlinge im Allgemeinen mit niedrigeren Temperaturen aus. Viele frostharte Arten können bei günstigen Bedingungen nach dem Abhärten direkt im Freien ausgepflanzt werden. Andere wärmebedürftige Gemüsearten wie Paprika und Auberginen müssen bis zum Auspflanzen bei 21 °C weiter wachsen. Diese Temperatur wird entweder durch Bodenheizung oder in einem warmen Raum erreicht.

ANZUCHTSYSTEME

Gewöhnlich wird Gemüse unter Glas in mit Anzuchterde gefüllte Töpfe oder Schalen gesät. Sobald die Sämlinge mehr Platz zur ihrer Entwicklung brauchen, werden sie in entsprechendem Abstand in größere Gefäße oder in Einzeltöpfe umgesetzt; man spricht von Pikieren. Das hat den Vorteil, dass sich in einer beheizten Anzuchtschale der Platzbedarf auf ein Minimum reduzieren lässt. So ein Mini-Gewächshaus ist während der kritischen Phase der Keimung hilfreich; das gilt ganz besonders für langsam keimende Arten wie Sellerie und Petersilie. Auch ganz feine Samen kann man auf diese Weise heranziehen. Allerdings können die zarten Wurzeln der Keimlinge beim Pikieren Schaden erleiden. Um das Pikieren zu umgehen, werden Sämlinge in Multitopfplatten bis zum Auspflanzen gezogen. Hier handelt es sich um eine zusammenhängende Platte aus vielen

Anzuchtgefäße
Die Töpfe müssen Abzugslöcher aufweisen, selbst bei Multitopfplatten hat jeder Einzeltopf ein Loch im Boden. Die biologisch abbaubaren Torf- oder Papiertöpfe haben den Vorteil, dass die Wurzeln beim Pflanzen keinen Schaden erleiden.

kleinen Kunststofftöpfchen. Jeder Sämling wächst darin ohne Konkurrenz und wird mit einem gut entwickelten Wurzelballen verpflanzt. Dadurch treten kaum Wachstumsstörungen auf. Für dieses System wird jedoch mehr Substrat benötigt; auch nehmen die Platten im kleinen Treibhaus mehr Platz ein. Man kann auch in Töpfchen oder Schalen aussäen und die Sämlinge später in die Topfplatten pikieren. Diese Methode funktioniert besonders gut bei Tomaten und Paprika, die man zunächst im beheizten Treibhaus ausgesät hat und dann in Topfplatten mit größeren Einheiten umsetzt.

ANZUCHTGEFÄSSE

Für die Aussaat eignen sich normale oder flache Blumentöpfe, aber auch Schalen. Kunststoff ist vorteilhafter als Ton, weil er sich einfacher reinigen lässt und man die Feuchtigkeit im Substrat besser regulieren kann. Werden nur wenige, höchstens 10–12 Pflanzen benötigt, reicht ein 9-cm-Topf aus. Wer 30 oder mehr Pflanzen erwartet, sollte einen flachen Topf mit 13 cm Durchmesser oder eine Anzuchtschale verwenden.

Manche Pflanzen wie der Mais müssen schon früh zur Ausbildung von langen Wurzeln angeregt werden. Dafür eignen sich hohe, schmale Töpfchen aus dem Fachhandel gut. Werden Samen in Torfquelltöpfe gelegt, wird später der durchwurzelte Torfwürfel in den Boden gepflanzt.

Unbeheiztes Mini-Gewächshaus
Wärme und hohe Luftfeuchtigkeit unter der Abdeckung fördern die Keimung und Entwicklung der Tomaten- und Selleriesämlinge. Lüftungsschlitze im Deckel verhindern Schwitzwasser.

Multitopfplatten gibt es mit unterschiedlichen Zellengrößen. In Platten mit 13 mm großen Zellen entwickeln sich Pflänzchen mit kleinem Wurzelballen, die schnell umgesetzt werden müssen; sie eignen sich gut, wenn die Bodenbedingungen ein baldiges Auspflanzen erlauben. Die 40 mm großen Zellen sind ideal für Pflanzen mit großen Samen, die vor dem Auspflanzen Zeit und Platz für ihre Entwicklung benötigen. Die fertigen Jungpflanzen werden von unten herausgeschoben.

MINI-GEWÄCHSHÄUSER

Ein kleines Zimmergewächshaus sorgt für eine warme und feuchte Keimumgebung. Die einfachste Form stellt bereits ein Topf oder eine Schale dar, die mit einer Glasscheibe oder Klarsichtfolie abgedeckt werden, bis die Samen keimen. Für die weitere Entwicklung benötigen die Keimlinge jedoch nach oben mehr Platz. Der Handel bietet Modelle an, die aus einer Kunststoffschale und einer durchsichtigem Abdeckhaube mit Öffnungen für den Luftaustausch bestehen *(siehe links)*. Unbeheizte Mini-Gewächshäuser finden auf dem Fensterbrett Platz. Die größeren Modelle mit Heizung eignen sich für kalte Gewächshäuser. Das Heizelement sollte die Substrattemperatur auf mindestens 15 °C anheben und wird eventuell durch ein Thermostat gesteuert. Bei widriger Witterung sollte man das Mini-Gewächshaus nachts mit Noppenfolie abdecken.

ANZUCHTSUBSTRATE

Handelsübliche Fertigsubstrate zeichnen sich – im Gegensatz zu selbst bereiteten Erden – durch definierte Eigenschaften aus und sind keimfrei. Für die Anzucht kauft man jährlich frisches Substrat, denn die Lagerung bedingt Veränderungen im Nährstoff- bzw. Salzgehalt, die sich negativ auswirken können.

Aussaat in einer Anzuchtschale

1 **Bis zum Rand** wird Anzuchterde aufgefüllt. Trockenes Substrat wird leicht angegossen. Klopfen Sie das Gefäß vorsichtig auf den Tisch, damit sich die Erde gleichmäßig verteilt. Streichen Sie überflüssige Erde mit einem Brettchen ab.

2 **Mit einem Brettchen** oder mit dem Boden einer anderen Schale wird das Substrat vorsichtig angedrückt (nicht zu fest, da Torfsubstrate leicht verdichten). Feuchten Sie die Erde gleichmäßig an und lassen Sie überschüssiges Wasser abfließen.

3 **Die Samenkörner** werden direkt aus der Tüte dünn und gleichmäßig über die Fläche verteilt. So entwickeln sich die Sämlinge besser und bedrängen sich nicht gegenseitig.

4 **Mit einem Sieb** wird eine dünne Erdschicht über die Samen gestreut und leicht festgedrückt. Danach behutsam angießen. Die Erde soll feucht, aber nicht nass bleiben.

Aussaat in Töpfen

1 Werden nur wenige Pflanzen benötigt, verteilt man Samen (hier Kohl) dünn und gleichmäßig über die feuchte Erde eines 9-cm-Topfes. Darüber streut man eine Erdschicht in gleicher Dicke wie die Samen, gießt an und beschriftet das Gefäß.

2 Sind die Keimblätter voll entwickelt, werden die Sämlinge in eine Topfplatte pikiert.

Abdeckung aus Vermiculit
Anstelle von Feinerde eignet sich Vermiculit als Abdeckung. So bekommen die Samen Luft und bleiben feucht.

Fertige Substrate bestehen häufig aus Weißtorf, dem Ton, Kalk und Nährstoffe beigemengt wurden. Anzuchterde enthält nur einen geringen Düngerzusatz. Selbst hergestellte Anzuchterde besteht aus Sand, Torf und gesiebter Komposterde und muss bei 100–120 °C keimfrei gemacht werden. Bestandteile mit hohem Nährstoffgehalt sind zu vermeiden.

Sobald die Sämlinge in größere Gefäße umgetopft werden, brauchen sie ein ausreichend mit Nährstoffen versorgtes Substrat, damit sich die Pflänzchen gut entwickeln können. Substrate aus Torfersatzprodukten wie Rindenhumus, Holz- oder Kokosfasern sind leicht und liefern gute Ergebnisse, jedoch erfordern sie beim Gießen und Düngen mehr Sorgfalt als andere Produkte. Erdsubstrate halten Nährstoffe und Feuchtigkeit besser. Anhänger des biologischen Anbaus können der Anzuchterde Laub- oder Wurmkompost beimischen.

HYGIENE

Die warme und stehende, feuchte Luft unter Abdeckungen aller Art erhöht die Gefahr von Pilzkrankheiten. Zudem sind Samen und Sämlinge besonders anfällig. Substrate, Wasser, Gefäße, Gewächshäuser und alle Werkzeuge und Geräte müssen peinlich sauber sein, um Infektionen wie zum Beispiel die Umfallkrankheit zu vermeiden. Daher verwendet man für Anzuchten besser kein Regenwasser aus der Tonne.

AUSSAAT IN TÖPFEN ODER SCHALEN

Große Samen legt man in Töpfe oder Anzuchtschalen einzeln aus, während man kleine Samen gleichmäßig streut. Ganz feines Saatgut wird direkt aus der Samentüte gestreut oder man verteilt es mit den Fingern. Die Saat wird dünn mit gesiebter Erde, mit Sand oder Vermiculit *(siehe oben rechts)* abgedeckt und leicht angedrückt. Je kleiner die Samen, umso dünner muss die Deckschicht sein. Alles wird mit einer feinen Brause und mit sauberem Wasser angegossen.

Die Töpfchen oder Schalen erhalten eine Abdeckung in Form einer Abdeckhaube, Glasscheibe oder Frischhaltefolie. Die Abdeckung wird entfernt, sobald die Keimlinge erscheinen. Anfangs müssen die Sämlinge warm und feucht gehalten werden. Dazu sind Gießmatten als Unterlage für die Saatschalen recht hilfreich; man erhält sie im Gartencenter. Die Sämlinge vertragen kein direktes Sonnenlicht; Zeitungspapier kann für eine vorübergehende Schattierung sorgen. Pflanzen auf dem Fensterbrett wachsen immer zum Licht hin, deshalb werden die Gefäße regelmäßig gedreht. Überprüfen Sie die Saat stets auf Anzeichen von Krankheiten, da sich Infektionen rasch ausbreiten. Wenn die Keimlinge die ersten Blätter entwickelt haben, werden sie pikiert.

Pikieren in Einzeltöpfe
Die Sämlinge werden in Multitopfplatten oder Töpfe umgesetzt, sobald sich die Keimblätter voll entfaltet haben. Man hebt die Pflänzchen (hier Sellerie) mit einem Pikierstab vorsichtig aus der Erde und hält sie an den Blättern. Man sticht ein Loch in jeden Einzeltopf und setzt ein Pflänzchen ein. Mit dem Pikierstab wird die Erde leicht an die Wurzeln gedrückt. Angießen und etikettieren nicht vergessen.

PIKIEREN

Pikieren Sie rechtzeitig, damit die Sämlinge nicht zu dicht stehen und sich kräftig entwickeln. Zuerst werden die Pflänzchen schwach angegossen und eine neue Schale wird mit frischer, feuchter Pikiererde gefüllt. Halten Sie die Sämlinge vorsichtig an den Blättern und berühren Sie die Stängel oder Wurzeln nicht. Lockern Sie mit einem Pikierstab oder einem Bleistift die Pflänzchen, die sich daraufhin aus dem Substrat heben lassen. Vereinzeln Sie die Sämlinge vorsichtig und sondern Sie schwächliche oder kranke Pflanzen aus. Setzen Sie die Sämlinge in frische Erde um, entweder in Abstand von 3 cm in einer Schale oder einzeln in Multitopfplatten *(siehe links)*, sodass der Blattansatz mit der Substratoberfläche abschließt.

Pikierte Sämlinge sollten vorerst nicht in der prallen Sonne stehen. Die Sämlinge werden weiter gepflegt, bis man sie abhärten *(siehe gegenüber)* und auspflanzen kann.

IN EINZELTÖPFE PIKIEREN

In Einzeltöpfe gesetzt, lassen sich frostempfindliche Pflanzen wie Tomaten und Paprika anziehen, die lange im Gewächshaus stehen müssen, bevor sie bei warmem Wetter ausgepflanzt werden können. Jeder Sämling wird in einen 9-cm-Topf gepflanzt. Anfangs können die Töpfe eng stehen; wenn die Blätter der Nachbarpflanzen sich jedoch berühren, sollten sie auseinandergerückt werden, damit sie sich nicht gegenseitig beim Wachstum stören.

AUSSAAT IN MULTITOPFPLATTEN

Große Samen kann man in Multitopfplatten einzeln ausbringen. Feine Samen werden mithilfe eines Stücks Papier oder eines nassen Pinsels gesät. Die Erde wird genauso wie bei Einzeltöpfen und Anzuchtschalen eingesät. Pro Topf setzt man entweder einen oder drei (z.B. bei älterem Saatgut) Samen ein und lässt nur den kräftigsten Sämling stehen, sobald sich die Keimblätter entwickelt haben.

Multitopfplatten mit winterhartem Gemüse kann man in einem unbeheizten Gewächshaus oder in einem kalten Kasten aufstellen. Bis zur Keimung werden die Platten mit Vlies, Frischhaltefolie oder Glas abgedeckt, um die Samen warm und feucht zu halten. Dies ist vor allem für frühe Aussaaten bei niedrigen Temperaturen wichtig. Sobald sich die Sämlinge entwickeln, wird die Abdeckung entfernt, damit sie Licht haben.

Blocksaat

1 Zuerst wird eine Multitopfplatte mit feuchtem Substrat befüllt. Drücken Sie in jeden Einzeltopf eine leichte Mulde und verteilen Sie drei bis fünf Samen pro Topf. Bedecken Sie die Samen mit einer 5 mm dicken Schicht Feinkies oder Sand, danach angießen. Stellen Sie die Schale an einem hellen Platz auf.

2 Haben die Sämlinge (hier Weiße Rübe) ein bis zwei voll entwickelte Blätter gebildet, wird jede Gruppe im geeigneten Abstand ausgepflanzt, ohne zu pikieren.

3 Die nicht vereinzelte Gruppe wächst weiter bis zur Reife, aber die Einzelpflanzen bleiben klein. Mit dieser Methode lassen sich auf beschränktem Raum viele Pflanzen ziehen. Sie eignet sich für Wurzel-, Stängel- und Zwiebelgemüse.

BLOCKSAAT

Bei Platzmangel empfiehlt es sich mehrere Pflanzen in einer Topfeinheit zu ziehen. Die oben rechts gezeigte Methode eignet sich für Speiserüben, Rote Bete, runde Möhren, Frühlingszwiebeln, Schnittlauch, Lauch und Petersilie. Sämlinge zieht man im Gewächshaus oder im Frühbeet vor, wo sie genügend Licht erhalten müssen. Sie werden ausgepflanzt, bevor sie lang und dünn werden.

NÄHRSTOFFE FÜR DIE SÄMLINGE

Falls die Jungpflanzen länger in ihren Töpfen bleiben müssen, weil die Witterungsverhältnisse das Auspflanzen nicht zulassen, sollten sie Flüssigdünger erhalten, damit sie gesund und kräftig bleiben. Sobald die Wurzeln das Gefäß ausfüllen, müssen die Pflanzen in größere Töpfe mit Einheitserde umgesetzt und regelmäßig gedüngt werden.

ABHÄRTEN

Unter Glas gezogene Jungpflanzen müssen sich erst an die Außentemperaturen gewöhnen. Das Abhärten dauert mindestens 10–14 Tage. Dafür werden die Pflanzen in ein Frühbeet gestellt, die Lüftungsdauer verlängert sich jeden Tag etwas, bis die Pflanzen völlig aufgedeckt bleiben. Sie bleiben zum gegenseitigen Schutz noch einige Tage eng stehen. Unter Vlies oder Folie herangewachsene Pflanzen härten schneller ab.

KEIMSPROSSEN ANZIEHEN

Senf- und Rettichsprossen oder Kresse wachsen schnell in speziellen Keimschalen. Man verteilt die Samen dicht am Grund des Gefäßes und hält sie feucht, aber nicht nass. Die Keimlinge werden nach 7–10 Tagen verzehrt. Für Salatmischungen müssen Kresse und Rettich drei Tage vor Senf gesät werden. Man kann genauso einen Untersetzer von 13 cm Durchmesser mit wassergesättigtem Fließpapier auslegen (überschüssiges Wasser wegschütten), bevor man die Samen dicht ausstreut. Decken Sie den Behälter mit Frischhaltefolie ab, um die Feuchtigkeit zu bewahren, und stellen Sie ihn bei maximal 15 °C auf ein Fensterbrett.

Kressesamen dicht ausstreuen

Essfertige Kressekeimlinge

Aussaat im Freien

Bei der Direktaussaat im Freien hängt der Erfolg von einem gut vorbereiteten Saatbett und von der Umsicht bei der Aussaat ab. Die Samen werden gewöhnlich in Reihen, den Saatrillen, ausgebracht *(siehe unten)*. Manche Gemüsearten wie Lauch und Blumenkohl kann man zunächst in ziemlich kleinen Abständen auf ein Saatbeet säen und später umsetzen *(siehe S. 70)*. Saatbeete werden viel seltener genutzt, seit es die verschiedenen Aussaatmodule gibt. Diese Anzuchtsysteme ermöglichen die Vorkultur kräftiger Pflanzen unter Glas, die man nach dem Abhärten auspflanzt.

DER RICHTIGE ZEITPUNKT

Das Beet für die Aussaat muss gut vorbereitet werden. Der Boden sollte feucht genug sein, damit die Samen Wasser aufnehmen können, und auch ausreichend warm für die angebaute Gemüseart. Nur wenige Gemüsesamen keimen bei niedrigen Bodentemperaturen, deshalb sollte man wirklich warten, bis im Frühjahr die Temperaturen ansteigen. Die Erwärmung des Bodens wird durch eine Abdeckung mit Vlies oder Folie beschleunigt.

SAATBEET VORBEREITEN

Im Herbst wird die Fläche für das Saatbeet umgegraben, dabei arbeitet man organisches Material ein. Den Winter über setzt sich die Fläche und Frost sprengt die groben Erdschollen. Birgt die Fläche viele Samen einjähriger Unkräuter, sollte man das Beet schon einige Zeit früher richten. Danach wartet man, bis die schnellsten Unkräuter gekeimt haben und entfernt diese gründlich von der Fläche. Auf diese Weise wird schon ein nennenswerter Unkrautbesatz entfernt, der ansonsten den Sämlingen Nährstoffe und Wasser entziehen würde.

Danach wird der Boden mit einem Kultivator bearbeitet und die Oberfläche mit einem Holzrechen geglättet. Falls nötig, erfolgt eine Grunddüngung *(siehe Gemüseporträts S. 74–135)*. Große Flächen mit sehr klumpigem oder auch sehr leichtem Boden tritt man behutsam fest – aber niemals bei nassem Boden, denn das würde zu Verdichtungen führen. Bei kleinen Flächen lassen sich die Erdklumpen mit dem Rücken eines Rechens aufbrechen.

VORBEREITUNG DER BODENOBERFLÄCHE

Trockener Boden wird zuvor gewässert. Man harkt die Oberfläche des Saatbeets glatt, sodass eine feinkrümelige Oberfläche entsteht. Böden mit einem hohen Anteil an organischer Substanz lassen sich leichter bearbeiten. Mit dem Rechen glättet man die Bodenoberfläche in alle Richtungen, damit das Saatbeet eben und gleichmäßig wird. Mit einem niedrig gehaltenen Stiel lässt sich der Boden besser glätten. Die feinkrümelige

Aussaat in Einzelreihen

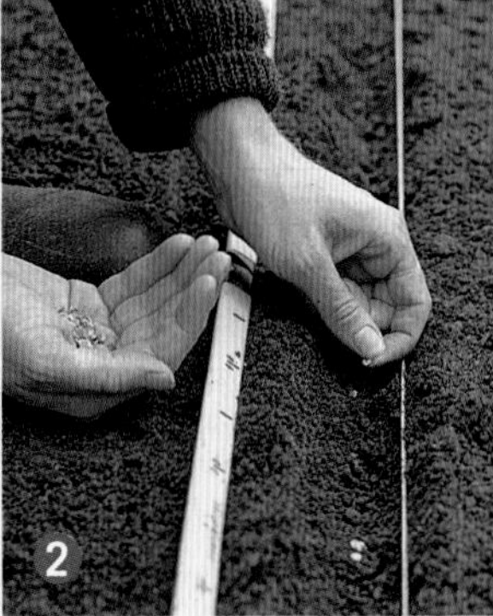

1 Eine fest gespannte Schnur markiert den Verlauf jeder Saatreihe. Ziehen Sie mit der Kante einer Hacke eine gleichmäßige Rille entlang der Schnur, die Rillentiefe hängt vom jeweiligen Saatgut ab.

2 Bei großen Samen wie jenen der Pastinake legt man alle 15 cm drei Samenkörner in ein Loch. Das Metermaß hilft die richtigen Abstände einzuhalten.

3 Bei Saatbändern (hier für Frühlingszwiebeln) sind die Samen im richtigen Abstand eingebettet. Ein Stück in der Länge der Reihe wird einfach in die Rille gelegt.

4 Feines Saatgut wie bei Möhren wird dünn in die Rille gesät. Man streut mit den Fingerspitzen oder verwendet eine Sähilfe.

5 Mit den Rechenrücken wird die Saat sofort mit Erde abgedeckt. Man zieht den Rechen gleichmäßig und im rechten Winkel zur Rille.

Oberfläche sollte dick genug sein, um darin Saatrillen ziehen zu können.

Aussaat bei Trockenheit oder Nässe

Aussaat bei Nässe
Ist der Boden nass oder sehr schwer und schlecht durchlässig, lassen sich die Keimbedingungen verbessern, indem man vor der Aussaat Sand in die Saatrille streut.

Aussaat bei Trockenheit
Ist der Boden sehr trocken, gießt man die Rille an und verteilt die Samen sofort. Die Saatrille wird mit trockener Erde abgedeckt. Man gießt nicht mehr, bis sich die Keimlinge entwickeln.

EINZELNE SAATRILLEN

Feines Saatgut wie Salatsamen wird möglichst dünn und gleichmäßig in Saatreihen von etwa 30 cm Abstand verteilt. Einzelne Saatrillen zieht man mithilfe einer Schnur und einem Sauzahn *(siehe rechts)*. Für gerade, ebenmäßige Rillen muss die Schnur straff gespannt sein. Es kommt sehr darauf an, dass die Rillen gleichmäßig tief ausfallen. Pillierte Samen werden flach ausgebracht – so tief, dass die Erdabdeckung dem doppelten Durchmesser des Samenkorns entspricht. Der Boden muss feucht bleiben, damit die Keimung einsetzt und in Gang bleibt.

Die Saatrillen lassen sich auch mithilfe einer Hacke oder eines Stocks entlang eines Bretts ziehen. Gut eignet sich dafür auch eine in richtiger Länge zugeschnittene Holzlatte. Ein verstellbarer Rillenzieher *(siehe S. 68)*, mit dem man bis zu fünf parallele Saatrillen gleichzeitig ziehen kann, spart viel Arbeit. Die erste Rille zieht man entlang einer fest gemachten Schnur, danach setzt man das Gerät in diese Rille, um die folgenden Reihen zu ziehen.

BANDSAAT

Hier wird Saatgut entweder gleichmäßig verteilt in einem 8–12 cm breiten Band abgelegt oder in zwei eng beieinanderliegenden Säreihen. Die Bandsaat eignet sich, um Erbsen zu säen *(siehe unten)* und für streifenweises Aussäen bei Frühsorten von Möhren, Radieschen und Pflückgemüse wie Spinat, Gartenkresse und manche Salate.

Für die Bandsaat wird mithilfe einer Schnur und einer breiten Ziehhacke ein flacher Graben von etwa 15 cm Breite gezogen *(siehe unten)*. Man kann die Erde auch vorsichtig in Spatenbreite flach ausheben. Die Bänder müssen überall gleich tief liegen.

NASSE ODER TROCKENE BEDINGUNGEN

Manchmal kann man mit dem Säen nicht warten, bis tatsächlich ideales Wetter herrscht. Zu viel oder zu wenig Bodenfeuchtigkeit lässt sich ausgleichen, wenn man vor der Aussaat auf die Rillen Sand streut oder sie im anderen Fall angießt. Man verwendet einen feinen Brausekopf für die Gießkanne und wässert immer vor der Aussaat (nicht danach), damit die Bodenoberfläche nicht verschlämmt.

Sähilfe
Mit diesem nützlichen Gerät werden Samen gleichmäßig ausgestreut. Die verstellbare Öffnung ermöglicht dünnes Säen mit feinen Samen bis hin zur Horstsaat mit großen Samen wie diesem pillierten Saatgut.

SAATTIEFE

Die Saattiefe hängt von der Samengröße ab. Die Keimlinge sind in den ersten Tagen nach der Keimung auf ihre eigenen Nährstoffreserven angewiesen, bis sie die Erde durchstoßen und ans Licht kommen. Erst dann setzt die Fotosynthese für den eignen Stoffwechsel ein. Große Samen enthalten naturgemäß mehr Reserven als die kleinen und können deshalb tiefer gesät werden. Sehr kleine Samen müssen näher an der Oberfläche ausgebracht werden. Hinweise zur richtigen Saattiefe finden sich auf den Samenpackungen oder bei den Gemüseporträts (*siehe S. 74–135*).

SAATMETHODEN

Aussäen sollte man an einem windstillen Tag. Bei Wind driften feine Samen wie jene der Speiserübe leicht ab. Gleichmäßiges Säen erfordert einige Übung. Um ein Gefühl für den richtigen Abstand zu bekommen, kann man die Samen zunächst in einer Rille von vielleicht 1 m Länge ausbringen und die Mengen nachträglich regulieren.

Große Samen werden am besten in Horsten abgelegt *(siehe S. 69)*,

Aussaat in breiten Rillen

1 Ziehen Sie mit einer Hacke eine Rille, indem Sie das Gerät auf sich zu bewegen. Die Rille muss die richtige Tiefe für das jeweilige Gemüse haben (hier 5 cm).

2 Legen Sie die Erbsensamen entlang der Rille in zwei Reihen – hier alle 5 cm in Reihen von 10 cm Abstand. Decken Sie vorsichtig mit Erde ab.

d.h., mehrere Samen werden an einer Stelle verteilt. Um sich an die richtigen Abstände zu gewöhnen, eignet sich ein Meterstab. Sähilfen, bei denen man die Streumenge regulieren kann *(siehe S. 67)*, sind außerdem sehr hilfreich. Das Gerät muss gleichmäßig geschüttelt werden, während man voranschreitet. Kleine, feine Samen kann man direkt aus der Samentüte verteilen. Halten Sie die Tüte fast waagerecht, schütteln Sie gleichmäßig und säen Sie nicht zu dicht. Kleine Samen kann man breitwürfig auch aus der Hand säen. Geben Sie eine kleine Menge auf die Hand, die man dann waagerecht über die vorbereitete Fläche bewegt; durch leichtes Dagegenklopfen mit der anderen Hand fallen die Samen herunter.

SAATRILLEN ABDECKEN

Liegen die Samen in den Rillen, zieht man mit dem Rechenrücken oder der Hand feinkrümelige Erde von der Seite über die Rillen und deckt die Samen damit ab. Ziehen Sie den Rechen nicht kreuzweise über die Reihen, das könnte die Samen verletzen und die Reihe durcheinanderbringen. Verkrustete Stellen zwischen den Reihen lassen sich mit einem Kultivator lockern.

REIHENABSTÄNDE

Zwischen den Gemüsereihen muss genügend Abstand für die Luftzirkulation sowie zum Vereinzeln und Jäten vorhanden sein. Die Reihenabstände richten sich bei der Direktsaat nach der Endhöhe und -breite der jeweiligen Kulturpflanzen. Pastinake wird etwa 30 cm hoch und Kopfsalat bis zu 30 cm breit, deshalb sollten die Pflanzenreihen für beide einen Abstand von 30 cm haben, damit die Gewächse genügend Licht bekommen. Erbsen wachsen bis zu 90 cm hoch, also hält man 90 cm Abstand zwischen den Reihen ein. Für Möhren und Radieschen genügen Reihenabstände von 10 cm. Wurzelgemüse wird innerhalb der Reihen ausgelichtet, sodass das reife Gemüse sich gerade noch berührt.

Für benachbartes Gemüse werden die jeweils empfohlenen Reihenabstände aufaddiert, die Summe teilt man dann durch zwei. Wenn Sie z.B. Pastinake und Erbsen nebeneinander anbauen, zählen Sie den Reihenabstand für Pastinake (30 cm) mit dem Reihenabstand von Erbsen (90 cm) zusammen und halbieren Sie die Summe: So ergibt sich ein Reihenabstand von 60 cm.

BREITWÜRFIGE AUSSAAT

Nur wenige Gemüsearten kann man aus der vollen Hand säen. Breitwürfig aufs Beet gesät werden Radieschen, frühe Möhren oder Speiserüben, manchmal auch Pflücksalate, Feldsalat und Spinat. Das Saatgut wird möglichst gleichmäßig über die gut vorbereitete Beetoberfläche verteilt. Mit dem Rechen werden die Samen leicht in den Boden eingearbeitet, bevor man zum Schluss kräftig angießt. Das ist zwar eine einfache Methode, aber die Größe der Sämlinge variiert dabei oft stark. Außerdem kann man zwischen Saaten in Reihen besser hacken und Unkraut jäten. Eine Alternative dazu stellt die Bandsaat dar *(siehe S. 67)*.

Verstellbarer Rillenzieher
Bei diesem Rillenzieher lässt sich der Abstand zwischen den Zinken verstellen. Mit diesem nützlichen Gerät kann man nicht nur einzelne Rillen ziehen, sondern auch Pflanzreihen markieren.

Vereinzeln

Herausziehen
Sind die Sämlinge groß genug zum Anfassen, zieht man die schwächsten heraus, bis nur einzelne kräftige Exemplare übrig bleiben.

Auskneifen
Manche Arten lassen sich schonender vereinzeln, wenn man die Sämlinge mit den Fingern an der Basis auskneift.

VEREINZELN

Ein Übermaß an Sämlingen muss auf den entsprechenden Endabstand ausgedünnt werden, damit jede Pflanze genug Platz für ihre Entwicklung hat. Vereinzelt wird möglichst frühzeitig, bevor die Pflanzen um Licht und Wasser konkurrieren und im Wachstum stocken. Weil beim Herausziehen die Wurzeln zu dicht wachsender Pflänzchen leicht beschädigt werden (was wiederum das Auftreten von Krankheiten begünstigt), sät man besser gleich zu Beginn dünn oder in Horsten *(siehe unten)* aus.

Sobald die Sämlinge die ersten richtigen Blätter ausgebildet haben, werden schwache Exemplare entweder durch Herausziehen oder Auskneifen *(siehe unten links)* entfernt, sodass nur die kräftigsten und besten Pflänzchen verbleiben.

HORSTSAAT

Diese Methode hilft dabei, vor allem teure, große Samen sparsam zu verwenden. So kann man pro Loch gleich mehrere Spinatsamen ablegen, zwischen den Horsten lässt man 5 cm Abstand; ein Vereinzeln erübrigt sich später. Ebenso legt man pro Horst zwei oder drei Samen von Gartenkürbis im Abstand von 75 cm. Bei Gemüsearten, die eher in Gruppen als Reihen kultiviert werden wie Mais, wird ein Bereich eines

Beetes mit dem Rillenzieher in einem Gittermuster markiert. In jeden Kreuzungspunkt werden drei Samen abgelegt. Später wird auf den kräftigsten Sämling vereinzelt.

VORGEBOHRTE SAATLÖCHER

Sparsam will man auch mit besonders schwerem Saatgut wie Bohnen umgehen. Für eine lockere Bodenoberfläche wird das Beet zunächst mit dem Rechen gründlich abgezogen. Mit dem Pflanzholz bohrt man die Löcher entlang der Reihe und legt darin jeweils einen oder mehrere Samen ab, die man abschließend mit Erde bedeckt *(siehe unten rechts)*. Bei Bohnen legt man in der Regel einen Samen pro Loch, bei Mais drei und bei Gartenkürbis zwei Samen. Auch hier wird nach einiger Zeit auf einen Sämling vereinzelt. Bei Kürbis und Mais lohnt es sich, die Horste einzeln abzudecken, damit der Boden warm und feucht bleibt und die Keimung angeregt wird.

MARKIERSAAT

Hier werden zwei verschiedene Gemüsearten in einer Reihe ausgesät, wobei die eine Art lange zum Keimen braucht und beim Hacken leicht beschädigt werden könnte. Sät man gleichzeitig eine schnell keimende Art mit aus, erkennt man die Saatreihen besser. Die beiden Kulturen dürfen aber nicht miteinander konkurrieren. Eine gute Kombination sind Pastinake und Radieschen *(siehe oben)*: Die Radieschen erscheinen viel früher als Pastinaken; man kann leicht Unkraut jäten, und die Radieschen werden geerntet, bevor sie dem langsameren Gemüse Wasser und Nährstoffe entziehen.

SATZWEISER ANBAU

Um Gemüseschwemmen zu vermeiden und stattdessen kontinuierlich ernten zu können, sät man – besonders bei Salat – immer nur wenig Samen auf einmal aus, dafür aber hintereinander in engem zeitlichem Abstand. Satzweiser Anbau empfiehlt sich für alle Salate, Radieschen, Weiße Rübe, Rote Bete und Zwiebeln. Der nächste Satz wird gesät, sobald die Sämlinge der vorherigen Aussaat gerade erscheinen. Kopfsalat z.B. wird dann alle 10–14 Tage neu gesät.

Markiersaat mit Pastinaken und Radieschen

1 Legen Sie in jedes Loch alle 10cm je 3 Pastinakensamen und bringen Sie die Radieschensamen in Abständen von 2,5cm zwischen den Pastinaken aus. Die Radieschen lassen die Saatreihe erkennen, damit man leicht Unkraut jäten kann.

2 Ernten Sie die Radieschen sobald sie reif sind, damit sie die Pastinaken nicht einengen. Dünnen Sie die Sämlinge durch Auskneifen aus, sobald diese vier Blätter haben.

ZWISCHENSAAT

In einem kleinen Garten lassen sich schnell wachsende Gemüsearten wie Radieschen oder Spinat zwischen anderem Gemüse wie Tomaten, Mais und Kopfkohl aussäen, um Platz zu sparen.

KEIMRATE

Die Keimrate, d.h. der prozentuale Anteil gekeimter Samen an der Gesamtzahl, gibt Aufschluss über die Keimfähigkeit des Saatguts und erlaubt ein Hochrechnen auf die notwendige Saatgutmenge. Die natürliche Keimrate variiert je nach Gemüsegruppe: Kohlgemüse z.B. haben eine Keimrate von 90 Prozent, während sie bei Lauch gewöhnlich nicht über 70 Prozent liegt. Große Samen sind meist vitaler als kleine Samen, die leichter vertrocknen. In vielen Fällen liefert frisch geerntetes Saatgut bessere Ergebnisse als gelagerte Samen. Pastinaken- und Petersiliesamen keimen im Vergleich zu Radieschen und Speiserüben sehr langsam.
Die Keimung wird von der Temperatur beeinflusst, bei Stangenbohnen z.B. wird die Keimung unter 12°C und bei Kopfsalat über 25°C gehemmt. Eine schlechte Keimrate wird oft durch schlechte Bedingungen im Saatbett bedingt: zu hohe oder zu niedrige Feuchtigkeit, Temperatur, mangelnder Luftaustausch oder aber falsche Saattechnik. Die Grundregel für den Erfolg lautet: Verwenden Sie bestes Saatgut und gehen Sie bei der Aussaat sorgfältig vor.

VLIES ALS SCHUTZ

Eine Beetabdeckung mit Vlies oder Folie *(siehe S. 48)* nach dem Ausbringen der Samen begünstigt die Erwärmung des Bodens. Die Abdeckung schützt außerdem vor Vögeln und manchen schädlichen Insekten. Das Vlies oder die Folie müssen rechtzeitig entfernt werden, damit das Wachstum nicht gestört wird.

Horstsaat mit großen Samen
Große Samen können Sie in einzelne Löcher legen, die man mit einem Pflanzholz gräbt. Für Dicke Bohnen wie hier bohrt man 5cm tiefe Löcher in 10cm Abstand in Reihen von 15cm Abstand.

Auspflanzen ins Freie

Vorgezogene Gemüsepflanzen, ob sie nun im Gewächshaus oder im Saatbeet ausgesät und kultiviert wurden, bezeichnet man als Setzlinge. Beim Auspflanzen ins Freie heißt es ganz vorsichtig sein, um die zarten Wurzeln möglichst nicht zu verletzen. Außerdem dürfen die Wurzeln niemals trocken werden. Vor dem Umpflanzen gießt man die Setzlinge ausgiebig, sodass sie mit Wasser gesättigt sind und nicht so leicht welken. Die Setzlinge bleiben in ihren Töpfen oder im Saatbeet, solange die Pflanzfläche noch nicht vorbereitet ist.

PFLANZZEITEN

Gemüse, das in Töpfen, Kultursäcken oder in Gewächshausbeeten heranreifen soll (wie etwa Paprika), wird am endgültigen Standort eingepflanzt, sobald der Wurzelballen der Jungpflanzen groß genug ist.

Der Umzug von unter Schutz gezogenen Setzlingen ins Freie hängt von ihrer Entwicklung und von der Witterung ab, die schließlich den Bodenzustand mit beeinflusst. Am besten pflanzt man Setzlinge an einem milden, bedeckten Tag aus. Die Pflänzchen sollten kräftig sein, vier bis sechs echte Blätter tragen und ein gut entwickeltes Wurzelsystem aufweisen. Sie dürfen nicht zu groß werden: Falls nötig werden die Setzlinge erst einmal umgetopft, bis geeignete Bedingungen herrschen.

Setzlinge mit Ballen
Setzlinge, die man über Katalog bestellt, werden oft mit durchsichtiger Kunststoffhülle geliefert. Jedes Pflänzchen besitzt einen eigenen Wurzelballen. Die Kunststoffschale stützt die Blätter und verhindert, dass sie gequetscht werden. Entfernen Sie die Verpackung sofort und pflanzen Sie die Setzlinge möglichst bald aus.

Viele Arten werden erst gepflanzt, wenn kaum noch Spätfröste zu erwarten sind. Der Boden sollte feucht (aber nicht nass) und ziemlich warm sein. Die Jungpflanzen müssen vor dem Auspflanzen entsprechend abgehärtet werden. Im Zusammenhang mit den Gemüseporträts werden auch Pflanzzeiten genannt *(siehe S. 74–135)*.

GEKAUFTE SETZLINGE

Das größte Angebot an Gemüsesetzlingen findet man zur Frühjahrsmitte vor, jedoch sind manche Gemüsearten wie winterharte Kopfsalate auch im Herbst als Jungpflanzen erhältlich. Gekaufte Jungpflanzen sind ideal für alle, die nicht genug Platz für die Vorkultur im Haus haben. Aber hüten Sie sich davor, frostempfindliche Arten wie Tomaten zu früh zu erwerben, wenn Sie keine Möglichkeiten haben, ihnen so lange Schutz zu bieten, bis die Spätfrostgefahr vorüber ist.

In Gartencentern werden die Setzlinge gewöhnlich in großen Topfplatten angeboten, aus denen man sie gleich auspflanzen kann. Achten Sie auf kompakte, gesunde Pflanzen und kontrollieren Sie nach Möglichkeit das Wurzelsystem. Setzen Sie die Pflänzchen möglichst bald ein; notfalls überstehen sie auch noch einige Tage an einem schattigen Platz, wenn sie feucht gehalten werden. Kohlgemüse wird oft mit nackten Wurzeln verkauft. Solche Setzlinge müssen sofort ausgepflanzt oder vorsichtig eingeschlagen werden.

PFLANZEN EINSCHLAGEN

Lassen sich ballenlose Pflanzen wegen schlechter Witterung nicht direkt einpflanzen, kann man sie vorläufig in Erde einschlagen. Man hebt mit einer Hacke ein flaches Loch oder einen Graben von etwa 10 cm Tiefe aus und legt die Setzlinge etwas zur Seite geneigt nebeneinander. Die Pflanzen werden bis zu den Blättern mit Erde abgedeckt, man drückt den Boden etwas fest und gießt an. Bis zum Umpflanzen werden die Setzlinge weiter gut mit Wasser versorgt.

Jungpflanzen aus dem Saatbeet umsetzen

1 Gießen Sie die ganze Reihe an, damit Sie die Sämlinge (hier Kohl) mit Erde an den Wurzeln herausheben können. Die Pflänzchen an den Blättern halten. Aufbewahrt in einem Eimer mit etwas Wasser welken sie nicht so schnell.

2 Markieren Sie im vorbereiteten Beet die Pflanzabstände (hier 45 cm). Setzen Sie die Pflanze in das ausgehobene und gewässerte Pflanzloch in richtiger Tiefe ein und drücken Sie die Erde zu den Wurzeln hin an.

Jungpflanzen setzen
Setzlinge aus Multitopfplatten werden hier in ein aufs Beet gezogenes Gittermuster ausgepflanzt. Man hält die Pflanzen immer am Wurzelballen, nicht an den Blättern.

Zwischenkultur: Zwiebelgemüse mit Mais

1 Im Frühjahr kommen drei Reihen Zwiebelgemüse (hier Knoblauch, Schalotten und Winterzwiebel) auf ein gut vorbereitetes Beet, das zum Schutz vor Unkraut mit schwarzer Mulchfolie abgedeckt wurde. Ein Schlauchregner sorgt für die Bewässerung. Mit der Pflanzschaufel lassen sich Pflanzlöcher in die Folie bohren.

2 Im Spätfrühling setzt man jeweils gegeneinander versetzt drei Reihen junge Maispflanzen zwischen die Zwiebeln ein.

3 Im Lauf des Sommers reift das Zwiebelgemüse und wird kontinuierlich geerntet. Allmählich erhält damit der Mais genügend Platz zur Entfaltung.

UNTER GLAS VORGEZOGENE SÄMLINGE

Sämlinge, die in Multitopfplatten oder Töpfen vorgezogen wurden, werden vor dem Auspflanzen noch einmal ausgiebig gegossen. Man klopft den Topfrand vorsichtig gegen eine harte Kante, bis sich der Wurzelballen löst. Sämlinge holt man aus den Multitopfplatten, indem man leicht von unten gegen den Boden drückt. Wenn nötig, schneidet man die Einzeltöpfe auseinander, um die Wurzeln nicht zu verletzen.

Die Pflänzchen werden in den vorbereiteten Boden eingesetzt, sodass die Oberfläche des Wurzelballens gerade unterhalb der Bodenoberfläche liegt. Man drückt die Erde seitlich fest, entfernt welke Blätter, und gibt bei Bedarf eine Stütze. Nach dem Angießen werden noch beschriftete Etiketten gesteckt. Bei starker Sonneneinstrahlung empfiehlt sich eine Schattierung mit Zeitungspapier oder Vlies, das locker aufgelegt wird. Feucht halten nicht vergessen. Man kann eine Feuchtigkeit haltende Mulchschicht um robuste Setzlinge wie Kohlgemüse oder Bohnen ausbringen, das Mulchmaterial darf aber nicht die Pflanzen berühren.

SETZLINGE AUS DEM SAATBEET

Sämlinge, die im Freien in einem Saatbeet herangewachsen sind, werden umgepflanzt, sobald sie eine Höhe von 10–13 cm erreicht haben. Damit die Pflänzchen nicht welken, pflanzt man in den Abendstunden. Vor dem Herausheben wird gründlich gewässert. Man lockert die Erde um die Pflänzchen mit einer Handschaufel oder einer kleinen Grabegabel. Man hebt die Pflanzen heraus und teilt sie – wenn nötig – vorsichtig; die Wurzeln dürfen nicht verletzt werden *(siehe ganz links)*. Man wählt gleich große Sämlinge aus und verwirft beschädigte, schwache und Pflanzen mit Krankheitsanzeichen. Die Setzlinge werden mit Frischhaltefolie bedeckt, damit sie nicht austrocknen. Das Einpflanzen sollte unmittelbar geschehen. Für jeden Setzling hebt man ein ausreichend großes Loch aus, sodass die ersten Blätter direkt über dem Boden bleiben. Beim Einsetzen das Loch mit Erde füllen und den Wurzelbereich fest andrücken. Zum Schluss angießen und beschriften.

PFLANZABSTÄNDE

Heben Sie die Samenpäckchen vorgezogener Gemüsepflanzen immer auf, damit Sie Informationen über die Pflanzabstände parat haben. Die nötigen Abstände sind aber auch bei den Gemüseporträts ab *Seite 74* angegeben. Die Abstände zwischen den Setzlingen hängen natürlich auch von der Anbauform ab – ob in herkömmlichen Reihen oder etwa in breiten Beeten, wo es nötig sein wird dazwischen zu treten.

ZWISCHENKULTUR

Um Platz zu sparen, lassen sich Setzlinge zwischen die Reihen von reifendem Gemüse pflanzen – vorausgesetzt man passt den richtigen Zeitpunkt ab. So werden Lücken, die durch das Abernten entstehen, rasch geschlossen. Man kann auch zwischen langsam wachsende Setzlinge, z.B. von Kohlgemüse, Jungpflanzen von schnell wachsendem Pflückgemüse (etwa Salate) pflanzen. Dieses wird geerntet, bevor die langsam wachsenden Arten die Fläche voll für sich beanspruchen.

Auspflanzen
Vorgezogene Paprikasetzlinge werden in ein Gewächshausbeet gepflanzt. Wässern Sie die Pflanzen kurz vor dem Austopfen gründlich. Heben Sie mit der Handschaufel ein Loch aus und setzen Sie die Pflanzen ein, sodass der Wurzelballen gerade unter die Bodenoberfläche kommt.

Pflegearbeiten

Alle Gemüsepflanzen brauchen ein gewisses Maß an Aufmerksamkeit. Außer einer guten Planung und Vorbereitung lässt sich einiges tun, um Probleme zu erkennen oder ihnen vorzubeugen. Ein nährstoffreicher Boden etwa, dem man jedes Jahr viel organisches Material beimischt, muss während der Wachstumszeit weniger gegossen und gedüngt werden. Werden Routinearbeiten wie Unkrautjäten regelmäßig und rechtzeitig durchgeführt, verringert dies allein schon die Gefahr, dass bestimmte Schädlinge und Krankheiten auftreten. Spezielle Hinweise zu den einzelnen Kulturen finden sich auf den *Seiten 74–135*. Um den Schutz vor Schädlingen und Krankheiten geht es außerdem im Kapitel »Pflanzenprobleme« (*S. 246–264*).

STÜTZHILFEN

Bietet man den Pflanzen die benötigten Stützvorrichtungen und kontrolliert die Bindung regelmäßig, beugt man allein dadurch schon unnötigen Schäden durch Umkippen vor. Für Winterkohl braucht man kurze, stabile Stöcke. Tomaten und andere Fruchtgemüse werden mit einzelnen oder mehreren Stäben, Spiralen oder gespannten Schnüren *(siehe S. 109)* gestützt. Erbsen benötigen im Allgemeinen nur eine leichte Stütze aus Reisig. Wuchskräftige Kletterbohnen *(siehe S. 96–97)* ranken an Stäben, die man in Reihen steckt oder zeltartig aufbaut, wobei die Stäbe oben zusammengebunden werden; auch robuste Gerüste oder Netze eignen sich.

GIESSEN

Wie viel und wie oft man gießen muss, hängt weitgehend von der Witterung und von der Art des Gartenbodens ab. Je mehr Sand der Boden enthält, desto weniger Wasser kann er halten. Pflanzen in Sandböden müssen folglich öfter gegossen werden als Kulturen in schweren Böden. Ein hoher Anteil an organischer Substanz im Boden verbessert die Wasserhaltefähigkeit. Werden die Pflanzen am Tag für einige Stunden beschattet, reduziert sich der Wasserverlust ebenfalls. Zu beachten ist, dass auch die Wurzeln benachbarter Bäume und Sträucher oder anderer großer Gewächse dem Boden Wasser entziehen.

Eine Mulchschicht *(siehe S. 41–42)*, ob aus organischem oder synthetischem Material, hält die Feuchtigkeit ebenfalls im Boden. Durch Hacken *(siehe oben)* entsteht eine krümelige Bodenoberfläche und zugleich werden die Kapillaren aus den unteren Bodenschichten unterbrochen. Dadurch verringert sich die Verdunstung. Während der Anzucht und nach dem Einpflanzen ist das Gießen besonders wichtig, eingewurzelte Gewächse müssen im Freien in der Regel nicht öfter als einmal wöchentlich gegossen werden. Gießen Sie ausgiebig, damit das Wasser bis zu den Wurzeln vordringen kann. Häufiges, aber leichtes Gießen bedeutet nur Wasserverschwendung und zeigt keine Wirkung. Blattgemüse müssen gewöhnlich häufiger und intensiver gewässert werden als Wurzelgemüse. Andere Kulturen benötigen in bestimmten Entwicklungsphasen mehr Wassergaben, z.B. wenn Bohnen Samen ansetzen oder wenn die Tomatenfrüchte anschwellen.

Pflanzen unter Vliesabdeckung trocknen langsamer aus, dagegen muss Gemüse in Gefäßen und im Gewächshaus bzw. im Tunnel im Vergleich zum Freiland häufiger gegossen werden. Eine Hilfe bedeuten Feuchtigkeit speichernde Substrate und eine Mulchabdeckung auf den Gefäßen, um die Verdunstung auf ein Minimum zu reduzieren.

Weniger Wasserverlust durch Hacken
Durch regelmäßiges Hacken bleibt die obere, 1 cm dicke Bodenschicht locker. Durch die Lufträume wird die Wasserverdunstung herabgesetzt.

Stützhilfen
Die Stützhilfe muss stabil genug sein für das Gewicht und die Anzahl der Pflanzen, die sie halten muss, und sie muss ganz fest im Boden stecken.

DÜNGEN

Düngergaben können notwendig sein, wenn man das Wachstum anregen will. Da Stickstoff rasch umgesetzt wird, muss man diesen Nährstoff wahrscheinlich während der Wachstumszeit mithilfe von Stallmist oder Stickstoffdünger zuführen. Schnell wirkende Flüssigdünger sind dafür ganz nützlich. Stickstoffbetonte Dünger fördern üppiges Blattwachstum bei Gemüse wie Spinat, sind aber für Wurzelgemüse nicht zu empfehlen. Kaliumbetonte Dünger eignen sich für Fruchtgemüse wie Tomaten.

Mangelerscheinungen an Neben- oder Spurenelementen treten in gut gepflegten Böden gewöhnlich nicht auf, können aber bedingt durch andere Probleme entstehen: So ist bei Trockenheit die Aufnahme von Kalzium nicht möglich. Typische Nährstoffmangelsymptome und geeignete Maßnahmen werden im Kapitel »Pflanzenprobleme« *(siehe S. 246–264)* erläutert.

UNKRAUTBEKÄMPFUNG

Werden Unkräuter regelmäßig entfernt, am besten durch leichtes Hacken, gibt es keine Konkurrenz um Wasser und Nährstoffe. Zugleich werden mögliche Wirte für einige Schädlinge und Krankheiten entfernt. Das Mulchen beugt dem Aufkommen von Unkraut vor.

Gemüse lagern

Im Folgenden geht es um Lagermethoden für Gemüse, das empfindlich auf niedrige Temperaturen reagiert, oder für den Fall, dass man abernten muss, um den Boden freizubekommen. Einzelheiten zur Lagerfähigkeit der einzelnen Gemüsearten finden sich auf den *Seiten 74–135.*

AN ORT UND STELLE LAGERN

Pastinaken, Steckrüben und Möhren bleiben im Herbst im Beet und werden nach Bedarf geerntet. Aber die Wurzeln lassen sich schwer herausziehen, wenn der Boden durchnässt oder gefroren ist, das gilt besonders für schwere Böden.

Strenger Frost schädigt allerdings auch Pastinaken und Rote Bete. Man kann das Durchfrieren der Beete verhindern, indem man eine 15 cm dicke Schicht aus Stroh oder Farnblättern, gehalten von einem Vlies oder Netz, aufbringt, sobald die Temperaturen unter 5 °C fallen. Die Schutzdecke muss bei steigenden Temperaturen entfernt werden, um einen Neuaustrieb verhindern.

Die verschiedenen Kürbisarten können nach der Ernte noch auf dem Beet liegen bleiben. Die Sonne wird bei günstiger Witterung die Schale der Früchte weiter festigen, was für eine gute Qualität wichtig ist. Ist der Boden nass, sollte man ein Brett oder Stroh darunterlegen, damit die Früchte nicht faulen. Sobald sich das Wetter verschlechtert, bringt man die Kürbisse in geschlossene Räume.

UNTER ABDECKUNG LAGERN

Ein kühler, aber frostfreier, trockener Platz wie ein Keller oder Schuppen eignet sich sehr gut zur Lagerung von verschiedenem Gemüse nach der Ernte. Manche Arten müssen nicht trocknen und bleiben lange haltbar, andere muss man gründlich trocknen lassen. Bei beiden Methoden ist eine gute Lüftung sehr wichtig. In Holzsteigen und Kisten bekommt das Gemüse genügend Luft und bleibt lange frisch. Ungeeignet sind Verpackungen aus Kunststoff oder Pappkartons; in deren Innern ist die Luftfeuchtigkeit erhöht - es kommt zu Fäulnis.

In großen Holzkisten lässt sich Wurzelgemüse, eingebettet in Sand, lagern *(siehe rechts)*. Reife Kartoffeln faulen im Boden rasch, deshalb werden die Knollen rechtzeitig geerntet und eingelagert. Werden Kartoffeln dem Licht ausgesetzt, produzieren sie giftige Alkaloide; daher muss man sie völlig dunkel aufbewahren. Papiersäcke *(siehe unten)* sind dafür ideal; Beutel aus Kunststoff begünstigen Kondensation und Fäulnis.

Zwiebeln, Schalotten und Knoblauch müssen nach der Ernte gut trocknen und können in einzelnen Lagen in flache Steigen gelagert werden. Man kann zum Aufbewahren auch Zöpfe *(siehe unten)* flechten oder Zwiebeln in Netzen aufhängen. Ganze Peperonipflanzen lassen sich ebenfalls kopfüber aufhängen und bei Bedarf verwenden. Ebenso kann man Bohnen- und Erbsenpflanzen aufhängen, damit die Samen ausreifen können.

Kohlarten mit lockerem Kopf lassen sich nicht gut lagern, aber Weiß- und Rotkohl mit ihren festen Köpfen kann man entweder in Netzen aufhängen oder in hohen Steigen aufbewahren. Bei gleichmäßiger Temperatur knapp über den Gefrierpunkt halten sie am längsten.

Ins Lager kommt ausschließlich unbeschädigtes Gemüse bester Qualität. Kontrollieren Sie regelmäßig. Bei sehr niedrigen Temperaturen wird das Lagergut zur Isolation mit Lagen von Sackleinen oder Zeitungspapier abgedeckt.

ERDMIETEN

Wenn kein Lagerraum zur Verfügung steht, eignet sich diese traditionelle Methode gut für Wurzelgemüse. Man hebt auf einem abgeernteten Beet eine etwa 50 cm tiefe, 60–80 cm breite und in der Länge dem Bedarf entsprechende Grube aus, legt sie mit Maschendraht (zum Schutz vor Nagetieren) aus und schüttet auf den Boden eine 10–20 cm dicke Schicht Sand, auf die dann das Wurzelgemüse lagenweise geschichtet wird. Die Miete wird mit einer 30 cm hohen Lage Stroh oder Laub abgedeckt.

Gemüse lagern im Winter

Kartoffeln aufbewahren
Unbeschädigte Knollen in einem gefütterten Papiersack aufbewahren. Den Sack oben verschließen, damit kein Licht einfällt.

Kohl im Netz
Die Kohlköpfe müssen sauber und trocken sein, beschädigte Blätter werden entfernt. Das Gemüse kann in einem Netz an einem kühlen, trockenen Ort hängen.

◀ Wurzelgemüse einschlagen
Wurzelgemüse wird locker in eine flache Holzkiste gelegt und mit feuchtem Sand abgedeckt.

▶ Zwiebelzöpfe
Zuerst wird eine Schnur an der ersten Zwiebel befestigt. Um die weiteren Zwiebeln einzuflechten, benutzt man entweder das lange Zwiebellaub oder befestigt wiederum einzelne Schnüre. Der Zopf wird an einer trockenen Stelle aufgehängt.

Gemüse auf eine Blick

Die wichtigsten Gemüsearten

WEITERE GEMÜSEARTEN

Allium cepa .... S. 93
Perlzwiebel

Allium cepa .... S. 92
Proliferum-Gruppe
Etagenzwiebel

Allium fistulosum .... S. 93
Lauchzwiebel

Basella-Arten .... S. 126
Malabarspinat

Brassica campestris subsp. .... S. 126
chinesis var. *utilis*
Choy Sum

Brassica carinata .... S. 81
Abessinischer Senf

Brassica rapa .... S. 105
Mibuna

Cicorium intybus var. .... S. 106
foliosum
Chicorée

Citrullus lanatus .... S. 118
Wassermelone

Crambe maritima .... S. 134
Meerkohl

Lepidium sativum .... S. 105
Kresse

Montia perfoliata .... S. 107
Winterportulak

Raphanus sativus .... S. 106
Rettich

Stachys affinis .... S. 134
Knollenziest

Tetragonolobus purpureus .... S. 100
Spargelerbse

Vigna unguiculata .... S. 100
subsp. *sesquipedalis*
Spargelbohne

Anbau von Kohlgemüse

Die Pflanzenfamilie der Kreuzblütler (Brassicaceae) bildet die größte Gruppe im Gemüsegarten und umfasst nicht nur die Vertreter der Gattung *Brassica*, die auf den folgenden Seiten beschrieben werden – Blumenkohl, Brokkoli, Grünkohl, Kopfkohl wie Weiß- und Rotkohl, Kohlrabi und Rosenkohl, sondern auch asiatisches Kohlgemüse wie Komatsuna und Mizuna *(siehe Salate S. 101–107)* sowie Wurzelgemüse wie Steckrübe und Radieschen *(siehe S. 82–88)*.

Die in diesem Abschnitt beschriebenen Kohlarten sind Gemüse der kühlen Regionen, von denen die meisten über eine längere Zeit viel Platz beanspruchen. Daher sind sorgfältige Planung und eine regelmäßige Pflege sehr wichtig. Die meisten sind dekorative Pflanzen mit zahlreichen auffallenden Sorten – Winterkohl mit lebhaft gefärbten Blattstielen oder Blumenkohl-Sorten mit tief violetten Köpfen. Ein Fruchtwechsel mindestens alle drei Jahre ist bei Kohlgemüse sehr wichtig, da die Arten für die Kohlhernie sehr anfällig sind. Schädlinge wie Kohlfliege und Raupen müssen ebenfalls bekämpft werden.

STANDORT UND BODEN

Obwohl Kohlgemüse Halbschatten verträgt, sollten Sie besser einen sonnigen Standort wählen. Die festen Blätter halten dem Wind zwar stand, aber hoch wachsende Arten wie Rosenkohl benötigen etwas Schutz und gewöhnlich eine Stütze, damit sie nicht umfallen. Der beste Boden für Kohlgemüse ist nährstoffreich und wasserdurchlässig, aber gut Feuchtigkeit speichernd und strukturstabil. Die Wurzeln der Kohlarten brauchen einen guten Halt, besonders solche, die kalte Winter überstehen müssen; deshalb wird in leichte Sandböden reichlich organisches Material eingearbeitet. Bereiten Sie die Beete gut vor, zum Beispiel im Herbst vor der Frühjahrsaussaat oder -pflanzung, damit der Boden sich wieder festigen kann. Bearbeiten Sie den Boden kurz vor der Aussaat oder Bepflanzung nicht übermäßig. Das Wachstum der meisten Kohlarten, die im Frühjahr und Sommer gesät oder gepflanzt werden, wird durch eine Grunddüngung mit einem Universaldünger *(siehe S. 20–21)* begünstigt. Bei Aussaat und Pflanzung im Herbst wird kein Dünger gegeben, denn dadurch wird die Bildung von Neutrieben gefördert, die dann gegen Frost sehr anfällig sind. Bei überwinternden Arten wie frühen Kohlsorten nehmen Sie besser eine Kopfdüngung im Frühjahr vor.

Kohlgemüse gedeiht auf neutralen bis leicht sauren Böden zwar ganz gut, aber ein höherer pH-Wert von 6,8 oder noch höher unterdrückt Kohlhernie. Wenn der pH-Wert Ihres Bodens darunterliegt, arbeiten Sie Kalk ein, um ihn zu erhöhen. Wenn Sie viel Kalk beigemischt haben, sollten auf Kohlgemüse keine Kartoffeln folgen, da ein kalkhaltiger Boden Kartoffelschorf begünstigt.

FOLGESAATEN

Durch Folgesaaten *(siehe S. 69)* lassen sich die Erntezeiten von frühen Kohlsorten, Brokkoli und Kohlrabi verlängern.

Kohlsetzlinge *Diese Sämlinge können umgepflanzt werden – sie haben außer den Keimblättern bereits vier echte Blätter gebildet. Gehen Sie mit den Pflänzchen vorsichtig um, denn die Wurzeln können leicht beschädigt werden. Dabei sind ballenlose Jungpflanzen* (links) *empfindlicher als Setzlinge mit Ballen* (rechts).

Manche Kohlarten sind sogar je nach Pflanz- und Erntezeit in bestimmte Gruppen eingeteilt; so gibt es Blumenkohl- und Kohlgruppen für Frühjahr, Sommer, Herbst und Winter, die zu verschiedenen Jahreszeiten ausgesät und gepflanzt werden. Darunter sind Sorten, die innerhalb dieser saisonalen Perioden zu unterschiedlichen Zeiten reifen. F1-Hybriden werden zum gleichen Zeitpunkt erntereif, was für den Hobbygärtner weniger Bedeutung hat als für den Erwerbsanbau; die normalen Sorten *(siehe auch S. 60)* sind für ihn meist die bessere Wahl.

AUSSAAT

Manche Kohlarten werden direkt an Ort und Stelle in herkömmliche Saatrillen gesät. Dazu gehören blattreiche Arten wie Winterkohl und Abessinischer Senf, die man oft als Pflückgemüse kultiviert. Brokkoli und Kohlrabi, die im Sommer ausgesät werden, kann man ebenfalls direkt ausbringen, da ihnen ein Umpflanzen bei warmem Wetter nicht bekommt. Die meisten Kohlgemüse, ganz besonders solche, die lange brauchen, um kompakte Köpfe zu bilden, werden entweder in Saatbeeten oder in Multitopfplatten unter Glas vorkultiviert und später an ihren endgültigen Standort ausgepflanzt.

Die Anzucht in Multitopfplatten spart nicht nur Platz, sondern begünstigt die Entwicklung der Pflanzen und schützt sie gleichzeitig vor Kohlhernie. Denn kräftige Wurzeln, die beim Umpflanzen ungestört bleiben, helfen der Pflanze, schneller anzuwachsen. Sie können

Erde anhäufeln *Auf einem Sandboden* (links) *ziehen Sie eine 10 cm tiefe Rille und setzen die Sämlinge dort hinein. Sobald sie etwas eingewachsen sind, füllen Sie die Rille auf. Auf leichten Böden* (rechts) *kann ein zu tiefes Einsetzen zu Staunässe führen; pflanzen Sie hier auf Bodenhöhe ein.*

Die Rillen bieten Schutz vor Wind und leiten das Wasser zu den Wurzeln.

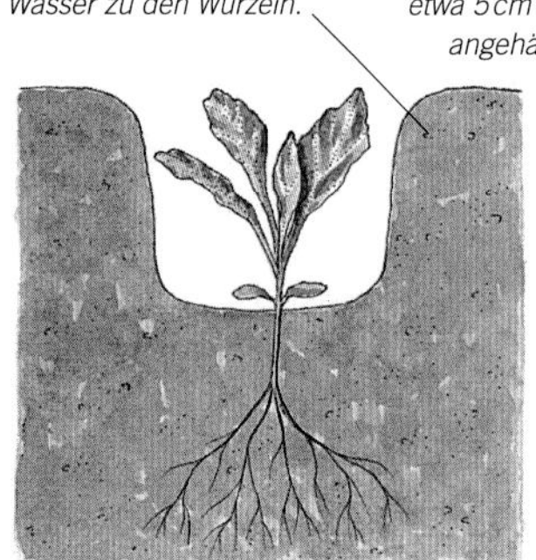

Leichter Sandboden

Nach dem Eingewöhnen der Pflanze wird etwa 5 cm hoch angehäufelt.

Schwerer Tonboden

Durch Mulchfolie pflanzen
Breiten Sie die Folie aus und befestigen Sie die Enden. Über jedem Pflanzloch schneiden Sie die Folie etwa 2,5 cm lang kreuzweise ein. Stecken Sie mit dem Pflanzloch Löcher, setzen Sie die Sämlinge ein und drücken Sie fest an.

Kohlkragen für die Sämlinge
Mithilfe eines Kragens aus einem Stück Teppich von 15 cm² am Stängelgrund verhindern Sie, dass die Kohlfliege ihre Eier an den Stängeln ablegt. Die Kragen gibt es auch aus Pappe und Kunststoff zu kaufen.

direkt in Multitopfplatten aussäen oder zunächst Saatschalen verwenden und die Sämlinge später in Multitopfplatten vereinzeln. Wenn die Sämlinge kräftig genug sind und ihre Wurzeln den Topf ausfüllen, werden sie abgehärtet und ausgepflanzt.

Nicht vorkultivierte Sämlinge ohne Wurzelballen sind einfacher zu ziehen. Sie sind häufig robuster und müssen nicht abgehärtet werden. Wenn die Bodenverhältnisse es zulassen, wird in Reihen in das Saatbeet ausgesät und die Sämlinge, sobald sie groß genug sind, an den endgültigen Standort gepflanzt. Die Jungpflanzen dürfen zwar nicht dünn und lang werden, aber mit dem Vereinzeln kann man sich meist mehr Zeit lassen als bei Sämlingen, die in Multitopfplatten vorgezogen wurden, da deren Wurzeln sich rasch verdichten. Setzlinge ohne Ballen brauchen durch die größere Umstellung beim Verpflanzen jedoch länger, bis sie einwachsen und benötigen sogar mehr Aufmerksamkeit als in Multitopfplatten vorgezogene Sämlinge.

UMPFLANZEN DER SÄMLINGE

Das Umsetzen der Jungpflanzen sollte am besten an einem trüben, leicht regnerischen Tag stattfinden; bei warmem Wetter warten Sie damit bis zum Abend, um ein Welken der Pflanzen möglichst zu verhindern. Kohlgemüse kann gewöhnlich so tief gepflanzt werden, wie es vorher in seinem Topf stand. Wenn die Pflanzen sich eingewöhnt haben, werden die Stängel leicht mit Erde angehäufelt, damit sie einen besseren Halt haben. Bei leichten Böden ist es besser, in eine Vertiefung zu pflanzen, bevor man Erde anhäufelt. Diese bietet den Jungpflanzen etwas Schutz und hilft zudem das Gießwasser zu halten.

SCHUTZ JUNGER PFLANZEN

Bringen Sie um die Pflanzenstängel einen sogenannten Kohlkragen aus Pappe oder Kunststoff aus *(Bild oben rechts)*, um die Kohlfliege abzuwehren. Denn dieser Schädling legt seine Eier gewöhnlich an der Basis der Stängel ab und die Maden fressen an den Wurzeln.

ROUTINEMÄSSIGE PFLEGE

Ausreichende Wassergaben sind für Kohlgemüse lebenswichtig. In Trockenperioden gießen Sie Sämlinge und neu eingesetzte Pflanzen täglich, bis sie sich eingewöhnt haben. Danach genügt es, wenn sie ein- oder zweimal wöchentlich gießen. Überwinternde Pflanzen brauchen sehr selten Wasser. Einmal ausgiebig wässern, besonders 10–20 Tage bevor die Pflanzen ihre Erntereife erreichen, ist viel sinnvoller als häufiger wenig zu gießen. Eine Mulchdecke hilft Feuchtigkeit zu halten und Unkraut zu unterdrücken.

Kontrollieren Sie die Pflanzen regelmäßig auf Krankheiten und Schädlinge und entfernen Sie stets abgestorbene Blätter. Beachten Sie unsere Ratschläge *(Kasten)*, um das Risiko für Kohlhernie herabzusetzen.

ERNTE UND LAGERUNG

In den warmen Sommermonaten reifende Gemüsearten sollten frisch verzehrt werden, Winter- und Frühjahrsgemüse können jedoch auf dem Beet liegen bleiben – vorausgesetzt sie sind vor Tauben geschützt. Dies gilt besonders bei schlechtem Wetter, wenn das Futter knapp ist. Viele Kohlarten bringen eine zweite Ernte hervor, sogar bei kalter Witterung.

KOHLHERNIE UND WIE MAN SIE VERHINDERT

- Bei Kohlhernie handelt es sich um eine Erkrankung durch einen Schleimpilz. Infizierte Pflanzen zeigen kropfartig verdickte Wurzeln, sie kümmern und welken. Die beweglichen Sporen werden über Wasser in den Boden transportiert und verbreiten sich vor allem in sehr feuchten Böden. Sie können im Boden bis zu 20 Jahre aktiv bleiben. Deshalb ist einer Infektion unbedingt vorzubeugen.
- **Fruchtwechsel**. Anbau von Kohlgemüse in Folge kann Kohlhernie im Boden fördern.
- **Kalkhaltiger Boden** ist notwendig.
- **Gekaufte Pflanzen** können Kohlhernie einschleppen, ziehen Sie besser ihre eigenen.
- **Unkrautbekämpfung.** Manche häufige Unkräuter wie Hirtentäschelkraut gehören zu den Kreuzblütlern und können Kohlhernie-Erreger beherbergen.
- **Saubere Geräte** verhindern eine Übertragung dieser Krankheit aus anderen Gartenbereichen; wenn Ihr Boden damit infiziert sein sollte, bedenken Sie, dass Jungpflanzen am empfindlichsten sind.
- **Werfen Sie infizierte Pflanzenteile** immer in die Mülltonne und nie auf den Kompost.
- **Verwenden Sie für die Anzucht** saubere Gefäße, steriles Substrat und wählen sie nur die kräftigsten Sämlinge aus; sie sind weniger anfällig. Ein größeres Pflanzloch, das mit sterilem Substrat gefüllt wird, bietet den Setzlingen ebenfalls Sicherheit.
- **Mithilfe einer Blattdüngung** wachsen die Jungpflanzen in infizierten Böden besser.
- **Schnell wachsende Arten** wie Abessinischer Senf sind reif, bevor Schädlinge auftreten.
- **Meiden Sie Gründüngungspflanzen** wie Senf und Winterraps, die auch Kreuzblütler sind.

KOHLGEMÜSE VON A-Z

Blumenkohl

Brassica oleracea Botrytis-Gruppe

JAHRESZEIT	FRÜHJAHR			SOMMER			HERBST			WINTER		
WINTERSORTEN												
AUSSAAT				•								
UMPFLANZEN						•						
ERNTE		•										
FRÜHSOMMERSORTEN												
AUSSAAT											•	•
UMPFLANZEN			•									
ERNTE				•								
SOMMERSORTEN												
AUSSAAT	•	•										
UMPFLANZEN				•								
ERNTE						•	•					
HERBSTSORTEN												
AUSSAAT		•	•									
UMPFLANZEN				•	•							
ERNTE							•	•				
MINI-BLUMENKOHL												
AUSSAAT		•		•								
UMPFLANZEN				•	•	•						
ERNTE						•	•	•				

Der typische Blumenkohl hat einen gelblich weißen Kopf, doch sind auch Sorten mit grünen oder violetten Köpfen erhältlich. Die großen Pflanzen, sofern sie überwintern, beanspruchen den Standort für fast ein ganzes Jahr. Die Kultur ist nicht einfach, da die Pflanzen sehr viel Wasser benötigen. Sorten, die vor Mitte des Sommers reifen, sind daher einfacher zu ziehen. In einer Reihe von 3 m Länge bei einem üblichen Pflanzabstand von etwa 50 cm können Sie nur fünf bis sechs Köpfe ernten. Mini-Blumenkohl kann enger gepflanzt werden (bis zu 20 Stück auf 3 m Länge), und erreicht nach 13–18 Wochen einen Durchmesser von 4-8 cm.

■ **Standort und Boden** Zur Bildung von großen, schönen Köpfen ist ein sehr nährstoffreicher Boden notwendig. Vor der Pflanzung empfiehlt sich daher unbedingt eine Kopfdüngung mit einem stickstoffreichen Dünger.

■ **Aussaat und Pflanzung** Frühsommersorten werden im kalten Frühbeet oder gegen Ende des Winters in einem beheizten Gewächshaus oder kleinen Treibhaus ausgesät. Härten Sie die Sämlinge gut ab, bevor Sie sie im zeitigen Frühjahr unter Vlies auspflanzen; dadurch wird die Ernte um 10–14 Tage verfrüht. Sommersorten werden vom zeitigen bis mittleren Frühjahr in ein Saatbeet, ab der Frühjahrsmitte auch in Multitopfplatten ausgesät. Wichtig ist es, an warmen Tagen ausgiebig zu gießen. Herbstsorten werden vom mittleren bis späten Frühjahr in Multitopfplatten gesät und im Frühsommer ausgepflanzt. Bis sie angewachsen sind, müssen die Pflänzchen ausgiebig gewässert werden. Sorten, die im folgenden Frühjahr Köpfe bilden, werden zur Frühjahrsmitte ohne Grunddüngung ins Saatbeet gesät und im Spätsommer umgepflanzt. Sie brauchen einen geschützten Standort und Frostschutz, damit die Köpfe keinen Schaden nehmen. Wirklich winterhart ist Winter-Blumenkohl nur in sehr milden Regionen. Alle Sorten müssen stabil, das heißt bis zum Ansatz der Herzblätter, gepflanzt und möglichst jung umgesetzt werden. Mini-Blumenkohl wird in Folge gesät.

AUSSAATTIEFE	2 cm
FRÜHSOMMERSORTEN	
ABSTAND IN DER REIHE	60 cm
REIHENABSTAND	45 cm
SOMMERSORTEN	
ABSTAND IN DER REIHE	60 cm
REIHENABSTAND	45 cm
HERBSTSORTEN	
ABSTAND IN DER REIHE	60 cm
REIHENABSTAND	60 cm
WINTERSORTEN FÜR FREILAND	
ABSTAND IN DER REIHE	70 cm
REIHENABSTAND	70 cm
MINI-BLUMENKOHL	
ABSTAND IN DER REIHE	15 cm
REIHENABSTAND	15 cm

■ **Pflege** Unkraut muss regelmäßig entfernt werden. Ebenso sollte der Boden die ganze Wachstumsperiode über feucht bleiben, denn sonst entwickeln sich verfrüht kleine, verformte Köpfe. Knicken Sie die äußeren Blätter über die Köpfe, um sie im Sommer vor starker Sonne zu schützen. Im Winter können Sie die Blätter zum Schutz vor Frost zusammenbinden. Sorten, die im Frühjahr Köpfe bilden, brauchen im Spätwinter oder Vorfrühling eine Kopfdüngung, damit das Wachstum angeregt wird.

■ **Ernte** Ernten Sie die geschlossenen Blütenköpfe, solange sie fest und dicht sind, denn wenn sie sich öffnen, büßen sie an Qualität ein. Schneiden Sie die Köpfe mit einigen Blättern ab, so sind sie zusätzlich geschützt. Mini-Sorten ernten Sie am besten sofort, da diese schneller verderben.

■ **Probleme** Ähnlich wie bei Rosenkohl *(siehe S. 80)*. Falscher Mehltau *(S. 254)* kann zu einem ernsten Problem werden. Die Pflanzen sind auch sehr anfällig für Schäden, die durch Nährstoffmangel entstehen, zum Beispiel verkrüppelte Herzblätter und fehlender Kopf bei Molybdänmangel *(S. 259)*. Bormangel *(S. 253)* verursacht braune Ringe an den Stängeln. Auch Frostschäden können auftreten *(S. 255)*.

■ **Empfehlenswerte Sorten**

Frühe Sorten:

'Beauty': F1-Hybride, geeignet für Folgesaaten für eine Ernte bis zum Herbst.

'Erfurter Zwerg': Große, weiße Blumen, robust.

'Fargo': F1-Hybride für Ernte ab Frühsommer, auch für Herbstanbau.

'Montano': F1-Hybride, für sehr frühen Anbau unter Folie und im Freiland.

Sorten für Sommer- bis Herbstanbau:

'Alverda': Grünköpfig, vorwiegend für Herbsternte.

'Fargo': F1-Hybride, für Ernte im Oktober–November, sehr feste, weiße Blumen.

'Herbstriesen': Besonders für Herbstanbau, lange Erntezeit.

'Hormade', 'Igloory', 'Neckarperle': Anbau von Frühsommer bis Herbst möglich.

Wintersorten:

'Walcherer Winter': Aussaat Juli–August, Ernte im Mai, bis -10 °C frosthart, im Winter Vliesabdeckung.

'White Rock': Weiße Köpfe von guter Qualität; Folgesaaten, um von Spätsommer bis Mitte Herbst zu ernten.

Besondere Formen:

'Graffity': Violetter Kopf, wird beim Kochen blaugrün.

'Minaret': Romanesco-Typ mit türmchenartigen, hellgrünen Sprossen, hervorragender Geschmack.

Brokkoli

Brassica oleracea Italica-Gruppe

JAHRESZEIT	FRÜHJAHR			SOMMER			HERBST			WINTER		
AUSSAAT	•	•	•	•								
UMPFLANZEN		•	•	•	•							
ERNTE					•	•	•					

Dieses schnell wachsende Kohlgemüse, die auch als Calabrese-Brokkoli bekannt ist, wird bis zu 60 cm hoch. Die meisten Sorten entwickeln bläulich grüne Blütenköpfe, die einen Durchmesser bis zu 15 cm und ein Gewicht von 110–225 g erreichen können. Daneben gibt es auch violette Sorten. Nach dem Abschneiden des Blütenkopfes bilden sich Seitentriebe mit kleineren Blütenständen. Um früh ernten zu können, säen Sie bereits im Herbst aus; eine Aussaat im Frühjahr ermöglicht die Ernte im Sommer. Dabei werden in kühlen Sommern schönere Blütenköpfe gebildet, da sich bei warmem Wetter die Blüten rasch öffnen und Samen ansetzen. Für die Kultur im Sommer greifen sie auf späte Sorten zurück, die höheren Temperaturen besser trotzen. Brokkoli kann man frisch verwenden und gut einfrieren.

■ **Standort und Boden** Am besten eignet sich ein humusreicher, durchlässiger, aber trotzdem Feuchtigkeit speichernder Boden, doch wächst Brokkoli auch auf weniger nährstoffreichen Böden besser als andere Kohlarten – eine Grunddüngung ist daher meist nicht notwendig. Wenn nötig, bringen Sie Kalk aus, um den pH-Wert zu erhöhen und Kohlhernie vorzubeugen.

■ **Aussaat und Pflanzung** Frühe Aussaaten erfolgen unter Glas, doch verträgt Brokkoli ein Umpflanzen bei Wärme nicht gut und bildet schnell winzige Blütenköpfe; besser geeignet ist daher die direkte Aussaat in Horsten ab Frühlingsmitte direkt an Ort und Stelle. Später wird pro Saatloch auf eine Pflanze ausgedünnt, denn eine dichte Pflanzung fördert die Bildung von kleinen Trieben. Für eine zeitige Frühjahrsernte, wenn frisches Gemüse rar ist, können Sie ab Mitte Herbst in Multitopfplatten aussäen und ab der Wintermitte in ein kaltes Gewächshaus oder Frühbeet umpflanzen.

AUSSAATTIEFE	2 cm, 3 Samen pro Loch
ABSTAND IN DER REIHE	30 cm
REIHENABSTAND	45 cm

■ **Pflege** Während der Wachstumszeit die Pflanzen feucht halten und wöchentlich pro Quadratmeter etwa 20 Liter gießen. Nach der Ernte der großen Blütenköpfe nehmen Sie am besten eine Kopfdüngung mit einem stickstoffbetonten Dünger oder einem organischen Flüssigdünger vor, um die Bildung von Seitentrieben anzuregen.

■ **Ernte** Schneiden Sie den Hauptblütenkopf ab, solange er fest ist, und bevor sich die Blüten öffnen. Dadurch wird die Entwicklung von Seitentrieben angeregt.

■ **Probleme** *Siehe* Rosenkohl.

■ **Empfehlenswerte Sorten**

'Emperor': F1-Hybride, mittelspäte Sorte, Ernte ab Frühsommer bis Herbst.

'Green Valiant': F1-Hybride, ganzjähriger Anbau möglich, kompakter, hoch runder Kopf.

'Marathon': F1-Hybride, mittelspäte Sorte, Blumen sehr groß, blaugrau.

'Purple Sprouting Late': Kann im Winter im Freien bleiben, reift im April.

'Rosalind': Rotviolette Blume, kurze Kulturdauer, nach der Ernte bilden sich laufend Nebentriebe.

Grünkohl

Brassica oleracea Acephala-Gruppe

JAHRESZEIT	FRÜHJAHR			SOMMER			HERBST			WINTER		
AUSSAAT	•	•	•									
UMPFLANZEN			•	•	•							
ERNTE								•	•	•	•	

Grünkohl ist das frosthärteste Wintergemüse; sogar in strengen Wintern kann man frische Blätter und Triebe ernten. Etwa sechs Pflanzen, regelmäßig geerntet, können pro Saison 1,8–2,25 kg Ertrag bringen. Die neuen krausen Sorten schmecken zumeist milder und sind zarter als die älteren, breitblättrigen Sorten, bei denen nur die jungen Triebe genießbar sind. Die ganze Pflanze kann bis zu 90 cm hoch werden, doch gibt es auch Zwergformen von etwa 30 cm Höhe. Manche Sorten kann man auch als Pflückgemüse anbauen, wobei nicht die ganze Pflanze, sondern nach und nach die einzelnen Blätter geerntet werden.

■ **Standort und Boden** Grünkohl als typisches Wintergemüse braucht einen durchlässigen, nährstoffreichen Boden ohne Staunässe.

■ **Aussaat und Pflanzung** Die Aussaat erfolgt entweder ins Saatbeet oder in Multitopfplatten. Sechs bis acht Wochen später können die Sämlinge vereinzelt bzw. ausgepflanzt werden, wobei Zwergsorten dichter stehen können. Wenn Sie Grünkohl als Pflückgemüse ernten wollen, entspitzen Sie die Sämlinge, wenn sie etwa 5–8 cm hoch sind; oder dünnen Sie sie auf 8–10 cm Abstand aus und ernten die Blätter, wenn die Pflanzen 15 cm hoch sind.

AUSSAATTIEFE	2 cm
ABSTAND IN DER REIHE	60 cm
REIHENABSTAND	45 cm

■ **Pflege** Unkrautjäten ist ein Muss. Nach der Pflanzung werden die Pflänzchen bei Bedarf gegossen, bis sie gut angewachsen sind. Danach darf nicht mehr übermäßig gegossen werden, denn das führt zu üppigen, weichen Trieben, die den Winter nicht überleben. Wenn im Frühherbst die Blätter gelb werden, nehmen Sie eine Kopfdüngung mit einem stickstoffbetonten Dünger oder einem organischen Flüssigdünger vor, damit sie kräftig grün bleiben. Alle vergilbten Blätter werden entfernt.

■ **Ernte** Pflücken Sie die jungen Blätter regelmäßig, um das Wachstum verstärkt anzuregen. Entfernen Sie zudem alle Blütentriebe. Sie können so lange ernten, bis die Pflanzen Samen ansetzen; danach schmecken sie bitter.

■ **Probleme** Ähnlich wie bei Rosenkohl *(siehe S. 80)*. Weiße Fliegen *(S. 263)* können zum Problem werden, da sie die essbaren Teile befallen. Blattkrankheiten treten gewöhnlich nicht auf, wenn regelmäßig geerntet wird. Kohlhernie macht weniger Probleme als bei anderem Kohlgemüse.

■ **Empfehlenswerte Sorten**

'Frosty': Mittelgrün, fein gekraust, frosthart, ertragreich.

'Halbhoher Grüner Krauser': Mittelhoch, dunkelgrüne, krause Blätter, nicht immer winterhart.

'Lerchenzungen': Hohe Sorte, schmale, fein gekrauste Blätter, intensiver Geschmack.

'Nero di Toscana': Toskanischer Palmkohl, palmenartiger Wuchs, blaugrau bereifte Blätter.

'Niedriger grüner Krauser': Niedrige Sorte mit fein gekrausten Blättern.

'Red Bor': Dunkel-braunviolettes Blatt, dekorativ im Sommer wie im Winter, beim Kochen grün.

Kohlrabi

Brassica oleracea Gongylodes-Gruppe

JAHRESZEIT	FRÜHJAHR			SOMMER			HERBST			WINTER		
AUSSAAT	•	•	•	•	•	•						
UMPFLANZEN		•	•	•								
ERNTE			•	•	•	•	•	•				

Kohlrabi bildet durch die Verdickung des Stängels eine oberirdische Knolle. Zwischen der Erde und der Knolle ist ein Abstand von 2,5-4 cm und die Knolle kann ein Gewicht bis zu 500 g erreichen. Neben weißem Kohlrabi mit hellgrünen Knollen, Blättern und Stängeln sind auch blaue Sorten erhältlich. Die grünen Sorten reifen schnell und eignen sich als typisches Sommergemüse, während die blauen Sorten langsamer wachsen und winterhärter sind.

■ **Standort und Boden** Kohlrabi benötigt weniger Stickstoff als andere Kohlarten und gedeiht sowohl in nährstoffreichen, leichten Sandböden als auch in schweren Tonböden. Bei Bedarf wird Kalk gegeben, um den pH-Wert gegen Kohlhernie *(siehe S. 72)* zu erhöhen.

■ **Aussaat und Pflanzung** Für einen frühen Erntetermin kann Kohlrabi zur Frühlingsmitte direkt ausgesät oder unter Schutz vorkultiviert werden. Die Sämlinge müssen unbedingt umgesetzt werden, bevor sie höher als 5 cm sind, sonst besteht Schossgefahr. Sie sollten aber nicht bei warmem Wetter umgepflanzt werden. Säen Sie auch nicht zu früh im Freien aus, denn bei einer Aussaat unter 10 °C können die Pflanzen ebenfalls schossen; und dünnen Sie frühzeitig aus, um die Wurzeln der verbleibenden

Pflanzen nicht zu stören. Bei Folgesaaten alle zwei Wochen können Sie ständig ernten.

AUSSAATTIEFE	2 cm
ABSTAND IN DER REIHE	20–25 cm, 3 Samen pro Loch
REIHENABSTAND	30 cm

■ **Pflege** Eine ausreichende Wasserversorgung während der Wachstumsperiode ist wichtig, damit es nicht zu Wachstumsstörungen kommt; minderer Geschmack und verholztes Gemüse wären die Folgen. Unkraut wird sofort entfernt.

■ **Ernte** Sieben bis acht Wochen nach der Aussaat, wenn die Knollen einen Durchmesser von 6–8 cm erreicht haben, wird geerntet; Wintersorten meist erst nach 12–16 Wochen. Schneiden Sie die Knollen an der Wurzel ab und kürzen Sie die äußeren Blätter auf 2 cm ein, lassen Sie aber die mittleren Blätter daran, damit das Gemüse länger frisch bleibt. Neuere Sorten wachsen schneller und sind meist zarter, auch wenn sie größer sind. In kalten Regionen muss man Kohlrabi im Herbst abernten und frostfrei in Kisten lagern.

■ **Probleme** Ähnlich wie bei Rosenkohl *(siehe dort)*. Gelegentlich kommt es zu Blattfleckenkrankheiten, die aber toleriert werden können, da man die Blätter nicht verzehrt. Kohlhernie kann große Schäden anrichten.

■ **Empfehlenswerte Sorten**

Weisse Sorten:

'Korist': F1-Hybride, schossfest, Anbau ganzjährig.
'Lanro': Schossfeste Frühsorte, verträgt Spätfrost.
'Superschmelz': Bekannte Sorte, groß und zart, späte Ernte.

Blaue Sorten:

'Azur Star': Sehr dekorative, blauviolette Stängel, frühe Sorte, schossfest, hoch.
'Blaro': Für frühe Aussaaten, Sommer- und Herbstanbau, schnell wachsend, frostbeständig.

Kopfkohl: Rotkohl, Weißkohl, Wirsing

Brassica oleracea Capitata-Gruppe

JAHRESZEIT	FRÜHJAHR			SOMMER			HERBST			WINTER		
FRÜHKOHL												
AUSSAAT				•								
UMPFLANZEN						•						
ERNTE		•	•									
FRÜHSOMMERKOHL												
AUSSAAT	•											•
UMPFLANZEN		•	•									
ERNTE				•	•							
SOMMER-/HERBSTKOHL												
AUSSAAT		•	•									
UMPFLANZEN			•	•								
ERNTE						•	•	•				
WINTERKOHL												
AUSSAAT		•	•									
UMPFLANZEN				•	•							
ERNTE	•								•	•	•	•

Wenn Sie mehrere Sorten mit unterschiedlichen Reifezeiten anbauen, können Sie das ganze Jahr über frischen Kopfkohl genießen. Früher Weißkohl ist gewöhnlich klein und kann runde oder spitze Kopfe bilden, Letztere sind als Spitzkohl bekannt. Frühsommersorten sind spitz oder rund, Spätsommer- und Herbstsorten haben meist festere, runde oder ovale Köpfe. Auch die Blätter mancher Frühjahrs- und Herbstsorten kann man verzehren, bevor die Pflanzen ein Herz gebildet haben. Die Haupterntezeit vom Rotkohl liegt im Sommer und Herbst, doch gibt es auch hier mittlerweile früh reifende Sorten. Wirsing ist ein weiterer Kopfkohl mit grünen, stark gekrausten Blättern. Späte Sorten vom Kopfkohl kann man nach der Ernte gut lagern. Der Ertrag hängt von der jeweiligen Sorte ab *(siehe Durchschnittliche Erträge, S. 242/243)*.

■ **Standort und Boden** Kohlgemüse bevorzugt nährstoffreiche, durchlässige, Feuchtigkeit speichernde, strukturstabile Böden. Vor der Aussaat und Pflanzung im Frühjahr und Sommer nehmen Sie eine Grunddüngung vor. Falls nötig, bringen Sie Kalk aus, um den pH-Wert zu erhöhen und damit Kohlhernie vorzubeugen *(siehe auch Rosenkohl)*.

■ **Aussaat und Pflanzung** Je nach Sorte säen Sie zum geeigneten Zeitpunkt in ein Saatbeet oder in Multitopfplatten aus. Um im Frühjahr gleichzeitig Blätter und Köpfe ernten zu können, setzen Sie die Pflanzen alle 10 cm in Reihen von 30 cm Abstand ein. Ernten Sie auf jeder zweiten Reihe die Blätter und lassen Sie die Pflanzen der dritten Reihe einen Kopf ausbilden. Säen Sie Sommerkohl in Folgesätzen aus, um kontinuierlich ernten zu können. Die frühesten Setzlinge, die unter Glas gezogen wurden, sollten vorsichtig abgehärtet werden, damit sie nicht schossen.

AUSSAATTIEFE	2 cm
FRÜHKOHL/BLATTGEMÜSE	
ABSTAND IN DER REIHE	60 cm
REIHENABSTAND	25 cm für Kopfkohl 15 cm für Blattgemüse
FRÜHSOMMERKOHL	
ABSTAND IN DER REIHE	40 cm
REIHENABSTAND	40 cm
SOMMER-/HERBSTKOHL	
ABSTAND IN DER REIHE	45 cm
REIHENABSTAND	45 cm
WINTERKOHL	
ABSTAND IN DER REIHE	45 cm
REIHENABSTAND	60 cm
ROTKOHL	
ABSTAND IN DER REIHE	25–40 cm
REIHENABSTAND	45 cm

Wenn man die Setzlinge nach dem Auspflanzen mit Vlies abdeckt, wird das Schossen verhindert. Zudem bietet ihnen das Vlies etwa 10–14 Tage Schutz, zum Beispiel vor Kohlfliegen, vor denen alle Jungpflanzen geschützt werden sollten *(siehe S. 77)*. Winterkohl sollte ebenfalls in Folge gesät werden.

■ **Pflege** Entfernen Sie Unkraut immer sorgfältig und gießen Sie die Jungpflanzen ausreichend. Bevor sich die Blätter berühren, nehmen Sie eine Kopfdüngung mit einem stickstoffreichen oder organischen Dünger vor. Pflanzen, die im Herbst ausgesät oder gesetzt wurden, sollten erst im Frühjahr eine Kopfdüngung bekommen.

■ **Ernte** Wenn Sie Blattkohl ernten wollen, pflücken Sie die Blätter, sobald sie groß genug sind. Wenn Sie Kohlkopf ernten möchten, schneiden Sie die Pflanzen, sobald der Kopf groß und ganz fest ist. Die äußeren Hüllblätter werden dabei entfernt. Winterharter Kohl kann mehrere Monate auf dem Beet bleiben und nach Bedarf geerntet werden. Falls Frostgefahr besteht, ernten Sie empfindliche Sorten. Lagern Sie sie vorsichtig und vermeiden Sie Druckstellen an den Köpfen. In einem Netz *(siehe S. 73)* können Sie Kohl sechs bis acht Wochen aufbewahren.

■ **Empfehlenswerte Sorten**

Weisskohl:

'Bartolo': F1-Hybride, Herbstkohl, Ernte bis Dezember, lagerfähig.
'Braunschweiger': Spät, plattrunde Standardsorte, gut zum Einschneiden.
'Caramba': F1-Hybride, Spitzkraut, grüne Herzen, süßlicher Geschmack, ganzjähriger Anbau.
'Filderkraut': Spitzkraut, ganzjähriger Anbau, sehr gut für Sauerkraut geeignet.
'Holsteiner Platter': Große, platte Köpfe, feines Blatt, besonders für Sauerkraut geeignet.
'Lennox': F1-Hybride, Herbstkohl, platzfest, lagerfähig.
'Marner Allfrüh': Sehr früh, mittelgroß, Ernte ab Ende Mai.

Rotkohl:

'Frührot': Frühe Sorte für den Anbau unter Vlies und im Frühsommer.
'Marner Lagerrot': Spät, hervorragende Lagereigenschaften.
'Rodeo': Mittelgroße Köpfe, ganzjähriger Anbau.

Wirsing:

'Goldberg': Butterkohl, lockerer Kopf, mild.
'Vertus': Dunkelgrünes, krauses Blatt, Herbstwirsing, Ernte vor dem Frost.
'Vorbote 3': Sehr früh, feste schwere Köpfe, schossfest, unempfindlich gegen Kälte.
'Wirosa': F1-Hybride, frosthart und lagerfähig.

Rosenkohl

Brassica oleracea Gemmifera-Gruppe

JAHRESZEIT	FRÜHJAHR			SOMMER			HERBST			WINTER		
AUSSAAT	•	•										
UMPFLANZEN		•	•	•	•							
ERNTE								•	•	•	•	

Dieses klassische Wintergemüse kann vom Spätsommer bis zum Jahresende, in wärmeren Gegenden und Ländern auch bis zur Frühjahrsmitte, frisch geerntet werden; die kräftigen Pflanzen können sogar niedrige Temperaturen vertragen. Die meisten neuen Sorten sind F1-Hybriden *(siehe S. 60)*, die einheitliche Pflanzen und feste Knospen („Röschen") bilden. Pflanzen, die ihre volle Größe erreicht haben, können je bis zu 70 Knospen hervorbringen. Rosenkohl eignet sich ausgesprochen gut als Zwischenkultur, zum Beispiel mit schnell wachsenden Salaten.

■ **Standort und Boden** Rosenkohl mag feste, nährstoffreiche Böden, die vor dem Anbau mit viel organischem Material angereichert wurden. Kalkgaben sind nötig, um den pH-Wert zu erhöhen, damit Kohlhernie nicht zur Gefahr wird. Vor dem Aussäen oder Pflanzen ist in der Regel eine Grunddüngung notwendig, mit Ausnahme von sehr nährstoffreichen Böden, denn zu viel Stickstoff führt zu lockeren, beblätterten Röschen.

■ **Aussaat und Pflanzung** Die Aussaat erfolgt im zeitigen Frühjahr unter Glas, wenn Sie im Spätsommer oder Frühherbst ernten wollen. Für die Ernte zum Winter sät man zur Frühjahrsmitte direkt in das Saatbeet im Freien oder in Multitopfplatten unter Glas aus und pflanzt die Setzlinge ab dem Frühsommer bis zur Sommermitte dann am endgültigen Standort ein. Dichtes Pflanzen, zum Beispiel auf schmalen Beeten, führt zur Entwicklung kleiner Röschen bei gleichzeitiger Reifezeit, während bei weiteren Abständen größere Röschen gebildet werden, die man lange Zeit nacheinander ernten kann. Wenn Sie verschiedene Sorten mit unterschiedlicher Reifezeit anbauen, können Sie die Erntezeit geschickt verlängern.

■ **Pflege** Falls Sie kleine, gleich große und gleichzeitig reifende Röschen haben wollen, zum Beispiel zum Einfrieren, kneifen Sie die Triebspitzen der Pflanzen aus, sobald die unteren Röschen 1 cm groß sind. Um die Röschenbildung zu fördern, nehmen Sie im Hochsommer eine Kopfdüngung mit Ammoniumsulfat (25–50 g/m^2) vor und wässern Sie danach gut. Einmal angewachsen und gut eingewöhnt kommen die Pflanzen, außer in Trockenperioden, ohne weitere Wassergaben aus. Sämlinge und neue Pflanzen brauchen dagegen viel Wasser. Überwinternde Pflanzen benötigen eine Stütze, besonders in leichten Sandböden.

■ **Ernte** Ziehen Sie die Röschen von unten nach oben vorsichtig vom Strunk ab, sobald sie einen Durchmesser von 2–3 cm erreicht haben; dann schmecken sie am mildesten. Entfernen Sie dabei auch alle gelben Blätter sowie kranke, gelbe und lockere Röschen. Ein ganzer Strunk mit Röschen, den man ins Wasser stellt, hält an einem kühlen Ort eine Weile. Später können Sie auch die blättrigen Triebspitzen ernten und für Salate verwenden.

■ **Probleme.** Wie Sie junge Kohlpflanzen vor Kohlhernie, Kohlfliegen *(siehe auch S. 257)* und Vögeln *(S. 263)* schützen, finden Sie auf *S. 77*. Raupen, vor allem die des Kohlweißlings, können die Pflanzen stark beschädigen. Erdflöhe *(S. 254)* werden bei trockenem Wetter und an geschützten Stellen zum Problem. Große Kolonien der Mehligen Kohlblattlaus *(S. 257)* entstehen sehr schnell und verursachen verdrehte Blätter. Verwechseln Sie sie jedoch nicht mit der Weißen Fliege *(S. 263)*; diese können gelegentlich auftreten, verursachen aber kaum ernsthafte Schäden. Allerdings können Weiße Fliegen milde Winter an Kreuzblütlern überdauern und im Frühjahr Jungpflanzen befallen. Sie lassen sich beim Waschen schwer aus den Röschen entfernen. Weitere Schädlinge sind Eulenraupen, Drahtwürmer *(S. 253)* und Schnecken *(S. 255, 259)*.

Außer von Kohlhernie können Kohlgemüse von Blattkrankheiten wie Echtem und Falschem Mehltau *(S. 254)* befallen werden. Die Bakterielle Blattfleckenkrankheit *(S. 252)* sowie Weißrost *(S. 263)* werden immer mehr zum Problem.

Gut gedeihende, ausreichend gedüngte Pflanzen leiden kaum unter Nährstoffmangel. Bormangel *(S. 253)* kann zu hohlen Stängeln führen, Molybdänmangel *(S. 259)* zu schwachen Sämlingen.

■ **Empfehlenswerte Sorten**

'Abunda': Späte Ernte, aber früh aussäen, wüchsig, großer Pflanzabstand.

'Diablo': F1-Hybride, Anbau im Sommer und Herbst, nicht winterhart.

'Estate': F1-Hybride, Erntezeit spät bis sehr spät, ab Mitte Januar, sehr standfest, frosthart.

'Groninger': Dichte Röschen, stark wachsend, winterhart, Ernte noch im März.

'Hilds Ideal': Lange Erntezeit, relativ frosthart, für Ernte im Herbst und Winter.

'Rubine': Besonderheit mit roten Röschen, kleine Röschen, sollte entspitzt werden, nicht winterhart.

Senf, Abessinischer

Brassica carinata

JAHRESZEIT	FRÜHJAHR			SOMMER			HERBST			WINTER		
AUSSAAT	•	•	•	•	•	•						
ERNTE			•	•	•	•	•	•				

Dieses winterharte Kohlgemüse wird auch Abessinischer Kohl oder Äthiopischer Senf genannt. Es wächst schnell und ist in weniger als sieben Wochen erntereif. Die Pflanze hat glänzende Blätter mit einem hohen Stickstoffgehalt und ähnelt im Geschmack etwas dem Spinat. Junge Blätter werden roh als Salat, ältere Pflanzen gekocht zubereitet. Der Geschmack und die Struktur sind im Frühjahr und Herbst am besten. Als Pflückgemüse ernten Sie auf einer 3 m langen Reihe 6–9 kg.

■ **Standort und Boden** Wie alle Kohlarten bevorzugt auch dieses Gemüse einen nährstoffreichen, durchlässigen Boden. Weil es so schnell wächst, gedeiht es sogar häufig auf mit Kohlhernie verseuchtem Untergrund.

■ **Aussaat und Pflanzung** Bringen Sie die Samen breitwürfig alle zwei bis drei Wochen aus. Dünnen Sie dann auf 2,5 cm Abstand aus, bei Pflückkohl erübrigt sich dieser Schritt.

AUSSAATTIEFE	1 cm
ABSTAND IN DER REIHE	breitwürfig, auf 2,5 cm vereinzeln
REIHENABSTAND	30 cm

■ **Pflege** Halten Sie die Pflanzen gleichmäßig feucht, damit sie nicht schossen.

■ **Ernte** Ernten Sie nur einige Blätter pro Pflanze, damit diese erneut austreiben kann.

■ **Probleme** Ähnlich wie bei Rosenkohl (*siehe dort*). Erdflöhe (*S. 254*) können zum Problem werden, falls Aussaat bei trockenem Wetter.

Spargelkohl

Brassica oleracea Italica-Gruppe

JAHRESZEIT	FRÜHJAHR			SOMMER			HERBST			WINTER		
AUSSAAT	•	•	•	•								
UMPFLANZEN		•	•	•	•	•				•		
ERNTE		•			•	•	•	•				

Der Spargelkohl, auch als Kopfbrokkoli oder Spargelbrokkoli im Handel, ist eine Variante des Brokkolis. In England erfreut er sich großer Beliebtheit, bei uns ist er jedoch noch wenig bekannt. Es gibt sowohl violette als auch weiße Sorten, wobei die violetten kältetoleranter sind und eine größere Anzahl zarter Triebe mit kleinen, eher länglichen Köpfen ausbilden. Die Pflanzen bleiben lange Zeit auf dem Beet und beanspruchen viel Platz, versorgen Sie aber vom Spätwinter bis zum Spätfrühling mit frischem Gemüse. Wenn Sie regelmäßig ernten, ergeben zehn Pflanzen insgesamt etwa 3 kg. In guten, nährstoffreichen Böden wird die Pflanze bis 90 cm hoch und erreicht einen Durchmesser bis 90 cm; dann kann sie jedoch leicht kopflastig werden.

■ **Standort und Boden** Dieses Gemüse benötigt einen nährstoffreichen, sehr durchlässigen Boden und verträgt keine Staunässe. Für einen sicheren Stand ist zudem ein Windschutz nötig. Bringen Sie bei Bedarf Kalk aus, um den pH-Wert zu erhöhen und so Kohlhernie vorzubeugen.

■ **Aussaat und Pflanzung** Säen Sie herkömmliche Sorten im Frühjahr in Multitopfplatten oder ins Saatbeet und pflanzen Sie die Sämlinge ab Mitte Mai, wenn es warm genug ist, am endgültigen Standort aus. Die neueren Sorten werden ab Spätwinter bis zur Sommermitte ausgesät und vier Wochen danach umgesetzt.

AUSSAATTIEFE	2 cm
ABSTAND IN DER REIHE	60 cm
REIHENABSTAND	60 cm

■ **Pflege** Jäten Sie regelmäßig Unkraut und gießen Sie in Trockenperioden, bis sich die Pflanzen eingewöhnt haben. Danach sollte nur noch mäßig gegossen werden, damit die Pflanzen kräftig werden und den Winter gut überstehen. Eine Stützhilfe ist wichtig, damit sie bei Wind nicht umfallen. Häufeln Sie die Stängel an, um die Standfestigkeit zusätzlich zu erhöhen.

■ **Ernte** Die neuen Sorten sind 10–15 Wochen nach dem Auspflanzen den ganzen Sommer und Herbst über erntereif. Im Frühjahr ausgesäte, ältere Sorten können ab dem Spätsommer geerntet werden. Wenn die Blütentriebe etwa 15–20 cm hoch sind, kürzen Sie sie auf 8–10 cm ein, damit die Pflanze neue Triebe ausbilden kann. Je nach Witterung können Sie sechs bis acht Wochen später ernten. Vorsicht: Bei warmem Wetter können ältere Sorten ziemlich schnell verderben.

■ **Probleme** Ähnlich wie bei Rosenkohl (*siehe dort*); jedoch kaum anfällig gegenüber Blattkrankheiten. In milden Jahren können Weiße Fliegen die Frühjahrsernte, wie bei allem Frühjahrsgemüse, befallen. Tauben können im Winter zur Plage werden, breiten Sie deshalb ein Netz über das Beet aus.

■ **Empfehlenswerte Sorten**

'Purple Sprouting Late': Violette Blütenköpfe, reift im April.

'White Sprouting Early': Weiße Blütenköpfe, reift im April/Mai.

Anbau von Wurzelgemüse

Zu dieser Gruppe gehören Rote Bete, Möhren, Pastinaken, Wurzelpetersilie, Kartoffeln, Haferwurzel, Schwarzwurzel, Kohlrüben, nicht winterharte Süßkartoffeln und Weiße Rüben, deren essbare Teile alle an oder unter der Erde wachsen. Kartoffeln und Süßkartoffeln haben unterirdische Knollen, die anderen verdickte Wurzeln. Bei Haferwurzel und Schwarzwurzel sind auch Blütentriebe und Knospen essbar *(rechts)*. Die meisten lassen sich gut lagern.

Wurzelgemüse ist anfällig für verschiedene bodenbürtige Schädlinge und Krankheiten, was sich in den Anbaumethoden bemerkbar macht. Da Wurzelgemüse viele Arten umfasst, sind unterschiedliche Kulturbedürfnisse zu berücksichtigen, vor allem, was den Boden angeht. Um mit jedem Gemüse optimale Ergebnisse zu erzielen, ist es wichtig, die Ansprüche an den pH-Wert, die Struktur und Fruchtbarkeit des Bodens zu berücksichtigen.

Essbare Knospen
Triebe und Blütenknospen der Haferwurzel können wie Spargel gekocht und gegessen werden. Lassen Sie einfach einige Pflanzen über Winter im Boden, damit sie im folgenden Frühjahr Blütentriebe bilden. Die Blütenstängel von etwa 10 cm Länge werden geerntet, bevor sich die Knospen öffnen.

PH-WERT DES BODENS

Um von Ihrem Gemüse viel ernten zu können, untersuchen Sie im Vorfeld den pH-Wert des Bodens mit einem handelsüblichen Test, damit Sie diesen bei Bedarf durch Kalkzugaben optimal einstellen können. Kartoffeln gedeihen am besten in leicht saurem Boden mit einem pH-Wert von 5–6; bei kalkhaltigen Böden werden viele Sorten vom Pulverschorf *(siehe S. 260)* befallen.

Pastinaken bevorzugen einen leicht sauren Boden mit einem pH-Wert von 6,5. Rote Bete, Möhren, Haferwurzel und Schwarzwurzel sind toleranter und vertragen eine Bandbreite von 6,5–7,5. Weiße Rüben und Kohlrüben gedeihen gut in leicht saurem Boden. Wie andere Kohlpflanzen sind sie jedoch anfällig für die bodenbürtige Krankheit Kohlhernie *(siehe S. 257)*, die bei neutralem bis alkalischem Boden mit einem pH-Wert von 7 oder mehr seltener auftritt.

Mit Vlies die Ernte beschleunigen
Wird das Beet mit einer doppelten Lage Vlies oder perforierter Folie abgedeckt, entweder gleich nach der Pflanzung oder sobald sich die Keimlinge zeigen, erwärmt sich der Boden und die Pflanzen sind vor Frost geschützt.

NÄHRSTOFFGEHALT DES BODENS

Die Nährstoffbedürfnisse der verschiedenen Gemüse müssen ebenfalls berücksichtigt werden. Pastinaken, Haferwurzel, Schwarzwurzel, Kohlrüben und Weiße Rüben brauchen wenig Stickstoff, Möhre und Rote Bete noch weniger. Kartoffeln und Rüben dagegen haben einen hohen Stickstoffbedarf. Alle Wurzelgemüse gedeihen am besten in Böden mit reichlich organischer Substanz, die mindestens sechs Monate vor der Ernte eingearbeitet wird. *(siehe auch Wurzelgemüse von A–Z, S. 85–88.)*

BODENSTRUKTUR

Gemüse mit langen Wurzeln wie Möhren, Pastinaken, Haferwurzel, Schwarzwurzel sowie einige Rote-Bete-Formen gedeihen am besten in leichtem Sandboden, in den die Wurzeln mühelos eindringen und sich kräftig entwickeln können. Alle Wurzelgemüse können jedoch auch in schwerem Boden gezogen werden, sofern dieser gut dräniert ist, durch Umgraben gelockert wurde und keine Steine enthält.

FRUCHTWECHSEL

Bei Wurzelgemüse ist ein Fruchtwechsel besonders wichtig, um Schädlingen und Krankheiten vorzubeugen, Schwankungen des Nährstoffgehaltes auszugleichen und Unkraut im Zaum zu halten. Bei mindestens dreijähriger Fruchtfolge können sich Schädlinge wie Nematoden *(siehe S. 259)* oder bodenbürtige Pilz- und Bakterienkrankheiten kaum im Boden festsetzen.

Durch einen gut durchdachten Fruchtwechsel kann eine Gemüseart von den Nährstoffen profitieren, die von ihrem Vorgänger übrig gelassen worden sind – ein Beispiel dafür ist der Anbau von „stickstoffhungrigen" Kohlpflanzen nach Leguminosen, die Stickstoff sammeln. Wird stattdessen Wurzelgemüse gepflanzt, das weniger Stickstoff braucht, bilden sich oft üppige Blätter auf Kosten der Wurzeln.

Der Fruchtwechsel hilft auch bei der Unkrautbekämpfung. Beim Kartoffelanbau beispielsweise wird der Boden gut umgegraben und ständig bewegt, da die Pflanzen regelmäßig angehäufelt werden – dadurch wird der Unkrautbewuchs unterdrückt. Die Pflanzen bilden außerdem ein gutes Laubdach, das einjährige Unkräuter erstickt. Auch den nachfolgenden Kulturen kommt dies zugute, vor allem da nicht mehr tief umgegraben werden muss, wodurch häufig erneut Unkrautsamen an die Oberfläche gelangt.

SCHNELLES ODER LANGSAMES GEMÜSE?

Wenn Sie nicht viel Platz haben, ist schnell reifendes Gemüse wie Rote Bete, Möhren, Frühkartoffeln und Weiße Rüben empfehlenswert, da Sie mindestens zweimal im Jahr von derselben Fläche ernten können. Wenn Sie die Beete schnell abräumen, setzen sich auch weniger Schädlinge und Krankheiten fest. Ernten Sie das Gemüse, sobald es reif ist. Langsam wachsendes Gemüse wie Pastinaken und Kartoffeln eignen sich für Gärten, die genügend Platz bieten. Damit sie sich gut entwickeln, darf ihr Wachstum nicht durch Wassermangel beeinträchtigt werden.

AUSSAAT

Wurzelgemüse wird in der Regel aus Samen angezogen, Kartoffeln dagegen aus Saatknollen *(unten)*. Am besten säen Sie direkt an den endgültigen Platz, um die Entwicklung der essbaren Wurzeln möglichst wenig zu stören, eine Vorkultur in Multitopfplatten ist jedoch auch möglich. Zur Aussaat benötigen Sie einen feinkrümeligen, tiefgründigen Boden, damit die Wurzeln ungehindert wachsen können. Schwerer Boden wird mit gut verrotteter organischer Substanz verbessert. Manche Wurzelgemüse mögen keine frisch umgegrabenen Böden *(siehe Wurzelgemüse von A–Z, S. 85–88)*.

In den meisten Fällen wird ab dem zeitigen Frühjahr ausgesät. Große Samen wie die von Pastinaken werden in Horsten gesät *(siehe S. 68)*, kleine wie die von Möhren und Weißen Rüben dünn in Rillen *(S. 66)*, die Keimlinge werden später ausgedünnt. Weiße Rüben und Rote Bete können in Folge gesät werden. Pastinaken eignen sich für die Mischkultur mit schnell reifenden Salatpflanzen, ebenso Radieschen. Frühe Möhren und Weiße Rüben sind eine ideale Zwischenfrucht bei langsamem Gemüse.

SAATKNOLLEN PFLANZEN

Kartoffeln werden normalerweise aus vorgekeimten Knollen, sogenannten Saatknollen *(Kasten, rechts)*, angezogen. Kartoffelsamen keimen unzuverlässig, die Anzucht dauert wesentlich länger als bei Saatknollen, daher ist diese Methode weniger verbreitet. Saatkartoffeln werden meist in eine tiefe Rille oder einzelne Pflanzlöcher gelegt; wenn die Pflanzen wachsen, werden sie nach und nach angehäufelt. Pflanzt man sie durch schwarze Mulchfolie, entfällt das Anhäufeln und Unkräuter werden gleichzeitig unterdrückt.

Vorkeimen

Saatkartoffeln sind kleine Knollen, die zumeist in Regionen mit geringer Virushäufigkeit gezogen werden. Sie sind im Fachhandel oder per Versandhandel erhältlich. Vorkeimen beschleunigt das Wachstum. Deshalb werden die Saatknollen zunächst aufrecht, mit der Mehrzahl der Augen nach oben, in Schalen gelegt und kühl, frostfrei und hell aufgestellt. Sie bilden rasch kurze, grüne Triebe oder Keime *(Bild unten rechts)*, die bei der Pflanzung etwa 12 mm lang sein sollten.

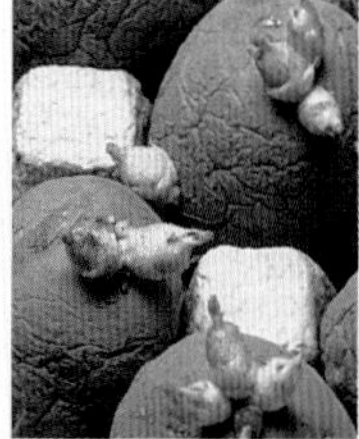

Schwache blasse Keime

Kräftige dunkle Keime

Saatkartoffeln in Reihen pflanzen

1 Ziehen Sie eine 8–15 cm tiefe Rille, sodass die Keime mit mindestens 2,5 cm Erde bedeckt sind. Legen Sie alle 30–40 cm eine Knolle mit den Keimen nach oben in den Boden.

2 Die Erde wird mit der Rückseite des Rechens vorsichtig über die Knollen gezogen. Dann leicht darüber rechen und die Reihe markieren. Vor der Pflanzung kann entlang der Reihe Dünger gestreut werden.

DIE ERNTE BESCHLEUNIGEN

Um Wurzelgemüse sehr früh ernten zu können, schützen Sie die Aussaat mit Vlies *(siehe linke Seite)*, perforierter Folie, Folienhauben oder -tunnel vor der Kälte. Schneiden Sie das Vlies etwa 30–40 cm breiter und länger zu als das Beet und ziehen Sie etwa einen halben Spaten tiefen Graben um die Fläche. Legen Sie das Vlies aus, stecken Sie den Rand mit dem Spaten in den Graben und treten ihn fest. Entfernen Sie das Vlies erst, wenn keine Frostgefahr mehr besteht.

WURZELGEMÜSE IN GEFÄSSEN

Wenn wenig Platz im Garten ist oder hartnäckige Schädlinge und Krankheiten auftreten, kann man Rote Bete, Möhren, Kartoffeln und Weiße Rüben auch gut in Töpfen oder Kübeln ziehen. Die Gefäße sollten mindestens 25 cm tief und breit sein und werden mit einer Mischung aus Kompost und guter Gartenerde bzw. einem handelsüblichen Substrat gefüllt. Sie können sie auch in Fässer, Erdsäcke oder Balkonkästen pflanzen, wichtig ist, immer gut zu gießen.

SCHUTZ VOR DER MÖHRENFLIEGE

Die Möhrenfliege *(siehe S. 258)* richtet besonders bei Möhren und Pastinaken großen Schaden an. Die erwachsenen Weibchen legen ihre Eier in den Boden nahe der Pflanzenwurzeln ab und wenn die Larven schlüpfen, bohren sie sich in die Wurzeln ein.

Für den Hobbygärtner gibt es nur wenige chemische Bekämpfungsmittel gegen die Möhrenfliege (z.B. Insekten-Streumittel Nexion), doch sind manche Sorten inzwischen einigermaßen resistent. Für den Hausgarten empfehlen sich eher umweltfreundliche, mechanische Methoden.

Da oft zwei Generationen Fliegen pro Jahr schlüpfen, planen Sie die Aussaatzeiten am besten so, dass sie nicht mit der Eiablage zusammentreffen. Die erste Generation schlüpft meist im Spätfrühjahr, die zweite im Hochsommer. Säen Sie deshalb ab dem Spätfrühjahr in ein keimfreies Saatbeet oder in ein entsprechend vorbereitetes Beet an einem offenen, luftigen, sonnigen Platz. Die zweite Generation ist meist weniger problematisch, wenn die Fliegen sich noch nicht im Garten eingenistet haben. Manchmal schlüpft noch eine dritte Generation im Spätsommer, schützen Sie daher das Gemüse bis in den Winter. Niedrige Barrieren *(siehe Kasten, unten)* sind gleichzeitig ein sehr wirksamer Schutz gegen die Möhrenfliege.

Kartoffeln unter Mulchfolie pflanzen

1 Man pflanzt die Knollen 15 cm tief im üblichen Abstand durch Schlitze einer schwarzen Folie. Kleine Knollen kann man auf 30 cm Abstand setzen. Sie können auch ein bereits bepflanztes Beet mit der Folie abdecken und Schlitze hineinschneiden, sobald sich neue Triebe zeigen.

2 Für die Ernte wird die Folie entfernt; die Knollen kann man am Boden auflesen; einige müssen ausgegraben werden.

Günstige Pflanzenkombinationen tragen ebenfalls dazu bei, die Möhrenfliege fernzuhalten. Säen Sie abwechselnd Zwiebeln und Möhren, das verwirrt Möhren- wie Zwiebelfliege *(siehe S. 258, 264)* gleichermaßen.

Der Geruch ausgezupfter Pflanzen lockt die Fliegenweibchen an – säen Sie also so dünn wie möglich, um nicht vereinzeln zu müssen. Dichte Bestände schaffen zudem ein feuchtes Kleinklima, in dem sich die Fliegen wohlfühlen. Falls doch nötig, dünnen Sie in den Abendstunden aus, indem Sie die Keimlinge direkt am Boden abschneiden.

ERNTE UND LAGERUNG

Haben Sie Probleme mit der Möhrenfliege, ernten Sie Möhren und Pastinaken, sobald sie reif sind. Tritt dieser Schädling nicht auf, können sie wie Rote Bete, Kohlrüben und Weiße Rüben auch länger im Boden bleiben; bei Frostgefahr bedecken Sie sie mit Stroh.

Kartoffeln werden von Anfang bis Mitte Herbst geerntet; je länger sie stehen bleiben, desto größer ist häufig der Schaden durch Schnecken. Lassen Sie die Knollen 2 bis 3 Stunden im Freien trocknen.

Schwarzwurzel und Haferwurzel werden nach Bedarf geerntet und frisch verbraucht, Süßkartoffeln sollten wie Kartoffeln einige Zeit trocknen. Das meiste Wurzelgemüse lässt sich gut lagern. Es sollte aber unbeschädigt sein, damit es nicht fault.

Barrieren gegen die Möhrenfliege

Damit die Möhrenfliege empfindliches Gemüse nicht befällt, wird eine mindestens 60 cm hohe Barriere um die Saatfläche errichtet, noch bevor die Samen auflaufen. Die Weibchen fliegen sehr niedrig, daher hindert sie die Barriere daran, ihre Eier in Wurzelnähe abzulegen. Die Barriere kann aus gewachster Pappe bestehen, die an den Ecken zusammengeheftet wird *(linkes Bild)*, aus Folie, festem Kunststoff oder feinem Maschendraht *(rechtes Bild)*. Draht oder Folie werden an Holzpfosten, die an den Ecken des Beetes stehen, geheftet. Zwischen die Pfosten werden Schnüre gespannt, an die der Draht oder die Folie zusätzlich geheftet werden. Das Ganze wird mit Bambusrohr an den Seiten gestützt, das Material muss rundum eingegraben werden.

Barriere aus gewachster Pappe

Barriere aus feinem Maschendraht

WURZELGEMÜSE VON A-Z

Haferwurzel

Tragopogon porrifolius

JAHRESZEIT	FRÜHJAHR			SOMMER			HERBST			WINTER		
AUSSAAT	•	•										
ERNTE	•							•	•	•	•	•

Die Hafer- oder Weißwurzel ist eine zweijährige Pflanze mit langen, dünnen, cremeweißen Wurzeln, die als Wintergemüse verzehrt werden. Sie ist eng mit der Schwarzwurzel verwandt und wird auch ähnlich kultiviert. In kühleren Klimaten wird sie meist durch die Schwarzwurzel ersetzt. Meist wird sie einjährig gezogen, doch um essbare junge Triebe und Blütenknospen zu erhalten, können die Pflanzen an klimatisch günstigen Standorten auch überwintert werden. Die Haferwurzel braucht sechs bis zehn Monate zur Reife, die Wurzeln sollten frisch gegessen werden, bevor sie vertrocknen. Eine Pflanzreihe von 3 m erbringt durchschnittlich 1,5 kg Ertrag.

■ **Standort und Boden** Ideal ist ein offener, sonniger Platz mit tiefgründigem, leichtem Boden ohne Steine, der für eine zeitige Ernte aufgedüngt wurde. Der optimale pH-Wert liegt bei 6,8.

■ **Aussaat** Frische Samen werden im Spätwinter oder zeitigem Frühjahr dünn in Rillen gesät *(siehe S. 66)*. Wenn die Keimlinge zwei Laubblätter haben, wird ausgedünnt *(S. 68)*.

AUSSAATTIEFE	1 cm
ABSTAND IN DER REIHE	dünn säen, später auf 10 cm vereinzeln
REIHENABSTAND	60 cm

■ **Pflege** Unkraut kontrollieren, bei Trockenheit reichlich gießen (16–22 Liter Wasser pro m^2). Eine zusätzliche Düngung ist nicht nötig. Sollen junge Triebe und Blütenknospen geerntet werden, die alten Blätter im Herbst auf 2,5 cm zurückschneiden und die Wurzeln 13 cm hoch anhäufeln. Die neu ausgetriebenen Blätter werden etwa 10 cm dick mit Stroh oder trockenem Farnkraut abgedeckt.

■ **Ernte und Lagerung** Die Wurzeln werden im späten Herbst aus der Erde herausgezogen, entweder frisch verzehrt oder in einem feuchten Keller gelagert. Nur in wärmeren Gegenden können sie den Winter über im Boden bleiben. Junge Triebe werden im zeitigen Frühjahr geschnitten, wenn sie etwa 15 cm hoch sind; Blütenknospen im zeitigen Frühjahr mit einem 10 cm langen Stiel.

■ **Probleme** Außer Weißrost *(siehe S. 263)* keine.

■ **Empfehlenswerte Sorten**

'Giant French': Englische Sorte, lange Wurzeln, Aussaat Mitte bis Ende Frühjahr.

'Mammoth Sandwich Island': Englische Sorte, dicke, gleichmäßige Wurzeln, austernähnlicher Geschmack.

Kartoffel

Solanum tuberosum

JAHRESZEIT	FRÜHJAHR			SOMMER			HERBST			WINTER		
PFLANZUNG	•	•	•									
ERNTE				•	•	•	•	•				

Die Kartoffel ist ein Hauptnahrungsmittel. Die Knollen variieren in Größe, Farbe, Struktur und Geschmack. Frühe Sorten, sogenannte neue Kartoffeln, sind klein und können mit Schale gekocht und gegessen werden. Sie eignen sich nicht zur Lagerung. Spät reifende Sorten haben große Knollen mit meist härterer Schale.

Kartoffeln werden nach der Erntezeit eingeteilt. »Frühe« reifen in 100-110 Tagen, »mittelfrühe« in 110-120 Tagen und „mittelspäte bis späte" Haupterntesorten in 125-140 Tagen.

Frühkartoffeln brauchen weniger Platz und bleiben kürzere Zeit im Beet. Für eine besonders frühe Ernte können die Pflanzen in Gefäßen unter Glas vorgezogen werden. Späte Sorten sind im Hochsommer erntereif und können so lange im Boden bleiben, bis sie gebraucht werden. Das Wachstum der Kartoffeln sollte nicht durch Frost oder Wassermangel ins Stocken geraten, doch führt zu viel Wasser am Anfang der Kultur zu mehr Blattwachstum auf Kosten der Knollen.

Am bequemsten und schnellsten ist es, Kartoffeln aus vorgekeimten Saatkartoffeln *(siehe S. 83)* heranzuziehen. Das können Sie selbst tun, doch bieten auch einige Händler bereits vorgekeimte Saatknollen an.

Alte, seltene und wegen ihres Geschmacks, ihrer Form oder Farbe gesuchte Arten sind häufig nur über Spezialfirmen erhältlich. Sie werden meist über Gewebekultur vermehrt, sind kräftig und virusfrei und können in Gefäßen oder im Freien gezogen werden.

Späte Kartoffeln bringen zur Haupterntezeit normalerweise rund 10 kg pro Pflanzreihe von 3 m Länge; frühe etwa 4,5 kg.

■ **Standort und Boden** Kartoffeln bevorzugen einen offenen, sonnigen, warmen Platz, keine Frostsenke, und tiefgründigen, humusreichen Boden mit einem pH-Wert von 5-6. Halten Sie die Fruchtfolge ein *(siehe S. 11)* und bringen Sie im Herbst vor der Pflanzung reichlich organische Substanz wie gut verrotteten Mist oder Kompost aus. Geben Sie einen Volldünger auf den Boden und arbeiten Sie ihn kurz vor der Pflanzung ein oder streuen Sie ihn entlang der vorbereiteten Rillen aus.

■ **Pflanzung** Es gibt zwei Methoden Saatkartoffeln zu pflanzen: in Reihen oder in einzelne Pflanzlöcher. Vor oder gleich nach der Pflanzung kann schwarze Mulchfolie ausgelegt werden. Nicht abgedeckte Pflanzen müssen angehäufelt werden *(siehe unten)*; unter Folie ist das nicht nötig, da kein Licht durchdringt. Dort entwickeln sich keine Unkräuter und die Knollen werden nicht grün.

Um Frühkartoffeln im Gefäß zu ziehen, werden zwei vorgekeimte Knollen auf eine 10-15 cm Erd- oder Substratschicht in einen mindestens 30 cm tiefen Topf gelegt. Die Knollen werden dann mit 10 cm Erde bedeckt, angegossen und das Gefäß wird an einem hellen, geschützten Platz aufgestellt.

AUSSAATTIEFE	8–15 cm
ABSTAND IN DER REIHE	Frühe Sorten: 30–35 cm Späte Sorten: 35–40 cm
REIHENABSTAND	Frühe Sorten: 40–50 cm Späte Sorten: 75 cm

Pflege Frühe Sorten vor Frost schützen. Sind die Schalen der neuen Knollen dem Licht ausgesetzt, wenn sie an die Erdoberfläche kommen, werden sie grün. Die Knollen sind dann giftig und sollten nicht verzehrt werden. Um dies zu vermeiden, werden Pflanzen, die nicht mit schwarzer Mulchfolie abgedeckt sind, angehäufelt. Dazu wird mit der Hacke oder dem Spaten Erde um den Spross aufgeschichtet, wenn dieser etwa 15-20 cm hoch ist. Die Erde wird etwa 10 cm hoch angehäufelt, sodass noch genügend Blätter frei liegen. Das Anhäufeln geschieht in zwei Stufen, besonders bei kleinen, frühen Pflanzen, die vor Frost geschützt wurden. Der Boden wird zwischen den Reihen zuvor mit der Gabel gelockert.

Bei Pflanzen in Gefäßen wird 10 cm Erde oder Substrat zugegeben, wenn die Sprosse 15 cm hoch sind. Dies wird wiederholt, bis die Pflanzen 5 cm unterhalb des Randes stehen.

Besonders junge Pflanzen müssen bei Trockenheit zusätzlich gegossen werden, als Faustregel gilt alle 10–14 Tage 16–22 Liter Wasser pro m^2. Für eine gute Ernte von sehr frühen Sorten wird erst dann in großen Mengen bewässert, wenn sich die Knollen verdicken und etwa murmelgroß sind; das ist meist zur Blütezeit der Fall, wobei nicht alle Sorten blühen.

Späte Haupterntesorten werden erst gegossen, wenn die Knollen murmelgroß sind; dann wird in der genannten Menge mit einem Sprenkler oder Tropfschlauch bewässert. Späte Kartoffeln brauchen mehr Stickstoff als frühe, daher wird beim Anhäufeln ein Stickstoffdünger zugegeben. Im Frühherbst, oder sogar früher, wenn sich Anzeichen der Kraut- und Braunfäule zeigen *(siehe S. 258)*, schneiden Sie das absterbende Kraut bis auf 5 cm über dem Boden zurück. Das sollte rund zwei Wochen vor der Ernte geschehen, damit die Schale fest wird und die Knollen sich besser lagern lassen.

Ernte und Lagerung Frühkartoffeln vorsichtig mit der Grabegabel ernten, sobald sie reif sind; das ist oft zur Blütezeit. Die Erde dazu beiseiteschieben und den Reifegrad der Knollen kontrollieren. Die Schale sollte sich nicht mehr leicht ablösen lassen.

Gesunde Knollen später Sorten können bis Anfang Herbst stehen bleiben; doch je länger sie im Boden sitzen, desto anfälliger sind sie für Schnecken. Sie sind erntereif, wenn das Laub vergilbt. Die Knollen werden an einem trockenen Tag ausgegraben und 2-3 Stunden zum Trocknen liegen gelassen. Sie können in Kisten, Papiersäcken oder Mieten *(siehe S. 73)* gelagert werden. Ist das Beet abgeräumt, prüfen Sie mit der Grabegabel, ob alle kleinen Knollen entfernt wurden; sie könnten Krankheitserreger für das nächste Jahr tragen.

Probleme Schädlinge sind Eulenraupen *(siehe S. 254)*, Nacktschnecken *(S. 259)*, Kartoffelzystennematoden *(S. 257)*, Drahtwürmer *(S. 253)* und selten, aber gefährlich, der Kartoffelkäfer *(S. 257)*. Frost schädigt die Pflanzen *(S. 255)*. Die Kraut- und Braunfäule *(S. 258)* gedeiht in warmem, feuchtem Klima und ist für Frühkartoffeln meist ungefährlich. Andere häufige Krankheiten sind Kartoffelschorf *(S. 257)*, Pulverschorf *(S. 260)*, Bakterienweichfäule und Virosen *(S. 263)*.

Empfehlenswerte Sorten

Frühe Sorten:

'Marabel': Gelbe Schale, gelbes Fleisch, ovale Knolle, vorwiegend festkochend, gut zu lagern.

'Sieglinde': Altbekannte Standardsorte, festkochend.

Mittelfrühe Sorten:

'Augusta': Glatte Schale, tiefgelbes Fleisch, mehlig.

'Goldsegen': Schale gelb, gelbes Fleisch, hoher Ertrag, vorwiegend festkochend.'Nicola': Rote Schale, gelbes Fleisch, längliche Knollen, festkochend, ertragreich.

'Granola': Gelbes Fleisch, vorwiegend festkochend.

'Vitelotte': Blauschalig und -fleischig, festkochend, lang oval.

Späte Sorten:

'Astrid': Stärkehaltig, mehlig, zum Einlagern.

'Bamberger Hörnchen': Gelbrosa Schale, festkochend, hervorragender Geschmack.

'Nicola': Gelbe Schale, hellgelbes Fleisch, feiner Geschmack, zum Einlagern, resistent gegen Älchen und Dürrfleckenkrankheit.

Möhre

Daucus carota

JAHRESZEIT	FRÜHJAHR			SOMMER			HERBST			WINTER		
AUSSAAT	•	•	•	•	•							•
UMPFLANZEN		•	•									
ERNTE			•	•	•	•	•					

Durch Folgesaaten kann dieses beliebte Gemüse vom Spätfrühjahr bis zum Frühwinter geerntet werden. Möhren werden nach ihrer Form, Reifezeit und Größe eingeteilt, Wurzelform und -farbe hängen aber auch vom Bodentyp und den Kulturbedingungen ab. Die ersten Wurzeln werden von frühen Sorten wie den samenfesten Selektionen von 'Amsterdam'- und 'Nantaise'-Möhren mit langen, schlanken Rüben geerntet. Daneben gibt es auch früh reifende Sorten mit kurzen, runden Wurzeln wie 'Pariser Markt'.

Neue F1-Hybriden zeichnen sich durch die Kombination vieler guter Eigenschaften und einheitliche Qualitäten aus. Kleine Möhren eignen sich auch für die Topfkultur, wenn nicht viel Platz im Garten ist. Saatgut ist im Fach- oder Versandhandel erhältlich.

Standort und Boden Der pH-Wert sollte zwischen 6,5–7,5 liegen. Möhren gedeihen am besten in leichtem Boden, an eher trockenen Standorten schmecken sie besonders süß. Sie wachsen auch zufriedenstellend in schwereren Böden, wenn diese nicht staunass sind. Im Vorjahr sollte gut verrottete organische Substanz eingearbeitet werden, zusätzlich wird eine Grunddüngung mit wenig Stickstoff zugegeben. Einige Wochen im Voraus wird der Boden gelockert und feinkrümelig aufbereitet.

Aussaat Pilliertes Saatgut *(siehe S. 60)* bringt bei früher Aussaat das beste Ergebnis; es lässt sich präzise und dünn aussäen, zudem bietet der Handel auch praktische Saatbänder an. Um im späten Frühjahr bereits ernten zu können, wird gegen Ende des Winters unter Vlies direkt ins Freiland oder im Gewächshaus ausgesät. Wenn Sie die Keimlinge vereinzeln, kneifen Sie sie einfach ab; beim Herausziehen riechen sie nämlich stärker und locken so die Möhrenfliege an. Sie können als zusätzlichen Schutz auch eine mechanische Barriere errichten *(siehe S. 84)*. Eine Ernte im Frühsommer erzielen Sie bei Aussaat unter Glas im zeitigen Frühjahr, im Freiland können Sie ab der Frühjahrsmitte bis zum Hochsommer aussäen, sobald der Boden, eventuell mithilfe einer Glashaube oder Folie, mindestens 7,5 °C erreicht hat.

Die Sorten 'Amsterdam' und 'Nantaise' mit ihren Selektionen eignen sich für eine frühe Aussaat, eine Vorkultur in Multitopfplatten unterstützt dieses Ziel *(siehe S. 62–63)*. Folgesaaten späterer Sorten wie zum Beispiel der 'Berlicum'-Typen von Mitte bis Ende des Frühjahrs direkt ins Freiland reifen ab dem Spätsommer. Schnell reifende Sorten sind weniger anfällig für die Möhrenfliege; Aussaaten im zeitigen Frühjahr bis zum Frühsommer liegen nicht in der Hauptflugzeit der Insekten. Die Zeit der Eiablage ist jedoch von Gegend und (Klein-)Klima abhängig.

AUSSAATTIEFE	1–2 cm
ABSTAND IN DER REIHE	dünn aussäen, auf 10 cm vereinzeln
REIHENABSTAND	30 cm im Freiland 15 cm unter Glas

Pflege Unkraut jäten, bis das Möhrenlaub die lästigen Konkurrenten unterdrückt. Bei Trockenheit gießen, zu reichliche Wassergaben fördern jedoch das Blattwachstum zum Nachteil der Wurzeln. Bei gut vorbereitetem Boden sollte kein Zusatzdünger nötig sein.

Ernte und Lagerung Die ersten Wurzeln sind erntereif, wenn sie 12-15 mm dick sind; sie wachsen im Boden jedoch weiter, wenn die Temperaturen steigen. Sie lassen sich einfach aus der Erde ziehen, bei schwerem Boden werden sie mit der Grabegabel ausgegraben. Späte Sorten kann man gut lagern *(siehe S. 73)*. In mildem Klima können sie über Winter sogar im Boden bleiben; bei Frostgefahr mit Stroh abdecken. Bleiben sie lange im Boden, können sie durch die Möhrenfliege geschädigt werden.

Probleme Die Möhrenfliege *(siehe S. 258)* ist der gefährlichste Schädling; Wurzelläuse *(S. 264)* sind oft lästig. Falscher und Echter Mehltau *(S. 254, S. 253)* sowie Violetter Wurzeltöter *(S. 264)* können ebenso Probleme verursachen.

Empfehlenswerte Sorten

Frühe Sorten:

'Amsterdamer Treib': Sehr frühe, lange, glatte Bundmöhre; verschiedene Selektionen.

'Almaro': F1-Hybride, sehr früh, sehr schnelle Entwicklung, tief orangefarben.

'Frühbund': Sehr früher Anbau möglich, sehr schnelle Entwicklung.

'Nantaise': Ideal für Frischverzehr, dunkelrot, sehr süß; verschiedene Selektionen.

Mittelfrühe Sorten:
'Flyaway': F1-Hybride, schnelle Entwicklung, widerstandsfähig gegen die Möhrenlfliege.
'Riga': F1-Hybride, intensiv orangefarben, schnelle Entwicklung.
'Rotin': Gute Lagersorte, glatte Schale, sehr süß.
'Nutri-Red': Intensiv rot gefärbt.
Späte Sorten:
'Cubic': Intensiv rot gefärbt, hoher Carotingehalt.
'Flamaro': F1-Hybride, lagerfähig.
'Lange rote Stumpfe ohne Herz': Walzenförmig, sehr spät reifend und gut lagerfähig.
'Lobbericher': Goldgelbe, schlanke, walzenförmige Speise- und Futtermöhre, gut lagerfähig.
'Rote Riesen': Sehr große Speise- und Futtermöhre, süß, gut lagerfähig.
'Zino': Hoher Carotingehalt, gut lagerfähig.
Runde Sorten:
'Pariser Markt', 'Kundulus': Gut zu konservieren.

Pastinake

Pastinaca sativa

JAHRESZEIT	FRÜHJAHR			SOMMER			HERBST			WINTER		
AUSSAAT	•	•										
ERNTE	•							•	•	•	•	•

Die zweijährige Pastinake ist ein langsam reifendes Gemüse und wird wegen ihres typischen Geschmacks geschätzt. Dieser ist bei allen Sorten ähnlich und je schneller die Wurzeln wachsen, desto süßer schmecken sie. Die Wurzeln werden 15-25 cm lang und bilden je nach Sorte, Bodentyp und Klima verschiedene Formen aus. Für flachen Boden eignen sich Sorten mit kurzen Wurzeln besser. Pastinaken ergeben etwa 4 kg Wurzeln pro 3 m Pflanzreihe.

■ **Standort und Boden** Pastinaken bevorzugen einen offenen, sonnigen Platz und einen tiefgründigen, lockeren, humosen Boden, doch auch in schwerem Boden reifen sie noch gut. Der ideale pH-Wert liegt bei 6,5. Der Boden wird eine Saison zuvor organisch aufgedüngt, oder während des Wachstums wird eine Kopfdüngung verabreicht. Pastinaken brauchen wenig Stickstoff.

■ **Aussaat** Bei Direktsaussaat von April bis Ende des Frühjahrs keimt der Samen am besten. Die Keimzeit ist allerdings lang.

Es wird dünn in Reihen oder in Gruppen von zwei bis vier Samen pro Loch ausgesät *(siehe S. 68)*. Für mittelgroße Wurzeln mit einem Durchmesser bis 5 cm wird im Abstand von 10–15 cm gesät, spätere Lagersorten mit noch größerem Abstand. Zwischen Pastinaken können Radieschen gesät werden, um die Reihen zu markieren *(S. 69)*.

AUSSAATTIEFE	2 cm
ABSTAND IN DER REIHE/ PFLANZABSTAND	Mittelgroße Wurzeln 10–15 cm große Wurzeln 20 cm
REIHENABSTAND	30 cm

■ **Pflege** Unkraut regelmäßig entfernen. Nur bei großer Trockenheit gießen, etwa alle zwei bis drei Wochen 11 Liter Wasser pro m². Werden sie zu trocken, platzen die Wurzeln nach dem Gießen auf. Späte Saaten müssen bewässert werden, damit sie gut keimen. Bei schlechtem Wachstum gibt man Flüssigdünger.

Ernte und Lagerung. Pastinaken sind ab dem Spätsommer erntereif; bleiben sie länger im Boden können sie leicht Opfer der Möhrenfliege werden *(siehe S. 84)*.

■ **Probleme** Außer der Möhrenfliege *(siehe S. 84 und S. 258)* sind Wurzelschäden durch Pilze gefährlich, gerade wenn man nicht resistente Sorten verwendet. Falscher Mehltau *(S. 254)* kann bei Trockenheit keine gravierenden Probleme bereiten, Echter Mehltau tritt bei feuchter Witterung auf *(S. 253)*. Violetter Wurzeltöter *(S. 264)* und Selleriefminierfliege *(S. 261)* treten auch hier auf.

■ **Empfehlenswerte Sorten**
'Aromata': Lang, schlanke, butterfarbene Wurzeln, besonders süß und aromatisch.
'Halblange Weiße': Etwa 15 cm lange, keilförmige, dicke Wurzeln, kräftiger im Geschmack.
'White Gem' Englische Sorte, keilförmige, dicke Wurzeln, hohe Erträge, schossfest.

Rote Bete

Beta vulgaris subsp. *vulgaris*

JAHRESZEIT	FRÜHJAHR			SOMMER			HERBST			WINTER		
AUSSAAT	•	•	•	•	•							•
ERNTE				•	•	•	•	•	•			

Rote Bete ist pflegeleicht, die verdickten Wurzeln werden vom Frühsommer bis zum Herbst geerntet. Die Knollen sind rund, lang oder oval und haben verschiedene Farben, von violett oder tiefrot bis gelb oder weiß. Das Fleisch ist violett, rot, gelb, weiß oder rot mit weißen Ringen. Die verschiedenfarbigen Formen schmecken jedoch ähnlich. Die meisten Sorten reifen schnell und eignen sich gut als Zwischenfrucht *(siehe S. 69)*. Sorten mit langen Wurzeln wachsen langsamer. Die jungen Blätter können wie Spinat zubereitet und gegessen werden.

Rote Bete kann auch in Gefäßen gezogen werden *(siehe S. 83)*. Frühe Aussaaten blühen leicht und bilden Samen, doch sind auch schossfeste Sorten erhältlich. Eine reife Knolle kann 450 g bis 1 kg auf die Waage bringen.

■ **Standort und Boden** Rote Bete braucht einen sonnigen Platz mit humusreichem, leichtem, idealerweise in der vorigen Saison aufgedüngten Sandboden. Sorten mit langen Wurzelknollen benötigen einen tiefgründigen Boden. Ein pH-Wert von 6,5-7 ist optimal.

■ **Aussaat** Für eine Aussaat im Frühjahr unter Glas greift man besser auf schossfeste Sorten zurück. Vom Spätfrühjahr bis in den Sommer kann man alle zwei Wochen Folgesaaten im Freiland ausbringen. Ausgesät wird im Abstand von 5 cm, die Keimlinge werden später ausgedünnt, damit sich große Rüben entwickeln.

AUSSAATTIEFE	2,5 cm
ABSTAND IN DER REIHE/ PFLANZABSTAND	Standard 10 cm zum Einlegen 5 cm
REIHENABSTAND	Standard 25–50 cm zum Einlegen 15 cm

■ **Pflege** Frühe Aussaaten schützt man mit Vlies oder Folientunnel vor Frost, Keimlinge vor Vögeln. Den Boden feucht halten; wenn nach acht bis neun Wochen die Rübenbildung beginnt, besonders gut gießen. In Trockenperioden empfehlen sich alle zwei oder drei Wochen 11 Liter pro m². Zu häufiges oder zu schwaches Gießen führt zu Blattwachstum auf Kosten der Wurzeln. Ein leichter Sandboden mit hohem pH-Wert enthält oft wenig Mangan und Bor; hier empfielt es sich, ein- oder zweimal einen Blattdünger mit Spurenelementen zu sprühen.

■ **Ernte und Lagerung** Die ersten Rüben können geerntet werden, wenn sie etwa 5 cm Durchmesser erreicht haben; Frühjahrssaaten sind im Sommer reif, Sommersaaten im Herbst. Graben Sie die Rüben aus, sobald sie gebraucht werden; so können die anderen entsprechend größer werden. Das Kraut wird etwa 2,5 cm über der Wurzel abgedreht. Rote Bete lässt sich gut lagern, nur in wintermilden Gegenden können sie an Ort und Stelle überwintern. Dazu werden sie 15 cm hoch mit Stroh oder Ähnlichem abgedeckt.

■ **Probleme** Schwarze Bohnenblattlaus *(siehe S. 253)*, Eulenraupen *(S. 254)*, Umfallkrankheit *(S. 262)* und pilzliche Blattfleckenkrankheiten *(S.252)* können lästig werden, ebenso Bor- *(S. 253)* und Manganmangel *(S. 258)*.

■ **Empfehlenswerte Sorten**
'Ägyptische Plattrunde': Plattrund, dunkelrotes Fleisch, frühe Aussaat für Sommerernte.
'Chioggia': Rund, hellrot, innen mit weiß-roten Ringen, süß und zart.
'Forono': Walzenförmig, daher gut zur Scheibenherstellung.
'Monalisa': Rund, Keimlinge müssen nicht mehr vereinzelt werden.
'Burpee's Golden': Gelbe Bete mit goldgelbem Fleisch unter der roten Schale.
'Rote Kugel': Früh reifend, kräftig rot; 'Juwakugel' ist eine verbesserte Zuchtform.

Schwarzwurzel

Scorzonera hispanica

JAHRESZEIT	FRÜHJAHR			SOMMER			HERBST			WINTER		
AUSSAAT	•											•
ERNTE	•							•	•	•	•	•

Diese winterharte Staude ähnelt der Haferwurzel, hat aber breitere Blätter und Wurzeln mit schwarzer Schale. Diese sind etwa 20 cm lang und von besonderem Geschmack. Sie werden wie Spargel in Salzwasser gekocht; damit sie nicht ausbluten, werden sie erst kurz vorher gewaschen.

Wie bei der Haferwurzel sind auch junge Triebe und Blütenknospen essbar. Schwarzwurzeln vertreiben Möhrenfliegen, deshalb pflanzt man sie gern in die Nähe von anfälligem Gemüse. Der Ertrag liegt bei etwa 1,5 kg pro 3 m Pflanzreihe.

■ **Standort und Boden** *Siehe* Haferwurzel.

■ **Aussaat** *Siehe* Haferwurzel.

AUSSAATTIEFE	1 cm
ABSTAND IN DER REIHE	dünn säen; auf 10 cm vereinzeln
REIHENABSTAND	15–30 cm

■ **Pflege** Regelmäßig Unkraut hacken; dabei die Wurzeln nicht stören. Kultur junger Triebe und Blütenknospen *siehe* Haferwurzel.

■ **Ernte** Wurzeln sehr vorsichtig ausgraben, da sie leicht brechen und ausbluten. Wächst die Pflanze im ersten Jahr schlecht, kann man sie bis zum nächsten Jahr auf dem Beet wachsen lassen.

■ **Probleme** *Siehe* Haferwurzel.

■ **Empfehlenswerte Sorten**

'Verbesserte Nichtschießende Riesen': Lange Wurzeln.

'Hoffmanns Schwarzer Pfahl': Zylindrisch lange, dicke, schwarz-braune Rüben mit glatter Schale.

Steckrübe

Brassica napus subsp. *rapifera*

JAHRESZEIT	FRÜHJAHR			SOMMER			HERBST			WINTER		
AUSSAAT		•	•	•								
ERNTE							•	•	•	•		

Die Kohl- oder Steckrübe ist ein winterhartes Wurzelgemüse aus der Familie der Kohlgewächse mit ähnlichen Kulturansprüchen. Sie braucht 20 bis 26 Wochen bis zur Reife und ist dabei nicht sehr pflegeleicht. Ihr Fleisch ist je nach Sorte weiß oder gelb, wobei als Gemüse meist die gelbfleischigen in Betracht kommen, die Schale kann violett bis grün sein. Die Rüben können schmal und länglich oder rund bis zwiebelförmig sein. Sie schmecken süß und werden als Wintergemüse gekocht. Steckrüben liefern je nach Schnittzeitpunkt 6 kg pro 3 m.

■ **Standort und Boden** Steckrüben gedeihen an offenen, sonnigen Plätzen in leichtem, humusreichem Boden mit wenig Stickstoff und einem pH-Wert über 6,8. Er sollte weder zu trocken noch staunass und für eine frühe Ernte aufgedüngt sein.

■ **Aussaat** Direktsaat in Reihen im Spätfrühjahr oder Frühsommer, dann vereinzeln.

AUSSAATTIEFE	2 cm
ABSTAND IN DER REIHE	dünn säen, auf 20 cm vereinzeln
REIHENABSTAND	40 cm

■ **Pflege** Ausreichend gießen, Unkraut und Schädlinge kontrollieren.

■ **Ernte und Lagerung** Die Rüben werden von Herbst bis Frühwinter, wenn sie einen Durchmesser von 10–15 cm haben, ausgegraben und gelagert *(siehe S. 73)*.

■ **Probleme** Kohlfliege *(siehe S. 257)*, Mehlige Kohlblattlaus *(S. 257)* und Erdflöhe *(S. 254)* befallen Keimlinge. Kohlrüben sind anfällig für Kohlhernie *(S. 257)*, Bormangel *(S. 253)*, Falschen und Echten Mehltau *(S. 254, S. 253)* und Kohlgallenrüssler *(S. 257)*.

■ **Empfehlenswerte Sorten**

'Hoffmanns Gelbe': Gelbes Fleisch.

'Wilhelmsburger': Gelborangefarbene Rüben mit grünem Kopf, sehr schmackhaft.

Süßkartoffel

Ipomoea batatas

JAHRESZEIT	FRÜHJAHR			SOMMER			HERBST			WINTER		
AUSSAAT	•	•										
UMPFLANZEN			•	•								
ERNTE							•					

Die Süßkartoffel ist eine nicht winterharte, einjährig kultivierte Staude. In kühleren Regionen werden sie im Gewächshaus gezogen; in mildem Klima gedeihen sie auch an geschützten Standorten im Freien. Der Ertrag liegt bei 1,5 kg pro 3 m Pflanzreihe.

■ **Standort und Boden** Süßkartoffeln brauchen einen sehr nährstoffreichen, sandigen Boden mit hohem Stickstoffgehalt und einem pH-Wert von 5,5–6,5. Temperaturen von 24–28 °C und hohe Luftfeuchte sind nötig.

■ **Aussaat und Pflanzung** Von Anfang bis Mitte Frühjahr wird unter Glas bei mindestens 24 °C ausgesät. Nach einer Abhärtungsphase kann an geschützte, milde Standorte auf Hügel im Freien ausgepflanzt werden, ansonsten werden die Pflänzchen im Spätfrühjahr in ein Gewächshausbeet, in große Gefäße oder in Erdsäcke gesetzt.

AUSSAATTIEFE	2,5 cm
PFLANZTIEFE	5–8 cm in Hügel
ABSTAND IN DER REIHE	25–20 cm
REIHENABSTAND	75 cm

■ **Pflege** Regelmäßig gießen und bis zur Knollenbildung alle zwei oder drei Wochen einen Volldünger zugeben.

■ **Ernte und Lagerung** Wenn die Blätter vergilben, Knollen ausgraben und 4–7 Tage in der Sonne trocknen lassen. Entweder frisch verzehren oder bei 10–15 °C lagern. Blätter nach Bedarf ernten.

■ **Probleme** Blattläuse *(siehe S. 252)*, Weiße Fliege *(S. 263)* und Rote Spinne *(S. 260)*.

■ **Empfehlenswerte Sorten**

'Beauregard': Englische Sorte, goldgelbes Fleisch, als Wurzelschnittling im Handel.

Weiße Rübe, Speiserübe, Mairübe, Stielmus

Brassica rapa Rapifera-Gruppe

JAHRESZEIT	FRÜHJAHR			SOMMER			HERBST			WINTER		
SPEISERÜBE												
AUSSAAT	•	•	•	•	•	•						•
ERNTE			•	•	•	•	•	•	•			
STIELMUS												
AUSSAAT	•					•	•					
ERNTE								•	•			

Die zweijährige Weiße Rübe oder Speiserübe gehört zur Familie der Kohlgewächse *(siehe S. 76–81)* und wird meist einjährig kultiviert. Die Wurzeln sind flach, rund oder lang, das Fleisch ist weiß oder gelb. Die kleinen kugeligen Mairüben werden am besten jung und frisch verzehrt, die größeren Herbstrüben dienen als haltbares Wintergemüse. Speiserüben brauchen sechs bis zehn Wochen zur Reife und eignen sich für Mischkulturen. Pro Pflanzreihe von 3 m reifen etwa zehn Wurzeln von je 500–750 g aus.

■ **Standort und Boden** Kühl und feucht, in stickstoffreichem Boden mit einem pH-Wert von mindestens 6,8.

■ **Aussaat** Ab dem Spätwinter alle zwei bis drei Wochen in Folge dünn aussäen, Keimlinge später vereinzeln. Sehr frühe Saaten mit Vlies oder Folie schützen. Spätfrühjahr- oder Sommersaaten keimen bei sehr heißem, trockenem Wetter manchmal nicht, das Saatbeet muss deshalb feucht und schattig sein. Stielmus im Spätsommer, Frühherbst oder zeitigen Frühjahr aussäen.

AUSSAATTIEFE	2 cm
ABSTAND IN DER REIHE	auf 10–15 cm vereinzeln
REIHENABSTAND	Wurzeln 25–30 cm, Kraut 15 cm

■ **Pflege** Unkraut hacken und regelmäßig gießen. Bei Trockenheit empfehlen sich pro Woche 11 Liter Wasser pro m².

■ **Ernte** Die ersten Wurzeln sind erntereif, wenn sie 4–5 cm Durchmesser erreicht haben. Die Ernte ist bis zum Frühwinter möglich, dann können die Rüben in Kästen oder Mieten gelagert werden *(siehe S. 71)*. Stielmus wird auf 2,5 cm gekürzt, wenn er etwa 15 cm hoch ist.

■ **Probleme** Kohlfliege *(siehe S. 257)*, Eulenraupe *(S. 254)*, Erdflöhe *(S. 254)*, Mehlige Kohlblattlaus *(S. 257)*, Kohlgallenrüssler *(S. 257)*, Drahtwürmer *(S. 253)*, Falscher und Echter Mehltau *(S. 254, S. 253)*.

■ **Empfehlenswerte Sorten**

Speiserübe:

'Blanc dur d'hiver': Herbstrübe, süßliche, weiße Knollen. Kann im Winter im Freien bleiben.

'Petrowski': Mairübe, spitze, gelbliche Knolle.

'Tokyo Cross': Mairübe, sehr früh, runde weiße Knolle.

'Teltower': Mairübe, pikant, frosthart.

Stielmus:

'Holländische Weiße': Nutzung auch als Speiserübe.

'Mairübstiel': Auch unter Glas geeignet.

Wurzelpetersilie

Petroselinum crispum var. *tuberosum*

JAHRESZEIT	FRÜHJAHR			SOMMER			HERBST			WINTER		
AUSSAAT	•											•
ERNTE						•	•	•	•			•

Wurzelpetersilie erinnert in Geschmack und Aussehen an Pastinaken, ist aber kleiner. Sie hat petersilienähnliche Blätter, die in milden Wintern grün bleiben – sofern die Wurzeln nicht geerntet werden – und als Ersatz für die empfindlichere Blattpetersilie verwendet werden können *(siehe S. 144)*. Der Ertrag liegt bei 3 kg pro 3 m Pflanzreihe.

■ **Standort und Boden** *Siehe* Pastinake.

■ **Aussaat** Dünn in Reihen aussäen; Keimlinge vereinzeln, wenn zwei Blätter zu sehen sind.

AUSSAATTIEFE	2 cm
ABSTAND IN DER REIHE	auf 15–20 cm vereinzeln
REIHENABSTAND	30 cm

■ **Pflege** *Siehe* Pastinake.

■ **Ernte und Lagerung** *Siehe* Pastinake.

■ **Probleme** *Siehe* Pastinake.

Anbau von Zwiebelgemüse

Zur Zwiebelfamilie gehören alle essbaren Pflanzen der Gattung *Allium* – von Küchenzwiebeln über Knoblauch und Schalotten bis zum Lauch. Frühlingszwiebeln werden geerntet, wenn die Zwiebeln sehr klein, die weißen Sprosse und grünen Blätter noch zart sind. Winterzwiebeln sind immergrüne Stauden, deren Blätter für Salate verwendet werden. Lauchzwiebeln sind eine Form der Winterzwiebel. Die meisten *Allium*-Arten haben ähnliche Kulturansprüche. Wenn Sie Sortenauswahl und Aussaat genau planen, können Sie fast das ganze Jahr ernten. Manche Zwiebeln lassen sich auch den Winter über lagern. Küchenzwiebeln werden aus Samen oder Steckzwiebeln – speziell gezüchteten, winzigen Zwiebeln mit gutem Nährstoffvorrat – angezogen. Lauch wird ein wenig anders kultiviert als Zwiebeln *(siehe S. 94)*, da seine Stängel möglichst hell sein sollen.

Samen oder Steckzwiebeln?
In diesem Beet wurden Schalotten aus Samen und aus Steckzwiebeln gezogen. Aus den Samen (großes Bild) *entwickelte sich eine reiche Ernte großer Schalotten, aus den Steckzwiebeln* (kleines Bild) *in viel kürzerer Zeit eine etwas geringere Ernte mit gesunden, kleineren Pflanzen.*

STANDORT UND BODEN

Zwiebeln brauchen einen offenen, luftigen Standort, damit nicht durch zu hohe Luftfeuchte Krankheiten gefördert werden. Der Boden muss nährstoffreich und gut dräniert sein, besonders für frühe Saaten und überwinternde Pflanzen. Zwiebeln vertragen keinen sauren Boden; kalken Sie deshalb, wenn der pH-Wert unter 6,5 liegt. Damit sich keine Schädlinge oder Krankheiten festsetzen, bauen Sie Zwiebeln in mindestens dreijähriger Fruchtfolge an. Der Boden sollte einige Monate im Voraus umgegraben werden – im Herbst für die Aussaat im Frühjahr. Arbeiten Sie dabei gut verrottete organische Substanz ein. Säen Sie auf keinen Fall in frisch gedüngten Boden aus, da die Pflanzen sonst weiches Gewebe ausbilden und krankheitsanfällig werden. Zwiebeln brauchen meist wenig Stickstoff, doch gibt es Ausnahmen *(siehe Gemüseproträts, S. 92–94)*. Überwinterte Zwiebeln werden erst im Frühjahr gedüngt.

WARUM STECKZWIEBELN?

Die Anzucht aus Steckzwiebeln hat Vor- und Nachteile. Steckzwiebeln sind immer teurer als Samen und die Auswahl ist begrenzt, auch wenn mittlerweile immer mehr Sorten erhältlich sind. Doch geht es viel leichter und schneller, Steckzwiebeln zu pflanzen als Keimlinge heranzuziehen *(siehe oben)*; viele Gärtner beschränken sich deshalb auf das erhältliche Sortiment an Steckzwiebeln, um rasch schöne reife Zwiebeln zu ernten. Steckzwiebeln sind weniger krankheitsanfällig, pflegeleichter und früher reif. Sie tolerieren sogar schlechteren Boden und werden seltener von der Zwiebel- und der Wurzelfliege befallen, die Samen und Keimlingen gleichermaßen gefährlich werden. Pflanzen aus Steckzwiebeln neigen zum Schossen, das heißt, sie bilden vorzeitig einen Blütenstängel und Samen. Dann fällt die Zwiebelernte schlechter aus. Um dies zu vermeiden, wählen Sie kleinere oder wärmebehandelte Steckzwiebeln. Letztere wurden einige Monate bei großer Wärme gelagert, sodass die Blütenanlagen absterben.

Zwiebeln vereinzeln
Keimlinge in Reihen werden je nach gewünschter Zwiebelgröße ausgedünnt: Je geringer der Abstand, desto kleiner die Zwiebel. Diese hier wurden auf 10cm, 5cm und 2,5cm ausgedünnt.

AUSSAAT

Zwiebeln, die noch im gleichen Jahr reifen, werden im März und April gesät. Lauch zum Überwintern sät man Mitte August. Große Zwiebeln und Gemüsezwiebeln säen Sie etwa zu Frühjahrsbeginn unter Glas bei 10–16 °C in Multitopfplatten und pikieren später in 9-cm-Töpfe; die abgehärteten Pflanzen werden ab der Frühjahrsmitte ausgepflanzt. Kleinere Zwiebeln säen Sie ab Februar unter Glas ohne Heizung in Tuffs von sechs Samen oder einzeln in kleinere Töpfe und pflanzen ab Frühjahrsbeginn aus. Säen Sie erst dann ins Freiland, wenn sich der Boden erwärmt hat und abgetrocknet ist; ist er zu kalt oder feucht, keimen die Samen schlecht. Säen Sie je nach Sorte vom Spätwinter bis zum Hochsommer *(siehe Gemüseporträts, S. 92–94)*. Zur Ernte Anfang des folgenden Jahres säen Sie im Spätsommer oder Frühherbst. Sind die Keimlinge groß genug, wird je nach der gewünschten Zwiebelgröße ausgedünnt *(Bild links)*.

Folgesaaten etwa alle zwei Wochen sind für Salatzwiebeln wie die Frühlingszwiebel nötig. Sie reifen in etwa zehn Wochen und bleiben nur wenige Wochen auf dem Beet stehen.

PFLANZUNG

Keimlinge, die unter Glas oder in einem Saatbeet angezogen wurden, sowie Steckzwiebeln werden vom Spätwinter bis zur Frühjahrsmitte gepflanzt, wärmebehandelte Steckzwiebeln erst zur Frühjahrsmitte. Vor der Pflanzung entscheiden Sie, wie groß die Zwiebeln werden sollen. Alle Größen eignen sich sowohl zum Kochen und für Salate, kleine Zwiebeln reifen jedoch besser und halten sich länger im Lager. Der optimale Reihenabstand liegt bei 25–30 cm. Für viele kleine Zwiebeln sind 2,5 cm der richtige Pflanzabstand, für mittelgroße 5 cm und für größere 10 cm. Sehr große Zwiebeln brauchen 15 cm Abstand bei einem Reihenabstand von 30 cm. Die großen Abstände ermöglichen eine gute Luftzirkulation, was die Anfälligkeit für Mehltau reduziert *(siehe unten)*. Zwiebelhorste brauchen 30 cm × 30 cm Abstand.

Verpflanzen Sie die Keimlinge vorsichtig mit einer Pflanzkelle an ihren endgültigen Platz in gut vorbereiteten Boden. Für Steckzwiebeln rechen Sie den Boden zuvor, sodass Sie die Zwiebeln in flache Rillen stecken können, ohne den Boden darunter zu verdichten. Die Wurzeln sollten in den Boden eindringen, nicht die Zwiebel nach oben drücken.

In feinkrümeligen Boden lassen sich Steckzwiebeln leicht eindrücken. Decken Sie die Zwiebeln einzeln mit Erde ab und drücken Sie sie leicht an, sodass die Spitze noch herausschaut *(Bild oben)*. Werden die Steckzwiebeln flacher gepflanzt, werden sie leicht von Vögeln, die im Beet ein Staubbad nehmen, herausgezogen.

Knoblauch braucht eine Kälteperiode, um sich gut zu entwickeln und wird direkt ins Freiland gepflanzt. Bei schwerem, nassem Boden pflanzen Sie die Zehen im Herbst zunächst in Multitopfplatten *(siehe unten)* und stellen sie über Winter an einen geschützten Platz im Freien auf. So bekommen sie die Kälte, die sie brauchen, aber nicht zu viel Wasser.

Steckzwiebeln

1 Die Steckzwiebeln in eine flache Rille setzen und leicht andrücken. Der Abstand in der Reihe beträgt etwa 10 cm, wenn kleinere Zwiebeln erwünscht sind, weniger (siehe S. 89).

2 So festdrücken, dass die Spitzen noch zu sehen sind. Abgestorbene Blätter oder Sprosse entfernen. Steckzwiebeln werden nur gegossen, wenn der Boden bei der Pflanzung sehr trocken ist.

LAUCH PFLANZEN

Lauch unterscheidet sich von Zwiebeln dadurch, dass der weiße Stängel am Ansatz der Blätter gegessen wird. Er wird zwar wie anderes Gemüse in Anzuchtbeete oder unter Glas gesät, aber anders weiterkultiviert als Zwiebeln, da seine Stängel gebleicht werden müssen *(siehe Aussaatmethoden und Pflanzzeiten, S. 93)*. Die Keimlinge werden einzeln tief in schmale Löcher gesetzt, sodass sich lange, weiße Stängel bilden, ohne dass die Pflanze angehäufelt werden muss.

Keimlinge aus dem Saatbeet werden nach acht bis zehn Wochen, wenn sie etwa 20 cm hoch sind, vorsichtig aus der Erde herausgeholt. Kranke oder beschädigte Pflanzen werden dabei weggeworfen. Suchen Sie etwa gleich große Pflanzen aus, legen Sie das Bündel auf den Boden und kürzen Sie die Wurzeln auf etwa 2,5 cm ein. Die Blätter sollten bereits 15–20 cm lang sein; sind sie länger, werden sie gekürzt. Manche Gärtner meinen, dass durch das Kürzen der Ertrag verringert wird, unbeschnittene Pflanzen lassen sich aber nicht so tief in die Pflanzlöcher setzen.

Wurden die Keimlinge in Multitopfplatten angezogen, drücken Sie die Wurzelballen leicht von unten aus den Töpfen heraus. Stechen Sie mit dem Setzholz eine Reihe von 15 cm tiefen Löchern auf 15 cm Abstand. Setzen Sie je eine Pflanze pro Pflanzloch, und zwar so, dass sie den Boden erreicht. Die Reihe wird vorsichtig mit einem feinen Strahl angegossen. Wenn sich die Erde gesetzt hat, werden die Löcher bis zum Rand aufgefüllt, damit sich die Pflanzen setzen. Die Wachstumsspitze der Pflanze sollte an oder gerade über der Erdoberfläche sitzen, die ganze Pflanze sollte nicht mit Erde bedeckt sein.

Die jungen Lauchpflanzen werden nach der Pflanzung täglich gegossen, bis sie angewachsen sind – besonders bei Trockenheit; das dauert etwa eine Woche.

MISCHKULTUR

Knoblauch, Schalotten, Frühlingszwiebeln und Steckzwiebeln eignen sich für eine Mischkultur mit hohem, langsam reifendem Gemüse wie Mais.

Knoblauch in Multitopfplatten

1 Im Herbst werden die Knoblauchzehen von der Knolle gelöst. Papierartige Schale wird entfernt, aber ein Stück der Basis gelassen *(kleines Bild)*.

2 Die Zehen setzt man einzeln in die Zellen, die teilweise mit Substrat gefüllt sind. Anschließend bedeckt man sie mit Substrat und stellt sie über Winter kühl. Im Frühjahr kommen die gekeimten Zehen an ihren endgültigen Platz.

Lauch-Jungpflanzen auspflanzen

1 Etwa acht Wochen nach der Aussaat, bei frühem Lauch ist das etwa zur Frühjahrsmitte, bei spätem im Frühsommer, die etwa bleistiftdünnen Keimlinge aus der Saatrille nehmen. Trockenen Boden zuerst angießen, mit der Handgabel den Boden unter den Wurzeln lockern und die Keimlinge vorsichtig herausziehen.

2 Gruppen von etwa zehn gleich starken Keimlingen heraussuchen, mit einem scharfen Messer die Wurzeln auf etwa 2,5 cm, die Blätter auf 15–20 cm kürzen.

3 Im Pflanzbeet eine Rille anzeichnen und mit einem großen Setzholz 15 cm tiefe Pflanzlöcher in 15 cm Abstand hineinstechen. In jedes Loch einen Keimling setzen, sodass der Wachstumspunkt direkt am Boden sitzt.

4 Gut angießen, damit sich die Wurzeln setzen. Die Löcher füllen sich von selbst, während der Lauch wächst.

ZWIEBELN ERNTEN

Der beste Erntezeitpunkt ist gekommen, wenn die Blätter vergilben und absterben; die Blätter abzuknicken, um die Reifung zu beschleunigen, verschlechtert die Lagerqualität der Zwiebeln. Zwiebeln mit einem dicken Hals sollten frisch verbraucht werden, da sie sich nicht gut lagern lassen. Graben Sie die Zwiebeln vorsichtig aus und legen Sie sie nebeneinander auf ein Gestell in der Sonne zum Trocknen. Drehen Sie die Zwiebeln regelmäßig um, damit sie gleichmäßig abtrocknen. Lagern Sie Zwiebeln erst dann, wenn die grünen Teile und Schalen trocken sind. Entfernen Sie lose Schalen und flechten Sie die Spitzen zu einem Zopf *(siehe S. 73)* oder hängen Sie Bündel auf. Sie können die Spitzen auch abschneiden und die Zwiebeln in Netzen oder in flachen Kisten lagern *(S. 73)*, doch nie dunkel, da sie sonst keimen.

SCHOSSER

Wie manche Blattsalate schossen auch Zwiebeln leicht. Durch eine spätere Aussaat sind sie vor Kälte und Staunässe geschützt, die das Wachstum stören und zur frühzeitigen Blüte führen. Mit wärmebehandelten Steckzwiebeln und schossfesten Sorten vermeiden Sie das Problem.

HÄUFIGE PROBLEME

Die meisten Zwiebelgemüse leiden unter denselben Schädlingen und Krankheiten. Um diese im Vorfeld einzugrenzen, sollten Sie resistente Sorten pflanzen, Fruchtwechsel einhalten und mit einer guten Belüftung vorbeugen.

Die Mehlkrankheit *(siehe S. 258)* ist eine bodenbürtige Pilzkrankheit, deren Erreger über 20 Jahre im Boden bleiben – sind Ihre Zwiebeln einmal befallen, vernichten Sie sofort alle kranken Pflanzen. Eine teurere Lösung ist es, den befallenen Boden auszutauschen. Achten Sie darauf, die Erreger nicht durch Werkzeuge und Schuhe im gesamten Garten zu verbreiten. Falscher Mehltau *(S. 254)* tritt bei feuchtem Klima auf, wenn die Triebe weich und anfällig für eine Infektion sind. Die Zwiebeln sollten so trocken wie möglich stehen; gießen Sie also nur bei großer Trockenheit.

Zwiebelhalsfäule *(S. 258)* und Fusarium-Welke *(S. 255)* befallen oft überwinternde Pflanzen; sie lassen die Basis der Zwiebeln faulen. Viren *(S. 263)* werden besonders bei Knoblauch lästig, kaufen Sie daher garantiert virusfreie Pflanzen.

Die Zwiebelfliege *(S. 264)* tritt vor allem bei trockenem Boden auf und ist vom Spätfrühjahr bis zum Spätsommer aktiv. Für die Aussaat um diese Zeit verwenden Sie am besten pilliertes Saatgut, behandeln die Saatreihen vorbeugend mit einem Pflanzenschutzmittel oder decken sie mit Vlies ab, um die Fliegen fernzuhalten, bis die Samen keimen. Die schmalen Blätter wachsen jedoch durch das Vlies hindurch und können beim Abnehmen beschädigt werden. Zwiebelblasenfuß *(S. 264)* und Stängelnematode *(S. 262)* befallen Lauch, Zwiebeln und Schalotten.

Schalotten trocknen
Spannen Sie Hühnerdraht zwischen vier kurze Pflöcke, sodass er über dem Boden liegt und die Luft zirkulieren kann. Legen Sie die Zwiebeln zum Trocknen darauf.

ZWIEBELGEMÜSE VON A-Z

Etagenzwiebel

Allium cepa Proliferum-Gruppe

JAHRESZEIT	FRÜHJAHR			SOMMER			HERBST			WINTER		
PFLANZUNG		•			•	•						
ERNTE					•	•						

Diese mehrjährige Zwiebel wird in zwei Jahren bis zu 1,2 m hoch. Sie bildet anstelle der Blüten Gruppen sehr kleiner Luftzwiebeln, daher stammt auch der Name „Luftzwiebel". Diese keimen noch an der Mutterpflanze, entwickeln Triebe und weitere Büschel kleiner Zwiebeln, sodass mehrere Etagen entstehen. Der Spross bricht schließlich unter seinem eigenen Gewicht zusammen, die kleinen Zwiebeln schlagen Wurzeln und entwickeln sich zu neuen Pflanzen. Etagenzwiebeln sind nicht sehr ertragreich. Es gibt keine benannten Sorten.

■ **Standort und Boden** Sonnig, in nährstoffreichem, gut dräniertem, alkalischem Boden.

■ **Aussaat und Pflanzung** Einzeln oder in Gruppen im Frühjahr und Herbst pflanzen.

AUSSAATTIEFE	Spitze schaut gerade aus der Erde.
ABSTAND IN DER REIHE	25 cm
REIHENABSTAND	25 cm

■ **Pflege** Die Pflanzen vermehren sich leicht und müssen eventuell ausgedünnt werden.

■ **Ernte** Die Luftzwiebeln ernten, wenn sie im Spätsommer reifen, bevor sie weiter wachsen.

■ **Probleme** Alle Zwiebelschädlinge und -krankheiten *(siehe S. 91)*, die Pflanze ist allerdings robuster als die anderen Arten.

Frühlingszwiebel

Allium cepa

Frühlingszwiebeln sind sehr früh reifende, eigentlich unreife Küchenzwiebeln *(siehe A. cepa, S. 94)*, die wegen ihrer kleinen weißen Stängel und zarten grünen Blätter geschätzt werden. Sie werden geerntet, wenn sie etwa 15 cm hoch sind. 250-300 Stück können pro 3 m Pflanzreihe geerntet werden. Frühlingszwiebeln eignen sich für Mischkultur.

JAHRESZEIT	FRÜHJAHR			SOMMER			HERBST			WINTER		
AUSSAAT	•	•	•	•								•
ERNTE				•	•	•	•					

■ **Standort und Boden** Entsprechend der Perlzwiebel *(siehe S. 93)*. Der pH-Wert muss allerdings bei 6,8 oder höher liegen.

■ **Aussaat und Pflanzung** Um den Sommer über zu ernten, wird vom zeitigen Frühjahr an alle zwei Wochen in Reihen direkt an den endgültigen Platz ausgesät. Kleinere Abstände bringen höhere Erträge, aber die Pflanzen sind anfälliger für Falschen Mehltau *(siehe Probleme)*. Vereinzeln ist meist nicht nötig. In sehr milden Regionen kann man für eine Ernte im nächsten Frühjahr im Spätsommer und Frühherbst aussäen. Die Keimlinge sollten vor dem Winter gut anwachsen, sonst werden sie besonders bei leichtem Boden vom Frost gelockert. Im Winter am besten abdecken.

AUSSAATTIEFE	1–2 cm
ABSTAND IN DER REIHE	1 cm
REIHENABSTAND	30 cm

■ **Pflege** Bei Trockenheit gießen, damit die Pflanzen gleichmäßig wachsen. Viele Sorten bilden dann dickere Zwiebeln aus. In kalten Regionen müssen überwinternde Zwiebeln mit Folientunnel oder Ähnlichem geschützt werden *(siehe S. 46)*.

■ **Ernte** Nach etwa zwei Monaten nach Bedarf.

■ **Probleme** Neben den bekannten Zwiebelschädlingen *(siehe S. 91)* wird vor allem die Zwiebelfliege lästig, besonders bei Trockenheit; außerdem treten Mehlkrankheit und Falscher Mehltau auf. Symptome und Kontrolle *siehe unter Pflanzenschutz, S. 246–264*.

■ **Empfehlenswerte Sorten**

'Bianca de Pompei': Schneeweiß, schmal, mild.

'Purplett': Haut rotviolett, verblassen beim Kochen, jung ernten.

'Weiße Frühlingszwiebel': Gute Lauchzwiebel, bei Aussaat im August reifen im nächsten Sommer gute Speisezwiebeln.

'White Lisbon': Milde Bundzwiebel, kurze Kultur.

Knoblauch

Allium sativum

JAHRESZEIT	FRÜHJAHR			SOMMER			HERBST			WINTER		
PFLANZUNG	•						•				•	
ERNTE			•	•		•	•					

Knoblauch mit seinen positiven medizinischen Eigenschaften wird oft als Bestandteil einer gesunden Ernährung empfohlen. Es gibt zahlreiche Sorten, manche sind sogar resistent gegen Viren und Nematoden. Die Knoblauchknolle selbst besteht aus mehreren Zehen, die als Gewürz dienen. Und auch wenn die Pflanzen blühen, bilden sie noch gute Knollen aus – im Gegensatz zu vielen anderen Gewürz- und Gemüsepflanzen. Knoblauch braucht ein bis zwei Monate lang Temperaturen von 0-10 °C, um auszureifen. In kälteren Gegenden wird er meist im Frühjahr gepflanzt, Herbst- oder Winterpflanzungen sind nur für wärmere Gebiete zu empfehlen. Im Frühjahr gepflanzt, reift er in kalten Sommern häufig schlecht. 17 Knollen sind pro 3 m Pflanzreihe im Idealfall zu erwarten. Er eignet sich auch für Mischkultur.

■ **Standort und Boden** Ein luftiger, sonniger Platz mit gut dräniertem, alkalischem Boden ist ideal; schwerer Boden sollte mit Sand aufgelockert werden. Ebenso sollte reichlich gut verrottete, organische Substanz eingearbeitet werden; frischer Mist oder Kompost ist ungeeignet.

■ **Pflanzung** Im Oktober, Februar oder im April werden die Zehen, die etwa 1,5 cm Durchmesser aufweisen, getrennt und je nach Bodentyp direkt ins Freiland oder in Multitopfplatten gesetzt, und zwar aufrecht mit der Spitze nach oben. Eine Pflanztiefe von 10 cm in leichtem Boden ist ideal.

PFLANZTIEFE	2,5–10 cm
ABSTAND IN DER REIHE	18 cm
REIHENABSTAND	30 cm

■ **Pflege** Unkraut entfernen und Zehen stets feucht halten, damit das Wachstum nicht gestört wird. Schwarze Mulchfolie hält die Pflanzen warm, den Boden feucht und das Unkraut klein.

■ **Ernte und Lagerung** Im Herbst oder Winter gepflanzte Knollen werden im Spätfrühjahr oder Frühsommer geerntet, sobald die Blätter gelb werden; wird die Ernte verzögert, keimen die Knollen erneut und faulen leicht während der Lagerung. Im Frühjahr gepflanzte Knollen sollten vom Hochsommer bis Frühherbst geerntet werden. Sie müssen gut trocknen *(siehe S. 91)* und dürfen nicht beschädigt werden. Getrocknet *(siehe S. 73)* können sie bei 5-10 °C lagern; bei optimalen Bedingungen halten sich die Knollen bis zu zehn Monate.

■ **Probleme.** Wie bei allen Zwiebeln führt Rost zu Schäden. Symptome und Kontrolle *siehe unter Pflanzenschutz, S. 246–264.*

■ **Empfehlenswerte Sorten**
'Thüringer': Ertragreich, ohne Luftzwiebeln.

Lauchzwiebel

Allium fistulosum

JAHRESZEIT	FRÜHJAHR			SOMMER			HERBST			WINTER		
AUSSAAT	•	•	•	•	•		•	•	•	•	•	•
UMPFLANZEN			•	•								
ERNTE	•	•					•	•	•	•		

Die Lauchzwiebel ist eine aus Japan stammende Zuchtform der Winterzwiebel *(siehe S. 94)*. Sie ist zwar mehrjährig, wird aber meist einjährig kultiviert. Neben kleinblättrigen Salatzwiebeln gibt es auch großblättrige Formen ähnlich wie Lauch. Die für Salate verwendeten Stängel schmecken schärfer als die der Frühlingszwiebel. Überwinternde Exemplare brauchen in kälteren Gegenden eine Abdeckung. Die Pflanzen werden in zwei Jahren bis zu 60 cm hoch. Eine Pflanzreihe von 3 m ergibt 250-300 Salatzwiebeln oder 40-50 große Zwiebeln.

■ **Standort und Boden** Lauchzwiebeln wachsen auch auf einem weniger nährstoffreichen Boden noch gut *(siehe S. 89)*.

■ **Aussaat und Pflanzung** Salatzwiebeln, von denen man das grüne Laub nutzen möchte, werden vom Frühherbst bis zum Spätwinter unter Glas ausgesät *(siehe S. 64)*, vom Frühjahr bis zum Hochsommer ist dies auch im Freien möglich. Die Keimlinge werden schrittweise auf 8 cm ausgedünnt. Für größere Zwiebeln werden je zwei bis drei Samen im Abstand von 8 cm ausgelegt.

AUSSAATTIEFE	2 cm
ABSTAND IN DER REIHE	2,5 cm für Schlotten 5 cm für große Zwiebeln
REIHENABSTAND	30 cm

■ **Pflege** Unkraut entfernen und die Zwiebeln stets feucht halten.

■ **Ernte** Ausgesäte Zwiebeln können nach 10-14 Wochen geerntet werden. Im Herbst und Winter des zweiten Jahres werden die Gruppen ausgegraben und die Stängel abgetrennt.

■ **Probleme** Siehe Küchenzwiebel *(S. 91)*. Falscher Mehltau kann ziemlichen Ärger bereiten, seltener tritt Rost auf. Symptome und Kontrolle *siehe unter Pflanzenschutz, S. 246–264.*

■ **Empfehlenswerte Sorten**
'Bunching Star': Winterhart, zeitige Ernte.
'Ishikura Long-White': Kräftiger Geschmack im Vergleich zu Frühlingszwiebeln, resistent gegen Mehltau, Folgesätze von Frühjahr bis Herbst möglich, nicht frosthart.
'Negaro': Langer, weicher Schaft, gleichmäßig, ertragreich.
'Toga': Mit langem, rotem Schaft.

Perlzwiebel

Allium porrum var. *sectivum*

JAHRESZEIT	FRÜHJAHR			SOMMER			HERBST			WINTER		
AUSSAAT	•	•										
ERNTE					•							

Die Perl- oder Silberzwiebel ist eine Form der Speisezwiebel *(siehe S. 94)*. Sie liefert große Mengen sehr kleiner, zarter Zwiebeln zum Einlegen, etwa 1–1,5 kg pro 3 m Pflanzreihe.

■ **Standort und Boden** Sie bevorzugen nährstoffreichen, gut dränierten, alkalischen Boden, tolerieren aber auch trockenere Böden.

■ **Aussaat und Pflanzung** Von Anfang bis Mitte Frühjahr wird an den endgültigen Platz gesät. Die optimale Dichte beträgt etwa 30 Pflanzen pro 30 cm². Gesät wird in Reihen mit 30 cm Abstand oder in etwa 20 cm breite Streifen mit je 30 cm Abstand.

AUSSAATTIEFE	2,5 cm
ABSTAND IN DER REIHE	5 mm
REIHENABSTAND	30 cm

■ **Pflege** Bestand immer unkrautfrei halten. Vereinzeln ist nicht nötig.

■ **Ernte und Lagerung** Die Zwiebeln sind erntereif, wenn die Blätter im Hochsommer absterben. Sie werden wie Küchenzwiebeln geerntet und getrocknet *(siehe S. 92)* sowie kühl und trocken gelagert *(siehe S. 73)*.

■ **Probleme** Alle Zwiebelschädlinge und -krankheiten *(siehe S. 91)*. Symptome und Kontrolle *siehe unter Pflanzenschutz, S. 246–264.*

■ **Empfehlenswerte Sorten**
'Barletta': Klein, rund, silberweiß, mild.
'Weiße Königin': Silberweiß, sehr früh, zum Einmachen.

Porree

Allium porrum

JAHRESZEIT	FRÜHJAHR			SOMMER			HERBST			WINTER		
AUSSAAT	•	•			•						•	
UMPFLANZEN		•	•	•	•	•						
ERNTE	•					•	•	•	•	•	•	•

Porree oder Lauch wird wegen seiner weißen Stängel geschätzt *(siehe S. 90)*, die von Spätsommer bis ins Frühjahr des folgenden Jahres geerntet werden. Je nach Sorte wird er ein- oder zweijährig angebaut. Dabei gibt es früh (im Spätsommer und Herbst), mittelfrüh (im Winter) oder spät (im Frühjahr) reifende Sorten. Frühe Sorten haben meist lange, weiße Stängel und blassgrüne Blätter. Spätere Sorten haben dunklere Blätter und kürzere Stängel. Eine Pflanzreihe von 3 m ergibt im Durchschnitt 4-6 kg frühen Lauch oder 3-5 kg späten.

■ **Standort und Boden** Lauch gedeiht in tiefgründigem, nährstoffreichem, neutralem bis leicht saurem Boden, am besten in sandigem Lehm. Vor der Aussaat wird organische Substanz und ein stickstoffreicher Grunddünger eingearbeitet. Dann entwickelt Lauch zahlreiche Faserwurzeln, die die Bodenstruktur verbessern. Er lässt sich gut in eine Fruchtfolge einbauen.

■ **Aussaat und Pflanzung** Von Anfang bis Mitte Frühjahr kann bei Temperaturen von mindestens 7 °C in ein Freiland-Saatbeet ausgesät werden, im Winter geschieht dies unter Glas bei 10 °C in Multitopfplatten. Die Jungpflanzen müssen vor dem Auspflanzen abgehärtet werden. Kleine Lauchsorten kann man ohne Heizung im Spätwinter in Tuffs aussäen.

Keimlinge werden ab der Frühjahrsmitte, wenn sie etwa 20 cm hoch sind, an den endgültigen Platz umgepflanzt. Dazu werden mit dem Setzholz tiefe Pflanzlöcher gebohrt. Spätere Sorten setzt man auf größere Abstände, damit die Pflanzen größer werden. Bei entsprechend geplanter Aussaatzeit können die Sorten auch früher oder später als zum üblichen Termin geerntet werden, doch dann kann die Qualität leiden.

AUSSAATTIEFE	2,5 cm
ABSTAND IN DER REIHE	dünn aussäen
PFLANZTIEFE	15 cm
ABSTAND IN DER REIHE	15–20 cm
REIHENABSTAND	30–35 cm

■ **Pflege** Während des Wachstums Saatbeete und Keimlinge unkrautfrei halten. Nach dem Anwachsen nur bei großer Trockenheit gießen. Im Hoch- bis Spätsommer, bei späten Sorten im Spätwinter, einen hoch dosierten Stickstoffdünger zugeben. Wurde der Lauch nicht in tiefe Löcher gesetzt, müssen die Stängel hoch angehäufelt werden, um das Bleichen zu fördern.

■ **Ernte** Lauch kann je nach Sorte und Bedarf vom Spätsommer an geerntet werden. Im Spätfrühjahr kann man ihn ausgraben und bis zum Gebrauch woanders einschlagen, wenn die Fläche anderweitig gebraucht wird. Gesunde reife Pflanzen können einige Zeit auf dem Beet stehen bleiben.

■ **Probleme** Lauch leidet unter allen typischen Pflanzenschutzproblemen der Gattung *Allium (siehe S. 91)*. Fusarium *(S. 255)* schädigt die Wurzeln, daher sollte man Lauch in Töpfen vorziehen. Porreerost (*S. 260*), Eulenraupe *(S. 254)*, Zwiebelfliege *(S. 264)* und Zwiebelblasenfuß *(S. 264)* können ebenfalls lästig werden.

■ **Empfehlenswerte Sorten**
'Alaska': Bekannter Winterporree vom Typ 'Blaugrauer Winter', blaugrüne Blätter, lange und feste Schäfte, frosthart. Weitere Wintersorten

vom gleichen Typ sind z.B. 'Arkansas', 'Eskimo', 'Farinto', 'Husky'.
'Elefant': Gute Herbstsorte, auch zum Tiefgefrieren.
'Hannibal': Robuste, gesunde Herbstsorte.
'Herbstriesen': Robuste, gesunde Herbstsorte.
'Tropita': Langer Schaft, für Sommer- und Herbstanbau, verträgt leichten Frost.

Schalotte

Allium cepa var. *ascalonicum*

JAHRESZEIT	FRÜHJAHR			SOMMER			HERBST			WINTER		
AUSSAAT	•	•	•		•							
UMPFLANZEN	•	•	•									
ERNTE				•	•	•	•	•				

Diese pflegeleichte Zwiebel mit dem typischen Geschmack wird zum Kochen und Einlegen verwendet. Die häufigsten Sorten bilden feste Zwiebeln mit gelber oder roter Schale. Schalotten werden meist als Steckzwiebeln gepflanzt und brauchen eine lange Saison. Im zeitigen Frühjahr können bereits Brutzwiebeln entfernt und für Salate verwendet werden. Formen mit langen, schmalen Zwiebeln sind ebenso erhältlich wie samenvermehrbare Sorten, die keine Horste, sondern nur einzelne Zwiebeln ausbilden. Eine Pflanzreihe von 3 m ergibt 60–180 Schalotten. Sie eignen sich für Mischkultur.

Standort und Boden Ein nährstoffreicher, gut dränierter, nicht saurer Boden ist ideal. Zur Pflanzung den Boden lockern.

Aussaat und Pflanzung Von Mitte bis Ende Frühjahr kann ins Freiland gesät werden, später wird auf 2 cm ausgedünnt. Ab dem Spätwinter ist die Aussaat unter Glas möglich, wobei die Jungpflanzen zur Frühjahrsmitte auf 5 cm Abstand ausgepflanzt werden. Steckzwiebeln *(siehe S. 90)* werden entweder im Herbst oder von Anfang bis Mitte Frühjahr gesetzt, wenn der Boden nicht mehr gefroren ist. Kleine Steckzwiebeln schossen seltener als große.

AUSSAATTIEFE	2 cm
ABSTAND IN DER REIHE	2,5 cm für Schalotten 5 cm für Zwiebeln
REIHENABSTAND	30 cm

Pflege Bestand unkrautfrei halten. Bei Trockenheit Steckzwiebeln und Keimlinge angießen, damit sie gute Wurzeln bilden.

Ernte und Lagerung Im Hoch- bis Spätsommer ernten, wenn die Blätter abgestorben sind, und wie Küchenzwiebeln trocknen. Schalotten reinigen und in Schalen oder Säcken frostfrei lagern *(siehe S. 73)*. Sind die Pflanzen gesund, einige Steckzwiebeln für das nächste Jahr aufbewahren; sie sollten 2 cm Durchmesser haben.

Probleme Anfälligkeit für die bekannten Zwiebelprobleme *(siehe S. 91)*, besonders Falschen Mehltau. Symptome und Kontrolle *siehe unter Pflanzenschutz, S. 246–264.*

Empfehlenswerte Sorten
'Longor': Kupferfarbene Schale, rosa Fleisch.
'Red Sun': Rotschalig, rund, würzig, schossfest, lange lagerfähig.

Speisezwiebel

Allium cepa Cepa-Gruppe

JAHRESZEIT	FRÜHJAHR			SOMMER			HERBST			WINTER		
AUSSAAT	•	•	•	•	•	•	•					•
PFLANZUNG	•	•	•									
ERNTE				•	•	•	•					

Speisezwiebeln werden entweder frisch zum Gebrauch geerntet oder über Winter gelagert. Die meisten Sorten haben gelbe oder braune Schalen und weißes Fleisch, es gibt aber auch rotschalige Formen, manche sogar mit rot-weiß gestreiftem Fleisch. Zwiebeln reifen langsam, ihre Endgröße wird vom Pflanzabstand bestimmt. Bei Spätsommersorten hängt die Größe auch davon ab, wie viele Blätter die Pflanze entwickelt hat, wenn sich das Blattwachstum zugunsten der Zwiebelbildung einstellt. Eine 3-m-Reihe ergibt durchschnittlich 60 kleine, 30 große oder 15 sehr große Zwiebeln bzw. 1–3 kg. Sie eignen sich für Mischkultur.

Standort und Boden Sie brauchen einen lockeren, nährstoffreichen, eher alkalischen Boden. Gute Dränage ist für überwinternde Pflanzen unbedingt nötig. Vor der Aussaat im Spätwinter oder Frühjahr sollte der Boden mithilfe von Vlies oder Folie erwärmt werden.

Aussaat und Pflanzung Überwinterte Pflanzen sind anfälliger für Krankheiten, daher ist es besser, im Frühjahr auszusäen oder zu pflanzen. Gegen Pilzkrankheiten behandeltes Saatgut ist weniger empfindlich. Um das ganze Jahr über Zwiebeln zu ernten, wird zweimal gesät bzw. werden Steckzwiebeln gesetzt: einmal im Frühjahr und einmal im Herbst. Manche Keimlinge gehen im Winter verloren, daher kann im Herbst etwas dichter gesät werden. Ab dem Spätwinter kann auch in Multitopfplatten ausgesät werden; wenn es warm und trocken genug ist, direkt in dünnen Reihen ins Freie. Dort werden die Keimlinge je nach gewünschter Größe ausgedünnt. Winterharte Sorten im Herbst in ein Anzuchtbeet setzen, dieses zuvor mit etwas Stickstoffdünger aufdüngen.

AUSSAATTIEFE	2 cm
ABSTAND IN DER REIHE	2,5–10 cm nach Wunsch
REIHENABSTAND	30 cm

Pflege Unkraut entfernen, vor allem im ersten Monat nach der Aussaat oder Pflanzung. Gegossen wird nur, bis die Pflanzen angewachsen sind; im Frühjahr gepflanzte Zwiebeln reifen langsamer und lagern sich schlechter, wenn sie im Hochsommer gegossen werden. Auf Krankheiten und Schädlinge kontrollieren. Überwinternden Pflanzen wird zur Wintermitte etwas Stickstoff verabreicht, im Frühjahr werden sie ausgedünnt.

Ernte und Lagerung Winterzwiebeln werden vom Früh- bis Hochsommer geerntet, im Frühjahr ausgesäte vom Spätsommer bis Frühherbst. Die Zwiebeln trocknen lassen *(siehe S. 91)* und bei Bedarf einige für den Winter einlagern *(siehe S. 73 und S. 91)*.

Probleme Alle Krankheiten und Schädlinge werden auf *Seite 91* beschrieben. *Siehe auch S. 246–264.*

Empfehlenswerte Sorten
Sommerzwiebeln:
'Birnenförmige': Oval, gelb, milder Geschmack.
'Braunschweiger Dunkelblutrote': Weinrot, plattrund, sehr fest, haltbar.
'Gelbe Laaer': Östrreichische Landsorte, flachrund, gut lagerfähig.
'Piroska': Rotschalige Sorte.
'Robelja': Dunkelrot, flachrund, robust, wüchsig.
'Roter Wädenswiler': Dunkelrote, mittelgroße Zwiebel, gut lagerfähig.
'Stuttgarter Riesen': Altbekannte Sorte, gelb, flachrund, für Ernte im August oder zum Überwintern.
'Zittauer Gelbe': Alte Sorte, birnenförmige, schwere Zwiebel, frühe Ernte, gut lagerfähig.
Winterzwiebeln:
'Senshyu Yellow': Runde, gelbe Zwiebeln.
'Sonic': F1-Hybride, runde, gelbbraune Zwiebel, tolerant gegenüber Falschem Mehltau, schossfest.
Gemüsezwiebeln:
'Ailsa Craig': Sehr große Zwiebel, hellbraun.
'The Kelsae': Gelbschalige Riesengemüsezwiebel, gute Lagerfähigkeit.

Winterzwiebeln

Allium fistulosum

JAHRESZEIT	FRÜHJAHR			SOMMER			HERBST			WINTER		
AUSSAAT	•	•	•	•	•							•
ERNTE	•	•	•	•	•	•	•	•	•	•	•	•

Die Winter- oder Winterheckenzwiebel ist eine Staude mit dunkelgrünen, hohlen Blättern (Schalotten), die meist in Gruppen wächst und 30–45 cm hoch wird. Der Sprossansatz ist zwar verdickt, bildet aber keine richtige Zwiebel. Sie eignet sich als ganzjährige Alternative zur Frühlingszwiebel. Die Blätter, die das Jahr über grün bleiben, und winzigen Zwiebeln werden roh oder gekocht für Wintersalate verwendet. In milderen Regionen kann zwei bis drei Jahre lang geerntet werden, dann wird die Pflanze im Frühjahr oder Herbst geteilt *(siehe unten)*. In Regionen mit strengen Wintern sollte jedes Jahr neu gesät werden. Aus Samen vermehrte Pflanzen sind oft robuster als geteilte.

Standort und Boden *Siehe* Perlzwiebel *(S. 93)*.

Aussaat und Pflanzung Von Frühjahr bis August aussäen und später auf 20 cm Abstand vereinzeln. Bei mehrjährigen Pflanzen die Gruppen im Frühjahr ausgraben, in mehrere Teile mit gesunden Blättern und Wurzeln teilen und im Abstand von 20 cm neu einpflanzen.

AUSSAATTIEFE	2,5 cm
ABSTAND IN DER REIHE	dünn säen, später auf 20 cm vereinzeln
REIHENABSTAND	23 cm

Pflege Unkraut regelmäßig entfernen.

Ernte Im Frühjahr gesäte Pflanzen sollten im Herbst erntereif sein, im Spätsommer gesäte im folgenden Frühjahr. Einzelne Blätter nach Bedarf schneiden oder ganze Gruppen ernten.

Probleme. Alle Zwiebelkrankheiten können auftreten *(siehe S. 91)*, die Pflanzen sind jedoch robuster.

Anbau von Hülsenfrüchten

Zu den essbaren Hülsenfrüchten oder Leguminosen gehören Bohnen wie Busch- und Stangenbohnen, Dicke Bohnen, Kidneybohnen, Limabohnen, Feuerbohnen und Kuhbohnen genauso wie Schäl- und Zuckererbsen. Die jungen Triebe können zwar auch als Gemüse verzehrt werden, doch werden Leguminosen vor allem wegen ihrer Samen und Schoten kultiviert, die frisch oder getrocknet verwendet werden. Alle werden einjährig gezogen. Puffbohnen und Erbsen vertragen auch kühleres Klima relativ gut, während Gartenbohnen und Feuerbohnen am besten in warmen Regionen vom Spätfrühjahr bis zu den Herbstfrösten gedeihen.

STICKSTOFFSPEICHER

Die ganze Familie der Leguminosen ist mit Wurzelknötchen ausgestattet, die Stickstoff speichern *(Bild unten)* und braucht daher viel weniger Stickstoffdünger als anderes Gemüse. Die Aufnahme von Stickstoff erfordert jedoch Energie, deshalb ist der Ertrag im Verhältnis zu anderem Gemüse etwas geringer. Sie sollten also genügend Pflanzen setzen, um eine ausreichende Ernte zu erhalten. Eine positive Eigenschaft von Erbsen und Bohnen ist, dass sie relativ viel Eiweiß enthalten. Ein weiterer Vorteil der Stickstoffspeicherung von Erbsen und Bohnen ist, dass ihre Blätter wertvolle Zutaten des Komposthaufens sind.

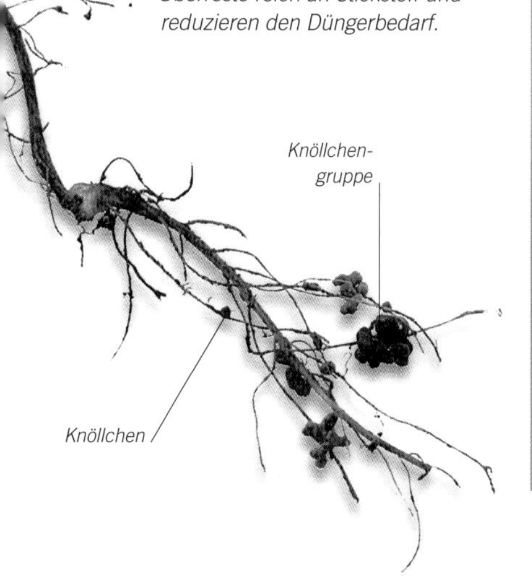

Stickstoff speichernde Knöllchen
Alle Leguminosen speichern Stickstoff mithilfe von Rhizobium-Bakterien, die in Knöllchen an ihren Wurzeln leben. Daher sind die Überreste reich an Stickstoff und reduzieren den Düngerbedarf.

Verschiedene Gartenbohnen

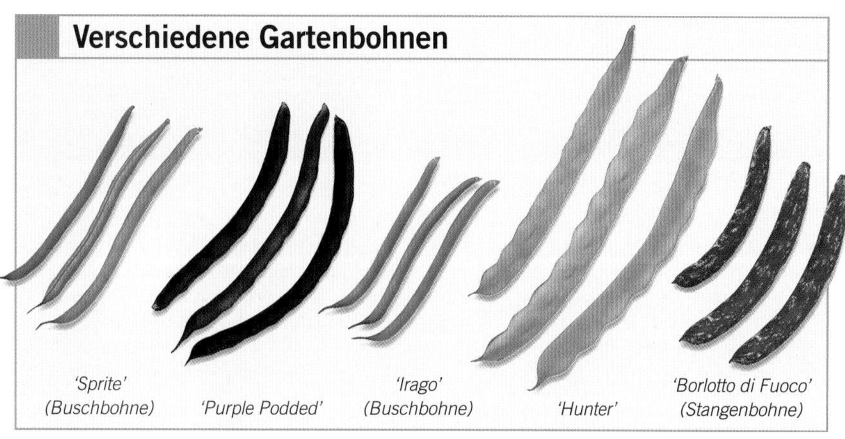

'Sprite' (Buschbohne) · *'Purple Podded'* · *'Irago' (Buschbohne)* · *'Hunter'* · *'Borlotto di Fuoco' (Stangenbohne)*

DER RICHTIGE STANDORT

Erbsen und Bohnen werden von ähnlichen Schädlingen und Krankheiten befallen *(siehe S. 98–100)* und sollten nicht immer wieder am selben Platz stehen, sondern in eine Fruchtfolge eingebaut werden; Kohlgewächse zum Beispiel können den im Boden angesammelten Stickstoff gut nutzen. Eine Anbaupause von mindestens drei Jahren ist zu empfehlen. Alle Leguminosen gedeihen in voller Sonne, die weniger robusten brauchen einen warmen, geschützten Platz. Puffbohnen bevorzugen einen tonhaltigen Boden, andere Arten wiederum gedeihen besser in leichtem, sandigen Boden. Neutraler bis alkalischer Boden (pH-Wert 6,5–7) ist ideal, aber auch leicht saurer Boden (pH-Wert nicht unter 5,5) wird toleriert. Ansonsten sollte gekalkt werden, jedoch nicht direkt vor der Pflanzung. Erbsen und Bohnen sind Starkzehrer und deshalb auf einen hohen Nährstoffgehalt angewiesen.

Der Boden sollte mit organischer Substanz wie Kompost verbessert werden, bei humusreichem Boden reicht es, umzugraben *(Bild unten)*. Organische Substanzen verbessern die Dränage und Bodenstruktur, etwa bei schwerem Tonboden, und halten die Feuchtigkeit, was während der Blüte sehr wichtig ist.

Einen Bohnengraben anlegen

1 In humusarmem Boden liefert ein traditioneller Bohnengraben die nötigen Nährstoffe. Es wird eine Linie angezeichnet und ein 90 cm breiter und 60 cm tiefer Graben ausgehoben. Der Boden wird mit der Gabel gelockert.

2 Organische Substanz wird im Graben und auf der ausgehobenen Erde verteilt. Die Erde wird wieder eingefüllt und stickstoffreicher, am besten langsam wirkender organischer Dünger zugegeben. Der Boden sollte zwei Wochen ruhen.

STÜTZHILFEN SIND NÖTIG

Da viele Erbsen und Bohnen in die Höhe wachsen, brauchen sie eine Stütze, damit sie nicht vom Regen umgeworfen werden. Die Stützen erleichtern zudem Kulturarbeiten wie Unkraut jäten, Gießen und die Schädlingskontrolle, es entsteht auch weniger Wetterschaden. Somit können Sie mehr und bessere Schoten ernten. Das entschädigt für die zusätzlichen Kosten und die Mühe.

Verbreitet sind Bambusstäbe mit Schnüren *(Bild rechts)*, Stäbe und Netze oder verzweigte Äste. Die Stützen lassen sich am leichtesten vor der Aussaat anbringen bzw. bevor die Bohnen in die Höhe gewachsen sind. Niedrige Buschbohnen, Erbsen oder Puffbohnen können zwar ohne Stütze auskommen, aber auch ihnen hilft eine Schnur zu beiden Seiten der Reihe. Stützen können Sie sich auch bei Stangenbohnen sparen, sofern sie die Triebspitzen auskneifen, wenn die Pflanzen etwa 20 cm hoch sind, sodass sie in Buschform wachsen.

Verschiedene Erbsen- und Bohnenstützen

Stangenreihen
Stangen, die im Abstand von 15–25 cm in der Erde stecken, werden paarweise zusammengebunden und bilden ein stabiles Gerüst für Feuerbohnen.

Stangen und Netze
Bei doppelten Erbsenreihen werden ein 30–60 cm breiter Hühnerdraht oder Kunststoffnetze an 1,2 m hohen Stangen in 1,2 m Abstand aufgehängt.

Schnittabfälle für Erbsen
Schnittgut von Hasel oder Birke werden in 30 cm Abstand in den Boden gesteckt. Sie bilden ein natürlich wirkendes Gerüst.

STÜTZEN FÜR BOHNEN

Kletternde Feuer- und Stangenbohnen winden sich um ihr Gerüst, deshalb sind Doppelreihen oder kräftige Zelte aus Bambusrohr ideal für diese Pflanzen *(Bild unten)*. Einige Stangen können dabei auch durch Schnüre ersetzt werden. Ziehen Sie an jeder Stange oder Schnur eine Pflanze hoch. Für Feuerbohnen eignen sich auch an hohen Pfosten befestigte Netze oder Rankgitter, denn sie machen auch als Sichtschutz eine hübsche Figur.

Der beste Platz für Leguminosen
Viele Erbsen und Bohnen wachsen hoch und müssen deshalb gestützt werden. Da sie Schatten werfen, sollte der Abstand zu anderem Gemüse mindestens die halbe Höhe betragen. Hier wachsen Feuerbohnen an Stangenzelten in etwa 90 cm Abstand von Kürbispflanzen.

STÜTZEN FÜR ERBSEN

Erbsen klettern mithilfe von Ranken. Werden sie mit Netzen, Ästen, Stangen und Schnüren gestützt, steigt der Ertrag und das Pflücken fällt leichter. Erbsen brauchen ein durchgehendes Netz, am besten mit einer Schnur auf jeder Seite, damit die Pflanzen in Form bleiben.

Die Stützen sollten bereits stehen, wenn die Samen auflaufen. Zweige von Hasel oder Birke *(Bild oben)* eignen sich für diesen Zweck besonders gut. Stecken Sie die Zweige einfach zu einer durchgehenden Hecke zusammen. Eine weitere effektive Lösung sind an Stangen befestigte Draht- oder Kunststoffnetze.

AUSSAAT

Erbsen- und Bohnensamen sind groß und relativ teuer. Sie müssen tief ausgelegt werden – eventuell mit dem Setzholz –, doch das führt oft dazu, dass die Samen in nasse, kalte, unbelüftete Bodenschichten gelangen. Die runzligen Markerbsen sowie Feuer- und Gartenbohnen faulen bei niedriger Bodentemperatur leicht. Sie werden deshalb erst gesät, wenn der Boden wärmer wird, etwa zur Mitte des Frühjahrs, oder unter Glas vorgezogen. Die Samen locken Mäuse an; durch Aussaat unter Glas in einer Regenrinne *(Bild gegenüber)* oder unter Folienhauben wird dieses Problem vermieden.

Um die Erfolgsaussichten weiter zu steigern, weichen Sie die Samen bis zu 24 Stunden vor der Aussaat ein oder keimen Sie die Samen wie bei der Keimprobe vor *(siehe S. 61)*. Säen Sie, wenn die Wurzeln 5 mm lang sind, in gleichmäßigem Abstand in die Rille, und werfen Sie alle Samen ohne Wurzeln fort.

AUSSAAT UNTER GLAS

Die Aussaat in Multitopfplatten ist eine wirtschaftliche Methode, Leguminosen unter Glas anzuziehen. Sie können als Alternative auch je drei Samen in 5- oder 8-cm-Töpfe legen. Biologisch abbaubare Anzuchttöpfe eignen sich besonders gut für Puffbohnen, deren Pfahlwurzeln leicht beschädigt werden. Tiefe Töpfe *(siehe S. 62 und S. 108)* sind ideal für die langen Pfahlwurzeln der Feuerbohnen. Pflanzen Sie die Keimlinge aus *(Bild unten rechts)*, sobald die Wurzeln das Substrat zusammenhalten.

Auch Vlies oder transparente Folientunnel erwärmen den Boden, wenn sie etwa vier Wochen vor der Aussaat aufgestellt werden; gleichzeitig halten sie den Regen ab. In warmem, feuchtem Boden keimen die Samen schnell. Folientunnel und Vlies schützen die Keimlinge vor Kälte, Wind, Regen und Vögeln und werden von Anfang bis Mitte Frühjahr eingesetzt.

Erbsen und Bohnen haben eine relativ kurze Ernteperiode, die sich aber oftmals durch Folgesaaten verlängern lässt. Die Pflanzen wachsen im Sommer schneller als im Frühjahr, daher sollte später öfter gesät werden. Ein guter Anhaltspunkt für die Wachstumsrate ist die Größe der Keimlinge der vorhergehenden Saat *(siehe Gemüseporträts, S. 98–100)*.

Erbsen in eine Regenrinne säen

1 Eine Regenrinne aus Kunststoff wird zu drei Vierteln mit Anzuchtsubstrat gefüllt und die Samen werden versetzt in 5 cm Abstand ausgelegt. Mit Substrat auffüllen, angießen und beschriften. Das Ganze bei mindestens 10 °C unter Glas hell aufstellen.

2 Sobald die Keimlinge 8 cm hoch sind, zieht man im Freien eine Rille und läßt die Keimlingsreihen hineingleiten.

REGELMÄSSIGE PFLEGE

Hülsenfrüchte werden in breite Reihen gesetzt, die schnell von Unkraut bewachsen werden. Schwarze Mulchfolie oder eine Mulchdecke aus organischem Material reduziert das Aufkommen von Unkraut und somit das Jäten und Hacken. Gleichzeitig bleibt der Boden feucht. Die Pflanzen selbst dürfen aber nicht bedeckt werden.

Leguminosen müssen vor der Blüte nicht gegossen werden, sofern sie nicht welken, da zu reichliche Wassergaben das Blattwachstum auf Kosten der Blüten fördern. Reichliches Gießen unterstützt die Blüten- und Fruchtbildung. Mindestens 22 Liter Wasser pro m² und Woche sind für eine gute Ernte nötig.

▲ **Stangenbohnen auspflanzen**
Die Stützen sollten bereits stehen, wenn unter Glas gezogene Jungpflanzen ins Freie gesetzt werden, sobald sie groß genug sind. Je eine Pflanze rankt an einer Stange hoch.

◀ **Triebspitzen auskneifen**
Wenn die Pflanzen die Spitze der Stäbe erreichen, die Triebspitzen auskneifen, damit sich Seitentriebe bilden.

ERBSEN UND BOHNEN ERNTEN

Hülsenfrüchte aus dem Garten sind in Geschmack und Struktur kaum zu übertreffen, wenn sie gleich nach der Ernte gegessen werden. Sie halten sich länger, wenn sie morgens, wenn die Schoten noch kühl sind, gepflückt und anschließend im Kühlschrank aufbewahrt werden. Da heutzutage kommerziell tiefgefrorene Erbsen fast so gut schmecken wie die aus dem Garten, konzentrieren sich manche Gärtner lieber auf sehr ausgefallene oder seltene Sorten *(siehe Gemüseporträts, S. 98–100)*. Zum Trocknen werden Erbsen und Bohnen ebenso geerntet wie Samen zur Lagerung *(siehe unten)*.

SAMEN AUFBEWAHREN

Manche Leguminosen sind Selbstbestäuber, daher können Sie sicher sein, dass kaum Fremdbestäubung stattgefunden hat und die Nachkommen sortenecht sind. Sie können auch unreife Schoten zum Nachreifen aufhängen. Lassen Sie die Schoten an einem kühlen Ort trocknen und lösen Sie die Samen dann aus; diese müssen nochmals nachtrocknen und werden dann dunkel, kühl und trocken gelagert. Bei richtiger Lagerung ist es möglich, dass sie über mehrere Jahre halten.

HÜLSENFRÜCHTE VON A–Z

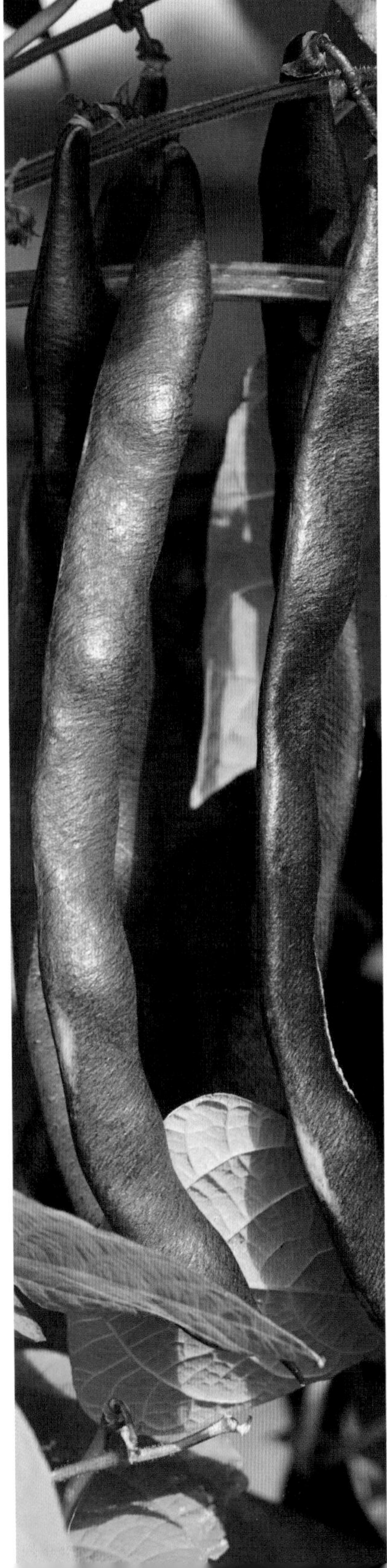

Busch- und Stangenbohnen

Phaseolus vulgaris

JAHRESZEIT	FRÜHJAHR			SOMMER			HERBST			WINTER		
AUSSAAT		•	•	•	•							
UMPFLANZEN				•								
ERNTE					•	•	•	•				

Ertragreiche, pflegeleichte Bohnen frisch aus dem Garten sind ein wahres Geschmackserlebnis. Der Anbauer unterscheidet zwischen den niedrigen Buschbohnen und den hochkletternden Stangenbohnen. Es gibt sie in verschiedenen Sorten: Wachsbohnen, Prinzessbohnen, Flageoletbohnen sowie Brechbohnen. Die Hülsen können grün, gelb, bläulich, violett oder schwarz gemustert sein. Besonders Letztere wirken sehr dekorativ.

Gartenbohnen werden einjährig kultiviert. Die niedrigen Buschbohnen brauchen keine Stütze, während die kletternden Stangenbohnen wie Feuerbohnen an Stangen hochgezogen werden *(siehe S. 96)*. Sie können auch ein Zelt aus vier bis acht 2,5 m hohen Stangen bilden, wobei je drei Bohnen pro Stange gesät werden. Buschbohnen reifen früher als Stangenbohnen und sind besonders geeignet zur Kultur unter Folientunnel und im Frühbeet; Stangenbohnen sind ertragreicher und nutzen den Platz in kleinen Gärten und Gewächshäusern besser aus. Der Ertrag liegt bei 4,5 kg pro 3 m Reihe. Gartenbohnen sind Selbstbestäuber und entwickeln sich sortenecht aus selbst geernteten Samen.

■ **Standort und Boden** Busch- und Stangenbohnen sind frostempfindlich und können nur vom Frühsommer bis zur Herbstmitte im Freien wachsen. Geschützte warme Standorte sind ideal, ansonsten helfen Folientunnel oder Vlies. Ein leichter, nährstoffreicher, neutraler Boden wird bevorzugt, doch wird jeder gut dränierte, humusreiche Boden toleriert. Buschbohnen können auch in Töpfen kultiviert, im Gewächshaus vorgezogen und ab dem Frühsommer ins Freie gestellt werden.

■ **Aussaat und Pflanzung** Gartenbohnen brauchen mindestens 12 °C zum Keimen und dürfen erst ab Mitte Mai ins Freie gesät werden. Eine frühere Aussaat ist unter Glas möglich, wobei eine Bohne pro 8-cm-Topf ausgelegt wird, im Spätfrühjahr unter Folientunnel oder bei kaltem, nassem Boden jederzeit unter Glas. Keimlinge werden bei 8 cm Höhe ausgepflanzt. Hilfreich ist, den Boden einige Wochen vor dem Umpflanzen mit transparenter Folie vorzuwärmen.

32–43 Samen werden pro m² in gleichmäßigen Einzel- oder Doppelreihen ausgelegt, sodass genügend Platz für die Ernte und für die Stützen bleibt. Doppelreihen sind ertragreicher, Buschbohnen unterdrücken in dieser Form auch das Unkraut zwischen den Reihen.

Vom Spätfrühjahr bis zum Hochsommer wird alle zwei Wochen in Folge gesät, solange der Boden feucht ist, um im Herbst durchgehend zu ernten.

AUSSAATTIEFE	5 cm
ABSTAND IN DER REIHE	5–10 cm in der Einzelreihe; 15 cm in der Doppelreihe
REIHENABSTAND	45 cm zwischen Einzelreihen; Doppelreihen 25 cm; mit 45 cm zwischen den Reihen

■ **Pflege** Eine Mulchdecke fördert das Wachstum und sorgt dafür, dass die Bohnen nicht auf dem Boden liegen. Ohne sie werden die Pflanzen 8–10 cm hoch angehäufelt; das hilft, sie zu stützen und Unkraut zu unterdrücken. Anzahl und Qualität der Bohnen lassen sich durch Feuchthalten des Bodens ab der Blütenbildung verbessern. Frühe und späte Aussaaten werden mit Folie abgedeckt.

■ **Ernte und Lagerung** Die Bohnen reifen in zwei bis drei Monaten. Wird alle zwei bis drei Tage gepflückt, bilden sich neue Bohnen und die Qualität bleibt erhalten. Sie bleiben frisch, wenn sie früh am Morgen gepflückt und im Kühlschrank gelagert werden. Durch eine Abdeckung mit Folienhauben zur Herbstmitte wird die Ernte um einige Wochen verlängert.

■ **Probleme** Nacktschnecken *(siehe S. 259)* und Schwarze Bohnenblattlaus *(S. 253)* sind die häufigsten Schädlinge, auch Wurzelfliege *(S. 264)*, Vögel *(S. 263)*, Mäuse *(S. 258)*, Wurzelläuse *(S. 264)* und Rote Spinne *(S. 260)* kommen vor. Gefährlich sind die Brennflecken- *(S. 253)* und die Fettfleckenkrankheit *(S. 254)*, zunehmend tritt Rost auf *(S. 260)*. Besonders häufig sind jedoch Stamm- und Wurzelfäulen sowie Welkekrankheiten *(S. 255)*; sie lassen sich durch einen ständigen Standortwechsel vermeiden.

■ **Empfehlenswerte Sorten**

Stangenbohnen:

'Blauhilde': Blaue Hülsen, robust, ertragreich.

'Forellenbohne': Marmorierte Hülsen, spät.

'Neckarkönigin': Hülsen lang, grün, zart. Späte, robuste Sorte.

Buschbohnen:

'Butterzart': Altbewährte, gelbhülsige Sorte, früh reifend, wenig anfällig gegenüber Brennfleckenkrankheit.

'Flevoro': Sehr früh, grüne, runde Hülse.

'Golddukat': Wachsbohne, gelbe Hülsen über dem Laub, leicht zu ernten.

'Golden Teepee': Mittelspät, gelbe Hülsen über dem Laub, leicht zu ernten.

'Negra': Erst grüne, später rötliche Hülsen, schwarze Samen.

'Purple Teepee': Violettblaue Hülsen, färben sich beim Kochen grün.

Dicke Bohne

Vicia faba

JAHRESZEIT	FRÜHJAHR			SOMMER			HERBST			WINTER		
AUSSAAT	•	•										•
UMPFLANZEN	•	•										
ERNTE			•	•	•	•						

Dicke Bohnen, auch als Puff- oder Saubohnen bekannt, sind köstlich, pflegeleicht und vertragen sogar einige Minusgrade. Auffällig sind die hübschen weißen Schmetterlingsblüten mit dem typischen schwarzen Fleck am Grund. Die einjährigen Pflanzen werden meist wegen ihrer grünen oder weißen Samen kultiviert, aber auch junge Schoten und Triebspitzen können gekocht verzehrt werden. Je nach Sorte verfärben sich die Bohnen beim Kochen braun oder behalten ihre Farbe. Sorten mit langen Hülsen haben acht Samen pro Hülse, Sorten mit kürzeren, breiteren Hülsen meist vier große Bohnen. Moderne Sorten sind kompakter und bilden kleine, zarte Bohnen. Der Ertrag liegt bei 3 kg pro 3 m Reihe.

Buschsorten werden nur etwa 60 cm, also halb so groß wie die meisten Puffbohnen, und eignen sich besonders für die Kultur unter Folienhauben, in Gefäßen und kleinen Gärten.

■ **Standort und Boden** Jeder mäßig nährstoffreiche, gut dränierte Boden ist geeignet. Wegen der langen Pfahlwurzeln sollte der Boden tief umgegraben werden und gut dräniert sein. Die besten Erträge erreicht man auf relativ schwerem, humusreichem Boden, frühe Aussaaten gedeihen dagegen auf leichterem Boden, wenn während der Blüte gegossen wird.

■ **Aussaat und Pflanzung** Folgesaaten im Frühjahr liefern eine durchgehende Ernte vom Spätfrühjahr bis zum Spätsommer, wobei die nächste Aussaat erfolgt, wenn die Keimlinge 8 cm hoch sind. Buschsorten eignen sich für spätere Ernten. Im Spätwinter oder zeitigen Frühjahr kann direkt ins Freie gesät werden, wenn der Boden nicht staunass und es mindestens 5 °C warm ist. Aussaaten im Herbst und Winter unter Glas oder im Haus sind ebenfalls möglich, zur Frühjahrsmitte wird ausgepflanzt.

AUSSAATTIEFE	8 cm
ABSTAND IN DER REIHE	25 cm
REIHENABSTAND	45 cm bei Einzelreihen; bei Doppelreihen 25 cm Abstand, 60 cm zwischen den Reihen

■ **Pflege** Regelmäßig Unkraut hacken, die Pflanzenbasis zum Schutz und zur Stabilisierung leicht anhäufeln. Hohe Sorten an Stangen und Schnüren aufbinden *(siehe S. 96)*. Wenn sich an den niedrigsten Stellen Blüten zeigen, die Spitzen auskneifen, damit die Schoten früher reifen. Häufig werden so gleich Schwarze Bohnenläuse mit entfernt werden, die bevorzugt in der Spitzenregion sitzen. Während der Blütezeit wird bei Trockenheit gegossen, um eine reiche Ernte zu erhalten.

■ **Ernte** Die Hülsen reifen in drei bis vier Monaten, bei Aussaaten im Herbst und Winter dauert es länger. Sie müssen regelmäßig gepflückt werden, bevor sie zu alt sind – ist die Verbindung zwischen Bohne und Hülse braun oder schwarz, sind die Bohnen meist schon zäh. Die Bohnen reifen nacheinander von unten, daher kann von einer Pflanze mehrmals gepflückt werden.

■ **Probleme** Die Schwarze Bohnenblattlaus *(siehe S. 253)* lässt Blätter und Sprosse schmutzig und verkümmert wirken. Der Gestreifte Blattrandkäfer *(S. 252)* frisst die Blätter junger Pflanzen an, verursacht aber keinen großen Schaden. Pferdebohnenkäfer *(S. 260)* und Mäuse *(S. 258)* beschädigen die Samen. Die Schokoladenfleckenkrankheit *(S. 261)* ist in nassen Jahren gefährlich, besonders für frühe Kulturen. Rost *(S. 261)* kann Schaden hervorrufen.

■ **Empfehlenswerte Sorten**

'Con Amore': Früh, schwarz gefleckte Blüten, grüne Samen, die sich beim Kochen braun färben.

'Piccola': Mittelfrüh, feinkörnige, grüne, runde Samen.

Erbse

Pisum sativum

JAHRESZEIT	FRÜHJAHR			SOMMER			HERBST			WINTER		
AUSSAAT	•	•	•	•								
UMPFLANZEN	•	•	•									
ERNTE				•	•	•	•					

Zu den einjährigen Gartenerbsen gehören die runden Pal- oder Schalerbsen, die frisch oder getrocknet verzehrt werden können, die süßer schmeckenden, runzligen Markerbsen sowie Zuckererbsen, die mitsamt der Hülle gegessen werden. Schalerbsen sind weniger kälteempfindlich als Markerbsen. Im Küchengarten wirken Erbsensorten mit ihren farbigen Blüten und Schoten besonders dekorativ. Erbsen sind pflegeleicht; wenn sie frisch gepflückt werden, ist ihr Geschmack unvergleichlich. Moderne Sorten sind häufig blattlos oder und blattarm, Ranken ersetzen hier die Blätter. Sie brauchen keine Stütze und sind weniger anfällig für Vogelfraß. Sie bilden häufig 2–3 Schoten pro Blüte aus, ältere Sorten dagegen nur eine. Neue Sorten sind auch meist niedriger und kompakt und lassen sich leichter stützen, tragen aber genauso viel wie höhere Sorten – durchschnittlich etwa 3 kg pro 3 m Pflanzreihe.

■ **Standort und Boden** Gut dränierter, neutraler bis alkalischer, wasserhaltiger Boden ist geeignet. Zur Verbesserung der Bodenstruktur organische Substanz wie Kompost zugeben. Ein offener, sonniger Platz ist ideal.

■ **Aussaat und Pflanzung** Im Spätherbst und Winter in Gefäße unter Glas oder im Folientunnel ausgesäte Erbsen gedeihen oft besser, besonders, als direkt an Ort und Stelle gesäte. Dies gilt besonders dann, wenn der Boden kalt und schwer ist; er sollte mindestens 5 °C warm sein. Ein guter Schutz, damit Vögel und Mäuse die Samen nicht fressen, ist im Freiland die Aussaat in Regenrinnen *(siehe S. 97)*. Ab Mitte Frühjahr gesäte Erbsen leiden oft an Echtem Mehltau. In warmen Regionen kann auch im Herbst gesät werden, am besten unter Folie oder Vlies. Folgesaaten werden angelegt, wenn die Keimlinge 5 cm hoch sind.

Erbsen werden meist in Einzelreihen oder Doppelreihen mit großem Abstand gesät, die leicht zu hacken sind; in Beeten mit rund 40 Pflanzen pro m² ist der Ertrag höher. Beete sind jedoch schwer zu ernten und unkrautfrei zu halten. Ein Kompromiss ist die Aussaat in drei Reihen mit etwa 15 cm Abstand und 15 cm Abstand zwischen den Samen in der Reihe. Die Dreierreihen liegen so weit auseinander, wie die Pflanze hoch wird. Bei dieser Anbaumethode ist der Ertrag hoch, die Ernte und das Unkraut jäten fallen leicht.

AUSSAATTIEFE	4 cm in feuchtem Boden 5 cm in trockenem
ABSTAND IN DER REIHE	5 cm in Einzel- oder Doppelreihen; 15 cm in Dreierreihen
REIHENABSTAND	entspricht Endhöhe der Pflanzen

■ **Pflege** Viele niedrige, besonders blattlose Sorten können ohne Hilfe stehen, tragen aber besser und sind leichter zu ernten, wenn sie gestützt werden *(siehe S. 96)*. Regelmäßiges Hacken und Jäten ist wichtig. Wird während der Blüte und wenn die Schoten wachsen, gegossen, steigt der Ertrag deutlich; wird vorher gegossen, bilden sich hauptsächlich nur Blätter.

■ **Ernte und Lagerung** Wenn nicht bereits im Winter gesät und vorkultiviert wird, reifen frühe Zwergsorten in etwa zwölf Wochen, die ertragreicheren Hauptsorten brauchen durchschnittlich 14 Wochen bis zur Ernte im Sommer. Die Erbsen werden gepflückt, sobald sie reif sind, damit sich weitere Schoten bilden können. Am besten pflückt man sie kurz vor Gebrauch und lagert sie kühl, zum Beispiel im Kühlschrank.

■ **Probleme** Die Raupen des Erbsenwicklers *(siehe S. 254)* dringen in die Schoten ein und sind schwer zu bekämpfen. Manchmal treten Grüne Erbsenblattlaus, Erbsenblasenfuß und Pferdebohnenkäfer *(S. 260)* auf. Der Gestreifte Blattrandkäfer *(S. 252)* frisst bevorzugt an den Blättern junger Pflanzen. Mausefallen und Vlies über dem Saatbeet sind die besten Methoden gegen Mäuse *(S. 258)* und Vögel *(S. 263)*. Fußkrankheiten und Wurzelfäulen *(S. 255)* werden bei nassem, kaltem Boden lästig. Bei frühen Aussaaten ist Vorkultur unter Glas das beste Gegenmittel; spätere Aussaaten sind seltener betroffen. Echter Mehltau *(S. 253)* ist die gefürchteste Krankheit, betrifft aber meist nur späte Aussaaten. Mittlerweile sind auch resistente Sorten im Handel. Die Brennfleckenkrankheit der Erbse *(S. 253)* ist gefährlich, aber selten.

■ **Empfehlenswerte Sorten**

Schalerbsen:

'Kleine Rheinländerin': Mittelfrühe Schalerbse, etwa 35 cm hoch.

'Blauschokker': Grausamige Erbsen in blauen Hülsen, hoher Wuchs.

Markerbsen:

'Markana': Späte Markerbse; stark rankende Pflanzen, brauchen kaum Stützen.

'Profita' und 'Vitara': Robust, tolerant gegen Echten Mehltau, Anbau ohne Stütze möglich.

Zuckererbsen:

'Norli': Frühreifend, bleibt niedrig.

'Zuccola': Mittelfrühe Markerbse, Knackerbsentyp.

Feuerbohne

Phaseolus coccineus

JAHRESZEIT	FRÜHJAHR			SOMMER			HERBST			WINTER		
AUSSAAT		•	•	•								
UMPFLANZEN				•								
ERNTE				•	•	•	•	•				

Feuerbohnen werden meist als einjährige Kletterpflanzen gezogen und können bis 3 m hoch werden. Sie sind aber ein genauso schmackhaftes

Gemüse. Niedrige Buschsorten sind ideal für frühe Aussaaten unter Folientunnel oder im Frühbeet. Die meisten blühen rot und haben rot gefleckte Samen, aber auch weiß blühende Sorten mit weißen Samen sind zu finden. Besonderheiten sind solche mit schwarzen Samen oder zweifarbigen Blüten. Diese werden in Ziergärten sehr geschätzt. Feuerbohnen schmecken kräftiger als Gartenbohnen und sind mit 6 kg pro 3 m Reihe ertragreicher.

■ **Standort und Boden** Feuerbohnen sind frostempfindlich. Sie brauchen einen warmen, geschützten Platz, wo Insekten sie gut bestäuben können. Ein tiefgründiger, nährstoffreicher, wasserhaltiger Boden ist ideal. In einem Bohnengraben mit reichlich Humus ist das gewährleistet, aber auch normale Bodenvorbereitung bringt Früchte.

■ **Aussaat und Pflanzung** Zum Keimen sollte der Boden mindestens 12 °C warm sein. Schwerer, nasser Boden wird durch Abdeckung mit transparenter Folie oder Tunnel etwa vier Wochen vor der Aussaat vorgewärmt. Die Pflanzen können auch ab Mitte Frühjahr unter Glas in tiefen Töpfen vorgezogen und im Frühsommer ausgepflanzt werden. Junge Pflanzen werden beim Anwachsen mit Vlies oder Ähnlichem geschützt. Zuerst werden Buschsorten, die unter Folie oder Vlies gezogen werden, reif; die Abdeckung muss während der Blüte entfernt werden, damit die bestäubenden Insekten Zugang haben. Aussaat im Hochsommer ermöglicht die Ernte bis zum Herbst.

Feuerbohnen werden meist in Doppelreihen an kräftige Stützen, zum Beispiel 2,5 m lange Stangen, gesät *(siehe S. 96)*, am besten eine Pflanze pro Stange. Sind die Stangen knapp, kann jede zweite durch eine Schnur ersetzt oder ein Nylonnetz ausgespannt werden. Sechs bis acht Stangen mit je einer Pflanze ergeben an der Spitze zusammengebunden einen Wigwam. Buschsorten dagegen brauchen keine Stangen. Werden bei Stangenbohnen die Spitzen ausgekniffen, entwickeln sie sich ebenfalls buschig. Schlechte Bestäubung kommt bei Buschformen seltener vor.

AUSSAATTIEFE	5 cm
ABSTAND IN DER REIHE	15 cm
REIHENABSTAND	Stangenbohnen: Doppelreihen 60 cm Abstand, 1,5 m zwischen den Reihen niedrige Sorten: wie Buschbohnen

■ **Pflege** Junge Triebe werden um die Stangen gewunden, damit sie in die Höhe klettern. Die Spitzen werden ausgekniffen *(siehe S. 97)*, wenn die Triebe die Höhe der Stützen erreicht haben, damit sie nicht kopflastig werden. Bei Trockenheit wird gegossen, sobald Blütenknospen erscheinen. Während der Blüte werden alle drei bis vier Tage 5–9 Liter Wasser pro m^2 gebraucht. Manchmal bilden sich keine Schoten trotz üppiger Blüte. Daran ist oft ein zu trockener Boden schuld, reichliches Wässern ist hier das Gegenmittel. Kaltes, windiges Wetter reduziert die Aktivitäten der Bestäuber. Warme Nächte dagegen stören die Schotenbildung; die Blüten mit Wasser zu besprühen, hilft meist nicht, kühlt aber die Blüten ab.

■ **Ernte.** Die Schoten reifen in etwa drei Monaten. Pro Woche sollte dann zwei- bis dreimal geerntet werden, damit sie nicht überreif werden, da die Pflanze sonst nicht mehr blüht. Alte Schoten werden entfernt. Es lohnt sich meist, Samen zu ernten *(siehe S. 97)*; wird jedoch mehr als eine Sorte kultiviert, entwickeln sich die Keimlinge nicht sortenecht.

■ **Probleme** Wie Busch- und Stangenbohnen *(siehe S. 98)*. Feuerbohnen leiden zum Teil unter schlechter Fruchtbildung *(S. 261)*.

■ **Empfehlenswerte Sorten**
'Hestia': Zwergbohne, etwa 50 cm hoch, rot-weiße Blüten, lange, flache Hülsen, auch für Balkonkästen.
'Lady Di': Rot blühend, früh und ertragreich, lange, fadenlose Bohnen.
'Preisgewinner': Rot blühend, hoch wachsend, lange, fleischige Hülsen.

Limabohne

Phaseolus lunatus

JAHRESZEIT	FRÜHJAHR	SOMMER	HERBST	WINTER
AUSSAAT	• •			
UMPFLANZEN		•		
ERNTE		•	•	

Die auch als Butterbohne bekannte, nicht winterharte Bohnenart wird meist einjährig gezogen, als Busch oder kletternd an Stangen. Die Bohnen werden grün wie Feuerbohnen verwendet oder getrocknet. Die gekeimten Samen sind ebenfalls essbar.

Der Ertrag liegt bei 560 g pro 3 m Reihe. Es sind derzeit keine Sorten im Handel.

■ **Standort und Boden.** Limabohnen brauchen gut dränierten, mäßig nährstoffreichen Boden, der sich im Frühjahr schnell erwärmt, und einen windgeschützten Platz in voller Sonne.

■ **Aussaat und Pflanzung.** Die Samen keimen bei 18 °C; sie werden im Frühjahr am besten in einen Anzuchtkasten ausgesät. Die Keimlinge werden im Frühsommer ausgepflanzt, wenn sie 10–15 cm hoch sind. Alternativ können sie auch auf feuchtem Küchenpapier vorgekeimt werden *(siehe S. 61)* und direkt an Ort und Stelle gesät werden.

AUSSAATTIEFE	5 cm
ABSTAND IN DER REIHE	15 cm
REIHENABSTAND	an Stangen in Doppelreihen auf 30 cm Abstand säen, 1,5 m Abstand zwischen den Reihen Buschsorten: wie Buschbohnen

■ **Pflege** *Siehe* Feuerbohne *(siehe S. 99/100)*. Limabohnen gedeihen am besten an warmen, geschützten Plätzen, etwa im Gewächshaus. Die Mindesttemperatur liegt bei 20 °C; während der Blüte Luftfeuchte reduzieren und lüften, um die Bestäubung zu fördern.

■ **Ernte** Die Bohnen reifen in drei bis vier Monaten und werden zwei- oder dreimal pro Woche geerntet; ansonsten blüht die Pflanze nicht mehr, da die Schoten alle Energie aufbrauchen.

■ **Probleme** Limabohnen leiden meist unter den gleichen Problemen wie Busch- und Stangenbohnen *(siehe S. 98)*. Gewächshauspflanzen sind anfällig für die Weiße Fliege *(siehe S. 263)*.

Spargelbohne

Vigna unguiculata subsp. *sesquipedalis*

JAHRESZEIT	FRÜHJAHR	SOMMER	HERBST	WINTER
AUSSAAT	• •			
UMPFLANZEN		•		
ERNTE		•	•	

Spargelbohnen sind sehr empfindliche, tropische Pflanzen, die bis zu 4 m lang werden und einen Meter lange Schoten tragen, deshalb werden sie auch Spaghettibohnen genannt. Unter optimalen Bedingungen liegt der Ertrag bei 560 g pro 3 m Reihe. An einem warmen Standort oder unbeheizt unter Glas oder Vlies können Spargelbohnen wie Limabohnen kultiviert werden *(siehe dort)*. Sie vertragen keinen kalten Boden und kühle Nächte und reifen in drei bis vier Monaten. Die Schoten sind erntereif, wenn sie 30–45 cm lang sind und bevor sie holzig werden. In kühlen Regionen sind die Samen kaum erhältlich.

Spargelerbse

Tetragonolobus purpureus

JAHRESZEIT	FRÜHJAHR	SOMMER	HERBST	WINTER
AUSSAAT	• •			
UMPFLANZEN	•			
ERNTE		• • •		

Diese einjährige Art, auch Flügelerbse oder Spargelerbse genannt, wird wegen ihrer kleinen, spitzen Schoten kultiviert. Sie schmecken frisch am besten, ähnlich wie Spargel, werden aber schnell faserig und tragen nur etwa 450 g pro 3 m Reihe. Die Pflanze hat kleeartige Blätter und rotbraune Blüten.

■ **Standort und Boden** Offen und sonnig, mit leichtem, nährstoffreichem Boden.

■ **Aussaat und Pflanzung** Aussaat Mitte Frühjahr unter Glas oder im Spätfrühjahr im Freien, wie Erbsen *(siehe S. 99)*.

AUSSAATTIEFE	meist 4 cm, 5 cm bei trockenem Boden
ABSTAND IN DER REIHE	25–30 cm
REIHENABSTAND	35–40 cm

■ **Pflege** Kurze Stützen halten die Pflanze in Form *(siehe S. 96)*.

■ **Ernte** Nach zwei bis drei Monaten kann man bereits unreife, 2,5–5 cm lange Schoten ernten, im Sommer ist die Ernte regelmäßig nötig.

■ **Probleme** *Siehe* Erbse. In manchen Regionen fressen Tauben die Blätter, ein Schutz kann nötig werden. Symptome und Kontrolle *siehe unter Pflanzenschutz, S. 246–264.*

Anbau von Salat

Bei den beschriebenen Pflanzen handelt es sich meist um Blattsalate, doch sind auch Rettich und Radieschen hier aufgeführt, da sie vor allem für Salate gebraucht werden. Außer dem traditionellen Kopfsalat zählen zu den Blattsalaten auch Chicorée, Feldsalat, Endivien, Eiskraut, Barbarakraut, asiatische Salate wie Komatsuna, Mibuna und Mizuna, Weißer Senf und Kresse, Rucola und Portulak. Salatgemüse wächst schnell – im Frühjahr gesäte Radieschen reifen in vier Wochen, Kopfsalat in 13 Wochen. Salate verderben jedoch auch rasch, werden derb und scharf im Geschmack oder schießen. Folgesaaten in kleinen Mengen lösen dieses Problem. Verschiedene Sorten oder unterschiedlich schnell reifende Pflanzen verteilen die Ernte gleichmäßig über die Saison. Blattsalate brauchen wenig Dünger; etwas Stickstoffdünger vor der Aussaat oder Pflanzung sollte genügen.

TEMPERATURANSPRÜCHE

Blattsalate sind sehr temperaturempfindlich, was sich auf die Keimung auswirkt – sie keimen nicht, wenn es zu kalt oder auch zu heiß ist. Sie gedeihen am besten bei 10–20 °C. Temperaturen unter 5 °C und langsames Wachstum führen zu einer groben Struktur, Kopfsalat bildet dann kein richtiges Herz aus. Mit Frühbeeten, Folientunnel oder Vlies lässt sich dieses Problem beheben. Manche Salate wie Endivie und Chicorée blühen vorzeitig, das heißt, sie schossen, wenn sie mehrere Wochen Kälte ertragen müssen. Sie sollten erst ab Frühsommer gesät werden, außer man verwendet schossfeste Sorten. Manche Pflanzen blühen auch, wenn in der Hauptwachstumszeit hohe Temperaturen herrschen *(Bild oben rechts)*.

AUSSAAT

Wegen ihrer Temperaturempfindlichkeit *(siehe oben)* keimen Blattsalate, besonders bei früher Aussaat, besser unter Glas. Im Freien hängt die Keimung von der Wärme und Feuchtigkeit des Saatbeetes ab. Ist der Boden nicht feinkrümelig oder gar nach starkem Regen verdichtet, sodass die Keimlinge nicht an die Oberfläche dringen können, sollten Blattsalate besser in Gefäßen unter Glas

Salat unter einer Vliesdecke
Vlies schützt frühe Saaten vor Frost und schreckt fliegende Insekten und Vögel ab. Legen Sie das Vlies so aus, dass es über den Pflanzen schwebt, und beschweren Sie es an den Seiten gut. Prüfen Sie die Pflanzen darunter regelmäßig.

gezogen werden. Die Aussaat in Multitopfplatten spart Platz und Zeit. Man sät zwei bis drei Samen pro Topf und entfernt später die schwächeren Keimlinge.

Manche Kopfsalatsorten brauchen Licht zum Keimen; ist die Keimrate sehr niedrig, säen Sie nur oberflächlich aus und decken Sie die Samen nicht mit Erde ab. Zum Feuchthalten spannen Sie transparente Folie darüber oder stellen die Aussaatschale in einen Anzuchtkasten, jedoch nicht direkt in die Sonne. Bei Radieschen legen Sie vier bis fünf Samen in einen 8-cm-Topf aus und pflanzen später den ganzen Ballen aus *(Bild unten)*, um die Wurzeln nicht zu beschädigen.

Im Freien decken Sie frühe Saaten mit Vlies oder Folientunnel ab, um Wachstumsstockungen aufgrund von

Radieschen umpflanzen
Um mehrmals Radieschen ernten zu können, säen Sie alle zwei Wochen kleine Mengen Samen in 8-cm-Töpfe aus und kultivieren sie unter Glas vor. Wenn der Erdballen fest durchwurzelt ist, wird der Tuff ausgepflanzt.

Geschossener Kopfsalat
Blattsalate, besonders Kopfsalat ohne Herz wie hier auf dem Bild, blühen bei Hitze und Wassermangel schnell und bilden Samen. Die Blätter werden bitter und eignen sich nur noch für den Kompost.

Kälte zu vermeiden. Im Sommer keimen Blattsalate besser in lichtem Schatten und vor extremer Trockenheit und Hitze geschützt. Bei mehr als 25 °C fällt Kopfsalat einige Stunden nach der Aussaat in eine Keimruhe. Säen Sie daher am Nachmittag, damit der kritische Zeitpunkt in die kühlen Abendstunden fällt. Auch Gießen nach der Aussaat ist nützlich.

KEIMLINGE VEREINZELN

Blattsalate wachsen schnell, sodass das rechtzeitiges Vereinzeln schwierig ist. Es gibt zwei Möglichkeiten, dieses Problem zu lösen. Entfernen Sie überzählige Keimlinge (*siehe S. 68*) in drei Schritten: Zuerst lassen Sie eine Daumenbreite Platz zwischen den Keimlingen, im zweiten Schritt den halben Endabstand, schließlich dünnen Sie auf den gewünschten Abstand aus. Die entfernten Keimlinge können Sie für Salate verwenden. Stattdessen können Sie auch in Gruppen (*siehe S. 68*) von drei bis fünf Samen aussäen. Dünnen Sie dann auf zwei kräftige Keimlinge aus und später, wenn sie sich zu jungen Pflanzen entwickelt haben, entfernen Sie die schwächere.

PIKIEREN UND UMPFLANZEN

Unter Glas vorgezogene Pflanzen müssen ins Freiland umgepflanzt werden, bevor sie zu groß für den Topf werden. Keimlinge ohne Ballen aus einem Saatbeet im Freien können nur umgepflanzt werden, solange sie sehr klein sind, um die Wurzeln nicht zu stark zu verletzen. Entstehen Lücken in einer auflaufenden Saatreihe füllen Sie einfach mit überschüssigen Keimlingen von dichter bewachsenen Stellen auf. Die Pfahlwurzeln von Kopfsalat, Endivie und Chicorée sind beim Umpflanzen besonders gefährdet. Radieschen haben feine Wurzeln und sollten nicht ohne Ballen umgepflanzt werden. Umgepflanzte Keimlinge wachsen zunächst etwas langsamer, sie reifen etwas später als nicht verpflanzte. Das kann auch von Vorteil sein, denn so reifen nicht zu viele Pflanzen auf einmal.

Mischkultur und Zwischenfrucht-Salate in Mischkultur mit länger reifendem Gemüse *(siehe S. 69 und 71)* nutzen den vorhandenen Platz gut aus. Ein Schachbrettmuster ist optimal, aber abwechselnde Reihen sind pflege-leichter. Kopfsalat und andere Blattsalate passen zum Beispiel zu Rosenkohl und Blumenkohl, da sie ebenfalls viel Stickstoff brauchen. Radieschen und Pastinaken *(siehe S. 69)* gedeihen mit wenig Stickstoff. Genaueres finden Sie bei den Gemüseproträts *(siehe S. 103–107)*. Salate eignen sich auch als Zwischenfrucht *(siehe S. 69)*. Pflanzen Sie frühe Blattsalate auf eine für Brokkoli und Lauch reservierte Fläche, die im Hochsommer ausgepflanzt werden. Am anderen Ende der Saison lassen Erbsen, Bohnen und Frühkartoffeln, die vor dem Frühsommer geerntet werden, Platz für eine Zwischenfrucht wie Endivie, Radicchio, Feldsalat oder Rettich. Auch Lücken im Blumenbeet eignen sich für Salate.

Chicorée vortreiben und bleichen

1 Im Herbst werden die Chicoréepflanzen ausgegraben *(siehe S. 106)* und die Blätter bis auf 1 cm über der Wurzel gekürzt. Dann setzt man sie aufrecht in einen tiefen Kasten mit einer Lage feuchtem Torfsubstrat und deckt sie mit etwa 20 cm desselben Substrates ab. Der Kasten wird warm und dunkel aufgestellt.

2 Nach mehreren Wochen, wenn die Triebe 15–20 cm lang sind, trennt man die Pfeifen ab.

DIE SAISON VERLÄNGERN

Viele Salate wie Endivie, Chicorée, Feldsalat und Rucola vertragen Kälte und können, gut geschützt *(siehe S. 43–48)*, von Spätsommer bis Spätherbst geerntet werden. Chicorée wird im Haus *(siehe oben)* oder im Freien *(siehe S. 106)* für die Winterernte vorgetrieben. Rettich und Schnittsalate *(siehe unten)* werden im Winter geerntet. Im Frühjahr sind überwinterte Kopfsalate, Rucola und Barbarakraut erntereif. Wählen Sie zum Überwintern geeignete Sorten aus und säen Sie rechtzeitig *(siehe S. 103–107)*.

TOPFKULTUR

Salate können bei wenig Platz in Gefäßen kultiviert werden. Große Kübel eignen sich sehr gut für Kopfsalate; Radieschen, Blatt- und Schnittsalate passen jedoch auch in kleine Töpfe oder Erdsäcke. Säcke, in denen bereits Gurken oder Tomaten gewachsen sind, liefern immer noch genügend Nährstoffe für Salatpflanzen. Sie müssen sorgfältig gegossen werden, damit das Substrat nicht austrocknet.

SAMEN AUFBEWAHREN

Kopfsalat bestäubt sich selbst, sodass selbst gezogene Samen immer sortenecht sind, besonders wenn die Pflanzen mehr als 8 m auseinanderstehen. Rucolasamen entwickelt sich ebenfalls sortenecht.

Schnittsalate

Die meisten Blattsalate liefern mehrmals junge, zarte Blätter für die Küche. Nach dem ersten Schnitt wachsen die Pflanzen nach. So kann eine Kultur zwei- oder dreimal geerntet werden. Diese Methode eignet sich für Salate in Töpfen, Multitopfplatten oder Erdsäcken *(linkes Bild)* oder in einem Anzuchtbeet im Freien. Um jederzeit ernten zu können, sind Folgesaaten nötig *(siehe S. 69)*. Auch anderes Blattgemüse kann so kultiviert werden:

Amarant *(S. 125)*
Grünkohl *(S. 79)*
Mangold *(S. 128)*
Spinat *(S. 128)*
Schnittsellerie *(S. 122)*
Ampfer *(S. 142)*
Rettichblätter *(S. 106)*

1 Keimlinge von Blattsalaten werden dicht in einen Erdsack gesetzt. Nach drei bis sechs Wochen werden die Blätter auf 5 cm gekürzt und ein Stumpf mit genügend Seitenknospen stehen gelassen.

2 Nach zwei Wochen wachsen die Pflanzen bereits nach. In weiteren ein bis zwei Wochen können frische Blätter geerntet werden, dann noch einmal nach drei bis sechs Wochen.

SALATE VON A–Z

Barbarakraut

Barbarea verna

JAHRESZEIT	FRÜHJAHR			SOMMER			HERBST			WINTER		
AUSSAAT		•	•	•								
UMPFLANZEN							•	•				
ERNTE	•	•						•	•	•	•	•

Das Barbarakraut, Barbarakresse oder Barbenkraut erinnert an Brunnenkresse, gedeiht aber auf trockenen Böden. Es hat glänzend grüne Blätter, die nach Pfeffer schmecken und ist nahe verwandt mit der bekannten Winterkresse *(B. vulgaris)*. Barbarakraut ist robust und eignet sich als Wintersalat. Die Pflanzen reifen in vier bis zwölf Wochen und ergeben 18–20 Köpfe pro 3 m Pflanzreihe. Benannte Sorten sind nicht im Handel.

■ **Standort und Boden** Jeder mäßig nährstoffreiche, feuchte, gut wasserhaltende Boden, am besten an einem geschützten, etwas schattigen Platz, eignet sich für Barbarakraut.

■ **Aussaat und Pflanzung** Von Mitte Frühjahr bis zum Frühsommer kann an den endgültigen Platz in frisch-feuchten Boden gesät werden. Von Hoch- bis Spätsommer kann man Keimlinge in Multitopfplatten anziehen und auspflanzen, sobald sie groß genug sind. Barbarakraut eignet sich als Schnittsalat *(siehe S. 102)*.

AUSSAATTIEFE	1 cm
ABSTAND IN DER REIHE	15 cm
REIHENABSTAND	20 cm

■ **Pflege** Keimlinge vereinzeln *(siehe S. 101)* und die entfernten Pflanzen für Salate verwenden. Bei Trockenheit reichlich gießen, damit die Pflanzen nicht zu faserig und zu scharf werden, Düngen ist jedoch nicht nötig. Bei der Herbst- und Winterernte verbessern Folientunnel, Frühbeete oder ein Vliestunnel Qualität und Ertrag.

■ **Ernte** Die schönsten Blätter werden gepflückt; der untere Teil der Pflanze treibt dann neu aus.

Eiskraut

Mesembryanthemum crystallinum

JAHRESZEIT	FRÜHJAHR			SOMMER			HERBST			WINTER		
AUSSAAT		•										
UMPFLANZEN				•								
ERNTE				•	•	•	•					

Diese rankenden, nicht winterharten Stauden bilden große, sukkulente Blätter. Sie und die jungen Triebe schmecken scharf und werden roh gegessen oder wie Spinat gekocht. In Holland sind sie als Spezialität bekannt. Die Pflanzen reifen in vier bis zwölf Wochen und ergeben 4,5 kg pro 3 m Pflanzreihe. Benannte Sorten sind nicht im Handel.

■ **Standort und Boden** Ideal ist ein gut dränierter, aber dennoch wasserhaltender, nährstoffreicher Boden in sonniger Lage.

■ **Aussaat und Pflanzung** Für eine zeitige Ernte wird im Frühjahr unter Glas in Multitopfplatten ausgesät und im Frühsommer ausgepflanzt, wenn kein Frost mehr droht. Neue Pflanzen für die Sommerernte werden aus Triebstecklingen angezogen, die in gut dräniertem Substrat bewurzeln. Eiskraut eignet sich auch als Blattsalat (*siehe S. 102*).

AUSSAATTIEFE	2 cm
ABSTAND IN DER REIHE	15 cm
REIHENABSTAND	30 cm

■ **Pflege** Keimlinge vereinzeln *(siehe S. 68)* und die entfernten Pflanzen für Salate verwenden. Nur bei Trockenheit gießen, eine zusätzliche Düngung ist nicht nötig.

■ **Ernte** Zarte junge Blätter und Triebe sind erntereif, sobald sie groß genug sind. Bei regelmäßiger Ernte wachsen immer neue Triebe nach. Das Kraut bleibt im Kühlschrank einige Tage frisch.

■ **Probleme** Nur Nacktschnecken werden wirklich gefährlich *(siehe S. 259)*.

Endivie

Cichorium endivia

JAHRESZEIT	FRÜHJAHR			SOMMER			HERBST			WINTER		
AUSSAAT		•	•	•								
UMPFLANZEN				•	•							
ERNTE						•	•	•				

Endivien erinnern an Kopfsalat, schmecken aber bitter und bilden ausladende Blattrosetten. Die Blätter sind entweder kraus (Frisée-Endivie) oder breit (Escariol-Endivie). Krause Endivien sind sehr attraktiv im Beet wie in der Salatschüssel, breitblättrige Sorten sind jedoch robuster und zuverlässiger für späte Ernten. Der bittere Geschmack wird durch Bleichen der Blätter *(siehe unten)* verringert, sodass ein erfrischender Spätsommer- oder Frühwintersalat heranreift. Neben diesen Formen gibt es noch die Sommerendivie, bekannt auch als Römischer Salat.

Endivien vertragen je nach Sorte leichte Minusgrade und können bis tief in den Herbst verwendet werden. Sie reifen in zwölf Wochen und brauchen weitere zwei Wochen zum Bleichen. Es sollten neun bis zehn Köpfe pro 3 m Reihe wachsen.

■ **Standort und Boden** Endivien brauchen einen offenen, sonnigen Platz und nährstoffreichen, wasserspeichernden Boden mit wenig Stickstoff. Sie vertragen im Hochsommer lichten Schatten.

■ **Aussaat und Pflanzung** Entweder wird im Frühjahr unter Glas in Multitopfplatten ausgesät und im Früh- bis Hochsommer ausgepflanzt, oder man sät im Frühsommer direkt ins Freiland. Frühe Aussaaten neigen zum Schossen, deshalb empfehlen sich hier schossfeste Sorten. Schnittendivien können, wie auf Seite 102 beschrieben, unter einer Abdeckung von Frühjahr bis Spätsommer gezogen werden.

AUSSAATTIEFE	1 cm
ABSTAND IN DER REIHE	23 cm
REIHENABSTAND	30–35 cm

■ **Pflege** Unter Folientunneln oder im unbeheizten Gewächshaus *(siehe S. 43–48)* wird die Erntesaison bis in den Winter verlängert. Frühe Aussaaten schießen leicht *(S. 101)*, wenn sie zu Anfang mehrere Tage Temperaturen unter 5 °C ausgesetzt sind. Schossfeste Sorten *(siehe unten)* sowie wärmende Folientunnel oder Vliesabdeckungen *(S. 101)* lösen dieses Problem.

■ **Ernte** Sind die Köpfe ausgewachsen, dies ist meist drei Monate nach der Aussaat der Fall, werden die Pflanzen einzeln, für etwa 14 Tage, mit lichtundurchlässiger schwarzer Folie abgedeckt (20 Tage bei Kälte); manchmal genügt auch ein umgedrehter Teller über der Mitte. Fäulnis ist in diesem Stadium ein Problem; spezielle Bleichhauben sorgen für mehr Trockenheit. Oder die Köpfe können fest mit einer Schnur zusammengebunden werden, sodass kein Licht zu den inneren Blättern eindringt. Die Köpfe werden geerntet, sobald sie gebleicht sind, da sie wieder grün und bitter werden, wenn sie Licht bekommen.

■ **Probleme** Nacktschnecken *(siehe S. 259)*, Blattläuse *(S. 252)*, Salatwurzelläuse *(S. 261)* und Raupen schädigen Blätter und Wurzeln. Blattrandnekrose *(S. 252)* aufgrund von Kalziummangel tritt bei trockenem, leichtem Boden auf.

■ **Empfehlenswerte Sorten**

Frisée-Endivien:

'Große Grüne Krause': Unempfindlich gegen Nässe und Frost.

'Wallonne': Für Herbstanbau oder zum Überwintern, gut gefüllt, selbst bleichend, sehr robust.

'Zidane': Sehr feine, stark gekrauste Blätter, unempfindlich gegen Nekrose und Blattbrand.

Escariol-Endivien:

'Bubikopf': Für Sommer- bis Herbsternte, selbst bleichend.

'Grüner Escariol': Für Herbst- bis Winterernte, frosthart, lagerfähig.

'Escariol gelb': Sommerernte, fast glatte, gelbe Blätter.

'Diva': Herbst- bis Winterernte, selbst bleichend.

Feldsalat

Valerianella locusta

JAHRESZEIT	FRÜHJAHR			SOMMER			HERBST			WINTER		
AUSSAAT	•				•							•
UMPFLANZEN						•	•					
ERNTE		•	•				•	•	•	•		

Feldsalat liefert im Herbst und Winter, wenn es keinen Freiland-Kopfsalat mehr gibt, köstliche Blattrosetten mit mildem, nussartigem Geschmack. Auch zu Sommersalaten passt er gut und oft ist er in fertigen Salatmischungen enthalten. Im Handel sind groß- und kleinblättrige Sorten. Wird er vor dem Hochsommer gesät, bildet er jedoch schnell Samen. Feldsalat reift in vier bis zwölf Wochen und ergibt 18–20 Pflanzen pro 3 m Reihe.

■ **Standort und Boden** Jeder mäßig nährstoffreiche Boden an einem sonnigen, offenen Platz ist geeignet. Für eine Ernte im Herbst und Winter sorgen Vliesabdeckungen, Folientunnel oder Frühbeete für bessere Qualität.

■ **Aussaat und Pflanzung** Entweder in frischen Boden an den endgültigen Platz aussäen oder Keimlinge in Multitopfplatten vorziehen und auspflanzen, sobald sie groß genug sind *(siehe S. 101)*. Feldsalat eignet sich auch als Schnittsalat *(siehe S. 102)*.

AUSSAATTIEFE	1 cm
ABSTAND IN DER REIHE	10 cm
REIHENABSTAND	15 cm

■ **Pflege** Keimlinge vereinzeln *(siehe S. 101)* und die entfernten Pflänzchen für Salate verwenden. Bei Trockenheit gießen; Düngergaben sind nicht nötig.

Ernte Nach vier bis zwölf Wochen kann man bereits die ersten Blattrosetten dicht über dem Boden abschneiden.

Probleme Blattläuse *(siehe S. 252)* und Schnecken *(S. 255, 259)* sind manchmal lästig.

■ **Empfehlenswerte Sorten**

'Dominik' und 'Juwabel': Für Herbst- und Winteranbau, tolerant gegen Mehltau.

'Favor' und 'Juwahit': Ganzjähriger Anbau, mehltautolerant.

'Gala': Für Ganzjahresanbau, wüchsig, große Blätter, resistent gegen Falschen Mehltau.

'Vit': Für Ganzjahresanbau, Blätter klein und rund mit erdig-nussartigem Geschmack, resistent gegen Falschen Mehltau.

Komatsuna

Brassica rapa subsp. *nipposinica*

JAHRESZEIT	FRÜHJAHR			SOMMER			HERBST			WINTER		
AUSSAAT					•	•						
UMPFLANZEN							•					
ERNTE							•	•	•			

Komatsuna oder Senfspinat gehört zu den sogenannten Asia-Salaten, ist aber eigentlich ein Blattkohl mit glänzend grünen Blättern. Diese werden wie der Pak Choi in Herbst- und Wintersalaten roh gegessen oder wie Spinat gekocht. Komatsuna entwickelt große, robuste Pflanzen, kann aber auch als kleine Pflanze geerntet werden. Das wird von der Kulturführung bestimmt *(siehe unten)*. Die Pflanzen reifen in vier bis zwölf Wochen und ergeben sechs bis neun Köpfe pro 3 m Pflanzreihe. Benannte Sorten sind selten im Angebot.

■ **Standort und Boden** Geeignet ist ein offener, sonniger Platz mit nährstoffreichem Boden, im Hochsommer auch lichter Schatten.

■ **Aussaat und Pflanzung** Vom Hoch- bis Spätsommer wird direkt ins Freie, im Spätsommer in Multitopfplatten gesät und später ausgepflanzt. Sind kleine Pflanzen erwünscht, werden die Keimlinge auf 10 cm ausgedünnt, große auf 45 cm.

AUSSAATTIEFE	8 cm
SAATABSTAND/ ABSTAND IN DER REIHE	2,5 cm kleine Pflanzen auf 10 cm vereinzeln, große auf 45 cm
REIHENABSTAND	25 cm für kleine Pflanzen 45 cm für große Pflanzen

■ **Pflege** Komatsuna verträgt einige Minusgrade (bis -12 °C werden angegeben) und auch Trockenheit relativ gut, es empfiehlt sich jedoch, die Pflanzen bei extremen Temperaturen über Winter unter Glas zu kultivieren.

■ **Ernte** Schneiden Sie die schönsten Blätter, sobald sie reif sind. Sie wachsen nach, sodass später erneut geerntet werden kann.

■ **Probleme** Erdflöhe *(siehe S. 254)* und Nacktschnecken *(S. 259)* sind lästig. Die Kohlfliege *(S. 257)* ist sehr gefährlich und lässt sich durch Vlies oder insektendichte Netze *(S. 48)* fernhalten. Komatsuna ist anfällig für die typischen Kohlschädlinge wie Vögel, Raupen, Erdeulen, Mehlige Kohlblattlaus, Schnakenlarven und Weiße Fliege, Krankheiten wie Kohlhernie, Umfallkrankheit, Falscher Mehltau, Weißrost und Blattflecken, und Problemen wie Bormangel, Schossen, Frostschaden, Molybdänmangel. Man sollte ihn in den Kohl-Abschnitt einer Fruchtfolge einpassen *(siehe S. 31)*, um Kohlhernie und andere bodenbürtige Probleme zu vermeiden.

Kopfsalat

Lactuca sativa

JAHRESZEIT	FRÜHJAHR			SOMMER			HERBST			WINTER		
AUSSAAT	•	•	•	•	•	•	•					•
UMPFLANZEN	•	•	•									
ERNTE	•	•	•	•	•	•	•	•	•			

Vom Kopfsalat gibt es zwei Typen: die kopfbildenden Sorten und die Pflück- und Schnittsalate, die anstatt des Kopfes rosettenartige Blätter ausbilden. Zur ersten Gruppe gehören der eigentliche Kopf- oder Buttersalat, der knackige Eissalat, Bataviasalat, Kraussalat sowie der Römische Salat mit einem länglichen Kopf. Zu den Pflücksalaten gehören u.a. die bekannten 'Salad Bowl'-Sorten (Eichenlaubsalat), die Sorten 'Lollo bionda' und 'Lollo rossa' sowie der Spargelsalat. Pflücksalate können mehrmals geerntet werden, wenn das Herz der Pflanze stehen bleibt. Spargelsalat wird eher selten kultiviert; die Blätter und der saftige Stängel werden wie Sellerie oder Spargel zubereitet. Kopfsalat reift recht schnell, sodass rasch ein Überangebot entsteht. Es lohnt sich daher, mehrmals kleine Mengen auszusäen. Dafür eignen sich fertige Sortenmischungen, mit denen ohne großen Aufwand Kopfsalat in unterschiedlichen Reifezeiten gezogen werden kann.

Folientunnel, Frühbeete und Vliesabdeckungen verlängern die Ernte der z.T. frostverträglichen Einjährigen, für die Ernte im Winter ist ein beheiztes Gewächshaus nötig.

Nach der Aussaat im Frühjahr reift Mini-Kopfsalat in acht bis zehn Wochen, weichblättriger Salat in zehn bis zwölf Wochen, Römischer Salat in zwölf bis 13 Wochen, Eisbergsalat in 14 Wochen. Mini-Kopfsalat liefert 18–20 Köpfe pro 3 m Pflanzreihe, weichblättriger neun bis zwölf Köpfe, Römischer Salat neun bis zwölf, knackiger Eisbergsalat acht bis neun.

■ **Standort und Boden** Offene, sonnige Plätze sind ideal, im Hochsommer auch lichter Schatten. Humusreicher, wasserhaltiger Boden ist für beste Qualität nötig.

Aussaat und Pflanzung Kopfsalat für die Ernte im Frühsommer kann vom Winter bis ins zeitige Frühjahr unter Glas gesät (*siehe S. 101*) und im Frühjahr ausgepflanzt werden. Kopfsalat für die Ernte im Sommer wird vom zeitigen Frühjahr an in Folgesätzen an den endgültigen Platz ausgesät. Keimlinge (*siehe S. 101*) werden dann auf den gewünschten Abstand ausgedünnt, die entfernten Pflanzen für Salat verwendet. Um Samen und Zeit beim Vereinzeln zu sparen, kann auch in Gruppen gesät werden (*siehe S. 101*).

Kälteverträgliche Sorten können im Spätwinter, in milden Regionen auch schon im Frühherbst ins Freie gesät und im Frühjahr geerntet werden. Unter Folie oder im Frühbeet reifen die Pflanzen etwa drei Wochen früher und die Qualität wird besser; zudem stockt die Entwicklung auch bei Frost oder großer Nässe nicht. Ein Vlies ermöglicht die Ernte etwa zwei Wochen früher.

Kopfsalat wird nicht gern umgepflanzt und welkt leicht, besonders im Sommer. Zwar kann er in Saatschalen oder in einem lockeren Boden angezogen und ohne Ballen verpflanzt werden, er entwickelt sich jedoch schneller und besser, wenn er in Multitopfplatten gesät und ausgepflanzt wird, bevor sich sechs Blätter gebildet haben. Gepflanzt wird so, dass der Blattansatz direkt über dem Boden sitzt. Wird er zu tief gepflanzt, fault der Keimling ab, sitzt er zu flach, entwickelt sich ein unförmiger Kopf. Gießen Sie reichlich, bis die Setzlinge angewachsen sind.

AUSSAATTIEFE	1 cm
MINI-KOPFSALAT	
ABSTAND IN DER REIHE	15 cm
REIHENABSTAND	20 cm
WEICHBLÄTTRIGE SORTEN	
ABSTAND IN DER REIHE	25 cm
REIHENABSTAND	30 cm
ANDERE SORTEN	
ABSTAND IN DER REIHE	35 cm
REIHENABSTAND	40 cm

Pflege Bei Trockenheit gießen, besonders in den letzten zwei Wochen vor der Reife. Bei einem normalen Gartenboden ist eine Düngung meist nicht nötig, wächst der Salat zu langsam, wird jedoch ein Stickstoffdünger nach Angaben des Herstellers gegeben.

Ernte Die Blätter von Pflück- und Schnittsalaten sowie überschüssige Pflanzen von kopfbildendem Salat können geerntet werden, sobald sie groß genug sind. Beim Schneiden von Blattrosetten sollte das Herz der Pflanze stehen bleiben, damit der Spross neu austreiben kann. Kopfsalate erntet man, sobald sie reif sind, damit die Pflanze weder fault noch schießt (*siehe S. 101*). Feste, gesunde Köpfe können einige Tage im Kühlschrank gelagert werden. Weichblättrige Sorten sowie Pflück- und Schnittsalate schießen eher als Eis- oder Römischer Salat.

Probleme Eulenraupen (*siehe S. 254*) fressen an den Wurzeln. Schnecken (*S. 255, 259*), und Blattläuse (*S. 252*) schädigen die Blätter. Fäulnispilze wie Botrytis (*siehe S. 255*) treten wie Falscher Mehltau (*siehe S. 254*) bei nassem Wetter auf, besonders im Herbst. Von Mehltau befallene und faulende Blätter können bei der Ernte ausgeschnitten werden. Die Salatwurzellaus (*S. 261*) ist in manchen Regionen sehr schädlich, doch sind resistente Sorten im Handel. Gelegentlich werden die Wurzeln durch Schnakenlarven (*S. 261*) und Drahtwürmer (*S. 253*) geschädigt. Viruskrankheiten lassen sich durch hochwertiges Saatgut, die Bekämpfung von Blattläusen und den Wechsel des Standorts vermeiden. Blattrandnekrose (*S. 252*) ist eine physiologische Störung aufgrund von Kalziummangel und tritt vor allem bei Wärme auf trockenem, leichtem Boden auf.

Empfehlenswerte Sorten

Kopfsalat:

'Caddo': Rotlaubig, resistent gegen Salatmosaikvirus und Wurzelläuse, Ganzjahresanbau.
'Estelle': Schossfest, unempfindlich gegen Blattläuse, mehltauresistent.
'Fiorella': Widerstandsfähig gegen Salatblattlaus, resistent gegen Mehltau, tolerant gegen Salatmosaikvirus.
'Irina': Blattlausfest, resistent gegen Mehltau und Salatmosaikvirus, Ganzjahresanbau.

Eissalat:

'Barcelona' und 'Benny': Blattlausfest, mehltauresistent, Ganzjahresanbau.
'Fortunas': Blattlausfest, Anbau von Frühsommer bis Herbst.
'Minas': Mini-Eissalat, blattlausfest, mehltauresistent, Ganzjahresanbau.

Römischer Salat:

'Little Leprechaun': Rotblättrig, Anbau von Frühjahr bis Herbst, sehr schmackhaft.
'Valmaine': Große, grüne Köpfe, hitzeverträglich, relativ schossfest

Bataviasalat:

'Lenny': F1-Hybride, grünlaubig, blattlausfest, mehltauresistent.
'Sparta': Rotlaubig, resistent gegen Salatmosaik und Mehltau.

Kraussalat:

'Sirmai': Rotlaubig, resistent gegen Mehltau und Wurzelläuse, für ganzjährigen Anbau.

Pflücksalat:

'Green Salad Bowl', 'Red Salad Bowl': Grüner bzw. roter Eichenlaubsalat.
'Lollo Bionda', 'Lollo Rossa': stark gekrauste, frischgrüne bzw. rotbraune Blätter.
'Till': Gelbgrüne, zarte Blätter, ganzjähriger Anbau.

Kresse und Senf

Lepidium sativum und *Sinapis alba*

JAHRESZEIT	FRÜHJAHR			SOMMER			HERBST			WINTER		
AUSSAAT	•	•	•	•	•	•	•	•	•	•	•	•
ERNTE	•	•	•	•	•	•	•	•	•	•	•	•

Weißer Senf, auch Gelber Senf genannt, sowie Kresse sind köstlich scharf schmeckende, schnell wachsende Salatpflanzen, die von Mitte Herbst bis Mitte Frühjahr besonders wertvoll sind. Senfsamen keimen in vier bis fünf Tagen, die Keimlinge können nach acht bis zwölf Tagen geschnitten werden. Kresse braucht etwa zwei Tage länger zum Keimen und ist nach 10–14 Tagen erntereif. Die bekannte glatte Kresse wächst im Winter besser als krause oder großblättrige Formen.

Standort und Boden Temperaturen von 10–16 °C sind ideal, daher stehen beide in den Wintermonaten gern in Töpfen oder Schalen auf hellen Fensterbänken, in Gewächshäusern oder Wintergärten. Im Sommer brauchen sie im Freien Schutz vor der prallen Sonne, etwa durch Folientunnel oder Frühbeete. Beim Gießen darauf achten, dass die Pflanzen nicht durch aufspritzende Erde beschädigt werden.

Aussaat und Pflanzung Nur frische Samen keimen schnell und gleichmäßig. Ins Freie sollte nur vom Spätfrühjahr bis zum Spätsommer gesät werden. Für eine gemischte Ernte folgt der Senf zwei Tage nach der Kresse. Die Keimlinge können auch auf einem feuchten Küchentuch gezogen werden (*siehe S. 65*). Die Samen werden leicht auf eine feine, glatte Fläche gestreut, sanft angedrückt, leicht mit lauwarmem Wasser angegossen und mit einem feuchten Tuch oder einem Teller abgedeckt, bis sie keimen. Senf und Kresse eignen sich als Schnittsalate (*siehe S. 102*).

AUSSAATTIEFE	oberflächlich
ABSTAND DER SAMEN	Korn an Korn
REIHENABSTAND	Korn an Korn

Pflege Substrat feucht halten.

Ernte Die Keimlinge mit der Schere am Sprossansatz abschneiden, wenn sie 4–5 cm hoch, die Keimblätter voll entwickelt und grün sind.

Probleme Die Umfallkrankheit (*siehe S. 262*), bei der die Keimlinge langsam oder ungleichmäßig wachsen bzw. die Stängel abfaulen, kann die Pflanzen vernichten. Mehr Wärme und qualitativ hochwertigeres Saatgut können dem vorbeugen. Unter übermäßig luftfeuchten Bedingungen kann Grauschimmel (*Botrytis cinerea, S. 252*) zum Problem werden.

Empfehlenswerte Sorten

Senf:

'Gelber': Kräftig im Geschmack.

Kresse:

'Einfache': Bekannte, glattblättrige Kresse.
'Großblättrige': Große, glatte Blätter.
'Groka': Breitblättrig, rasch wachsend, feines Aroma.
'Türkische': Fein geschlitztes Blatt, kräftiges Aroma.

Mibuna und Mizuna

Brassica rapa und *Brassica rapa* subsp. *nipposinica*

JAHRESZEIT	FRÜHJAHR			SOMMER			HERBST			WINTER		
AUSSAAT					•	•	•					
UMPFLANZEN						•						
ERNTE						•	•	•	•			

Mibuna und Mizuna sind aus Japan stammende Kohlarten, sogenannte Asia-Salate, mit Rosetten hübscher, glänzender, grüner oder roter Blätter und einem sukkulenten Spross. Sie werden roh für Salate verwendet oder wie Spinat gekocht. Die Blätter schmecken leicht nach Senf, auch wenn sie reif sind, und eignen sich für die Winter- und Topfkultur. Mibuna schmeckt kräftiger und hat riemenförmige Blätter, ist aber weniger kälteverträglich.

Mibuna und Mizuna können als kleine Pflanzen kultiviert werden, die mehrmals junge Blätter für Salat liefern. Die Blätter werden nach Bedarf geerntet, sobald sie groß genug sind. Oder man lässt die Pflanzen ausreifen und nutzt sie dann zum Kochen. Die Pflanzen reifen in vier bis zwölf Wochen, der Ertrag liegt bei sechs bis neun Köpfen pro 3 m Pflanzreihe.

■ **Standort und Boden** Ein offener, sonniger Platz mit nährstoffreichem Boden.

■ **Aussaat und Pflanzung** Im Spätsommer und Frühherbst wird unter Folie oder Vlies *(siehe S. 101)*, im Früh- und Hochsommer direkt ins Freie an Ort und Stelle, von Mitte bis Ende Frühjahr im Haus ausgesät. Für kleine Pflanzen dünnt man auf 10 cm Abstand aus *(siehe S. 101)*, für große auf 45 cm. Beide eignen sich als Schnittsalate *(siehe S. 102)*.

AUSSAATTIEFE	1 cm
ABSTAND IN DER REIHE	10 cm für kleine Pflanzen 45 cm für große Pflanzen
REIHENABSTAND	25 cm

■ **Pflege** Bei Trockenheit gießen.

■ **Ernte** Für Salate werden die jungen Blätter geerntet, sobald sie reif sind. Sie wachsen, je nach Wetter, in zwei bis acht Wochen nach. Große, reife Pflanzen schneidet man ganz.

■ **Probleme** Wie alle Pflanzen der Kohl-Familie, etwa Komatsuna *(siehe S. 104)*.

Portulak

Portulaca oleracea

JAHRESZEIT	FRÜHJAHR			SOMMER			HERBST			WINTER		
AUSSAAT		•	•	•	•							
ERNTE				•	•	•	•	•				

Vom sukkulenten, niedrig wachsenden Sommer- oder Gemüse-Portulak gibt es grün- und gelbblättrige Formen. Die fleischigen Blätter und Sprosse werden roh oder gedünstet gegessen. Die grünen Formen sind wüchsiger, aber weniger auffällig in dekorativen gemischten Salaten. Beide Formen schmecken relativ mild, leicht salzig und knackig. Die Pflanzen reifen in vier bis zwölf Wochen und liefern etwa 20–24 Bund pro 3 m Pflanzreihe.

■ **Standort und Boden** Gut dränierter Boden bei einem sonnigen, geschützten Standort.

■ **Aussaat und Pflanzung** Ausgesät wird in Sätzen; der nächste Satz folgt, wenn die Keimlinge der vorhergehenden Aussaat mehrere echte Blätter gebildet haben. Die ersten Aussaaten erfolgen noch unter Glas *(siehe S. 101)*. Portulak eignet sich auch als Schnittsalat *(siehe S. 102)*.

AUSSAATTIEFE	1 cm
ABSTAND IN DER REIHE	15 cm
REIHENABSTAND	15 cm

■ **Pflege** Keimlinge vereinzeln, wenn sie groß genug sind *(siehe S. 101)*; die entfernten Pflanzen für Salate verwenden. Reichliches Gießen bei Trockenheit ist wichtig für ein gesundes Wachstum.

■ **Ernte** Die zarten jungen Blätter und Sprosse werden geerntet, sobald sie groß genug sind. Eine regelmäßige Ernte fördert die Bildung neuer zarter Triebe, sofern einige Blätter an der Pflanze bleiben. Samenstände entfernen.

■ **Probleme** Schnecken werden manchmal lästig *(siehe S. 255, 259)*.

Radicchio und Chicorée

Cichorium intybus var. *foliosum*

JAHRESZEIT	FRÜHJAHR			SOMMER			HERBST			WINTER		
AUSSAAT		•	•	•	•	•	•	•	•			
UMPFLANZEN				•								
ERNTE					•	•	•	•	•	•	•	•

Radicchio verträgt Kälte und Trockenheit und ziert zudem den dekorativen Gemüsegarten. Roh schmecken die Blätter bitter, was manchem sogar sehr behagt. Chicorée lässt sich auch kochen. Man unterscheidet folgende Formen:

Der bekannte rotblättrige Radicchio bildet einen runden Kopf aus, das verwandte Fleischkraut, auch als Zuckerhut bekannt, einen zylindrischen. Die Herzblätter sind dabei weniger bitter als die äußeren, da sie kein Licht erhalten. Pro 3 m Pflanzreihe erhält man je acht bis neun Köpfe.

Der typische Chicorée, auch als Salatzichorie oder Witlof bekannt, bildet aus einer tiefen Pfahlwurzel eine Blattrosette. Die Pflanze wird zurückgeschnitten und an einem warmen, dunklen Ort weiterkultiviert, sodass gebleichte weiße, kompakte Knospen entstehen *(siehe S. 102 und unten)*, die nicht mehr so bitter schmecken. Der derbe Zuckerhut oder Fleischkraut wird für die Ernte im späten Herbst oder Winter angebaut.

■ **Standort und Boden** Chicorée bevorzugt einen offenen, sonnigen Platz, verträgt aber noch lichten Schatten. Er gedeiht in magerem Boden und braucht wenig Dünger, vor allem Stickstoff, und passt daher gut in den Biogarten.

■ **Aussaat und Pflanzung** Chicorée wird im April und Mai gesät und ab Herbst angetrieben *(siehe unten)*. Radicchio sät man vom ausklingenden Frühjahr bis zum Spätsommer aus. Im Frühjahr gesäte Pflanzen schossen *(siehe S. 101)* bei Kälte und auch schossfeste Sorten gedeihen am besten, wenn sie bei ausreichender Wärme in Multitopfplatten vorgezogen und unter Vlies oder Folientunneln ausgepflanzt werden. Als Schnittsalate *(siehe S. 102)* werden sie im Spätwinter, Frühjahr und Herbst unter Glas oder von Früh- bis Spätsommer ins Freie ausgesät.

AUSSAATTIEFE	1 cm
PFLANZABSTAND/ ABSTAND IN DER REIHE	25 cm für Chicorée 30 cm für Radicchio/Fleischkraut
REIHENABSTAND	30 cm

■ **Pflege** Chicorée bildet seine Triebe aus kräftigen Wurzeln mit einem Durchmesser von 3,5–5 cm. Zum Antreiben werden die Blätter im Frühherbst auf dem Beet abgeschnitten und ein 5 cm langer Stumpf stehen gelassen. Die Pflanzen werden anschließend 15 cm hoch angehäufelt. Die neuen Triebe bilden sich unter der Erde, besonders wenn Folientunnel für zusätzliche Wärme und Regenschutz sorgen. Oft gelingt jedoch das Antreiben im Haus *(siehe S. 102)* bei 10 18 °C besser. Modernen Sorten reicht oft die Dunkelheit etwa unter einem Eimer aus, sie müssen nicht mehr zwingend unter einer Erdschicht gebleicht werden *(siehe unten)*. Es lohnt sich, einige Wurzeln in Kästen mit feuchter Erde oder Sand zu lagern, um sie nach Bedarf den Winter über anzutreiben.

Radicchio und Zuckerhut müssen bei Trockenheit gegossen werden und brauchen Stickstoffgaben, wenn das Wachstum nachlässt. Für eine späte Ernte gräbt man einige Pflanzen aus und schlägt sie im unbeheizten Gewächshaus ein oder deckt sie im Freien mit Stroh oder einem Folientunnel ab.

■ **Ernte** Gebleichter Chicorée ist etwa einen Monat nach dem Abdecken erntereif. Radicchio und Zuckerhut sollten nach zwei bis drei Monaten, wenn die Köpfe gut geformt und fest sind, geerntet werden. Im Gegensatz zu Kopfsalat halten die Köpfe lang (je nach Wetter zwei bis acht Wochen). Etwa zwei bis sechs Wochen nach der Ernte erscheinen noch einmal essbare Blätter am Stumpf.

■ **Probleme** Nacktschnecken *(siehe S. 259)*, Blattläuse *(S. 252)*, Salatwurzelläuse *(S. 261)* und Raupen schädigen Chicoréeblätter und -wurzeln. Blattrandnekrose *(S. 252)* ist eine physiologische Störung aufgrund von Kalziummangel, die besonders bei sehr trockenem, leichtem Boden auftritt.

■ **Empfehlenswerte Sorten**

Chicorée:

'Brüsseler Witloof': Zum Treiben mit Deckerde.

'Totem': Mittelfrühe Sorte, weiße bis hellgelbe Triebe, Treiberei mit Deckerde.

'Zoom': F1-Hybride, frühe Sorte zur Treiberei mit und ohne Deckerde.

Radicchio:

'Palla Rossa': Für Herbsternte, runder Kopf, innere Blätter weinrot mit weißen Rippen, leicht frosthart.

Zuckerhut, Fleischkraut:

'Zuckerhut Hilmar': Dichte gewickelte Köpfe sehr groß und fest, hellgrünes Blatt, guter Geschmack.

Radieschen und Rettich

Raphanus sativus

JAHRESZEIT	FRÜHJAHR			SOMMER			HERBST			WINTER		
AUSSAAT	•	•	•	•	•	•						•
UMPFLANZEN		•										
ERNTE			•	•	•	•	•	•	•	•	•	

Es gibt zwei Formen des schnell wachsenden, knackigen, leicht scharfen Wurzelgemüses, das vor allem für Salate verwendet wird. Radieschen *(R. sativus* var. *sativus)* sind klein, rund, zylindrisch oder spitz und werden gegessen, wenn sie etwa walnussgroß sind; Rettich *(R. sativus* var. *niger)* ist größer und rübenförmig. Radieschen haben meist rote, rosa oder weiße Schalen. Vom Rettich gibt es auch schwarze, violette, gelbe oder grüne Typen; das Innere der Rübe ist in der Regel weiß. Kleine Wurzeln werden roh in Salaten gegessen, die größeren werden roh verwendet, aber auch wie Weiße

Rüben oder Kohlrüben gekocht. Japanische Rettiche sind im Geschmack milder als die europäischen.

Radieschen reifen je nach Jahreszeit in zwei bis acht Wochen, im Sommer am schnellsten, und ergeben 100–120 Radieschen pro 3 m Pflanzreihe. Sie eignen sich auch als Zwischenfrucht. Rettich reift in acht bis zehn Wochen und liefert zehn Wurzeln pro 3 m Reihe. Die Blätter eignen sich als Schnittsalat *(siehe S. 102)*, die unreifen Samenhülsen älterer Pflanzen sind ebenfalls essbar.

■ **Standort und Boden** Offene, sonnige Standorte sind geeignet, im Hochsommer auch lichter Schatten. Ein humusreicher, wasserhaltiger Boden ist für Radieschen nötig, Rettich ist weniger anspruchsvoll.

■ **Aussaat und Pflanzung** Radieschen wachsen und reifen sehr schnell, sie werden leider auch rasch holzig und ungenießbar, sodass Folgesaaten im Abstand von zwei Wochen zu empfehlen sind. Sie sichern eine fortlaufende Ernte. Speziell gezüchtete, früh reifende Sorten, meist mit kleinen Blättern, werden von Mitte bis Ende des Winters in Multitopfplatten oder kleine Töpfe gesät und zur Frühjahrsmitte ausgepflanzt. Im zeitigen Frühjahr sät man noch unter Folientunnel, Vlies oder in Frühbeete aus, alle weiteren Aussaaten erfolgen ins Freie.

Eine Rettichsaat im Hoch- bis Spätsommer genügt für die Ernte im Herbst, einige Sorten eignen sich zudem gut für die Lagerung über Winter. Wird Rettich zu früh ausgesät, schießt er *(siehe S. 101)*, sofern keine schossfesten Sorten verwendet wurden. Radieschenkeimlinge für die Sommerernte werden auf 2,5 cm ausgedünnt (auf 5 cm bei frühen Aussaaten unter Glas), Rettich auf 15–25 cm Abstand *(siehe S. 101)*. Die Pflanzen sollten gut, aber nicht zu viel gegossen werden, da übermäßige Nässe das Blattwachstum auf Kosten der Wurzeln fördert.

AUSSAATTIEFE	1 cm
ABSTAND IN DER REIHE	1 cm für Radieschen, später auf 2,5 cm (Sommersorten) bzw. 5 cm (frühe Sorten unter Glas) vereinzeln
REIHENABSTAND	15 cm für Radieschen 30 cm für Rettich

■ **Pflege** Vor der Aussaat eingearbeitete organische Substanz hält den Boden feucht und liefert Nährstoffe. Der Boden muss feucht gehalten werden, deshalb bei Trockenheit eventuell jede Woche gießen. Radieschen eignen sich zur Mischkultur mit Pastinaken.

■ **Ernte und Lagerung** Radieschen verwenden, sobald die Knollen groß genug sind und sie holzig werden. Rettich kann stehen bleiben, bis er gebraucht wird; dann kann er so groß wie Weiße Rüben oder Kohlrüben werden. Da er frostempfindlich ist, gräbt man die Pflanzen im Herbst aus und lagert sie wie Wurzelgemüse ein *(siehe S. 73)*.

Keimsprosse von Radieschensamen sind sehr gesund. Rettichblätter eignen sich ähnlich wie Stielmus *(siehe S. 88)* als Gemüse.

■ **Probleme** Erdflöhe *(siehe S. 254)* und Schnecken *(S. 259)* richten häufig großen Schaden an. Die Kohlfliege *(S. 257)* ist sehr gefährlich, sie wird durch Vlies oder insektendichte Netze ferngehalten *(S. 101)*, was gleichzeitig auch das Wachstum beschleunigt und die Qualität fördert. Rettich passt in den Kohl-Abschnitt der Fruchtfolge *(S. 31)*, um Kohlhernie *(S. 257)* und anderen bodenbürtigen Kohlkrankheiten vorzubeugen.

■ **Empfehlenswerte Sorten**

Radieschen:

'Cherry Belle': Rund, rot, pelzfest, für Frühjahr und Sommer.

'Eiszapfen': Weiß, spitz, schnell wachsend, für Frühjahrs- und Sommeranbau.

'Flamboyant': Längliche, rote Knolle mit weißer Spitze.

'French Breakfast': Längliche Knollen, rot-weiß bzw. weiß, für Frühjahr und Herbst.

'Saxa Treib': Rund, rot, für sehr frühe Aussaat im Gewächshaus oder Frühbeet.

Rettich:

'Blauer Herbst und Winter': Violettfarbener Winterrettich, lagerfähig.

'Langer Schwarzer Winter': Alte, schwarzgraue Sorte, ideal für kalte Lagen, gut lagerfähig.

'Minowase Summer Cross': F1-Hybride, japanischer Riesenrettich, weiße Schale, sehr lang, fein im Geschmack, tolerant gegen Fusarium und Virosen.

'Münchner Bier': Beliebte Sorte, schmeckt scharf, lagerfähig.

'Neckarruhm': Leuchtend rote Schale, zarter Geschmack.

'Ostergruß rosa': Halblanger Frühsommer- und Herbstrettich, spät schossend.

'Rex': Anbau von Frühjahr bis Herbst, schossfest.

'Runder Herbst und Winter': Runder Winterrettich, lagerfähig.

Rucola

Eruca vesicaria

JAHRESZEIT	FRÜHJAHR			SOMMER			HERBST			WINTER		
AUSSAAT		•	•	•	•	•						
ERNTE			•	•	•	•	•	•				

Rucola oder Rauke ist eine pikant schmeckende Pflanze aus der Kohlfamilie, deren junge Blätter dem Salat ein nussartiges Aroma verleihen. Sie ist oft in gemischten Salatpackungen enthalten und wird auch als Salatrauke bezeichnet. Rucola kann auch wie Spinat gekocht werden. Die Pflanzen reifen in vier bis zwölf Wochen und ergeben etwa neun bis zehn Büschel pro 3 m Pflanzreihe. Benannte Sorten sind nicht im Handel zu finden.

■ **Standort und Boden** Jeder mäßig humusreiche, wasserhaltige Boden ist geeignet, am besten an einem geschützten, leicht schattigen Platz. Die Herbst- und Winterernte wird mit Folientunnel, Vlies oder im Frühbeet geschützt.

■ **Aussaat und Pflanzung** Wie Radieschen bildet auch Rucola schnell Samen; Folgesaaten sorgen daher für eine durchgehende Ernte. Der zweite Satz folgt, wenn die Keimlinge der vorhergehenden Saat mehrere echte Blätter gebildet haben, das ist je nach Wetter etwa nach 4–21 Tagen. Frühe und späte Aussaaten erfolgen unter Glas *(siehe S. 101)*. Rucola eignet sich auch als Schnittsalat *(siehe S. 102)*.

AUSSAATTIEFE	1 cm
ABSTAND IN DER REIHE	15 cm
REIHENABSTAND	15 cm

■ **Pflege** Keimlinge vereinzeln *(siehe S. 101)*, die entfernten Pflanzen für Salate verwenden. Bei Trockenheit reichlich gießen.

■ **Ernte** Blätter ernten, sobald sie brauchbar sind. Häufiges Schneiden fördert zarte neue Triebe.

■ **Probleme** Erdflöhe und Schnecken werden lästig *(siehe S. 254 und S. 259)*.

Winterportulak

Montia perfoliata

JAHRESZEIT	FRÜHJAHR			SOMMER			HERBST			WINTER		
AUSSAAT					•	•						
UMPFLANZEN						•						
ERNTE							•	•	•	•		

Diese einjährige, kälteverträgliche Pflanze hat blasse, dickfleischige Blätter, die ebenso wie die zarten Sprosse und Blüten für Salate verwendet werden. Winterportulak, auch Tellerkraut genannt, gedeiht noch in magerem Boden bei Trockenheit und sät sich oft selbst aus. Es lässt sich aber leicht unter Kontrolle halten und wird selten lästig. Die Pflanzen reifen im Lauf von etwa zwölf Wochen und ergeben etwa 20-24 Bünde pro 3 m Pflanzreihe. Benannte Sorten sind im Handel nicht zu finden.

■ **Standort und Boden** Sonnig, mit einem gut dränierten, mäßig nährstoffreichem Boden.

■ **Aussaat und Pflanzung** Ausgesät wird direkt an Ort und Stelle in frisch-feuchten, lockeren Boden oder zunächst in Multitopfplatten. Die Keimlinge werden ausgepflanzt, wenn keine Frostgefahr mehr besteht. Tellerkraut eignet sich auch als Schnittsalat *(siehe S. 102)*.

AUSSAATTIEFE	1 cm
ABSTAND IN DER REIHE	15 cm
REIHENABSTAND	25 cm

■ **Pflege** Keimlinge vereinzeln *(siehe S. 101)*. Regelmäßiges Gießen oder Düngen ist nicht nötig.

■ **Ernte** Blätter und Sprosse werden spätestens geerntet, wenn die ersten Blüten erscheinen. Schneiden Sie dabei nicht zu tief, damit die Pflanzen erneut austreiben und weitere Ernten möglich sind. Der Neuaustrieb kann zwei bis sechs Wochen dauern.

■ **Probleme** Blattläuse *(siehe S. 252)* und Schnecken *(S. 255, 259)* werden manchmal lästig.

Anbau von Fruchtgemüse

Die Pflanzen dieser Gemüsegruppe, die ihrer Früchte wegen kultiviert werden, umfassen neben der Tomate in allen ihren Formen ebenso exotische Arten wie Okra und Tomatillo. Auch Auberginen, Paprika und Mais lassen sich erfolgreich selbst anbauen.

Fruchtgemüse sind in der Regel wärmebedürftig und benötigen einen langen, warmen Sommer, damit die Früchte gut ausreifen. Aus diesem Grund müssen sie früh im Jahr ausgesät werden, denn gerade in gemäßigten Breiten ist ihnen der Sommer oft zu kurz. Das bedeutet, dass die Pflanzen im Frühstadium unbedingt einen Schutz wie Folien oder Vlies *(siehe S. 46–48)* benötigen, wenn sie ertragreich sein sollen.

STANDORT UND BODEN

Wasserdurchlässige, leichte Böden, die sich im Frühjahr rasch erwärmen, eignen sich für diese Gemüsegruppe am besten. Auf schweren Tonböden, die sich nur langsam erwärmen, werden Aussaat und Ernte verzögert. Einarbeiten von organischem Material wie Kompost verbessert die Bodenstruktur, führt zu einer besseren Dränage und zu schnellerer Erwärmung. Fruchtgemüse können sehr tief wurzeln, sodass ihr Wachstum in flachgründigen, durchnässten oder verdichteten Böden eingeschränkt wird. Nutzen Sie das Kleinklima in Ihrem Garten und bauen Sie das Wärme liebende Gemüse zum Beispiel an einer sonnigen Mauer *(Bild rechts)*, in einer geschützten Ecke oder auf einem Hochbeet an.

Sie können auch der Natur etwas nachhelfen und den Boden vor dem Anbau mit Mulchfolie *(siehe S. 42)*, die Sie ab Mitte April ausbreiten, erwärmen. So kann das Fruchtgemüse früher ausgesät oder gepflanzt werden und hat möglichst viel Zeit, sich zu entwickeln.

Maispflanzung in Blöcken
Da Mais vom Wind bestäubt wird, pflanzt man die Sämlinge am besten gruppenweise in mehreren kurzen Reihen, um die Bestäubung zu gewährleisten.

AUSSAAT UNTER GLAS

Viele Arten in dieser Gruppe, besonders Auberginen, Okra, Paprika und Tomatillo, haben kleine Samen, die sich zu winzigen, langsam wachsenden Sämlingen entwickeln. Sie müssen früh im Jahr im Gewächshaus, Frühbeet oder auf dem Fensterbrett ausgesät werden. Die meisten Fruchtgemüse tragen ihre Früchte mehrere Wochen lang, sodass Folgesaaten nicht nötig sind.

Man bringt die Samen dünn in mit Anzuchterde gefüllte Multitopfplatten aus und bedeckt sie mit gesiebter Erde oder Vermiculit *(siehe S. 64)*. Die Keimung erfolgt bei mindestens 16 °C, was am besten in einem kleinen beheizten Treibhaus *(siehe S. 63)* gelingt. Die sich entwickelnden Sämlinge werden an einem hellen Platz im Gewächshaus oder auf einer sonnigen Fensterbank aufgestellt. Die Pflänzchen benötigen Temperaturen von mindestens 18 °C am Tag und 16 °C in der Nacht. Auf der Fensterbank für die Anzucht von Jungpflanzen darf die Temperatur nicht darunter sinken.

Durch die gerillte Oberfläche wachsen die Wurzeln gerade.

Anzuchtgefäße für lange Wurzeln
Diese Behälter kann man zusammenklappen, sodass lange Zellen entstehen. Bei tief wurzelnden Pflanzen wie Mais lassen sich die Sämlinge leicht entnehmen; dadurch werden beim Umpflanzen die Wurzeln nicht beeinträchtigt.

Das Mikroklima nutzen
Empfindliches Gemüse wie diese Aubergine gedeiht in Mitteleuropa gut an einer geschützten, sonnigen Wand. Die Mauer speichert die Wärme, strahlt sie nachts ab und erhöht so die Umgebungstemperatur.

Manche Kulturen, besonders Auberginen und Okra, profitieren von einem Zelt aus Kunststoff oder Vlies, um eine hohe Luftfeuchtigkeit zu erreichen. Als Aufhängung dafür steckt man an den Rand des Gefäßes einige kurze Stäbe oder bringt einen Drahtbogen an.

Wenn die Sämlinge groß genug sind, werden sie einzeln in kleine Töpfe, Multitopfplatten oder in Torftöpfe pikiert *(siehe S. 64)*. Diese abbaubaren Behälter sind ideal für die Pflanzen, da sie später mit eingepflanzt werden; dadurch unterbleiben Störungen oder Verletzungen der Wurzeln. Wenn die Sämlinge hell wirken – besonders die unteren Blätter – düngt man mit flüssigem Volldünger.

In beschränktem Umfang werden Auberginen, Gurken, Paprika oder Tomaten als veredelte Pflanzen angeboten. Hier sind einzelne Sorten auf eine krankheitsfeste Unterlage veredelt. Die wüchsigen Pflanzen gedeihen sogar auf Stellen mit bodenbürtigen Problemen. Saatgut für die Unterlagen wäre erhältlich, doch überschreitet das Veredeln das Können der meisten Hobbygärtner.

AUSSAAT IM FREIEN

Mais hat große Samen, die sich rasch entwickeln; bei milder Witterung kann man sie ab Anfang Mai im Freien aussäen. Will man früh ernten und in kalten Regionen muss die Anzucht von Mais unter Glas erfolgen. Die Töpfe müssen mindestens 9 cm Durchmesser haben, damit die langen Wurzeln der Maissämlinge Platz finden und beim Umsetzen nicht beschädigt werden. Eine Störung der Wurzeln kann das Wachstum hemmen und die Ernte beeinträchtigen. Bei Mais bietet es sich an, mehrere Sätze zu säen, oder man wählt Sorten, die zu unterschiedlichen Zeiten reifen.

◄ Mulchfolie
Um das Unkrautwachstum zu unterdrücken und Feuchtigkeit zu speichern, breitet man auf dem Beet eine Mulchfolie aus. Die Pflanzen setzt man in Schlitze in der Folie.

▲ Ausgeizen
Bei Strauchtomaten werden alle Seitentriebe, die in den Blattachseln erscheinen, ausgebrochen.

AUSPFLANZEN DER SÄMLINGE

Wenn die Töpfe gut durchwurzelt sind, die Wurzeln aber noch nicht unten herauswachsen, werden die Sämlinge an ihrem endgültigen Standort im Freien oder im Gewächshaus eingepflanzt – gewöhnlich etwa 18 Wochen nach der Aussaat. Vor dem Auspflanzen ins Freie werden sie mindestens eine Woche lang in einem Frühbeet oder unter Vlies abgehärtet *(siehe S. 65)*. Um das Wachstum nicht zu stören, muss man vorsichtig umpflanzen, sonst dauert die Entwicklung zu lange und es bilden sich nur wenige Früchte. Eine Abdeckung mit Vlies nach dem Auspflanzen für etwa zwei Wochen sorgt für zusätzliche Wärme und Luftfeuchtigkeit, wenn die Pflanzen am empfindlichsten sind. Umsetzen kann man die Pflanzen bereits, bevor sie Blüten ansetzen; die Ernte beginnt aber früher, wenn man mit dem Auspflanzen wartet, bis die Pflanzen Blüten tragen.

Stützhilfe für Fruchtgemüse

Fruchtgemüse wie Tomaten und Paprika mit schweren Früchten brauchen unbedingt eine Stützhilfe. Bambusstäbe und Schnüre reichen oft aus, sehr schwere Früchte benötigen jedoch festere Stützen wie zum Beispiel Holzpfähle. Je höher das Gemüse ist, desto stabiler muss auch die Stützhilfe sein.

Stütze für niedrige Pflanzen
Wenn buschige, niedrige Pflanzen wie Paprika beginnen Früchte zu bilden, steckt man um jede Pflanze drei bis fünf Bambusstäbe und bindet die Stängel mit einem Achterknoten fest.

Stützen für hohe Gewächse
Hoch wachsende Pflanzen wie Strauchtomaten werden am besten an einzelnen Bambusstäben gezogen, die an den Verstrebungen des Gewächshauses befestigt werden.

MAIS ALS BLOCK PFLANZEN

Maissämlinge, die unter Glas vorgezogen wurden, werden ausgepflanzt, wenn sie 8 cm hoch sind. Da sie vom Wind bestäubt werden, ist es besser, sie in Gruppen von mindestens zwölf Pflanzen zu setzen, aber mit mindestens 35 cm Abstand, am besten in mehreren kurzen Reihen *(Bild gegenüber)* und nicht in Einzelreihen. Dadurch steigt die Chance einer erfolgreichen Bestäubung, die zur Entwicklung von Maiskolben notwendig ist.

MULCHEN

Fruchtgemüse wachsen langsam und werden schnell von Unkräutern unterdrückt. Mulchfolie und organische Mulchmaterialien *(Bild oben und siehe S. 41–42)* verhindern dies und sind besonders unter Folientunneln und im Frühbeet, wo Jäten schwierig ist, äußerst hilfreich. Eine schwarze Mulchfolie, die man vor dem Auspflanzen ausbreitet, wärmt den Boden, unterdrückt das Unkrautaufkommen und verhindert gleichzeitig die Verdunstung. Zum Pflanzen schneidet man Schlitze in die Folie *(siehe S. 77)*. Buschtomaten hängen leicht durch und so liegen die Früchte auf dem Boden. Hier halten Mulchfolie oder eine Lage Stroh die Früchte sauber und beugen Schneckenfraß und Fäulnis vor.

GEFÄSSKULTUR

Außer Mais gedeihen die meisten Fruchtgemüse sehr gut in Töpfen von mindestens 25 cm Durchmesser oder in Erdkultursäcken. Der beste Standort für Gefäße ist an einer warmen, sonnigen Mauer in Hausnähe, wo zusätzliche Wärme und Licht die Entwicklung beschleunigen und den Geschmack verbessern. Tomaten eignen sich für Gefäßkultur besonders gut und je größer der Topf ist, desto besser gelingen sie. Kultursäcke enthalten ein Substrat, das speziell für Tomaten zusammengestellt wurde. Aber sie haben nur ein geringes Substratvolumen, das rasch austrocknet. Daher pflanzt man pro Kultursack nicht mehr als zwei Pflanzen.

Manche Buschtomaten haben einen extrem kompakten Wuchs und werden nicht höher und breiter als 25 cm. Wer wenig Platz im Garten hat, kann diese Tomaten auch in Hängekörben kultivieren.

ALLGEMEINE PROBLEME

Bei Kalziummangel bekommen Paprika, Tomaten und gelegentlich Auberginen schwärzliche Flecken an den Blüten oder an den Blütenenden der Früchte. Ungenügende oder unregelmäßige Wassergaben sind oft der Grund. Wenn Sie regelmäßig gießen, kommt es gewöhnlich nicht zur Blütenendfäule *(siehe S. 252)*.

REGELMÄSSIGE PFLEGE

Kompakte Buschtomaten können aufgrund ihrer Größe während der ganzen Wachstumsperiode unter Folientunneln oder im Frühbeet kultiviert werden. Dort sind sie vor Regen geschützt und Krankheiten, die in der feuchten Umgebung der Blätter rasch überhandnehmen, treten selten auf. Vlies ist in diesem Punkt weniger wirksam, kann aber bei warmem Wetter nicht überhitzen.

Fruchtgemüse wie Tomaten und Mais brauchen für das andauernde Fruchten einen nährstoffreichen Boden. Vor der Pflanzung arbeitet man reichlich Kompost oder Stallmist ein, bei Bedarf noch einen Langzeitdünger. Gießen Sie in Trockenperioden reichlich, je nach Bedarf etwa 20 Liter pro m^2. Ausreichende Wassergaben sind besonders während der Blütezeit und während der Fruchtentwicklung sehr wichtig.

Bei hohen Gewächsen wie Strauchtomaten bricht man die Seitentriebe aus *(siehe S. 109)*, damit die Pflanze ihre ganze Energie in die Fruchtbildung steckt. Hohe Pflanzen brauchen eine Stützhilfe. Bei Paprika und Auberginen mit buschigem Wuchs wird die Triebspitze entfernt, um die Entwicklung von Seitentrieben anzuregen. Entfernt werden nur vergilbte und kranke Blätter, sonst leidet der Ertrag. Eine Ausnahme bilden Tomaten *(siehe S. 113)*.

Bei der Gefäßkultur darf das Substrat nicht austrocknen. Wachsen die Pflanzen langsam, erfolgt eine Nachhilfe mit schnell wirkendem, flüssigem Volldünger; besser noch bringt man vor dem Einpflanzen einen Langzeitdünger aus *(siehe S. 20–21)*.

ERNTE

Die meisten Fruchtgemüse sind im Spätsommer erntereif, wobei regelmäßiges Abernten die Fruchtbildung weiter anregt. Schneiden Sie die Früchte inklusive Stiel mit einem scharfem Messer ab. Unter einem Vliestunnel verlängert sich die Erntezeit bis in den Herbst.

Die Früchte der meisten Arten verändern ihre Farbe, wenn sie reifen; nur bei Mais ist es schwierig zu erkennen, wann die Kolben reif sind – also muss man den Reifegrad prüfen. Die Kolben erntet man vorsichtshalber von Hand *(Bild unten)*.

SAMEN GEWINNEN

Bei Fruchtgemüse wie Paprika und Mais, wo es schnell zur Kreuzbefruchtung kommt, oder bei F1-Hybriden, deren Nachkommen nicht einheitlich sind, lohnt es sich nicht, die Samen zu ernten. Bei Tomaten kann man es durchaus probieren *(siehe S. 61)*.

Maiskolben ernten

Reifetest *Maiskolben ernten*

Bei Mais ist es ziemlich schwierig zu erkennen, wann die Kolben erntereif sind. Deshalb bleiben Sie oft zu lange an der Pflanze. Um zarte Maiskolben ernten zu können, prüft man den Reifegrad, sobald sich die Haarbüschel ab Hochsommer braun färben. Ziehen Sie die Hülse etwas nach unten und drücken Sie mit dem Fingernagel in ein Maiskorn. Tritt milchiger Saft aus, ist der Kolben reif; ist der Saft klar, muss er noch reifen.

Ziehen Sie einen reifen Kolben mit einer Hand kräftig nach unten und halten Sie mit der anderen Hand zugleich die Pflanze fest. Geerntet wird direkt vor dem Verzehr; nach der Ernte verliert Mais rasch an Geschmack.

FRUCHTGEMÜSE VON A–Z

Aubergine

Solanum melongena

JAHRESZEIT	FRÜHJAHR			SOMMER			HERBST			WINTER		
AUSSAAT	•	•										•
UMPFLANZEN			•	•								
ERNTE						•	•					

Auberginen oder Eierfrüchte sind dekorative, leicht behaarte Pflanzen tropischen Ursprungs, die in gemäßigten Breiten am besten unter Folie oder Glas gedeihen. Im Handel sind Sorten mit gelben, schwarzen, weißen, roten oder violetten Früchten. Für die Küche eignen sich die ertragreichen F1-Hybriden mit schwarzen Früchten am besten. Auf einer 3 m langen Reihe unter einem Folientunnel oder im Frühbeet können Sie 3-4,5 kg Auberginen ernten; bei Freilandkultur ist der Ertrag meist geringer.

■ **Standort und Boden** Im Freien eignen sich nur die sonnigsten, wärmsten und besonders geschützten Plätze. Sonst bieten Folientunnel oder Frühbeete die benötigte Wärme und Luftfeuchtigkeit. Der Boden muss nährstoffreich, durchlässig, aber trotzdem gut wasserspeichernd sein und sich schnell erwärmen *(siehe S. 108)*.

■ **Aussaat und Pflanzung** Die Aussaat erfolgt im Haus bei 21-30 °C. Die optimale Temperatur nach der Keimung beträgt 16 °C bei Nacht, 18 °C am Tag. Wenn die Sämlinge 5 cm hoch sind, werden sie in Töpfe pikiert *(siehe S. 108)*. Am besten eignen sich abbaubare Torftöpfe, die mit ausgepflanzt werden. Dies geschieht, wenn die ersten Blüten erscheinen *(siehe S. 109)*.

PFLANZTIEFE	5 cm
ABSTAND IN DER REIHE	75 cm
REIHENABSTAND	90 cm

■ **Pflege** Die Triebspitzen werden pinziert, wenn die Pflanzen 20 cm hoch sind, um einen buschigen Wuchs anzuregen. Pro Stängel sollte nur eine Frucht heranreifen, die anderen Blüten knipst man aus, sonst entwickeln sich mehrere, aber kleinere Früchte. Gießen Sie regelmäßig, damit der Boden feucht bleibt. Um die Luftfeuchtigkeit und Wärme zu erhöhen, ziehen Sie die Pflanzen auch im Gewächshaus unter einem Folienzelt. Sobald die Pflanze Früchte ansetzt, geben Sie alle zehn bis zwölf Tage einen kaliumreichen Dünger oder einen speziellen organischen Tomatendünger zu *(siehe S. 109)*.

■ **Ernte** Geerntet werden die Früchte, wenn sie voll ausgefärbt sind, aber bevor sie überreif und zu dick werden. Man schneidet die Stängel 2,5 cm über dem Kelch ab.

■ **Probleme** Blattläuse *(siehe S. 252)*, Rote Spinne *(S. 260)* und Weiße Fliegen *(S. 263)* treten in Folientunneln und Frühbeeten häufig auf, lassen sich aber mit biologischen Mitteln *(S. 52)* wirksam bekämpfen. Grauschimmel *(S. 255)* kann bei kühler oder nasser Witterung zur Fruchtfäule führen; rasches Entfernen befallener Teile verringert die Gefahr. Bodenbürtigen Krankheiten, besonders der Verticillium-Welke *(S. 263)*, kann man vorbeugen, indem man jedes Jahr in einem frischen Beet oder in Kultursäcken anbaut.

■ **Empfehlenswerte Sorten**

'Benarys Blaukönigin': Schwarzviolette, längliche Früchte, kompakte Pflanzen, robust.

'Fabiola' und 'Madonna' F1: Länglich ovale Früchte, für Topfkultur geeignet.

'Za Hara': Lange, violette Früchte, im unteren Drittel grün gestreift, frühreif.

Okra

Abelmoschus esculentus

JAHRESZEIT	FRÜHJAHR			SOMMER			HERBST			WINTER		
AUSSAAT	•	•										
UMPFLANZEN			•	•								
ERNTE					•	•						

Die einjährige, aus den Tropen stammende Okra ist mit der Baumwolle verwandt. Die bis zu 20 cm langen, spitz kegeligen, meist längs gefurchten Früchte sind mit einem feinen Flaum bedeckt. Sie werden frisch oder getrocknet verwendet. Eine 3 m lange Pflanzreihe unter Folie oder Glas ergibt 1,5 kg Früchte; im Freien ist der Ertrag geringer.

■ **Standort und Boden** Ein humusreicher, gut durchlässiger Boden in sonniger, geschützter Lage ist ideal. Kultiviert wird unter einem Folientunnel, im Frühbeetkasten oder Gewächshaus, damit die Pflanzen ausreichend Wärme und Feuchtigkeit erhalten. Sogar unter diesen Bedingungen verspricht die Kultur nicht immer Erfolg.

■ **Aussaat und Pflanzung** Die harten Samen lässt man 24 Stunden vor der Aussaat in Wasser vorquellen, um die Keimdauer zu verkürzen. Die Aussaat erfolgt im Haus bei mindestens 16 °C. Die Sämlinge gedeihen am besten bei 20–30 °C. Etwa eine Woche nach dem Auflaufen werden sie pikiert *(siehe S. 108)*, wenn sie 8–10 cm hoch sind, endgültig umgepflanzt.

PFLANZTIEFE	dünn aussäen, leicht bedecken
ABSTAND IN DER REIHE	40–60 cm
REIHENABSTAND	60–75 cm

■ **Pflege** Um ein buschiges Wachstum anzuregen, kneift man kräftige Triebspitzen aus. Stützhilfe nicht vergessen.

■ **Ernte** Die noch unreifen Kapselfrüchte werden zwei Wochen nach dem Abblühen mit einem scharfen Messer abgeschnitten. Dann sind sie 5–10 cm lang. Regelmäßig ernten garantiert, dass die Früchte nicht faserig werden.

■ **Probleme** Blattläuse *(siehe S. 252)*, Rote Spinne *(S. 260)* und Weiße Fliegen treten in Folientunneln und Frühbeeten häufig auf, lassen sich aber biologisch *(S. 52)* wirksam bekämpfen. Grauschimmel *(S. 255)* kann bei kühler oder nasser Witterung zur Fruchtfäule führen; rasches Entfernen befallener Teile verringert die Gefahr. Bodenbürtigen Krankheiten, besonders der

Verticillium-Welke *(S. 263)*, kann man vorbeugen, indem man jedes Jahr in ein frisches Beet oder in Kultursäcke pflanzt.

■ **Empfehlenswerte Sorten**
'Clemsons': Gut an mitteleuropäisches Klima angepasst.

Paprika und Chili

Capsicum annuum

JAHRESZEIT	FRÜHJAHR			SOMMER			HERBST			WINTER		
AUSSAAT	•	•										•
UMPFLANZEN			•	•								
ERNTE					•	•	•					

Selbst gezogener, milder Gemüsepaprika (*C. annum* Grossum-Gruppe) ist meist ausgezeichnet gefärbt und schmeckt sehr gut; man kann zudem Formen und Farben anbauen, die man in Geschäften nicht häufig findet. Gewürzpaprika (*C. annuum* Longum-Gruppe), auch als Chili, Peperoni oder Cayennepfeffer bekannt, kommt in ähnlicher Vielfalt vor und hat in aller Regel einen sehr scharfen Geschmack, der hauptsächlich von den Samen herrührt. Neue F1-Hybriden sind so robust, dass sie auch in kühlen Jahren im Garten gedeihen. Paprika eignet sich sehr gut für die Gefäßkultur. Von einer 3 m langen Reihe unter Folie oder Glas erntet man 2,75-4,5 kg; im Freien ist der Ertrag geringer.

■ **Standort und Boden** Jeder humusreiche, Feuchtigkeit speichernde, trotzdem gut durchlässige Boden, der sich im Frühjahr rasch erwärmt, ist geeignet; leichte Böden sind optimal. Schwere Böden sollten Sie mit Folien oder Vlies vor dem Anbau vorwärmen. Im Freien ist ein sonniger, warmer, geschützter Platz sehr wichtig; ansonsten wird mit Folie abgedeckt oder im Frühbeetkasten kultiviert.

■ **Aussaat und Pflanzung** Die Aussaat erfolgt im Haus bei 18–21 °C. Die optimale Temperatur für Sämlinge liegt bei 16 °C in der Nacht, bei 18 °C am Tag. Nach dem Pikieren und Abhärten kann in Rabatten, Töpfe oder Kultursäcke ausgepflanzt werden *(siehe S. 108–109)*.

PFLANZTIEFE	dünn aussäen, leicht bedecken
ABSTAND IN DER REIHE	40–45 cm
REIHENABSTAND	60–75 cm

■ **Pflege** Die Pflanzen brauchen während des Wachstums eine Stützhilfe *(siehe S. 109)*, da die Stängel sonst unter dem Gewicht der Früchte zusammenbrechen. Wächst die Pflanze schwach, entfernt man die ersten Blüten und verabreicht wöchentlich einen flüssigen Volldünger *(siehe S. 110)*. Das Pinzieren der Triebspitzen ist nicht notwendig, es verzögert nur die Ernte. *(siehe S. 109 und S. 110)*.

■ **Ernte und Lagerung** Die ersten Früchte von Gemüsepaprika werden abgenommen, sobald sie grün sind und eine glatte, glänzende Haut haben; dies fördert die Bildung weiterer Früchte. Später können die Früchte je nach Sorte grün gepflückt werden oder man lässt sie reifen, bis sie sich gelb, orange oder rot färben. Dann aber fällt der Ertrag niedriger aus. Gewürzpaprika kann grün oder rot geerntet, getrocknet oder eingelegt werden. Manche Sorten reifen gelb oder weiß aus. Schwarze und violette Peperoni werden je nach Sorte rot oder schwarzviolett. Die Früchte halten an der Pflanze bis zum ersten Frost aus.

■ **Probleme** Blattläuse *(siehe S. 252)*, Rote Spinne *(S. 260)* und Weiße Fliegen treten in Folientunneln und Frühbeeten häufig auf, lassen sich aber mit biologischen Mitteln *(S. 52)* wirksam bekämpfen. Grauschimmel *(S. 255)* kann bei kühler oder nasser Witterung zur Fruchtfäule führen; rasches Entfernen befallener Teile verringert die Gefahr. Bodenbürtigen Krankheiten, besonders der Verticillium-Welke *(S. 263)*, kann man vorbeugen, indem man jedes Jahr in ein frisches Beet oder in Kultursäcke anbaut.

■ **Empfehlenswerte Sorten**
Gemüsepaprika:
'Goldflame': F1-Hybride, blockige, orangefarben abreifende Frucht.
'Fireflame': F1-Hybride, längliche, rot ausreifende Früchte, scharf, resistent gegen Paprikamosaikvirus.
'Mavras': F1-Hybride, blockige, schwarzrot abreifende Frucht, resistent gegen Paprikamosaikvirus.
'Narobi': Blockige, orangefarben abreifende Frucht, resistent gegen Paprikamosaikvirus.
'Sammy': Längliche, gelb-rot abreifende Früchte, süßer Geschmack.
Gewürzpaprika:
'Criolla Sella': Gelb-orangefarbene Früchte, reift sehr früh, mild.
'Ecuador Purple': Früchte erst violett, dann gelb, orangefarben, rot, violette Blätter, scharf.
'Habanero': Früchte klein, orangefarben, sehr scharf.
'Jalapeno': Grüne Früchte, über Rauch getrocknet als Chipotle bezeichnet, mittelscharf.

Tomate

Lycopersicon esculentum

JAHRESZEIT	FRÜHJAHR			SOMMER			HERBST			WINTER		
AUSSAAT	•	•										•
UMPFLANZEN			•	•								
ERNTE					•	•	•					

Tomaten sind kurzlebige, nicht winterharte Pflanzen, die einjährig kultiviert werden. Bezüglich der Wuchsform unterscheidet man zwischen Stab- und Buschtomaten.

Stabtomaten haben einen Haupttrieb, der aufgebunden werden muss *(siehe S. 110)*; die Seitentriebe werden entfernt. Bei optimalen Bedingungen und wenn kein Frost herrscht, können sie mehrere Meter lang werden. Die Blüten und Früchte erscheinen in Trauben, die sich am Haupttrieb entwickeln. Im Gewächshaus, in Gefäßen oder Kultursäcken kann man das Wachstum besser im Zaum halten, dann erfordern Tomaten allerdings mehr Aufmerksamkeit *(siehe S. 110)*.

Buschtomaten wachsen mit einem stark verzweigten Haupttrieb und nur begrenzt in die Höhe; sie gedeihen im Freien häufig besser als Stabtomaten. Nach der Blüte wächst der Haupttrieb nicht mehr weiter, entwickelt aber neue, Blüten tragende Triebe. Buschtomaten reifen früh und bringen eine Fülle von Früchten hervor.

Es gibt auch Zwischenformen von Stab- und Buschtomaten. Diese brauchen gewöhnlich eine Stützhilfe, aber die Seitentriebe werden nicht entfernt, und die ganze Pflanze wird nur locker festgebunden. Viele der ungewöhnlichen mediterranen Sorten zum Beispiel wachsen halb aufrecht, halb strauchförmig. Einige Triebe tragen an den Enden Blüten, andere wachsen endlos weiter. Diese werden eingekürzt und nur die Blütentriebe bleiben erhalten.

Der Ertrag ist sehr unterschiedlich; die schmackhaftesten Sorten und Kirschtomaten tragen oft nur wenige Früchte, während üppig fruchtende Sorten häufig etwas fader schmecken. Stabtomaten bringen pro Pflanze 1,8-4 kg im Freien oder 2,7-5 kg im unbeheizten Gewächshaus ein. Bei Buschtomaten und halbstrauchigen Formen können Sie im Freien etwa 4 kg pro Pflanze ernten.

■ **Standort und Boden** Jeder humusreiche, nährstoffreiche, durchlässige Boden ist geeignet, wenn etwa 30 cm tief reichlich organisches Material wie Stallmist oder Kompost eingearbeitet wird. Es empfiehlt sich, kurz nach der Pflanzung und zur Sommermitte einen Volldünger auszubringen.

■ **Aussaat und Pflanzung** Im Haus wird etwa acht Wochen vor den letzten Frösten ausgesät. Bringt man die Samen früher aus, werden die Sämlinge meist zu groß, bevor die Frostgefahr vorüber ist; dann brauchen sie im Freien eine Abdeckung. Säen Sie dünn in Töpfe mit Anzuchterde aus und bedecken Sie die Samen mit Vermiculit oder gesiebter Erde *(siehe S. 108)*. Sie können auch pro Topf zwei Samen auslegen und später den kräftigeren Sämling weiterwachsen lassen. Für die Keimung sind Temperaturen von 15-30 °C notwendig, die am besten in einem kleinen beheizten Treibhaus erreicht werden *(siehe S. 63)*. Die Sämlinge stellt man später hell im Gewächshaus oder auf einem sonnigen Fensterbrett hell auf.

Nach der Keimung benötigen die Sämlinge Temperaturen von 21-27 °C. Wenn sie groß genug sind, werden sie in größere Töpfe, Multitopfplatten oder in abbaubare Anzuchtgefäße pikiert. Zwei bis drei Wochen später sollten Sie einen ausgewogenen Flüssigdünger verabreichen, damit die Sämlinge nicht vergeilen. Wenn der Topf gut durchwurzelt ist und die ersten Blütenknospen erscheinen, auspflanzen.

PFLANZTIEFE	2 cm
ENDGÜLTIGER ABSTAND IN DER REIHE	Stabtomaten: 40–45 cm Buschtomaten: 30–90 cm abhängig vom Wuchsverhalten
REIHENABSTAND	Stabtomaten: 90 cm in einzelnen oder versetzten Doppelreihen Buschtomaten: 90 cm

■ **Pflege** Decken Sie Buschtomaten mit Vlies oder Folie ab und errichten Sie bei Bedarf eine Stützhilfe *(siehe S. 109)*. Stabtomaten werden generell an einer Stütze hochgezogen, die Seitentriebe entfernt *(siehe S. 109)*. Vor den Herbstfrösten können meist nicht mehr als vier bis fünf Trauben im Freien reifen, deshalb kneift man den Endtrieb bis auf zwei Blätter über der letzten Traube aus, wenn sich genug entwickelt haben.

Tomaten müssen in Trockenperioden ausgiebig gegossen werden, besonders Topfpflanzen. Übermäßiges Düngen und Wässern führt jedoch zu Geschmackverlust und fördert Krankheiten. Werden die Blätter heller und fallen ab, verabreichen Sie wöchentlich einen kaliumreichen Tomatendünger, bis die Blattfarbe wieder kräftiger wird. Mulchen Sie die Pflanzen mit organischem Material oder pflanzen Sie in schwarze Mulchfolie *(siehe S. 109)*. Entfernt man die Blätter unterhalb der reifenden Früchte im unteren Bereich der Pflanze, wird die Luftzirkulation verbessert und Krankheiten vorgebeugt. Die höher sitzenden Blätter werden nicht entfernt, denn sonst reifen die Früchte nicht oder werden weniger aromatisch.

■ **Ernte** Die Früchte von Stabtomaten sollten voll ausreifen und erst dann gepflückt werden, wenn sie ihre volle Farbe entwickelt haben. Am Ende der Saison werden die verbleibenden Tomaten unreif gepflückt; sie reifen an einem warmen, hellen Ort nach. Buschtomaten reifen am besten unter Folienhauben.

■ **Probleme** Tomaten im Freien sind anfällig für die gleichen Schädlinge und Krankheiten wie die Kartoffel. Kraut- und Braunfäule *(siehe S. 258)*, kann fatale Folgen haben, Kartoffelzystennematoden *(S. 257)* und Virosen *(S. 263)* kommen vor. Feuchtigkeit kann zu Fußkrankheiten führen *(S. 255)*. Gewächshaustomaten können von Weißen Fliegen und gelegentlich von Blattläusen *(S. 252)*, Rote Spinne *(S. 260)* und Raupen befallen werden. Bei schlechter Lüftung oder viel Feuchtigkeit kann Grauschimmel *(S. 255)* auftreten oder die Früchte reifen ungleichmäßig aus *(S. 263)*. Magnesiummangel tritt gelegentlich auf *(S. 258)*. Um bodenbürtige Krankheiten zu vermeiden, kann man Tomaten in Kultursäcken ziehen.

■ **Empfehlenswerte Sorten**

Kirsch- oder Cocktailtomaten:

'Arancia': Früh reifende Kirschtomate, süß.

'Dasher': F1-Hybride, Pflaumenkirschtomate.

'Philovita': Früh reifende Kirschtomate, tolerant gegenüber Kraut- und Braunfäule.

'Red Robin': Kirschgroße, dünnschalige, aromatische Früchte für die Kultur im Topf.

'Tumbler': F1-Hybride, nur 30 cm hoch, überhängend, ideal für Balkonkasten und Ampel.

Normal große Tomaten:

'Bolzano': Gelborangefarbene Traubentomate, sehr aromatisch, Erziehung als Strauch.

'Goldene Königin': Stabtomate, große, runde, gelbe Früchte, mild aromatisch.

'Mirabell': Goldgelbe, aromatische, süße Früchte.

'Roma': Eiertomate mit länglichen, roten, festen Früchten, Erziehung als Strauch.

'Tigerella': Stabtomate, Früchte anfangs grün, später rot gestreift, sehr schmackhaft.

'Vitella': F1-Hybride, Stabtomate, tolerant gegen Kraut- und Braunfäule.

'Vanessa': F1-Hybride, Rispentomate, Erziehung am Stab, lange haltbar (Longlife-Tomate).

Fleischtomaten:

'Myrto': Mittelfrüh reifend, nematodenresistent.

'Kyndia': Früh reifend, resistent gegen Nematoden und Korkwurzelkrankheit.

Tomatillo

Physalis ixocarpa

JAHRESZEIT	FRÜHJAHR			SOMMER			HERBST			WINTER		
AUSSAAT	•	•										
UMPFLANZEN			•	•								
ERNTE					•	•	•					

Eine frostempfindliche, wärmebedürftige Pflanze, die ausladend wächst und bis zu 1 m hoch werden kann. Die Früchte werden entweder grün verzehrt oder reifen gelb, violett oder rot ab. Die Beere ist von einem papierartigen Kelch umhüllt. Pro Pflanze können Sie 1–2 kg ernten. Sorten werden selten angeboten.

■ **Standort und Boden** *Siehe* Paprika *(S. 111)*.

■ **Aussaat und Pflanzung** Die Aussaat erfolgt im Gewächshaus *(siehe S. 108)* bei mindestens 16 °C. Optimale Temperaturen für Sämlinge liegen bei 16 °C in der Nacht und 18 °C am Tag. Pflanzen Sie die abgehärteten Sämlinge *(siehe S. 109)* im Spätfrühling und Frühsommer in Beete, Töpfe oder Kultursäcke aus.

PFLANZTIEFE	dünn aussäen, leicht bedecken
ABSTAND IN DER REIHE	45 cm
REIHENABSTAND	90 cm

■ **Pflege** Benötigen kaum Wasser- und Düngergaben, jedoch eine Stützhilfe *(siehe S. 109)*. Im Frühbeet oder unter Folie für einen kompakteren Wuchs die Triebspitzen pinzieren.

■ **Ernte** Viele Früchte fallen ab, bevor sie reif, d.h. voll ausgefärbt sind. Grüne Sorten sind erntereif, wenn die Frucht die Hülse durchbricht.

■ **Probleme** Nicht bekannt.

Zuckermais

Zea mays Saccharata-Gruppe

JAHRESZEIT	FRÜHJAHR			SOMMER			HERBST			WINTER		
AUSSAAT		•	•	•								
UMPFLANZEN			•	•	•							
ERNTE						•	•					

Selbst gezogene Maiskolben haben einen ausgezeichneten Geschmack. Die Körner sind gewöhnlich gelb, manchmal weiß oder zweifarbig. Pro Pflanze entwickeln sich nur 1–3 Kolben; pro Quadratmeter erntet man sechs bis neun Maiskolben.

Mais gehört als einziges Gemüse zu den Süßgräsern. Er trägt lange Blätter, deren Basis den Stängel umfasst. Die gelblichen Blütenrispen tragen die männlichen Blüten, die weiblichen Blüten sitzen in einem von Hüllblättern (Lieschen) umgebenen Kolben. Zur Blütezeit wachsen aus diesem Kolben lange Narbenfäden, auf die durch Windbestäubung der Blütenstaub von den über ihnen stehenden männlichen Blüten gelangt.

Supersüße Sorten haben weitgehend die normalsüßen Sorten ersetzt, sie bewahren ihren sehr süßen Geschmack nach der Ernte. Für Babymais werden besondere Züchtungen gezogen oder man erntet unreife Kolben von gewöhnlichen Sorten, die in engen Abständen von 15 cm gewachsen sind. Landwirtschaftliche Kulturen von Mais in der Nachbarschaft kann Zuckermais bestäuben und zu weniger geschmackvollen Kolben führen. Violetter und anders gefärbter Mais kann ebenso bestäuben und führt zu teilweise gefärbten, weniger aromatischen Kolben.

■ **Standort und Boden** Ein leichter, warmer, nährstoffreicher Boden in sonniger, geschützter Lage ist wichtig *(siehe S. 108)*. An schattigen oder windigen Stellen reifen die Maiskolben nicht aus.

■ **Aussaat und Pflanzung** Für weniger günstige Lagen wählt man Frühsorten aus, die im Gewächshaus bei 20–27 °C ausgesät und ausgepflanzt werden, sobald die Sämlinge 8 cm hoch sind. Eine Pflanzung in Gruppen *(siehe S. 109)* erhöht die Chancen für eine erfolgreiche Bestäubung, was für die Bildung der Kolben unabdingbar ist. Bei einer Aussaat im Freien muss die Bodentemperatur mindestens 10 °C betragen. Eine Bodenabdeckung mit Folie oder Vlies erhöht die Temperatur im Keimbeet und verkürzt die Keimdauer. Mais sät man in Horsten *(siehe S. 108)* von zwei bis drei Samen aus. Nach der Keimung wird bis auf den kräftigsten Sämling ausgedünnt. Die Sämlinge gedeihen am besten bei 20–30 °C.

Die Ernte kann mit einer einzigen Aussaat in der Frühjahrsmitte bis zu drei Wochen verlängert werden, wenn man frühe, mittelfrühe und späte Sorten ausbringt. Alternativ dazu kann man dreimal hintereinander alle 14 Tage Frühjahrsaussaaten derselben Sorte vornehmen. In kalten Regionen gedeihen nur frühe Sorten.

PFLANZTIEFE	2,5–4 cm
ABSTAND IN DER REIHE	35–45 cm
REIHENABSTAND	45–60 cm

■ **Pflege** Bis zum Beginn der Blüte braucht nicht gegossen zu werden, dann sollte der Boden feucht bleiben oder mindestens einmal kräftig durchnässt werden. An windigen Stellen häufelt man Erde um die Stängel herum an oder errichtet eine Stützhilfe *(siehe S. 109)*, damit die Pflanzen ausreichend Halt bekommen. *(siehe S. 109 und S. 110)*.

■ **Ernte** Wenn die Haarbüschel vertrocknen und braun werden, testen Sie die Körner auf ihren Reifegrad und brechen Sie die reifen Kolben aus *(siehe S. 110)*.

■ **Probleme** Die Samen ziehen Mäuse *(siehe S. 258)* an. Maisbeulenbrand *(S. 258)* und Fritfliegen *(S. 255)* können die Pflanzen gelegentlich befallen, verursachen aber selten große Schäden; die Bekämpfung ist nur durch Fruchtwechsel *(siehe S. 31)* möglich. Schlechte Bestäubung führt zu Lücken in den Maisreihen durch fehlende Kolben. Vögel und Eichhörnchen *(siehe S. 253)* können lästig werden.

■ **Empfehlenswerte Sorten**

'Ashworth': Sehr früh, gelbe Körner, robust, auch für kühlere Regionen geeignet.

'Golden Bantam': Angenehmer Geschmack, wenn auch weniger süß. Rasch nach der Ernte verzehren.

'Golden Beauty': Goldgelbe Kolben, hohe Pflanzen.

'Tasty Sweet': F1-Hybride, mittelfrüh, Kolben 20 cm lang, sehr süß, hoher Ertrag.

'True Gold Sweet Corn': Goldgelbe Körner, lang anhaltende Süße.

Anbau von Kürbisgewächsen

Zu den Kürbisgewächsen zählen neben verschiedenen Kürbisarten auch Gurken, Zucchini und Melonen. Sie sind allesamt sehr wärmebedürftig und werden einjährig gezogen. Die Früchte werden roh oder gekocht verzehrt oder eingelegt. Die jungen Blätter und Triebe sind würzige Salatzutaten, die gerösteten Samen ein leckerer Knabberspaß; sogar die Blüten kann man schmackhaft zubereiten *(siehe Gemüseporträts S. 117–119)*. Mit ihren dekorativen Blüten und Blättern zieren die Pflanzen auch gemischte Rabatten. Die verwandten Zierkürbisse sind nicht genießbar und brauchen viel Platz. Das Platzproblem lässt sich leicht lösen, wenn man sie in die Höhe wachsen lässt.

Sämlinge in Torftöpfen pflanzen

1 Haben die Sämlinge den Topfrand erreicht, wird der Topf weiter mit Erde aufgefüllt, um eine kräftige Entwicklung der Wurzeln zu fördern.

2 Sobald sich drei oder vier echte Blätter entwickelt haben und die Wurzeln durch die Gefäßwände hindurch wachsen, wird ausgepflanzt.

3 Man setzt die Sämlinge mit ihren abbaubaren Töpfen in vorbereitete Pflanzlöcher ein. Vorher werden Löcher und Töpfe ausgiebig gewässert. Die Blätter sollen nach dem Einpflanzen gerade über der Bodenoberfläche zu sehen sein. Damit sich kein Wasser ansammeln und Fäulnis entstehen kann, häufelt man etwas Erde um die Stängel herum an.

AUSSAAT

Aus den großen, flachen Samen entwickeln die meisten Arten schnell wachsende Sämlinge, zur Keimung sind allerdings Temperaturen von 13–30 °C nötig. Die Sämlinge brauchen zum Weiterwachsen ähnliche Luft- und Bodentemperaturen. Da Kürbisgewächse frostempfindlich sind, ist es ratsam, in kühleren Regionen bzw. bei früher Aussaat, wenn im Freien noch niedrige Temperaturen herrschen, unter Glas auszusäen. In warmen Gebieten mit langen, heißen Sommern kann man schnell wachsende Arten wie Zucchini ab Anfang/Mitte Mai direkt ins Freie säen; die Pflanzen werden zudem kräftiger, da die Wurzeln nicht durch ein Umpflanzen gestört werden. Bei langsam reifenden Arten wie Speisekürbis und Melone empfiehlt sich auch bei warmem Klima unter Glas vorzukultivieren.

Ausgesät wird von Mitte bis zum späten Frühjahr in Multitopfplatten oder 8-cm-Töpfe; ideal sind abbaubare Anzuchttöpfe, die man mitpflanzt und so die Wurzeln nicht weiter gestört werden. Füllen Sie die Multitopfplatten oder Töpfe zur Hälfte mit Substrat und legen Sie je ein bis zwei Samen seitlich, nicht aufrecht, aus – das verringert den Widerstand der Erde, wenn sich die Keimblätter erheben. Zudem bleiben sie sauber und noch von der Samenschale umhüllt. Schwache Sämlinge werden entfernt. Wenn die verbliebenen Sämlinge den Topfrand erreicht haben, wird bis zum Zellen- bzw. Topfrand Erde aufgefüllt, damit ein kräftiges Wurzelsystem entsteht. Schnell wachsende Kürbisgewächse können in warmen Gegenden vom Spätfrühling bis Frühsommer direkt an Ort und Stelle gesät werden, bei etwa sechs Wochen vor der Aussaat durch Vlies oder Folie vorgewärmten Böden noch früher. Säen Sie einzeln oder Horste von drei Samen und dünnen Sie später bis auf den kräftigsten Sämling aus. Decken Sie die Aussaatfläche während der nächsten vier Wochen mit Vlies ab.

FOLGESAATEN

Da die meisten Kürbisgewächse nacheinander Früchte bilden, ist eine Folgesaat selten erforderlich. Eine Ausnahme bilden Zucchini und Gurken, bei denen einer zeitigen Aussaat im Frühjahr eine weitere im Frühsommer folgen kann, um auch noch später ernten zu können.

ABHÄRTEN DER SÄMLINGE

Vor dem Auspflanzen werden unter Glas vorgezogene Sämlinge zwei Wochen lang in einem kalten Kasten durch allmählich gesteigertes Lüften oder unter einer doppelten Lage Vlies abgehärtet.

STANDORT UND BODEN

Alle Kürbisgewächse bevorzugen einen warmen, geschützten Standort. Traditionell wurden Sie auf Erdwällen oder Hügeln, oft mit viel Kompost oder Stallmist angereichert, kultiviert. Bei nährstoffarmen, flachgründigen und zu Staunässe neigenden Böden kann das sehr hilfreich sein. Aber Erdwälle und Hügel bedeuten viel Arbeit und lassen sich nur mit Mühe ausreichend wässern. Weniger mühevoll, aber genauso erfolgversprechend, sind 1 m breite, um 15 cm erhöhte Beete mit flacher Oberfläche. Alternativ dazu können Sie auch 30 cm große Pflanzlöcher vorbereiten, die Sie mit Kompost oder Stallmist anreichern. Ähnlich gute Ergebnisse erzielen Sie auf Flachbeeten, die mit gut abgelagertem Mist angereichert wurden, besonders wenn man nach der Pflanzung mulcht.

Kürbisgewächse, die man auf Komposthaufen pflanzt, um dessen hohen Nährstoffgehalt zu nutzen, gedeihen meist gut, vorausgesetzt ein Überschuss an Nährstoffen führt nicht zu üppigem Blattwachstum auf Kosten der Fruchtbildung. Weniger wüchsige Arten wie Gurken und Zucchini können auch in Gefäßen von mindestens 25 cm Durchmesser sowie in Kultursäcken gezogen werden. Der Erfolgt hängt jedoch von der optimalen Versorgung mit Wasser und Nährstoffen ab.

AUSPFLANZEN DER SÄMLINGE

Sobald die Sämlinge drei bis vier echte Blätter gebildet haben, das ist gewöhnlich etwa zwei Wochen nach der Aussaat der Fall, können sie ausgepflanzt werden *(Bilder gegenüber und rechts)*. Sie werden bis zu den Keimblättern in den Boden eingesetzt, damit sich viele Wurzeln bilden und die Pflanze kräftig wächst. Pflanzt man nicht tief genug ein, steigt bei feuchtem Wetter die Gefahr, dass sie faulen. Im Zweifelsfall häufeln Sie etwas Erde um die Sämlinge an, damit sich an den Stängeln der Pflanzen kein Wasser ansammelt. Mit ihren zarten Wurzeln und Stängeln müssen die Sämlinge vorsichtig verpflanzt werden, besonders wenn sie ballenlos sind.

Sämlinge von Kürbisgewächsen profitieren nach dem Auspflanzen – besonders bei kalter Witterung – von zusätzlicher Wärme, zum Beispiel durch eine Abdeckung mit Vlies oder Folie. Vor Nachtfrösten schützt Sackleinen oder Ähnliches.

Sämlinge auspflanzen
In Töpfen oder Multitopfplatten ausgesäte Pflänzchen werden, sobald sie drei bis vier echte Blätter tragen, vorsichtig in ein mit Humus angereichertes Beet ausgepflanzt – bei diesen Kürbispflanzen beträgt der Abstand 1 m. Zuvor formt man mit der Hand oder Pflanzkelle die Löcher. Nach dem Einpflanzen drückt man die Erde um den Setzling fest an, gießt durchdringend und bringt bei Bedarf Etiketten an.

STÜTZHILFEN

Die Triebe hängender oder kletternder Kürbisgewächse können an Schnüren, Drähten, Spalieren oder Kletterzelten *(Bilder unten)* hochgeleitet werden, um Platz zu sparen und die Früchte vor Bodennässe, Fäulnis, Schnecken und sonstigen Schäden zu schützen. Sie können natürlich auch frei ranken, doch werden die Früchte dann oft zu schwer und die Pflanzen fallen dadurch leicht um oder knicken.

REGELMÄSSIGE PFLEGE

Schützen Sie frühe Aussaaten und Pflanzungen, besonders in kalten Regionen, durch Frühbeete, Folientunnel oder Vliesabdeckungen. Melonen und Gurken möchten das ganze Jahr über geschützt stehen. Bei warmem Wetter müssen Frühbeete und Folientunnel ausreichend gelüftet werden, um extrem hohen Temperaturen vorzubeugen. Im Gewächshaus können Sie Schattierfarbe, im Sommer Schattiernetze verwenden, um die Pflanzen vor Verbrennungen zu schützen.

Düngergaben steigern den Ertrag, zu viel Stickstoff führt jedoch zu extremer Blattbildung auf Kosten der Früchte. Kürbisgewächse sind für zusätzliche

Stützhilfen für Kürbisgewächse

Kürbisgewächse mit einem kletternden oder hängenden Wuchs sind auf eine Stützhilfe angewiesen, damit die Früchte nicht am Boden liegen, wo sie sehr faulen und von Schnecken befallen werden. Pflanzen im Freien kann man mit Bambusstäben und Schnüren stützen, entweder in Form eines Kletterzeltes oder in Reihen gesteckt. Für eine geschützte Lage eignet sich ein Spalier. Im Gewächshaus ranken die Pflanzen am besten an Schnüren hoch, die vom Dach bis zum Boden gespannt werden. Einzelne Früchte kann man auch mit Netzen stützen, die an der eigentlichen Stützhilfe angebracht werden.

Kürbispflanze am Fächerspalier

Gurkentriebe bindet man am Kletterzelt fest.

Treibhausgurke an senkrechten Schnüren

Gewächshausmelone im Netz

Düngergaben dankbar, als Richtwerte gelten 75–100 g/m² eines Universaldüngers oder 100–140 g/m² eines organischen Düngers *(siehe S. 20–23)*. Für Pflanzen, die in nährstoffreichen, vor Kurzem mit Mist angereicherten Böden wachsen, reicht die Hälfte dieser Mengen aus. Für Pflanzen in Gefäßen sind regelmäßige Düngergaben lebensnotwendig.

Mulchen hält den Boden feucht, unterdrückt das Wachstum von Unkraut und verhindert die Verschmutzung der Früchte. Schwarze Mulchfolie hält den Boden zusätzlich warm. Organische Mulchmaterialien ernähren die Pflanzen gleichzeitig, aber sehr nährstoffreiche Substanzen können zur Bildung von Blättern auf Kosten der Früchte führen.

Häufige und reichliche Wassergaben sind wichtig, besonders für Gemüse, die unter einer Abdeckung oder in Gefäßen wachsen. Gießen Sie auf jeden Fall nach der Aussaat und Pflanzung, während der Blüte und der Fruchtentwicklung sowie in Trockenperioden. Eine Tropfbewässerung ist meist unerlässlich.

UNKRAUTKONTROLLE

Die ausladenden Triebe und die großen Blätter der Kürbisgewächse unterdrücken Unkräuter ganz von allein. Anfangs sollten Sie jedoch eine schwarze Mulchfolie benutzen. Alternativ dazu können Sie die Anbaufläche im zeitigen Frühjahr vorbereiten und Unkräuter auskeimen lassen. Vor der Pflanzung werden diese mit einer Hacke entfernt.

BESTÄUBUNG

Die Bestäubung ist für die meisten Kürbisgewächse notwendig, damit sich Früchte bilden. In der Regel befinden sich männliche und weibliche Blüten auf derselben Pflanze, die einzige Ausnahme ist die Treibhausgurke. Kürbisgewächse werden durch Insekten bestäubt. Deshalb müssen Abdeckungen wie Vlies, Folie oder Frühbeetfenster zur Blütezeit entfernt werden, damit die Insekten an die Pflanzen gelangen können. Wenn es zu wenig Bestäuber gibt oder sie nicht aktiv genug sind, können Sie auch mit der Hand nachhelfen *(Bild oben)*.

Männliche Blüten sind nur kurze Zeit fruchtbar. Dies ist zu erkennen, wenn Sie mit dem Finger darüberstreichen und gelben, pudrigen Pollenstaub fühlen. Jede fruchtbare männliche Blüte hat ausreichend Pollen für mehrere weibliche Blüten. Für einen guten Ertrag ist manchmal eine wiederholte Bestäubung an aufeinanderfolgenden, sonnigen Tagen notwendig. Größere Pflanzabstände, ein hellerer Standort, spätes Einpflanzen und kaliumreiche Flüssigdünger können die Bildung von weiblichen Blüten fördern. Kleine Abstände und frühes Einpflanzen begünstigen die männlichen Blüten.

Handbestäubung bei Kürbisgewächsen

1 Der Fruchtansatz bei Kürbisgewächsen lässt sich durch künstliche Bestäubung verbessern. Schneiden Sie dazu eine geöffnete männliche Blüte – keine weibliche mit Fruchtknoten und Eizelle – ab. Entfernen Sie alle Blütenblätter, um die Staubblätter mit dem gelben Pollen freizulegen.

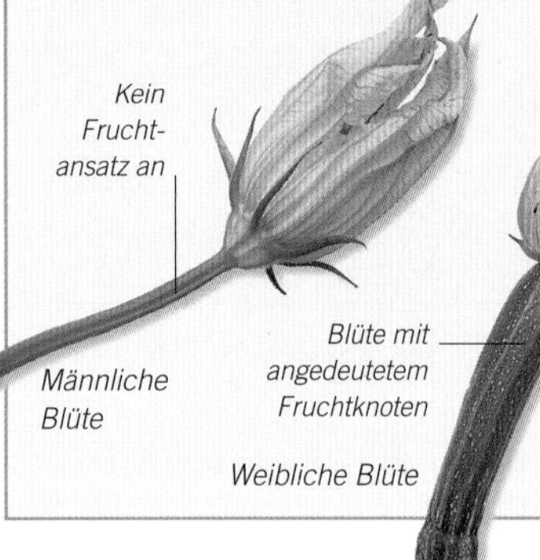

Kein Fruchtansatz an

Männliche Blüte

Blüte mit angedeutetem Fruchtknoten

Weibliche Blüte

2 Drücken Sie die männliche Blüte vorsichtig auf eine weibliche Blüte *(links)*, um den Blütenstaub von den männlichen Staubblättern auf die weibliche Narbe zu übertragen.

Schutz für reifende Früchte
Wenn Pflanzen im Freien ohne Stütze wachsen, legt man ein Stück Holz oder einen Ziegelstein unter die Frucht, damit sie den Boden nicht berührt. So verschmutzt und fault sie nicht.

Kalte Temperaturen sind die Ursache für eine unvollständige Bestäubung; die Früchte schwellen nur an den Blütenenden an und verschrumpeln am anderen Ende. Kalte Witterung kann sogar dazu führen, dass gar keine Früchte gebildet werden, da es durch den Mangel an Insekten und aufgrund schlechter Pollenbildung erst gar nicht zur Bestäubung kommt. Wenn die Bestäubung zwar gelingt, sich die Früchte aber nicht weiterentwickeln, liegt es oft daran, dass es mehr Früchte gibt als die Pflanze tragen kann. Das Problem löst sich meist von selbst, wenn die Pflanze wächst.

Wünscht man große Früchte, können die Fruchtansätze bis auf eine Frucht pro Trieb oder sogar pro Pflanze reduziert werden. Das ist vor allem bei Melonen notwendig.

ERNTE UND LAGERUNG.

Schneiden Sie die Stiele mit einem scharfen Messer sauber ab. Kürbisfrüchte sind erntereif, wenn sie ihre endgültige Farbe und eine harte Schale entwickelt haben und beim Klopfen hohl klingen. Der Stängel beginnt dann zu brechen. Früchte zum Lagern sollten möglichst lange an der Pflanze reifen. Nach der Ernte lassen Sie die Früchte noch einige Zeit im Gewächshaus oder in einem warmen Raum bei 27–32 °C nachtrocknen. Die Lagerung erfolgt bei etwa 10 °C und hoher Luftfeuchtigkeit, damit die Früchte nicht einschrumpfen.

KÜRBISGEWÄCHSE VON A–Z

Gemüsekürbis

Cucurbita pepo

JAHRESZEIT	FRÜHJAHR	SOMMER	HERBST	WINTER
AUSSAAT	• •	•		
UMPFLANZEN	•	•		
ERNTE		• •	• •	

Die einjährigen, leicht zu kultivierenden Gemüsekürbisse wachsen je nach Sorte buschig oder mit rankenden Trieben. Die Früchte sind ein typisches Sommer- oder Herbstgemüse und lassen sich je nach Sorte gut lagern. Sie können einfarbig, gestreift, länglich oder rund sein. Als Sommerkürbisse bezeichnet man die Arten, die wie Zucchini, Rondini oder Patisson unreif gepflückt und mitsamt ihrer weichen Schale verzehrt werden. Winterkürbisse pflückt man vollreif und mit harter Schale, meist wird nur das Fruchtfleisch gegessen. Eine Pflanze bringt zwei große oder sechs bis acht kleine Früchte hervor.

■ **Standort und Boden** Ein offener, sonniger Standort; profitiert durch Einarbeiten von Kompost oder Stallmist gleich bei der Bodenvorbereitung. Auch auf schwarzer Mulchfolie wachsen die Pflanzen gut.

■ **Aussaat und Pflanzung.** Für eine frühe Ernte säen Sie von Mitte bis Ende Frühjahr im Gewächshaus aus. Die frostempfindlichen Pflanzen werden im Spätfrühling entweder in Frühbeete oder unter Folientunnel bzw. im Frühsommer an Ort und Stelle ausgepflanzt. Die Samen brauchen zum Keimen eine Bodentemperatur von mindestens 13 °C. Späte Sorten können ab Mitte Mai direkt ins Freie gesät werden. In kalten Regionen erfolgen Aussaat und Pflanzung zwei Wochen später.

AUSSAATTIEFE	2,5 cm
ABSTAND IN DER REIHE	90 cm
REIHENABSTAND	90 cm buschige Sorten 1,2 m kriechende Sorten

■ **Pflege** Konstante Feuchtigkeit ist besonders während der Blütezeit notwendig. Flüssigdüngergaben helfen bei langsamem Wachstum und während der Fruchtbildung. Falls nötig, bieten Sie rankenden Sorten eine Stützhilfe *(siehe S. 115–116)*.

■ **Ernte und Lagerung** Die Ernte erfolgt regelmäßig; beginnen kann man etwa vier Wochen nach der Pflanzung, wenn die Früchte 15-20 cm groß sind. Auf der Schale ist dann noch ein Fingerabdruck zu sehen. Früchte, die lagern sollen, lässt man bis zur vollen Größe heranwachsen und eine harte, stabile Schale entwickeln. Sie sollten an der Sonne ausreifen und dabei mehrmals umgedreht werden. Damit sie sauber bleiben und nicht faulen, kommt eine Unterlage *(siehe S. 116)* unter die Früchte. Die Lagerung erfolgt trocken, kühl und frostfrei.

■ **Probleme.** Dieselben Probleme wie bei Zucchini *(siehe S. 119)*.

■ **Empfehlenswerte Sorten**
'Baby Bear': Runder Minikürbis (Durchmesser 12–15 cm), orangefarbene Schale, gelbes weiches Fleisch, gut lagerfähig.
'Neon': F1-Hybride, orangefarbene, runde Frucht, relativ kompakte Pflanze, tolerant gegen Mehltau.
'Uchiki Kuri': Zwiebelartige, rotorangefarbene Frucht, Typ Hokkaido, nussiger Geschmack.
Die unzähligen Sorten lassen sich einteilen in:
Acorn-Typ, Eichelkürbisse,
Crockneck-Typ, Schwanenhalskürbisse,
Straightneck-Typ (mit geradem Hals),
Pumpkins, einschließlich Rondini und Ölkürbis.
Patisson-Kürbisse (UFO-Kürbisse, *C. pepo* var. *patissonia*).
Spaghetti-Kürbisse mit beim Kochen fadenförmigem Fleisch.

Riesenkürbis, Moschuskürbis

Cucurbita maxima, C. moschata

JAHRESZEIT	FRÜHJAHR	SOMMER	HERBST	WINTER
AUSSAAT	• •	•		
UMPFLANZEN	•	•		
ERNTE			• •	

Riesenkürbis und Moschuskürbis werden im Herbst geerntet und sind mit ihrer harten Schale gut lagerfähig. Meist wird von ihnen nur das Fruchtfleisch verzehrt, unreife Früchte können wie Zucchini *(siehe S. 119)* verwendet werden. Zudem sind auch die gerösteten Samen einiger Sorten sowie Blüten und Triebspitzen essbar. Neben großen, kriechenden bzw. rankenden Pflanzen gibt es auch buschige Formen. Die Pflanze trägt entweder eine große oder vier bis sechs kleine Früchte.

■ **Standort und Boden** Ein humoser, durchlässiger Boden in offener, sonniger Lage. Die Keimtemperatur sollte mindestens 13 °C, die Wachstumstemperatur 18-21 °C betragen.

■ **Aussaat und Pflanzung** Wegen der langen Wachstumsperiode wird von Mitte bis Ende Frühling im Haus ausgesät und im Spätfrühling oder Frühsommer ausgepflanzt. Direkt ins Freie kann man frühestens ab Mitte Mai säen, besonders wenn der Boden durch Folie oder Vlies vorgewärmt wird.

AUSSAATTIEFE	2,5 cm
ABSTAND IN DER REIHE	90 cm buschige Sorten 1,5 m kriechende Sorte
REIHENABSTAND	90 cm buschige Sorten 1,5 m kriechende Sorte

■ **Pflege** Rankende Sorten benötigen weniger Wasser- und Düngergaben als andere Kürbisgewächse, da sie sich stark ausbreiten und tief wurzeln. Nicht rankenden Sorten genügen normale Mengen *(siehe S. 115)*; eine Mulchschicht erhält zudem die Feuchtigkeit des Bodens. Um Platz zu sparen, können Sie die kriechenden Triebe kreisförmig um kurze Stäbe wickeln. Oder man lässt sie an einer Rankhilfe emporranken *(siehe S. 115)*. Einzelne Früchte können durch Netze gestützt werden. Wollen Sie große Früchte ernten, lassen Sie nur zwei bis drei Kürbisse pro Pflanze ausreifen.

■ **Ernte und Lagerung.** Ernten sie nur Früchte, die ihre Farbe voll entwickelt haben und beim Klopfen hohl klingen. Lassen Sie die Schale in der Sonne nachtrocknen und aushärten. Richtig gelagert *(siehe S. 116)* können sie bis zum Frühjahr aufbewahrt werden.

■ **Probleme.** Nur Echter Mehltau *(siehe S. 253)* kann wirklich zum Problem werden. Fußkrankheiten *(S. 255)* sowie Gurkenmosaikvirus *(S. 256)* können gelegentlich die Ernte beeinträchtigen. Schnecken *(S. 255, 259)* befallen gerne die Sämlinge.

■ **Empfehlenswerte Sorten**

Riesenkürbis:

'Atlantic Giant': Der größte Riesenkürbis von allen, gelb.

'Blauer Ungarischer': Flach rund, mit blaugrauer Schale, orangerot, aromatisch, lagerfähig.

'Buttercup': Dunkelgrüne Schale, orangefarbenes Fleisch, dekorativ, hocharomatisch.

'Red Turban': Sehr dekorativ wegen der mehrfarbigen Bischofsmützenform, doch auch schmackhaft.

'Rouge Vif d'Etampes' ('Roter Zentner'): Orangeroter, leicht gerippter, flach runder Riesenkürbis, Fruchtfleisch orange, gut lagerfähig; das Gegenstück ist 'Gelber Zentner'.

Moschuskürbis:

'Butternut': Birnenförmig, Schale ockergelb, Fruchtfleisch hellorange, nussig.

'Early Butter Nut': F1-Hybride, cremefarbener Moschus- oder Melonenkürbis, Fruchtfleisch kräftig orange, für Frischverzehr und Lagerung.

'Muscat de Provence': Orangegelbe, flach runde Frucht, orangefarbenes Fleisch, nussiges Aroma.

Salatgurke, Einlegegurke

Cucumis sativus

JAHRESZEIT	FRÜHJAHR			SOMMER			HERBST			WINTER		
AUSSAAT	•	•	•	•								
UMPFLANZEN			•	•	•							
ERNTE					•	•	•					

Gurken selbst zu ziehen, lohnt sich immer, da sie aromatischer schmecken als gekaufte. Bei den Salatgurken gibt es spezielle Sorten für das Gewächshaus und das Freiland, wobei Treibhaussorten in der Regel empfindlicher und schwieriger zu kultivieren sind. Einige widerstandsfähige Treibhaussorten gedeihen auch gut in Frühbeetkästen. Einlegegurken und Schälgurken sind typische Freilandgurken. Sie sind kürzer und fester als Schlangengurken, besitzen eine raue Oberfläche und sind kräftig im Geschmack.

Gurken sind Kletterpflanzen und können an Kletterzelten, Spalieren oder Drähten gezogen werden *(siehe S. 115)*. So beanspruchen sie auch weniger Platz und bringen bessere Qualitäten als Pflanzen, die am Boden kriechen. Alle Gurken sind frostempfindlich. Der Ertrag liegt je nach Sorte bei etwa 15 Früchten pro Pflanze.

Moderne Treibhausgurken besitzen fast ausschließlich weibliche Blüten und bilden ohne Bestäubung Früchte (Parthenokapie). Eine Bestäubung mit sortenfremden Pollen kann zu unförmigen, bitteren Früchten führen. Deshalb werden diese Sorten am besten abseits von anderen Gurkensorten kultiviert. Unter kühlen Bedingungen können sich männliche Blüten *(siehe S. 116)* bilden, die entfernt werden. Alle Freiland- und Einlegegurken, ausgenommen die beschriebenen parthenokarpen Sorten, müssen durch Insekten oder künstlich bestäubt werden.

■ **Standort und Boden** Die Keimtemperatur für Gurkensamen muss mindestens 20 °C, die optimale Wachstumstemperatur 28 °C betragen; im Gewächshaus sollte eine Nachttemperatur von mindestens 20 °C herrschen. Geschützte, warme, sonnige Bedingungen sind für Freilandgurken wichtig; schwarze Mulchfolie und Vlies können den Boden erwärmen. Das Pflanzenwachstum wird durch Einarbeiten von Humus gleich bei der Bodenvorbereitung und durch Mulchen während der Wachstumszeit begünstigt. Bei schweren Böden kultivieren Sie Gurken besser auf Hochbeeten *(siehe S. 114)*. Gurken sind ertragreicher, wenn man sie in kalten Gegenden durch Folientunnel, Frühbeete oder Vlies schützt.

■ **Aussaat und Pflanzung** Die Aussaat erfolgt in der Regel von Anfang bis Mitte Frühjahr im Gewächshaus; erst ab Ende Mai, wenn der Boden warm genug ist, darf man direkt ins Freiland säen. Nachhelfen ist erlaubt, indem man den Boden mit Folie oder Vlies erwärmt. Abgehärtete Sämlinge werden im Spätfrühling unter Folientunnel oder in Frühbeete bzw. im Frühsommer direkt ins Freie ausgepflanzt. In kalten Regionen geschieht dies zwei Wochen später. Säen Sie entweder in Horste von 3 Samen im Abstand von jeweils 15 cm, bei Platzmangel auch in Reihen. Treibhausgurken lassen sich auch in Kultursäcken ziehen.

AUSSAATTIEFE	2,5 cm
PFLANZABSTAND/	15 cm von Horst zu Horst
ABSTAND IN DER REIHE	45 cm bei Saatreihen
REIHENABSTAND	60–75 cm

■ **Pflege** Als Stützhilfe eignen sich Kletterzelte, Spaliere oder Drähte *(siehe S. 115)*. Knipsen Sie die Triebspitzen von Klettersorten nur ab, wenn sie das obere Ende der Stütze erreicht haben. Lässt man die Pflanzen am Boden entlangwachsen, tragen sie mehr Früchte und nutzen den Raum besser aus, besonders dann, wenn man die Triebspitzen regelmäßig entfernt, um so einen buschigen Wuchs anzuregen. In Frühbeeten und unter Folientunneln leiten Sie die Seitentriebe in die Ecken und kneifen Sie die Spitzen wiederum aus. Gießen Sie reichlich; Gurken dürfen nie austrocknen. Lassen Wachstum und Blattfarbe nach, hilft ein flüssiger Volldünger laut Dosierungsanweisung oder eine organische Mulchdecke.

■ **Ernte** Salat- und Einlegegurken werden am besten geerntet, wenn die Schale gleichmäßig gefärbt ist und bevor sie beginnen gelb zu werden. Salatgurken aus dem Treibhaus sind in der Regel zwei Wochen nach der Blüte erntereife, Einlegegurken meist zur Sommermitte. Im Freien kann, je nach Sorte, vom Spätsommer bis kurz vor den ersten Frösten geerntet werden.

■ **Probleme** Echter Mehltau *(siehe S. 253)* tritt oft im Spätsommer auf. Optimale Kulturbedingungen, reichliches Gießen und eine gute Nährstoffversorgung wirken hier vorbeugend. Gurkenmosaikvirus *(S. 256)* ist verbreitet und führt zu unförmigen Früchten. Greifen Sie bei Bedarf auf resistente Sorten zurück; befallene Pflanzen werden sofort vernichtet. Schnecken *(S. 259)* schädigen Jungpflanzen. Rote Spinne *(S. 260)* und Weiße Fliegen *(S. 263)* richten besonders in Frühbeeten und Gewächshäusern Schaden an; eine biologische Schädlingskontrolle ist hier sehr wirksam. Fußkrankheiten *(S. 255)* treten verstärkt bei zu stark gegossenen Pflanzen und in schlecht durchlässigen Böden auf. Wurzelfliegen *(S. 264)* können im Frühsommer Freilandkulturen schädigen. Eine Vliesabdeckung schützt die Pflanzen.

■ **Empfehlenswerte Sorten**

Salatgurken:

'Dominica', 'Cordoba', 'Styx': Resistent gegen Gurkenkrätze, tolerant gegen Echten Mehltau. Ebenso die F1-Hybriden 'Cumlude', 'Euphya', 'Sudica'.

'Tanja': Dunkelgrüne Früchte, völlig frei von Bitterstoffen.

Einlegegurken:

'Hilds Glattschalige Traube': Dunkelgrüne Früchte mit glatter Schale, im Querschnitt drei- oder vierkantig, weißstachelig.

'Vert Petit de Paris': Traditionelle Sorte, wächst kriechend oder kletternd, ertragreich.

'Vorgebirgstraube': Bekannte Essiggurke mit kleinen, schlanken Früchten.

Schälgurken:

'Carnito': F1-Hybride, Früchte bis 40 cm lang, bitterstofffrei, auch zum Einmachen.

Mini- und Slicergurken:

'Adrian': F1-Hybride, Slicergurke fürs Freiland, tolerant gegen Gurkenmosaik und Echten Mehltau.

'Akito', 'Jazzer': F1-Hybriden, Slicergurken für Gewächshaus und Freiland, resistent gegen Gurkenkrätze, tolerant gegen Falschen Mehltau.

'Delta Star': Minigurke für Gewächshaus und Freiland, resistent gegen Gurkenkrätze, tolerant gegen Falschen Mehltau.

'Printo': F1-Hybride, Minigurke für Gewächshaus und Freiland, resistent gegen Gurkenkrätze und Gurkenmosaikvirus, tolerant gegen Falschen Mehltau.

Wassermelone

Citrullus lanatus

JAHRESZEIT	FRÜHJAHR			SOMMER			HERBST			WINTER		
AUSSAAT		•										
UMPFLANZEN				•	•							
ERNTE							•	•				

Wassermelonen sind ausladend wachsende, einjährige Pflanzen. Ihre Triebe können bis zu 4 m lang werden, die Früchte bis zu 60 cm groß. Sie sind länglich oder rund, gelb oder grün gefärbt, gestreift oder gefleckt und werden roh verzehrt. Neue Züchtungen umfassen auch kleinfruchtige, schnell wachsende Sorten. Wassermelonen haben eine lange Wachstumszeit und brauchen viel Wärme. In kühleren, gemäßigten Regionen kann ein Frühbeet, das an einem sehr warmen, sonnigen und geschützten Platz steht ist, ausreichend Schutz bieten. Sonst müssen sie im Gewächshaus wachsen. Pro Pflanze können Sie ein bis zwei Früchte ernten.

■ **Standort und Boden** Wassermelonen haben die gleichen Ansprüche wie Zuckermelonen *(siehe dort)*, doch ihre optimale Wachstumstemperatur liegt mit 25–30 °C höher.

■ **Aussaat und Pflanzung** Ausgesät wird in der Frühjahrsmitte im Haus, ausgepflanzt vom Spätfrühling bis Frühsommer.

AUSSAATTIEFE	2,5 cm
ABSTAND IN DER REIHE	60–100 cm
REIHENABSTAND	1 m

■ **Pflege** Wie Zuckermelonen *(siehe dort)*.

■ **Ernte** Wenn der Stiel trocknet und sich die Farbe verändert, besonders wenn die blasse Stelle auf dem Boden gelblich wird, sind Wassermelonen erntereif. Die Frucht muss dumpf klingen, wenn man auf sie klopft.

■ **Probleme** Siehe Zuckermelone.

■ **Empfehlenswerte Sorten**

'Small Shing Light': Altbewährte, frühe Sorte, runde, bis 30 cm große, außen grüne, innen rote Früchte.

'Sugar Baby': Kompakte Pflanze, schnell reifende, saftige, außen grüne, innen rote Früchte.

Zucchini

Cucurbita pepo

JAHRESZEIT	FRÜHJAHR			SOMMER			HERBST			WINTER		
AUSSAAT		•	•	•								
UMPFLANZEN			•	•								
ERNTE					•	•	•	•				

Die robusten Zucchini wachsen schnell und können gut im Freien gezogen werden. Manche Sorten ranken auch. Wie Sommerkürbisse können Zucchini kurze Zeit nach der Blüte geerntet, mitsamt der dünnen Schale und den weichen Kernen verzehrt werden. Die Blüten, besonders die männlichen, sind ausgebacken oder gefüllt eine Delikatesse. Die Ranken und Triebspitzen kann man wie Gemüse dämpfen. Pro Pflanze können Sie 6-12 Zucchini ernten, eine Lagerung empfiehlt sich nicht.

■ **Standort und Boden** Bevorzugt werden offene, sonnige Lagen; Einarbeiten von reichlich Kompost oder Stallmist bei der Bodenvorbereitung sowie Mulchen sind von Vorteil.

■ **Aussaat und Pflanzung** Für eine frühe Ernte säen Sie von Mitte bis Ende des Frühjahrs im Gewächshaus aus und pflanzen entweder im Spätfrühling unter Folie oder ins Frühbeet bzw. im Frühsommer direkt ins Freie um. Für einen späteren Erntetermin werden im Frühsommer Horste von drei Samen direkt an Ort und Stelle ausgebracht. Die Keimtemperatur sollte mindestens 13 °C betragen. In kalten Regionen etwa zwei Wochen später aussäen.

AUSSAATTIEFE	2,5 cm
ABSTAND IN DER REIHE	90 cm
REIHENABSTAND	90 cm; 1,2 m für Klettersorten

■ **Pflege** Gießen Sie besonders während der Blütezeit regelmäßig. Bei zu langsamem Wachstum wird nachgedüngt. Künstliche Bestäubung *(siehe S. 116)* ist nur bei Pflanzen unter Folie oder im Gewächshaus notwendig. Kletternde Formen an Stäben oder Drähten befestigen.

■ **Ernte** Ernten Sie junge Früchte, sobald diese etwa 10 cm lang sind bzw. wenn die Blütenreste abfallen. Lässt man sie weiter wachsen, verlieren sie an Geschmack; zudem fehlt der Pflanze die Energie für einen erneuten Fruchtansatz.

■ **Probleme** Echter Mehltau *(siehe S. 253)* tritt im Spätsommer auf. Gurkenmosaikvirus *(S. 256)* ist häufig und hat schlecht geformte Früchte zur Folge. Greifen Sie hier auf resistente Sorten zurück. Schnecken *(S. 259)* schaden Jungpflanzen sehr. Weiße Fliegen *(S. 263)* und Spinnmilben sind besonders unter Folien, im Frühbeet und im Gewächshaus schädlich. Fußkrankheiten *(S. 255)* treten an der Stängelbasis zu stark gewässerter Pflanzen und bei wenig durchlässigen Böden auf. Wurzelfliegen *(S. 264)* können gelegentlich im Frühsommer Freilandkulturen beschädigen.

■ **Empfehlenswerte Sorten**

'Ambassador': F1-Hybride, robust, grüne Früchte, lange Erntezeit.

'Black Forest': F1-Hybride, Früchte glatt und grün, kletternder Wuchs, ermöglicht bequeme Ernte, für Zäune und Gitter.

'Diamant': F1-Hybride, mittelgrüne, glänzende Früchte, früher Erntebeginn, nachreifend.

'Gold Rush': F1-Hybride, Früchte glänzend goldgelb, zarte Schale, rankenlose Buschform.

'Monitor' und 'Supremo': F1-Hybriden, dunkelgrüne Früchte, resistent gegen Gurkenmosaikvirus.

Zuckermelone

Cucumis melo

JAHRESZEIT	FRÜHJAHR			SOMMER			HERBST			WINTER		
AUSSAAT		•	•	•								
UMPFLANZEN				•								
ERNTE						•	•					

Zuckermelonen sind rankende, nicht frostharte, einjährige Pflanzen aus tropischen Regionen, die viel Wärme benötigen. Es gibt drei Unterarten: Die Cantalup-Melone, die Honig- oder Wintermelone (auch Casabe) und die Netz- oder Muskatmelone. Cantalup-Melonen haben eine dicke, raue, stark gerippte, graugrüne Schale. Honigmelonen haben eine gelbe oder gelb-grün gestreifte, glatte Schale, während Netzmelonen gewöhnlich kleiner sind und sich durch eine glatte, netzartige Schale auszeichnen. Pro Pflanze können Sie 2-4 Melonen ernten.

■ **Standort und Boden** Besonders sonnig, warm und geschützt. Der Boden sollte humus- und nährstoffreich sein. Die Keimtemperatur beträgt mindestens 16 °C; die Pflanzen gedeihen am besten bei etwa 25 °C. In kühleren, gemäßigten Breiten können Sie Melonen nur im Gewächshaus, im Frühbeet oder unter Vlies und Folie kultivieren.

■ **Aussaat und Pflanzung** In kühlen Gegenden säen Sie von Mitte bis Ende Frühjahr zunächst im Gewächshaus aus; ab dem Frühsommer können die Jungpflanzen ins Freie. Beim Pflanzen sollte der Wurzelballen nur leicht mit Erde bedeckt werden, denn wenn er zu tief eingesetzt wird, fault er leicht. In warmen Regionen kann zum Ende des Frühjahrs unter einer Abdeckung direkt gesät werden.

AUSSAATTIEFE	2,5 cm
ABSTAND IN DER REIHE	60–100 cm
REIHENABSTAND	1 m

■ **Pflege** Melonen brauchen viel Wasser, vertragen aber keine Staunässe am Wurzelhals. Kontinuierliches Gießen ist besonders während der Blütezeit erforderlich. Lässt das Wachstum nach, verabreichen Sie wöchentlich einen Flüssigdünger *(siehe S. 21)*. Im Gewächshaus werden die Triebe an Stützen *(siehe S. 115)* aufgeleitet, in Frühbeetkästen und unter Folientunneln leiten Sie die Seitentriebe in die Ecken. Wichtig für den Ertrag ist das Entspitzen: Knipsen sie den Haupttrieb ab, sobald sich zwei Blätter gebildet haben; daraufhin entwickeln sich zwei neue Triebe. Diese werden wiederum eingekürzt, wenn sie sieben Blätter aufweisen. Die neu entstandenen Triebe werden entspitzt, wenn sie fünf Blätter entwickelt haben. Die nachfolgenden Triebe tragen dann die Früchte.

Der erste Fruchtansatz verhindert eine weitere Fruchtbildung. Um gezielt zu bestäuben, sollten Folientunnel, Frühbeete oder Vliesdecken solange geschlossen sein, bis die Pflanzen in voller Blüte stehen. Erst dann dürfen Insekten alle Blüten gleichzeitig bestäuben. Reduzieren Sie die Früchte auf zwei oder vier pro Pflanze, sobald sie einen Durchmesser von 2,5 cm erreicht haben. Schneiden Sie die Fruchttriebe zwei bis drei Blätter hinter der Frucht ab, damit die Pflanze all ihre Energie zur Ausbildung der bestehenden Früchte verwenden kann. Stützen Sie einzelne Früchte im Gewächshaus mit Netzen.

■ **Ernte und Lagerung** Wenn sich am Stielansatz Risse zeigen und die Früchte aromatisch süß duften, ist Erntezeit.

■ **Probleme** Echter Mehltau *(siehe S. 253)*, Gurkenmosaikvirus *(S. 256)*, Fußkrankheiten *(S. 255)*, Schnecken *(S. 255, 259)*, Rote Spinne *(S. 260)*, Weiße Fliegen *(S. 263)*, Blattläuse *(S. 252)* und Wurzelfliegen *(S. 264)* können Probleme verursachen.

■ **Empfehlenswerte Sorten**

'Kolchosniza': Honigmelone, robuste russische Sorte, runde gelbe Früchte, innen weißlich.

'Köstliche aus Pillnitz': Cantalup-Melone, hochrunde Frucht mit ausgeprägten Längsriefen, gelblich mit dunkelgrünen Streifen, innen orangefarben.

'Streits Freiland Grüngenetzt': Cantalup-Melone, runde, grüne Früchte mit orangefarbenem Fleisch, bewährt für Freilandanbau, aromatisch, mittelspät.

'Melba': Netzmelone, kompakte Pflanzen, geeignet für Anbau im Freiland.

Anbau von Stielgemüse

Stangen- und Knollensellerie sowie Knollenfenchel zeichnen sich durch essbare fleischige Stängel bzw. Knollen und dekoratives Laub aus. Sie sind zweijährig, werden wegen ihrer Frostempfindlichkeit gewöhnlich einjährig kultiviert. Stangensellerie und Fenchel sind etwas anspruchsvoll, dagegen lässt sich Knollensellerie einfach ziehen. Stangen- und Knollensellerie sind ausgezeichnete Wintergemüse, Schnittsellerie wird wegen seiner würzkräftigen Blätter kultiviert.

Von Stangensellerie gibt es Sorten mit grünen, rötlichen oder selbst bleichenden Stielen. Die Kultur der modernen selbst bleichenden Sorten ist einfacher als früher, weil das aufwendige Bleichen entfällt. Ausgesät wird im Frühsommer im Warmen, ausgepflanzt wird nicht vor Mitte Mai. Wenn Ihnen der Platz für eine Vorkultur fehlt, kaufen Sie die Pflänzchen im Gartencenter oder bestellen Sie über den Versandhandel.

Stangen- und Knollensellerie wachsen langsam, während Schnittsellerie und Fenchel schneller reifen. Stangensellerie und Fenchel neigen stark zum Schossen und setzen leicht Samen an, besonders wenn sie zu früh gepflanzt werden. Greifen Sie hier auf schossfeste Sorten zurück. Es empfiehlt sich, alle Arten bei Frostgefahr mit Folie oder Vlies abzudecken.

Stängel bleichen
Bleichsellerie sowie die äußeren Pflanzen der in Blöcken gezogenen, selbst bleichenden Sorten werden locker mit einer schwarzen Folie umwickelt, wenn die Stängel 20–30 cm hoch sind. Die Blätter müssen herausschauen, damit die Pflanze weiter wachsen kann.

STANDORT UND BODEN

Alle Stiel- und Knollengemüse brauchen einen nährstoffreichen, durchlässigen, Feuchtigkeit speichernden Boden in offener Lage, in den reichlich Kompost oder Stallmist eingearbeitet wird. Sauren Böden sollte für alle Selleriearten Kalk untergemischt werden *(siehe S. 18–19)*. Selbst bleichender Sellerie kann unter Glas oder im Freien angebaut werden. Da er frostanfällig ist, sollte er bis Mitte Herbst geerntet werden. Stangensellerie benötigt hohe Konzentrationen an Stickstoff, während Knollensellerie und Fenchel einen niedrigen Stickstoffgehalt bevorzugen.

Stangensellerie in Rosa und Rot
Probieren Sie doch einmal eine der attraktiven Sorten mit rosa oder roten Stängeln. Diese Sorten sind häufig robuster als die mit weißen Stängeln und können auch noch später im Jahr für einen ungewöhnlichen Salat verwendet werden.

STÄNGEL BLEICHEN

Ältere Sorten vom Stangensellerie müssen häufig gebleicht werden, damit die Stängel hell und schön zart werden. In dieser Zeit dürfen sie kein Licht erhalten. Die traditionelle Art durch Anhäufeln ist sehr arbeitsaufwendig und wird heute kaum noch praktiziert. Hierbei häufelt man wiederholt Erde an und formt dabei richtige Wälle. Selbst bleichende Sorten sollten in dichten Blöcken gepflanzt werden *(Bild rechts)*, sodass die Blätter nicht so viel Licht an die Stängel heranlassen. Bei den äußeren Pflanzen dieses Blockes bzw. nicht selbst bleichenden Sorten empfiehlt sich eine einfache Methode: Im Spätsommer, wenn die Pflanzen 20–30 cm hoch sind, werden sie zusammengebunden und mit schwarzer Folie *(Bild oben)* oder Packpapier umwickelt, sodass der Blattschopf noch herausschaut. Kunststofffolie sollte innen mit Papier ausgekleidet sein, damit die Stangen nicht schwitzen und faulen. Im Inneren der Ummantelung muss ausreichend Platz für die reifenden Stängel sein. In windigen Gebieten befestigen Sie die Schnur an einen Stab. Die Folie muss man gelegentlich abnehmen, um auf Schnecken zu prüfen, die sich dort sehr wohlfühlen.

REGELMÄSSIGE PFLEGE

Damit die Stängel zart und nicht faserig werden, brauchen die Pflanzen während der Wachstumszeit kontinuierliche Wassergaben; Staunässe vertragen sie aber nicht. Mulchen hilft, Feuchtigkeit zu speichern. Stangen- und Knollensellerie können Sie mit Folie, Vlies, einer Lage Stroh oder trockenem Laub vor den ersten Frösten schützen. Den Nährstoffbedarf finden Sie in den Gemüseporträts.

Im Block pflanzen
Stangensellerie, besonders selbst bleichende Sorten, pflanzt man dicht in Blöcken gepflanzt, mit einem Abstand von 25 cm nach allen Seiten. So dringt nur wenig Licht bis zu den Stängeln durch.

STIELGEMÜSE VON A–Z

Knollenfenchel

Foeniculum vulgare var. *azoricum*

JAHRESZEIT	FRÜHJAHR			SOMMER			HERBST			WINTER		
AUSSAAT	•	•	•	•								
UMPFLANZEN		•	•	•	•							
ERNTE				•	•	•	•					

Die dicken, nach Anis schmeckenden Knollen entwickeln sich am unteren, verbreiterten Ende der Blattstiele und können roh gegessen oder gekocht werden. Fenchel neigt extrem stark zum Schossen; hier empfiehlt es sich, auf schossfeste Sorten zurückzugreifen. Sie können pro 3 m Pflanzreihe 1,4-2,25 kg Fenchel ernten.

■ **Standort und Boden** Fenchel bevorzugt einen nährstoffreichen, durchlässigen Sandboden, der am besten für eine vorhergehende Kultur schon gut aufgedüngt wurde *(siehe S. 22–23)*.

■ **Aussaat und Pflanzung** Für eine frühe Ernte werden von Anfang bis Mitte Frühjahr schnell reifende Sorten in Saatschalen oder Multitopfplatten ausgesät. Spätestens wenn die Keimlinge vier echte Blätter gebildet haben, werden sie vorsichtig, ohne die jungen Wurzeln zu verletzen, ins Freie ausgepflanzt. Man deckt die Sämlinge zunächst mit Vlies oder Folie ab oder setzt sie in einen unbeheizten Frühbeetkasten *(siehe S. 46–48)*. Doch auch hier besteht noch die Gefahr, dass die Pflanzen schossen. Daher wählt man für einen frühen Aussaattermin zuverlässig schossfeste Sorten. Die Direktaussaat kann ab Mai erfolgen, am besten sät man jeweils geringe Mengen in wöchentlichem Abstand. Zur Keimung ist eine Mindesttemperatur von 15 °C notwendig. Jeweils drei bis vier Samen werden in ein Loch im Abstand von 30 cm gesät; die Keimlinge werden später vereinzelt, damit sie sich kräftig entwickeln. Die Aussaattiefe ist für den Erfolg ausschlaggebend; werden die Samen zu flach gesät, sind die Pflanzen windanfällig, können sich verdrehen oder brechen sogar ab.

AUSSAATTIEFE	2,5 cm
ABSTAND IN DER REIHE	30 cm
REIHENABSTAND	30 cm

■ **Pflege** Knollenfenchel benötigt während der gesamten Wachstumszeit viel Wasser; daher ist eine Mulchschicht nützlich, um die Bodenfeuchtigkeit zu speichern. Düngergaben sind nicht nötig. Wenn sich die Pflanzen neigen, häufeln Sie Erde um die Stängel. Werden die Stängel allmählich dicker, häufeln Sie die Knolle bis zur Hälfte an, damit sie weiß bleibt und einen milden Geschmack bekommt. Einen ähnlichen Effekt erzielt man durch dichtes Setzen, weil sich dadurch die Pflanzen gegenseitig beschatten. Auf diese Weise verschmutzen die Knollen nicht.

■ **Ernte** Fenchel braucht mindestens drei Monate, bis er reif ist. In Bodennähe abschneiden, sodass ein Stumpf zurückbleibt, der wieder austreibt. Sobald die Knollen beginnen in die Länge zu wachsen, ist dies ein Zeichen dafür, dass sie Samen ansetzen. Dann muss schnell geerntet werden, sonst werden die Knollen zu zäh.

■ **Probleme** Stamm- und Wurzelfäule, die durch den Pilz Rhizoctonia verursacht wird, kann sowohl bei Keimlingen als auch an Knollen zum Problem werden. Halten Sie einen auf die Kulturen abgestimmten Fruchtwechsel ein *(siehe S. 31)* und vermeiden Sie den gleichzeitigen Anbau mit Salat oder Radieschen.

■ **Empfehlenswerte Sorten**

'Finale': Sehr gleichmäßig, zuverlässig schossfest, früher Anbau möglich.

'Perfektion': Mittelgroße Knollen, gut zum Schmoren und als Salat.

'Rondo': F1-Hybride, besonders große Knollen, sehr schossfest, für Sommer- und Herbstanbau.

'Selma': Schossfest, sehr gut zum Schmoren und als Salat, ganzjähriger Anbau.

'Zefa Fino': Kräftige Knollen, schön ausgefärbt, schossfest, ganzjähriger Anbau.

'Zefa Tardo': Feste, grünlich weiße Knollen, spät reifend.

Knollensellerie

Apium graveolens var. *rapaceum*

JAHRESZEIT	FRÜHJAHR			SOMMER			HERBST			WINTER		
AUSSAAT	•	•										
UMPFLANZEN		•	•	•								
ERNTE						•	•	•				

Knollensellerie bildet an der Basis des Sprosses dicke, fleischige, grünlich braune Knollen bis zu 13 cm Durchmesser. Die darin enthaltenen ätherischen Öle verleihen ihm seinen würzigen Geschmack. Knollensellerie ist etwas kälteverträglicher als Stangensellerie, die Pflanze kann Temperaturen bis zu -10 °C aushalten, wenn sie mit Folie, Vlies oder Stroh abgedeckt wird. In einer 3 m langen Reihe können 10 Knollen zu je 225-400 g geerntet werden.

■ **Standort und Boden** Knollensellerie benötigt einen nährstoffreichen, humosen Boden. Er liebt sonnige Standorte, verträgt aber lichten Schatten.

■ **Aussaat und Pflanzung** Für bestmögliche Ernteergebnisse benötigt Knollensellerie eine lange, ununterbrochene Wachstumsperiode. Ausgesät wird im zeitigen Frühjahr bei 15 °C, entweder in Aussaatschalen, Multitopfplatten oder kleine Töpfe. Wenn die Sämlinge groß genug sind, pikiert man sie in größere Multitopfplatten oder pflanzt sie einzeln in einen größeren Topf um. Die Temperatur muss über 10 °C bleiben. Vor dem Umsetzen ins Freie werden die Jungpflanzen zunächst abgehärtet *(siehe S. 65)*, dann pflanzt man sie in Reihen mit ausreichendem Abstand oder in Blöcken aus *(S. 71)*. Sie benötigen viel Licht und Luft; wenn sie zu dicht gepflanzt werden, bilden sie nur schwache Wurzeln aus. Eine bessere Ernte wird gewöhnlich erzielt, wenn die Jungpflanzen schon im Spätfrühling auspflanzt werden; so wachsen sie an, bevor warme, trockene Witterung einsetzt.

AUSSAATTIEFE	1cm
ABSTAND IN DER REIHE	15cm
REIHENABSTAND	15cm

■ **Pflege** Ein- bis zweimal wöchentlich muss gut gegossen werden; in Trockenperioden benötigt man für jeden Gießvorgang etwa 22 Liter pro m². Eine Mulchschicht hilft die Feuchtigkeit zu speichern. Wenn die Pflanzen langsam wachsen oder blass aussehen, streut man etwa 35 g/m² schwefelsaures Ammoniak aus *(siehe S. 20)*. Mitte des Sommers werden die äußeren Blätter, die vom Spross abstehen oder gelb geworden sind, entfernt; das führt zur Ausbildung glatter Knollen. Die Knollen kann man mit Folie, Vlies oder Stroh vor Frost schützen.

■ **Ernte und Lagerung** Knollensellerie benötigt sechs Monate zur Reifung. Frühe Sorten können ab dem Spätsommer geerntet werden, späte Sorten dürfen keinen Frost abbekommen. Die Knollen sind reif, wenn sie einen Durchmesser von 8-13 cm haben. Sie werden herausgehoben, die Wurzeln entfernt und anschließend gewaschen. Knollensellerie sollte am besten bis zur Verwertung im Boden bleiben und frisch verwendet werden. In Gegenden mit strengen Wintern kann man ihn lagern. Wurzeln und Blattspross bleiben an der Pflanze, die in einer Kiste mit feuchtem Sand eingeschlagen und kühl und dunkel aufbewahrt wird *(siehe S. 73)*.

■ **Probleme** *Siehe* Stangensellerie.

■ **Empfehlenswerte Sorten**

'Bergers Weiße Kugel': Große, schwere, hellbraune Knolle, widerstandsfähig, schossfest.

'Dolvi': Große Knollen, weißes Fleisch, schossfest, tolerant gegen Schorf, Rost und Blattfleckenkrankheit.

'Ibis': Glatte, kugelige Knolle, weißes Fleisch, früher Anbau, schossfest. Wenig Laub und geringer Wurzelansatz erleichtern das Putzen.

'Monarch': Große, glatte, helle Knollen, Ernte im Herbst oder Frühwinter, gut lagerfähig.

'Goliath': Runde, helle Knolle, festfleischig, gesundes Laub, tiefer Wurzelansatz.

Stangensellerie und Schnittsellerie

Apium graveolens var. *dulce*, *A. graveolens* var. *secalinum*

JAHRESZEIT	FRÜHJAHR			SOMMER			HERBST			WINTER		
STANGENSELLERIE												
AUSSAAT	•	•										
UMPFLANZEN		•	•	•								
ERNTE					•	•	•	•				
BLEICHSELLERIE												
AUSSAAT	•	•										
UMPFLANZEN			•	•								
ERNTE								•	•			
SCHNITTSELLERIE												
AUSSAAT	•	•				•						
UMPFLANZEN		•	•	•			•					
ERNTE					•	•	•	•	•	•	•	•

Stangensellerie bildet keine Knolle aus und wird vor allem wegen seiner fleischigen, meist bleichen Stiele angebaut, die bis zu 25 cm lang werden. Die inneren Stiele werden allmählich dünner, sind aber viel zarter und bleicher als die äußeren. Neben dem Bleichsellerie gibt es selbst bleichende Sorten mit cremeweißen Stielen, grün bleibende Sorten sowie dekorative rot- und rosastielige Sorten. Selbst bleichende und grün bleibende Sorten lassen sich einfach kultivieren, sind aber manchmal empfindlicher und weniger aromatisch als Bleichsellerie, der wiederum mehr Platz im Garten benötigt. Das Bleichen der Stiele erfordert etwas Geschick und Aufwand, ob auf traditionelle Art durch Anhäufeln oder mithilfe von schwarzer Folie *(siehe S. 120)*. Schnittsellerie ist eine kleine Pflanze mit dünnen Stängeln und aromatischen Blättern, die auch im Topf gezogen werden kann. In einer 3 m langen Reihe kann man je 12 Stangenselleriepflanzen ernten, vom Schnittsellerie lassen sich 15-20 Pflanzen setzen.

■ **Standort und Boden** Stangensellerie benötigt einen sonnigen Standort und nährstoffreichen, humosen, Feuchtigkeit speichernden und trotzdem durchlässigen Boden. Da er einen pH-Wert von 6,6-6,8 braucht, sollten Sie sauren Böden etwas Kalk zugeben. Bei Bleichsellerie wird ein Graben von 38-45 cm Breite und 30 cm Tiefe ausgehoben und viel organisches Material eingearbeitet. Erfolgt das Bleichen durch Anhäufeln, wird der Graben bis auf 8-10 cm unterhalb der Bodenoberfläche aufgefüllt und die restliche Erde später angehäufelt. Wird der Stangensellerie durch Abdecken gebleicht, füllt man den Graben ganz auf und ummantelt später die Stiele.

■ **Aussaat und Pflanzung** Beachten Sie, dass Selleriesamen langsam keimen *(siehe S. 62)*. Samen von selbst bleichendem Stangensellerie werden von Anfang bis Mitte Frühjahr bei 15 °C in Töpfe oder Multitopfplatten im Warmen ausgesät. Die Samen der Lichtkeimer werden nicht mit Erde abgedeckt, die Erde immer gut feucht gehalten. Die Sämlinge werden vereinzelt, wenn sich das erste echte Blatt gebildet hat; entweder in größere Multitopfplatten oder Töpfe. Sie werden bei einer Temperatur von mindestens 10 °C weiter gezogen, um späteres Schossen zu verhindern. Wenn die Pflänzchen vier bis sechs echte Blätter entwickelt haben, werden sie ins Freie gepflanzt; der Blattschopf soll sich auf Bodenhöhe befinden. Frühsorten sollten im Frühbeet, unter Folientunnel oder Vliesabdeckungen geschützt werden. Die Pflanzen werden am besten in einen Block im Abstand von jeweils 25 cm gepflanzt *(siehe S. 120)*. Gut angießen.

Die Aussaat und Vorkultur von Bleichsellerie entspricht der von selbst bleichenden Sorten. Die abgehärteten Pflänzchen werden im Spätfrühling oder Frühsommer auf das vorbereitete Beet ausgepflanzt; der genaue Pflanzabstand hängt von der gewünschten Dicke der Stiele ab. Bei knappem Platzangebot kann man in Doppelreihen mit einem Abstand von 60-75 cm pflanzen.

Bei Schnittsellerie erfolgt die Aussaat in Schalen oder Töpfe, oder wie bei selbst bleichendem Stangensellerie in Multitopfplatten. Sie können auch im Spätsommer in Multitopfplatten aussäen, um über Winter und Frühjahr im Gewächshaus zu ernten.

AUSSAATTIEFE	oberflächlich oder etwas unterhalb der Substratoberfläche
PFLANZABSTAND/ ABSTAND IN DER REIHE	selbst bleichende Sorten: 25 cm Bleichsellerie: 30–45 cm Schnittsellerie: 15 cm bei Einzeltopfpflanzen, 20 cm in Multitopfpaletten
REIHENABSTAND	selbst bleichende Sorten: 25 Bleichsellerie: 30 cm Schnittsellerie: 30 cm

■ **Pflege** Stangensellerie benötigt viel Feuchtigkeit und muss ohne Störungen gedeihen, damit die Stiele nicht faserig werden. Gießen sie ein- bis zweimal die Woche ausgiebig; während Trockenperioden benötigen Sie für jeden Gießvorgang etwa 22 Liter pro m². Bringen Sie eine Mulchschicht aus, die die Feuchtigkeit speichert. Sobald die Pflanzen etwa die Hälfte ihrer endgültigen Höhe erreicht haben und noch bevor sich die Blätter berühren, ist eine Kopfdüngung mit schwefelsaurem Ammoniak (50 g pro m²) von Nutzen; um Verbrennungen auf den Blättern zu vermeiden, müssen Überreste abgewaschen werden. Wiederholen Sie die Kopfdüngung oder geben Sie einen flüssigen Volldünger, sobald sich die Blätter gelb färben. Bleichsellerie wird regelmäßig mit Erde angehäuft oder die Stiele werden mit Packpapier oder schwarzer Folie ummantelt, damit sie bleichen *(siehe S. 120)*. Beim Schnittsellerie werden gelbe Blätter entfernt.

■ **Ernte und Lagerung** Stangensellerie braucht vier bis acht Monate bis zur Reife. Ab dem Hochsommer bis zu den ersten Frösten werden selbst bleichende Sorten regelmäßig auf ihren Reifezustand geprüft. Dazu schneidet man einen inneren Stiel aus der Mitte des Pflanzblockes heraus und kontrolliert, ob er knackig und nicht faserig ist. Werden die Pflanzen vor der Ernte sehr gut gewässert, welken die Stiele weniger rasch. Nach dem Ausgraben schneidet man noch die äußeren Wurzeln und alle kleinen Stiele ab. Schneidet man die Stängel vorzeitig ab, verfärben sich die Schnittstellen braun. Bleichsellerie ist ab dem Spätsommer erntereif und wird ähnlich wie die selbst bleichenden Sorten geerntet. Das gesamte Stangenbündel muss vor der Lagerung gewaschen werden. Die Blätter des Schnittselleries können laufend nach Bedarf frisch geerntet werden.

■ **Probleme** Möhren- *(siehe S. 258)*, Selleriefminierfliege *(S. 261)* und Schnecken *(S. 259)* sind lästige Schädlinge. Blattfleckenkrankheit *(S. 252)*, Fußkrankheiten *(S. 255)* und Violetter Wurzeltöter *(S. 264)* schaden der Ernte.

■ **Empfehlenswerte Sorten**

Selbst bleichender Stangensellerie:

'Golden Spartan': Stiele fleischig, lang und breit, gelbgrün, wüchsig, schosstolerant.

'Goldgelber': Stiele goldgelb, lang, glatt und kräftig, lange Erntezeit.

Grün bleibender Stangensellerie:

'Tall Utah': Stiele fleischig, sehr aromatisch.

'Tango': Stiele mittelgrün, sehr schossfest, gesund, auch Frühanbau unter Glas.

Schnittsellerie:

'Gewöhnlicher Schnitt': Feines, krauses Laub, kräftiges Aroma.

Anbau von Blattgemüse

Blattgemüse wird wegen der schmackhaften und manchmal auch dekorativen Blätter kultiviert, die anders als bei Salaten *(siehe S. 101–107)* vor dem Verzehr gegart werden. Da die meisten Arten frostempfindlich sind bzw. wenn sie Frost vertragen, bei kaltem Wetter langsamer wachsen, werden sie in gemäßigten Breiten gewöhnlich einjährig gezogen. Manche Blattgemüse sind zudem dekorative Zierpflanzen, zum Beispiel Stielmangold und Pak Choi mit roten Stielen, die einen lebhaften Kontrast zu den grünen Blättern bilden. Alle Arten sind sehr ergiebig und einfach zu ziehen. Man kann Blattgemüse grob in drei Gruppen einteilen: Spinatformen, Mangold sowie Blattkohlarten. Andere Kohlarten finden Sie auf *Seite 76–81*, weitere Blattsalate auf *Seite 101–107*.

Zur Spinatgruppe zählen neben dem eigentlichen Gemüsespinat Amarant, Malabarspinat und Neuseeländer Spinat; Mangold umfasst den Stiel- und Blattmangold. Manche Arten wie Malabarspinat stammen aus den Tropen oder Subtropen und verlangen viel Wärme. Spinat und Stielmangold dagegen sind Wintergemüse und können einige Minusgrade vertragen. Man kann sie den Winter über ernten und kommt so auch von Spätwinter bis Mitte Frühjahr in den Genuss von frischem Blattgemüse.

Zu den asiatischen Kohlarten zählen Chinesischer Brokkoli, Chinakohl, Choy Sum, Sareptasenf (Senfkohl), Komatsuna und Pak Choi. Sie sind an warme Klimazonen mit viel Regen und entsprechender Bodenfeuchtigkeit angepasst und schossen bei kälterem Wetter oder in trockenen Sommern gemäßigter Breiten leicht bzw. entfalten dann einen sehr strengen Geschmack. Deshalb sät man diese Gemüsearten erst im Hochsommer aus, um im Spätsommer oder Herbst zu ernten. Bei schossfesten Sorten gibt es diesbezüglich keine Einschränkung. Manche überleben sogar den Winter und können dann im Frühjahr geerntet werden. Auch wenn man diese Gemüse wegen der zarten Blätter kultiviert, verleihen die Blütentriebe asiatischer Kohlarten Salaten eine entsprechende Würze.

Schossen
Wenn sie sehr frühzeitig extremer Kälte ausgesetzt sind, können asiatische Kohlgemüse im Sommer blühen und Samen ansetzen. Besonders gefährlich ist die Zeit, wenn die Tage länger werden. Schossgefahr besteht auch, wenn die Pflanzen zu warm oder zu trocken gehalten werden. Die Blütenstände sind jedoch sehr schmackhaft; die Samen können ebenfalls genutzt werden, sofern es sich nicht um Hybriden handelt.

STANDORT UND BODEN

Spinat und asiatische Kohlarten brauchen einen humosen, neutralen bis leicht alkalischen Boden *(siehe S. 18)*, der sehr feucht ist; das erreichen Sie am besten, wenn Sie bei der Bodenvorbereitung reichlich organische Substanz einarbeiten.

Auch muss der Boden frei von Kohlhernie *(siehe S. 257)* sein. Stiel- und Blattmangold sowie Neuseeländer Spinat können auf ziemlich trockenen Böden wachsen.

Pflückgemüse
Manches Blattgemüse, wie diesen Stielmangold, kann man als Pflückgemüse verwenden. Wenn die Jungpflanzen 10–15 cm hoch sind, schneidet man sie 2,5 cm über dem Boden ab.

AUSSAAT UND PFLANZUNG

Blattgemüse wird am besten direkt an Ort und Stelle ausgesät. Wenn Sie unter Glas aussäen, verwenden Sie keine Schalen oder Töpfe, denn das Umpflanzen ballenloser Sämlinge fördert das Schossen. Pflanzen, die in Multitopfplatten vorkultiviert wurden, können dagegen gut umgesetzt werden. Blattgemüse wachsen sehr schnell, brauchen je nach Art von der Aussaat bis zur Ernte sechs bis zwölf Wochen; danach werden sie rasch überreif und schmecken nicht mehr. Deshalb empfehlen sich Folgesaaten *(siehe S. 69)*. Stiel- und Blattmangold können Sie über eine lange Zeit ernten, die asiatischen Kohlarten schossen jedoch leicht, wenn man sie zu früh aussät.

JUNGES PFLÜCKGEMÜSE

Krankheiten, Schädlinge und frühzeitiges Blühen können Sie verhindern, indem Sie Jungpflanzen als Pflückgemüse kultivieren. Wenn Sie dicht in Reihen von nur 10–15 cm Abstand aussäen, sodass auf jedem Zentimeter ein Sämling erscheint, können Sie auf dieser kleinen Fläche überraschend viel an zarten Blättern ernten – die Menge entspricht neun bis zwölf Salatköpfen pro 3 m Pflanzreihe. Sofern Sie bei der ersten Ernte die mittleren Blätter stehen lassen, werden die Jungpflanzen rasch neu austreiben. Bei späten Aussaaten kann man mehrmals ernten, bei früher Aussaat jedoch schossen die asiatischen Kohlsorten so schnell, dass man meist nur einmal ernten kann. Die zarten Blätter lassen sich roh in Salaten verzehren oder kurz dünsten.

Schützen Sie die Sämlinge mit Vlies oder feinmaschigen Netzen vor Schädlingen, achten Sie ganz besonders auf Schnecken. Abgestorbene Blätter und Gartenabfälle können Krankheitserreger tragen und Folgeernten schaden, deshalb sollten sie abgeräumt werden. Auch Unkräuter müssen entfernt werden, damit man sie nicht zusammen mit den Gemüsepflanzen pflückt.

DEN ERTRAG ERHÖHEN

Blattgemüse wachsen sehr schnell; die Blätter kann man ernten, während die Pflanzen noch klein sind. Deshalb eignen sie sich als Pflückgemüse *(siehe S. 69)* und für Zwischenkulturen *(siehe S. 71)*. Spinat, Sareptasenf, Stiel- und Blattmangold vertragen leichten Schatten und gedeihen auch zwischen hohen Gemüsearten wie Mais gut.

GEMÜSE ÜBERWINTERN

Spinat und Blattmangold wachsen an geschützten Stellen auch im Winter und liefern bis zur Frühjahrsmitte frisches Gemüse. Wenn Sie im Spätsommer (Blattmangold) oder im Frühherbst (Spinat) im Freien aussäen, können Sie von Mitte Frühjahr bis zum Frühsommer ernten. Sie können auch

Gefäßkultur
Einige Arten, wie hier der Stielmangold, lassen sich gut in Gefäßen ziehen. So sind sie dekorativ und schmackhaft zugleich. Verwenden Sie ein humusreiches Substrat, dass Sie gut feucht halten und regelmäßig nachdüngen.

in Multitopfplatten vorkultivieren und die Sämlinge dann im Gewächshaus oder unter einer Abdeckung auspflanzen. In beiden Fällen sollten Sie die Pflanzen vor Schnecken und Vögeln schützen. Die Blätter kann man ernten, auch wenn sie noch nicht voll ausgereift sind.

KULTUR IN GEFÄSSEN

Die meisten Blattgemüse, besonders junges Pflückgemüse, lassen sich gut in Gefäßen kultivieren (*Bild oben*), da sie schnell wachsen und flach wurzeln. Hierzu eignen sich handelsübliche Topferde oder Kultursäcke. Diese Substrate sind steril, also frei von Unkräutern und Krankheiten – ideal um Kohlhernie und Unkraut vorzubeugen. Wird in einem gebrauchten Kultursack ausgesät, sind alle Pflanzrückstände zu entfernen. Die Qualität des Gemüses aus dem Topf hängt von einer regelmäßigen Wasser- und Düngerversorgung ab (*siehe unten*).

Amarant ernten
Schneiden Sie die jungen Blätter und Triebe mit einem scharfen Messer ab, wenn die Pflanzen etwa 25 cm hoch sind. Ernten Sie kontinuierlich weiter, bis die Pflanze blüht.

Spinat ernten
Sechs bis zehn Wochen nach der Aussaat können Sie bereits die äußeren Blätter pflücken. Wenn Sie die ganze Pflanze 2,5 cm über dem Boden abschneiden, treibt sie wieder aus.

REGELMÄSSIGE PFLEGE

Der beste Weg, Blattgemüse frei von Unkräutern zu halten, ist sie auf einem alten Saatbeet zu kultivieren *(siehe S. 66)*. Noch vorhandene Unkrautpflanzen lassen sich leicht mit der Hacke entfernen.

Bei einem humusarmen Boden nehmen Sie vor der Aussaat eine Grunddüngung mit mineralischem oder organischem Volldünger vor. Manche Gemüse brauchen zusätzlich eine Kopfdüngung mit Stickstoffdünger *(siehe Gemüseporträts S. 125–128)*.

Gießen Sie häufig, damit die oberen 20 cm des Bodens feucht bleiben. Sogar kurzzeitiger Wassermangel kann das Wachstum verlangsamen, zu Strukturverlust, scharfem Geschmack und zum Schossen führen. Wer Pflanzen in Gefäßen bei warmem Wetter oder im Urlaub nicht ausreichend bewässern kann, stellt sie vorbeugend besser in den Schatten.

ERNTE

Reife Blätter werden rasch derb und schmecken nicht mehr so aromatisch. Die Stängel können zudem faserig werden. Beginnen Sie daher mit der Ernte, sobald die Blätter und Stängel die gewünschte Größe erreicht haben und ernten Sie fortlaufend bis zur Blüte weiter *(Bild links)*. Die beste Erntezeit sind die kühlen Morgen- oder Abendstunden. Die Blätter bewahren Sie am besten im Kühlschrank auf, damit sie nicht welken. Wird die ganze Pflanze frühzeitig als Pflückgemüse abgeschnitten, treibt der verbliebene Stumpf erneut aus.

BLATTGEMÜSE VON A–Z

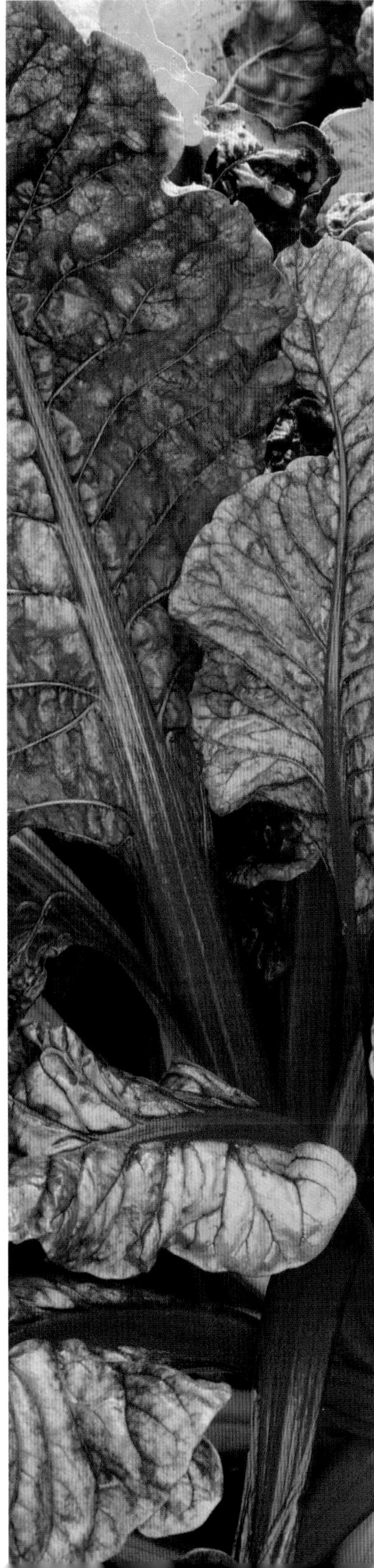

Amarant, Fuchsschwanz

Amaranthus-Arten

JAHRESZEIT	FRÜHJAHR	SOMMER	HERBST	WINTER
AUSSAAT	•	•		
UMPFLANZEN		• •		
ERNTE		• • •	•	

Bei Amarant, auch als Afrikanischer oder Indischer Spinat bekannt, handelt es sich um schnell wachsende, einjährige Pflanzen bis 60 cm Höhe. Die Blätter haben ein scharfes, spinatähnliches Aroma und können in Salaten oder gekocht wie Spinat verwendet werden. Bei uns wird hauptsächlich *Amaranthus lividus* mit ovalen, grünen, unbehaarten Blättern angebaut. *A. cruentus* mit hellgrünen, ovalen Blättern ist ebenfalls sehr verbreitet. *A. tricolor* mit seinen bunt gezeichneten Blättern und *A. caudatus* (der »Inkaweizen«) mit blassgrünen Blättern und leuchtend roten, quastenähnlichen Blüten sind eher als Zierpflanzen ein Begriff. Obwohl nicht winterhart, gedeiht Amarant im Sommer auch in gemäßigten Breiten gut. Eine 3 m lange Reihe liefert etwa 7,0 kg.

■ **Standort und Boden** Amarant bevorzugt einen humusreichen, gut durchlässigen, sauren bis neutralen Boden in einer vollsonnigen, geschützten Lage. Falls nötig, können Sie vor der Aussaat eine Grunddüngung vornehmen.

■ **Aussaat und Pflanzung** Säen Sie ab Mitte Mai in Reihen direkt im Freien aus und decken Sie die Aussaat mit Vlies oder Folie ab *(siehe S. 46–48)*. Später vereinzeln Sie die Sämlinge innerhalb der Reihen auf 15-30 cm. Im Haus können Sie die Samen früher aussäen, am besten in Multitopfplatten.

AUSSAATTIEFE	2 cm
SAMENABSTAND	dünn aussäen, auf 8 cm vereinzeln
ENDABSTAND I. D. REIHE	15 cm
REIHENABSTAND	30 cm

■ **Pflege** Wässern und düngen erfolgt wie bei Spinat *(siehe S. 128)*. Knipsen Sie die Triebspitzen ab, sobald die Pflanzen etwa 20 cm hoch sind, damit sie schön buschig wachsen.

■ **Ernte** Amarant reift in zehn bis zwölf Wochen. Wenn die Pflanzen etwa 25 cm hoch sind, können Sie beginnen, die jungen Triebe und Blätter zu ernten *(siehe S. 124)* und zwar so lange, bis die Pflanzen blühen und das Wachstum einstellen. Amarant setzt reichlich Samen an, den man wiederum aussäen kann, wenn auch die Sämlinge nicht immer gut wachsen.

■ **Probleme** Echter Mehltau und Blattläuse treten gelegentlich auf *(siehe S. 253 und S. 252)*.

■ **Empfehlenswerte Sorten**

'Hopi Red Dye': Ganze Pflanze weinrot, sehr dekorativ im Nutzgarten wie im Blumenbeet.
'Grüner Amarant': Tiefgrüne Blätter.
'Blatt-Amarant' (Calaloo): Rot-grünes Blatt.

Chinakohl

Brassica rapa subsp. *chinensis*

JAHRESZEIT	FRÜHJAHR	SOMMER	HERBST	WINTER
AUSSAAT	• •	• •		
UMPFLANZEN		• •		
ERNTE		• •	•	

Chinakohl gehört zu den asiatischen Kohlarten und bildet einen festen Kopf; mit seinem milden Kohlgeschmack eignet er sich gut zum Dünsten oder für Salate. Blühende Triebe sind besonders wohlschmeckend. Der Kopf kann rund oval bis lang oval sein. Die hellgrünen bis weißlichen Blätter mit fleischiger Mittelrippe sind stark gekraust. Der schnell wachsende Chinakohl eignet sich besonders gut als Zwischenkultur, die im Spätsommer ausgesät wird. Sorten, die keine festen Köpfe bilden, haben dunklere Blätter und einen intensiveren Kohlgeschmack. Durchschnittlich erntet man 9–12 Köpfe in einer 3 m langen Reihe.

■ **Standort und Boden** Chinakohl benötigt einen tiefgründigen, humus- und nährstoffreichen, Feuchtigkeit speichernden Boden in einer sonnigen und geschützten Lage. Gedüngt wird wie bei Spinat, bei einem nährstoffarmen Boden wird die Düngermenge verdoppelt. Bei langsamem Wachstum ist eine stickstoffbetonte Kopfdüngung notwendig. Frühe und späte Aussaaten profitieren von einer Abdeckung mit Vlies oder Folie.

■ **Aussaat und Pflanzung** Im Sommer, besonders im Hochsommer ausgesäte Pflanzen neigen kaum zum Schossen und werden direkt ins Freie gesät. Bei Frühjahrsaussaaten ist das anders, da die länger werdenden Tage zusammen mit der niedrigen Temperatur die Neigung zum Schossen verstärken. Dies wird vermieden, wenn die Aussaat bei 20–25 °C erfolgt und die Sämlinge anschließend bei 18–25 °C gehalten werden. Für schossfeste Sorten und bei späten Aussaaten sind Temperaturen von 10–13 °C ausreichend. Für die frühe Aussaat ziehen Sie daher schossfeste Sorten einzeln in Multitopfplatten vor, am besten in einem beheizten Raum oder Anzuchtkasten. Pflanzen Sie die Sämlinge um, sobald sie sich gut fassen lassen.

AUSSAATTIEFE	2 cm
ABSTAND IN DER REIHE	30 cm
REIHENABSTAND	45 cm

■ **Pflege** Der Flachwurzler wird sparsam, dafür aber öfter gegossen, denn der Boden darf nie völlig austrocknen. Er sollte etwa 20 cm tief durchnässt sein. Wachsen die Pflanzen langsam, verabreichen Sie einen stickstoffreichen Dünger und gießen anschließend gut. Falls kaltes Wetter zu erwarten ist, decken Sie Frühjahrsaussaaten nach dem Pflanzen mit Vlies oder Folie ab.

■ **Ernte** Chinakohl reift in neun bis zehn Wochen. Man schneidet die Köpfe kurz über dem Boden ab, sobald sie sich fest anfühlen. Sie können frisch verbraucht oder im Kühlschrank mindestens sechs Wochen gelagert werden. Von geschossenem

Gemüse kann man die Blätter ernten und als Blattgemüse verwenden. Bleibt ein etwa 2,5 cm langer Strunk stehen, beginnt er neu auszutreiben und nach zwei bis vier Wochen kann erneut geerntet werden. Spät gesäte Pflanzen eignen sich als Pflückgemüse *(siehe S. 123)* und sind bereits nach etwa zwei Wochen erntereif.

■ **Probleme** *Siehe* Chinesischer Brokkoli. Chinakohl ist sehr anfällig gegen Kohlhernie *(siehe S. 77 und S. 257)*, ausgenommen resistente Sorten.

■ **Empfehlenswerte Sorten**
'Bilko': F1-Hybride, rasch wachsend, gut lagerfähig, sehr widerstandsfähig gegen Kohlhernie.
'Maruba Santo': Aufwärts gerichtete, lockere, ausladende Blattrosette, ausgeprägte weiße Rippe.
'One Kilo SB': F1-Hybride, hoch runde, breite, feste Köpfe, oben gut abgeschlossen.
'Takenoko': Hoher, schlanker Wuchs, kälteverträglich, Aussaat bis August, Ernte bis Januar.
'Granaat': Hohe, schlanke, geschlossene Blätter, vitaminreich, zart und mild.

Chinesischer Brokkoli

Brassica alboglabra

JAHRESZEIT	FRÜHJAHR			SOMMER			HERBST			WINTER		
AUSSAAT		•	•	•								
UMPFLANZEN				•	•							
ERNTE					•	•	•					

Chinesischer Brokkoli oder Chinesischer Kohl gehört zu den asiatischen Blattkohlarten, die keine Köpfe, dafür aber fleischige, angenehm schmeckende, beblätterte Blütentriebe bilden, die im Aussehen und Geschmack an Brokkoli erinnern, aber würziger sind. Die Triebe sind grün, die Blüten, die in geschlossenem Zustand verzehrt werden, weiß oder gelb. Beide Arten wurden auch schon miteinander gekreuzt. Chinesischer Brokkoli verträgt höhere Temperaturen als Brokkoli, ebenso leichte Fröste. Auf einer 3 m langen Reihe kann man 9-12 Bund ernten.

■ **Standort und Boden** Chinesischer Brokkoli benötigt tiefgründige, humus- und nährstoffreiche, Feuchtigkeit speichernde Böden, am besten in sonnigen, geschützten Lagen. Falls nötig, kann vor der Aussaat oder Auspflanzung wie beim Spinat eine Grunddüngung vorgenommen werden.

■ **Aussaat und Pflanzung** Ausgesät wird direkt an Ort und Stelle, später wird auf den endgültigen Abstand vereinzelt. Sie können im Frühjahr auch im Haus in Multitopfplatten vorkultivieren und die Sämlinge nach fünf bis sieben Wochen, oder sobald sich der Wurzelballen ohne Schaden aus den Zellen herauslösen lässt, auspflanzen. Falls vor dem Hochsommer ausgesät wird, sollten Sie schossfeste Sorten auswählen.

AUSSAATTIEFE	2 cm
ABSTAND IN DER REIHE	30 cm
REIHENABSTAND	30 cm

■ **Pflege** Gießen Sie regelmäßig, sodass die ersten 20 cm des Bodens stets feucht sind. Düngergaben sind gewöhnlich nicht erforderlich.

■ **Ernte** Chinesischer Brokkoli benötigt etwa zehn Wochen zur Reife. Schneiden Sie die Triebe ab, kurz bevor sich die Blüten öffnen – zuerst den Haupttrieb, später die Seitentriebe, die nicht so groß sind wie beim Brokkoli. Das Gemüse ist zarter, wenn man die Stängel schält.

■ **Probleme** Asiatische Kohlarten weisen ähnliche Probleme auf wie hiesige Kohlgemüse und sind vor allem anfällig für Kohlfliegen und Kohlhernie. Andere Schädlinge sind Erdflöhe, Raupen, Weiße Fliegen, Mehlige Kohlblattläuse, Vögel (besonders Tauben), Drahtwürmer und gelegentlich auch Schnecken. Als Krankheiten treten Echter und Falscher Mehltau, manchmal auch bakteriell verursachte Blattfleckenkrankheiten in Erscheinung. Bor- oder Molybdänmangel kann die Ernte beeinträchtigen. Symptome und Kontrolle *siehe S. 246 – 264.*

■ **Empfehlenswerte Sorten**
'Green Lance': F1-Hybride aus England mit weißen Blüten.
'Tenderstem': Englische Sorte, entstanden durch eine Kreuzung von Chinesischem Brokkoli und Brokkoli, mittlere Größe, gute, gelbe Blüten.

Choy Sum

Brassica rapa var. *parachinensis*

JAHRESZEIT	FRÜHJAHR			SOMMER			HERBST			WINTER		
AUSSAAT		•	•	•		•						
UMPFLANZEN				•	•	•						
ERNTE					•	•	•					

Diese asiatische Varietät von Kohl *(siehe S. 123)*, auch als Chinesischer Blütenkohl bekannt, wird wie Chinesischer Brokkoli verwendet. Gebräuchlich ist auch die Bezeichnung Tsoi-sum. Die Pflanzen zeichnen sich durch zarte, rote oder grüne, beblätterte Stängel mit geschlossenen Blüten und einen milden, pfefferartigen Kohlgeschmack aus. Um im Herbst zu ernten, sät man am besten im Spätsommer; bei früherer Aussaat neigt dieses Gemüse zum Schossen. Geschossene Triebe können nur kurze Zeit genutzt werden, denn die blühenden Triebe werden in heißen Sommern schnell überreif. Gewöhnlich ergibt eine 3 m lange Pflanzreihe neun bis zwölf Bund.

■ **Standort und Boden** Geeignet ist ein tiefgründiger, humus- und nährstoffreicher, Feuchtigkeit speichernder Boden in sonniger und geschützter Lage. Falls nötig, nehmen Sie wie bei Spinat eine Grunddüngung vor.

■ **Aussaat und Pflanzung** Im Spätsommer ausgesäte Pflanzen neigen normalerweise nicht zum Schossen, sie werden direkt an Ort und Stelle gesät. Anders ist es bei der Frühjahrsaussaat, da die länger werdenden Tage und die niedrigen Temperaturen das Schossen begünstigen. Verhindert wird dies, wenn man bei einer Temperatur von 20–25 °C aussät und die Sämlinge bei 18–25 °C weiter kultiviert. Für schossfeste Sorten und bei später Aussaat ist eine Temperatur von 10–13 °C ausreichend.
Im Frühjahr oder Frühsommer werden schossfeste Sorten einzeln in Multitopfplatten gesät, warm aufgestellt und verpflanzt, sobald die Sämlinge groß genug sind.

AUSSAATTIEFE	2 cm
ABSTAND IN DER REIHE	15 cm
REIHENABSTAND	45 cm

■ **Pflege** Der Flachwurzler wird sparsam, dafür aber öfter gegossen, denn der Boden darf nie völlig austrocknen. Er sollte etwa 20 cm tief durchnässt sein. Wachsen die Pflanzen langsam, verabreichen Sie einen stickstoffreichen Dünger *(siehe S. 20–23)* und gießen anschließend gut. Falls kaltes Wetter zu erwarten ist, decken Sie Frühjahrsaussaaten nach dem Pflanzen mit Vlies oder Folie ab.

■ **Ernte** Choy Sum benötigt etwa zehn Wochen, bis er reif ist. Die zarten Stiele werden vor dem Aufblühen geerntet, die äußeren Blätter können eher gepflückt werden. Eine Lagerung ist nicht möglich, das Gemüse sollte man frisch verarbeiten. Blätter von wieder austreibenden Strünken kann man ebenfalls ernten.

■ **Probleme** *Siehe* Chinesischer Brokkoli.

Malabarspinat

Basella-Arten

JAHRESZEIT	FRÜHJAHR			SOMMER			HERBST			WINTER		
AUSSAAT			•	•								
UMPFLANZEN				•	•							
ERNTE				•	•	•	•					

Malabarspinat, auch als Ceylonspinat oder Rankenspinat bekannt, ist in den Tropen ein sehr beliebtes Blattgemüse, das ähnlich wie Spinat verwendet wird. Die grünblättrigen *(Basella alba)* oder rotblättrigen *(B. rubra)* mehrjährigen Kletterpflanzen werden gewöhnlich einjährig angebaut. Sie sind eine Bereicherung für jeden dekorativen Gemüsegarten. Eine 3 m lange Pflanzreihe ergibt etwa 3 kg Blattmasse. Sorten sind nicht im Handel.

■ **Standort und Boden** Malabarspinat benötigt einen durchlässigen, aber Feuchtigkeit speichernden Boden mit reichlichem Humusanteil. Er gedeiht am besten bei einem pH-Wert von 6–7,5 an einem sonnigen, geschützten Standort. Die Pflanzen benötigen eine Temperatur von 25–30 °C, um sich optimal zu entwickeln. Falls nötig, nehmen Sie wie bei Spinat vor dem Auspflanzen der Sämlinge eine Grunddüngung vor.

■ **Aussaat und Pflanzung** Die Aussaat erfolgt im Warmen, einzeln in Multitopfplatten oder in kleine Töpfe. Ausgepflanzt wird in der Regel nach vier Wochen, jedoch nicht vor Mitte Mai und nur an einen warmen, geschützten Platz. Decken Sie die Sämlinge zunächst mit Vlies oder Folie ab. Später können Pflanzen aus 10–15 cm langen Stecklingen gezogen werden, die zur Bewurzelung in kleine Töpfe gesteckt und später umgetopft werden.

AUSSAATTIEFE	2,5 cm
ABSTAND IN DER REIHE	10–15 cm
REIHENABSTAND	15 cm

■ **Pflege** Entfernen Sie Unkraut sorgfältig und mulchen Sie mit organischem Material. Eine Kopfdüngung mit einem stickstoffreichen Dünger ist ebenso notwendig wie regelmäßiges Gießen, damit der Boden feucht bleibt. Um Platz zu sparen, binden Sie die Pflanzen an senkrechten Stützhilfen auf. Oder Sie befestigen sie an waagerecht gespannten Netzen 30–45 cm über dem Boden, damit die Blätter nicht verschmutzen. Knipsen Sie die Triebspitzen ab, wenn die Triebe etwa 30 cm lang sind, und entfernen sie alle Blüten, damit die Pflanzen buschiger werden und junge Blätter bilden.

■ **Ernte** Malabarspinat reift in zehn bis zwölf Wochen. Geerntet werden die jungen, frischen Seitentriebe, wenn sie 15 cm lang sind. Durch häufiges Pflücken bilden sich ständig neue Triebe. Der Samen lässt sich leicht ernten und aussäen, doch entwickeln sich nicht alle Sämlinge zufriedenstellend.

■ **Probleme** Gelegentlich können Schnecken und Grauschimmel zum Problem werden.

Neuseeländer Spinat

Tetragonia tetragonioides

JAHRESZEIT	FRÜHJAHR			SOMMER			HERBST			WINTER		
AUSSAAT		•	•	•								
UMPFLANZEN			•									
ERNTE				•	•	•	•	•				

Die gewöhnlich einjährig gezogene Pflanze bildet pfeilförmige, fleischige Blätter. Ihre rankenden Triebe werden bis 1,2 m lang, die Pflanze erreicht manchmal eine Höhe von 60 cm. Die jungen schmackhaften Triebe und Blätter werden wie Spinat verwendet. Der attraktive Bodendecker benötigt wenig Pflege, wächst schnell und neigt kaum zum Schossen. Er eignet sich für Töpfe, Ampeln oder den dekorativen Küchengarten. Auf einer 3 m langen Reihe können Sie 6 kg ernten. Sorten sind nicht erhältlich.

■ **Standort und Boden** Bevorzugt werden sonnige, geschützte Lagen und humose, Feuchtigkeit haltende Böden. Neuseeländer Spinat kann aber mit weniger Wasser auskommen als Spinat und Mangold. Zusätzliche Düngergaben sind nicht erforderlich. Falls nötig, nehmen Sie wie bei Spinat vor der Aussaat oder Pflanzung eine Grunddüngung vor.

■ **Aussaat und Pflanzung** Weichen Sie die länglichen, verholzten Früchte, die die Samen enthalten, vor der Aussaat 24 Stunden ein, damit die harte Samenschale aufgebrochen und die Keimung beschleunigt wird. Ab dem zeitigen Frühjahr wird im Haus einzeln in Multitopfplatten ausgesät; die Sämlinge werden pikiert, sobald sie groß genug sind. Vom Spätfrühling bis Frühsommer, wenn die Frostgefahr vorüber ist, kann man einzelne Horste direkt an Ort und Stelle säen.

AUSSAATTIEFE	2,5 cm
ABSTAND IN DER REIHE	45 cm
REIHENABSTAND	45 cm

■ **Pflege** Halten Sie den Boden unkrautfrei und gießen Sie nur bei trockenem Wetter.

■ **Ernte und Lagerung** Triebe und Blätter sind, je nach Kulturbedingungen, sechs Wochen nach der Aussaat erntereif. Frühjahraussaaten können mehr Zeit benötigen. Das Gemüse wird frisch zubereitet und es lässt sich einfrieren. Regelmäßiges Pflücken regt erneute Austriebe an. Jungpflanzen können in Bodennähe geschnitten werden; die Stängel treiben wieder aus *(siehe S. 124)*. Die Samen kann man erneut aussäen.

■ **Probleme** Dieses problemlose Gemüse kann unter Falschem Mehltau *(siehe S. 254)* leiden; die Samen sind bei Vögeln beliebt *(S. 263)*.

Pak Choi

Brassica rapa subsp. *chinensis*

JAHRESZEIT	FRÜHJAHR			SOMMER			HERBST			WINTER		
AUSSAAT		•	•	•		•						
UMPFLANZEN					•	•						
ERNTE					•	•	•	•				

Pak Choi oder Senfkohl ist ein asiatisches Kohlgemüse, das keinen richtigen Kopf, sondern Rosetten aus dunkelgrünen, großen Blättern mit breiter Mittelrippe bildet. Er schmeckt milder als Chinakohl. Die Blütentriebe sind ebenfalls sehr schmackhaft. Das ausgezeichnete Gemüse für den Spätsommer schosst leicht, wenn es im Frühjahr Kälte ausgesetzt ist. Pak Choi wächst im Frühherbst sehr schnell und kann bis zum Spätherbst geerntet werden, unter dem Schutz einer Folie übersteht er auch leichte Fröste. Eine 3 m lange Reihe ergibt neun bis zwölf Rosetten.

■ **Standort und Boden** Bevorzugt werden tiefgründige, humus- und nährstoffreiche, Feuchtigkeit haltende Böden in sonniger, geschützter Lage. Eventuell sät man wie bei Spinat vor der Aussaat und Pflanzung eine Grunddüngung ein.

■ **Aussaat und Pflanzung** Im Spätsommer ausgesäte Pflanzen neigen kaum zum Schossen, sie werden direkt an Ort und Stelle gesät. Anders ist es bei der Frühjahrsaussaat, da die länger werdenden Tage und die niedrigen Temperaturen das Schossen begünstigen. Verhindert wird dies, wenn man bei einer Temperatur von 20–25 °C aussät und die Sämlinge bei 18–25 °C weiter kultiviert. Für schossfeste Sorten und bei später Aussaat ist eine Temperatur von 10–13 °C ausreichend. Im Frühjahr oder Frühsommer werden schossfeste Sorten einzeln in Multitopfplatten gesät, warm aufgestellt und verpflanzt, sobald die Sämlinge groß genug sind.

AUSSAATTIEFE	2 cm
ABSTAND IN DER REIHE	10 cm
REIHENABSTAND	45 cm

■ **Pflege** Der Flachwurzler wird sparsam, dafür aber öfter gegossen, denn der Boden darf nie völlig austrocknen. Er sollte etwa 20 cm tief durchnässt sein. Wachsen die Pflanzen langsam, gibt man einen stickstoffreichen Dünger und gießt anschließend gut. Frühjahrsaussaaten deckt man nach dem Pflanzen mit Vlies oder Folie ab, falls kaltes Wetter zu erwarten ist.

■ **Ernte** Pak Choi benötigt etwa zehn Wochen bis zur Reife. Man kann einzelne Blätter bereits von Jungpflanzen pflücken, doch wartet man besser, bis sich dichte feste Rosetten gebildet haben. Verarbeiten Sie die Blätter frisch, denn sie welken rasch. Wie beim Chinakohl treiben die Stümpfe wiederholt aus und versorgen Sie zwei bis sechs Wochen lang.

■ **Probleme** *Siehe* Chinesischer Brokkoli.

■ **Empfehlenswerte Sorten**

'Green Fortune': F1-Hybride, mittelgrüne Blätter mit weißen, breiten Rippen, Aussaat von Februar bis September (für Winterkultur).

'Tatsoi': Mini-Pakchoi, auch Rosetten-Pakchoi, dunkelgrüne, blasige Blätter mit breiten, weißen Rippen in rosettenartiger Anordnung, schnell wachsend, im Sommer in 30 Tagen erntereif.

Sarepta-Senf und Brauner Senf

Brassica juncea, B. rapa subsp. *nipposinica*

JAHRESZEIT	FRÜHJAHR			SOMMER			HERBST			WINTER		
AUSSAAT			•	•	•	•	•					
UMPFLANZEN						•	•					
ERNTE						•	•	•	•	•		

Sarepta-Senf, auch Ruten- oder Senfkohl genannt, gehört zu einer Gruppe asiatischer Kohlarten *(siehe S. 123)* mit vielen Varietäten. Der scharfe, pfefferartige Kohlgeschmack wird mit der Samenbildung noch stärker. Blühende Triebe können extrem scharf sein, die Blätter werden leicht gedünstet oder im Salat verwendet. Die roten, grünen oder purpurnen Blätter haben einen glatten oder gekerbten Rand. Das an Vitaminen und Mineralien reiche Gemüse hat einen großen Ernährungswert. Mizuna oder Komatsuna ist ähnlich, aber enger mit Chinakohl verwandt. Bei beiden Gemüsen können Sie 1,5 kg pro m^2 ernten.

■ **Standort und Boden** Bevorzugt wird ein tiefgründiger, humusreicher, Feuchtigkeit speichernder Boden in sonniger und geschützter Lage. Falls nötig, nehmen Sie vor der Aussaat wie bei Spinat eine Grunddüngung vor.

■ **Aussaat und Pflanzung** Im Spätsommer ausgesäte Pflanzen neigen kaum zum Schossen, sie werden direkt an Ort und Stelle gesät. Anders ist es bei der Frühjahrsaussaat, da die länger werdenden Tage und die niedrigen Temperaturen das Schossen begünstigen. Verhindert wird dies, wenn man bei einer Temperatur von 20–25 °C aussät und die Sämlinge bei 18–25 °C weiter kultiviert. Für schossfeste Sorten und bei später Aussaat ist eine Temperatur von 10–13 °C ausreichend. Im Frühjahr oder Frühsommer werden schossfeste Sorten einzeln in Multitopfplatten gesät, warm aufgestellt und verpflanzt, sobald die Sämlinge groß genug sind.

AUSSAATTIEFE	1 cm
ABSTAND IN DER REIHE	15–30 cm
REIHENABSTAND	45 cm

■ **Pflege** Der Flachwurzler wird sparsam, dafür aber öfter gegossen, denn der Boden darf nie völlig austrocknen. Er sollte etwa 20 cm tief durchnässt sein. Wachsen die Pflanzen langsam, verabreicht man einen stickstoffreichen Dünger und gießt anschließend gut. Decken Sie Frühjahrsaussaaten nach dem Pflanzen mit Vlies oder Folie ab, falls kaltes Wetter zu erwarten ist.

■ **Ernte** Sarepta-Senf und Senfspinat benötigen sechs bis acht Wochen, bis die Blätter erntereif sind. Die Pflanzen sind langlebig, und da abgeschnittene Stiele neu austreiben, kann man laufend ernten. Beide Arten können auch als Pflückgemüse bereits nach zwei Wochen geerntet werden. Es lohnt sich, Samen zu ernten und auszusäen.

■ **Probleme** *Siehe* Chinesischer Brokkoli.

■ **Empfehlenswerte Sorten**

'Red Giant': Sarepta-Senf mit roten, in die Blattfläche überlaufende Blattadern, Blattrand gebuchtet, scharfer senfartiger Geschmack, verträgt Kälte.

'Green in Snow': Sarepta-Senf mit länglichen, mittelgrünen, glänzenden Blätter, fein gezackter Rand, wüchsig; scharfes rettichartiges Aroma, verträgt leichten Frost.

Saatband „Asia-Salate": Mischung aus Mizuna, Sarepta-Senf 'Red Giant', Misome und Komatsuna.

Spinat

Spinacia oleracea

JAHRESZEIT	FRÜHJAHR			SOMMER			HERBST			WINTER		
AUSSAAT		•	•	•	•	•	•					
UMPFLANZEN		•										
ERNTE				•	•	•	•	•	•			

Spinat ist ein einjähriges, ziemlich frostverträgliches Gemüse mit mehr oder weniger stark gekrausten Blättern. Diese sind sehr schmackhaft und werden roh oder gekocht gegessen. Spinat wird oft als Pflückgemüse geerntet oder als Zwischenkultur angebaut.

Spinat wird nach seiner Anbauzeit eingeteilt: Es gibt Frühjahrs-, Sommer-, Herbst- und Winterspinat mit einer Reihe von Sorten. In einer 3 m langen Reihe können Sie etwa 6 kg ernten. Asiatischer Spinat ist eine neue Form und unterscheidet sich von unserem Spinat durch dunklere Blätter und sehr lange Stiele. Er wächst schnell und eignet sich am besten für die Spätsommer- und Herbstkultur. Samen sind jedoch nicht überall erhältlich.

■ **Standort und Boden** Bevorzugt wird ein humoser, tiefgründiger, Feuchtigkeit speichernder Boden in sonnigen, im Sommer auch in halbschattigen Lagen. Wurde der Boden nicht mit Humus angereichert, nehmen Sie eine Grunddüngung mit einem ausgewogenen Volldünger vor, bei Pflückgemüse in reduzierter Menge.

■ **Aussaat und Pflanzung** Von April bis zum frühen Herbst kann man kontinuierlich alle drei Wochen dünn in Reihen an Ort und Stelle aussäen. Verwenden Sie für die Jahreszeit geeignete Sorten und vereinzeln Sie die Sämlinge zunächst auf einen Abstand von 8 cm. Werden die Pflanzen geerntet, vergrößert sich der Pflanzabstand automatisch. Man kann auch in Horste, im Winter auch in Multitopfplatten aussäen, und die Jungpflanzen später umsetzen. Weite Saatreihen eignen sich für Pflückgemüse am besten.

Spät ausgesäter Spinat kann an geschützten Stellen überwintern und wird im Frühjahr geerntet. Hier ist der richtige Zeitpunkt wichtig, damit die Pflanzen vor dem Frühling nicht schossen bzw. nicht zu klein für eine Überwinterung sind. Wer mit der Winterkultur noch wenig Erfahrung hat, sät im Spätsommer und Frühherbst alle 14 Tage jeweils 1–2 m lange Reihen aus. In den nachfolgenden Jahren werden Sie von den Erfahrungswerten profitieren. Ansonsten kultivieren Sie im Haus vor.

AUSSAATTIEFE	2 cm
ABSTAND IN DER REIHE	dünn säen, auf 8 cm vereinzeln
ENDABSTAND I. D. REIHE	15 cm
REIHENABSTAND	30 cm

■ **Pflege** Gießen sie regelmäßig, damit die Pflanzen nicht schossen. Wachsen sie langsamer, verabreichen Sie einen stickstoffreichen Dünger.

■ **Ernte und Lagerung** Spinat reift nach zehn bis zwölf Wochen. Pflücken Sie nach Bedarf einzelne Blätter von ausgewachsenen Pflanzen, oder schneiden die ganze Pflanze etwa 2,5 cm über dem Boden ab und lassen Sie diese für Folgeernten nachtreiben. Triebe und Blätter kann man gut einfrieren. Als Pflückgemüse *(siehe S. 123)* ist Spinat nach etwa zwei Wochen erntereif.

■ **Probleme** Falscher Mehltau *(siehe S. 254)* kann große Schäden verursachen. Resistente Sorten mildern das Problem, ebenso wenn Sie den Abstand zwischen den Pflanzen um die Hälfte vergrößern. Vögel *(S. 263)* fressen gerne Spinatsamen; Netze bieten hier einen guten Schutz.

■ **Empfehlenswerte Sorten**

'Atlanta' ('Matador', 'Viking'): Große, frischgrüne, fleischige Blätter, für Frühjahrs- und Herbstanbau, geeignet zur Überwinterung, hoher Ertrag.

'Dolphin': F1-Hybride, mehltaufest, tolerant gegen Gurkenmosaikvirus, ausgesprochen winterhart.

'Emilia': F1-Hybride, mehltauresistent, für Sommeranbau.

'Lazio': F1-Hybride, mehltauresistent, schnell wachsend, langsam schossend.

'Merlin': F1-Hybride, mehltaufest, Ganzjahresanbau.

'Monnopa': Enthält wenig Oxalsäure, resistent gegen Mehltau, relativ schossfest, sehr winterhart.

'Rico': F1-Hybride, mehltaufest, virusresistent.

Stiel- und Blattmangold

Beta vulgaris var. *cicla*, B. *vulgaris* var. *flavescens*

JAHRESZEIT	FRÜHJAHR			SOMMER			HERBST			WINTER		
AUSSAAT		•	•	•	•	•						
UMPFLANZEN			•									
ERNTE	•	•	•	•	•	•	•	•	•			

Stiel- oder Rippenmangold und Blatt- oder Schnittmangold ähneln botanisch der Roten Bete, bilden aber keine Wurzelknollen aus. Essbar sind die Blätter und Blattstiele, die wie Spinat bzw. wie Spargel zubereitet werden können. Das Gemüse ist weniger aromatisch als Spinat, aber leichter zu kultivieren. Mangold kann in milden Gebieten sogar überwintern und neigt weniger zum Schossen. Die Blätter von Stielmangold haben eine auffällige Mittelrippe und können als Alternative zu Meerkohl *(siehe S. 134)* verwendet werden. Blattmangold wird ausschließlich wegen seiner Blätter angebaut. Von einigen Sorten kann man Stiele und Blätter ernten. Als Pflückgemüse sind sie bereits nach zwei Wochen erntereif. Ihre je nach Sorte grün, gelb oder rot gefärbten Blätter und Stiele haben einen hohen Zierwert. Die Pflanzen eignen sich auch für Kübel. Von beiden Gemüsen können Sie in einer 3 m langen Reihe 6 kg ernten.

■ **Standort und Boden** Geeignet ist ein humoser, durchlässiger, trotzdem Feuchtigkeit speichernder Boden in sonniger, geschützter Lage. Der pH-Wert des Bodens sollte neutral bis leicht basisch sein, daher brauchen saure Böden Kalkzugaben. Falls der Boden nicht mit Humus angereichert wurde, nimmt man eine Grunddüngung vor.

■ **Aussaat und Pflanzung** Samen von Stiel- und Blattmangold entwickeln sich in Samenknäueln mit bis zu fünf Einzelsamen. Zunächst wird dünn gesät und später auf 10 cm vereinzelt. Reife Pflanzen werden abwechselnd geerntet, das gibt wiederum Platz in der Reihe. Will man bereits im Frühjahr, wenn wenig Gemüse zur Verfügung steht, Mangold ernten, kann man an geschützten Stellen schon im Spätsommer aussäen. Aussaaten vom Frühjahr oder Frühsommer kann man bis Mitte- oder Spätherbst ernten, bevor die Pflanzen schossen.

AUSSAATTIEFE	2,5 cm
ABSTAND IN DER REIHE	dünn säen, auf 10 cm vereinzeln
ENDABSTAND I. D. REIHE	20 cm
REIHENABSTAND	45 cm

■ **Pflege** Gießen Sie in Trockenzeiten. Falls das Wachstum nachlässt, ist ein stickstoffreicher Dünger vonnöten.

■ **Ernte und Lagerung** Stiel- und Blattmangold reift nach acht bis zehn Wochen, Aussaaten vom Spätsommer können erst im nächsten Frühjahr geerntet werden. Pflücken Sie die zarten, jungen Blätter und Stiele und ernten Sie regelmäßig, um einen neuen Austrieb anzuregen. Ausgewachsene Pflanzen kann man zwar noch ernten, bevor sie blühen, doch werden die Blätter mit der Zeit derb, durch Wettereinflüsse und Schädlinge manchmal auch unansehnlich.

■ **Probleme** Ältere Blätter können durch pilzliche Blattfleckenkrankheiten beschädigt werden, junge und zarte Blätter sind selten davon betroffen. Symptome und Kontrolle *siehe Pflanzenschutz, ab S. 256.*

■ **Empfehlenswerte Sorten**

'Roter Vulkan': Rubinrote Stiele, stark gekrauste Blätter, Pflanzen bleiben relativ klein, auch als Baby Leaf.

'Bright Lights': Stiele mit kräftigen Regenbogenfarben, Rosa-, Rot-, Orange-, Violett-, Gelb- und Grüntöne alle an derselben Pflanze., Blätter hell bis dunkel, variabler Geschmack. Sehr dekorativ.

'Glatter Silber': Große, dunkelgrüne, glatte bis leicht gekrauste Blätter mit breiter, weißer Rippe, wenig schossempfindlich, ertragreich.

'Lukullus': Krause, gelbgrüne, zarte Blätter, helle, schmale Stiele, schnell wachsend, ergiebig.

Anbau von mehrjährigem Gemüse

ANBAU VON MEHRJÄHRIGEM GEMÜSE

Mehrjährige Gemüsearten können im Nutzgarten einen ungewöhnlichen, dekorativen und interessanten Anblick bieten. Es handelt sich um langlebige Stauden, die jedes Jahr im Herbst bis zum Grund absterben und im folgenden Jahr wieder austreiben. Diese Gruppe umfasst Spargel, Cardy, Knollenziest, Artischocke, Topinambur, Meerkohl und Rhabarber. Die essbaren Teile mehrjähriger Gemüse können junge Blätter, Triebe, Stängel, Blütenknospen oder unterirdische Knollen sein.

Diese winterharten Pflanzen sind robuster und in der Regel pflegeleichter als die anderen Gemüsegruppen. Die meisten kann man über drei bis vier Jahre kultivieren und ernten, Spargel sogar 15–20 Jahre lang. Wenn die Pflanzen keinen Ertrag mehr bringen, muss man sie verjüngen oder den Bestand erneuern. Bedenken Sie, besonders bei einem kleinen Garten, dass diese Gemüsearten lange Zeit viel Platz beanspruchen.

DEKORATIVES GEMÜSE

Viele Gemüsearten bzw. ihre Sorten sind nicht nur schmackhaft, oft haben sie auffallende Blätter, Blüten oder Formen, die sie auch als Ziergewächse interessant machen. So leuchten die Stängel des Rhabarbers rosa oder scharlachrot, Artischocken und Cardy tragen schmale, tief gesägte, silberne Blätter und große, distelähnliche Blütenstände, während Spargel und Meerkohl zarte farnartige Blätter aufweisen. Solche Formen können einen etwas eintönigen Gemüsegarten im Nu beleben.

Sie sind dekorative Elemente in gemischten Gemüse- und Blumenbeeten *(siehe S. 27)* genauso wie in reinen Zierbeeten und -rabatten. Die hohe Topinambur beispielsweise ist ideal für den Hintergrund einer Rabatte und kann für windanfällige Gewächse sogar als Schutz dienen.

STANDORT UND BODEN

Bevor Sie sich für mehrjährige Gemüse entscheiden, sollten Sie gut überlegen, wo Sie diese langlebigen Pflanzen anbauen und sie anderen nicht das Licht wegnehmen. Wie die meisten Gemüsearten gedeihen auch sie in offenen, sonnigen Lagen auf tiefgründigen, humosen, durchlässigen, aber Feuchtigkeit speichernden Böden am besten. Der Boden muss vor der Pflanzung sehr gut vorbereitet werden; graben Sie die ganze Fläche gründlich um und arbeiten Sie reichlich Humus ein. Nach der Pflanzung bringen Sie eine Mulchdecke aus, um die Feuchtigkeit des Bodens zu halten und Unkrautwachstum zu unterdrücken.

REGELMÄSSIGE PFLEGE

Bei diesen langlebigen Pflanzen muss man regelmäßig Unkraut jäten, damit ihnen nicht unnötig Wasser und Nährstoffe entzogen werden. Durch das Entfernen alter Blätter und jährliches Mulchen mit organischen Materialien *(Bild unten)* bleiben die Pflanzen gesund und kräftig. Auch regelmäßige Wasser- und Düngergaben sind notwendig, hoch wachsende Arten brauchen Stützhilfen *(siehe Gemüseporträts S. 133–135)*.

VERMEHRUNG

Anders als die meisten samenvermehrbaren Gemüsearten bleiben mehrjährige Arten viele Jahre produktiv; wenn ihre Kraft nachlässt, werden sie durch Stecklinge oder Teilung verjüngt. So erhält man neue, wuchsstarke, gesunde Pflanzen, mit denen man gut weiterarbeiten kann. Aussäen ist zwar auch möglich, entweder aus gekauften oder selbst geernteten Samen *(siehe S. 61)*, doch dauert es meist lange, bis ertragreiche Pflanzen herangewachsen sind.

Die Methode der Vermehrung hängt natürlich auch vom jeweiligen Gemüse ab *(siehe S. 130–131)*. Die Teilung des Wurzelstocks eignet sich für Rhabarber und Spargel, wenn auch bei Spargel die Anzucht aus Samen bevorzugt wird. Bei Artischocke und Cardy können Sie bewurzelte Nebensprosse abnehmen oder aussäen, bei Knollenziest und Topinambur werden Knollen eingepflanzt, Meerkohl lässt sich durch Stecklinge vermehren.

Mehrjähriges Gemüse mulchen

1 Von der Mitte bis zum späten Herbst schneidet man abgestorbene Stängel an der Basis ab und entfernt verwelkte, abgestorbene Blätter.

2 Alle Pflanzenabfälle werden abgeräumt, danach lockert man den Boden mit der Grabegabel. Das verbessert die Luftzufuhr und den Feuchtigkeitsgehalt.

3 Abgedeckt wird der Boden mit einer 5–8 cm dicken Kompostschicht, die etwa 45 cm von der Basis der Pflanzen entfernt sein muss. Mit Holzlatten lassen sich saubere Abgrenzungen schaffen.

WURZELSTOCK TEILEN

Der Wurzelstock oder das Rhizom einer Staude ist ein verdickter, knapp unter der Bodenoberfläche verlaufender Spross, aus dem sich Stängel und Wurzeln entwickeln. Man kann ihn entweder im Spätwinter ausgraben, wenn die Pflanze Winterruhe hält, oder wenn die Augen im zeitigen Frühjahr austreiben, und ihn in mehrere kleinere Stücke mit je einem Auge und Wurzeln teilen. Diese Teilstücke werden wieder eingepflanzt und entwickeln sich zu neuen Pflanzen. Wichtig ist dabei ein gesunder Wurzelstock. Schwache und kranke Sprosse werden deshalb weggeworfen. Trennen Sie neue Teilstücke am besten am Rand des Wurzelstocks ab und werfen Sie den alten verholzten, mittleren Teil weg. Diese Methode eignet sich gut für Spargel und Rhabarber, wenn die Pflanzen mindestens drei bis vier Jahre alt sind *(Bild rechts)*.

Heben Sie bei Spargel den ganzen Wurzelstock vorsichtig mit der Grabegabel heraus und schütteln Sie die überschüssige Erde ab. Teilen Sie ihn mit der Hand oder einem scharfen Messer in zwei oder mehr Stücke. Den Wurzelstock von Rhabarber können Sie mithilfe eines Spatens direkt im Boden zerteilen; Sie können auch einen Graben um den Wurzelstock ausheben und ihn vor der Teilung ganz herausholen. Alle Teilstücke müssen mindestens ein gesundes Auge aufweisen.

Teilung von Wurzelstöcken

Spargel und Rhabarber werden durch Teilung ihrer Wurzelstöcke vermehrt. Jedes Teilstück, das eine gesunde Hauptknospe sowie kräftige Wurzeln besitzt, entwickelt sich zu einer neuen Pflanze. Die beste Zeit dafür ist der Spätwinter oder das zeitige Frühjahr. Bei Spargel *(rechts)* wird der Wurzelstock herausgeholt und mit der Hand, wenn nötig mit einem scharfen Messer, geteilt; bei Rhabarber *(unten)* mit einem Spaten.

1 Znächst legt man die Augen am Wurzelstock von Rhabarber vorsichtig frei. Man wählt einen Seitenspross mit mindestens einem gesunden Auge und teilt den Wurzelstock mit dem Spaten in Stücke.

2 Die neuen Stücke können weiter geteilt werden. Jeder Teil muss ein kräftiges Auge aufweisen. Beim Einpflanzen sollte das Auge knapp über dem Boden bleiben.

Schneiden Sie alte, beschädigte oder kranke Wurzeln mit einem scharfen Messer ab, um späterer Fäulnis vorzubeugen. Verletzen Sie die Augen und Wurzeln nicht und lassen Sie die Wurzeln vor dem Umpflanzen niemals austrocknen.

Für die Neupflanzung von Spargel hebt man einen 20 cm tiefen Gaben von 30 cm Breite aus, in den man gut abgelagerten Stallmist oder reifen Kompost einarbeitet und diesen 5 cm hoch mit Erde abdeckt. Dann formt man in der Mitte einen 10 cm hohen Erdwall, setzt die neuen Teilstücke im Abstand von 30 cm darauf und breitet vorsichtig die Wurzeln seitlich aus, sodass sie gleichmäßig auf der Erde liegen. Sie werden mit Erde abgedeckt, wobei die Knospen gerade noch zu sehen sind. Durch eine etwa 5 cm dicke Mulchschicht bleiben die Wurzelstöcke feucht und die neuen Pflanzen können nach zwei Jahren geerntet werden.

Geteilte Wurzelstöcke von Rhabarber werden so tief in das Pflanzloch gesetzt, dass das Hauptauge gerade über der Oberfläche liegt. Wenn Sie zu tief pflanzen, besonders in schweren Böden, können die Wurzeln um das Auge herum rasch faulen. Drücken Sie die Erde um den Wurzelstock so fest, dass sie im oberen Bereich noch locker ist und Wasser gut eindringen kann. Anschließend bringen Sie eine Mulchschicht aus, lassen aber am Wurzelstock etwas Platz frei,

Ableger von Artischocken
Im Frühjahr schneidet man einen kräftigen Seitenspross, der zwei bis drei Blätter und schon einige Wurzeln aufweist direkt am Wurzelstock der Mutterpflanze ab. Zugleich werden alte Stängel knapp über den Blättern abgeschnitten.

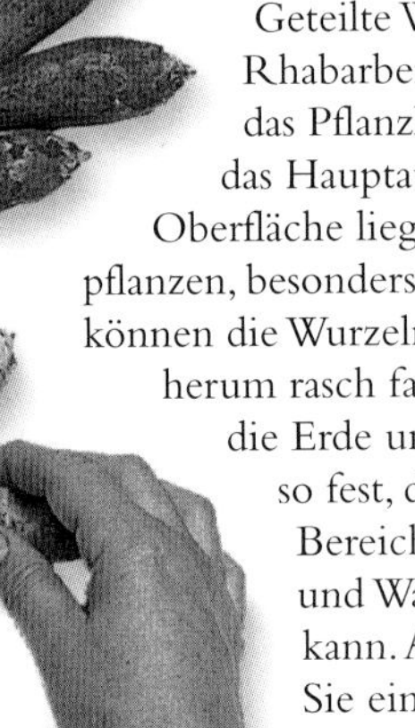

Knollenpflanzen vermehren
Knollen von Topinambur, die größer als ein Hühnerei sind, werden vor dem Einpflanzen im Frühjahr mit einem scharfen Messer in mehrere Stücke geteilt. Jedes Teilstück sollte einige kräftige Augen aufweisen, die beim Einpflanzen oben liegen müssen.

damit sich die Triebe frei entwickeln können und Schnecken die Augen nicht erreichen.

ABLEGER ABTRENNEN

Ableger sind Seitensprosse, die von der Mutterpflanze natürlich gebildet werden. Wenn man sie abtrennt und wieder einpflanzt, entstehen rasch neue, kräftige Pflanzen, die dazu noch aussehen wie die Mutterpflanze. Diese Vermehrungsmethode eignet sich für Cardy und Artischocken. Sie wird am besten im Frühjahr durchgeführt, wenn die neuen Triebe aktiv werden. Wenn Sie solange warten, bis die Neuaustriebe am Rand der Pflanze Wurzeln ausbilden, wachsen die neuen Pflänzchen besonders schnell an.

Suchen Sie sich im Frühjahr einen jungen, gesunden Trieb mit zwei bis drei Blättern vom Rand einer ausgewachsenen Pflanze aus *(Bild gegenüber)*. Entfernen Sie vorsichtig mit einer Schaufel die Erde, sodass die Wurzeln und die Stelle, an der der Ableger mit der Mutterpflanze verbunden ist, zu sehen sind. Dann trennen Sie ihn zusammen mit einem Stück Wurzel mit einem scharfen Messer von der Mutterpflanze ab und pflanzen ihn neu ein; nach Möglichkeit sollte er schon eigene Wurzeln aufweisen. Schneiden Sie alte Stängel um den Ableger herum ab, um Fäulnis vorzubeugen. Bis auf eins werden alle Blätter entfernt, damit es nicht zu unerwünscht hoher Verdunstung kommt. Später werden die Ableger im Abstand von 60 cm in Reihen von 75 cm Abstand umgepflanzt. Man legt jedes Pflänzchen in ein Pflanzloch, füllt dieses mit Erde auf und drückt es vorsichtig fest. Die Ableger müssen tief und fest genug gepflanzt werden, damit sie gerade bleiben. Der Vegetationspunkt darf nicht unter der Erde zu liegen kommen, da er sonst fault und abstirbt. Gießen Sie gut an und sorgen Sie für Schutz vor austrocknenden Winden.

KNOLLEN TEILEN

Knollenziest und Topinambur werden gewöhnlich aus Knollen kultiviert, die man einfach wieder einpflanzt. Da die Knollen von Topinambur viel schneller wachsen als die von Knollenziest, werden sie zuvor in kleinere Stücke geteilt *(Bild gegenüber)*.

WURZELSTECKLINGE SCHNEIDEN

Meerkohl lässt sich am besten über Wurzelstecklinge vermehren, die man von ausgewachsenen Pflanzen gewinnt *(Bild unten)*. Die Staude selbst ist häufig nur in spezialisierten Staudengärtnereien erhältlich.

Markieren Sie im Hochsommer den Standort einer gesunden Pflanze, die drei Jahre oder älter ist. Von Frühherbst bis Herbstmitte, wenn die Blätter abgestorben sind, hebt man den Wurzelstock vorsichtig mit einem Spaten oder einer Grabegabel heraus. Wenn er sicher keine Fäulnisstellen aufweist, schneidet man einige etwa bleistiftdicke Wurzeln ab. Zur Sicherheit schneidet man das obere Ende gerade, das untere schräg an.

Je fünf bis sechs Stecklinge werden vorsichtig zu einem Bündel zusammengebunden, das mit den geraden Enden in einer Reihe abschließt. Diese Bündel steckt man mit den schrägen Enden nach unten in eine mit feuchtem Sand gefüllte Kiste, die an einem kühlen, frostfreien Ort aufgestellt wird. Die Stecklinge sollten soweit bedeckt sein, dass die Spitzen herausschauen und die Wurzeln feucht bleiben. Sie werden bis zum Frühjahr gelagert, bis die Augen am oberen Ende der Stecklinge beginnen anzuschwellen.

Die Stecklinge sollten eingepflanzt werden, bevor die Knospen austreiben. Sonst brauchen sie zu viel Energie für den Neuaustrieb anstatt für die Ausbildung der Wurzeln. Wählen Sie die besten Stecklinge aus und entfernen Sie alle Augen bis auf das kräftigste *(Bild unten)*; dadurch erhöht sich die Wahrscheinlichkeit, gesunde und kräftige Jungpflanzen zu erhalten.

Man setzt die Stecklinge mithilfe eines Pflanzholzes im Abstand von etwa 40 cm in ein gut vorbereitetes Beet ein, sodass die Augen 2,5 cm über dem

Wurzelstecklinge bei Meerkohl

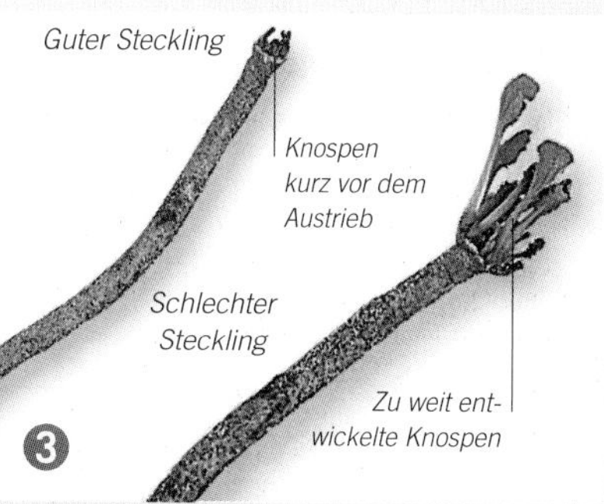

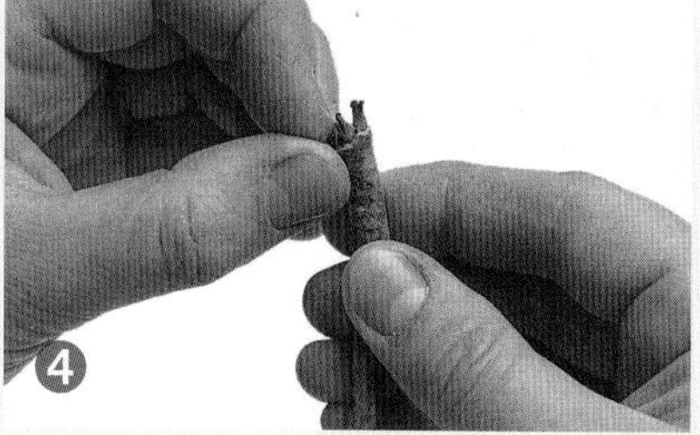

1 Eine gesunde, drei Jahre alte Pflanze, gräbt man in der zweiten Herbsthälfte aus. Man schneidet bleistiftdicke Wurzeln gerade an der Sprossachse ab, das andere Ende wird schräg angeschnitten.

2 Die abgetrennten Wurzeln werden dann in mehrere Teilstücke von 8–15 cm Länge geteilt; oben mit einem geraden und unten mit einem schrägen Schnitt. Fünf bis sechs Stecklinge werden so zusammengebunden, dass die geraden Enden gleichmäßig abschließen. Dann kommen sie mit den schrägen Enden nach unten in eine Kiste mit Sand und werden abgedeckt.

3+4 Vor dem Einpflanzen werden alle schwachen Knospen entfernt, sodass nur die kräftigsten übrig bleiben.

Boden bleiben. Während der Anwachsphase werden alle Blütentriebe entfernt, damit die ganze Energie zur Wurzelbildung eingesetzt wird.

ERNTE VERFRÜHEN

Gemüsearten wie Rhabarber und Meerkohl lassen sich zum vorzeitigen Austrieb anregen. Für die Treiberei eignen sich Pflanzen, die schon mindestens zwei Jahre auf dem Beet gewachsen sind. Gemüse kann man im Freien unter einer Abdeckung oder im Haus antreiben. Im Haus verfrühte Pflanzen kultiviert man meist nur einjährig, weil die Reserven der Wurzeln dann erschöpft sind.

VORTREIBEN IM FREIEN

Meerkohl lässt sich gut im Freien vortreiben. Zwischen Herbstmitte und Frühwinter, wenn die oberen Pflanzenteile abgestorben sind, entfernen Sie alte und faulende Blätter und decken die Pflanze mit einer etwa 8 cm dicken Schicht aus trockenem Laub, Stroh oder Farnwedeln ab, um die Temperatur zu erhöhen. Stülpen Sie zusätzlich ein größeres Gefäß über die Pflanze, damit kein Licht einfällt und die Stängel hell und zart werden. Es gibt spezielle Treibtöpfe mit einem Deckel *(Bild oben)*, mit denen man den Vorgang kontrollieren kann. Sie können auch einen umgedrehten Eimer oder einen großen Blumentopf verwenden, bei dem Sie das Abzugsloch mit einem Stein abdecken, damit die Pflanze kein Licht bekommt. Die Abdeckung muss mindestens 40 cm hoch sein. Die Stängel sind dann in zwei bis drei Monaten erntereif. Um das Vortreiben zu beschleunigen, bringt man um die Abdeckung herum eine dicke Schicht frischen Pferdemist aus; die Pflanze nutzt die beim Zersetzen des Materials entstehende Wärme. Wenn die Triebe 10–20 cm hoch sind, werden sie an der Wurzel abgeschnitten.

Verfrühen im Freien
Gemüse wie Meerkohl und Rhabarber lassen sich für eine frühe Ernte antreiben. Man stülpt dazu eine Treibglocke oder einen umgedrehten Topf über den Austrieb, um Licht abzuschirmen. Wird die Abdeckung entfernt, kann man gebleichte Stängel ernten.

Rhabarber benötigt eine Kälteperiode, die je nach Sorte variiert; dadurch wird die Winterruhe unterbrochen, bevor man mit dem Vortreiben beginnt *(siehe S. 134)*. Etwa ab Februar wird der Rhabarber wie Meerkohl abgedeckt; die Lage Pferdemist ist nicht notwendig. Lassen Sie die Stängel bis zur Höhe der Abdeckung wachsen, bevor Sie sie ernten.

VORTREIBEN IM HAUS

Im Herbst nach den ersten Frösten wird der Wurzelstock zum Vortreiben ausgegraben und dem Frost ausgesetzt, um die Winterruhe zu unterbrechen. Kürzen Sie die Wurzeln und pflanzen Sie ihn in einen großen Topf oder in eine Kiste mindestens 30 cm tief ein. Die Spitzen sollten gerade mit Erde bedeckt sein. Um den Lichteinfall zu verhindern, legen Sie einen Deckel oder etwas Zeitungspapier auf den Behälter. Die Erde muss stets feucht bleiben. In einem kühlen Raum oder im Gewächshaus bei 15–20 °C (Meerkohl) oder 7–15 °C (Rhabarber) gelagert, können Sie nach einigen Wochen ernten.

ERNTE

Die Knollen von Topinambur und Knollenziest werden mit der Grabegabel aus dem Boden herausgeholt *(Bild links außen)*; Artischocken schneidet man ab, bevor sie sich öffnen *(Bild links)*. Weitere Einzelheiten finden Sie auf *Seite 133–135*.

Topinambur ernten
Wenn sich die Blätter gelb färben, werden die Knollen geerntet. Man hebt die Pflanze vorsichtig mit der Grabegabel aus dem Boden, ohne die Knollen zu verletzen. Ernten Sie alle Knollen gleichzeitig, da die Pflanze sonst stark wuchert.

Artischocken ernten
Schneiden Sie den größten Blütenkopf mit einem scharfen Messer ab, solange die Schuppen noch weich, grün und geschlossen sind. Die anderen Blütenköpfe sollten vor der Ernte die gleiche Größe erreichen.

MEHRJÄHRIGES GEMÜSE VON A–Z

Artischocke

Cynara scolymus

JAHRESZEIT	FRÜHJAHR		SOMMER		HERBST		WINTER	
PFLANZUNG	•	•						
UMPFLANZEN		•	•					
ERNTE				•	•			

Die Artischocke ist mit ihren silbrigen Blättern und den großen, distelartigen, grünen oder purpurnen Blütenköpfen sehr dekorativ. Sie wird 60–90 cm hoch und breitet sich im Alter bis zu 90 cm aus. Jede Pflanze trägt einige Blütenstängel mit mehreren kleinen Blütenknospen unterhalb der Hauptknospe. Die Kelchblätter der Blüten und die fleischigen Blütenböden sind essbar. Die Pflanze bleibt drei bis vier Jahre lang ertragreich.

■ **Standort und Boden** Die Artischocke benötigt eine windgeschützte, sonnige Lage und darf nicht im Baumschatten stehen. Befinden sich Baumwurzeln in der Nähe, kann sich Hallimasch *(siehe S. 256)* über die verholzten Teile der Artischocke vermehren. Artischocken gedeihen auf einem nährstoffreichen, durchlässigen, aber nicht zu leichten Boden gut, da sie trockene Böden nicht vertragen. Die Anbaufläche muss gut vorbereitet und mit Humus angereichert werden, um die Feuchtigkeit besser zu speichern.

■ **Aussaat und Pflanzung** Artischocken zieht man gewöhnlich aus Ablegern, die den Elternpflanzen in Aussehen und Wuchs entsprechen. Wählen Sie nur gesunde Elternpflanzen, von denen Sie bereits bewurzelte Ableger entfernen *(siehe S. 130–131)*. Diese werden aufrecht und tief in die neuen Pflanzreihen eingesetzt und gut angegossen, damit sich die Erde setzt. Breiten Sie anschließend ein Vlies über die Setzlinge aus, um sie feucht und warm zu halten und vor austrocknendem Wind zu schützen. Wird jedes Jahr ein Drittel des Bestandes erneuert, kann man stets reichlich und regelmäßig ernten.

Haben sich keine Ableger gebildet, säen Sie im Spätwinter bei 15 °C unter Glas aus. Vereinzeln Sie die Sämlinge später in 10 cm große Töpfe und pflanzen Sie sie im Frühsommer aus. Sie können auch im zeitigen Frühling direkt ins Freiland säen und den Bestand dort ausdünnen. Dann sind die Pflanzen im Herbst jedoch zu klein, um den Winter in kalten Regionen zu überstehen. Wählen Sie aus ihrem Sämlingsbestand die schönsten Pflanzen aus und kultivieren Sie deren Ableger weiter.

PFLANZTIEFE	5 cm
ABSTAND IN DER REIHE	75 cm
REIHENABSTAND	90 cm

■ **Pflege** Eine Mulchdecke hilft, das Unkraut zu unterdrücken und den Boden feucht zu halten. Die Pflanzen bilden im ersten Jahr nur einen Blütenkopf; entfernen Sie diesen sofort, damit die Pflanze kräftiger wird. Sind große Blütenköpfe erwünscht, reduzieren Sie im zweiten Jahr die Anzahl der Triebe auf drei pro Pflanze und geben einen kaliumreichen Flüssigdünger. Artischocken sind im ersten Jahr äußerst empfindlich. In kalten Gegenden häufeln Sie sie mit Erde an und decken sie zusätzlich etwa 15 cm hoch mit Stroh oder Laub ab; bei sehr widriger Witterung legen Sie noch Vlies darauf. Man kann die Pflanzen im Herbst auch ausgraben, einschlagen und im Keller überwintern.

■ **Ernte** Um das Wachstum des endständigen Blütenkopfes zu fördern, werden kleinere, etwa 4 cm große Blütenköpfe an den Nebentrieben entfernt *(siehe S. 132)*. Man kann sie essen, doch schmecken die kleinen Köpfe nicht so gut wie ausgereifte. Artischocken sind erntereif, kurz bevor sich die Köpfe öffnen und ihre Schuppen noch saftig und grün sind. Dies ist je nach Klima im Juni/Juli. Ist nur ein einzelner Blütenkopf vorhanden, kann man ihn bis zur Basis abschneiden, ansonsten nur mit einem kürzeren Stiel. Das regt die Bildung weiterer Nebentriebe an, die noch eine zweite Ernte hervorbringen. Das Wachstum lässt sich durch eine Kopfdüngung mit einem Volldünger und zusätzlichen Wassergaben fördern *(siehe S. 72)*.

■ **Probleme** Schnecken *(siehe S. 255, 259)* können junge Triebe stark schädigen. Ebenso kann das Spargelhähnchen *(S. 253)* ziemliche Probleme bereiten. Unter den Krankheiten muss man auf Violetten Wurzeltöter *(S. 264)*, Fußkrankheiten *(S. 255)* und Fusarium-Welke *(S. 255)* achten.

■ **Empfohlene Sorten**

'Green Globe': Weitverbreitete Sorte, leicht zu kultivieren, große Köpfe, schmackhaft und zart.

'Purple Globe': Das rote Gegenstück zu 'Green Globe'.

'Grüne von Laon': Breite, dicke, fleischige Blütenböden, im Winter gut schützen.

'Violetto': Kleine, längliche, italienische Typen, ab 2. Standjahr violette Knospen.

Cardy

Cynara cardunculus

JAHRESZEIT	FRÜHJAHR		SOMMER		HERBST		WINTER	
AUSSAAT	•	•						
UMPFLANZEN		•	•					
ERNTE				•	•	•		

Cardy ist mit der Artischocke eng verwandt und wird wegen seiner fleischigen Blattstiele angebaut. Damit sie nicht so bitter schmecken, kann man sie kurz vor der Ernte bleichen. Mit seinen imposanten Blättern ist er eine Zierde in jeder Staudenrabatte. Die in milden Gegenden winterharte Pflanze benötigt viel Platz und wird alle drei bis vier Jahre erneuert. Neue Pflanzen können Sie leicht aus selbst geernteten Samen ziehen. Eine ausgewachsene Pflanze ergibt etwa zehn Stiele. Häufig sind Sortenmischungen erhältlich.

■ **Standort und Boden** Cardy benötigt einen tiefgründigen, nährstoffreichen, Feuchtigkeit speichernden Boden, der mit reichlich Humus angereichert wurde. In gemäßigten Zonen müssen die Pflanzen vollsonnig stehen.

■ **Aussaat.** Ausgesät wird Ende bis Mitte Frühling in Multitopfplatten, die Keimung erfolgt bei 10–15 °C. Bei selbst gesammelten Samen entfernt man die Samenschöpfe nicht. Man streut die Samen einfach auf die Substratoberfläche und vereinzelt später die Sämlinge. Die Jungpflanzen werden abgehärtet, wenn sie etwa 25 cm groß sind und dann in 45 cm breite Gräben umgepflanzt. Lassen Sie genug Platz zum Anhäufeln.

Sie können Ihren Bestand auch durch Stecklinge *(siehe S. 129–131)* vermehren. Diese sind identisch mit den Elternpflanzen und wenn sie nur die besten Pflanzen behalten, besitzen Sie für lange Zeit einen guten Grundstock.

AUSSAATTIEFE	2,5 cm
ABSTAND IN DER REIHE	40 cm
REIHENABSTAND	1,2 m

■ **Pflege** Sind die Pflanzen etwa 30 cm hoch, stützt man sie mit 60 cm hohen, dünnen Stangen ab. Während der Wachstumsperiode muss ausgiebig gewässert werden. Im Spätsommer oder Frühherbst beginnt man mit dem Bleichen. Dazu werden die Blätter vorsichtig zusammengebunden und mit lichtundurchlässigem Material, z.B. Packpapier oder Folie, umhüllt. Damit sie fester stehen, häufeln Sie die Stängel mit Erde an.

■ **Ernte** Nach zwei bis vier Wochen sind die Stängel erntereif. Graben Sie die Pflanzen dann aus und entfernen die Hülle. Die unteren Enden der Stiele werden abgeschnitten, die Haut abgezogen und die Blätter entfernt.

■ **Probleme** Schnecken *(S. 255, S. 259)* sind das größte Problem. Die Schwarze Bohnenblattlaus *(S. 253)* befällt Blätter und Triebspitzen, Wurzelläuse *(S. 264)* treten mitunter an ausgesäten Pflanzen auf. Bei feuchter Witterung kommt es zu Fäulnis der Blütenköpfe. In kalten, nassen Wintern faulen die Pflanzen leicht.

Knollenziest

Stachys affinis

JAHRESZEIT	FRÜHJAHR			SOMMER			HERBST			WINTER		
PFLANZUNG	•	•										
ERNTE								•	•	•		

Die sehr schmackhaften Knollen der „Japanischen Kartoffel“ oder „Chinesischen Artischocke“ sind 5 cm lang und 2 cm breit; durch ihre schmalen Furchen ist das Putzen mühsam. Erntefrisch zubereitet schmeckt das durchscheinende Fruchtfleisch nussartig. Eine Pflanze bildet etwa 20–30 Knollen aus. Sorten sind nicht erhältlich.

■ **Standort und Boden** Die Pflanze benötigt einen offenen, sonnigen Standort mit nährstoffreichem, lockerem Boden und viel Feuchtigkeit. Je schwerer der Boden ist, desto schwieriger kann man die Knollen säubern. Am besten eignet sich ein für eine vorhergehende Kultur mit Stallmist verbesserter Boden.

■ **Pflanzung** Zur Vermehrung dienen die Knollen, die man entweder beim Gärtner kauft oder die aus eigenem Anbau stammen. Sie werden im zeitigen Frühjahr direkt in den Boden gesteckt oder man treibt sie im Spätwinter im Haus vor. Dazu setzt man die Knollen in eine Schale mit feuchter Erde und pflanzt sie aus, sobald die Triebe erscheinen. Die Knollen werden vorsichtig aufrecht in die Pflanzreihen gesetzt und mit Erde abgedeckt.

AUSSAATTIEFE	4–8 cm
ABSTAND IN DER REIHE	15–30 cm
REIHENABSTAND	45 cm

■ **Pflege** Halten Sie das Beet unkrautfrei und gießen Sie ausgiebig, besonders im Hochsommer. Sind die Pflanzen etwa 30 cm hoch, häufelt man sie 8 cm hoch an. Bevor die Pflanze zu wuchern beginnt, wird sie etwas zurückgeschnitten. Die Blüten werden entfernt, um die Knollenbildung zu fördern. Eine Mulchschicht ist ebenso wichtig wie eine kaliumreiche Flüssigdüngung.

■ **Ernte** Die Knollen werden geerntet, sobald die Blätter welken. Da sie schnell austrocknen, sollten sie bis zur Verwendung im Boden bleiben. Bei Frost lässt sich leichter ernten, wenn der Boden vorher mit Stroh, Farnblättern oder Vlies abgedeckt wurde.

■ **Probleme** Schnecken *(siehe S. 255, S. 259)* befallen gern die jungen Pflanzen; manchmal kommen Wurzelläuse *(S. 264)* im Boden vor.

Meerkohl

Crambe maritima

JAHRESZEIT	FRÜHJAHR			SOMMER			HERBST			WINTER		
AUSSAAT	•	•										
UMPFLANZEN			•	•								
ERNTE		•	•	•								

Meerkohl ist ein äußerst winterhartes, mehrjähriges Gemüse, das wegen seiner wohlschmeckenden Stiele kultiviert wird. Stiele, junge Blütenköpfe und sehr junge, zarte Blätter kann man roh, ältere Blätter wegen der harten Mittelrippen nur gekocht essen. Die verzweigte Pflanze wird etwa 90 cm breit und hat bis 60 cm hohe Stiele. Sie wird gewöhnlich über Wurzelstecklinge *(siehe S. 131)* vermehrt.

■ **Standort und Boden** Meerkohl benötigt einen tiefgründigen, sandig-humosen Boden mit einem pH-Wert von 7 in einer offenen, sonnigen Lage. Schwere Böden werden mit Sand oder Kies aufgelockert.

■ **Aussaat und Pflanzung** Im zeitigen Frühjahr werden Wurzelstecklinge *(siehe S. 131)* eingesetzt oder man sät im Spätwinter bei 7–10 °C aus. Dafür muss aber vorher mit den Fingernägeln die korkige Hülle der Samen entfernt werden; diese wirkt keimhemmend. Ausgesät wird dünn in Anzuchtschalen, später werden die Sämlinge in 10 cm große Töpfe vereinzelt. Im Frühsommer werden die 8–10 cm hohen Sämlinge ausgepflanzt. Zu diesem Zeitpunkt kann man ebenfalls direkt ins Freie säen und die Sämlinge später an Ort und Stelle vereinzeln.

AUSSAATTIEFE	2,5 cm
SAMENABSTAND	dünn säen, vereinzeln auf 15 cm
ENDABSTAND I. D. REIHE	40 cm
REIHENABSTAND	40 cm

■ **Pflege** Alle Blütentriebe sollten entfernt werden, damit sich kräftige Stiele ausbilden. Im Frühjahr wird mit gut abgelagertem Mist gemulcht oder man düngt über Kopf mit einem stickstoffarmen Dünger. Im Herbst, wenn die Blätter absterben, werden die Stiele gebleicht *(siehe S. 132)*.

■ **Ernte** Wenn die vorgetriebenen Stiele groß genug sind, werden sie abgeschnitten *(siehe S. 132)*. Beenden Sie die Ernte im späten Frühjahr, damit sich die Pflanze regenerieren kann.

Probleme Erdflöhe *(siehe S. 254)* befallen die Sämlinge. Kohlhernie *(S. 257)* kann zum Problem werden; daher ist eine weite Fruchtfolge einzuhalten *(S. 31)* und man kultiviert Meerkohl nicht unmittelbar nach anderen Kohlarten.

■ **Empfehlenswerte Sorten**

'Lily White': Schmackhafte Sorte zum Bleichen, ähnelt der Urform.

Rhabarber

Rheum rhabarbarum

JAHRESZEIT	FRÜHJAHR			SOMMER			HERBST			WINTER		
PFLANZUNG	•	•	•	•		•	•	•				
UMPFLANZEN			•									
ERNTE			•	•	•							

Rhabarber ist eine attraktive, winterharte, mehrjährige Pflanze mit je nach Sorte rosa, rot und grünlich gefärbten Stielen, die gerne für Kuchen, Kompott oder Marmelade verwendet werden. Ihre Süße ist abhängig vom Alter der Stiele. Um die Winterruhe zu unterbrechen, bedarf es einer Kälteperiode *(siehe unten)*; zudem eignet sich Rhabarber zum Treiben *(siehe S. 132)*. Verfrühte Pflanzen sollten in der gleichen Saison nicht wieder beerntet werden, sondern sich erholen. Auf einer 3 m langen Pflanzreihe können Sie 4,5–13,5 kg ernten.

■ **Standort und Boden** Rhabarber braucht eine offene Lage mit durchlässigem Boden, der keine Staunässe bildet, was die Pflanze besonders im Winter nicht mag. Vermeiden sie Frostlagen, weil die Stiele sonst Schaden nehmen können.

■ **Aussaat und Pflege** Sämlinge sind meist klein und schwach. Besser man teilt den Wurzelstock *(siehe S. 130)* und setzt die Teilstücke gleich wieder in einem Abstand von 75–90 cm ein. Die Pflanzung ist vom Frühjahr bis zum Herbst möglich.

AUSSAATTIEFE	2,5 cm
SAMENABSTAND	dünn säen, vereinzeln auf 15 cm
ENDABSTAND I. D. REIHE	75–90 cm
REIHENABSTAND	30 cm

■ **Pflege** Das Rhabarberbeet muss unkrautfrei bleiben. Mulchen hält den Boden feucht, doch decken Sie die Augen nicht ab, sonst faulen sie leicht. Im Sommer ist eine Kopfdüngung mit schwefelsaurem Ammoniak anzuraten. Damit der Wurzelstock bis zum Herbst aktiv bleibt, muss man regelmäßig gießen. Jede Rhabarbersorte braucht unterschiedlich lange Kälteperioden, bevor sie zu wachsen beginnt. Wenn im Herbst die Pflanzen einziehen, entfernen Sie das abgestorbene Laub.

■ **Ernte** Lassen Sie die Ernte im ersten Jahr ausfallen, um die Wuchskraft nicht zu beeinträchtigen. Im zweiten Jahr können Sie einige Stiele herausdrehen, doch bitte nicht abschneiden. An der Staude müssen immer genügend Stiele stehen bleiben, damit sie sich wieder regenerieren kann. Werden alle Stiele entfernt, erholt sich die Pflanze nur langsam. Vorgetriebene Stiele werden geerntet, sobald sie reif sind *(siehe S. 132)*. Das Blattwerk enthält viel Oxalsäure und darf weder roh noch gekocht verzehrt werden.

■ **Probleme** Blattläuse *(S. 252)*, Schnecken *(S. 259)*, Wurzelfäule *(S. 264)*, Hallimasch *(S. 256)*, *pilzliche Blattflecken (S. 252)* und Viren *(S. 263)* treten auf.

■ **Empfehlenswerte Sorten**

'Holsteiner Blut': Rote bis rotgrüne Stängel, innen rosa, ertragreich.

'Cambell': Schöne rote Außen- und Innenfarbe, sehr guter Geschmack.

'Frambozen Rood': Rote Haut, grünes Fleisch, sehr zart, fruchtiges Aroma, spätreif, sehr guter Ertrag.

'The Sutton': Rote Stiele, grünes Fleisch.

'Stockbridge Arrow': Schöne rote Färbung, innen weiß, hoher Ertrag.

Spargel

Asparagus officinalis

JAHRESZEIT	FRÜHJAHR			SOMMER			HERBST			WINTER		
AUSSAAT	•	•										•
UMPFLANZEN				•								
ERNTE		•	•	•								

Spargel wird wegen seiner delikaten Sprosse kultivert. Die meisten neuen Sorten sind männliche F1-Hybriden, mit dem Vorteil, dass sie keine Samen bilden, die „unbefugt" in Nachbarbeeten keimen können. Weibliche Sorten dagegen vermehren sich nicht sortenecht und sind meist weniger ertragreich. Spargelpflanzen haben eine Kulturzeit von 15–20 Jahren; pro Wurzelstock erntet man neun bis zwölf Stangen.

■ **Standort und Boden** Spargel benötigt einen durchlässigen Boden mit einem pH-Wert von 6,3–7,5. Traditionell wird er auf Hochbeeten angebaut *(siehe S. 32 –33)*, besonders bei schweren Böden; bei leichten Sandböden reichen normale Beete. Frostgefährdete Stellen sind zu meiden; ein zusätzlicher Windschutz *(siehe S. 12–13)* ist ebenfalls notwendig. Für die Neuanlage ist ein frisch bestelltes Beet wichtig, um Problemen mit Krankheiten aus früheren Kulturen vorzubeugen. Der Boden wird tief, mindestens in doppelter Spatentiefe *(siehe S. 39)* umgegraben, damit arbeitet man reichlich Humus oder Mist ein.

■ **Aussaat und Pflanzung** Am besten kauft man Jungpflanzen. Wer die Aussaat vorzieht, sät einzeln in Multitopfplatten aus. Im Frühsommer wird in großem Abstand *(siehe unten)* ausgepflanzt. Da Jungpflanzen bei warmem, trockenem Wetter schlecht anwachsen, kann man alternativ dazu im zeitigen Frühjahr in ein Saatbeet säen und später auf 15 cm Abstand vereinzeln. Zeit sparender ist allerdings das Teilen von Wurzelstöcken vorhandener Pflanzen *(siehe S. 130)*, wobei die Teilstücke im zeitigen Frühjahr am besten anwachsen. Die Stammpflanze sollte gesund und mindestens drei bis vier Jahre alt sein, bevorzugt eine männliche F1-Hybride. Die Setzlinge werden in einzelnen Reihen oder auf Hochbeete gepflanzt; am besten eignen sich aber Doppelreihen auf dem Grundbeet. Für die Reihen hebt man einen 30 cm tiefen, 20 cm breiten Graben aus, der mit abgelagertem Mist angereichert wird. Man deckt ihn 5 cm hoch mit Erde ab und formt in der Mitte des Grabens einen 10 cm hohen Erdwall. Die Pflanzen werden darauf in 30 cm Abstand gesetzt. Man breitet die Wurzeln gleichmäßig aus und häufelt so viel Erde an, dass die Knospenspitzen gerade noch zu sehen sind. Eine etwa 5 cm dicke Mulchschicht aus abgelagertem Mist hält die Feuchtigkeit im Boden. Zwischen den Doppelreihen muss 45 cm Platz verbleiben, wobei man die Setzlinge versetzt einpflanzt. Zwischen den Beeten sollte ein 90 cm breiter Weg bleiben.

AUSSAATTIEFE	2,5 cm
ABSTAND IN DER REIHE	15 cm
REIHENABSTAND	30 m

■ **Pflege** Die Spargelbeete müssen frei von Unkraut sein. Eine Mulchdecke *(siehe S. 129)* verhindert eine übermäßige Verdunstung und beugt einer Verdichtung des Bodens vor; sie fördert zugleich die Ausbildung gerader Sprosse. Im zeitigen Frühjahr und nach der Ernte empfiehlt sich eine Kopfdüngung mit einem Volldünger. Überdüngung ist zu meiden, denn zu viel Stickstoff lässt das Spargelgrün sprießen und verringert den Ertrag.

Stöcke und Schnüre verhindern, dass das Spargelgrün bei Wind abbricht und die Knospen verletzt werden. Sämtliche Sämlinge und weibliche Pflanzen werden entfernt, damit sie sich nicht ausbreiten. Im Herbst schneidet man das abgestorbene und vergilbte Laub bis auf 2,5 cm über dem Boden ab.

■ **Ernte** Spargel wird erst ab dem dritten Jahr nach dem Auspflanzen geerntet; das garantiert für die Folgejahre einen guten Ertrag. Die erste Ernte beginnt etwa Mitte April und dauert sechs bis acht Wochen, bis Ende Juni. Benutzen Sie zum Stechen ein spezielles Spargelmesser mit einer geraden Klinge. Dafür gräbt man das Erdreich um einen hervorbrechenden Trieb aus und sticht nochmals einige Zentimeter tief im Boden ab. Spargel muss bei warmem Wetter alle zwei bis drei Tage, bei kühler Witterung alle fünf bis sieben Tage gestochen werden.

■ **Probleme** Die ärgsten Schädlinge sind Schnecken *(siehe S. 255, 259)*, die junge Spargelstangen stark beschädigen können, sowie Spargelhähnchen *(S. 262)*. Krankheiten wie Violetter Wurzeltöter *(S. 264)* und Fußkrankheiten *(S. 255)* können ebenfalls auftreten.

■ **Empfehlenswerte Sorten**

'Jacqma Poupre': Grünspargel, junge Triebe innen intensiv violett, werden beim Kochen dunkelgrün, sehr robust, schmackhaft, auch bei ungünstiger Witterung nicht bitter.

'Goldgelber Spargel': Alte Sorte aus Niederösterreich, zarte und dünnere Stangen, zarter und delikater Geschmack

'Marygreen': Anbau als Grün- oder Bleichspargel, dicke, zart bleibende Stangen, schnell wachsend, ertragreich.

'Mary Washington': US-amerikanische Standardsorte, aromatischer Grünspargel, für jeden Boden geeignet, kein Anhäufeln nötig.

'Fridolin': Hoher, filigraner Wuchs, klimatisch anpassungsfähig.

'Ruhm von Braunschweig': Bleichspargel, dicke, lange Stangen ab dem 3. bis 4. Standjahr, Anbau in Dämmen.

Topinambur

Helianthus tuberosus

JAHRESZEIT	FRÜHJAHR			SOMMER			HERBST			WINTER		
PFLANZUNG	•	•	•									•
ERNTE							•	•	•			

Diese winterharte Verwandte der Sonnenblume wird wegen ihrer Wurzelknollen angebaut, die gekocht oder roh gegessen werden. Die Pflanze kann über 3 m hoch werden und eignet sich auch als Sicht- und Windschutz, wenn man sie in einem Abstand von 30 cm in zwei bis drei Reihen pflanzt. Lassen Sie 90 cm Abstand zwischen den einzelnen Reihen. Sie ist sehr wuchskräftig und bringt zehn bis zwölf Knollen pro Pflanze hervor.

■ **Standort und Boden** Topinambur gedeiht auf den meisten, auch auf schweren Böden, in sonniger und schattiger Lage.

■ **Pflanzung** Gepflanzt werden gesunde Knollen, die nicht größer als ein Hühnerei sind. Sie können sie kaufen oder selbst ernten *(siehe S. 130–131)*.

PFLANZTIEFE	10–15 cm
ABSTAND IN DER REIHE	30 cm
REIHENABSTAND	30 cm

■ **Pflege** Um die Triebe zu stützen, häufelt man sie 15 cm hoch an, sobald die Stängel etwa 30 cm lang sind. Im Hochsommer entfernt man die Blütenstände und schneidet die Triebe auf 1,5–2 m zurück, damit die Energie zur Entwicklung der Knollen genutzt wird. Damit sich die Knollen schön ausformen, müssen die Pflanzen feucht gehalten werden. Hohe Pflanzen erhalten eine Stützhilfe *(siehe S. 72)*. Im Herbst, wenn die Blätter vergilben, schneidet man die Stiele etwa 8 cm über dem Boden ab. Die Erde bleibt warm, wenn man mit den Schnittabfällen mulcht. So lassen sich die Knollen bei Frost leichter ernten.

■ **Ernte** Die Knollen erntet man am besten nach Bedarf *(siehe S. 132)*. Beachten Sie, dass liegen gebliebene Knollen austreiben und wuchern können.

■ **Probleme** Sklerotinia-Fäule *(siehe S. 262)* kann die Triebe bis 30 cm über dem Erdboden beschädigen. Schnecken *(S. 262)* fressen an Knollen und Blättern.

■ **Empfehlenswerte Sorten**

'Bianca': Standardsorte, weiße Knollen, frühe Ernte, blüht im Sommer, mittelhohe Pflanzen.

'Fuseau': Große, hellbraune Knollen, Pflanzen 170 cm hoch.

'Violet de Rennes': Violette Knollen, leicht verwachsen, blüht sehr spät, Pflanzen 140 cm hoch.

KÜCHEN-KRÄUTER

So wie frische Kräuter den Speisen Farbe und Aroma verleihen, so verschönern die Pflanzen den Zier- oder Gemüsegarten. Viele sind sehr attraktiv und bieten außer schönen Blüten auch aromatische Blätter. Hohe, fedrige Kräuter wie Dill oder Fenchel passen in jede Rabatte, sonnenhungrige, polsterbildende Kräuter wie Thymian sind eine ideale Einfassung für Wege und Plätze. Mit Minze, Majoran und Basilikum überquellende Töpfe neben der Küchentür geben jedem Grundstück ländliches Flair. Aber Kräuter passen auch in formal gestaltete Gärten. Ein akkurat geschnittener Lorbeerbaum im Kübel stellt einen edlen Blickpunkt zwischen geometrischen, mit Petersilie oder Schnittlauch eingefassten Beeten dar. Kräuter lassen sich besonders leicht pflegen und vermehren und können daher das ganze Jahr über geerntet werden, wobei sie frisch stets ihr bestes Aroma liefern. Mit Kräutern verknüpfen sich außerdem alt überlieferte Traditionen ihrer Verwendung in Heim und Küche – das ist ein faszinierendes Gebiet für sich.

Küchenkräuter ziehen

Im Allgemeinen versteht man unter »Kräutern« verschiedene ein-, zwei- oder mehrjährige, auch verholzende Pflanzen, die für den Gebrauch in der Küche oder Medizin kultiviert werden. Im engeren, botanischen Sinn ist ein Kraut jede nicht verholzende Pflanze, genauer eine Pflanze ohne ausdauernde Organe über dem Boden, meist sind es Stauden.

KÜCHENKRÄUTER IM GARTEN

Fast alle Pflanzen des Kräuterbeetes *(die hier genannten finden sich auf S. 141–145)* enthalten in den Blättern, Stängeln und manchmal Samen ätherische Öle. Zu dieser Kräutergruppe gehören Basilikum, Majoran, Minze, Salbei und Thymian, die alle zur Familie der Lippenblütler gehören. Kerbel, Koriander, Dill, Fenchel und Petersilie gehören zu den Doldenblütlern, ebenso wie Möhren und Pastinaken, die hübsche schirmförmige Blütenstände entwickeln. All diese Kräuter sind nicht nur in der Küche nützlich, sondern auch dekorativ. Man kennt viele attraktive Arten mit unterschiedlichen Blatt- und Blütenformen oder -farben. Manche Kräuter wie die Süßdolde oder der Meerrettich werden wegen ihrer aromatischen Wurzeln geschätzt.

Kräuter zeigen sich viel weniger anspruchsvoll als die meisten Gemüse. Einjährige müssen zwar jedes Jahr aus Samen neu angezogen werden, sind aber meist pflegeleicht. Die Kräuterkultur gestaltet sich schon dadurch einfach, weil Samen und Pflanzen fast überall erhältlich sind. Beginnen Sie mit einigen wenigen Kräutern, die man besonders oft braucht, etwa Basilikum, Schnittlauch, Fenchel, Minze, Petersilie und Thymian. Mit etwas Erfahrung können Sie bald mit anderen Kräutern und neuen Sorten experimentieren.

DER RICHTIGE PLATZ

Kräuter werden meist in kleinen Mengen gebraucht. So lässt sich der Küchenbedarf leicht mit wenigen Pflanzen in einer kleinen Gartenecke oder in Gefäßen decken. Ein Kräuterbeet braucht nicht viel Platz. Es sollte jedoch reichlich Sonne bekommen, denn die meisten Kräuter stammen aus warmen Regionen. Der Boden muss gut dräniert sein und sollte nicht zu viel organische Substanz enthalten, da nährstoffreicher Boden die Entwicklung mastiger, aber weniger aromatischer Blätter fördert.

Schützen Sie Ihren Kräutergarten vor Wind *(siehe S. 12–13)*. Dadurch entsteht ein günstigeres Kleinklima und der Boden erwärmt sich. Lavendel oder Rosmarin eignen sich als niedrige Schutzhecken. Am besten pflanzt man Kräuter möglichst in die Nähe der Küche, denn je kürzer der Weg, desto lieber werden sie – auch bei schlechtem Wetter – genutzt.

Ein Kasten mit Kräutern

1 **Man füllt** einen 15 cm tiefen Kasten halb mit Substrat und setzt vorgezogene einjährige Pflanzen ein. Mehrjährige Kräuter ausgraben und teilen.

2 **Pflanzen** mit sich ausbreitenden Wurzeln wie Minze erst in einen Kunststofftopf setzen. Diesen so in den Kasten stellen, dass der Topf mit dem Kastenrand abschließt.

3 **Vor dem Pflanzen** von Schnittlauch die Blätter auf 15 cm zurückschneiden, damit sie neu austreiben. Bei anderen Kräutern die schwachen Triebe zurückschneiden.

4 **Genügend Platz** lassen, sodass die Pflanzen einige Zeit wachsen können. Bis auf 2,5 cm unter dem Rand mit Substrat füllen, gut andrücken.

5 **Den Kasten** an einen hellen Platz im Zimmer, etwa auf die Küchenfensterbank, stellen und gut gießen. Kräuter nach Bedarf ernten.

KRÄUTER IN GEFÄSSEN

Manche Kräuter lassen sich auch im Balkonkasten *(Bild gegenüber)*, in einem großen Topf oder Erdsack auf einer befestigten Fläche ziehen. Das hat vor allem den Vorteil, dass man die Pflanzen zum Schutz vor Frost ins Haus holen kann. Verwenden Sie einen großen Topf mit mindestens 30 cm Durchmesser. Terrakotta- oder Keramiktöpfe sind hübscher und stabiler als Kunststoffgefäße. Mit Kräutern bepflanzte Erdbeertöpfe sehen besonders dekorativ aus.

Für die Topfkultur *(siehe S. 35–36)* ist es wichtig, dass die Pflanzerde jederzeit genügend Wasser enthält, aber niemals pitschnass ist. Das Substrat sollte so leicht wie möglich sein; geben Sie 20 Volumenprozent Sand zu Gartenboden oder einem erdfreien Markensubstrat und sorgen Sie für genügend Wasserabzugslöcher.

KRÄUTER ALS ZIERPFLANZEN

Dekorative Kräuter lassen sich auch in den Ziergarten integrieren – angefangen bei den kugeligen Blütenköpfen des Schnittlauchs und den panaschierten Blättern mancher Salbei-Sorten bis zu den geometrischen Formen von Lorbeerbäumen und den eleganten Blättern des Fenchels. Große Kräuter, vor allem solche, die nicht viel Sonne brauchen wie Engelwurz, Kerbel und Liebstöckel, passen gut zu naturnahen Wald- oder Heckenpflanzungen. Für formale Anlagen werden Kräuter in geometrischen Mustern angeordnet. Thymian eignet sich dafür sehr gut, aber auch Kamille, Majoran und Salbei. Von diesen gibt es Formen mit gelben Blättern; Salbei und Thymian bieten auch andere dekorative Farbkombinationen. Eine beliebte Form für Kräutergärten ist ein Rad, dessen einzelne Segmente jeweils mit einem anderen Kraut bepflanzt werden. Auch Lücken zwischen Wegplatten kann man mit polsterartig wachsenden Kräutern bepflanzen, etwa um eine Nutzfläche in der Nähe des Hauses zu beleben.

DEN KRÄUTERGARTEN VORBEREITEN

Die Anlage eines Kräutergartens in offenem Boden erfordert die gleiche Vorbereitung wie die eines Küchengartens: Unkraut entfernen *(siehe S. 49–50)*, Dränage verbessern *(siehe S. 16)* und für genügend Kalk sorgen *(siehe S. 18–19)*. Auf die Zufuhr organischer Substanz

Minze begrenzen
Minze wuchert in offenem Boden leicht. Sie wird besser in einen Topf gepflanzt und im Beet eingesenkt; so bleibt sie unter Kontrolle.

sollte man allerdings verzichten. Bei schwerem Boden wird Sand untergemischt, um die Durchlüftung und Dränage zu verbessern. Kräuter werden im Frühjahr gepflanzt. Jungpflanzen gießt man gleich nach der Pflanzung gut an *(Details zum Auspflanzen auf S. 70–71)*.

Die meisten mehrjährigen Kräuter sind als Topfware erhältlich. Zum Auspflanzen gießen Sie erst den Behälter gut. Das Pflanzloch wird etwas größer ausgehoben als der Topf und die Erde am Grund gelockert. Pflanzen Sie die Kräuter auf die gleiche Tiefe wie vorher und drücken Sie den Boden gut an. Pflanzen mit wuchernden Wurzeln – besonders Meerrettich und Minze, sollten in einen großen Kunststofftopf oder Eimer ohne Boden gepflanzt und öfter erneuert werden.

Es kann sich lohnen, die Pflanzfläche mit Mulchfolie abzudecken und diese mit grobem Kies zu befestigen *(siehe S. 34)*, sodass die Folie außerdem verdeckt wird. Entfernen Sie die Steine an den Pflanzstellen und schneiden Sie die Folie kreuzweise ein. Pflanzen Sie die Kräuter durch die Löcher und legen Sie die Steinabdeckung wieder auf. Dadurch wird Unkraut unterdrückt, die Bodentemperatur bleibt gleichmäßiger und die Feuchtigkeit im Boden wird erhalten.

Der Boden muss jedoch vor dem Abdecken gründlich gegossen werden. Von Zeit zu Zeit sollten Sie die Bodenfeuchtigkeit kontrollieren. Eventuell lohnt sich ein Bewässerungssystem *(siehe S. 54)*.

PFLEGEARBEITEN

Die Pflanzen bleiben produktiv, wenn Sie sie regelmäßig schneiden. Geschieht das nicht, schießen die Triebe in die Länge. Die Pflanzen werden dadurch unansehnlich und verholzen, außerdem bilden sie weniger in der Küche verwertbare Triebe. Kontrollieren Sie die Pflanzen regelmäßig und entfernen Sie bei Bedarf Unkraut *(siehe S. 49–50)* und Schädlinge. Beachten Sie eventuelle Krankheiten *(siehe S. 51–52)*.

Achten Sie auf Pflanzen, die leicht aussamen und lästig werden können, etwa Borretsch oder Fenchel *(siehe S. 143)*. Die Selbstausaat können Sie vermeiden, indem sie die Blütenstände entfernen, bevor sich Samen bilden.

Buschige Kräuter auskneifen
Lorbeer, Rosmarin und Salbei bleiben kompakt, wenn neue Triebe regelmäßig entfernt werden. Man kneift sie mit Daumen und Zeigefinger unter dem zweiten oder dritten Blatt von oben ab.

Kräuter zum Trocknen ernten
Durch regelmäßiges Ernten während des Wachstums bleiben Kräuter kompakt und produktiv. Zum Trocknen für den Winter wählt man einwandfreie, 15 cm lange Sprosse aus.

KRÄUTER VERMEHREN

Die meisten Küchenkräuter können Sie selbst vermehren. Viele, vor allem die einjährig gezogenen Kräuter, werden aus Samen angezogen *(siehe einzelne Kräuter S. 142–145)*. Strauchige Kräuter wie Rosmarin werden über Stecklinge vermehrt, solche mit kriechenden Wurzeln wie Minze über Wurzelschnittlinge. Andere wie Süßdolde vermehrt man durch Teilung *(Bild unten)*. Einige Methoden erfordern etwas Übung.

Sie brauchen außerdem eine geschützte Fläche *(siehe S. 43–48)*, auf der Sie Stecklinge und Sämlinge anziehen können *(siehe S. 60–65)*. Wenn Sie nur wenige mehrjährige Kräuter brauchen, lohnt es sich vorgezogene Pflänzchen zu kaufen, die in guten Gärtnereien und Gartencentern erhältlich sind.

FÜR NACHSCHUB SORGEN

Während des Wachstums stehen immer frische Kräuter zur Verfügung, wenn Sie die Pflanzen ausreichend feucht halten und regelmäßig schneiden (*siehe S. 139*). Später in der Saison können Sie durch Folgesaaten einjähriger Kräuter *(siehe S. 69)* oder durch spätere Teilung von mehrjährigen Kräutern ernten. Den Winter über holen Sie die Pflanzen ins Haus.

Im Freien lässt sich die Hauptwachstumszeit mancher Kräuter, etwa Petersilie, verlängern, indem Sie die Pflanzen mit Hauben abdecken *(siehe S. 46)*, bevor die Winterwitterung einsetzt.

Sie können auch Kräuter für die Verwendung im Winter konservieren, obwohl dann ein Teil des Aromas verloren geht. Eine erprobte Methode ist die Lufttrocknung in einem warmen, dunklen Schrank, wo die Kräuter aufgehängt oder ausgebreitet werden. Bei diesem langsamen Vorgang bleibt das Aroma besser erhalten als beim Schnelltrocknen im Ofen.

Oft ist auch Einfrieren möglich: Frieren Sie Kräuter in kleinen Kunststoffbeuteln ein oder füllen Sie die Fächer einer Eiswürfelschale mit gehackten Kräutern und Wasser. Die Eiswürfel gibt man beim Kochen zu den Speisen oder taut sie im Küchensieb auf. Kräuter eignen sich auch zur Herstellung von Würzölen und -essigen: Lassen Sie die Kräuter für einige Wochen an einem warmen Ort ziehen und seihen Sie die Flüssigkeit in eine saubere Flasche ab.

GRÖSSERE AUSWAHL

Fast alle hier genannten Kräuter zählen zu den gebräuchlichen Würz- und Teekräutern. In Wirklichkeit ist die Auswahl jedoch viel größer. Es gibt auch Pflanzen, die man in der Regel nicht zu den Kräutern zählt, die aber eine interessante Zutat für viele Gerichte bedeuten. Manche Zierpflanzen sind zugleich Heil- oder Küchenkraut: Mit den gelben Zungenblüten der Ringelblume *(Calendula officinalis)* werden Reis und Suppen gefärbt, die Blüten von Lavendel (*Lavandula angustifolia*) gibt man zu Marmelade. Die nach Orange schmeckenden Blätter der Indianernessel *(Monarda didyma)* werden für Tees, die Blüten für Salate verwendet. Dagegen wirkt Heiligenkraut *(Santolina chamaecyparissus)* entzündungshemmend.

Küchenkräuter vermehren

▶ Aus Samen anziehen
Empfindliche Einjährige wie diese jungen Basilikumpflänzchen sollten in Multitopfplatten gesät und unter Glas angezogen werden. Im Frühsommer ins Beet oder den Topf auspflanzen.

▼ Kopfstecklinge
Das untere Ende der Stecklinge (hier Zitronenmelisse) schneidet man unterhalb eines Knotens ab, sodass 8–10 cm lange Stecklinge entstehen. Alle Blätter bis auf die oberen 2 bis 3 werden entfernt und man setzt die Stecklinge in ein Substrat aus je einem Teil Torfersatz oder Torf und Sand oderPerlite.

Kopfstecklinge werden von den Triebspitzen geschnitten.

▲ Mehrjährige Kräuter teilen
Eine wüchsige, reife Pflanze im Spätsommer ausgraben. Lose Erde abschütteln, tote oder beschädigte Teile entfernen. Mit einer sauberen, scharfen Schere die Pflanze in kleinere Stücke teilen, die jeweils kräftige Wurzeln und Sprosse haben. Danach sofort wieder einpflanzen.

◀ Wurzelschnittlinge
Wurzeln in 4–8 cm lange Stücke mit jeweils mindestens einem Wachstumspunkt teilen. Am oberen Ende gerade, am unteren schräg anschneiden. Mit dem schräg geschnittenen Ende nach unten in Stecklingssubstrat setzen.

Küchenkräuter auf einen Blick

KÜCHENKRÄUTER VON A–Z

Ampfer

Rumex-Arten

Junge Ampferblätter werden wegen ihres frischen, säuerlichen Geschmacks zu Suppen, Saucen, Frischkäse und Eierspeisen gegeben. Schildampfer *(Rumex scutatus)* ist weniger sauer und wird häufiger kultiviert als der Sauerampfer *(Rumex acetosa)*. Beide sind winterharte Stauden; Sauerampfer wächst aufrecht mit langen, derben Blättern. Schildampfer bleibt niedriger und hat kürzere, schildförmige Blätter.

■ **Kultur** Beide Arten gedeihen gut in feuchtem Boden in der Sonne oder im Teilschatten. Schildampfer wuchert leicht, beide Arten sind schwer zu entfernen, wenn sie sich einmal angesiedelt haben. Vermehrung durch Aussaat ins Freiland *(siehe S. 66–69)* Mitte Frühjahr oder durch Teilung der Pflanzen *(siehe S. 140)* im Frühjahr oder Herbst.

■ **Ernte** Die Blätter werden vor der Blüte im Sommer geerntet und frisch verwendet. Blüten sofort entfernen, damit die Pflanze nicht schießt.

Basilikum

Ocimum basilicum

Die Blätter dieses intensiv aromatischen Krautes schmecken nach Gewürznelken und werden vor allem zu Tomaten gegeben. Basilikum hat ovale, leuchtend grüne Blätter und im Sommer ährige Blütenstände mit kleinen, weißen Blüten. Es stammt aus dem tropischen Asien und sollte als frostempfindliche Einjährige kultiviert werden. Wie Minze und Salbei *(siehe S. 144-145)* gehört es zur Familie der Lippenblütler.

■ **Kultur** Basilikum gedeiht am besten an einem geschützten, warmen Platz in voller Sonne: etwa im Gewächshaus oder auf einer sonnigen Fensterbank. Anfang bis Mitte Frühjahr unter Glas aussäen *(siehe S. 62–65)*, eingetopfte Jungpflanzen abhärten und auf 30 cm Abstand auspflanzen, wenn keine Frostgefahr mehr besteht. (Im Winter kann im Zimmer weiter von den im Frühsommer gesäten Pflanzen geerntet werden, die bei vollem Licht in Töpfen gezogen werden.) Triebspitzen regelmäßig auskneifen *(siehe S. 139)* für eine buschige Form.

■ **Ernte und Lagerung** Basilikum lässt sich nicht einfrieren oder trocknen; es wird braun. Die Blätter können in Öl gelagert werden.

■ **Sorten** Es gibt buschige, kompakte und niedrig wachsende Formen und Sorten mit verschiedenen Blattformen und Geschmacksnuancen. Typen mit farbigen Blättern sind zwar dekorativ, schmecken aber weniger intensiv.

Bohnenkraut

Satureja-Arten

Dieses kräftig schmeckende Kraut wird oft wie Salbei verwendet, aber vor allem zu gekochten Bohnen, Salaten und Suppen gegeben. Bergbohnenkraut *(Satureja montana)* ist eine winterharte, strauchige, 50 cm hohe Staude mit kleinen, graugrünen Blättern. Sommerbohnenkraut *(Satureja hortensis)* ist eine kleine Einjährige mit weichen, weniger intensiv schmeckenden Blättern. Beide tragen im Sommer Ähren mit weißen bis rosa oder violetten Blüten.

■ **Kultur** Beide Formen gedeihen in leichtem, gut dräniertem Boden an einem sonnigen Platz und können auch in Gefäßen gezogen werden und unter Glas überwintern *(siehe S. 43–48)*. Vermehrung von Bergbohnenkraut durch Aussaat oder Teilung im Frühjahr, durch Kopfstecklinge im Sommer oder Keilstecklinge im Frühherbst *(siehe S. 140)*. Sommerbohnenkraut wird im Frühjahr aus Samen angezogen. Die Pflanzen werden etwa 30 cm hoch und sollten nach der Blüte zurückgeschnitten werden, damit sie neu austreiben.

■ **Ernte** Die Blätter erntet man während der Wachstumszeit und verwendet sie frisch.

Dill

Anethum graveolens

Dill wird wegen des milden, typischen Geschmacks seiner Blätter für die verschiedensten Gerichte verwendet. Die Samen werden zu Essiglake gegeben. Die dekorative Einjährige wird 1,2 m hoch und trägt flache, gelbe Blütendolden, die stark an den verwandten Fenchel erinnern.

■ **Kultur** Dill gedeiht am besten in feuchtem, nährstoffreichem Boden, sonst schießen die Pflanzen bei Hitze schnell. Dill nicht neben Fenchel setzen, da die Pflanzen sich sonst kreuzen und ihren typischen Geschmack verlieren. An Ort und Stelle säen *(siehe S. 66–69)*, da Dill das Verpflanzen nicht gut verträgt. In Folge von Frühjahr bis Frühsommer in Reihen auf 60 cm Abstand säen und auf 15 cm ausdünnen.

■ **Ernte und Lagerung** Junge Blätter vor der Blüte ernten; sie lassen sich trocknen, sind aber frisch am besten. Samen ernten, wenn sie braun werden.

Estragon

Artemisia dracunculus

Die intensiv schmeckenden Estragonblätter werden für Salate, Fisch- und Geflügelgerichte verwendet, aber auch zum Würzen von Saucen. Die Staude gehört zur selben Gattung wie der Beifuß innerhalb der Familie der Korbblütler. Man unterscheidet zwei Formen: Französischer Estragon *(Artemisia dracunculus)* wird 75 cm hoch und ist nicht zuverlässig winterhart, im Gegensatz zum robusteren Russischen Estragon *(Artemisia dracunculus* fo. *dracunculoides)*, der in der Jugendphase weniger gut schmeckt und etwa doppelt so hoch wird. Beide haben schmale, glänzende Blätter.

■ **Kultur** Estragon gedeiht in humusreichem, gut dräniertem Boden an geschützten, sonnigen Plätzen. Französischer Estragon bildet in kühlen Sommern nicht immer Samen, breitet sich aber durch unterirdische Ausläufer aus, die man im Frühjahr abtrennen kann. Im Frühsommer werden Kopfstecklinge geschnitten *(siehe S. 140)*. Russischer Estragon wird durch Aussaat unter Glas im Frühjahr *(siehe S. 140)* vermehrt.
■ **Ernte und Lagerung** Blätter oder ganze Stängel während des Wachstums ernten und frisch, gefroren oder getrocknet verwenden *(siehe S. 140)*.

Fenchel

Foeniculum vulgare

Fenchel liefert nach Anis schmeckende Blätter, Sprosse und Samen, die zum Würzen von Salaten, Fleisch und Fisch verwendet werden. Die winterharte Staude hat feine, fedrige, grüne oder bronzefarbene Blätter an bis zu 1,3 m hohen Sprossen und trägt flache Büschel gelber Blüten. Fenchel ist daher besonders dekorativ. Das Kraut ist nicht mit dem Knollenfenchel, *Foeniculum vulgare* var. *azoricum,* zu verwechseln, einem einjährigen Gemüse, das wegen seines dicken, nach Anis schmeckenden Sprossansatzes geschätzt wird *(siehe S. 121)*.
■ **Kultur** Fenchel braucht einen Platz mit gut dräniertem Boden in voller Sonne. Nicht neben Dill setzen, da die Pflanzen sich kreuzen. Direkt ins Freiland säen, wenn keine Spätfröste mehr zu erwarten sind, auf 45–60 cm ausdünnen. Die Pflanzen können auch unter Glas ausgesät und in Multitopfplatten pikiert oder durch Teilung der Gruppen *(siehe S. 140)* im Frühjahr vermehrt werden. Damit regelmäßig junge Blätter vorhanden sind, Blütenstände entfernen und die Pflanzen in der Saison auf 30 cm Höhe zurückschneiden. Fenchel samt leicht selbst aus und wird oft lästig.
■ **Ernte und Lagerung** Blätter und Sprosse während des Wachstums ernten. Unreife Samen lassen sich frisch, reife Samen getrocknet verwenden.
■ **Sorten** Die bronzefarbene 'Purpureum' ist robuster als die Art.

Guter Heinrich

Chenopodium bonus-henricus

Der Gute Heinrich ist eine Staude, die 75 cm hoch wird und wegen des Spargelgeschmacks ihrer Triebe und jungen Blätter geschätzt wird.
■ **Kultur** Die besten Triebe entwickeln sich in feuchtem, nährstoffreichem Boden. Guter Heinrich gedeiht gut an relativ schattigen Plätzen. Im Frühjahr unter Glas *(siehe S. 62–55)* oder direkt *(siehe S. 66–69)* aussäen und auf 40 cm Abstand ausdünnen oder pflanzen. Eingewachsene Pflanzen können durch Teilung im Frühjahr vermehrt werden *(siehe S. 140)*.
■ **Ernte** Die Triebe werden ab dem zweiten Jahr geerntet und frisch verzehrt. Man schneidet sie direkt unter der Erdoberfläche ab.

Kerbel

Anthriscus cerefolium

■ Kerbel wird wegen seines zarten Anisaromas vor allem als Zutat zu Fines herbes verwendet. Die winterharte Einjährige wird bis zu 60 cm hoch und sieht recht dekorativ aus. Da der Kerbel zur Selbstaussaat neigt, kann er bisweilen lästig werden. Die Blätter erinnern an Petersilie *(siehe S. 144)*, mit welcher der Kerbel verwandt ist.
■ **Kultur** Dieses Kraut gedeiht am besten in Teilschatten in leichtem, aber wasserhaltigem, relativ nährstoffreichem Boden: In voller Sonne und trockenem Boden schießt Kerbel gern. Kerbel Anfang bis Mitte Frühjahr direkt aussäen *(siehe S. 66–69)*; die Pflanzen können auch in Multitopfplatten angezogen werden *(siehe S. 62)*. Die Keimung kann drei Wochen dauern, angewachsene Sämlinge sollten auf 15 cm ausgedünnt werden. Eine Folgesaat im Hochsommer sorgt für Nachschub im Herbst und Winter; Kerbel kann zwar in dieser Jahreszeit draußen überleben, doch die Qualität ist besser, wenn die Pflanzen unter Glas wachsen *(siehe S. 43–48)*. Bei Trockenheit gründlich gießen, einige Blütenköpfe entfernen, sodass nur ein Teil selbst aussamt.
■ **Ernte und Lagerung** Kerbel wächst recht schnell, junge Blätter können schon neun Wochen nach der Aussaat geerntet werden. Die jungen äußeren Blätter haben das beste Aroma und passen gut zu Salaten oder Eierspeisen. Kerbelblätter lassen sich besser einfrieren als trocknen *(siehe S. 140)*.

Knolau

Allium tuberosum

Knolau wird wie normaler Schnittlauch geerntet *(siehe S. 145)*, er kann auch gebleicht werden, um ein zarteres Aroma zu erhalten. Die Pflanze hat einen verdickten Spross, flache, nach Knoblauch riechende Blätter, die bis zu 50 cm hoch werden, und weiße Blüten.
■ **Kultur** Wie Schnittlauch *(siehe S. 145)*. Zum Bleichen einen umgedrehten Topf über die jungen Triebe stellen, um das Licht abzuhalten.
■ **Ernte** Wie Schnittlauch *(siehe S. 145)*. Blanchierte Blätter nach vier bis sechs Wochen ernten, sobald sie blass und vergilbt sind.

Koriander

Coriandrum sativum

Von Koriander werden die nach Curry schmeckenden unteren, gelappten Blätter und Samen vor allem für orientalische Gerichte verwendet. Manchmal dient er auch als Schnittsalat *(siehe S. 102)*. Die winterharte Einjährige ist mit Petersilie *(siehe S. 144)* verwandt, wird in der Blüte 45 cm hoch und trägt kleine weiße Blüten.
■ **Kultur** In gut dränierten Boden setzen, Keimlinge feucht halten, damit sie nicht schießen. Blätter können von Pflanzen im Teilschatten geerntet werden. Für die Samengewinnung einen sonnigen Platz wählen. Vom zeitigen Frühjahr bis Hochsommer direkt *(siehe S. 66–69)* in Reihen auf 30 cm Abstand säen und auf 15 cm ausdünnen. Blätter für den Winter können von im Herbst gesäten Pflanzen unter Glas *(siehe S. 43–48)* geerntet werden, doch sie entwickeln in kleinen Räumen oft einen unangenehmen Geruch.
■ **Ernte und Lagerung** Blätter jung ernten und frisch oder gefroren *(siehe S. 140)* verwenden. Samen bei Reife sammeln und lagern.

Liebstöckel

Levisticum officinale

Liebstöckelblätter und -triebe schmecken nach Sellerie oder Hefe. Sie werden für Salate und als Gewürz für Suppen und Brühe, herzhafte oder süße Gerichte, Kaltgetränke und Kräutertees verwendet. Gebleichte Triebe können als Gemüse gegessen werden, die Wurzeln werden gekocht oder roh für Salate verwendet. Die elegante, winterharte Staude ist an vielen Orten eingebürgert und kann die beachtliche Höhe von 2 m erreichen. Daher sollte der Platz sorgfältig gewählt werden. Die Blätter sind geteilt, Büschel blassgrüner bis gelber Blüten erscheinen im Hochsommer.
■ **Kultur** In der Sonne oder im Teilschatten in nährstoffreichen, tiefgründigen, frischen Boden setzen. Vermehrung durch Direktaussaat *(siehe S. 66–69)* im Spätsommer oder durch Selbstaussaat. Die Gruppen können im Frühjahr geteilt werden *(siehe S. 140)*.
■ **Ernte und Lagerung** Die jungen Triebe werden im Frühjahr durch Anhäufeln gebleicht wie Sellerie (*siehe S. 120*). Blätter vor der Blüte ernten.

Lorbeer

Laurus nobilis

Die zähen, aromatischen Lorbeerblätter werden in der Küche vielfältig verwendet, vor allem als Suppengewürz. Lorbeer stammt aus dem Mittelmeerraum. Der kleine, frostempfindliche immergrüne Baum oder Strauch wird in der Natur 3 m hoch. Cremefarbene Blüten erscheinen im Frühjahr in Büscheln.
■ **Kultur** Lorbeer ist nicht sehr winterhart: Die Blätter leiden unter kaltem Wind; doch vom Frost geschädigte Pflanzen treiben von der Basis her wieder neu aus. Lorbeer zieht man am besten in einem großen Topf *(siehe S. 15–36)*, sodass er bei Kälte an einen geschützten Ort gebracht werden kann. Um die Größe zu beschränken, lässt sich die Pflanze mit der Gartenschere in eine dekorative Form schneiden. Lorbeer sollte an einem sonnigen, vor starkem Wind geschützten Platz stehen, um Blattschäden zu vermeiden. Die Vermehrung aus reifen Keilstecklingen, Absenkern oder Samen ist nicht leicht: Es empfiehlt sich, eine gut gewachsene Pflanze zu kaufen. Lorbeer zieht man in nährstoffreichem, tonhaltigem Substrat. Kübelpflanzen regelmäßig gießen und düngen.
■ **Ernte und Lagerung** Lorbeerblätter werden am besten frisch verwendet, können aber auch getrocknet werden *(siehe S. 140)*.
■ **Sorten** Es gibt verschiedene Variationen in

Blattform und Farbe, echter Lorbeer ist jedoch nicht mit Kirschlorbeer *(Prunus laurocerasus)* oder dem in Deutschland nicht winterharten Portugiesischen Kirschlorbeer *(Laurus lusitanica)* zu verwechseln, die beide ungenießbar sind.

Majoran, Oregano

Origanum-Arten

Es werden zwei *Origanum*-Arten wegen ihres typischen Geschmacks kultiviert: Oregano *(Origanum vulgare)* wird meist getrocknet, Majoran *(Origanum majorana)* schmeckt feiner und wird frisch verwendet. Oregano ist eine buschige, winterharte Staude, die 60 cm hoch wird und im Sommer kleine, rosalila Blüten trägt. Majoran ist zwar ein kleiner Strauch, wird aber als bedingt winterharte Einjährige kultiviert. Mit seinen unbedeutenden weißen bis rosa Blättern ist es weniger dekorativ.

■ **Kultur** Die Kräuter gedeihen am besten in nährstoffreichem Boden an einem sonnigen Platz. Für den Winter können die Pflanzen ausgegraben, eingetopft und an einen hellen Platz unter Glas gestellt werden *(siehe S. 43–48)*. Beide Arten können im Freiland oder unter Glas in Töpfen gezogen werden *(siehe S. 138–139)*. Vermehrung von Oregano aus Kopfstecklingen oder durch Teilung *(siehe S. 140)*. Abgestorbene Triebe kräftig zurückschneiden. Majoran wird im Frühjahr unter Glas aus Samen angezogen *(siehe S. 62–65)*. Die Keimung kann mehrere Wochen dauern. Angewachsene Pflanzen werden im Abstand von 15–20 cm gepflanzt.

■ **Ernte und Lagerung** Blätter direkt vor der Blüte ernten und frisch, gefroren oder getrocknet *(siehe S. 140)* verwenden.

■ **Sorten** Es gibt zahlreiche Formen mit oft recht dekorativen Blatt- oder Blütenfarben.

Meerrettich

Armoracia rusticana

Die weißfleischigen, scharfen Wurzeln von Meerrettich werden zu einer Sauce verarbeitet, die man traditionell zu Roastbeef, Rinderbraten und in Salate gibt. Die winterharte Staude ist mit den Kohlarten verwandt *(siehe S. 76–81)* und hat grundständige, leuchtend grüne Blätter. Die langen, rübenartigen Wurzeln, die "Stangen", sind fleischig oder holzig und bisweilen verzweigt. Sie wurzeln tief und fest; so kann sich die Pflanze zum wuchernden Unkraut entwickeln. Meerrettich wird seit Langem als Heil- und Küchenkraut verwendet und hat sich im Lauf der Zeit auf unbestellten Flächen ausgebreitet.

■ **Kultur** Meerrettich braucht nährstoffreichen, gut dränierten Boden in Sonne oder Halbschatten. Er kann aus Samen gezogen werden, doch die beste Vermehrungsmethode besteht darin, 15 cm lange Wurzelschnittlinge im Frühjahr im Abstand von 60 cm einzusenken. Bei dieser Pflanze bleibt es sich gleich, welches Ende zuunterst im Boden liegt.

■ **Ernte und Lagerung** Die Pflanze im Herbst ausgraben, um die Stangen zu ernten. Damit sich der Meerrettich nicht ausbreitet, alle Pflanzen ausgraben, nicht nur die, die geerntet werden sollen, und die Wurzeln in Ballen mit feuchtem Sand einschlagen, im Frühjahr, wenn sie austreiben, wieder einpflanzen.

Minze

Mentha-Arten

Die Verwendung von Minze in der Küche hat eine lange Tradition: Die Blätter werden gehackt in Saucen, Salate und Getränke gegeben, mit Gemüse gekocht oder ganz zum Garnieren verwendet. Die Gattung umfasst große Ausläufer bildende Stauden, die sich alle durch aromatische Blätter und meist rosa Lippenblüten auszeichnen.

■ **Kultur** Minze neigt zum Wuchern und kann recht lästig werden, wenn sie sich zwischen anderen Pflanzen oder auf Wegen ansiedelt und man es den Trieben erlaubt zu verholzen. Ihr Wuchs wird begrenzt, indem man die Pflanze in einen im Boden versenkten Topf *(siehe S. 139)* oder in eine andere Einfassung setzt. Für die Ernte im Winter Wurzeln im Herbst eintopfen und ins Zimmer stellen. Vermehrung durch Teilung in Frühjahr oder Herbst, durch bewurzelte Schösslinge oder durch 5 cm lange Rhizomstücke, die waagerecht 5 cm tief auf 25 cm Abstand gepflanzt werden. Alle drei oder vier Jahre neu pflanzen. Minze ist in luftfeuchten Lagen anfällig für den Rostpilz *(siehe S. 260)*. Wenn eine Infektion auftritt, die Pflanzen sofort ausgraben und verbrennen. Neue Pflanzen setzt man an einen anderen Standort.

■ **Ernte und Lagerung** Blätter während der Wachstumsperiode ernten und frisch verwenden. Einfrieren eignet sich besser zur Lagerung als Trocknen *(siehe S. 140)*.

■ **Arten und Sorten** Häufige Minze-Arten sind die verbreitete Pfefferminze *(Mentha × piperita)*, Grüne Minze *(Mentha spicata)* und Apfelminze *(Mentha suaveolens)*. Die Hainminze *(Mentha × villosa fo. alopecuroides)* ist besonders aromatisch und rostresistent. Es gibt viele Formen mit interessanten Aromen, abweichenden Blattformen und -farben.

Petersilie

Petroselinum crispum

Petersilie wird gehackt zum Würzen und Garnieren vieler warmer und kalter Gerichte verwendet. Das zweijährige Kraut ist im Allgemeinen winterhart, wird aber meist als Einjährige kultiviert. Die meisten Zuchtformen werden im ersten Jahr 30 cm hoch, manche glatten Formen erreichen je nach Standort sogar über 60 cm Höhe. Flache Blütenköpfe mit kleinen, gelben Blüten erscheinen im zweiten Jahr, an günstigen Standorten samen die Pflanzen selbst aus.

■ **Kultur** Petersilie gedeiht am besten in nährstoffreichem, feuchtem Boden und verträgt teilschattige oder sonnige Plätze. Die Haupterntezeit ist von Spätfrühling bis Herbst. Die zuverlässigste Vermehrungsmethode ist die Aussaat in Multitopfplatten unter Glas *(siehe S. 62–65)*. Petersilie keimt oft erst nach einigen Wochen. Abgehärtete Pflanzen auf 20 cm Abstand setzen, ohne die Wurzeln zu sehr zu stören. Die Pflanzen entwickeln sich langsam, der Boden muss feucht gehalten werden. Folgesaaten können im Freiland *(siehe S. 66–69)* in 1 cm tiefen Reihen auf 45 cm Abstand erfolgen. Keimlinge auf 20 cm ausdünnen. Diese Methode eignet sich für Aussaaten ab dem Sommer. Die Samen müssen in feuchten Boden gelegt werden. Blütenköpfe entfernen, um die Erntezeit zu verlängern. Petersilienblätter sterben an den meisten Standorten im Spätherbst ab; die Ernte kann durch eine Abdeckung mit Hauben *(siehe S. 46)* oder durch Topfkultur *(siehe S. 138–139)* im Gewächshaus oder einem ähnlich geschützten Platz *(siehe S. 43–48)* verlängert werden.

■ **Ernte und Lagerung** Einzelne Blätter oder Büschel dicht am Spross mit der Schere abschneiden. Petersilienblätter lassen sich gut einfrieren *(siehe S. 140)*.

■ **Sorten** Es gibt zwei Hauptformen. Glattblättrige Sorten sind besonders leicht anzuziehen und zu pflegen und schmecken kräftiger als die zahlreichen dekorativen krausen Kultursorten. Es gibt Auslesen mit Laubfarben von Hell- bis Dunkelgrün.

Rosmarin

Rosmarinus officinalis

Das aromatische Rosmarin wird traditionell zum Würzen von Fleisch verwendet. Der immergrüne Strauch ist mit Minze und Salbei verwandt und hat kurze, nadelförmige Blätter. Die blassblauen, manchmal weißen Blüten erscheinen meist im Sommer, an milden Standorten auch zu anderen Zeiten. Rosmarin leidet unter niedrigen Temperaturen, besonders in der Jugendphase oder an ungeschützten Plätzen. Die Sorten unterscheiden sich in der Winterhärte.

■ **Kultur** Rosmarin eignet sich für Strauchrabatten oder niedrige Hecken. Eine oder mehrere Pflanzen passen in einen großen Container *(siehe S. 138–139)* und können geschnitten werden. So lassen sich die Pflanzen in kälteren Regionen den Winter über an einen geschützten Platz stellen. Rosmarin kann aus Samen vermehrt werden. Kopfstecklinge *(siehe S. 140)* sowie halbreife Stecklinge bewurzeln leicht. Junge Pflanzen kneift man aus, um eine buschige Form zu erhalten *(siehe S. 139)*. Später wird mäßig, aber regelmäßig zurückgeschnitten.

■ **Ernte und Lagerung** Blätter und Blütentriebe erntet man im Frühjahr und Frühsommer und verwendet sie frisch, gefroren oder getrocknet *(siehe S. 140)*. Die Blätter können das ganze Jahr über geerntet werden, gegen Ende des Jahres werden sie jedoch zäh.

■ **Sorten** Es gibt locker und streng aufrecht wachsende Formen. Die Sträucher werden 1 m hoch, können aber durch einen kräftigen Schnitt klein gehalten werden.

Salbei

Salvia officinalis

Salbei wird für Fleischfüllungen verwendet und kann zu Salaten gegeben werden. Die strauchige Staude wird 60 cm hoch, hat zähe, graugrüne, sehr aromatische Blätter und trägt im Sommer Ähren attraktiver blauer Blüten.

■ **Kultur** Salbei gedeiht am besten in voller Sonne und gut dräniertem, leichtem Boden. Er wird vermehrt durch Aussaat unter Glas *(siehe S. 62–65)* im Frühjahr, durch Kopfstecklinge im Sommer oder reifere Triebe mit Platte (einem Stückchen vom vorjährigen Holz am Ansatz) im Frühherbst *(siehe S. 140)*. Die Pflanzen werden im Frühjahr auf 45–60 cm Abstand gesetzt. Ein Schnitt nach der Blüte erhält die Form und fördert neue Triebe, doch die Pflanzen sollten alle drei oder vier Jahre erneuert werden.

■ **Ernte und Lagerung** Die Blätter werden frisch oder – im Winter – getrocknet *(siehe S. 140)* verwendet. Fürs Trocknen sollte man die Blätter vor der Blüte ernten.

■ **Sorten** Die zahlreichen Kultursorten mit andersfarbigen und bunt gemusterten Blättern passen hervorragend in Rabatten, sind aber meist weniger winterhart als Echter Salbei.

Schnittlauch

Allium schoenoprasum

Schnittlauch wird wegen seines typischen Aromas kultiviert und fein gehackt zum Garnieren fertiger Gerichte, besonders von Salaten, verwendet. Das winterharte, mehrjährige Zwiebelgewächs erinnert im Wuchs an die Küchenzwiebel, wächst aber horstig und wird bis zu 25 cm hoch. Es trägt im Sommer attraktive rosalila Blütenköpfchen. Diese lassen sich als Salatgarnierung verwenden und sie machen die Pflanzen zudem zu sehr dekorativen Elementen im Garten.

■ **Kultur** Schnittlauch bevorzugt einen Platz in voller Sonne und braucht viel Wasser. Zu Beginn oder Mitte des Frühjahrs wird bei 18 °C in Multitopfplatten gesät und in Dreiergruppen auf 20 cm Abstand ausgepflanzt.

Alle drei Jahre gräbt man im Herbst die Klumpen aus und teilt sie in Stücke *(siehe S. 140)*. Man kann auch neu aussäen oder selbst ausgesamte Pflanzen umsetzen. Schnittlauch stirbt im Winter ab. Frühe Blattproduktion wird durch Abdecken mit einer Haube im Frühjahr angeregt. Die Pflanzen können auch im Gewächshaus *(siehe S. 43–48)* weiter wachsen.

■ **Ernte** Junge Blätter schneidet man regelmäßig dicht am Boden ab, Blüten werden entfernt. Schnittlauch wird am besten frisch verwendet.

■ **Sorten** Es sind viele Kultursorten verfügbar wie 'Forescate' und 'Grolau'.

Sonnenblume

Helianthus annuus

Diese frostempfindliche Einjährige wird wegen ihrer Samen kultiviert, die frisch oder geröstet gegessen oder zum Backen verwendet werden. Die bis 3 m hohe, vielseitige Sonnenblume mit ihren fröhlich gelben Blütenköpfen dient als Küchenkraut, Futter- und Zierpflanze.

■ **Kultur** In gut dränierten Boden und volle Sonne setzen. Vermehrung durch Aussaat ins Freiland *(siehe S. 66–69)* im Frühjahr. Man sät entweder direkt oder in Multitopfplatten aus, um die Wurzeln nicht zu stören.

■ **Ernte und Lagerung** Die Blütenköpfe werden geerntet, wenn die Zungenblätter im Spätsommer oder Frühherbst welken. Die Spreublätter zwischen den Samen entfernen. Die Samen sollten leicht herausfallen, wenn der Blütenstandsboden gebogen und fest gebürstet wird.

Süßdolde

Myrrhis odorata

Die Blätter und Samen der Süßdolde schmecken nach Anis und werden für Salate und Obstgerichte verwendet. Die dicke Pfahlwurzel kann als Gemüse gekocht werden. Die winterharte Staude braucht Platz, da sie bis zu 1,5 m hoch wird. Die Pflanze bleibt lange schön und passt gut in Waldgärten. Sie hat farnartige Blätter und trägt im Sommer flache weiße Blütenstände.

■ **Kultur** Süßdolde setzt man in nährstoffreichen, feuchten Boden in die Sonne oder in Halbschatten. Vermehrt wird aus Samen, die man im Herbst ins Freiland sät *(siehe S. 66–69)*, durch Teilung oder über Wurzelschnittlinge *(siehe S. 140)*. Die Pflanzen samen oft selbst aus und werden lästig, daher entfernt man die Samenstände vor der Reife. Die Süßdolde verträgt einen regelmäßigen Schnitt während des Wachstums gut.

■ **Ernte und Lagerung** Die Blätter erntet man während der Wachstumszeit und verwendet sie frisch oder eingefroren *(siehe S. 140)*. Auch die unreifen Samen und im Herbst die ausgegrabenen Wurzeln lassen sich frisch verwenden.

Thymian

Thymus-Arten

Thymian wird für die verschiedensten Gerichte verwendet. Die dekorative, niedrig wachsende Staude hat kleine Blätter und trägt röhrenförmige Lippenblüten in Rosa oder Violett.

■ **Kultur** Thymian bevorzugt gut dränierte, sonnige Standorte. *Thymus vulgaris* und andere Arten sind winterhart, manche nur bedingt winterhart. Alle können den Winter über im Zimmer in Töpfen kultiviert werden. Am besten vermehrt man alle zwei oder drei Jahre neu, um lang- und dünntriebige Pflanzen zu vermeiden. Dafür wird im Spätfrühjahr oder auch im Frühsommer ins Freiland gesät *(siehe S. 66–69)* oder man nimmt die Stöcke auseinander und verwendet die äußeren Teile weiter *(siehe S. 140)*. Thymian verträgt einen scharfen Rückschnitt nach der Blüte *(siehe S. 139)*, damit er wieder austreibt und nicht Gefahr läuft, zu groß zu werden.

■ **Ernte und Lagerung** Die Zweige werden während des Wachstums geerntet und dann frisch, gefroren oder getrocknet *(siehe S. 140)* verwendet.

■ **Sorten** *Thymus vulgaris* wird am häufigsten für den Gebrauch in der Küche kultiviert. Der Halbstrauch wird 30 cm hoch und schmeckt kräftig. Daneben sind der Arznei- *(Thymus pulegioides)* und der Zitronenthymian *(Thymus × citriodorus)* bekannt.

Zitronengras

Cymbopogon citratus

Die stark nach Zitronen duftende, frostempfindliche Staude wird gerieben oder gehackt in der asiatischen Küche verwendet. Zitronengras bildet zähe, rohrähnliche Sprosse und kann unter günstigen Bedingungen über 1,3 m hoch werden. Die Blätter sind blaugrün, die attraktiven Blüten entwickeln sich selten in Kultur. Alle Pflanzenteile duften nach Zitrone.

■ **Kultur** Zitronengras stammt aus warmen, gemäßigten Zonen, braucht eine mäßig feuchte Atmosphäre und Temperaturen von mindestens 13 °C. In den meisten Regionen heißt das, es muss in großen Gefäßen mit nährstoffreichem, wasserhaltigem Substrat im Gewächshaus oder einer ähnlich geschützten Umgebung gezogen werden *(siehe S. 43–48)*. Vermehrung durch Teilung oder aus Samen *(siehe S. 140)*. Gekaufte Sprosse mit einigen Wurzeln können im beheizten Anzuchtkasten bewurzeln.

■ **Ernte und Lagerung** Sprosse das ganze Jahr über am Boden abschneiden und nur die unteren 8–10 cm verwenden.

Zitronenmelisse

Melissa officinalis

Zitronenmelisse ist eine winterharte, unter günstigen Bedingungen bis zu 1,3 m hohe Staude, deren nach Zitrone duftenden Blätter zum Würzen und als Tee verwendet werden.

■ **Kultur** Zitronenmelisse wächst in verschiedenen Bodenarten und verträgt Trockenheit. Vermehrung durch Direktaussaat im Frühjahr *(siehe S. 66–69)*, durch Kopfstecklinge *(siehe S. 140)* im Frühjahr oder durch Teilung der Horste im Frühjahr oder Herbst *(siehe S. 140)*.

■ **Ernte und Lagerung** Zitronenmelisse regelmäßig zurückschneiden *(siehe S. 139)*, damit die Blätter ein kräftiges Aroma entwickeln und die Pflanze keine langen, schwachen Triebe bildet. Die Blätter lassen sich trocknen.

■ **Sorten** Eine gelbblättrige Form ist im Handel. Zitronenmelisse ist nicht mit Zitronenverbene *(Aloysia triphylla)* zu verwechseln.

OBST

Dank der bahnbrechenden Arbeit von Wissenschaftlern, Pflanzenzüchtern und Spezialgärtnereien wenden inzwischen auch Hobbygärtner innovative Obstanbaumethoden an. Sie probieren neue Techniken aus und entwickeln alte weiter. Sie pflanzen traditionell auf Hochstämmen gezogene Obstgehölze wie Äpfel und Birnen in Kübel auf der Terrasse und kultivieren frostempfindliche Zitrusgewächse. Trotz der zweifellos nützlichen modernen Kulturmethoden wirkt der Obstanbau direkt auf die Sinne und bringt uns in engen Kontakt mit der Natur: Wir erleben die Schönheit der Pflanzen, wenn sie in voller Blüte stehen, das Summen der bestäubenden Insekten, die Sonnenwärme, in der die Früchte reifen, den Duft frisch geernteter Früchte. Eine der Freuden – und zugleich ein Problem – des Obstgartens ist die Tatsache, dass viele Tiere Obst ebenso gern mögen wie wir Menschen. Diese Besucher erinnern uns daran, dass ein Garten, wenn er Früchte bringen soll, allen Lebensformen Platz bieten muss. Es lohnt sich, zwischen dem Schutz der Pflanzen vor Schädlingen und dem Anlocken von Nützlingen abzuwägen.

Obst auf einen Blick

Die wichtigsten Obstarten

OBSTANBAU

Planung

Zum Baumobst zählen jene Obstarten, die an Bäumen wachsen, etwa Äpfel, Birnen, Pflaumen, Kirschen, Pfirsiche, Nektarinen, Aprikosen, Feigen, Quitten, Mispeln und Maulbeeren. Außer ihren schmackhaften Früchten tragen diese Bäume im Frühjahr oft herrliche Blüten. Die Form und Größe des Baumes hängt von der Unterlage *(siehe S. 153)* und der gewählten Kultursorte ab, sowie von der Schnittform. Viele lassen sich zu dekorativen Spalierformen erziehen, die alle weniger Platz brauchen als die Buschform. Zum Obst werden auch einige Nüsse tragende Gehölze gezählt: So zum Beispiel Haselnuss, Lambertsnuss und Mandel, die sich für den durchschnittlichen Garten eignen. Walnussbäume hingegen werden sehr hoch. Sie sollten sie nur für sehr große Gärten in Betracht ziehen.

OBSTBÄUME IM GARTEN

Wenn Sie die richtigen Kultursorten wählen und ihre Größe begrenzen, können Sie mehrere Obstarten auf kleinem Raum ernten. Genügend Früchte erhalten Sie etwa von zehn Apfel-Kordons, fünf Birnen-Kordons, drei Pflaumen-Pyramiden und einem Kirsch-Fächer. Die Abstände richten sich nach den Unterlagen. Der Ertrag schwankt je nach Kultursorte, Boden, Klima und Standort *(siehe einzelne Obstarten, S. 174–205)*.

Pflanzen Sie mehrere Bäume in Nord-Süd-Reihen, die größten Bäume nach Norden wegen des Schattens. Man pflanzt gleichartige Bäume zusammen, um die Bestäubung und Pflege zu erleichtern. Um Platz zu sparen, können Obstbäume an Zäunen, Wänden oder Pergolen hochgezogen werden. Die Auswahl der Sorten hängt von den persönlichen Vorlieben ab, mittelfrühe und späte Äpfel und Birnen können jedoch gelagert werden, während frühere Sorten bald nach der Ernte verbraucht werden müssen. Bei wenig Platz pflanzen Sie hochwertige Tafelsorten: Sie lassen sich auch gut zum Kochen und Backen verwenden.

Erziehung junger Obstbäume
Im ersten Jahr nach dem Veredeln bildet der Obstbaum einen senkrechten Hauptstamm, manchmal auch kurze Seitenäste. Man spricht von einjähriger Veredlung. Ein zweijähriger Baum sollte schon einige gut verteilte Äste haben.

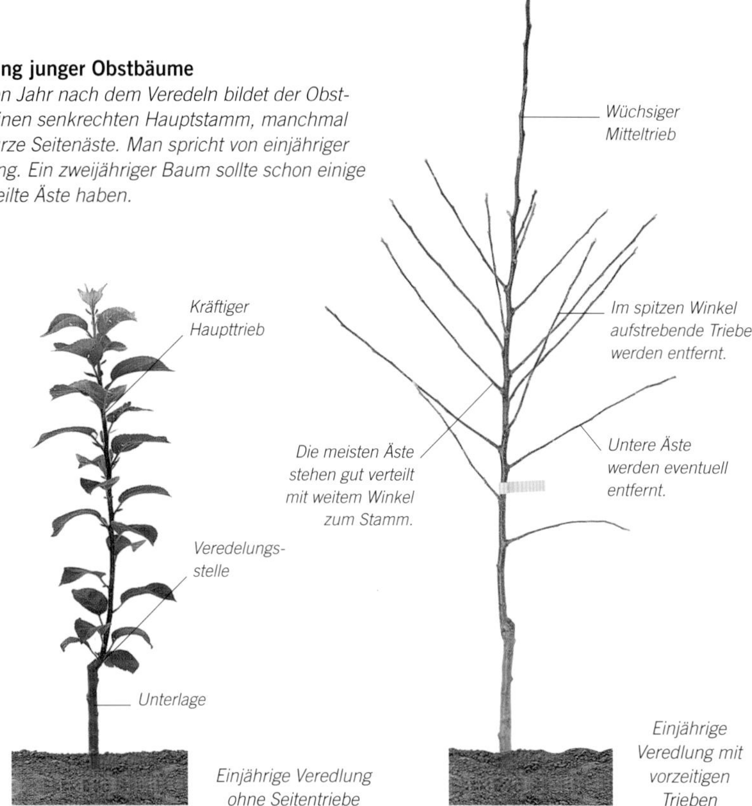

Einjährige Veredlung ohne Seitentriebe

Einjährige Veredlung mit vorzeitigen Trieben

DEN STANDORT WÄHLEN

Für Wachstum, Blüte und Bestäubung *(siehe S. 156–157)* sowie für die Ausreife von Früchten und Holz brauchen Obstbäume einen warmen, sonnigen, vor starkem Wind geschützten Platz. Frost während der Blüte ist gefährlich, daher empfiehlt sich ein Standort an einem sanften Hang, wo die Kaltluft leicht abfließt. Süd-, Südwest- oder Westhänge eignen sich am besten. Frostlöcher *(siehe S. 11)* sind zu vermeiden und falls dies nicht möglich ist, muss man für Frostschutz sorgen *(siehe einzelne Obstarten, S. 174–205)*. Höhen unter 600 m bieten die besten Wachstumsbedingungen, da die Windstärke mit der Höhe zunimmt und die Temperatur um etwa 1 °C pro 100 m fällt. Obstbäume können in größerer Höhe an einem sonnigen Platz, eventuell mit Windschutz *(siehe S. 12–13)* gezogen werden. Bei Höhen über 600 m und in kühlen, nassen Regionen lässt sich das günstige Kleinklima an Süd-, Südwest- oder Westwänden nutzen.

DER RICHTIGE BODEN

Die Bodenansprüche unterscheiden sich je nach Obstart, auch bei Nüssen *(siehe einzelne Obstarten, S. 174–205)*. Gut dränierter, mindestens 60 cm tiefer Boden ist wünschenswert, doch die meisten Obstbäume vertragen auch flachgründigeren Boden. Dann sind die Bäume allerdings durch Wassermangel belastet und weniger windstabil. Ideale Bedingungen bietet ein tiefgründiger, mittlerer Lehmboden, der für die meisten Obstbäume leicht sauer bis neutral reagiert *(siehe S. 18)*. Obstbäume leben lange, daher lohnt es sich, den Boden vor der Pflanzung gründlich zu verbessern *(siehe S. 37–40)*.

WASSER IM BODEN

Obstbäume besitzen ein weitreichendes Wurzelwerk und sind auf ständige Wasser- und Nährstoffzufuhr angewiesen. Daher sollte leichter oder schwerer Boden *(siehe S. 14–15)* vor der Pflanzung gründlich aufbereitet werden. Reichlich organische Substanz wie gut verrotteter Dung oder Kompost verbessert die Struktur bei schwerem Boden und die Wasserhaltefähigkeit bei leichtem Boden. Die Wasserführung bei sehr schwerem, tonigem Boden lässt sich durch das Einarbeiten von 2,5–5 cm grobem Splitt in die oberen 15 cm Boden verbessern, doch das ist arbeitsintensiv.

Alle Verbesserungen sind auf der ganzen Pflanzfläche durchzuführen. Wird nur das Pflanzloch behandelt, kann sich dort die Feuchtigkeit aus dem umliegenden Erdreich sammeln. Bei staunassem Boden kann die Installation eines Dränagesystems nötig werden *(siehe S. 16)*. Andernfalls kann man die Obstbäume auch im Kübel ziehen.

Nach der Pflanzung wird im Spätwinter oder im zeitigen Frühjahr ein einjähriger Mulch *(siehe S. 161)* um die Bäume gegeben, der die Wasserhaltefähigkeit des Bodens verbessert. Bei lang anhaltender Trockenheit müssen Obstbäume in allen Bodentypen gegossen werden.

DIE BEDEUTUNG DES PH-WERTES

Weicht der pH-Wert des Bodens stark von 6,5 ab, muss er ausgeglichen werden. Der pH-Wert saurer Böden lässt sich durch Kalkzugabe erhöhen *(siehe S. 18–19)*, die Reaktion alkalischer Böden wird durch Schwefelblüte gesenkt. Dabei sollte man sparsam vorgehen und bei Bedarf erst einige Monate später wieder eine kleine Menge zuführen. Kontrollieren Sie den pH-Wert alle paar Jahre. Hat der Boden seinen früheren Wert wieder erreicht, geben Sie wieder Schwefel oder Kalk in kleinen Mengen und harken oder gießen ihn ein.

HANDELSÜBLICHE BAUMFORMEN

Bäume wachsen am besten an, wenn sie jung an ihren endgültigen Platz gesetzt werden. Ältere Bäume werden meist nach wenigen Jahren von jüngeren, gleichzeitig gepflanzten überrundet. Wählen Sie für die meisten Baumformen ein- oder zweijährige Bäume *(siehe S. 152)*. Für die Erziehung am Spalier eignen sich etwa dreijährige Bäume am besten.

Kaufen Sie möglichst eine einjährige Veredlung mit Seitentrieben *(siehe S. 149)*. Diese eignet sich besonders für die Formen Busch, Spindel, Pyramide und Kordon. Einjährige Veredelungen ohne Seitentriebe (*siehe S. 149*) können zu allen Formen erzogen werden, brauchen aber ein Jahr länger als jene mit Seitentrieben. Manche Kultursorten verzweigen sich im ersten Jahr kaum und sind daher nur ohne Seitentriebe erhältlich.

Die Bäume kann man wurzelnackt oder im Container kaufen. Bei Bäumen mit nackten Wurzeln ist die Auswahl meist viel größer. Sie müssen zur Herbstmitte oder im zeitigen Frühjahr gepflanzt werden. Bäume in Containern können prinzipiell das ganze Jahr über gepflanzt werden. Sie müssen aber bei einer Pflanzung im Frühjahr und Sommer sorgfältiger gegossen werden.

EINSCHLAGEN

Bäume werden nur dann gepflanzt, wenn der Boden weder gefroren noch nass ist. Bei ungünstigen Bedingungen müssen die Bäume geschützt werden. Der obere Teil des Baumes ist frosthart, doch die Wurzeln dürfen weder dem Frost ausgesetzt sein noch austrocknen. Bäume mit nackten Wurzeln werden an einem geeigneten Platz eingeschlagen, sodass die Wurzeln feucht bleiben. Ist das nicht möglich, kann man die Wurzeln mit feuchtem Kompost oder Stroh abdecken und die Bäume an einem kühlen, frostfreien Ort, etwa im Schuppen oder Gewächshaus lagern.

Gut und schlecht durchwurzelte Ballen

Wenn Sie einen Obstbaum im Container kaufen, entfernen Sie ruhig den Behälter und sehen Sie sich den Wurzelballen an. Bei einer Pflanze in gutem Zustand erkennt man größere Hauptwurzeln, die von der Mitte nach außen wachsen und das Substrat halten, ohne einen dichten Filz zu bilden. Feinere, blasse Faserwurzeln sollten sichtbar sein. Meiden Sie Pflanzen, die den Topf nicht durchwurzelt haben, sodass die Erde aus dem Ballen rieselt. Das andere Extrem sind Exemplare mit am Topf haftendem Wurzelwerk, das rund um den Ballen (und vielleicht sogar am oberen und unteren Rand) einen dichten Filz bildet. Diese Wurzeln breiten sich nach der Pflanzung nicht gut aus.

Guter Wurzelballen *Gesunde Faserwurzeln halten das Substrat fest.*

Schlechter Wurzelballen *Verfilzte Wurzeln liegen außen um den Ballen.*

◀ Junge Obstbäume einschlagen *Heben Sie einen Graben aus, der so tief ist wie die Wurzeln lang. Stellen Sie die Bäume (hier einjährige Birnen) schräg an eine Seite, ohne dass sie sich berühren. Auffüllen, bis die Wurzeln bedeckt sind, danach die Erde vorsichtig andrücken.*

▶ Kleiner Obstgarten *Bei guter Planung entsteht ein ertragreicher Obstgarten auf wenig Raum. Hier wachsen kleine Formen wie Apfel-Kordons, sodass viele Sorten Platz finden.*

Obstbaumformen

Obstbäume lassen sich zu verschiedenen Formen erziehen. In Kombination mit verschiedenen Unterlagen, welche die Endgröße bestimmen, können sie den unterschiedlichsten Situationen angepasst werden.

Wenn Sie die Form Ihrer Bäume auswählen, bedenken Sie den vorhandenen Platz, die Obstart, den Standort und die gewünschte Menge Obst. Baumformen lassen sich einteilen in frei wachsende Formen, die meist im Winter (oder Steinobst im Frühjahr) geschnitten werden, und in strenge Formen, die man vorwiegend im Sommer schneidet. Diese tragen oft früher und sind - bezogen auf die Fläche - ertragreicher als die frei wachsenden Formen. In Regionen mit weniger günstigem Klima, bei spät reifenden Kultursorten oder bei Obst, das nur in warmer Umgebung zuverlässig trägt (wie Pfirsiche, Nektarinen, Aprikosen, Süßkirschen, späte Tafelpflaumen und Feigen) sind bessere Ergebnisse zu erwarten, wenn der Baum streng formiert an einer Süd-, Südwest- oder Westwand wächst. Die Erziehung vor einer Wand ist auch bei starken Niederschlägen nützlich, damit die Triebe und Knospen besser ausreifen.

Äpfel und Birnen sind die vielseitigsten Obstbäume. Sie lassen sich zu den unterschiedlichsten Formen erziehen, auch zu aufwendigen streng geschnittenen Formen. Aufwendig formierte Palmetten rahmten in den Gärten der Renaissance häufig die Gemüsebeete ein, sie finden sich noch in traditionell gestalteten Küchengärten. Anderes Obst bietet dafür weniger Möglichkeiten, oft bedingt durch die Art und Weise der Fruchtbildung und die Wüchsigkeit, doch es gibt auch hier einige Erziehungsmethoden an Wänden oder Drahtgerüsten.

Häufige Obstbaumformen

Busch

Der sogenannte Busch ist ein frei wachsender Baum mit lichtem Astgerüst und einem bis 75cm hohen Stamm unter der ersten Verzweigung. Alle Obstbäume können als Busch erzogen werden. Die Endgröße des Baumes hängt von der Obstart und der Unterlage ab, auf die sie veredelt wurde (siehe gegenüber). Diese Form eignet sich für Obst, das gut an offenen Standorten gedeiht, wie Äpfel, Birnen, Pflaumen und Quitte. Hoch- und Halbstämme werden wie Buschbäume erzogen, aber auf stärker wachsende Unterlagen veredelt, sodass der Stamm 1,0–1,2m beim Halbstamm und 1,6m oder mehr beim Hochstamm erreicht.

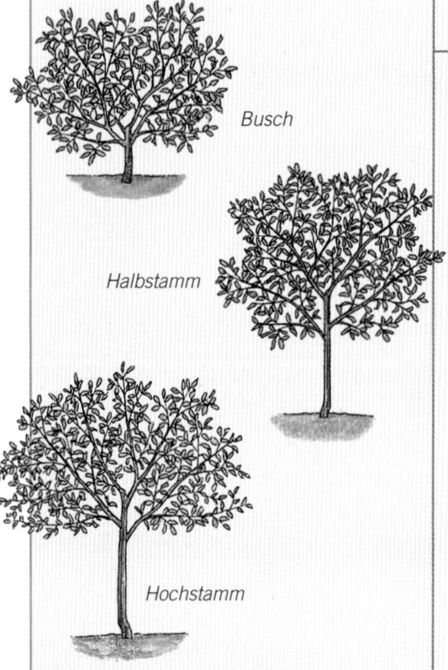

Kordon

Bei dieser strengen Form, auch Schnurbaum genannt, werden entweder ein Stamm oder mehrere Stammverlängerungen (beim Mehrfachkordon) erzogen. Sie eignet sich für Äpfel, Birnen und manche Pflaumen. Die Triebe können im Winkel von 45 Grad, waagerecht oder senkrecht erzogen werden. Der Kordon ermöglicht enge Pflanzabstände, sodass viele Bäume auf kleinem Raum Platz haben. Ein Sommerschnitt ist nötig, um das Wachstum zu begrenzen und die Fruchtholzbildung nahe am Stamm zu fördern. Kordons passen gut an Wände oder Zäune, gedeihen aber auch an Drahtgerüsten.

Kordon

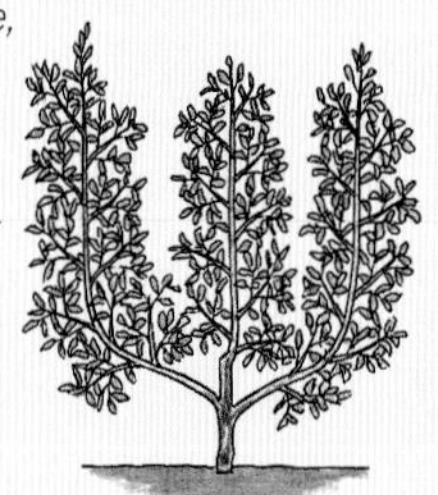

Mehrfachkordon

Palmette

Diese Spalierform eignet sich am besten für Äpfel und Birnen. Bei der Palmette zweigen von einem Hauptstamm die Seitentriebe regelmäßig mit etwa 45cm Abstand ab. Ein Spalier kann an Drahtgerüsten, Mauern oder Zäunen gezogen werden. Diese ertragreiche Form trägt allerdings später als der Kordon.

Bäume mit zentralem Leittrieb

Hier gibt es zwei Formen: die Pyramide und der Spindelbusch. Sie haben einen Hauptstamm und sind konisch aufgebaut. Die ersten Äste zweigen 60cm über dem Boden ab. Die etwas strenger formierte Pyramide eignet sich für viele Obstarten, der Spindelbusch nur für Äpfel und Birnen. Diese streng erzogenen Baumformen tragen schon nach wenigen Jahren. Das Licht erreicht alle Partien der Krone; es entsteht weniger Schatten als beim Buschbaum. Die Bäume bleiben meist klein (2m bis 2,4m hoch), je nach Unterlage. Die Spindel eignet sich für wüchsigere Kultursorten.

Pyramide

Spindlebush

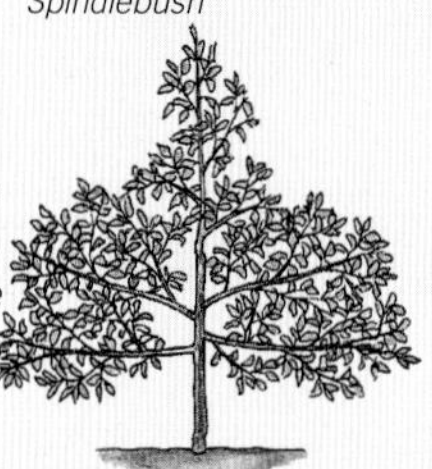

Fächer

Bei dieser Form wachsen die Äste strahlenförmig zu beiden Seiten des niedrigen Stamms und sind an Drähten befestigt. Sie kann an Drahtgerüsten oder Zäunen erzogen werden, und dafür eignet sich fast jede Obstart. Besonders günstig ist diese Form für Pfirsiche, Nektarinen, Aprikosen und Feigen, denen der Schutz der Wand gut bekommt.

Unterlagen

Fast alle Obstbäume werden durch Veredlung vermehrt, wobei ein Edelreis (eine Knospe oder ein Trieb) von einem Baum mit der Unterlage (dem Wurzelsystem) eines anderen verbunden wird, sodass beide zusammenwachsen. Daher unterscheidet sich die Unterlage des Baumes von seinem Frucht tragenden Teil. Diese Vermehrungsmethode wird seit der Antike praktiziert und unterscheidet sich heute kaum von denen der alten Griechen und Römer.

Diese Vermehrungsmethode bietet zahlreiche Vorteile. Werden die Bäume aus Samen angezogen, entwickeln sie sich meist nicht sortenecht; die meisten Sämlinge sind schwächer als der Elternbaum. Außerdem kann es Jahre dauern, bevor die Bäumchen blühen und fruchten (sieben bis zehn Jahre bei Äpfeln), und sie müssen erst das Jugendstadium durchlaufen. Viele Obstbäume lassen sich nur schwer aus Stecklingen anziehen. Dadurch stellt das Veredeln die zuverlässigste Methode dar, eine bestimmte Kultursorte zu vermehren. Bäume auf eigenen Wurzeln sind unterschiedlich und unberechenbar wüchsig, häufig entwickeln sie sich zu großen Bäumen.

Unterlagen werden meist nach ihrer Auswirkung auf die Wüchsigkeit klassifiziert. Sie bestimmen die Endgröße des Baumes mit und sie können Eigenschaften wie Resistenz gegenüber Krankheiten auf die ganze Pflanze übertragen.

VERMEHRUNG VON UNTERLAGEN

Unterlagen können auf unterschiedliche Weise vermehrt werden, am häufigsten geschieht dies über Risslinge. Dazu werden die Unterlagen zur Wintermitte bis zum Boden zurückgeschnitten. Sie bilden in der Wachstumszeit mehrere Triebe, die nach und nach angehäufelt werden. Die Triebe entwickeln dadurch am Ansatz neue Wurzeln. Die bewurzelten Triebe werden im folgenden Winter abgetrennt und in Reihen ausgepflanzt, sodass man sie veredeln kann. Diese Methode kommt vor allem in Baumschulen zum Einsatz, die eine große Zahl von Unterlagen brauchen; der interessierte Laie kann sie jedoch ebenso durchführen. Näheres über Veredlungsmethoden finden Sie auf *S. 154–155.*

Veredlungsstelle
Die Verwachsungsstelle von Unterlage und Reis muss bei veredelten Bäumen als Schwellung am Stamm erkennbar sein. Sie darf nicht unter der Erde liegen, sonst schlägt das Edelreis Wurzeln und die Vorteile der Unterlage gehen verloren.

EIGENSCHAFTEN DER UNTERLAGE

Der allgemeine Trend in der Obstbaumzucht geht zu kleineren, leichter zu bewirtschaftenden Bäumen. Daher hat sich die Forschung auf die Auslese und Zucht eher zwergiger Unterlagen konzentriert. Das kommt den Erwerbs- wie den Hobbygärtnern zugute, da kleine Bäume auf zwergiger Unterlage früher tragen und meist ertragreicher sind. Die Auswahl an Unterlagen ist bei Äpfeln größer als bei anderem Obst. Es ist nicht leicht, geeignete zwergige Unterlagen für Pflaumen und Kirschen zu finden.

Wenn Sie einen Baum kaufen, fragen Sie nach, auf welche Unterlage er veredelt wurde und wie groß er werden kann. Das ist jedoch nur ein Anhaltspunkt, da die Endhöhe des Baums je nach Boden, Standort und Kultursorte schwankt. Manche Unterlagen eignen sich besser für eine bestimmte Form *(Details bei den einzelnen Obstarten, S. 174–205; siehe auch die Tabelle, unten).*

UNTERLAGEN FÜR VERSCHIEDENE APFELBAUMFORMEN

Baumform	Unterlage
Pyramidenkrone & Spindelbusch	M 27, M 9, M 26 oder MM 10
Kordon	M 27, M 9 oder M 26
Palmette	M 26, MM 106 oder M 111
Fächer	M 26, MM 106 oder M 111, je nach gewünschter Größe und Boden

Die Unterlage beeinflusst die Baumgröße

Je nach Unterlage erreicht ein Baum (hier Apfel) eine unterschiedliche Endgröße. Es sind weltweit viele verschiedene Unterlagen im Handel. Sie wurden nach Kriterien wie Bodentypen, Klimaansprüchen, Resistenz gegenüber Schädlingen und Krankheiten ausgelesen.

Obstbäume veredeln

Unter Veredlung versteht man verschiedene Methoden eine Unterlage (ein Wurzelsystem) und ein Edelreis (eine Knospe oder ein Trieb) miteinander zu verbinden, die nach ihren günstigen Eigenschaften ausgewählt wurden. Diese komplexe Vermehrungsmethode erfordert einen Blick für Details, strenge Hygiene und schnelles Arbeiten, damit das Pflanzenmaterial während der Arbeit nicht austrocknet.

Besonders nützlich ist das Verfahren, wenn Sie einen Baum vermehren wollen, der in der Baumschule nicht erhältlich ist – etwa eine unbekannte Kultursorte oder einen Sämling, den Sie gezogen haben. Die meisten Obstbäume werden durch Veredlung vermehrt. Eine Ausnahme stellt die Haselnuss dar: Sie bildet leicht Schösslinge, die zu mittelgroßen Sträuchern heranwachsen.

Beim Veredeln werden sowohl im Reis als auch in der Unterlage zueinanderpassende Schnitte angebracht – je nach Methode ein anderer Schnitt. Das Kambium der beiden Teile wird aufeinandergelegt. Das Kambium ist das Gewebe zwischen der Rinde und dem Holzteil eines Triebes. Nur dieses empfindliche Gewebe kann neue Zellen bilden. Freigelegt ist es anfällig für Infektionen durch Bakterien und Pilze. Halten Sie daher Ihre Veredlungswerkzeuge *(siehe S. 57)* scharf und steril. Der vermehrte Baum sollte frei von Krankheiten sein.

DIE RICHTIGE METHODE

Die beiden einfachsten Methoden mit den höchsten Erfolgsquoten sind das Augenanplatten (Chip-Budding) und das Geißfußpfropfen. Die Unterlagen für beide Methoden kann man gut selbst anziehen *(siehe S. 153)* oder in einer Baumschule kaufen. Wer gleich mehrere Unterlagen veredeln will, pflanzt diese in der Ruhezeit auf 45 cm Abstand bei 1 m Reihenabstand. Das Augenanplatten *(siehe Kasten, unten)* geschieht im Hoch- bis Spätsommer und wird am besten im Sommer nach dem Aufpflanzen der Unterlagen vorgenommen. Das Geißfußpfropfen *(siehe Kasten, gegenüber)* geschieht zur Wintermitte bis Vorfrühling. Es wird im Jahr nach der Pflanzung der Unterlagen durchgeführt.

PFLEGE VEREDELTER BÄUME

Die frische Veredlung darf nicht austrocknen. Der Bast wird entfernt, wenn sich ein Kallus gebildet hat. Wenn gepfropfte Triebe auswachsen, sollten sie gestützt werden. Das gilt besonders für Birnen und Pflaumen. Wenn eine Geißfußveredlung angewachsen ist, bindet man einen ausgewählten Trieb für die Wachstumsperiode auf. Alle anderen Triebe am Reis oder an der Unterlage werden entfernt, wenn sie 8–10 cm lang sind. Auf diese Weise veredelte Jungbäume können in der folgenden Wachstumsruhe ausgegraben und gepflanzt werden.

Augenanplatten

1 Edelreiser (hier vom Apfel 'Laxton's Superb') schneidet man im Hoch- bis Spätsommer. Man wählt diesjährige Triebe von der Sonnenseite der Krone und schneidet auf mindestens 25 cm Länge.

2 Alle Blätter werden mit einem sauberen, scharfen Veredlungsmesser entfernt. 4 mm lange Blattstiele bleiben stehen, aber alle kleinen Nebenblätter werden entfernt.

3 Die Augen am Edelreis bereitet man neben der Unterlage vor, sodass zwischen dem Schneiden des Auges und dem Veredeln keine Zeit verloren geht und das Reis nicht austrocknet. Zum Entfernen des Auges schneidet man das Reis etwa 2 cm unter einer Knospe ein. Der Schnitt sollte etwa 3 mm tief sein und in einem Winkel von etwa 20 Grad nach unten verlaufen.

4 Ein zweiter Schnitt wird 3,5 cm über dem ersten angebracht. Hinter dem Auge bis auf den ersten Schnitt nach unten schneiden. Den Span *(siehe kleines Bild)* entfernen, dabei das Auge festhalten, damit das Kambium nicht mit Bakterien infiziert oder durch Hautfett verunreinigt wird, was das Anwachsen stören kann. Schnell arbeiten, damit wenig Flüssigkeit verloren geht.

5 Man wählt ein glattes Stück Stamm (hier MM 106) 15–30 cm über dem Boden aus. Über einer Knospe wird ein Schnitt im selben Winkel und in derselben Tiefe wie am Reis ausgeführt.

6 Man hält das Auge an die Unterlage, um zu sehen, wo der zweite Schnitt verlaufen muss, dann wird ein Stück Rinde zungenartig über dem ersten Schnitt entfernt, sodass der Einschnitt zum Auge passt *(siehe kleines Bild)*.

7 Das Auge wird so angebracht, dass die Basis auf dem Schnitt in der Unterlage aufliegt. Darauf achten, dass das Kambium von Reis und Unterlage auf mindestens einer Seite aufeinander liegt. Das Auge bei Bedarf verschieben, bis es auf einer Seite mit dem Kambium der Unterlage übereinstimmt.

8 Die ganze Fläche wird mit 2,5 cm breitem Veredlungsband umwickelt, damit das Auge sicher befestigt ist. Die Veredlung muss ganz bedeckt sein, damit sie nicht austrocknet.

9 Die Bindung sicher verknoten. Das Band wird nach vier bis sechs Wochen entfernt. Danach hat sich ein Kallus gebildet.

10 Im zeitigen Frühjahr des nächsten Jahres wird die Unterlage direkt über dem Auge schräg abgeschnitten. Das Auge sollte zu einem kräftigen Trieb auswachsen.

Geißfußpfropfen

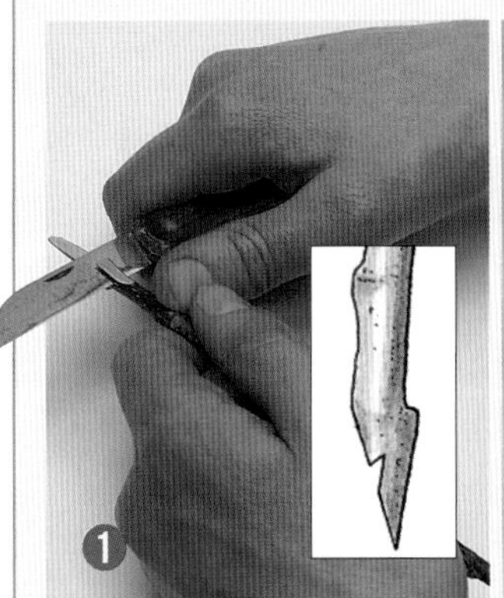
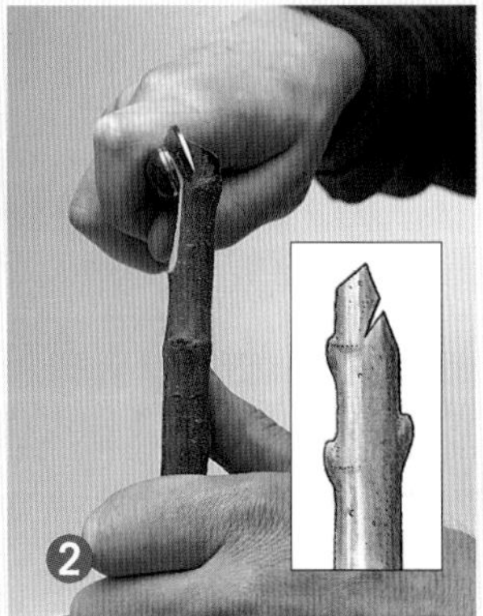
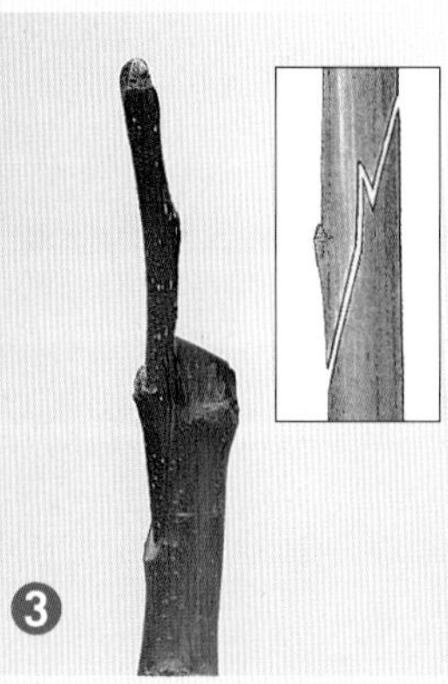
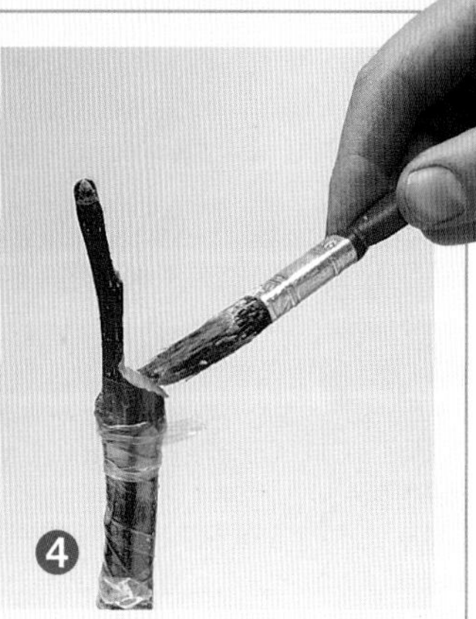

1 Reiser zum Veredeln schneidet man mitten im Winter. Dazu wählt man kräftige, verholzte Triebe der vergangenen Saison aus, schneidet sie etwa 25 cm lang und bewahrt sie in einer Kunststofftüte im Kühlschrank auf. Die Veredlung wird im zeitigen Frühjahr vorbereitet, wenn die Unterlage neu austreibt. Man wählt ein gesundes Auge am Reis und entfernt ein 3 cm langes Stück auf der gegenüberliegenden Seite des Sprosses, sodass das Auge in der Mitte liegt. Aus dem freiliegenden Holz schneidet man eine 1 cm tiefe Zunge.

2 Die Unterlage wird auf 15–30 cm zurückgeschnitten, schräg über einem glatten Stück Stamm. An der höheren Seite schneidet man einen zum Reis passenden Keil aus und formt eine Zunge.

3 Die Zunge am Reis schiebt man in die an der Unterlage. Ist das Reis schmaler als die Unterlage, müssen die Ränder an mindestens einer Seite übereinstimmen, ebenso wie sich das Kambium der beiden Teile decken muss.

4 Reis und Unterlage werden mit 2,5 cm breitem Veredlungsband zusammengebunden. Bei dünnen Unterlagen darf das Band den Schnitt auf der Unterlage bedecken, ansonsten bestreicht man die offenen Flächen mit Baumwachs, um ein Austrocknen zu verhindern. Nach sechs bis acht Wochen wird das Band entfernt.

2 3 4 5

6 7 8 9 10

Bestäubung

Fast alle Obstbäume müssen bestäubt werden, um Früchte zu bilden. Feigen sind die wichtigste Ausnahme. Sie bilden in kühlem Klima auch ohne Befruchtung Früchte. Bestäubung ist die Übertragung von Pollen aus den Staubbeuteln (einem männlichen Organ der Blüte) zur Narbe (einem weiblichen Organ der Blüte). Unter günstigen Bedingungen findet dann die Befruchtung statt.

SO FUNKTIONIERT DIE BESTÄUBUNG

Blütenstrukturen und Bestäubungsmethoden können je nach Pflanzenart variieren. Die meisten Obstbäume haben Blüten, die sowohl die weiblichen Organe (Narbe, Griffel und Fruchtknoten) als auch die männlichen (Staubbeutel und -fäden) enthalten. Innerhalb dieser Gruppe sind manche selbstfertil, das heißt, die Blüten können mit dem Pollen desselben Baumes bestäubt werden. Oft wird der Pollen jedoch nicht abgegeben, wenn die Narben aufnahmefähig sind, sodass er von einem Baum zum andern übertragen werden muss.

Völlig selbstfertil sind die meisten Pfirsiche und Aprikosen, einige Pflaumen und Kirschen und sehr wenige Äpfel. Selbstfertile Sorten tragen aber meist zuverlässiger, wenn ein Bestäuber dazu gepflanzt wird. Birnen sind nicht selbstfertil; manche bilden kernlose Früchte, wenn sie nicht bestäubt werden.

Manche Bäume, deren Blüten männliche und weibliche Organe haben, müssen doch fremdbestäubt werden. Dabei wird Pollen von den Blüten einer Sorte auf die einer anderen der gleichen Obstart, die zufällig zur selben Zeit blüht, übertragen. Die meisten Apfelsorten müssen von einer anderen Kultursorte bestäubt werden, um gut zu tragen.

Manche Obstbäume tragen männliche und weibliche Blüten getrennt – sie werden als einhäusig bezeichnet. Dies gilt vor allem für die Nüsse. Viele dieser Bäume sind selbstfertil, tragen aber besser, wenn sie fremdbestäubt werden, da die männlichen und weiblichen Blüten nicht immer zur selben Zeit erscheinen.

Manche Obstarten sind zweihäusig: Sie tragen männliche und weibliche Blüten an getrennten Pflanzen. Dazu zählt die Kiwi. Damit es zur Bestäubung kommt, muss also eine männliche neben mehreren weiblichen Pflanzen kultiviert werden.

Aufbau einer Blüte

Die Apfelblüte enthält männliche und weibliche Organe. Die meisten Obstblüten entsprechen diesem Aufbau. Wird eine Blüte bestäubt und befruchtet, entwickeln sich die Samenanlagen im Fruchtknoten (Ovarium), der im Kelch geschützt liegt. Daraufhin bildet sich eine Frucht. Das geschieht auf unterschiedliche Weise: Äpfel und Birnen entwickeln sich im erweiterten Kelch, das Fruchtfleisch von Aprikosen und Pfirsichen wird aus der verdickten Wand des Ovariums gebildet.

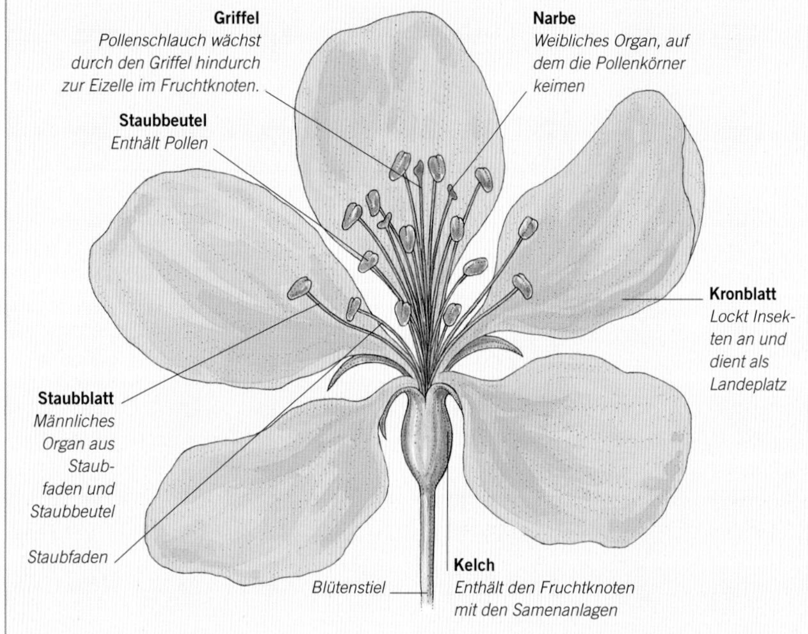

DIE RICHTIGEN PARTNER

Für die Kultur werden Obstsorten nach ihrer Blütezeit in Gruppen eingeteilt. Die meisten Sorten, die gleichzeitig blühen, können sich gegenseitig bestäuben. Es gibt allerdings Ausnahmen: Äpfel, Birnen und viele Süßkirschen.

Die meisten Kultursorten sind diploid (sie haben zwei Chromosomensätze), einige wenige tetraploid (vier Chromosomensätze). Diploide und tetraploide Sorten bestäuben sich gegenseitig. Die triploiden Sorten, etwa manche Äpfel und Birnen, besitzen drei Chromosomensätze und sind schlechte Bestäuber. Sie müssen mit zwei diploiden Sorten kombiniert werden, die sich gegenseitig und auch die triploide Sorte bestäuben. Manche Kultursorten, besonders Birnen, sind männlich-steril: Sie bilden so wenig Pollen aus, dass sie sich nicht als Bestäuber eignen.

DIE RICHTIGEN BEDINGUNGEN

Die Bestäubung und Befruchtung von Blüten erfolgt nur dann, wenn die Bedingungen während der Blütezeit günstig sind. Die Bestäubung geht auf verschiedene Weise vor sich. Viele Obstarten wie Äpfel, Birnen und Pflaumen werden von Insekten bestäubt, etwa von Hummeln und anderen Wildbienen oder Honigbienen. Diese Insekten sind für selbstfertile Pflanzen ebenso wichtig wie für selbststerile, da sie Pollen von einer Blüte zur anderen tragen. Haselnuss, Lambertsnuss und Walnuss, alles einhäusige Pflanzen, werden vom Wind bestäubt. Die männlichen Kätzchen dieser Pflanzen bilden reichlich Pollen, um die Bestäubung zu erleichtern.

Der Standort hat für die Bestäubung in jedem Fall große Bedeutung wegen der Windgeschwindigkeit und Temperatur.

Ein sonniger, geschützter Standort kann deutlich wärmer sein als ein anderer nur wenige Meter weiter. Von

Insekten bestäubte Pflanzen brauchen Wärme und Windstille, damit die Insekten fliegen, aber auch vom Wind bestäubte Pflanzen brauchen einigen Schutz. Die Bedingungen für die Bestäubung sind vielleicht nur an wenigen Tagen während der Blüte früh blühender Bäume wie Pfirsich, Aprikose, Pflaume und Birne günstig. Zum Glück genügt das oft für eine erfolgreiche Bestäubung. Nach der Bestäubung kommt es nur dann zur Befruchtung, wenn die Luft warm genug ist, damit sich die Pollenschläuche entwickeln können.

Um die Bestäubung zu fördern, kann zusätzlicher Windschutz oder eine Hecke nötig werden *(siehe S. 12–13)*. Nützlich sind Honigbienen, die in der Nähe gehalten werden, aber auch Wildbienen wie die Hummeln lassen sich anlocken. Zu diesem Zweck können Sie in einem Teil des Gartens eine Blumenwiese höher stehen lassen oder man belässt den natürlichen Aufwuchs unter Hecken.

Für Wildbienen sind Nisthilfen erhältlich. Sind das ganze Jahr über nektarreiche Blüten vorhanden, entwickelt sich eine starke Insektenpopulation. Dazu eignen sich zahlreiche heimische und traditionelle Blütenpflanzen. Natürliche Pflanzenarten bringen oft einen besseren Erfolg als Kultursorten, aber auch Beerensträucher locken zahlreiche Insekten an.

FROSTSCHÄDEN VERMEIDEN

Eines der größten Probleme bei der Bestäubung, Befruchtung und Fruchtbildung ist der Frost. Die meisten Obstbäume sind völlig winterhart, doch die jungen Knospen, Blüten und Früchte erweisen sich als sehr frostempfindlich. Frostschäden treten je nach Entwicklungsstand der Knospen, Blüten und Früchte bei verschiedenen Temperaturen auf *(siehe Kasten, unten links)*. Die Temperaturen, bei denen Schäden entstehen, unterscheiden sich je nach Obstart und Kultursorte.

Zum Glück ist im Garten etwas Frostschutz möglich. Meiden Sie bei der Pflanzung Frostlöcher *(siehe S. 11)*. Bäume an Wänden oder Zäunen lassen sich am leichtesten schützen. Ist Frost zu erwarten, kann über Nacht eine doppelte Lage Vlies, Schattiernetz, Sackleinen (oder Ähnliches) über den Baum gezogen werden. Die Abdeckung wird mit Bambusrohr (oder straff gezogenem Draht) gestützt, sodass sie den Baum nicht berührt, und gegen Wind gesichert ist. Tagsüber wird sie wieder aufgerollt, damit die Insekten zur Bestäubung problemlos an den Baum gelangen.

FROSTSCHADEN BEI ÄPFELN

Die Tabelle zeigt die Temperaturen, bei denen in den verschiedenen Entwicklungsstadien der Apfelblüte Frostschäden auftreten. Der Baum reagiert mit zunehmender Entwicklung immer empfindlicher.

Entwicklungsstadium	Temperatur, ab der Schaden entsteht
Grüne Knospenbüschel	–3,5 °C
Rosa Knospen	–3,0 °C
Offene Blüten	–2,0 °C
Fall der Blüten	–2,5 °C
Fruchtbildung	–1,0 °C

SCHLECHTE BESTÄUBUNG

Wenn Bäume überschwänglich blühen, aber nicht fruchten, liegt es oft an schlechter Bestäubung. Manchmal bilden unbestäubte Blüten Früchte, die sich einige Zeit lang entwickeln und dann abfallen. Das kommt besonders bei Kirschen und Pflaumen häufig vor. Es gibt verschiedene Gründe für schlechte Bestäubung:

- Es steht kein Baum einer passenden Sorte in der Nähe.
- Ungünstige (kühle, nasse) Witterung beeinträchtigt den Insektenflug.
- Frost während oder direkt nach der Blüte.

Windschutz
Laubbäume eignen sich gut als Windschutz für Obstbäume. Sie filtern den Wind, bieten aber den Blüten ausreichend Schutz. Sie sollten mehr als 2,5 m weit entfernt stehen, damit sie nicht um Wasser und Nährstoffe konkurrieren. Die Herzblättrige Erle (Alnus cordata) *auf dem Bild treibt früh Blätter und verträgt Trockenheit.*

HANDBESTÄUBUNG

Obstbäume, die im zeitigen Frühjahr blühen, wie Pfirsiche und Aprikosen, sowie unter Glas gezogenes Obst, sollten von Hand bestäubt werden, da zu dieser Jahreszeit nur wenige Insekten aktiv sind. Die Bestäubung erfolgt an warmen Tagen, am besten um die Mittagszeit, wenn der Pollen sich leicht löst. Er setzt sich bei Berührung in Form von leuchtend gelben Körnchen am Finger ab. Eventuell muss der Vorgang mehrmals wiederholt werden.

Handbestäubung
Das beste Werkzeug ist ein Kaninchenschwanz an einem Bambusrohr, aber auch ein feiner Pinsel eignet sich. Streichen Sie nacheinander über alle Blüten am Baum, um den Pollen zu verbreiten.

Obstbäume pflanzen

Für die weitere Entwicklung des Baumes ist die korrekte Pflanzung wichtig. Für eng stehende Bäume wird die gesamte Fläche vorbereitet und von Dauerunkräutern befreit. Dies geschieht mindestens zwei Wochen vor der Pflanzung. Das gilt besonders für Böden, die verbessert werden müssen. Bei weit auseinanderstehenden Bäumen wird jedes Pflanzloch für sich vorbereitet. Das geschieht direkt vor der Pflanzung. Lässt man das Pflanzloch länger offen, füllt es sich je nach Witterung mit Wasser oder trocknet aus, oder aber die Seitenränder werden so fest, dass keine Wurzeln mehr eindringen können.

Obstbäume mit nackten Wurzeln oder in Kübeln werden am besten während ihrer Ruhezeit zur Herbstmitte oder im zeitigen Frühjahr gepflanzt. Die Pflanzung im Herbst erweist sich in warmem Boden als günstiger, denn dann können sich vor dem Winter noch Wurzeln bilden. Ist der Boden gefroren oder nass, wartet man mit dem Pflanzen besser ab. Bäume mit nackten Wurzeln müssen während der Ruhezeit gepflanzt werden, im Topf gezogene Bäume können bei Bedarf das ganze Jahr über gesetzt werden. Bei einer Pflanzung im Frühjahr oder Sommer müssen sie sorgfältiger gegossen werden.

FREI STEHENDE BÄUME ANBINDEN

Ein Pfahl stützt den Baum, bis seine Wurzeln ihn halten können. Bei Bäumen auf mittelstark oder stark wachsender Unterlage kann der Pfahl nach ein bis zwei Jahren entfernt werden, Bäume auf schwach wachsender Unterlage bzw. mit niedrigem Stamm bleiben angebunden. Ein mit giftfreier Naturharzimprägnierung angestrichener oder mit einer umweltschonenden Holzschutzlasur behandelter Weichholz-, seltener ein Kastanienholzpfahl sollte mindestens fünf Jahre halten. Die Länge und der Winkel des Pfahls hängen von der Baumart ab. Aufrechte Pfähle werden vor

Einen wurzelnackten Baum pflanzen

1 Das Pflanzloch so groß ausheben, dass man die Wurzeln ausbreiten kann, und so tief, dass der Baum ebenso tief sitzt wie in der Baumschule. Die Tiefe mit dem Spaten oder einem Stab über dem Loch ausmessen (der bisher unterirdische Teil ist dunkler als der Stamm). Wurde die Pflanzfläche nicht vorbereitet, gut verrotteten Dung oder Kompost sowie langsam wirkenden Dünger wie Knochenmehl in den ausgehobenen Boden geben.

2 Den Baum herausheben und einen Pfahl etwa 60 cm tief in den Boden schlagen.

3 Den Baum in das Pflanzloch stellen und die Erde nach und nach auffüllen. Dabei den Baum heben und senken, damit die Erde sich setzt.

4 Auf halber Höhe die Erde mit dem Fuß fest andrücken, ebenso am Schluss. Dabei aber nicht zu fest treten oder stampfen.

5 Den Baum am Pfahl befestigen (hier mit einem Gurtband). Das Band um den Baum und den Pfahl legen, anziehen und am Pfahl festnageln.

6 Um den Baum einen 45 cm breiten und 5–8 cm starken Ring aus gut verrottetem Kompost oder Dung ausbreiten. Der Mulch darf den Stamm nicht berühren.

der Pflanzung eingeschlagen, schräge danach. Diese eignen sich gut für im Kübel gezogene Bäume, da man sie in einigem Abstand vom Wurzelballen einschlagen kann. Pyramiden und Spindelbüsche auf zwergiger und halbzwergiger Unterlage brauchen dauerhaft aufrechte, 2,5 m lange Pfähle, die 60 cm tief eingeschlagen werden. Buschbäume, Hoch- und Halbstämme benötigen kurze, runde Pfähle, die entweder 1,2 m lang sind und 60 cm tief senkrecht eingeschlagen werden, oder die 1,5 m lang sind und im Winkel von 45 Grad eingeschlagen werden.

DAS RICHTIGE BINDEMATERIAL

Das Band muss zwischen dem Pfahl und dem Baum abpuffern. Man bringt es am besten mit etwa 8 cm Abstand an. Es soll sich leicht verändern oder entfernen lassen, wenn der Stamm weiter wächst.

Man unterscheidet drei verschiedene Materialien: Gurtbänder sind mit einer Lasche versehen, durch die ein Ende des Bandes gefädelt wird. Sie werden mit einem kurzen Nagel am Pfahl befestigt. Kontrollieren Sie regelmäßig, dass der Stamm nicht beengt wird. Im Erwerbsanbau werden häufig weiche Kunststoffröhren verwendet. Sie werden zu einer Acht gebunden, sodass der Knoten am Pfahl liegt und dort angenagelt wird. Dieses Bindematerial dehnt sich und beengt daher den Baum weniger. Es ist besonders praktisch, wenn mehrere Verknüpfungen erforderlich sind. Schließlich gibt es Kunststoffketten mit verschieden großen Gliedern. Sie werden um den Pfahl gelegt, mehrfach über Kreuz verschlungen und am Baum befestigt.

FREI STEHENDE BÄUME PFLANZEN

Frei stehende Bäume mit nackten Wurzeln oder im Kübel gezogene Bäume werden auf die gleiche Weise gepflanzt wie links dargestellt. Vor der Pflanzung gut angießen. Für Bäume aus Kübelkultur wird das Loch etwas größer als der Wurzelballen ausgehoben. Das Gehölz muss beim Auffüllen nicht geschüttelt werden. Bei Bäumen, die mit ihrem Gefäß verwachsen sind, werden dicke, sehnige Wurzeln zurückgeschnitten und die anderen gelockert, damit sie sich besser ausbreiten. Bei der Pflanzung sollten Sie immer darauf achten, dass die Veredlungsstelle über dem Boden liegt.

Schnurbäume an einen Zaun pflanzen

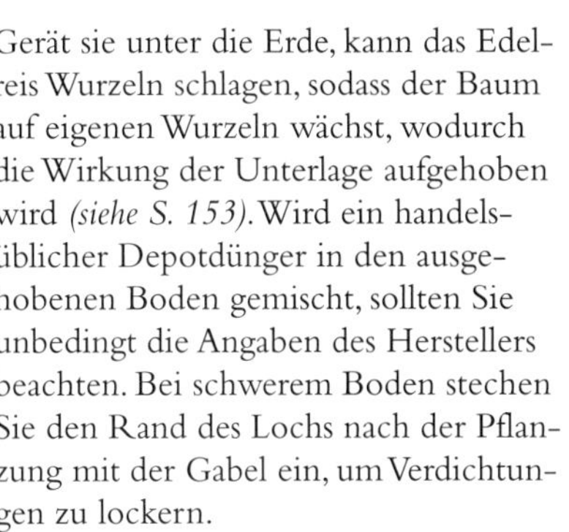

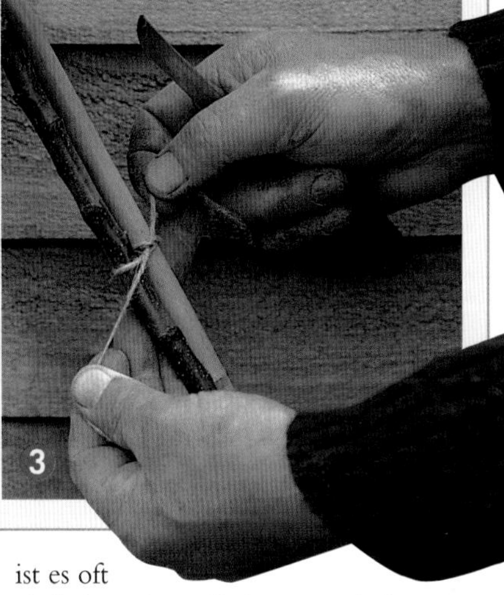

1 Drei waagerecht gespannte Drähte in 60 cm Abstand am Zaun anbringen, der untere 60 cm über dem Boden. Bambusstäbe in 75 cm Abstand und in einem Winkel von 45 Grad an die Drähte binden.

2 Unter jedem Stab in etwas Abstand vom Zaun ein halbkreisförmiges Loch ausheben. Den Baum schräg in das Loch stellen. Die Veredlungsstelle muss über dem Boden liegen, das Reis soll vom Stab weg wachsen (so kann es nicht bewurzeln). Das Loch auffüllen, die Erde andrücken.

3 Den Stamm mehrfach in gleichmäßigen Abständen mit weichem Bast und Achterschlingen an den Stab binden.

Gerät sie unter die Erde, kann das Edelreis Wurzeln schlagen, sodass der Baum auf eigenen Wurzeln wächst, wodurch die Wirkung der Unterlage aufgehoben wird *(siehe S. 153)*. Wird ein handelsüblicher Depotdünger in den ausgehobenen Boden gemischt, sollten Sie unbedingt die Angaben des Herstellers beachten. Bei schwerem Boden stechen Sie den Rand des Lochs nach der Pflanzung mit der Gabel ein, um Verdichtungen zu lockern.

BÄUME FÜR BESTIMMTE FORMEN PFLANZEN

Für Bäume, die als Längskrone (Schnurbaum, Palmette, Fächer) erzogen werden sollen, bringt man schon vor der Pflanzung Stützdrähte an *(siehe S. 162)*. Für alle genannten Baumformen wird der Baum 15–23 cm vor die Mauer oder den Zaun gesetzt, sodass die Wurzeln nicht im Regenschatten liegen. Bei wurzelnackten Bäumen breitet man die Wurzeln aus und entfernt diejenigen, die auf die Mauer oder den Zaun zuwachsen. Bei frei stehenden Drahtgerüsten kann man die Bäume direkt an die Drähte setzen. Werden mehrere Kordons gepflanzt, ist es oft einfacher, einen Graben auszuheben statt einzelner Löcher. Die Größe des Grabens hängt vom Wurzelsystem der Bäume ab, doch meist genügt ein 60 cm breiter, 45 cm tiefer Graben.

MULCH FÜR FRISCH GEPFLANZTE BÄUME

Nach der Pflanzung aufgebrachter Mulch hält die Feuchtigkeit im Boden und erhöht den Anteil an organischer Substanz. Wenn er jedoch den Baumstamm berührt, kann das zu Krankheiten wie Kragenfäule, Obstbaumkrebs *(siehe S. 259)* oder Triebsterben führen. Bei sehr nährstoffreichem Boden kann statt organischer Substanz auch schwarze Mulchfolie verwendet werden. Diese schneidet man quadratisch zu, sodass die Seiten mindestens 30 cm über die abzudeckende Fläche hinausragen – für eine Fläche von 120 cm × 120 cm werden also 150 cm × 150 cm Folie zugeschnitten. Das Folienquadrat wird von der Mitte einer Seite her bis ins Zentrum eingeschnitten, sodass die Folie um den Baum passt. Sie wird um den Stamm gelegt und die Ränder werden rundum eingegraben.

Allgemeine Pflege

Nach dem Pflanzen brauchen die Obstbäume möglichst ideale Bedingungen, um zu gedeihen und gut zu tragen. Daher müssen Sie bestimmte Routinearbeiten durchführen, damit die Bäume genügend Wasser und Nährstoffe erhalten, und regelmäßig kontrollieren, ob die Früchte nicht zu dicht wachsen oder Schädlinge und Krankheiten die Pflanzen befallen.

Blüten und Früchte ausdünnen

Blüten ausdünnen
Bei zu Alternanz neigenden Bäumen etwa sieben bis zehn Tage nach Beginn der Blüte jedes zweite Blütenbüschel entfernen: Man schneidet sie am Stielansatz ab bzw. kneift sie ab, ohne die Blätter zu beschädigen.

Früchte ausdünnen
Missgebildete, beschädigte oder schlecht sitzende Früchte zuerst entfernen, große, gesunde und wohlgeformte hängen lassen. Bei Pflaumen (im Bild) *auf eine einzelne Frucht auf 5–8 cm ausdünnen.*

RECHTZEITIG GIESSEN

Der Wasserbedarf hängt vom Wachstumsstadium des Baumes und von den jeweiligen Niederschlägen ab. Besonders wichtig ist die Wasserversorgung nach der Pflanzung im Frühjahr und ab dem Frühsommer, wenn sich die Früchte bilden bis zu ihrer Reife. Vom Hochsommer an wird auch Wasser für die Anlage von Blüten für das folgende Jahr gebraucht. Leidet der Baum zu dieser Zeit unter Trockenheit, blüht er möglicherweise im nächsten Jahr nicht und trägt alternierend. In diesem Fall trägt der Baum nur jedes zweite Jahr reichlich, dazwischen bildet er kaum Früchte.

Zusätzliche Bewässerung ist bei längeren Trockenzeiten nötig, besonders bei flachgründigen und leichten Böden. Der Wasserverlust der Pflanzen und des Bodens ist im Früh- bis Hochsommer am größten, wenn die Bäume wachsen, die Temperaturen am höchsten sind und die Sonne am längsten scheint. Doch bei Wassermangel sollte auch im Spätsommer und Frühherbst gegossen werden. Geben Sie alle zwei Wochen 5 cm Wasser auf das durchwurzelte Erdreich – etwa 50 Liter pro m². Die Wurzeln reichen mindestens so weit ins Erdreich wie das Laubdach des Baumes hoch ist.

Regner zwischen Obstbäumen
Diese in Reihen gepflanzten Apfelspindeln werden mit Kleinregnern bewässert. Diese lassen sich so einstellen, dass sie die gesamte Fläche zwischen den Bäumen erreichen.

BEWÄSSERUNGSMETHODEN

Am besten gießen Sie abends, wenn der Verlust durch Verdunstung am geringsten ist. Eine Mulchschicht trägt ebenfalls zur Vermeidung von Wasserverlusten bei. Die Tröpfchenbewässerung ist eine gute Methode, besonders wenn die Bäume in Reihen oder an Wänden stehen. Es sind dafür verschiedene Schlauchtypen im Handel. Manche tropfen über die ganze Länge, bei anderen stehen Tropfstellen in bestimmten Abständen, sodass man die Wassermenge dosieren kann. Die Tröpfchenbewässerung funktioniert mit wenig Druck, daher sollten die Schläuche dicht bei den Bäumen liegen. Stehen die Bäume weiter auseinander, sind niedrige Regner praktisch, da sich ihre Reichweite auf den Baumabstand einstellen lässt. Beide Systeme können bei Bedarf mit einer Zeitschaltuhr betrieben werden. Wenn Sie mit der Gießkanne oder dem Schlauch wässern, gießen Sie lieber alle zwei Wochen gründlich statt öfter und wenig.

BLÜTEN UND FRÜCHTE AUSDÜNNEN

Unter günstigen Bedingungen bilden Obstbäume mehr Früchte als gut ist. Das führt zu kleinen, minderwertigen Früchten, schlechtem Wachstum und zur Belastung des Baums. Manchmal geht der Baum dadurch in Alternanz über, da er keine Blütenknospen für das folgende Jahr bilden kann. In Extremfällen kann der Baum sogar absterben. Um der Alternanz vorzubeugen, werden die Blüten ausgedünnt *(siehe oben)*: Man entfernt entweder jedes zweite Büschel oder die meisten Blüten in einem Büschel. Das Ausdünnen sollte sowieso bei allen Obstbäume im ersten Jahr nach der Pflanzung erfolgen. Die Früchte werden im Früh- bis Hochsommer regelmäßig ausgedünnt, damit sie sich optimal weiterentwickeln *(siehe einzelne Obstarten, S. 174–205)*. Je früher ausgedünnt wird, desto stärker nimmt die Fruchtgröße zu. Solange sich die Zellen zu Anfang der Fruchtbildung noch teilen, ist die Wirkung am besten. Viele Bäume werfen einige Früchte beim sogenannten Junifruchtfall ab, doch meist muss weiter ausgedünnt werden (*siehe gegenüber*). Es kommt auf die Zahl und den Abstand der am Baum verbleibenden Früchte an, nicht darauf, wie viele Früchte entfernt werden. Je nach der Menge der gebildeten Früchte ist das Ausdünnen vielleicht gar nicht nötig.

OBSTBÄUME DÜNGEN

Alle Pflanzen müssen mit Nährstoffen versorgt werden *(siehe S. 17)*, damit sie gut wachsen und fruchten. Die Obstarten stellen in dieser Hinsicht unterschiedliche Ansprüche *(siehe einzelne Obstarten, S. 174–205)*. Steinobst, Birnen und Kochäpfel benötigen mehr Stickstoff als andere, die meisten Obstbäume brauchen viel Kali für die Entwicklung von Fruchtknospen und Früchten. Magnesium ist wichtig, da manches Obst – besonders Trauben, Äpfel und Himbeeren – zu Magnesiummangel neigt *(siehe S. 258)*, vor allem auf leichten, durchlässigen Böden. Die Hauptnährstoffe führt man in Form von anorganischem oder organischem Dünger oder als Mulch zu *(siehe unten)*, wobei das Mulchen nur eine beschränkte Nährstoffzufuhr bringt.

Bei Magnesiummangel geben Sie Magnesiumsulfat, das auch als Bittersalz im Handel ist. Es kann direkt in den Boden gegeben werden, als Blattdünger in einer Lösung von 20 g/Liter wirkt es jedoch schneller. Ein Netzmittel steigert die Wirkung beim Spritzen noch. Spritzen Sie nicht bei direktem Sonnenlicht, da die Blätter sonst verbrennen.

MULCHEN UND UNKRAUTBEKÄMPFUNG

Man unterscheidet organischen und anorganischen Mulch *(siehe S. 41–42)*. Organischer Mulch hilft bei den meisten Böden, den Anteil an organischer Substanz zu verbessern, sodass der Boden durchlässig bleibt und Wasser und Nährstoffe besser hält. Eine dicke Mulchschicht trägt auch zur Unkrautkontrolle bei. Anorganischer Mulch eignet sich hervorragend zur Unkrautkontrolle, führt aber auf Dauer zum Verlust von organischer Substanz im Boden. Auf leichten, trockenen Böden empfiehlt sich eine Tröpfchenbewässerung *(siehe S. 54)* unter einer Mulchfolie. Wachstum und Ertrag leiden unter starker Konkurrenz um Wasser und Nährstoffe. Unkraut und Gras, die zu dicht bei einem Obstbaum wachsen, stellen ebenso Konkurrenten dar wie Zierpflanzen und Gemüse. Bäume auf schwach wachsender Unterlage sind besonders anfällig. Bäume auf halbhoher Unterlage können im Gras wachsen, brauchen aber eine unkrautfreie Fläche von 60 cm–1 m Durchmesser und in den ersten vier Jahren jährlich eine 5–8 cm dicke Mulchschicht mit etwa 90 cm Durchmesser. Bäume auf niedriger und halbhoher Unterlage gedeihen am besten in unbewachsenem Boden. Spalierbäume brauchen einen 60 cm breiten unkrautfreien Streifen entlang der Mauer oder zu beiden Seiten eines frei stehend Drahtgerüsts.

SCHUTZ VOR WILDVERBISS

Hochwild und Kaninchen können junge Bäume schwer schädigen, indem sie die Rinde ringförmig anfressen. Der Transport von Wasser und Nährstoffen wird dadurch unterbrochen, der Baum stirbt ab. Rotwild frisst auch junge Triebe. Lebt Wild in der Nähe, sollte man einen Zaun um den ganzen Garten ziehen. Ein kaninchensicherer Zaun besteht aus Maschendraht mit 2,5-cm-Maschen, der senkrecht 30 cm tief in den Boden ragt und unter der Erde ein 30 cm langes L bildet. Über der Erde sollte der Zaun 90–120 cm hoch sein. Ist dies nicht möglich, hilft auch ein Schutzmantel um jeden Baum. Es gibt verschiedene Typen; die besten sind Netze aus kunststoffummanteltem oder verzinktem Metall, da sie luftdurchlässig sind. Eng anliegende Kunststoffhüllen sind ebenfalls erhältlich. Sie schaffen jedoch ein feuchtes Klima um den Stamm, das Krebsinfektionen fördert, und sie können zu eng für den Stamm werden. Nach vier oder fünf Jahren sind Stamm und Rinde so dick, dass sie für Kaninchen uninteressant werden. Als Schutz gegen Hochwild muss der Drahtzaun mindestens 2 m hoch sein. Wo ein Wildproblem besteht und kein Zaun errichtet werden kann, eignen sich nur Halb- und Hochstämme für die Kultur, da ihre Äste über der Fraßhöhe liegen.

SCHUTZ VOR VÖGELN

Reifendes Obst muss vor Vögeln geschützt werden *(siehe auch S. 263)*. Bäume auf niedriger Unterlage und streng formierte Bäume kann man mit einem Netz überziehen, das mithilfe eines Gerüstes auf Abstand gehalten wird. Für eine Fläche mit Obstbäumen können Sie 2–2,2 m hohe Baumkäfige mit einem Gerüst aus Holzstangen und einem Netzüberzug herstellen oder fertige Käfige kaufen.

Mulchen und Schutz vor Kaninchen
Verteilen Sie jedes Frühjahr eine Mulchschicht unter den Bäumen. Gut verrotteter Dung, Kompost oder Rindenhäcksel wird 5–8 cm dick ausgebracht. Hier hält eine Kunststoffmanschette den Mulch vom Stamm fern. Kommt der Mulch mit dem Stamm in Berührung, entsteht ein feuchtes Klima, das zu Infektionen führt.

Schnitt und Erziehung

Mit dem Schnitt entfernt man Triebe, um eine Pflanze gesund zu erhalten und ihre Form, Größe, ihren Blütenansatz und den Ertrag zu beeinflussen. Die Erziehung führt dazu, dass die Pflanze in einer bestimmten Form und Richtung wächst, oft mit dem Ziel der Ertragssteigerung. In der Jugend braucht ein Obstbaum einen Formschnitt, damit ein gesundes Astgerüst für die gewünschte Form entsteht. Später ist ein Erhaltungsschnitt notwendig, damit sich regelmäßig hochwertige, große Früchte bilden. Diese Schnitte sind weniger komplex, als sie zunächst erscheinen. Wenn Sie das Grundprinzip verstanden haben, kann der Baum den bestmöglichen Ertrag abwerfen. Busch- und Pyramidenformen brauchen einen Schnitt, aber kaum Erziehung. Spindelbüsche erfordern in beider Hinsicht mehr Arbeit, aber noch nicht so viel wie Kordons oder Fächer.

GERÜSTE FÜR VERSCHIEDENE BAUMFORMEN

Frei stehende Formen brauchen Stützen. Strenge Baumformen werden an waagerecht gespannten Drähten erzogen. Diese werden an Mauern oder Zäunen befestigt oder zwischen frei stehenden Pfosten gespannt. Das Gerüst und die (verzinkten) Drähte müssen vor der Pflanzung angebracht werden, damit die Erziehung des Baumes sofort beginnen kann. Für einen Fächer eignen sich 1,2 mm dicke Drähte, die auf 15 cm Abstand waagerecht angebracht werden. Für Spaliere sind 2,5 mm dicke Drähte auf 45 cm Abstand das Richtige. Für Kordons, die etwa 2 m hoch werden, brauchen Sie drei 2,5 mm starke Drähte auf 60 cm Abstand.

Es gibt verschiedene Methoden, um Drähte an Zäunen oder Mauern anzubringen. Die Befestigungen sollten etwa 2 m voneinander Abstand haben und 4–10 cm von der Fläche entfernt sein, damit die Luft zirkulieren kann. Für

Das Kronengerüst eines Obstbaumes

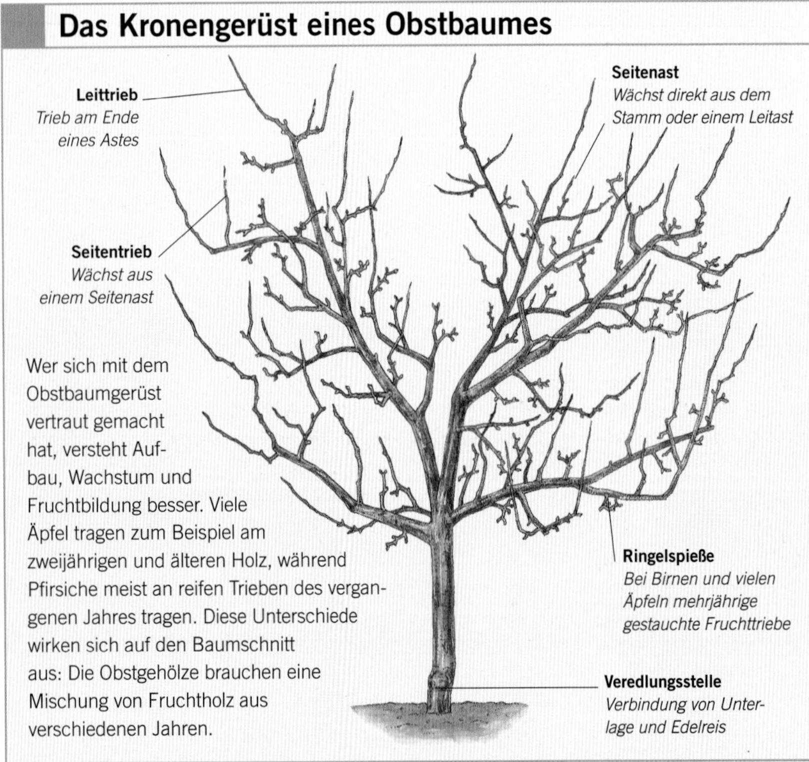

Wer sich mit dem Obstbaumgerüst vertraut gemacht hat, versteht Aufbau, Wachstum und Fruchtbildung besser. Viele Äpfel tragen zum Beispiel am zweijährigen und älteren Holz, während Pfirsiche meist an reifen Trieben des vergangenen Jahres tragen. Diese Unterschiede wirken sich auf den Baumschnitt aus: Die Obstgehölze brauchen eine Mischung von Fruchtholz aus verschiedenen Jahren.

Drähte anbringen
Waagerechte Drähte werden an einer Mauer mit Einschrauhösen angebracht, die mit Spreizhülsenankern befestigt sind. Den Anker in das gebohrte Loch stecken und drehen, damit die Hülse sich passend zum Loch dehnt. Die Drähte werden an Spannbolzen befestigt, die in die Ösen gesteckt werden.

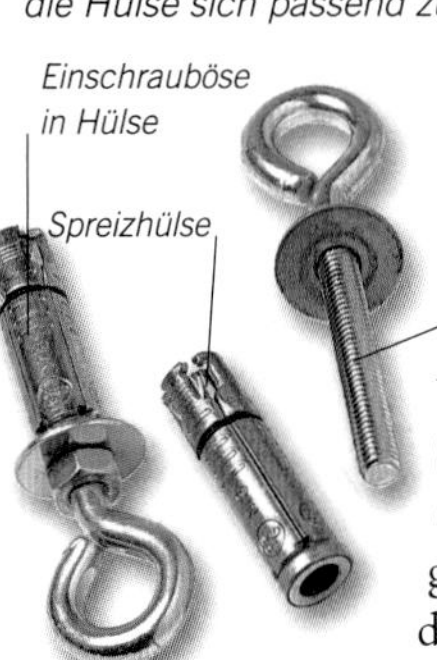

Wände eignen sich Spreizhülsenanker, die in die Wand geschraubt werden und durch die Spannbolzen gesteckt werden. Sie können auch 10–15 cm lange Ösen mit Dübeln in die Mauer oder direkt in einen Holzzaun schrauben. An einem Ende werden Spannbolzen angebracht, um die Drahtspannung auszugleichen. Sie sollten eine Sicherheitsbrille tragen und den Draht nicht überspannen, da er sonst reißen kann. Werden mehrere, dicht übereinander angebrachte Drähte für einen Fächerbaum gebraucht, können sie direkt an Holzpfosten oder Holzleisten an Mauern getackert werden. Da mehrere Drähte gespannt werden, sind Spannbolzen unnötig.

FREI STEHENDES GERÜST

Gerüste können aus Holz- oder Metallpfosten bestehen und müssen so robust sein, dass sie die Belastung durch einen ausgewachsenen Baum aushalten. Die Höhe hängt von der gewünschten Baumform ab und liegt meist bei 2–2,2 m. Die Pfosten können bis zu 4 m Abstand haben – mindestens die halbe Breite des ausgewachsenen Baumes. An den Enden werden die Pfosten mit einer Strebe im Winkel von 45 Grad gesichert, die auf zwei Drittel der Pfostenhöhe befestigt wird.

Holzpfosten sollten mit giftfreiem Holzschutz behandelt sein und mindestens 8 cm Durchmesser haben. Das untere Ende wird mindestens 45–60 cm tief eingegraben oder in Metallschuhe versenkt. Verzinkte Winkeleisen sind die idealen Metallstützen. Sie müssen ebenso tief eingegraben werden.

Bei Metall- und Holzpfosten befestigt man die Drähte mit einem Spannbolzen

Der korrekte Schnitt

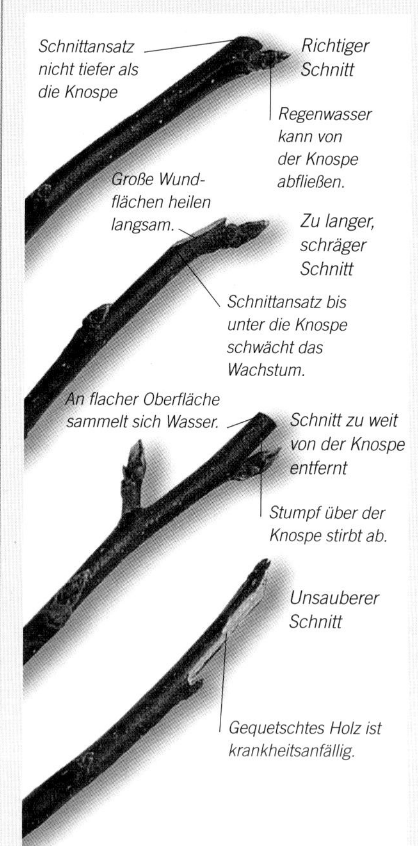

Es ist wichtig, die Schnitte korrekt anzusetzen, um das Wachstum nicht zu stören und keine Krankheiten einzuschleppen. Der Schnitt muss im richtigen Winkel zu einer gesunden Knospe oder dem Ast ansetzen und sauber ausgeführt sein. Daher immer saubere, scharfe Werkzeuge verwenden.

◄ Gute und schlechte Schnitte
Der korrekte Schnitt liegt direkt über einer Knospe und führt leicht schräg von ihr weg. So kann sich ein kräftiger neuer Trieb entwickeln. Wird zu dicht oder zu weit entfernt geschnitten, können Krankheitskeime eindringen.

Letzter Schnitt
Von oben bis auf den dritten Schnitt sägen; raue Flächen glätten

Zweiter Schnitt
Von oben etwas weiter weg als beim ersten Schnitt sägen

Erster Schnitt
Etwa 30cm vom Stamm entfernt den Ast zu einem Viertel einsägen

Dritter Schnitt
Den Ast von unten zu einem Viertel durchsägen

▲ Einen großen Ast entfernen
Große Äste werden in mehreren Schnitten entfernt, damit das Holz nicht unter seinem eigenen Gewicht splittert. Bleibt der Astring intakt, heilt die Wunde leichter.

◄ Astring
Wird ein Ast am Ansatz entfernt, achten Sie auf eine leichte Erhöhung an dieser Stelle, den sogenannten Astring. Wird der Ast bis dahin entfernt, heilt die Wunde leichter. Wird der Ast dagegen bis an den Stamm entfernt, wird das Gerüst des Baumes verletzt. Bleibt ein größerer Stumpf stehen, kann er absterben und eine Höhlung hinterlassen.

an einem Endpfosten, zieht sie durch in die Zwischenpfosten gebohrte Löcher und befestigt sie am anderen Endpfosten.

BAUMSTÜTZEN KONTROLLIEREN

Die Stützpfosten an frei stehenden, niedrigen oder halbhohen Bäumen oder bei streng geschnittenen Formen sollen den Baum halten, dürfen aber nicht einschnüren. Sie müssen zum Pfahl oder Draht abfedern. Wenn die Stütze am Baum scheuert, kann die Rinde verletzt werden, was das Eindringen von Krankheiten erleichtert. Kontrollieren Sie daher alle Bindestellen und Pfosten im Frühjahr und während des Wachstums.

SCHNITTWERKZEUG

Das Werkzeug muss sauber und scharf sein, um korrekt damit schneiden zu können. Sie brauchen eine Gartenschere zum Entfernen von Trieben, eine Astschere für größere Zweige und eine Baumsäge für größere Äste *(siehe auch S. 57)*. Baumsägen haben ein gerades oder gebogenes Blatt. Auf engem Raum sind sie handlicher als andere Sägen.

ZIELE DES SCHNITTS

Prinzipiell wird ein Baum geschnitten, um eine kräftige, offene Krone zu erhalten, damit Licht einfällt und die Luft zirkulieren kann. Das fördert Wachstum und Reife der neuen Triebe und Früchte und beugt Schädlings- und Krankheitsbefall vor.

Mit dem Schnitt wird auch totes, krankes und beschädigtes Holz entfernt, um den Baum gesund zu erhalten. Totes oder beschädigtes Holz ist krankheitsanfällig und kranke Partien können den ganzen Baum anstecken. Zu den häufigsten Krankheiten bei Äpfeln und Birnen zählt der Obstbaumkrebs *(siehe S. 259)*. Alle befallenen Äste werden ein Stück weit ins gesunde Holz zurückgeschnitten. Betrifft die Infektion jedoch nur bis zu einem Drittel des Astumfangs und erscheint der Ast wichtig für den Aufbau, genügt es oft, die Infektion mit einem scharfen Messer bis ins gesundes Gewebe auszuschneiden. Messer nach Gebrauch desinfizieren.

Steinobst wird oft von Bakterienbrand befallen *(siehe S. 251)*. Die betroffenen Äste sollten entweder bis zum Ansatz oder bis auf einen Seitenast, mindestens 30 cm unterhalb der Infektion, zurückgeschnitten werden.

Alle zu dicht wachsenden und sich kreuzenden Äste sollten entfernt werden, um die Baumform offen zu halten. Reiben sich diese Äste aneinander, kann die Rinde verletzt werden, was Infektionen begünstigt.

Nach einem sorgfältigen Schnitt bildet sich neues Holz, um das entfernte alte zu ersetzen. Dadurch beschränkt man zugleich die Höhe und Breite des Baumes, die gewünschte Form wird erhalten und die Wüchsigkeit gefördert. Diese hängt ebenso stark von der Erziehung ab *(siehe S. 164)*. Schließlich soll der Schnitt auch die Bildung von Fruchtknospen fördern *(siehe S. 169)*.

Gefährdete Äste entfernen

▲ **Kranker Ast**
Dieser Baum hat Krebs, der den ganzen Ast über der Infektionsstelle befällt. Der Ast wird am Ansatz entfernt, damit sich die Krankheit nicht auf den ganzen Baum ausbreitet.

▲ **Sich kreuzende Äste**
Wenn sich zwei Äste kreuzen, wird derjenige ausgewählt, der vom Zentrum des Baumes nach außen wächst. Der andere wird bis zum Ansatz am Stamm oder Leitast entfernt.

▶ **Gebrochener Ast**
Ein Ast kann brechen, wenn er sich an einem anderen reibt, durch sein eigenes Gewicht oder bei starkem Wind. Ob er abbricht oder knickt – der Ast muss am Ansatz entfernt werden.

Für ein gutes Verhältnis zwischen Wachstum und Ertrag ist es entscheidend, wie Bäume auf unterschiedliche Schnittintensität reagieren. Wird zu stark geschnitten, bilden sich wüchsige Triebe und wenige große, minderwertige, nicht lagerfähige Früchte. Wird zu wenig oder gar nicht geschnitten, bilden sich kaum Triebe und viele kleine, minderwertige Früchte, meist an der Spitze des Baumes. Weiter unten wachsende Früchte sind anfälliger für Schädlinge und Krankheiten. Vernachlässigung kann auch zur Alternanz führen *(siehe S. 160; siehe auch Rückschnitt auf eine Knospe, gegenüber).*

ZIELE DER ERZIEHUNG

Waagerechte Triebe sind meist weniger wüchsig und dafür ertragreicher als aufrecht wachsende: Sie bilden mehr Fruchtknospen und daher mehr Früchte. Die Erziehung von Obstbäumen hat also vor allem das Ziel, waagerechte und im weiten Winkel abstehende Triebe zu fördern. Baumformen wie die Palmette wurden speziell für diesen Zweck entwickelt. Beim Spindelbusch *(siehe S. 169–170)* werden Äste aus diesem Grund herabgebunden. Die Erziehung, in vielen Fällen auch der Schnitt, erleichtert zudem die Bewirtschaftung des Baumes, da die Früchte mehr Sonnenlicht erhalten und besser erreichbar sind.

DER RICHTIGE ZEITPUNKT

Der Zeitpunkt des Schneidens richtet sich nach der Baumform und der Obstart *(siehe einzelne Obstarten, S. 174–205).* Im Allgemeinen werden Äpfel und Birnen je nach Baumform im Sommer oder Winter geschnitten, Steinobst hingegen nur im Frühjahr oder Sommer, wenn das Infektionsrisiko für Feuerbrand und Bakterienbrand am niedrigsten ist. Ein Schnitt im Winter oder zeitigen Frühjahr fördert neues Wachstum, ein Sommerschnitt begrenzt es.

FRUCHTKNOSPEN ERKENNEN

Es gibt zwei Knospenformen an Obstbäumen: Fruchtknospen und Blattknospen. Aus Blattknospen entwickeln sich keine fruchtende Triebe. Frucht- oder Blütenknospen sind größer als Blattknospen, da sie die Knospenanlage einer Blüte enthalten.

Eine ausreichende Anzahl Fruchtknospen ist die Grundlage für

Verschiedene Knospen
Dieser Birnbaumtrieb zeigt einjährige Blattknospen und zwei- und dreijährige Fruchtknospen. Das Alter des Holzes ist am Austrieb von früheren Schnittstellen und der Größe der verschiedenen Knospen zu erkennen.

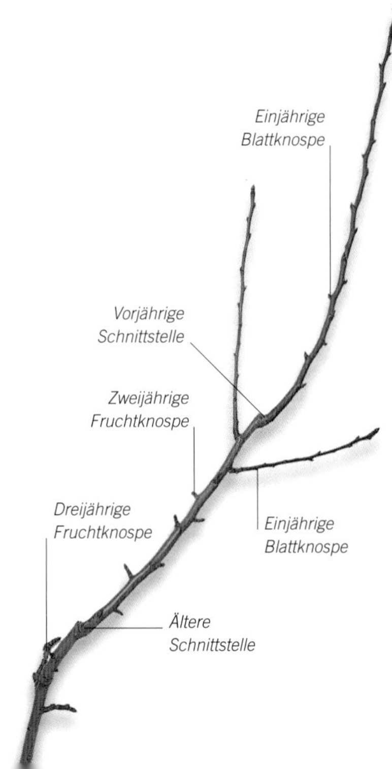

Fruchtbildung und Ertrag. Doch der Baum darf nicht zu viele Fruchtknospen haben, damit das Gewicht der Früchte den Baum nicht überlastet und Äste brechen lässt. Eine zu reiche Ernte zehrt außerdem die Energie auf, die zur Bildung der Fruchtknospen für das folgende Jahr gebraucht würde.

Fruchtknospen von Äpfeln und Birnen enthalten neben der Blüten- auch eine Blattknospe. Die Blattknospe bildet einen Trieb direkt oberhalb der Blüte. Ihrem natürlichen Wuchs entsprechend und durch sorgfältigen Schnitt entwickeln manche Äpfel und Birnen kurze Fruchtsprosse, Fruchtspieße oder Ringelspieße.

Prunus-Arten (Pflaumen, Pfirsiche, Nektarinen, Aprikosen und Mandeln) tragen Frucht- und Blattknospen getrennt. Sie treten als einzelne Knospen oder häufiger als doppelte oder dreifache Knospen auf, bei denen Frucht- und Blattknospen zusammenwachsen. Die Fruchtknospen sind in der Regel voller und runder, die Blattknospen eher spitz.

RÜCKSCHNITT AUF EINE KNOSPE

Im Allgemeinen wird immer auf eine Blattknospe zurückgeschnitten. Bei Äpfeln und Birnen kann, falls das nicht möglich ist, auf eine Fruchtknospe zurückgeschnitten werden, weil dahinter eine Blattknospe sitzt. Bei Steinobst ist es ratsam, eine doppelte oder dreifache Knospe zu suchen, da die Knospenformen hier leichter zu unterscheiden sind.

Die Fruchtknospen an jungen Trieben bilden bessere Früchte als jene am alten Holz. Einjährige Triebe bilden oft keine Fruchtknospen für das folgende Jahr, dies hängt jedoch von der Fruchtbildung des Baumes ab. Zu den Arten, die an vorjährigem Holz fruchten, gehören an der Spitze tragende Äpfel *(siehe S. 175-180)* und Birnen *(siehe S. 182-184)* sowie Pfirsiche *(siehe S. 193–195)* und Sauerkirschen *(siehe S. 191–192)*.

Bei Bäumen, die vor allem an zweijährigem oder älterem Holz tragen, wie Äpfel und Birnen oder Pflaumen mit ihren Ringelspießen, ist es trotzdem wichtig, viele einjährige Triebe stehen zu lassen, da diese in Zukunft Früchte tragen und so genügend Fruchtholz erhalten bleibt.

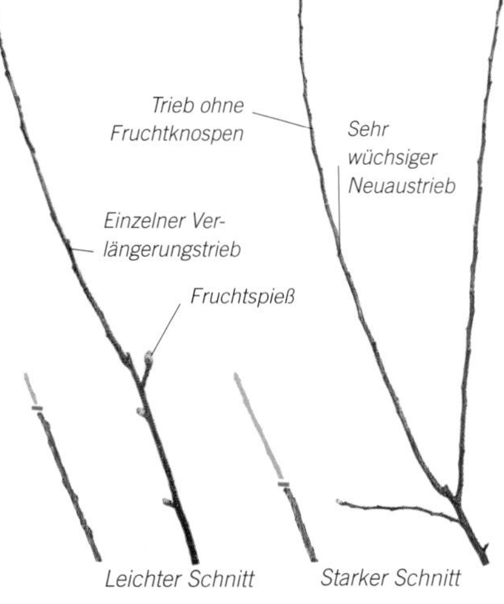

Reaktion auf den Schnitt
Links führte ein leichter Schnitt zu einem Verlängerungstrieb und zu Fruchtspießen am zweijährigen Holz. Der rechte Trieb bildete nach einem starken Schnitt wüchsige, verzweigte Triebe, aber keine weiteren Fruchtknospen.

STÄRKE DES SCHNITTS

Einjährige Triebe reagieren unterschiedlich auf verschieden starke Schnitte. Unbeschnitten bilden sie Verlängerungstriebe und Fruchtknospen, doch sie verzweigen sich kaum. Ein leichter Schnitt bewirkt die Bildung einiger Verlängerungstriebe, einer leichten Verzweigung und von Fruchtknospen. Ein mäßiger Schnitt führt zu mehr Verlängerungstrieben, kräftigen Verzweigungen und einigen Fruchtknospen. Nach einem harten Schnitt bilden sich wüchsige Triebe, kaum Verzweigungen und keine Fruchtknospen. Einjährige Triebe werden am Ansatz entfernt, ohne dass ein Stumpf stehen bleibt, der sonst neu austreibt.

Je härter der Schnitt, desto wüchsiger entwickeln sich die Triebe, da der Baum das Gleichgewicht zwischen Wurzeln und oberirdischen Teilen wieder herstellt. Neue Triebe werden gebraucht, um altes Holz zu ersetzen und Fruchtknospen zu bilden. Also ist vor dem Schnitt zu überlegen, welche Art von Trieben erwünscht ist.

WERKZEUG STERILISIEREN

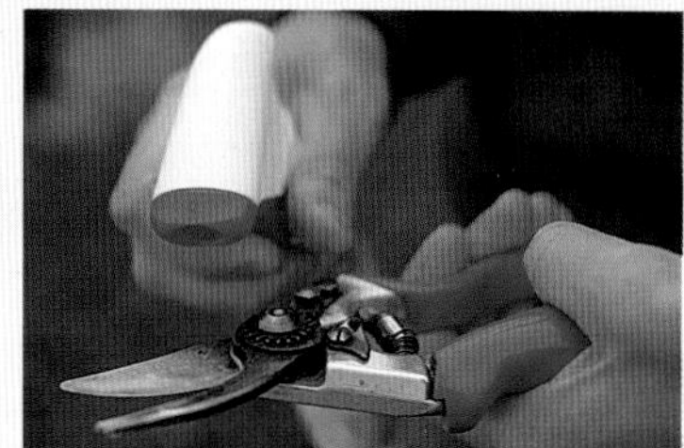

Beim Schneiden von Steinobstbäumen (anfällig für Bakterieninfektionen) oder von stark durch Krebs befallenen Äpfeln und Birnen sollten Sie Ihr Schnittwerkzeug sterilisieren, bevor Sie am nächsten Baum weiterarbeiten. Recht einfach geht das mit einem Desinfektionsspray aus dem Haushalt. Bevor Sie an einem Baum beginnen, besprühen Sie die Klingen und wischen Sie sie mit einem sauberen, trockenen Tuch ab.

BEHANDLUNG NACH DEM SCHNITT

Früher wurden Schnittstellen generell mit einem Wundverschlussmittel behandelt. Dies wird heute nur noch in bestimmten Fällen empfohlen. Bei Äpfeln und Birnen werden Schnitte nicht verschlossen, da dies die Kallusbildung verzögert. Bei Steinobst bestreicht man Schnitte von über 1 cm sofort mit einem Wundverschlussmittel. Dadurch werden Infektionen mit Feuer- oder Bakterienbrand verhindert, die leicht durch frische Schnittwunden eindringen.

Fruchtholz ausdünnen

Viele Apfel- und Birnensorten tragen an knorrigem Quirlholz. Dieses muss von Zeit zu Zeit ausgedünnt werden. Wachsen zu viele Fruchtknospen an den Spießen, entwickeln sich die Früchte nicht zur vollen Größe und die sich berührenden Spieße steigern die Anfälligkeit für Krankheiten. Bei zu dicht wachsendem Fruchtholz werden alte, schwache oder viel zu dicht sitzende Fruchtspieße mit der Gartenschere vollständig entfernt. Ansonsten werden die Triebe auf die kräftigsten Spieße mit vielen Fruchtknospen ausgedünnt.

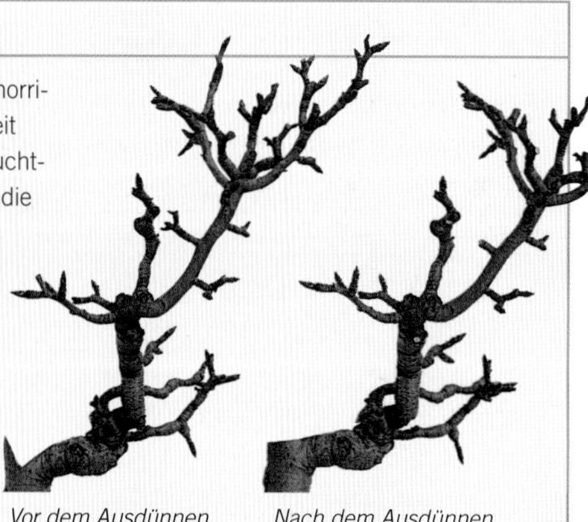

Vor dem Ausdünnen — *Nach dem Ausdünnen*

Schnitt bestimmter Baumfomen

Um die gewünschte Baumform zu schaffen, müssen Schnitt und Erziehung bald nach der Pflanzung einsetzen – gleich ob es sich um einen frei stehenden Baum wie einen Buschbaum oder eine Pyramide handelt oder um strenge Formen wie Kordon oder Fächer. Zuerst muss ein Formschnitt dem Baum die gewünschte Ausgangsform verleihen. Dieser fällt eher hart aus, um kräftige Triebe und ein Astgerüst zu schaffen, das die zukünftige Ernte tragen kann. Bei älteren Bäumen wird wieder behutsamer geschnitten, um die Fruchtbildung vor dem Wachstum zu fördern. Die ersten Jahre sind entscheidend, denn nur ein sorgfältiger Formschnitt führt zu einem leicht zu bewirtschaftenden Baum.

Im Folgenden werden die Grundregeln für den Schnitt der einzelnen Baumformen in der Jugend- und Ertragsphase vorgestellt. Die meisten Arbeiten werden während der Ruhezeit im Winter ausgeführt. Abweichende Zeitpläne sowie Schnitt- und Erziehungstechniken werden bei den einzelnen Obstarten genannt *(siehe S. 174–205)*.

FORMSCHNITT BEI BUSCHBAUM, HALB- UND HOCHSTAMM

Für Bäume an offenen Standorten bietet sich die Rundkrone an. Diese passt zum Buschbaum, zum Zwergbuschbaum sowie zum Halb- oder Hochstamm *(siehe S. 152)*. Der Schnitt erfolgt bei allen Formen ähnlich, sie unterscheiden sich nur durch die Stammhöhe.

Die Buschform eignet sich für Bäume auf allen Unterlagen – mit Ausnahme der wüchsigsten. Äpfel und Birnen werden gleich nach der Pflanzung während der Ruhezeit geschnitten, Steinobst Mitte Frühjahr.

Im ersten Jahr richtet sich der Schnitt nach der Form des gekauften Jungbaumes. Eine einjährige Veredlung ohne Seitentriebe braucht ein Jahr länger, um sich zu entwickeln, als eine einjährige Veredlung mit Seitentrieben, die eine schnellere Formung der Busch-Grundform ermöglicht *(siehe Kasten, unten)*. Während des Wachstums wird kaum noch ein zusätzlicher Schnitt benötigt: Nur die schlecht platzierten, unerwünschten Triebe werden entfernt. Das Ziel ist der Aufbau und die Erweiterung des Astgerüstes für den Buschbaum. Eine einjährige Veredlung ohne Seitentriebe sollte ab dem vierten Sommer tragen, eine mit Seitentrieben ab dem dritten.

Zur Erziehung eines Hoch- oder Halbstamms wird wohl der Stamm ein oder zwei Jahre lang wachsen müssen, um die gewünschte Höhe von

Formschnitt beim Buschbaum

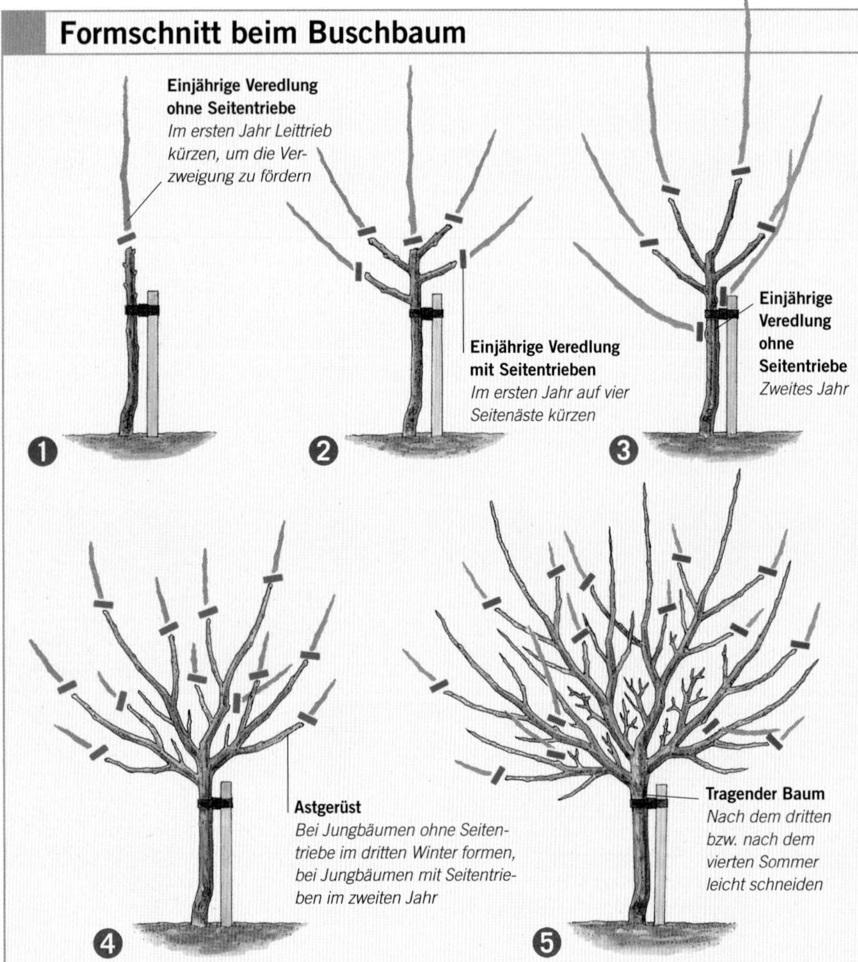

1 **Bei einer einjährigen Veredlung ohne Seitentriebe** auf eine etwa 75 cm hohe Knospe zurückschneiden. Darunter müssen mindestens vier volle Knospen in Folge liegen.

2 **Bei einer einjährigen Veredlung mit Seitentrieben** einen flachen Seitenast in etwa 75 cm Höhe auswählen, unter dem drei oder vier gut platzierte Seitenäste liegen. Den Stamm über dem gewählten Ast entfernen. Die drei oder vier Äste darunter um etwa zwei Drittel kürzen, sodass die Endknospen in die richtige Richtung wachsen – nach oben bei einem fast waagerechten Trieb, bei einem fast senkrechten nach außen. Zur Seite gerichtete Knospen sind auch möglich. Alle tieferen Seitenäste, die nicht für das Gerüst gebraucht werden, entfernen. Hat der Jungbaum nur ein oder zwei Seitentriebe, werden sie entfernt; wie bei einem Jungbaum ohne Seitentriebe weiterarbeiten.

3 **Im zweiten Winter** sollte ein Jungbaum ohne Seitentriebe drei bis sechs kräftige Triebe gebildet haben. Die besten drei oder vier der ersten Äste auswählen. Die oberen ein oder zwei Triebe stehen oft fast senkrecht und sollten daher auf einen niedrigeren Trieb gekürzt werden, der im weiten Winkel zum Stamm steht – Äste in diesem Winkel entwickeln sich stärker.

1–1,2 m beim Halbstamm und mehr als 1,6 m beim Hochstamm zu erreichen. Die Seitentriebe bleiben stehen, bis der Stamm die richtige Höhe hat, dann wird wie für einen Buschbaum geschnitten.

ERHALTUNGSSCHNITT BEIM BUSCHBAUM

Nach dem vierten Jahr wird der jährliche Schnitt leichter. Es gibt mehrere Methoden, den ausgewachsenen Baum zu behandeln. Obstbäume lassen sich für den Schnitt in drei Gruppen einteilen, je nach dem Alter des Fruchtholzes. Die meisten Äpfel und Birnen tragen an Fruchtspießen von älterem Holz. Bei älteren Bäumen muss daher das Fruchtholz verjüngt werden, damit sich jedes Jahr neue Fruchtspieße bilden.

An der Spitze tragende Äpfel und Birnen sowie Pfirsiche, Nektarinen und Sauerkirschen fruchten an vorjährigen Trieben. Äpfel und Birnen tragen direkt an der Spitze der neuen Triebe. Alle brauchen einen Verjüngungsschnitt, um die regelmäßige Bildung von neuem Holz zu fördern und ein kräftiges Gerüst zu erhalten. Pflaumen, Süßkirschen und Aprikosen fruchten am Ansatz des vorjährigen Holzes und an älterem Holz; sie reagieren nicht gut auf einen jährlichen Schnitt. Ein Erhaltungsschnitt *(siehe unten)* kann jedoch nötig sein, um eine ausgewogene Krone zu erhalten.

Der Winterschnitt regt das Wachstum an – je mehr geschnitten wird, desto kräftiger der Austrieb. Das Ziel ist ein Gleichgewicht zwischen Ertrag und Wachstum. Ein stark wachsender Jungbaum wird leicht geschnitten, ein Baum mit schwachen Trieben kräftig, bis sich die Wüchsigkeit verbessert *(siehe Kasten unten)*. Bei Bäumen mit Fruchtspießen hängt der Schnittgrad von der Wüchsigkeit ab.

Der Verjüngungsschnitt bei an der Spitze tragenden Äpfeln und Birnen und bei Steinobst ist leichter als die Verjüngung des Fruchtholzes und sorgt für eine offene Baumform und die Bildung neuer Fruchttriebe *(siehe Kasten, unten)*.

Wird der Baum älter, wird unabhängig von der Fruchtbildung ein Erhaltungsschnitt notwendig. Sich kreuzende, zu dicht wachsende, tote und kranke Äste werden entfernt *(siehe S. 164)*. Die Kronenmitte bleibt dabei offen und behält ihr Fruchtholz. Alle großen Äste werden entfernt, Fruchtspieße und Seitenäste bleiben stehen. Wird der Baum zu groß, wird die Höhe und Breite durch den Rückschnitt auf einen niedrigeren Ast oder Konkurrenztrieb in die richtige Richtung reduziert, der mindestens ein Drittel des Durchmessers des entfernten Astes hat. Bei Bäumen mit Fruchtspießen wird das Quirlholz ausgedünnt, wenn es zu dicht wächst *(siehe S. 165)*. Näheres dazu bei den einzelnen Obstarten, *S. 174–205*.

Die gewählten Äste um etwa zwei Drittel auf eine Knospe in die richtige Richtung kürzen. Alle Triebe unter dem gewünschten Gerüst bis auf den Stamm kürzen.

4 Im dritten Winter sollte sich bei einem Jungbaum ohne Seitentriebe ein gutes Astgerüst gebildet haben, bei anderen im zweiten. Jetzt wird nur leicht geschnitten. Die Leittriebe werden um jeweils ein Drittel auf eine passende Knospe gekürzt. Man wählt ein oder zwei Seitenäste pro Ast aus und kürzt um ein Drittel. Alle anderen Triebe werden auf etwa vier Knospen gekürzt, zur Bildung von Fruchtholz. Ungünstig stehende Triebe werden entfernt, ebenso wie Triebe, die ins Kroneninnere wachsen. Alle Triebe unter der ersten Verzweigung werden bis zum Ansatz weggenommen.

5 Im vierten Sommer – bei gut garnierten Jungbäumen im dritten – sollte der Baum tragen, daher wird im folgenden Winter behutsamer geschnitten. Der Gerüstaufbau geht jedoch weiter: Dazu wählt man einen weiteren Leittrieb von jedem Ast und Seitenast aus und kürzt den Neuaustrieb um etwa ein Drittel. Weniger als 25 cm lange Triebe werden nicht geschnitten, längere auf vier bis sechs Knospen gekürzt, um die Fruchtholzbildung zu fördern. Schlecht platzierte Triebe werden entfernt.

Schnitt eines erwachsenen Buschbaumes

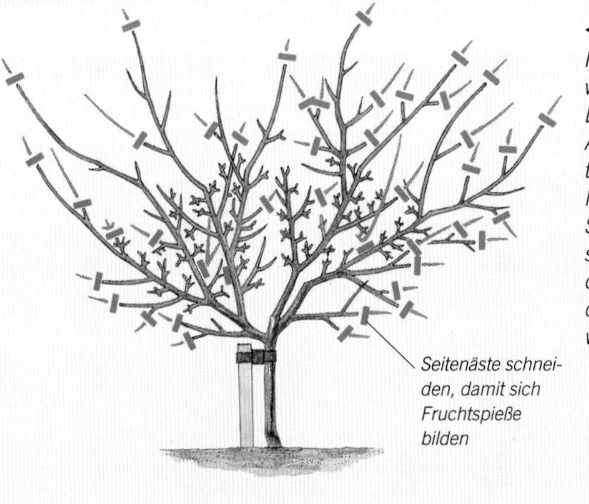

◄ Verjüngungsschnitt
Nicht tragende oder zu dicht wachsende Äste entfernen. Bei an der Spitze tragenden Äpfeln und Birnen die Leittriebe kürzen, ohne zu viele Fruchtknospen zu entfernen. Seitenäste unter 30 cm nicht schneiden, andere kürzen, damit sie mehr Triebe bilden, oder ganz entfernen. Niedrig wachsende Triebe entfernen.

Fruchtholz verjüngen ►
Leittriebe um ein Drittel des vorjährigen Holzes auf eine in die richtige Richtung stehende Knospe kürzen. Dadurch entstehen am Leittrieb Verzweigungen und neue Fruchtspieße. Ist er sehr wüchsig, wird er nicht oder nur an der Spitze leicht geschnitten. Weniger als 15 cm lange Seitenäste nicht schneiden, alle über 30 cm Länge entfernen. Die verbliebenen Seitenäste auf etwa sechs Knospen kürzen.

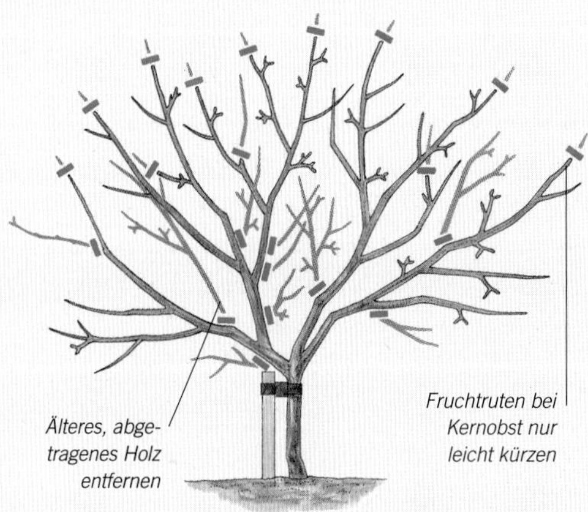

ZU WÜCHSIGE BUSCHBÄUME

Ein Sommerschnitt ist bei Buschbäumen meist nicht nötig, aber es lässt sich damit die Größe allzu wüchsiger Bäume begrenzen. Schließlich bremst ein Schnitt, wenn der Baum Blätter trägt, das Wachstum. Verholzte, über 30 cm lange Seitenäste werden auf eine Knospe bei etwa 15 cm gekürzt. Das fördert die Bildung von Fruchtknospen an den restlichen Trieben und lässt Licht und Luft besser in die Krone eindringen.

Der Schnitt beginnt im Spätsommer, wenn die Triebe reifen, und wird bis in den Frühherbst fortgesetzt, wenn die Seitenäste länger werden und verholzen. Ein auf diese Art geschnittener wüchsiger Baum braucht kaum noch einen Winterschnitt, der das Wachstum nur anregen würde. Bei Bedarf werden Äste entfernt, um die Krone licht zu halten.

VERNACHLÄSSIGTE BUSCHBÄUME VERJÜNGEN

Ein Baum, der mehrere Jahre vernachlässigt wurde, leidet unter Licht- und Luftmangel, was zu schwachem Wachstum führt. Es bilden sich wenige Früchte an den unteren Ästen, dafür sammeln sich Schädlinge und Krankheitserreger. Es können sich auch einige sehr lange Äste bilden, sodass die besten Früchte außer Reichweite wachsen. Doch vor dem Versuch einer Verjüngung stellt sich die Frage, ob sich die Mühe lohnt. Das ist sicher nicht der Fall bei einem sehr kranken und teilweise abgestorbenen Baum. Beherrscht der Baum den ganzen Garten oder wird er von Bäumen und Gebäuden beschattet, ist es leichter, ihn zu entfernen und durch mehrere Bäume auf schwach wachsender Unterlage zu ersetzen. Diese brauchen weniger Pflege und versprechen mehr Ertrag. Es gibt zwei Arten vernachlässigter Bäume – allzu wüchsige, große und zu dicht gewachsene sowie verkümmerte, schwache Bäume. Sie werden auf unterschiedliche Weise verjüngt. Bei großen Bäumen wird die Krone über mehrere Jahre ausgedünnt *(siehe unten)*, wobei man nicht mehr als ein Drittel der Äste pro Jahr entfernt. Bei Bedarf wird der Schnitt mancher Äste bis ins dritte Jahr verzögert. Dann lassen sich schon mehr Wassertriebe (kräftige, aufrechte Triebe mit wenigen Knospen) und sich kreuzende Äste entfernen. Im dritten Jahr können Sie mit dem normalen Schnitt beginnen.

Verkümmerte Bäume besitzen meist reichlich, aber schwaches Fruchtholz und kaum junge Triebe. Ertrag und Obstqualität sind meist schlecht. Zur Verbesserung wird das Fruchtholz auf etwa die Hälfte ausgedünnt und alle toten oder kranken Äste werden entfernt. Dadurch bilden sich neue Triebe, um die abgetragenen Äste zu ersetzen, und neues Fruchtholz mit gesunden Knospen.

DÜNGEN EINES VERNACHLÄSSIGTEN BUSCHBAUMES

Der Boden um einen vernachlässigten Baum enthält kaum noch Nährstoffe. Dadurch werden Wachstum, Blätter und Fruchtknospen weiter geschwächt. Die Bäume müssen nach der Verjüngung jährlich gedüngt werden. Dazu gibt man 70 g pro m^2 eines ausgewogenen

Verjüngung eines vernachlässigten Buschbaumes

Bei allzu wüchsigen, großen Bäumen erstreckt sich die Verjüngung über zwei oder drei Jahre. Ein kräftiger Schnitt in einem Jahr könnte das Wachstum zulasten des Ertrags noch weiter fördern. Es bilden sich keine Blüten, stattdessen wachsen weitere Triebe. Danach ist es oft schwer, den Baum wieder zur Fruchtbildung anzuregen.

1 Vor der Verjüngung ist die Krone ein Gewirr schwacher Zweige, eine Mischung aus gesundem und krankem Holz. Es dringt kaum Luft ein.

2 Im ersten Jahr werden alle toten, kranken Äste beseitigt, dazu noch einige andere Äste, um den Lichteinfall und den Luftaustausch zu verbessern. Zu dicht gewachsene Äste im Inneren werden entfernt, damit eine ausgewogene Form entsteht. Dabei schneidet man bis zum Ansatz zurück oder bis zu einem Ast, der mindestens ein Drittel des Durchmessers des entfernten Astes hat. In diesem Stadium werden weder altes Fruchtholz noch Seitenäste weggenommen (auch wenn sie minderwertig sind), denn sie können Blüten und Früchte bilden.

3 Im zweiten Jahr, bilden sich an großen Schnittstellen kräftige, aufwärtsstrebende Triebe (Wassertriebe). Einige lässt man stehen, sofern ein neuer Ast gebraucht wird, ansonsten entfernt man sie am Ansatz. Man kann sie im Hoch- bis Spätsommer, bei Äpfeln und Birnen auch während der Ruhezeit sowie bei Steinobst im Frühjahr beseitigen. In der Ruhezeit kann bei Bedarf die Höhe reduziert werden und auf einen kleineren Ast mit mindestens einem Drittel des Durchmessers des entfernten Astes gekürzt werden. Alle sich kreuzenden Äste entfernen.

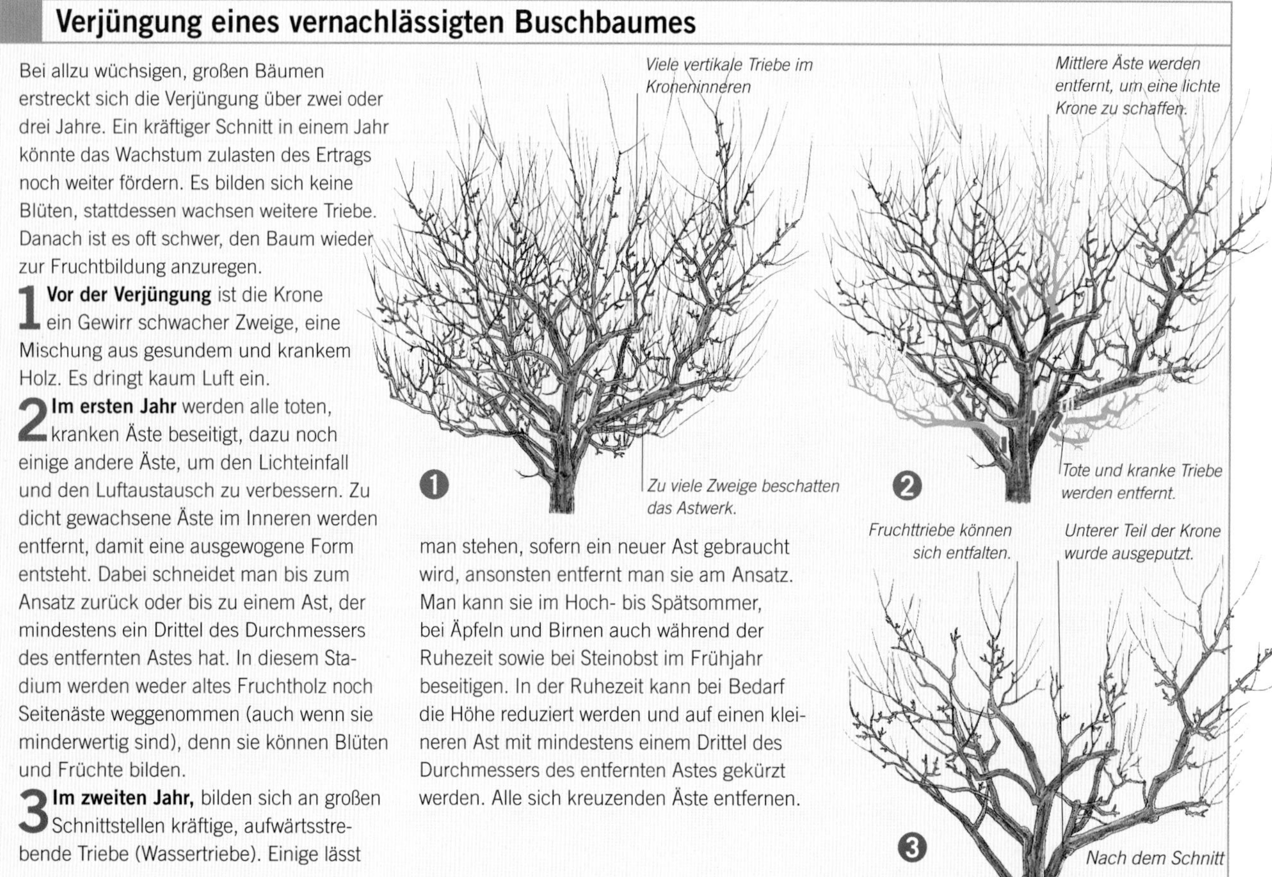

Formschnitt beim Spindelbusch

1 Im ersten Winter wählt man bei einer einjährigen Veredlung mit Seitentrieben vier gleichmäßig platzierte Seitenäste auf 60cm Höhe aus. Alle Seitenäste darunter entfernen; kürzere darüber stehen lassen. Den Leittrieb auf eine Knospe etwa 10cm über dem obersten Ast entfernen. Die Äste nicht schneiden, wenn sie kräftig wirken. Wachsen sie eher schwach, auf eine nach unten gerichtete Knospe kürzen.

2 Im ersten Sommer die Seitenäste auf etwa 20 Grad über der Waagerechten herunterbinden, sofern sie kräftig wachsen; ansonsten einfach wachsen lassen.

3 Ab dem zweiten Sommer alle neuen Seitenäste aus dem Stamm oder den Leitästen herunterbinden, die nicht im flachen Winkel wachsen. Störende kräftige, senkrechte Triebe am Ansatz entfernen.

4 Im vierten Winter höhere Äste, die über die Form hinauswachsen, auf einen schwachen Ast im flachen Winkel zurückschneiden. Niedrigere Äste entfernen, die mit benachbarten Bäumen konkurrieren. Zu dicht gewachsene Äste oder Triebe ausdünnen, damit Licht und Luft in die Krone gelangen.

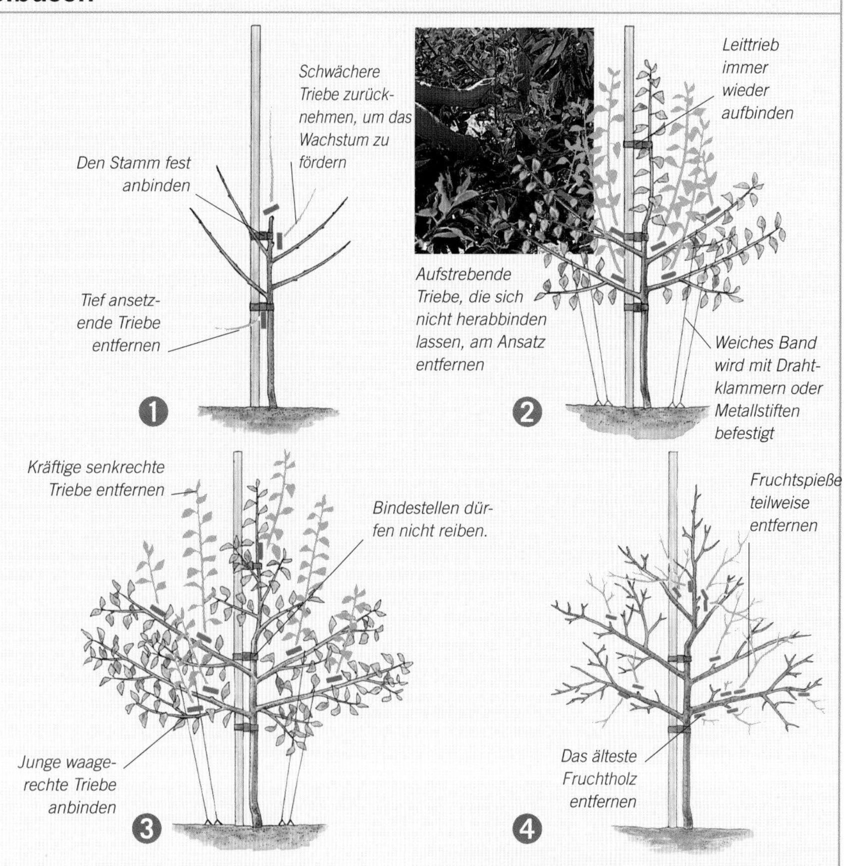

Düngers mit Spurenelementen. Nach drei oder vier Jahren wechselt man zum für die Obstart empfohlenen Dünger *(siehe einzelne Obstarten, S. 174–205).*

FORMSCHNITT BEIM SPINDELBUSCH

Die Spindel ist eine konische Form mit zentralem Leittrieb und versetzten Reihen fast waagerechter Äste. Diese Form braucht einen hohen Stützpfahl *(siehe S. 159)* und eignet sich für Birnen und Äpfel. Ein Jungbaum mit Seitentrieben erfährt den gleichen Formschnitt wie oben beschrieben. Besitzt der Jungbaum keine Seitentriebe, schneidet man ihn im ersten Winter auf eine Knospe in 75cm Höhe zurück. Im folgenden Sommer wird der Leittrieb an den Stützpfahl gebunden, und man bindet die Seitenäste *(siehe S. 170)* auf etwa 20 Grad über der Waagerechten herab. Von da an wird der Baum wie ein frisch gepflanzter Jungbaum mit Seitentrieben behandelt.

In den ersten zwei oder drei Wintern wird der Leittrieb um ein Drittel des Neuaustriebs auf eine Knospe gekürzt, die gegenüber der Schnittstelle des letzten Winters liegt. Dadurch entwickeln sich ein aufrechter Leittrieb und weiter unten Seitenäste. Triebe unterhalb der ersten Verzweigung und schlecht platzierte aufrechte Triebe werden entfernt. Wächst der Baum gut, sollte er im zweiten Sommer tragen (einjährige Jungbäume ohne Seitentriebe im dritten). Die Früchte werden ausgedünnt *(siehe S. 160)*, damit der Baum nicht zu stark belastet wird. Im dritten Sommer sollte der Baum die Endhöhe von 2–2,2m erreicht haben. Die Äste werden weiter heruntergebunden, kräftige senkrechte Triebe entfernt.

ERHALTUNGSSCHNITT BEIM SPINDELBUSCH

Im vierten Winter sollte der Baum seine Kegelform erreicht haben, mit einem breiten Kranz unterer Äste und kürzeren höheren Ästen. Von nun an wird so geschnitten, dass die Form erhalten bleibt und genügend Licht auf alle Zweige fällt.

Erhaltungsschnitt beim Spindelbusch
Im Winter werden ältere Triebe entfernt. Die alten Äste kürzt man mit einem leicht schrägen Schnitt bis auf den zentralen Leittrieb. Dabei bleibt ein Stumpf (siehe kleines Bild) *von etwa 2,5cm Länge, der den Neuaustrieb aus einer schlafenden Knospe fördert.*

Ein erwachsener Spindelbusch wird im Winter geschnitten, damit genügend junges Holz entsteht, um den Baum kräftig zu halten und um ältere Äste zu ersetzen. Die Äste im oberen Teil des Baumes halten nicht lange. Nach drei oder vier Jahren wird ein Teil entfernt, da sie zu lang werden und die Form des Baumes stören. Fruchtende Seitenäste der niedrigeren Äste werden ebenso behandelt. Wachsen die Seitenäste zu dicht, werden sie ganz oder bis auf einen schrägen Stumpf entfernt, aus dem sich ein neuer Ast bilden kann. Im Winter oder Spätsommer werden kräftige Konkurrenztriebe sowie alle senkrecht wachsenden Triebe entfernt. Im Spätsommer oder Frühjahr die neuen Triebe herunterbinden. Die Stammverlängerung darf nicht zu hoch (über 2,2 m) oder dominierend werden. In diesem Fall wird auf einen schwächeren Seitenast zurückgeschnitten und dieser formiert.

ÄSTE BEIM SPINDELBUSCH HERUNTERBINDEN

Es gibt verschiedene Methoden Äste herunter zu binden, damit sie waagerecht wachsen. Dazu eignet sich fester, aber weicher Bindebast. Er wird nicht fest um den Ast gebunden, sondern in eine Schlinge gelegt. Niedrigere Äste werden an Stifte im Boden oder einen Nagel unten im Pfahl gebunden. Höhere Äste können an die unteren gebunden werden. Die Bindung wird entfernt, wenn Äste ihren Wuchs gefestigt haben, meist nach ein paar Wochen. Einjährige Äste lassen sich auch durch ein Gewicht herunterziehen, das mit einer Wäscheklammer an einem Bindfaden hängt.

FORMSCHNITT BEI PYRAMIDE UND ZWERGPYRAMIDE

Die Pyramide entsteht aus einem zentralen Leittrieb, von dem die Äste speichenförmig abstehen. Sie wird immer von einem Pfahl *(siehe S. 159)* gestützt. Diese Platz sparende Form lässt die Sonne auf alle Früchte am Baum einfallen. Sie ist besonders für Pflaumen beliebt, da der Schnitt im Frühjahr und Sommer erfolgen kann. Sie eignet sich aber auch für Äpfel, Birnen, Süß- und Sauerkirschen, Pfirsiche und Aprikosen. Die hier gezeigte Methode gilt für Pflaumen, Süßkirschen und Aprikosen. Der Schnitt der anderen Obstarten gestaltet sich etwas anders *(siehe einzelne Obstarten, S. 174–184, 191–195)*. Eine Zwergpyramide wird wie eine Pyramide erzogen, wächst aber auf einer zwergigen Unterlage, wie es sie für Äpfel und Birnen gibt.

Der Formschnitt soll die Baumform festlegen und ausladende Äste erziehen. Am besten beginnt man mit einer einjährigen Veredlung mit vielen Seitentrieben *(siehe Kasten, unten)*. Jungbäume ohne Seitentriebe werden auf eine Knospe, etwa 90 cm über dem Boden zurückgeschnitten. Ab dem nächsten Frühjahr geht man in gleicher Weise vor.

Schnitt einer Pyramide

1 Nach der Pflanzung Anfang bis Mitte Frühjahr auf eine Knospe 10–20 cm über dem höchsten Seitentrieb kürzen. Seitentriebe unter 45 cm Höhe entfernen. Die restlichen Seitentriebe um die Hälfte kürzen, bei kräftigen Trieben auf eine nach unten gerichtete, bei schwachen auf eine nach oben gerichtete Knospe schneiden.

2 Im ersten Sommer die Stammverlängerung aufbinden. Im Hoch- bis Spätsommer, wenn die jungen Triebe nicht mehr wachsen, den diesjährigen Austrieb der Leitäste auf eine nach unten gerichtete Knospe bei etwa 20 cm kürzen. Seitenäste auf etwa 15 cm kürzen, am besten auf eine nach unten gerichtete Knospe. So fortfahren, bis der Baum herangewachsen ist.

3 Anfang bis Mitte Frühjahr der folgenden Jahre, bis der Baum fertig erzogen ist, die Stammverlängerung um zwei Drittel des vorjährigen Austriebs auf eine Knospe zurückschneiden, die dem Schnitt des vorigen Jahres gegenüberliegt.

4 Hat der Baum seine Endhöhe erreicht (diese hängt von Baum und Unterlage ab), werden gegen Ende des Sommers und des Wachstums alle Triebe an der Spitze der Pyramide auf 2–3 cm gekürzt. Gleichzeitig wird der diesjährige Austrieb der Leitäste auf eine nach unten gerichtete Knospe bei etwa 20 cm geschnitten. Die Seitenäste ebenfalls auf eine nach unten gerichtete Knospe bei etwa 15 cm kürzen.

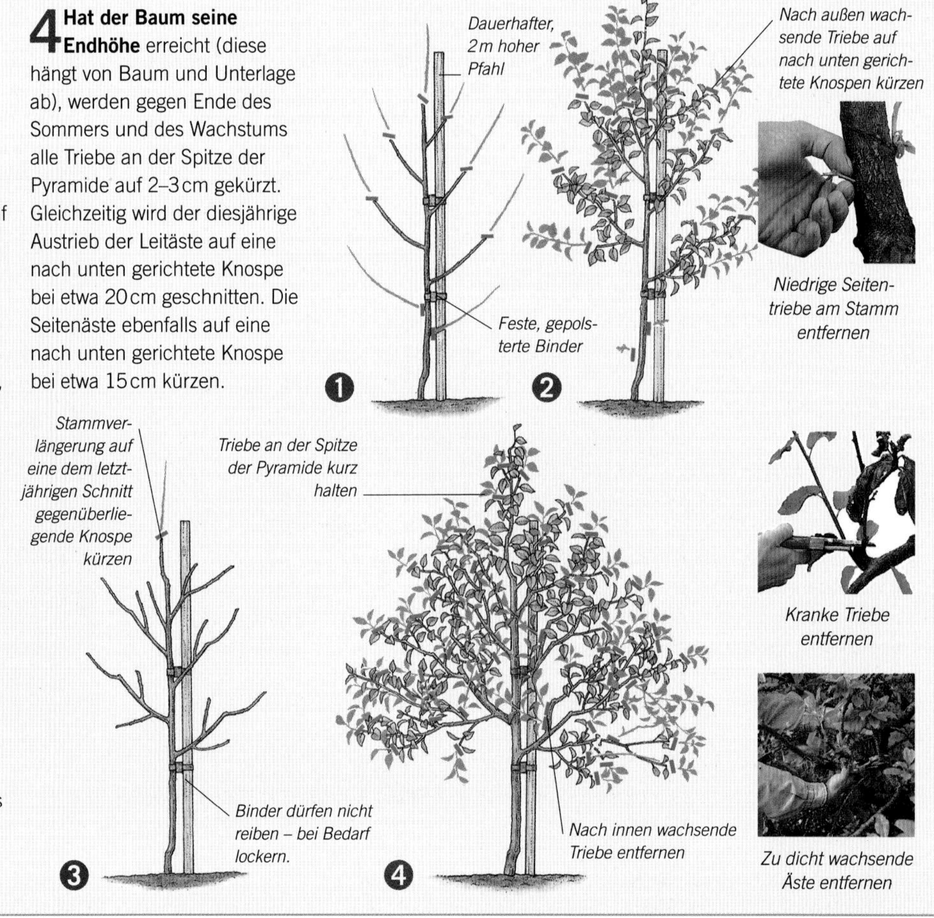

Der Sommerschnitt strenger Baumformen

Streng formierte Äpfel oder Birnen (als Kordon, Palmette, Fächer) brauchen einen Sommerschnitt. Dadurch wird das Wachstum begrenzt, die Form bleibt erhalten und die Bildung von Fruchtholz wird gefördert. Der Schnitt wird genau dann ausgeführt, wenn sich das Wachstum im Spätsommer verlangsamt, und zieht sich eventuell über mehrere Wochen hin. Zu dieser Zeit werden die Knospen für das folgende Jahr angelegt und die Sprosse verholzen. Der genaue Zeitpunkt schwankt von Jahr zu Jahr und von Region zu Region. Bei warmem, trockenem, sonnigem Klima liegt er früher, in kühlen, nassen Regionen später. Wird rechtzeitig geschnitten, entwickeln sich einige der verbleibenden Knospen zu Fruchtknospen. Wird der Schnitt zu früh ausgeführt, bilden sich schwache Blätter anstelle der Fruchtknospen. In diesem Fall werden die neuen Triebe Anfang bis Mitte Herbst auf ein Blatt ausgedünnt.

1 **Diesjährige Seitenäste,** die länger als 25cm sind und einem anderen Seitenast entspringen, werden auf ein Blatt oder 2–3cm über dem Blattbüschel am Triebansatz eingekürzt.

2 **Vom Leitast abzweigende Triebe** werden auf drei Blätter oder 5–8cm über dem Blattbüschel am Triebansatz geschnitten.

3 **Noch nicht ausgereifte Triebe** und solche, die kürzer sind als 25cm, werden erst im Frühherbst geschnitten. Nach dem Schnitt *(rechts im Bild)* ist die Form des Fächers (Apfel 'Ashmed's Kermel') wieder hergestellt. Alle Früchte erhalten direktes Sonnenlicht und das verbleibende Holz reift für das nächste Jahr.

ERHALTUNGSSCHNITT DER PYRAMIDE

Die Pyramidenform des Baumes muss erhalten bleiben. Wüchsige senkrechte Triebe dominieren leicht und beschatten die waagerechten Fruchtäste; daher werden sie im Sommer entfernt. Wird der Baum älter, müssen störende Äste im Frühjahr bis zum Ansatz oder auf einen geeigneten Ast, der mindestens ein Drittel vom Durchmesser des entfernten Stücks hat, zurückgeschnitten werden.

FORMSCHNITT BEIM SCHRÄGEN KORDON

Der schräge Kordon besteht aus einem schräg erzogenen Stamm mit Fruchtholz und Fruchtspießen. Diese Form ist sehr ertragreich, fruchtet am schnellsten, oft schon im zweiten Sommer, und eignet sich für Äpfel, Birnen und Pflaumen. Äpfel und Birnen können auch als senkrechter oder als Mehrfach-Kordon erzogen werden *(Einzelheiten auf S. 176 und S. 182).*

Für die Erziehung eignet sich am besten eine einjährige Veredlung mit Seitentrieben oder ein zweijähriger vorgezogener Kordon. Die Pflanzung ist auf *S. 159* beschrieben. Wenn Sie Apfel oder Birne als Jungbaum mit Seitentrieben oder vorgezogenen Kordon haben *(siehe S. 172).*

Bei einer einjährigen Veredlung ohne Seitentriebe schneidet man die Spitze leicht auf eine nach oben gerichtete Knospe, damit sich Seitentriebe bilden. Ab dem nächsten Winter geht man wie bei einem Jungbaum mit Seitentrieben vor. Im folgenden Frühjahr werden alle Blüten entfernt, damit der Baum nicht zu früh trägt und gut anwächst. Ein Winterschnitt ist erst wieder nötig, wenn der Baum fertig erzogen ist. Genaueres zu Pflaumenkordons finden Sie auf *S. 186.*

ERHALTUNGSSCHNITT BEIM SCHRÄGEN KORDON

Der Sommerschnitt ist jedes Jahr nötig, um den Neuaustrieb zu beschränken; ein Winterschnitt nur gelegentlich, um zu dichte Stellen auszulichten *(siehe S. 172).* Der Erhaltungsschnitt bei Pflaumenkordons ist auf *S. 186* beschrieben.

FORMSCHNITT BEI DER PALMETTE

Eine Palmette ist eine symmetrische Form, deren Astpaare in etwa 45 cm Abstand waagerecht am senkrechten Stamm sitzen. Diese Form eignet sich für Äpfel, Birnen und Maulbeeren.

Bei einer einjährigen Veredlung ohne Seitentriebe wird im ersten Winter der Stamm auf 45 cm Höhe geschnitten, sodass vier gesunde Knospen darunter liegen. Die Höhe sollte etwa der des ersten Drahtes entsprechen *(siehe S. 162).* Ein Bambusrohr wird bis zur Höhe des obersten Drahtes senkrecht angebracht. Daran bindet man den Stamm fest. Zwei kurze Rohre werden rechts und links im Winkel von 45 Grad an den Drähten befestigt. Ab dem ersten Sommer, oder bei einem vorgezogenen Spalierbaum, gelten die Anleitung auf *S. 172.*

ERHALTUNGSSCHNITT BEI DER PALMETTE

Hat der Baum so viele Lagen wie Spanndrähte vorhanden sind, wird im Sommer nach dem Aufbinden der letzten Etage die Stammverlängerung entfernt. So bleibt sie als Reserve erhalten, bis alle Triebe nach einer Seite hin erzogen wurden, und ermöglicht einen größeren Winkel zum Stamm. In den nächsten Jahren werden die Leitäste jeder Etage weiter angebunden, bis sie die gewünschte Länge erreicht haben. Der Neuaustrieb wird nicht beschnitten.

Schnitt eines schrägen Kordons

1 Nach der Pflanzung werden alle Seitenäste, die länger sind als 10 cm, auf drei Knospen gekürzt. Stamm und kürzere Seitenäste bleiben ungeschnitten.

2 Ab dem ersten Sommer erfolgt der Hauptschnitt im Sommer, wie beim Sommerschnitt für strenge Formen *(siehe S. 171)* beschrieben. Die Stammverlängerung wird im Lauf des Sommers an das Rohr gebunden, aber nicht geschnitten.

3 Jeden Sommer die Regeln für den Sommerschnitt befolgen, dabei die Stammverlängerung aufbinden, bis sie die gewünschte Länge bis zum höchsten Draht erreicht hat. Ist genügend Platz vorhanden, kann der Kordon auf 35–40 Grad gesenkt und damit verlängert werden, sodass sich mehr Früchte bilden. Hat die Stammverlängerung die Endlänge erreicht, wird sie gekappt und im Weiteren ebenso wie die Seitenäste behandelt.

4 Ein Winterschnitt kann nach einigen Jahren nötig werden. Über mehrere Jahre verteilt, werden zu dichte gewachsene Fruchtholzsysteme ausgedünnt *(siehe auch S. 165).*

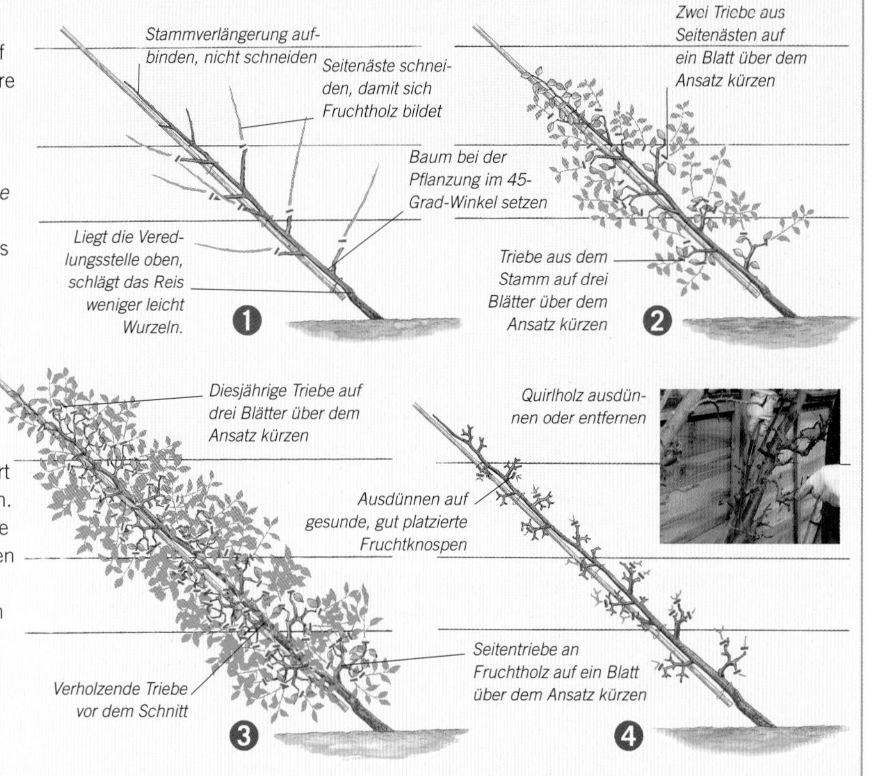

Schnitt einer Palmette

1 Im ersten Sommer drei kräftige Triebe auswählen und nach und nach jeweils an ein Rohr binden. Alle anderen entfernen. Im Frühherbst die Triebe und Rohre an den Seiten in die Waagerechte absenken und an die Drähte binden.

2 Im zweiten Winter vier gesunde Knospen auf Höhe des zweiten Drahts auswählen und die Stammverlängerung auf die höchste davon kürzen. Rechts und links ein Rohr im Winkel von 45 Grad anbringen. Jeweils im Winter wiederholen, bis alle Etagen ausgebildet sind.

3 Im zweiten Sommer zwei Triebe für die nächste Lage aufbinden und die Stammverlängerung an das senkrechte Rohr binden. Seitentriebe der ersten Lage oder am Stamm wie beim Sommerschnitt *(siehe S. 171)* im Spätsommer schneiden, wenn die Triebe reif sind. Im Herbst können die auf 45 Grad erzogenen Triebe in die Waagerechte gesenkt werden. Diesen Vorgang jeden Sommer wiederholen, bis alle Etagen ausgebildet sind. Die vorhandenen Äste erfahren den üblichen Sommerschnitt.

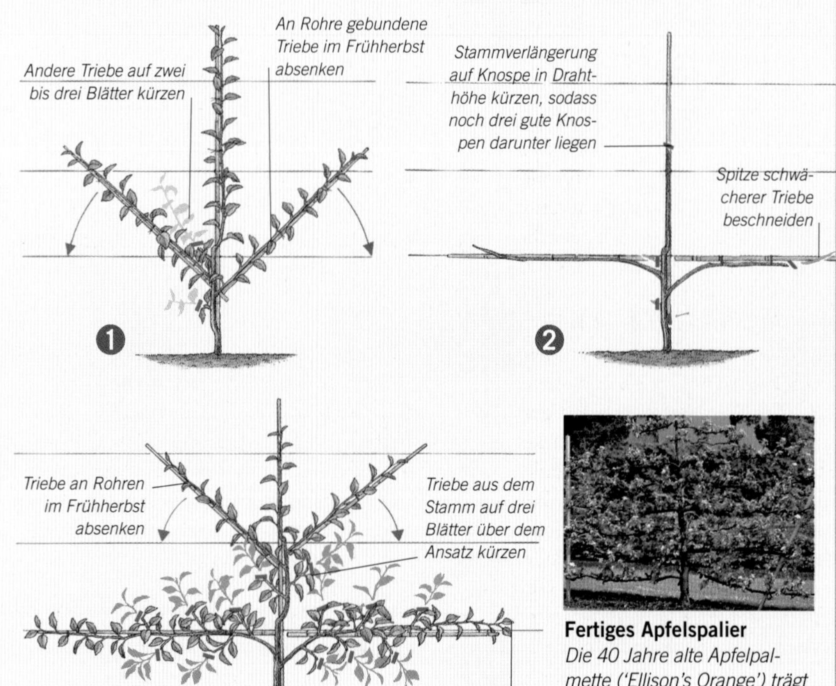

Fertiges Apfelspalier
Die 40 Jahre alte Apfelpalmette ('Ellison's Orange') trägt noch immer gut.

Formschnitt beim Fächer

1 Eine einjährige Veredlung ohne Seitentriebe wird im Winter bei 40–45 cm eingekürzt. Darunter soll eine Reihe von mindestens drei gesunden Knospen liegen. Zwei Bambusrohre rechts und links im Winkel von 45 Grad an die Drähte binden. Während des Wachstums auf jeder Seite einen Trieb aufbinden. Wachsen diese gut, die anderen Triebe entfernen. Oft muss der höchste Trieb entfernt werden, da er fast senkrecht wächst.

2 Seitentriebe einer einjährigen Veredlung im Winter auf zwei Seitentriebe bei 40–45 cm Höhe schneiden. Diese um zwei Drittel auf eine nach oben gerichtete Knospe kürzen. Während des Wachstums wie oben im zweiten Jahr verfahren.

3 Im Winter des zweiten Jahres die beiden Triebe um etwa zwei Drittel auf eine nach oben gerichtete Knospe kürzen. Während des Wachstums die neuen Triebe an den Bambusrohren aufbinden. Je zwei Triebe im gleichen Abstand an der Oberseite und eine an der Unterseite der Äste auswählen und an Rohren aufbinden.

4 Im dritten Jahr die vier Triebe auf jeder Seite um ein Drittel auf eine nach oben gerichtete Knospe kürzen. Während des Wachstums die Leitäste an die Rohre binden. Weitere Triebe an jedem Ast auswählen, um das Gerüst weiter auszubauen. Nach innen wachsende Triebe auskneifen.

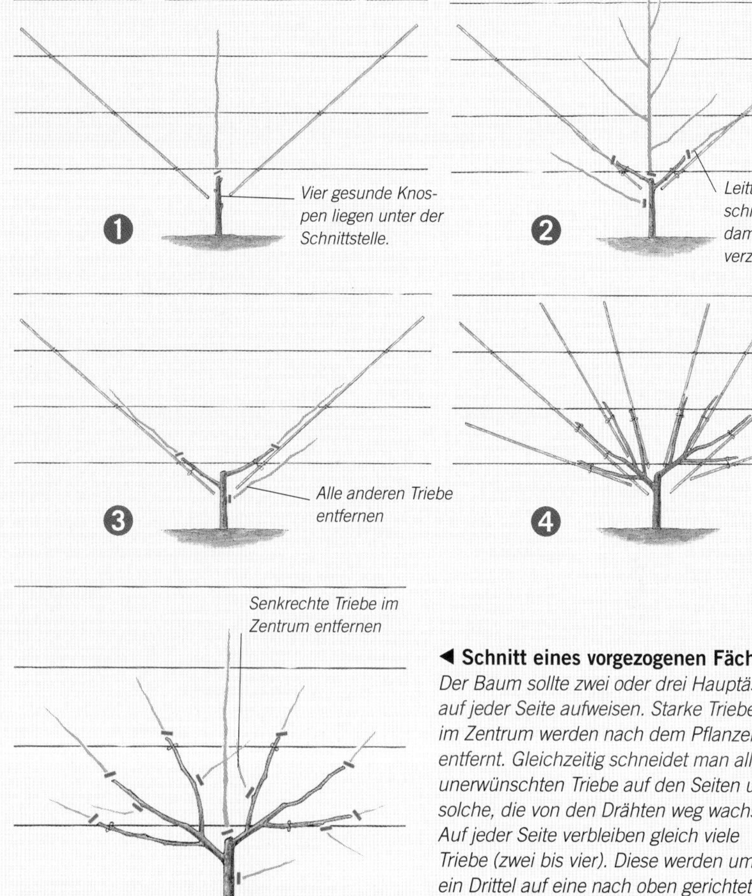

◄ **Schnitt eines vorgezogenen Fächers**
Der Baum sollte zwei oder drei Hauptäste auf jeder Seite aufweisen. Starke Triebe im Zentrum werden nach dem Pflanzen entfernt. Gleichzeitig schneidet man alle unerwünschten Triebe auf den Seiten und solche, die von den Drähten weg wachsen. Auf jeder Seite verbleiben gleich viele Triebe (zwei bis vier). Diese werden um ein Drittel auf eine nach oben gerichtete Knospe eingekürzt. Während des Wachstums wie beschrieben (4) schneiden.

Die restlichen Seitenäste und neuen Triebe werden wie beim Sommerschnitt behandelt. Bei älteren Spalieren muss eventuell im Winter das Fruchtholz ausgedünnt werden *(siehe S. 165).*

FORMSCHNITT BEIM FÄCHER

Ein Fächer hat einen kurzen, senkrechten Stamm und zwei Hauptarme, die auf jeder Seite ein gleichmäßiges Netz aus Seitenästen tragen. Es gibt keine Stammverlängerung, da ein senkrechter Trieb zu leicht den gesamten Baum dominiert. Für alle Obstarten gleich ist der grundlegende Formschnitt, der über die Entwicklung eines guten Gerüsts entscheidet. Der weitere Schnitt unterscheidet sich jedoch in Details und in Bezug auf den Zeitpunkt *(siehe einzelne Obstarten, S. 174–199).*

Ein Fächer lässt sich nach der oben stehenden Anleitung aus einer einjährigen Veredlung (mit oder ohne Seitentriebe) oder aus einem vorgezogenen Fächer aus der Baumschule erziehen. Ein Jungbaum mit Seitentrieben sollte zwei gut platzierte, gegenständige Triebe aufweisen.

ERHALTUNGSSCHNITT BEIM FÄCHER

Ab dem vierten Jahr beim Jungbaum ohne Seitentriebe, bei anderen ab dem dritten, wird das Astgerüst weiter ausgebaut, wobei eine kräftige, ausgewogene Form entstehen soll. Die Behandlung der einzelnen Triebe richtet sich nach der Obstart *(S. 174–199).*

VERJÜNGUNG VON FÄCHERN, PALMETTEN UND KORDONS

Wird der Sommerschnitt *(siehe S. 171)* bei den strengen Formen nur einige Jahre vernachlässigt, verlieren die Bäume ihre Form: Sie bilden Äste an der falschen Stelle, die dem Fruchtholz Wuchskraft entziehen. In diesem Fall, lohnt sich eine Verjüngung nicht unbedingt, außer bei Feigen *(siehe S. 199).* Ist der Baum gesund und die Form noch erkennbar, lässt sie sich wieder herstellen. Die Verjüngung dauert je nach Zustand des Baumes ein bis zwei Jahre. Für das Gerüst nicht gebrauchte Äste werden bei Äpfeln und Birnen im Winter, bei Steinobst im Frühjahr auf den Ansatz oder einen Trieb in der Nähe des Ansatzes geschnitten. Alle Triebe an der Baumspitze werden auf die richtige Höhe zurückgenommen. Zu dichtes Fruchtholz wird ausgedünnt *(siehe S. 165).* Fällt viel Arbeit an, wird sie über zwei Jahre verteilt: Im ersten Jahr wird jeder zweite unerwünschte Ast entfernt, der Rest im zweiten. Dominiert die obere Etage eines Spaliers, wird sie entfernt *(siehe Formschnitt, S. 171–172).*

BAUMOBST

Apfel

Vom Apfel *(Malus domestica)*, dem vielseitigsten Baumobst, kennt man viele Tafel- und Mostsorten. Sie reifen zu verschiedenen Zeiten, sodass es von Hochsommer bis April frische Äpfel gibt, wenn sie richtig gelagert werden. Der Apfel stammt aus Zentralasien, ist daher an kalte Winter angepasst. Es gibt für die meisten Standorte und Böden passende Sorten. Ein sonniger, geschützter Platz eignet sich am besten, Frostsenken meidet man besser. Die meisten Äpfel vertragen jeden gut dränierten Boden mit einem pH-Wert von etwa 6,5. Andernfalls kann der Boden verbessert werden *(siehe S. 18)*.

DIE RICHTIGE BAUMFORM

Äpfel werden in verschiedenen Formen und auf unterschiedlichen Unterlagen erzogen. Die Wahl der Unterlage richtet sich auch nach der Art der Fruchtbildung *(siehe gegenüber)*. Davon wiederum kann die Entscheidung für eine bestimmte Apfelsorte abhängen. Geeignete frei stehende Formen sind Hoch- und Halbstamm, Busch, Spindel und Pyramide. Der Busch passt zu an der Spitze und an Kurztrieben tragenden Sorten, Spindelbusch und Pyramide eignen sich für Letztere. Diese brauchen eine dauerhafte Stütze *(siehe S. 158–159)*.

Äpfel gedeihen auch als Spalier an Mauern und Zäunen *(siehe S. 162)*. Hierfür eignen sich vorwiegend an Kurztrieben tragende Sorten besser. Sorten für das Spalier sind schon vorgezogen im Handel (meist mit zwei Lagen) erhältlich, was zwei Jahre Schnitt und Erziehungsarbeit spart. Die Auswahl an Unterlagen und Sorten ist jedoch begrenzt und vorgezogene Bäume sind teurer als einjährige Veredlungen. Vorgezogene Fächer sind zwar gelegentlich erhältlich, aber im Normalfall wird man eine einjährige Veredlung kaufen müssen.

Der klassische Apfel
Zu den ganz bekannten Apfelsorten zählt der schmackhafte 'Cox Orange', der seit Mitte des 19. Jahrhunderts häufig angepflanzt wird.

Hoch- und Halbstämme passen nur in große Gärten und auf Obstwiesen. Die hohen Bäume sind schwerer zu schneiden und zu beernten. Für die meisten Standorte eignet sich ein Buschbaum besser. Die Spindel passt in kleine Gärten und Kübel. Pyramide und Zwergpyramide sind ebenfalls ideal für kleine Gärten, da sie weniger Schatten werfen als ein Busch und schöne Früchte hervorbringen.

Strenge Formen wie der Kordon ermöglichen es, verschiedene Sorten auf kleinem Raum zu ziehen. Dekorative Spaliere und Fächer passen gut in den normalen Hausgarten. Die sogenannten Ballerina-Bäumchen sind so gezüchtet, dass sie eine kompakte Säulenform entwickeln *(siehe S. 177)* und auf engstem Raum wachsen.

DIE RICHTIGE UNTERLAGE

Die Unterlage und die Baumform haben entscheidenden Einfluss auf die Endgröße eines Apfelbaums. Beides ist passend zum vorhandenen Platz und zur gewünschten Obstmenge auszuwählen *(Tabelle unten und S. 153)*. Die extrem schwach wachsende Unterlage M 27 ist ideal für wüchsige (vor allem triploide) Sorten *(siehe S. 156)*. Sie eignet sich weniger für sehr schwachwüchsige Sorten.

Waagerechte Kordons *(siehe S. 176)* lassen sich nur auf der sehr schwach wachsenden Unterlage M 27 erziehen. Bei Bäumen auf M 27 ist auf guten Boden, keine bedrängende Nachbarn und auf eine dauerhafte Stütze zu achten. Bäume auf der schwach wachsenden Unterlage M 9 brauchen eine dauerhafte Stütze und vertragen nur konkurrenzschwache Nachbarn. M 9

PFLANZABSTÄNDE FÜR BAUMFORMEN UND UNTERLAGEN BEIM APFEL

Unterlage und Wuchskraft	Hochstamm	Halbstamm	Busch	Spindel	Pyramide	Kordon	Spalier	Fächer
M 27 sehr schwach wachsend	–	–	1,2–1,8 m	1,5–1,8 m	1,2–1,5 m	75 cm	–	–
M 9 schwach wachsend	–	–	1,8–3 m	1,8–2,1 m	1,5–1,8 m	75 cm	–	–
M 26 mittelschwach wachsend	–	–	2,4–3,6 m	1,8–2,25 m	1,8–2,1 m	75 cm	3,0–3,6 m	3–3,6 m
MM 106 mittelstark wachsend	–	3,6–5,5 m	3,6–5,5 m	2,4–3,0 m	2,1–2,4 m	–	3,6–4,5 m	3,6–4,5 m
MM 111 mittelstark wachsend	4,5–6,5 m	4,5–6,5 m	4,5–6,5 m	–	–	–	4,5–5,5 m	4,5–5,5 m
M 25 stark wachsend	6–9 m	6–9 m	–	–	–	–	–	–

eignet sich für Spindeln, Pyramiden und Kordons auf gutem Boden sowie für wüchsige Sorten. M 26 ist eine mittelschwach wachsende, meist zuverlässige Unterlage – ideal für Büsche, Spindeln (in gewachsenem Boden und im Kübel), Zwergpyramiden, Kordons und kleine Spaliere mit bis zu drei Etagen. Frei stehende Bäume auf M 26 müssen für ein bis zwei Jahre gestützt werden. Die mittelstark wachsende MM 106 wird vor allem für Buschbäume, Spaliere und Fächer verwendet. Frei stehende Bäume auf MM 106 brauchen für ein bis zwei Jahre eine Stütze. Ballerina-Bäumchen werden auf MM-106-Unterlagen verkauft. Etwas wüchsiger als MM 106 ist MM 111, die sich für Halbstämme, Buschbäume und Spaliere, besonders in magerem Boden, eignet. Die sehr stark wachsende M 25 passt am besten für Hochstämme auf Obstwiesen und in großen Gärten. Bäume auf dieser Unterlage werden auch in nährstoffarmem Boden groß und tragen erst nach Jahren.

BESTÄUBUNG

Äpfel blühen von April bis Ende Mai, je nach Witterung und Sorte. Im Vergleich zu anderem Baumobst ist das nicht sehr früh, trotzdem sind sie anfällig für Spätfröste. In frostgefährdeten Regionen sollten spät blühende *(siehe Tabelle, S. 180)* oder frostfeste Sorten bevorzugt werden *(siehe Tabelle, S. 179)*.

Fast alle Äpfel sind teilweise selbststeril und befruchten sich schlecht mit eigenem Pollen. Der Ertrag ist besser, wenn sie von passenden Sorten bestäubt werden. Selbstfruchtbare Apfelsorten sind selten wie z.B. einige in England gefundenen Mutanten von 'Cox Orange'.

Die meisten Äpfel sind diploid *(siehe S. 156)* und brauchen einen geeigneten Bestäuber, um gut zu tragen. Die triploiden Sorten *(siehe S. 156)* müssen zur Bestäubung zusammen mit mindestens zwei passenden diploiden Sorten gepflanzt werden.

Apfelsorten werden nach ihrer Blütezeit eingeteilt. Für eine gute Bestäubung wählt man Sorten aus derselben Gruppe *(siehe S. 180)*, doch auch Sorten aus benachbarten Gruppen dienen als Bestäuber. Manche Sorten sind untereinander steril, meist weil sie zu nahe verwandt sind, wie 'Cox Orange' mit 'Holsteiner Cox' oder 'Suntan', 'Melrose' mit 'Jonathan' oder 'Maigold' und 'Mutsu' mit 'Golden Delicious'.

Sports (natürliche Mutationen) von Sorten, wie Farbvariationen oder selbstfertile Klone von 'Cox Orange', blühen meist zur selben Zeit wie die Sorte, von der sie abstammen. Auch Bäume in Nachbargärten und Zieräpfel können als Bestäuber dienen.

PFLANZUNG

Die beste Zeit, um Äpfel zu pflanzen, ist die Ruhezeit *(siehe S. 158–159)*. Pfähle und Drähte, die man für die Baumform braucht, bereitet man zuvor schon vor. Wurzelnackte Pflanzen wachsen meist gut an. Ebenso kann man im Kübel gezogene Äpfel pflanzen. Die Wurzeln dürfen aber nicht mit dem Topf verwachsen sein.

SCHNITT UND ERZIEHUNG

Die Art der Fruchtbildung *(siehe unten)* bestimmt, welche Schnittmethode für den erwachsenen Baum gilt. Das ist wichtig, um nicht die Blütenknospen der folgenden Jahre zu entfernen. Beim Schneiden einer unbekannten Sorte sollten Sie darauf achten, wo die Blütenknospen *(siehe S. 164)* sitzen. Sorten, die teilweise an der Spitze von Langtrieben tragen, werden nach beiden Methoden geschnitten. Die meisten Schnittarbeiten fallen während der Ruhezeit im Winter an. Strenge Formen erfahren einen Sommerschnitt. Hoch- und Halbstämme oder Buschbäume werden wie auf S. 166–168 geschnitten.

Der Schnitt eines älteren Apfelbuschs richtet sich nach der Art der Fruchtbildung *(siehe unten)*. Der Schnitt von Spindeln *(siehe S. 169–170)* erfolgt in der Ruhezeit, um den Wuchs zu fördern, im Sommer, um ihn zu bremsen. Der Schnitt von schrägen Kordons und Palmetten ist auf S. 171–172 beschrieben, der Formschnitt eines Fächers

Fruchtbildung beim Apfel

Die Apfelsorten unterscheiden sich, je nachdem an welchen Stellen am Trieb sich die Blütenknospen entwickeln.

Endständig fruchten 'Berlepsch', 'Idared' und 'Gloster'. Am einjährigen Holz, bevorzugt im mittleren Drittel von Langtrieben, fruchten 'Alkmene', 'Cox Orange', 'Golden Delicious' und 'Goldparmäne'.

An mehrjährigen Kurztrieben, dem sogenannten Quirlholz, bilden folgende Apfelsorten noch Früchte aus: 'Boskoop', 'James Grieve', 'Klarapfel' und ebenso 'Goldparmäne'.

An Langtrieben
Die Früchte reifen an den Triebspitzen. Manche Sorten bilden zusätzlich fruchtende Kurztriebe. Für beide Formen ist der Buschbaum-Schnitt ideal.

An Kurztrieben
Blüten und Früchte entwickeln sich an Seitentrieben oder an den Kurztrieben entlang der Hauptäste. Dieser praktischere Fruchtungstyp eignet sich besonders für Pyramide und Spalierformen.

auf *S. 173*. Bei einem etablierten Fächer werden Triebe, die nicht für den Gerüstaufbau benötigt werden, im Sommer gekürzt *(siehe S. 171)*.

SCHNITT VON PYRAMIDE UND ZWERGPYRAMIDE

Ist das Grundgerüst geformt, werden Pyramiden im Sommer geschnitten, um die kompakte Form zu erhalten. Ähnlich wird die Zwergpyramide geschnitten. Der Schnitt von Apfelpyramiden weicht etwas vom Grundprinzip ab *(siehe S. 170–171)*. Das gilt auch für den Zeitplan, denn im Winter ist ein zusätzlicher Formschnitt nötig. Man wählt dafür nach Möglichkeit eine einjährige Veredlung mit Seitentrieben.

Im ersten Winter wird der Stamm auf eine Knospe in etwa 60 cm Höhe gekürzt. Alle Seitentriebe, die länger als 15 cm sind, werden auf eine Knospe bei 12 cm gekürzt, alle, die weniger als 45 cm hoch über dem Boden entspringen, entfernt. Im ersten Sommer wird die Stammverlängerung aufgebunden und im zweiten Winter auf 20–25 cm des diesjährigen Austriebs gekürzt. Und zwar auf eine Knospe, die dem Schnitt des ersten Winters gegenüberliegt. Leit- und Seitenäste werden auf 15–20 cm auf eine nach unten oder außen gerichtete Knospe gekürzt.

Ab dem zweiten Sommer beginnt der Sommerschnitt *(siehe S. 171)*, die Leitäste werden auf fünf bis sechs Blätter über dem Ansatz auf eine nach unten gerichtete Knospe gekürzt. In den folgenden Wintern wird die Stammverlängerung auf 20–25 cm des Neuaustriebs gekürzt, bis die Endhöhe von 2–2,2 m erreicht ist. Ältere Bäume schneidet man im Sommer. Eventuell wird im Winter das Fruchtholz ausgedünnt oder störende Äste werden entfernt.

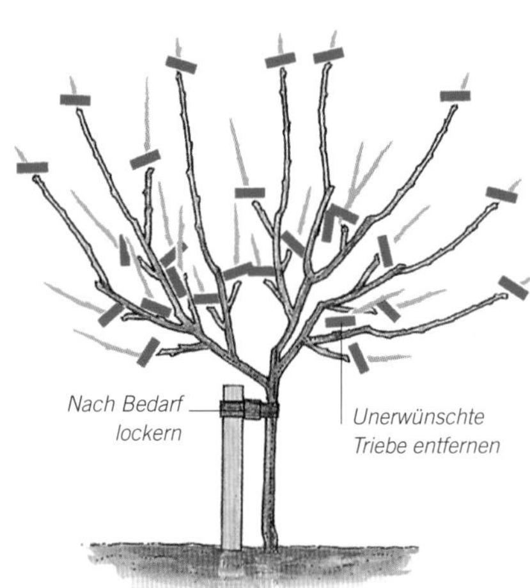

Erhaltungsschnitt beim Buschbaum (mit Kurztrieben)
Im Winter die Leitäste um ein Viertel bis ein Drittel des Neuaustriebs kürzen. Die Seitentriebe bei der vierten bis sechsten Knospe kappen, um die Bildung von Fruchtholz anzuregen.

Erhaltungsschnitt beim Buschbaum (an der Spitze tragend)
Im Winter wird ein Teil der Äste, die schon mehrere Jahre getragen haben, entfernt. Man schneidet bis auf einen nach außen gerichteten Trieb oder bis zum Stamm zurück.

SCHNITT EINES WAAGERECHTEN KORDONS

Ein waagerechter Kordon wird an einem Draht erzogen, der 45 cm über dem Boden an Pfählen befestigt ist. So entsteht eine niedrige Barriere. Für eine durchgehende Einfassung werden die Bäume meist auf 1,5–2 m Abstand gesetzt, die Pfähle auf 3–4 m Abstand.

Man wählt am besten eine sehr junge, schwache Veredlung ohne Seitentriebe, die sich leicht biegen lässt. Das Bäumchen wird neben einen Pfahl oder, falls es zwischen zwei Pfählen sitzt, neben ein Bambusrohr gepflanzt und angebunden. Im Frühjahr nach der Pflanzung wird der Baum vorsichtig in die Waagerechte gebogen und mehrmals am Draht festgebunden. Im ersten Sommer sollte der Baum einige Seitentriebe haben und wird nun wie ein schräger Kordon *(siehe S. 171–172)* geschnitten. Im Sommer wird die Stammverlängerung nicht beschnitten, andere Triebe entfernt man wie beim Sommerschnitt *(siehe S. 171)*. Der weiter gewachsene Haupttrieb wird im Spätsommer fixiert. So fahren Sie fort, bis der Trieb die gewünschte Länge hat, dann wird er beim Sommerschnitt wie jeder andere Ast behandelt.

SCHNITT BEIM SENKRECHTEN KORDON

Diese Form kann einen, zwei oder mehrere Stämme haben (drei sind ungünstig, da der mittlere leicht dominiert). Für einen einstämmigen Kordon wird ein Jungbaum neben einen senkrechten, 2,5 m hohen Pfahl, der 60 cm tief im Boden sitzt, gepflanzt. Der Baum wird wie beim schrägen Kordon *(siehe S. 171–172)* geschnitten, außer dass die Stammverlängerung jedes Jahr nur um ein Drittel des Neuaustriebs gekürzt wird – so lange, bis sie die Endhöhe von 2–2,5 m erreicht hat. So wird die Bildung von Seitenästen und Fruchtholz gefördert.

Für einen Mehrfachkordon mit zwei Stämmen wird eine einjährige Veredlung ohne Seitentriebe gepflanzt. Das geschieht wie für einen schrägen Kordon *(siehe S. 159)*, nur setzt man die Pflanze

Waagerechter Apfelkordon
Diese originelle Baumform ergibt eine ertragreiche Einfassung für Beete und Wege. Sie muss im Sommer und Winter geschnitten werden, damit sie in Form bleibt und gut trägt.

senkrecht. Im Winter wird sie auf 45 cm Höhe gekürzt. Im ersten Sommer wird ein Trieb auf jeder Seite im 45-Grad-Winkel aufgebunden und im Herbst in die Waagerechte abgesenkt. Im zweiten Winter werden beide Äste auf etwa 40 cm gekürzt. Im zweiten Sommer bindet man beide Leittriebe an senkrechte Rohre und erzieht sie wie für den senkrechten Kordon beschrieben.

Wählen Sie für einen Mehrfachkordon mit mehreren Stämmen im zweiten Sommer je zwei Triebe am Ende der Äste aus. Einer wird senkrecht erzogen, der andere im Winkel von 45 Grad. Im folgenden Herbst werden die vorerst schräg gestellten Triebe in die Waagerechte abgesenkt. Von da an verfährt man wie beim zweistämmigen Kordon.

KORDON AM TORBOGEN

Für diese dekorative Form wird der Baum zunächst wie ein senkrechter Kordon erzogen, der Stamm wächst an der Seite des Torbogens. Hat der Baum die Biegung erreicht, wird er wie ein schräger Kordon erzogen. Durch einen Sommerschnitt bleibt er in Form.

SCHNITT VON BALLERINA-BÄUMCHEN

Seitentriebe werden im Sommer eingekürzt *(siehe S. 171)*. Ist die gewünschte Höhe von 2–2,5 m erreicht, wird die Stammverlängerung entfernt. Das Fruchtholz wird im Winter ausgedünnt *(siehe S. 165)*.

DÜNGEN

Äpfel gedeihen am besten bei einer jährlichen Gabe von Kali und Stickstoff. Geben Sie im Spätwinter 35 g/m² Kalisulfat. Im zeitigen Frühjahr ist die gleiche Menge Stickstoff erforderlich, bei saurem Boden als Kalkammonsalpeter, bei alkalischem in Form von schwefelsaurem Ammoniak. Im Gras stehende Bäume und Backäpfel brauchen mehr Stickstoff. Wirken die Blätter blass, gibt man die doppelte Menge. Stattdessen können auch 70 g/m² Volldünger mit dem N:P:K-Verhältnis 1:1:2 verwendet werden. Jedes dritte Jahr gibt man im Spätwinter Phosphor in Form von 70 g/m² Superphosphat. Verteilen Sie die Dünger auf dem Wurzelraum des Baums, also leicht über den Kronenumfang hinaus. Wenn Sie mit gut verrottetem Dung oder Kompost mulchen oder die Bäume kräftig wachsen, können sie mit dem Dünger etwas sparsamer sein.

Bei flachgründigem Boden und in Regionen mit hohen Niederschlägen können Äpfel unter Magnesiummangel leiden. Dieser zeigt sich als Gelbfärbung zwischen den Blattadern im Frühsommer. Zum Ausgleich wird Magnesiumsulfat, dreimal im Abstand von 14 Tagen, gespritzt. Tritt das Problem regelmäßig auf, führt man dem Boden zur Frühjahrsmitte 70 g/m² Magnesiumsulfat zu.

MULCHEN

Junge Bäume erhalten in den ersten drei oder vier Jahren einen organischen Mulch, Bäume auf schwach wachsender Unterlage bei flachgründigem Boden auch weiterhin jährlich. Gemulcht wird im Frühjahr, wenn der Boden feucht ist. die Schicht sollte 5–8 cm tief sein und einen Radius von 45 cm haben, darf aber den Stamm nicht berühren *(siehe S. 161)*. Bei dicht gepflanzten Bäumen auf schwach wachsender Unterlage wird die ganze Fläche 2,5–5 cm tief mit leichtem organischem Material wie Rindenhäcksel oder Stroh gemulcht. Für humusreichen Boden eignen sich auch Mulchfolien. Auch diese sollen einen Radius von 45 cm abdecken.

WÄSSERN

Äpfel gedeihen am besten in frischem, wasserdurchlässigem Boden. Frisch gepflanzte und dicht sitzende Bäume sowie strenge Formen auf schwach wachsender Unterlage leiden bei Trockenheit schnell unter Wassermangel. Deshalb werden bei längerer Trockenheit im Frühjahr, im Sommer und während der Fruchtentwicklung im Hochsommer Wassergaben gebraucht. Das kann auf verschiedene Art erfolgen *(siehe S. 53–S. 54)*. Für Baumreihen, etwa mit Kordons, eignen sich Tropfschläuche besonders gut.

FRÜCHTE AUSDÜNNEN

Bei günstigen Bedingungen während der Blüte bilden die meisten Apfelbäume viele Früchte aus, doch eine reiche Ernte kleiner, minderwertiger Früchte kann bewirken, dass der Baum keine Blütenknospen für das folgende Jahr bildet und in einen alternierenden Ertrag übergeht. Die meisten Apfelsorten werfen im Frühsommer einige Früchte ab. Sind jedoch viele vorhanden, muss von Hand ausgedünnt werden. Das gilt besonders für junge Bäume, deren Gerüst sich noch entwickelt.

Das Ausdünnen beginnt bei den frühesten Sorten im Früh- bis Hochsommer *(siehe S. 160)*. Je früher man mit

Ballerina-Äpfel
Ballerina-Bäumc… wurden so gez… dass sie eine… rechten St… kompakter… holz und w… langen Sei… bilden… kaum… mers… Mehrere Tafelsorten sind im Handel: 'Bolero', 'Polka', 'Waltz' und 'Flamenco', außerdem die Ziersorte 'Maypole'.

dem Ausdünnen beginnt, desto größer werden die Früchte. Man entfernt die oft missgebildete Frucht in der Mitte eines Büschels.

Wüchsige Bäume tragen meist stärker als schwach wachsende. Tafeläpfel werden grob gesagt auf ein bis zwei Früchte alle 10–15 cm ausgedünnt, Backäpfel auf eine Frucht alle 15–25 cm. Zwergbäume auf M-27- und M-9-Unterlagen werden auf eine Frucht pro Büschel ausgedünnt.

ÄPFEL ERNTEN

Apfelerträge schwanken je nach Baumform, Sorte, Unterlage und Kulturbedingungen. Von einem Buschbaum lassen sich im Durchschnitt 27–55 kg pro Baum ernten, von einer Spindel oder einer Pyramide 13,5–22,5 kg, von einem einfachen Kordon 2,3–4,5 kg, von einer Palmette 13,5–18 kg und von einem Fächer 5,5–13,5 kg.

Frühe und einige mittelfrühe Tafeläpfel isst man direkt vom Baum, die meisten späteren Sorten werden erst eingelagert, bis sie die Genussreife

Stützen für schwer beladene Äste
Besonders schwer beladene Äste befestigt man mit einer Schnur an einem Bambusrohr im Baum oder am Stamm.

erreichen. Werden sie zu früh gepflückt, haben sie noch nicht ihr volles Aroma entwickelt und werden im Lager runzlig. Werden sie zu spät gepflückt, nimmt die Lagerfähigkeit ab. Die Reifezeit richtet sich nach Witterung und Standort, teilweise auch nach der Unterlage. Erst reife Äpfel werden geerntet, zuerst die schön gefärbten Äpfel auf der Sonnenseite des Baumes, als Letztes die in der Mitte. Die Äpfel sind reif, wenn sie ihre Farbe verändern, das erste Fallobst auftritt oder die weißen Kerne erst strohgelb, dann braun werden. (Einige frühe Äpfel werden aber gegessen, bevor die Kerne braun werden.) Am besten legt man einen Eimer mit weichem Papier, Stroh oder Heu aus oder verwendet einen speziellen Ernteeimer *(siehe unten)*.

Äpfel ernten und lagern

1 Um zu prüfen, ob der Apfel reif ist, den Apfel mit der Hand hochheben und leicht drehen (nicht ziehen, dadurch entstehen Druckstellen). Ein reifer Apfel löst sich leicht vom Baum. Brechen Stiel und Fruchtholz, ist es noch zu früh.

2 Die Äpfel nacheinander in einen gepolsterten Ernteeimer legen, nicht fallen lassen, damit keine Druckstellen entstehen.

3 Äpfel in Formschalen wie beim Obsthändler lagern (ganz rechts, mit 'Pixie'-Äpfeln) oder in Kunststoff- oder Spankisten (rechts, mit Äpfeln 'Blenheim Orange'). Der Behälter muss sauber sein und die Äpfel dürfen sich nicht berühren – sonst breitet sich Fäulnis schnell aus.

Gepolsterter Obsteimer
Die Einlage lässt sich zum Entleeren herausnehmen.

ÄPFEL LAGERN

Ein guter Lagerplatz ist wichtig, muss aber nicht aufwendig sein. Äpfel brauchen einen kühlen, dunklen, frostfreien, mäusesicheren Platz mit etwas Luftfeuchtigkeit. Ein guter Luftaustausch ist wichtig. Bei zu viel Luftbewegung werden die Äpfel runzlig, bei zu wenig bekommen sie nicht genug Sauerstoff. Die ideale Temperatur liegt bei 2,5–4,5 °C, sie darf nicht über 7 °C liegen. Keller, Schuppen und leer stehende Garagen eignen sich, wenn die Äpfel dort vor schädlichen Gasen sicher sind. Dachböden sind wegen den Temperaturschwankungen meist ungeeignet.

Am besten lagert man unbeschädigte Früchte mit Stiel *(siehe links)* nach Sorte getrennt, da sie unterschiedlich schnell nachreifen. Überreife Früchte sind regelmäßig zu entfernen.

HÄUFIGE PROBLEME

Äpfel leiden unter verschiedenen Schädlingen, Krankheiten und Wachstumsstörungen, mit unterschiedlicher Widerstandskraft je nach Sorte. Wichtige Schädlinge sind Apfelwickler *(siehe S. 251)*, Apfelsägewespe *(S. 251)*, Blattläuse *(S. 252)*, vor allem die Mehlige Apfelblattlaus *(S. 251)*, Wollläuse *(S. 264)*, Apfelblattsauger *(S. 251)*, Vögel *(S. 263)*, Blattwanzen *(S. 252)*, Raupen, vor allem die des Frostspanners *(S. 255)*, und Rote Spinne *(S. 260)*. Frost kann Schäden verursachen *(S. 255)*. Häufige Krankheiten und Wachstumsstörungen sind: Obstbaumkrebs *(S. 259)*, Apfelschorf *(S. 251)*, Echter Mehltau *(S. 253)*, Moniliafäule *(S. 259)*, Feuerbrand *(S. 254)*, Eisenmangel *(S. 254)*, Bodenmüdigkeit *(S. 252)* und Stippigkeit *(S. 262)*.

EMPFEHLENSWERTE SORTEN

Sorte *T = triploid*	Blütezeit	Genussreife und Lagerfähigkeit	Frucht	Eigenschaften
'Alkmene'	früh	Sept.–Okt.	Mittelgroß, knackig, frisch aromatisch	Wenig empfindlich für Schorf, Mehltau und Frost, aber gefährdet durch Obstbaumkrebs und Rote Spinne
'Berlepsch'	mittelfrüh–mittelspät	Okt.–Dez.	Klein bis mittelgroß, ausgewogen weinwürzig	Wenig anfällig für Schorf und Mehltau, dagegen anfällig für Schalenbräune
'Blenheim' (T)	mittelspät	Nov.–Jan.	Groß, würzig aromatisch, wird schnell mürbe	Wenig schorf- und mehltauempfindlich, anfällig für Obstbaumkrebs und Blutlaus, wächst anfangs sehr stark
'Boskoop' (T)	früh	Dez.–Jan.	Groß, saftreich, mürbe, säuerlich erfrischend	Wenig schorf- und mehltauanfällig, leidet oft unter Blutlaus, frostempfindlich, neigt stark zu Alternanz
'Cox Orange'	mittelfrüh–mittelspät	Okt.–Nov.	Klein bis mittelgroß, fest, saftig, sehr würzig	Wenig anfällig für Schorf und Mehltau, gefährdet durch holzzerstörende Pilze und Feuerbrand, wenig frostfest
'Elstar'	spät	Okt.–Jan.	Mittelgroß, knackig, sehr würzig	Wenig krankheitsanfällig, selbstfruchtbar
'Fiesta'	mittelfrüh–mittelspät	Sept.–Okt.	Mittelgroß, saftig, süß, nur begrenzt haltbar	Kaum schorfanfällig, etwas mehltauempfindlich, braucht regelmäßigen Schnitt
'Florina'	mittelspät–spät	Okt.–Nov.	Mittelgroß, sehr saftig, knackig, süß	Wenig anfällig für Mehltau, schorfresistent, relativ frostempfindlich
'Fuji'	mittelspät–spät	Nov.–Feb.	Mittelgroß, saftig, knackig, aromatisch	Etwas schorfempfindlich, liebt Wärme, kommt aber mit wenig Pflege aus
'Gerlinde'	mittel–spät	Sept.–Nov.	Klein bis mittelgroß, sehr guter Geschmack	Schorffeste Herbstsorte, mittlere Anfälligkeit für Mehltau, etwas sparriger Wuchs
'Golden Delicious'	spät	Okt.–Dez.	Mittelgroß, sehr saftig, süß aromatisch	Sehr schorfempfindlich, wenig anfällig für Mehltau und Feuerbrand, verzweigt sich sehr günstig, trägt früh
'Goldparmäne'	mittelspät	Okt.–Dez.	Klein bis mittelgroß, fest, fein würzig	Mäßig krankheitsanfällig, aber sehr empfindlich für Feuerbrand, reift nur in warmen Lagen zuverlässig
'Idared'	früh	Nov.–Feb.	Mittelgroß, sehr saftig, schwach säuerlich	Wenig schorfanfällig, aber relativ empfindlich gegenüber Mehltau, gedeiht nur in wärmeren Lagen zuverlässig
'Jakob Lebel' (T)	mittelfrüh–mittelspät	Okt.–Dez.	Mittelgroß, saftig, fest, mild fruchtig	Relativ schorfempfindlich, ansonsten wenig krankheitsanfällig, sicherer und hoher Ertrag, hervorragend auch zum Einkochen und Dörren
'Jamba'	mittelfrüh–mittelspät	Sept.	Mittelgroß, knackig, fein säuerlich	Wenig schorfanfällig, empfindlich für Obstbaumkrebs, schlechter Pollenspender, junge Bäume wachsen stark
'James Grieve'	mittelfrüh–mittelspät	Sept.–Okt.	Mittelgroß, geschmackvoller Herbstapfel	Kaum von Mehltau und Schorf betroffen, aber anfällig für Feuerbrand, Blutlaus und Kragenfäule, große Anbaubandbreite
'Klarapfel'	früh	Juli–Aug.	Klein bis mittelgroß, saftig, erfrischend säuerlich	Relativ krankheitsanfällig, reift als eine der frühesten Äpfel, trägt früh und zuverlässig
'McIntosh'	früh	Okt.–Nov.	Mittelgroß	Etwas empfindlich für Blattschorf, ansonsten wenig krankheitsanfällig, schlechter Pollenspender, gedeiht noch in weniger günstigen Lagen
'Melrose'	sehr spät	Nov.–Feb.	Groß, saftig, aromatisch süß	Wenig schorfempfindlich, leidet öfter unter Mehltau, schlechter Pollenspender, wächst noch an weniger günstigen Standorten
'Ontarioapfel'	spät	Nov.–März	Groß, sehr saftig und vitaminreich, fein säuerlich	Wenig schorfanfällig, etwas empfindlich gegenüber Mehltau und Blutlaus, selbstfruchtbar
'Piros'	mittelfrüh–mittelspät	Aug.–Sept.	Groß, saftig, aromatisch	Etwas schorfanfällig, gedeiht auch noch in höheren Lagen, gut für den Frischverzehr, pflegeleicht, Früchte hängen meist einzeln, fallen nicht.
'Rebella'	mittel–spät	Okt.–Jan.	Mittelgroß, saftig, knackig, süß-säuerlich,fruchtig	Frühe, hohe, regelmäßige Erträge, kaum Alternanz, sehr zuverlässige Sorte

EMPFEHLENSWERTE SORTEN

Sorte *T = triploid*	Blütezeit	Genussreife und Lagerfähigkeit	Frucht	Eigenschaften
'Resi'	mittelfrüh–mittelspät	Okt.–Jan.	Klein, süßlich, fein aromatisch, fruchtig	Resistent gegen Schorf und Bakterienbrand, anfällig für Mehltau und Spinnmilbe, schwachwüchsig
'Retina'	früh–mittel	Sept.	Groß, leicht säuerlich, guter Geschmack	Resistent gegen Schorf und Spinnmilbe, wenig Mehltau, regelmäßige mittelhohe Erträge
'Rubinette'	mittelfrüh–mittelspät	Okt.	Klein bis mittelgroß, knackig, ausgezeichnet aromatisch, wird nicht mürbe	Etwas schorfanfällig, aber widerstandsfähig gegenüber Obstbaumkrebs, einfach in der Erziehung
'Santana'	mittel–spät	Okt.–Nov.	Groß, rundlich, saftig, süß-säuerlich, würzig	Schorffeste Spätherbstsorte für den Sofortverzehr, bei früher Ernte bessere Lagerfähigkeit
'Schweizer Orangenapfel'	mittelfrüh–mittelspät	Nov.–Jan.	Mittelgroß, knackig, aromatisch	Kaum anfällig für Schorf und Mehltau, wächst anfangs sehr stark, kommt noch mit weniger idealen Standorten zurecht
'Topaz'	mittelfrüh–mittelspät	Okt.–Feb.	Mittelgroß, ausgezeichnet aromatisch	Schorfresistent und mehltaufest, wächst und trägt zuverlässig

RELATIVE BLÜHZEITEN VON APFELSORTEN

(T) triploid
(A) alternierender Ertrag, daher als Bestäuber ungeeignet

Tafeläpfel

Sehr früh
'Gravensteiner' (T)
'Vista Bella' (A)

Früh
'Adam's Parmäne'
'Alkmene'
'Bismarck' (A)
'Bolero'
'Boskoop'
'Discovery'
'Dülmener Rosenapfel'
'Idared'
'Jakob Fischer'
'Klarapfel'
'McIntosh'
'Melba'
'Reglindis'
'Retina'
'Summerred' (A)

Mittelfrüh bis mittelspät
'Ananasrenette'
'Blenheim Orange' (A, T)
'Berlepsch'
'Claygate Parmäne'
'Cox Orange'
'Discovery'
'Erwin Baur'
'Fiesta'
'Florina'
'Finkenwerder'
'Gala'
'Glockenapfel'
'Gloster'
'Goldparmäne'
'Graue Französische Renette'
'Helios'
'Horneburger' (T)
'Ingol'
'Jakob Lebel' (T)
'Jamba'
'James Grieve'
'Jonagold'
'Jonathan'
'Kaiser Wilhelm' (T)
'Kanada Renette' (T)
'Landsberger'
'Laxton's Superb' (A)
'Lane's Prince Albert'
'Malling Kent'
'Oldenburg'
'Pilot'
'Pinova'
'Pirol'
'Piros'
'Pixie'
'Polka' (A)
'Rebella'
'Resi'
'Relinda'
'Remo'
'Rubinette'
'Santana'
'Schweizer Orangenapfel'
'Shampion'
'Topaz'
'Undine' (A)
'Winter Gem'

Spät
'Brettacher' (T)
'Elstar'
'Fuji'
'Gelber Bellefleur'
'Gelber Edel'
'Gerlinde'
'Golden Delicious'
'Holsteiner Cox'
'Ingrid Marie'
'Jonagold' (T)
'Luiken'
'Mantet' (A)
'Mutsu' (T)
'Oldenburg'
'Ontario'
'Rewena'
'Rheinischer Krummstiel'

Sehr spät
'Boiken'
'Champagnerrenette'
'Linsenhofener Renette'
'Melrose'

Mostäpfel

Früh
'Gehrers Rambour' (T)

Mittelfrüh bis mittelspät
'Börtlinger Weinapfel'
'Bohnapfel' (T)
'Hauxapfel'
'Kardinal Bea'
'Welschisner' (T)

Sehr spät
'Bittenfelder'
'Engelsberger'

'Adam's Parmäne'

'Blenheim Orange'

'Lane's Prince Albert'

'Malling Kent'

'Winter Gem'

'Claygate Parmäne'

'Pixie'

Birne

Vollreife Birnen (*Pyrus communis*) sind vielleicht das köstlichste Baumobst überhaupt. Sie brauchen mehr Wärme und Sonne als Äpfel, um gut zu tragen. Birnen blühen früh und haben daher stärker unter Spätfrösten zu leiden. Sie brauchen also einen warmen, geschützten Platz. Eine warme Süd-, Südwest- oder Westwand ist bei weniger günstigem Klima und für spät reifende Sorten von Nutzen. Vielleicht wird zusätzlicher Windschutz gebraucht *(siehe S. 12–13)*. Birnen vertragen unterschiedlichen Boden, wenn er gut dräniert, recht wasserhaltig und einigermaßen tiefgründig ist (etwa 45–60 cm tief). Der ideale pH-Wert liegt bei 6,5. Birnen gedeihen schlecht in magerem, kalkhaltigem Boden. Wassermangel und hoher pH-Wert können zu Chlorose führen *(siehe S. 254)*. Bei mageren Böden muss daher vor der Pflanzung reichlich organische Substanz eingearbeitet werden.

Birnenspalier
Strenge Formen wie diese Palmette eignen sich besonders gut, um Birnen in der richtigen, warmen, geschützten Umgebung zu kultivieren. Exakt erzogene Formen wie diese wirken zudem sehr dekorativ.

DIE RICHTIGE BAUMFORM

Birnen lassen sich zu verschiedenen Formen erziehen *(siehe S. 152)*: Halbstamm, Busch, Spindel, Pyramide, Kordon, Palmette und Fächer. Halbstämme sind meist weniger günstig: Die großen Bäume lassen sich schlecht schützen, um eine gute Ernte zu sichern, und sie sind oft zu groß für den Durchschnittsgarten. Die strengen Erziehungsformen eignen sich besonders gut für Birnen, da sie leicht Fruchtspieße bilden und geschützt an Wänden und Zäunen stehen. Birnen neigen dazu, stark in die Höhe zu wachsen, einige Sorten wie 'Clapps Liebling' und 'Alexander Lucas' entwickeln verstärkt bogig überhängende Triebe.

DIE RICHTIGE UNTERLAGE

Birnen werden meist auf eine Quittenunterlage veredelt. Diese wachsen schwächer und tragen früher als Birnenunterlagen. Derzeit werden jedoch einige vielversprechende schwach wachsende Birnenunterlagen entwickelt.

Die Unterlage Quitte MC ist mittelschwach wachsend und bewirkt, dass die Bäume früh tragen. Sie eignet sich für fruchtbaren Boden, besonders für Kordons und wüchsigere Sorten. Auf Quitte MC veredelte Bäume brauchen eine dauerhafte Stütze.

Quitte MA ist eine gute Unterlage für alle Standorte und etwas wüchsiger als Quitte MC. Bäume auf Quitte MA müssen nur in den ersten zwei Jahren gestutzt werden. BA 29 ist ähnlich wie Quitte MA, aber etwas wüchsiger. Die Tabelle unten zeigt, wie sich die Unterlagen auf den Abstand zwischen den Bäumen auswirken.

Nicht alle Birnensorten passen zu Quittenunterlagen; und so müssen sie zweimal veredelt werden. Hierbei wird eine Sorte, die sich mit der Quitten- und der Birnensorte verträgt, als Zwischenveredlung eingesetzt. Diese wird im ersten Jahr auf die Quittenunterlage veredelt, im zweiten Jahr wird die gewünschte Birnensorte als Edelreis auf die Zwischenveredlung gepfropft oder okuliert. Bei Bäumen aus der Baumschule ist dies bereits geschehen.

BESTÄUBUNG

Birnen blühen zwischen Anfang und Mitte des Frühjahrs und sind um diese Zeit anfällig für Frostschäden. Man sollte sie nicht in spätfrostgefährdete Senken pflanzen. Falls es sich nicht vermeiden lässt, wählt man eine spät blühende Sorte *(siehe Tabelle, S. 184)* und muss die Bäume gegebenenfalls während der Blüte schützen. Ist Frost zu erwarten, wird Vlies, Schattiernetz oder Sackleinen als Schutz über streng formierte Bäume gezogen *(siehe auch S. 157)* oder sorgfältig über einen frei stehenden Baum gespannt.

Alle Birnen brauchen Pollen einer anderen Sorte, um ausreichend zu tragen. Die meisten Birnen sind diploid, manche (wie 'Alexander Lucas') auch

ABSTÄNDE FÜR BIRNBAUMFORMEN UND UNTERLAGEN

Unterlage und Wüchsigkeit	Halbstamm	Busch	Spindelbusch	Pyramide	Kordon	Palmette	Fächer
Quitte MC mittelschwach wachsend	–	2,4–3,6 m	1,8–2,25 m	1,5–1,8 m	75 cm	3–3,6 m	3–3,6 m
Quitte MA mittelstark wachsend	3,6–5,5 m	3,6–5,5 m	2,25–3 m	–	75 cm	3,6–4,5 m	3,6–4,5 m
BA 29 mittelstark wachsend	3,6–5,5 m	3,6–5,5 m	2,4–3 m	–	75 cm	3,6–4,5 m	3,6–4,5 m

triploid. Ein triploider Baum benötigt einen diploiden zur Bestäubung und einen zweiten diploiden, der den ersten bestäubt. Birnensorten werden nach der Blütezeit in Gruppen eingeteilt *(siehe Tabelle, S. 184)*. Für eine gute Bestäubung kombiniert man Sorten aus einer Gruppe. Jedoch eignen sich ebenso Sorten aus benachbarten Gruppen für die Fremdbestäubung. Manche Sorten wie 'Bristol Cross' bilden wenig keimfähigen Pollen und eignen sich nicht als Bestäuber. 'Conference' ist nicht selbstfertil, kann aber ohne Bestäubung samenlose Früchte bilden *(Parthenokarpie)*.

PFLANZUNG

Vor der Pflanzung werden Pfähle und Drähte für die gewünschte Baumform vorbereitet. Man pflanzt in der Ruhezeit, da Birnen im Spätwinter oder zeitigen Frühjahr neu austreiben. Wurzelnackte Pflanzen wachsen meist gut an. Auch Kübelpflanzen gedeihen gut, wenn die Wurzeln nicht mit dem Topf verwachsen waren.

SCHNITT UND ERZIEHUNG

Die meisten Birnen tragen an Kurztrieben. Die wenigen an der Spitze von Fruchtruten tragenden Sorten erfordern eine andere Technik. Birnen können bei Bedarf stärker geschnitten werden als Äpfel, ohne zu stark auszutreiben. Birnen vergreisen rasch, daher muss das Fruchtholz ständig erneuert werden. Birnenpalmetten werden wie auf *Seite 171–172* beschrieben geschnitten.

GRUPPENSTERILITÄT BEI BIRNEN

Bei Birnen (wie beim Apfel) ist die Sterilität zwischen den Gruppen wesentlich schwächer ausgeprägt als bei Süßkirschen. Bei den folgenden Kombinationen kommt es zu keiner Befruchtung:
'Williams Christ' mit 'Gute Luise'
'Trévoux' mit 'Esperens Herrenbirne'
'Williams Christ' mit 'Trévoux'
Die meisten Birnensorten sind diploid, manche haben triploiden Charakter wie 'Alexander Lucas' und 'Pastorenbirne'.

SCHNITT BEI HALBSTAMM ODER BUSCHBAUM

Der Form- und Erhaltungsschnitt erfolgt wie auf *S. 166–167* erläutert. Birnen wachsen meist streng aufrecht. Werden die Leitäste im Zentrum zu dicht, werden sie auf einen nach außen gerichteten Seitenast gekürzt. Die Stützen entfernt man bei Bäumen auf mittelstark wachsender Unterlage zwei oder drei Jahre nach dem Schnitt. Bei älteren Bäumen wird im Winter das Fruchtholz ausgedünnt *(siehe S. 165)*. Von Zeit zu Zeit kürzt man sich kreuzende Äste *(siehe S. 164)* auf passenden Ersatztrieb ein.

Schnitt einer Birnenpyramide
Im Spätsommer schneidet man Seitentriebe zurück, sodass die Leitäste frei liegen und die Pyramidenform erhalten bleibt (hier 'Conference'). Mehr als 20 cm lange Seitentriebe werden auf ein Blatt über dem Ansatz gekürzt, wenn sie an vorhandenem Fruchtholz wachsen, oder auf drei Blätter über dem Ansatz, wenn sie aus dem Hauptstamm wachsen. Fünf bis sechs Blätter über dem Ansatz werden die Leitäste auf eine nach unten oder nach außen gerichtete Knospe gekürzt.

SCHNITT BEIM SPINDELBUSCH

Form- und Erhaltungsschnitt sind auf *S. 169–170* beschrieben. Bei Birnen werden die Äste auf 20–30 Grad über der Waagerechten heruntergebunden, nicht tiefer, da sonst der Ertrag leidet. Birnen tragen besser an Ringelspießen und Quirlholz, das weniger anfällig für Windschäden ist. Außerdem reiben weniger leicht Äste aneinander, was zu Scheuerstellen führt. Für das Gerüst nicht benötigte Seitenäste werden im Winter auf vier bis sechs Knospen gekürzt, damit sich mehr Kurztriebe bilden.

SCHNITT BEI PYRAMIDE UND ZWERGPYRAMIDE

Er erfolgt ebenso wie bei Äpfeln *(siehe S. 175–176)* nach der auf *Seite 170–171* beschriebenen Methode – mit einigen Anpassungen in Bezug auf Zeitpunkt und Technik. Fertig formierte Pyramiden erhalten einen Sommerschnitt *(siehe S. 171 und unten links)*.

SCHNITT VON KORDONS

Form- und Erhaltungsschnitt *siehe S. 171–172*, dazu kommt ein Sommerschnitt *(siehe S. 171)*. Birnen lassen sich als senkrechte Kordons und über Tor-bögen erziehen wie Äpfel *(siehe S. 176–177)*. Sie eignen sich jedoch nicht für waagerechte Kordons, da es keine passenden schwach wachsenden Unterlagen für Birnen gibt.

SCHNITT VON FÄCHERN

Formschnitt wie auf *S. 173*. Schnitt und Erziehung eingewachsener Birnenfächer erfolgen im Winter wie gegenüber gezeigt. Sommerschnitt wie auf *S. 171*.

DÜNGEN UND MULCHEN

An den meisten Standorten profitieren Birnen von einer jährlichen Kali- und Stickstoffgabe und einer Phosphorgabe alle drei Jahre. Es gilt das Gleiche wie für Äpfel unter »Düngen und Mulchen« beschrieben *(siehe S. 177)*; Birnen brauchen eventuell zusätzlichen Stickstoff.

WÄSSERN

Birnen verlangen reichlich Feuchtigkeit während des Wachstums und vertragen Trockenheit schlecht. Während Trockenperioden im Sommer muss man daher gießen. Das kann auf verschiedene Weise geschehen *(siehe*

S. 53–54). Tropfschläuche sind ideal für Baumreihen.

FRÜCHTE AUSDÜNNEN

Birnenfrüchte sollte man ausdünnen *(siehe S. 160)*, damit sie sich richtig entwickeln, die Äste nicht brechen und der Baum nicht überlastet wird. Man beginnt im Früh- bis Hochsommer mit den frühesten Sorten: Je früher ausgedünnt wird, desto größer werden die Früchte. Im Allgemeinen wird bei wüchsigen Bäumen auf zwei Früchte pro Büschel auf 10-15 cm Abstand ausgedünnt, bei kompakten Formen wie Kordons auf eine Frucht pro Büschel auf 10–15 cm Abstand.

BIRNEN ERNTEN

Der Ertrag schwankt bei Birnen je nach Witterung und Standort, Baumform, Sorte und Unterlage. Im Allgemeinen tragen Bäume stärker, je wüchsiger sie sind. Von einem Birnenbusch sind im Durchschnitt pro Baum 18-45,5 kg, von einem Spindelbusch oder einer Pyramide 9-18 kg, von einem einfachen Kordon 1,75-3,5 kg, von einer Palmette 9-13,5 kg und von einem Fächer 5,5-13,5 kg zu erwarten.

Birnen müssen besonders sorgfältig geerntet und gelagert werden. Sie werden gepflückt, wenn sie noch fest, also noch nicht voll reif sind. In den meisten Fällen verfärben sich die Früchte zur Erntezeit heller grün. Bei späten Sorten hebt man die Frucht mit der Hand an und dreht sie leicht. Wenn sie reif ist, löst sie sich leicht vom Baum. Frühe und mittelfrühe Birnen werden im Lager runzlig, wenn sie zu früh geerntet wurden, oder das Kernhaus fault, wenn sie zu lange am Baum waren.

BIRNEN LAGERN

Frühe und mittelfrühe Birnen sollten vor dem Verzehr eine bis drei Wochen gelagert werden. Einige späte Birnen kann man unter recht einfachen Bedingungen bis Mitte Frühjahr lagern.

Birnen halten sich am besten an einem kühlen, dunklen, mäusesicheren und luftfeuchten Ort. Die ideale Temperatur beträgt 0-4,5 °C, sie darf 7 °C nicht übersteigen. Die Luft sollte zirkulieren können, doch nicht zu stark, damit die Birnen nicht runzlig werden. Keller, Schuppen und Garagen eignen sich als Lager; Dachböden sind meist ungeeignet wegen den schwankenden Temperaturen und der trockenen Luft. Unbeschädigte Früchte werden in flachen Schalen gelagert. Berühren sich die Früchte gegenseitig, kann sich Fäulnis schnell ausbreiten.

HÄUFIGE PROBLEME

Birnen leiden seltener unter Schädlingen und Krankheiten als Äpfel: Vögel, vor allem der Dompfaff, schädigen die Blütenknospen *(siehe S. 263)*; Probleme bereiten: Apfelwickler *(S. 251)*, Birnengallmücke *(S. 251)*, Kirschblattwespe *(S 257)*, Birnenpockenmilbe *(S. 251)*, Raupen wie die des Frostspanners *(S. 255)*, Blattläuse *(S. 252)*, darunter die Mehlige Birnenblattlaus. Diese weißlich graue Blattlaus befällt Birnbäume im Spätfrühjahr und Frühsommer: Die Blätter werden als Folge der Saugtätigkeit an der Triebspitze gelblich grün und rollen sich zusammen. Die Eier werden mit einem Teeranstrich im Winter bekämpft. Sind im Frühjahr Blattläuse zu sehen, kann man nach dem Blütenfall mit einem geeigneten Mittel spritzen.

Krankheiten und Wachstumsstörungen: Obstbaumkrebs *(S. 259)*, Birnengitterrost *(S. 251)*, Apfel- oder Birnenschorf *(S. 251)*, Moniliafäule *(S. 259)*, Blütenendfäule *(S. 252)*, Feuerbrand *(S. 254)*, Bodenmüdigkeit *(S. 252)* und besonders auf leichten, sandigen Böden Bormangel *(S. 253)*.

Erhaltungsschnitt beim Birnenfächer

1 Im Winter werden zu dicht gewachsene Triebe entfernt, um die Form zu erhalten und eine gleichmäßige Fruchtbildung im nächsten Jahr zu fördern. Zu dieser Jahreszeit ist das Grundgerüst des Fächers leichter zu erkennen.

2 Überlange Triebe auf kräftige, nach außen gerichtete Knospen kürzen.

3 Quirlholz mit zu vielen Trieben auf ein bis zwei Spieße kürzen. Das so reduzierte Fruchtholz bildet weniger, aber bessere Blüten und Früchte und erhält mehr Licht und Luft.

4 Krankes Holz wird ebenso entfernt wie kahles oder tot wirkendes Holz. Der Schnitt erfolgt bis ins gesunde Holz. Sind die Triebe dicker als etwa 1 cm, verwendet man eine Säge.

EMPFEHLENSWERTE SORTEN

Sorte	Blütezeit	Genussreife und Lagerfähigkeit	Frucht	Eigenschaften
'Alexander Lucas' (T)	mittelfrüh	Okt.–Dez.	Groß, saftreich, süß-säuerlich	Anfällig für Bakterienbrand, gedeiht auch in weniger günstigen Lagen
'Boscs Flaschenbirne'	spät, lange	Okt.–Nov.	Mittelgroß, bräunlich, saftig, süß, fein würzig	Wertvolle Herbstsorte, etwas anfällig für Fruchtschorf
'Clapps Liebling'	mittelspät, lange	Sept.	Mittelgroß, rötlich, aromatisch schmelzend	Wenig krankheitsanfällige Augustbirne, gedeiht noch in mittleren Höhenlagen
'Conference'	mittelfrüh, z.T. selbstfertil	Okt.–Nov.	Mittelgroß, sehr saftig, süß schmelzend	Wenig schorfempfindlich, wenig anspruchsvoll, braucht aber gleichmäßige Bodenfeuchtigkeit
'Frühe von Trevoux'	mittelfrüh und lange	Aug.	Mittelgroß, rötlich geflammt, sehr saftig, fein säuerlich	Je nach Standort schorfanfällig, reift früh, gedeiht noch auf weniger günstigen Standorten
'Gellerts Butterbirne'	mittelfrüh–mittelspät	Sept.–Okt.	Mittelgroß, sehr saftig, süßwürzig, braun berostete Schale	Etwas anfällig für Blattschorf und Obstbaumkrebs, starkwüchsig, gedeiht noch in Mittelgebirgslagen
'Geißhirtle'	früh und lange	Aug.–Sept.	Klein, sehr saftig, weich, süßwürzig	Robuste, wenig auffällige, aber geschmacklich ausgezeichnete Sorte
'Gräfin von Paris'	früh–mittelfrüh	Okt.–Dez.	Mittelgroß, sehr saftig, würzig und sehr süß	Sehr fruchtbar bei später Genussreife, nur in warmen Lagen zuverlässig und pflegeleicht
'Gute Luise'	mittelfrüh–mittelspät	Sept.–Okt.	Klein, rötliche Wangen, saftig, süß-würzig	Schorfanfällig, etwas frostempfindlich, ansonsten genügsame Sorte in nicht zu rauen Lagen
'Herzogin Elsa'	früh–mittelfrüh	Sept.–Okt.	Mittelgroß bis groß, saftig, zuerst knackig, dann schnell breiig, angenehm süß-würzig	Schorffest, gedeiht noch in raueren Lagen, setzt willig Quirlholz an
'Köstliche von Charneu'	mittelfrüh	Okt.–Nov.	Mittelgroß, saftig, sehr süß, leicht würzig	Problemlose, wertvolle Herbstsorte, nur etwas schorfanfällig
'Nashi'	früh–mittelfrüh	Aug.–Sept.	Mittelgroß, rundlich, braun, melonenartig süß	Ausgesprochen gesunde Sorte, braucht nur sehr wenig Pflege
'Vereins-Dechant'	mittelspät–spät, lange	Okt.–Nov.	Mittelgroß, rote Wangen, saftreich, süß-würzig	Empfindlich für Bakterienbrand, liebt warme Lagen, ausgezeichnete Spätsorte
'Williams Christ'	mittelspät–spät	Aug.–Okt.	Mittelgroß, sehr saftig, zimtartig	Relativ schorffest, aber anfällig für Apfelwickler, gedeiht noch in höheren Lagen

GUTE POLLENSPENDER FÜR BIRNENSORTEN

'Alexander Lucas' wird befruchtet durch: 'Clapps Liebling', Frühe von Trevoux', 'Gute Luise'

'Boscs Flaschenbirne': 'Clapps Liebling', 'Conference', 'Köstliche von Charneu', 'Williams Christ'

'Clapps Liebling': 'Boscs Flaschenbirne', 'Frühe von Trevoux', 'Gräfin von Paris', 'Gute Luise', 'Köstliche von Charneu', 'Williams Christ'

'Conference': 'Boscs Flaschenbirne', 'Gute Luise', 'Köstliche von Charneu', 'Vereins-Dechant', 'Williams Christ'

'Frühe von Trevoux': 'Boscs Flaschenbirne', 'Geißhirtle', 'Clapps Liebling', 'Köstliche von Charneu', 'Williams Christ'

'Geißhirtle': 'Clapps Liebling', 'Gellerts Butterbirne', 'Williams Christ'

'Gellerts Butterbirne': 'Clapps', 'Gute Luise', 'Köstliche von Charneu', 'Vereins-Dechant', 'Williams Christ'

'Gräfin von Paris': 'Boscs Flaschenbirne', 'Clapps Liebling', 'Gellerts Butterbirne', 'Köstliche von Charneu', 'Williams Christ'

'Gute Luise': 'Clapps Liebling', 'Conference', 'Frühe von Trevoux', 'Köstliche von Charneu', 'Vereins-Dechant'

'Herzogin Elsa': 'Clapps Liebling', 'Conference', 'Gellerts Butterbirne', 'Gute Luise', 'Köstliche aus Trevoux', 'Williams Christ'

'Köstliche von Charneu': 'Boscs Flaschenbirne', 'Gellerts Butterbirne', 'Gräfin von Paris', 'Gute Luise', 'Williams Christ'

'Nashi' wird von allen genannten Sorten bestäubt.

'Vereins-Dechant': 'Boscs Flaschenbirne', 'Clapps Liebling', 'Conference', 'Frühe von Trevoux', 'Gellerts Butterbirne', 'Gute Luise','Köstliche von Charneu', 'Williams Christ'

'Williams Christ': 'Boscs Flaschenbirne', 'Clapps Liebling', 'Conference', 'Gellerts Butterbirne', 'Gräfin von Paris', 'Köstliche von Charneu', 'Vereins-Dechant'

Pflaume

Pflaumen gehören zum Steinobst, zusammen mit Renekloden, Zwetschgen, Haferpflaumen *(Prunus insititia)* und Kirschpflaumen oder Myrobalanen *(Prunus cerasifera)*. Sie stammen vorwiegend aus Nordasien und Südrussland. Pflaumen und Zwetschgen (Sorten von *Prunus domestica*) werden am häufigsten kultiviert.

Pflaumen bevorzugen einen warmen, sonnigen, geschützten Platz. Sie blühen früh und sollten nicht in spätfrostgefährdete Senken gepflanzt werden *(siehe S. 11)*. Sie können in geschützten Regionen als frei stehende Bäume wachsen, bei ungünstigem Klima werden sie als Kordon oder Fächer an einer warmen Wand erzogen. Pflaumen vertragen unterschiedliche, aber stets gut dränierte Böden, bevorzugen aber mindestens 60 cm tiefen, schweren Lehmboden mit einem pH-Wert von 6–6,5.

Reife Zwetschgen
Die Hauszwetschge ist eine häufig kultivierte Pflaumensorte. Sie schmeckt roh etwas sauer, ergibt aber köstliche Marmelade oder Mus. Die älteren Typen sind intensiver im Geschmack, neuere Sorten tragen größere Früchte. Zwetschgen gedeihen in alkalischem Boden.

DIE RICHTIGE BAUMFORM

Pflaumen lassen sich in verschiedenen Baumformen erziehen, sind aber nicht so vielseitig wie Äpfel und Birnen. Von den frei stehenden Formen ist die Pyramide die beste, da sie wenig Platz braucht, durch Sommerschnitt leicht zu pflegen ist und ihre flachen Äste weniger leicht brechen als die von Buschbäumen. Auch die Buschform eignet sich für Pflaumen. Halb- und Hochstämme sind weniger günstig, da die Bäume für den Durchschnittsgarten zu groß werden.

Unter den strengen Formen empfiehlt sich besonders der Fächer. Er eignet sich vor allem für Pflaumen und für Renekloden, die von dem verbesserten Kleinklima an Wänden und Zäunen profitieren. Die Baumschulen bieten eine gute Auswahl an Sorten als vorgezogene Fächer an. Einjährige Veredlungen sind ebenfalls brauchbar.

Pflaumen eignen sich im Vergleich zu Äpfel und Birnen weniger für die Erziehung als Kordon, da es keine gute schwach wachsende Unterlage gibt. Manche kompakten Sorten wie 'Blue Tit', 'Czar', 'Early Laxton' und 'Opal' können auf der Unterlage 'Pixy' als Kordon erzogen werden *(siehe Tabelle, unten)*.

DIE RICHTIGE UNTERLAGE

Die Auswahl an Unterlagen für Pflaumen ist eher klein, eine schwach wachsende Unterlage gibt es nicht. 'Pixy' ist mittelschwach wachsend und eignet sich gut für die Gartenkultur. Die Bäume beginnen recht früh zu tragen und bilden selten Schösslinge. Sie eignet sich für Büsche, Pyramiden, Fächer und, mit weniger wüchsigen Sorten, für Kordons. Auf einer 'Pixy'-Unterlage wird eine Pyramide 2–2,2 m hoch, Fächer erreichen mindestens 2 m. 'Ferlenain' ist eine mittelschwach wachsende Unterlage von ähnlicher Wuchskraft wie 'Pixy', die Früchte werden aber größer. Sie bildet leicht Schösslinge.

'St. Julien A' ist eine mittelstark wachsende, zuverlässige Unterlage für Halbstamm, Busch, Pyramide und Fächer. Auf 'St. Julien A' wird eine Pyramide 2,2–2,7 m hoch, ein Fächer mindestens 2,2 m. Die wüchsige Unterlage 'Brompton' wird für Hoch- und Halbstämme verwendet, doch diese sind für die meisten Gärten in der Regel zu groß.

BESTÄUBUNG

Pflaumen blühen meist zu Beginn bis Mitte des Frühjahrs und sind daher anfällig für Frostschäden. In Regionen, wo Spätfröste auftreten, sind spät blühende Sorten *(siehe Tabelle, S. 188)* zu bevorzugen. Eventuell müssen sie zusätzlich geschützt werden *(siehe S. 157)*. Das geht am besten bei Bäumen, die an Wänden oder Zäunen erzogen werden.

ABSTÄNDE FÜR BAUMFORMEN UND UNTERLAGEN

Unterlage und Wuchskraft	Hochstamm	Halbstamm	Busch	Pyramide	Kordon	Fächer
'Pixy' mittelschwach wachsend	–	–	2,4–3,6 m	2,4–3 m	75 cm–1 m	3,6–4,5 m
'Ferlenain' mittelschwach wachsend	–	–	2,4–3,6 m	2,4–3 m	75 cm–1 m	3,6–4,5 m
'St. Julien A' mittelstark wachsend	–	3,6–4,5 m	3,6–4,5 m	3–3,6 m	–	4,5–5,5 m
'Brompton' wüchsig	5,5–6,5 m	5,5–6,5 m	–	–	–	–

Viele Pflaumen sind selbstfertil. Wer also nur einen Baum pflanzen will, sollte eine dieser Sorten wählen. Alle Sorten profitieren jedoch von Fremdbestäubung. Pflaumensorten werden nach ihrer Blütezeit eingeteilt *(siehe Tabelle, S. 188)*. Um eine gute Bestäubung zu sichern, wählt man Sorten aus einer Gruppe, aber auch Sorten aus benachbarten Gruppen eignen sich für Fremdbestäubung. Einige Sorten bestäuben einander nicht *(siehe Kasten, unten)*.

PFLANZUNG

Pflaumenbäume werden in der Ruhezeit gepflanzt *(siehe S. 158–159)*, bevor sie im Spätwinter oder zeitigen Frühjahr neu austreiben. Wurzelnackte Pflanzen wachsen meist besser an als im Kübel gezogene, aber auch diese gedeihen gut, wenn die Wurzeln nicht mit dem Topf verwachsen waren. Vor der Pflanzung werden die benötigten Pfähle und Drähte *(siehe S. 162)* vorbereitet.

SCHNITT UND ERZIEHUNG

Der Schnitt erfolgt meist im Frühjahr oder Sommer. Steinobst wird nie in der Ruhezeit oder von Mitte bis Ende Herbst geschnitten. Zu dieser Zeit sind die Schnittwunden besonders anfällig für Bleiglanz *(siehe S. 252)* und Bakterienbrand *(siehe S. 251)*. Zur Vorbeugung gegen diese Krankheiten sollte man beim Baumschnitt stark auf Hygiene achten und alle großen Wunden sofort mit Wundverschlussmittel bestreichen. Pflaumen tragen an ein- und zweijährigem Holz und an älteren Trieben. Pflaumenpyramiden werden wie auf *S. 170* beschrieben geschnitten, andere Formen stellen jedoch besondere Ansprüche.

POLLENSPENDEREIGNUNG VON PFLAUMEN UND ZWETSCHGEN

Gute Pollenspender:
'Althans Reneklode',
'Bühler Frühzwetschge',
'Cacaks Schöne',
'Cacaks Beste',
'Fellenberg',
'Große Grüne Reneklode',
'Hauszwetschge',
'Nancy Mirabelle',
'Stanley',
'Valjevka',
'Valor'

Schlechte Pollenspender:
'Carpatin', 'Pitestean'*, 'Tuleu Gras'*, 'Zimmers Frühzwetschge'*

** pollensteril*

Erhaltungsschnitt bei einem Pflaumenfächer im Frühjahr
Bei älteren Fächern wird zu dichtes Fruchtholz ausgedünnt, entweder vor der Blüte oder bei Blütenfall. Man schneidet alle alten Fruchtspieße auf eine kräftige Knospe zurück.

SCHNITT BEIM HOCHSTAMM, HALBSTAMM UND BUSCHBAUM

Der Formschnitt von Hoch-, Halbstamm- und Buschbäumen ist auf *S. 166–167* beschrieben. Der Formschnitt erfolgt wie bei Steinobst allgemein zur Frühjahrsmitte. Nach dem Formschnitt wird kaum noch regelmäßig geschnitten, da über die Schnittwunden Krankheitserreger eindringen können. Wachsen die Äste zu dicht, wird eventuell ausgedünnt, aber nicht zu viel, da Pflaumen eine dichtere Krone vertragen als Äpfel oder Birnen. Im Frühjahr werden nach der Blüte tote, gebrochene und schwache Äste entfernt.

SCHNITT BEIM SCHRÄGEN PFLAUMENKORDON

Der Schnitt von Pflaumenkordons unterscheidet sich von der bei Äpfeln und Birnen angewandten Methode. Man beginnt möglichst mit einer einjährigen Veredlung, die schon Seitentriebe hat. Nach der Pflanzung zur Frühjahrsmitte werden alle Seitentriebe auf etwa drei Knospen gekürzt. Die Stammverlängerung über dem obersten Seitentrieb wird um etwa die Hälfte gekürzt. Ein Jungbaum ohne Seitentriebe erfährt die gleiche Behandlung. Im folgenden Sommer wird die Stammverlängerung an ein Bambusrohr gebunden. Seitentriebe werden meist im Spätfrühling auf der Höhe von sechs Blättern des Neuaustriebs abgekniffen, alle neuen Triebe später in der Saison beim ersten Blatt. Im Frühsommer werden die auf sechs Blätter gekürzten Triebe auf drei Blätter geschnitten, damit sich kompaktes Fruchtholz bildet.

In der Frühjahrsmitte im zweiten Jahr wird die Stammverlängerung um ein Drittel des Neuaustriebs auf eine Knospe gekürzt. Dies wird wiederholt, bis der Kordon den obersten Draht erreicht hat. Bei ausreichend Platz senkt man die Stammverlängerung auf 35 Grad und lässt sie weiter wachsen. Danach wird sie wie ein Seitentrieb behandelt und im Sommer pinziert und geschnitten.

SCHNITT BEIM PFLAUMENFÄCHER

Der Formschnitt erfolgt wie auf *S. 173* beschrieben. Bei einer einjährigen Veredlung ab dem zweiten Sommer, beim vorgezogenen Baum ab dem ersten, ist ein regelmäßiger Sommerschnitt nötig, um kompaktes Fruchtholz zu gewinnen. Im Spätfrühling werden alle Triebe, die nicht für das Gerüst gebraucht werden oder die an Fruchtholz am Gerüst wachsen, auf 10 cm Abstand ausgedünnt. Gleichzeitig werden diese Triebe beim sechsten Blatt gekürzt. Wachsen die Triebe nach, werden sie auf ein Blatt abgekniffen. Nach der Fruchtbildung werden die auf sechs Blätter gekürzten Seitenäste auf drei gekürzt, um das kompakte Fruchtholz zu erhalten.

Im Frühjahr – entweder nach dem Knospenschwellen und vor der Blüte oder bei Blütenfall – wird alles ungesunde Holz entfernt. Tote, kranke oder beschädigte Triebe werden entfernt, außerdem alle Zweige, die auf die Stützen oder das Zentrum des Fächers zu wachsen. Das Fruchtholz wird ausgedünnt *(oben links)*. Im Sommer wird der Fächer geschnitten, um die Form zu erhalten *(oben gegenüber)*.

DÜNGEN UND MULCHEN

Pflaumen brauchen eine stetige Nährstoffzufuhr, um gesund zu wachsen. Im Spätwinter werden 20 g/m² Kalisulfat gegeben, im zeitigen Frühjahr ein Stickstoffdünger, z.B. 70 g/m² schwefelsaures Ammoniak.

Erhaltungsschnitt beim Pflaumenfächer im Sommer

1 Im Spätfrühling bindet man die gesunden Seitenäste an die Drähte, um Lücken im Fächer zu füllen. Dazu legt man mit Bast einen lockeren Achterknoten.

2 Seitentriebe, die nicht zum Gerüst gehören, werden beim sechsten Blatt abgezwickt. Für schon verholzende Triebe mit mehr als neun bis zehn Blättern wird die Gartenschere gebraucht. Nach der Ernte im Hochsommer diese Triebe auf drei Blätter kürzen.

3 Alle kranken oder schlecht platzierten Triebe werden am Ansatz entfernt. Hier wird ein unproduktiver, kahler Trieb zugunsten eines gesunden Sprosses gekappt.

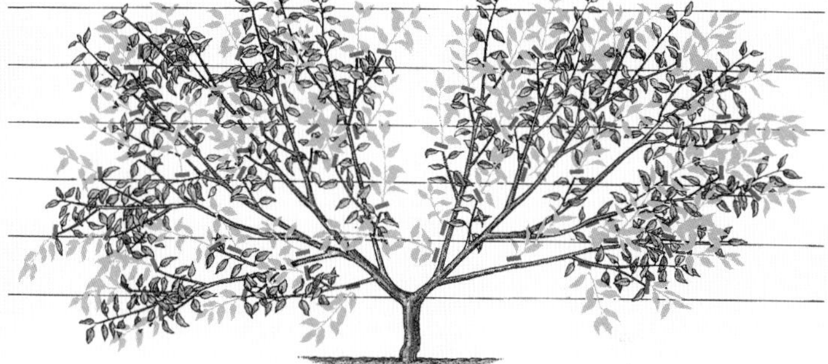

Pflaumenfächer nach dem Sommerschnitt
Zusätzlich werden die Triebe an der Spitze des Fächers auf drei Blätter gekürzt und nach der Fruchtbildung nochmals auf ein Blatt. So kann der Baum seine Energie für das Reifen der Früchte verwenden.

Jedes dritte Jahr gibt man im Spätwinter 70 g/m² Superphosphat als Kopfdüngung, oder man verabreicht jährlich im Spätwinter 70 g/m² Volldünger. Pflaumen profitieren von einem jährlich im zeitigen Frühjahr aufgebrachten organischen Mulch.

WÄSSERN

Pflaumen brauchen mehr Wasser als Äpfel, vor allem während langer Trockenperioden im Frühjahr und Sommer.

Im Früh- bis Hochsommer muss eventuell während der Fruchtbildung gewässert werden, danach bei anhaltender Trockenheit bis zur Ernte. Für Baumreihen sind Tropfschläuche besonders effektiv.

FRÜCHTE AUSDÜNNEN

Bei Pflaumen ist das Ausdünnen der Früchte sehr wichtig. Bricht ein überladener Ast, werden die Bäume leicht von Bleiglanz oder Bakterienbrand befallen. Das Ausdünnen beginnt im Frühsommer, wenn die ersten Früchte vom Baum fallen. Schwer beladene Äste müssen gestützt werden *(siehe auch S. 178)*.

ERNTE UND LAGERUNG

Der Ertrag von Pflaumen schwankt je nach Baumform, Sorte, Unterlage und Kulturbedingungen. Von einem Pflaumenbusch sind im Durchschnitt 13,5–27 kg pro Baum, von einer Pyramide etwa 13,5–22,5 kg, von einem schrägen Kordon 3,5–6,75 kg und von einem Fächer 6,75–11,25 kg zu erwarten.

Pflaumen schmecken am besten, wenn sie am Baum gereift sind. Sie sind reif, wenn sie sich bei leichtem Druck weich anfühlen. Ein Baum muss in der Regel mehrmals abgeerntet werden. Obst zum Einkochen kann etwas früher geerntet werden. Pflaumen lassen sich vor Gebrauch kurze Zeit im Kühlschrank lagern.

HÄUFIGE PROBLEME

Verschiedene Schädlinge und Krankheiten können auftreten: Bleiglanz *(siehe S. 252)*, Bakterienbrand *(S. 251)*, Taschenkrankheit, Frostspannerraupen *(S. 255)*, verschiedene Blattlausarten *(S. 252)* wie die Kleine Pflaumenblattlaus *(S. 260)*, Pflaumenwickler *(S. 260)*, Rote Spinne *(S. 260)* und Vögel *(S. 263)*. Außerdem können Frostschäden auftreten *(S. 255)*.

Pflaumenwicklerfalle
Die Pheromonkapsel in der Falle lockt männliche Wickler an, die an der klebrigen Fläche hängen bleiben. Daher legen hoffentlich weniger Weibchen befruchtete Eier und es entwickeln sich weniger Raupen in den Pflaumen.

EMPFEHLENSWERTE PFLAUMEN, ZWETSCHGEN, RENEKLODEN UND MIRABELLEN

Sorte	Blütezeit	Erntezeit	Frucht	Eigenschaften
'Althans Reneklode' ('Graf Althan')	mittelspät	Mitte Aug. – Mitte Sept.	Groß, kugelig, hellviolett, süß-würzig	Scharkatolerant, eine der besten Steinobstsorten für rauere Lagen
'Bühler Frühzwetschge'	mittelspät – mittelfrüh	Ende Juli – Anfang Aug.	Mittelgroß, rundlich oder länglich, säuerlich	Sehr widerstandsfähige, regenfeste Sorte für nicht allzu kühle Lagen, frostfest
'Cacaks Schöne'	mittelfrüh– mittelspät	Mitte Aug.	Mittelgroß, oval, süß-säuerlich	Scharkatolerant, trägt früh und reichlich
'Große Grüne Reneklode'	mittelfrüh	Ende Aug. – Anfang Sept.	Klein bis mittelgroß, rund, grüngelb, sehr süß, edel gewürzt	Etwas anfällig für Rote Spinne, Pflaumenlaus, Pflaumenwickler und Scharka, nicht für trockene Lagen
'Hanita'	spät	Ende Aug. – Anfang Sept.	Mittelgroß, länglich oval, ausgezeichnetes Aroma	Scharkatolerant, eignet sich selbst noch für kühlere Lagen
'Hauszwetschge'	mittelfrüh	Anfang – Ende Sept.	Mittelgroß, oval, süß-säuerlich	Anpassungsfähige, traditionelle Sorten, anfällig für Scharkakrankheit, später Ertragsbeginn
'Katinka'	mittelfrüh	Mitte – Ende Juli	Mittelgroß, oval, sehr guter Geschmack	Scharkatolerant, gesundes Laub, wenig fäulnisanfällige Früchte, sehr kältetolerant
'Jojo'	mittelfrüh	Ende Aug. – Anfang Sept.	Mittel bis groß, oval, fest, saftig, harmonisch	Scharkaresistent, ertragreich, färbt früh blau, daher nicht zu zeitig ernten, sehr früher Ertragsbeginn
'Mirabelle von Nancy'	mittelspät – spät	Mitte Aug. – Anfang Sept.	Klein, rund, goldgelb, sehr süß, würzig	Scharkaresistent, Früchte reifen nur in warmen Lagen gut aus, Früchte platzen leicht.
'Ruth Gerstetter'	früh – mittelfrüh	Ende Juni – Mitte Juli	Mittelgroß, breit oval, braunviolett, leicht säuerlich	Scharkatolerant, aber frostempfindlich, regelmäßiger Rückschnitt ist wichtig.
'Stanley'	mittelspät	Ende Aug. – Mitte Sept.	Mittelgroß, süß, länglich oval, leicht würzig	Robust, wenig krankheitsanfällig, fruchtet noch bei schlechten Blühbedingungen
'Valor'	früh	Ende Aug. – Anfang Sept.	Groß, oval, hervorragender Geschmack	Neigt kaum zum Verkahlen, ausgezeichnete Fruchtqualität

FRUCHTBARKEIT BEI PFLAUMEN UND ZWETSCHGEN

Selbstfertile Sorten	Teilweise selbstfertile Sorten	Selbststerile Sorten
'Aucherbacher', 'Bühler Frühzwetschge', 'Cacaks Fruchtbare', 'Elena', 'Hanita', 'Herman', 'Hauszwetschge', 'Königin Viktoria', 'Jojo', 'Mirabelle von Nancy', 'Ontariopflaume', 'Oullins Reneklode', 'Stanley', 'The Czar', 'Valjevka'	'Wangenheims Frühe', 'Cacaks Beste', 'Cacaks Frühe', 'Ersinger Frühzwetschge', 'Fellenberg', 'Ortenauer'	'Althans Reneklode', 'Czernowitzer', 'Große Grüne Reneklode', 'Lützelsachser', 'Magna Glauca', 'Opal', President', 'Ruth Gerstetter', 'Valor', 'Zimmers Frühzwetschge'

Pflaumen: stark gerundete Früchte
Zwetschgen: längliche Früchte mit zugespitzten Enden
Renekloden: rund, süß, grünlich-gelbe bis rötliche Haut
Mirabellen: runde Frucht mit gelber Haut

Süßkirsche

Die Süßkirsche ist eine Kulturform der Vogelkirsche *(Prunus avium)*. Es gibt auch eine Hybride aus *Prunus avium* und *P. cerasus* (Sauerkirsche), die ebenso kultiviert wird wie die Süßkirsche. Kirschen blühen recht früh (meist Mitte Frühjahr) und haben daher unter Spätfrösten und schlechten Bestäubungsbedingungen zu leiden. Ein warmer, geschützter Platz eignet sich am besten, in weniger günstigem Klima ist die Erziehung an einer Süd-, Südwest-, oder Westwand vorteilhaft; so können auch die Früchte gut ausreifen. Frostsenken meidet man besser. Kirschen vertragen recht unterschiedlichen Boden. Gute Dränage ist wichtig, der Boden sollte mindestens 60 cm, besser 90 cm tief sein und einen pH-Wert von 6,5–6,7 haben. Flache, staunasse Böden sind ungeeignet und müssen für einen Kirschbaum durch tiefes Umgraben oder Dränage verbessert werden.

BAUMFORMEN UND UNTERLAGEN

Die wüchsigen Kirschen entwickeln sich zu großen Bäumen. Sie werden als Busch, Pyramide oder Fächer erzogen. Die Fächerform ist oft die beste, da sie den Wuchs bremst und sich am leichtesten vor Frost und Vogelfraß schützen lässt.

Es sind nur wenige Unterlagen für Kirschen erhältlich. Die mittelstark wachsende Sorte 'Colt' eignet sich am besten für Fächerbäume. Auf einer 'Colt'-Unterlage braucht ein Fächer 5–5,5 m Seitenabstand und 2,5 m Höhe. Die relativ neue mittelschwach wachsende 'Gisela 5' stellt eine Verbesserung von 'Colt' dar, die kleineren Bäumen lassen sich leichter zum Schutz vor Vögeln einnetzen, Buschbäume auf 'Gisela 5' brauchen 2,7 m Abstand, Pyramiden 2,5 m und Fächer 3,6 m Breite und 2 m Höhe.

BESTÄUBUNG

Die Bäume müssen unter Umständen während der Blüte eventuell vor Frost geschützt werden *(siehe rechts)*. Die Bestäubung bei Süßkirschen ist komplex, für den Heimgarten sind daher vor allem selbstfertile Sorten empfehlenswert (besonders, wenn nur Platz für einen Baum ist). Andere Sorten sind nicht nur selbststeril, sie passen auch nicht zu allen, die zur selben Zeit blühen. Süßkirschensorten werden nach ihrer Blütezeit eingeteilt *(siehe Tabelle, S. 190)*. Eine Sorte wird von einer anderen aus derselben oder einer benachbarten Bestäubungsgruppe bestäubt, wenn sie nicht zur selben Unverträglichkeitsgruppe gehören.

Blühende Kirsche
Süßkirschen (hier 'Stella') brauchen während der Blütezeit milde Witterung für einen guten Fruchtansatz.

PFLANZUNG

Kirschen pflanzt man in der Ruhezeit. Zuvor wird reichlich gut verrottete organische Substanz eingearbeitet. Wurzelnackte Pflanzen wachsen meist besser an als im Kübel gezogene. Benötigte Stützen und Drähte bereitet man schon vor der Pflanzung vor.

SCHNITT UND ERZIEHUNG

Süßkirschen tragen an ein- und zweijährigem, aber auch älterem Holz. Man schneidet besser nicht in der Ruhezeit, um eine Infektion mit Bleiglanz *(siehe S. 252)* oder Bakterienbrand *(siehe S. 251)* zu vermeiden. Ein junger Busch wird wie auf *S. 166–167* beschrieben geschnitten, ein älterer wie auf *S. 186* und eine Pyramide wie auf *S. 170*.

SCHNITT BEIM SÜSSKIRSCHENFÄCHER

Neben den grundlegenden Aussagen zum Formschnitt für einen Fächer ist die Anleitung für Pflaumen zum Sommerschnitt und Erhaltungsschnitt zu beachten. Ein Kirschfächer füllt seinen Platz bald aus. Die neuen Triebe müssen jedes Jahr um etwa die Hälfte gekürzt werden, damit sich Seitentriebe und

Schutz vor Spätfrost

1 Ein blühender Fächer (hier 'Stella') wird bei drohendem Spätfrost über Nacht mit einem Zelt aus feinem Netz abgedeckt. Das Netz spannt man über ein Querholz von 25 mm x 25 mm oben auf dem Drahtgerüst. Es wird mit drei Bambusrohren abgestützt und auf Abstand gehalten.

2 Den Rand des Netzes beschweren zwei oder drei Bambusrohre. Zum Befestigen zieht man dünnen Gartendraht wie beim Nähen durch die Netzkante.

3 Tagsüber muss man den Fächer aufdecken, damit die Insekten Zugang haben. Das aufgerollte Netz wird mit Bast oder, wie hier, mit kleinen Baumbindern an der Querlatte befestigt.

Fruchtholz bilden; sonst entwickelt sich nur kahles Holz.

DÜNGEN UND MULCHEN

Die wüchsigen Süßkirschen brauchen reichlich Nährstoffe. Im Spätwinter werden 110 g/m² Volldünger auf die Wurzelfläche gegeben. Zum Mulchen *siehe S. 161.*

WÄSSERN UND SCHUTZ

Kirschen gedeihen am besten in frischem, aber durchlässigem Boden. Sie brauchen eine gleichmäßige Wasserzufuhr während des Wachstums, was in Trockenperioden zusätzliches Wässern bedeutet *(siehe S. 160)*, vor allem bei flachgründigem Boden. *(Bewässerungsmethoden siehe S. 53 –54.)*

Früchte platzen leicht bei abwechselnd trockenem und nassem Boden während der Fruchtbildung. Wenn die Früchte zu reifen beginnen, wächst die Haut nicht mehr. Fällt daher Wasser auf die Früchte, lässt die aufgenommene Feuchtigkeit das Fruchtfleisch so anschwellen, dass die Haut platzt. Deshalb lohnt es sich, Kirschen zur Reifezeit vor Regen zu schützen *(siehe oben)*.

KIRSCHENERNTE

Sind die Kirschen (hier 'Stella') reif, kann man sie mit der Schere abschneiden. Man hält dabei den Stiel fest, damit die Frucht nicht fällt und beschädigt wird. Ein Baum wird während der Reifezeit zwei- oder dreimal abgeerntet.

Kirschen ernten
Wenn die Kirschen reif sind, schneiden Sie die Stängel mit einer Schere ab. Passen Sie auf, dass sie nicht auf den Boden fällt. Sie werden ca. zwei bis drei Mal pflücken können.

Regenschutz
Um die reifenden Früchte zu schützen, wird eine 2,5 m breite, transparente Folie über den Baum gezogen. Senkrechte Spannschnüre bindet man an Stifte. Um die Schnüre an der Folie zu befestigen, wird ein Golfball oder ein Stück Rohr in die Folie gewickelt und der Bindfaden darum gebunden (siehe kleines Bild). *So reißt die Folie nicht. Die Seiten nicht abdecken, damit die Früchte nicht überhitzen und die Luft darunter nicht zu feucht wird.*

ERNTE UND LAGERUNG

Der durchschnittliche Ertrag eines Süßkirschenbusches liegt bei 13,5–45,5 kg, einer Pyramide bei 13,5–27 kg und eines Fächers bei 5,5–15,75 kg. Kirschen werden vollreif geerntet *(siehe unten)*. Danach sollte man sie innerhalb weniger Tage verbrauchen. Man kann sie gleich nach der Ernte verlesen und wenn man möchte einfrieren.

HÄUFIGE PROBLEME

Vögel *(siehe S. 263)* sind lästig, sie fressen an Früchten und Knospen. Weitere Probleme sind Blattläuse *(S. 252)*, Frostspannerraupen *(S. 255)*, Kirschblattwespen *(S. 257)*, Bakterienbrand *(S. 251)*, Monilia-Spitzendürre *(S. 259)*, Frostschäden *(S. 255)*, Bleiglanz *(S. 252)*, Verbrennungen *(S. 263)* und Magnesiummangel *(S. 258)*.

EMPFEHLENSWERTE SÜSSKIRSCHENSORTEN

Sorte	Fruchttyp	Reifezeit	Farbe
'Burlat'	Herzkirsche	Früh	Dunkelrot
'Büttners Rote Knorpel'	Knorpelkirsche	Mittelspät	Rotbunt
'Kordia'	Knorpelkirsche	Mittelspät	Braunviolett
'Regina'	Knorpelkirsche	Spät	Dunkelbraunrot
'Sunburst'	Halb-Knorpelkirsche	Mittel	Hellrot
'Sylvia'	Knorpelkirsche	Mittelspät	Braunrot

POLLENUNVERTRÄGLICHKEIT BEI SÜSSKIRSCHEN

Innerhalb der Gruppen gelingt keine Befruchtung (Intersterilität).

Gruppe	Sorte
Gruppe 1	'Geisenheimer Braune', 'Glemser', 'Große Schwarze Knorpel' und 'Heldelfinger'
Gruppe 2	'Büttners Rote Knorpel', 'Germersdorfer' und Querfurter'
Gruppe 3	'Adlerkirsche von Bärtschi' und 'Unterländer'
Gruppe 4	'Early Rivers' und 'Summit'
Gruppe 5	'Merton Bounty', 'Oktavia', 'Regina', 'Valeska' und 'Van'
Gruppe 6	'Hudson' und 'Merton Late'
Gruppe 7	'Alma', 'Annabella', 'Bianca' und 'Valera'
Gruppe 8	'Badeborner', 'Bing', 'Büttners Rote Knorpel', 'Kordia', 'Lambert', 'Napoleon', 'Querfurter Königskirsche' und 'Star'
Gruppe 9	'Farnstädter' und 'Hedelfinger'
Gruppe 10	'Badeborner', 'Büttners Rote Knorpel' und 'Große Prinzessin'

Sauerkirsche

Sauerkirschen stammen von *Prunus cerasus* ab. Die Früchte sind meist zu sauer, um sie roh zu essen, aber sehr aromatisch. Sie lassen sich gut einkochen und lagern. Die Bäume sind weniger wüchsig als Süßkirschen und passen gut in Gärten. Sie müssen auch anders geschnitten werden.

Im Allgemeinen tragen Sauerkirschen zuverlässig. Sie sind jedoch anfällig für Frostschäden während der Blüte – wenn auch weniger als Süßkirschen – und brauchen keine volle Sonne. Spalierbäume können auch an Nordwänden gezogen werden und sind sehr nützlich für kühlere Standorte. Sauerkirschen vertragen unterschiedlichen Boden, sofern er gut dräniert und wasserhaltig ist und einen pH-Wert von 6,5–6,7 hat. Er sollte mindestens 45 cm tief sein; flachgründiger oder staunasser Boden muss durch Umgraben *(siehe S. 39)* oder Dränage *(siehe S. 15–16)* verbessert werden.

Sauerkirschfächer
Diese Sauerkirsche 'Morello' wurde an Drähten als Fächer erzogen und trägt auch nach 20 Jahren noch gut. Die sehr attraktive Form des Fächers lässt die Früchte gut ausreifen und ist leicht abzuernten.

BAUMFORMEN UND UNTERLAGEN

Sauerkirschen tragen die meisten Früchte am vorjährigen Holz und neigen zur Bildung langer Peitschentriebe. Daher erzieht man sie am besten zu Baumformen, die durch Ersatztriebe erhalten werden, also Busch, Pyramide oder Fächer. Die Pyramide wirft weniger Schatten als der Busch und lässt sich leichter vor Vögeln schützen. Büsche brauchen 3,5–5 m Abstand, Pyramiden 3–3,5 m. Fächer nehmen 3,5–5 m in der Breite und 2–2,2 m in der Höhe ein. Sauerkirschbäume werden nicht groß, daher eignet sich die mittelschwachwüchsige Unterlage 'Colt' für alle Formen.

BESTÄUBUNG

Sauerkirschen blühen meist im April. Eventuell müssen die Bäume während der Blüte vor Frost geschützt werden *(siehe S. 189)*. Da sie selbstfertil sind, bereitet die Bestäubung keine Probleme; dadurch reicht ein Baum für eine gute Ernte.

PFLANZUNG

Kirschbäume werden in der Ruhezeit gepflanzt *(siehe S. 158–159)*, bevor sie neu austreiben. Dabei wird reichlich gut verrottete organische Substanz eingearbeitet, vor allem bei flachgründigem Boden. Wurzelnackte Pflanzen wachsen meist besser an als Containerpflanzen, doch auch diese gedeihen gut, wenn die Wurzeln nicht mit dem Topf verwachsen. Die benötigten Stützen und Drähte bereitet man vor der Pflanzung vor.

SCHNITT UND ERZIEHUNG

Wie auch anderes Steinobst sind Sauerkirschen im Winter anfällig für Bleiglanz *(siehe S. 252)* und Bakterienbrand *(siehe S. 251)*. Um dies zu vermeiden, wird im zeitigen Frühjahr und Sommer geschnitten. Da die Bäume am vorjährigen Holz tragen, wird beim Schnitt abgetragenes Holz entfernt, damit sich neues entwickeln kann und die Struktur des Baums erhalten bleibt.

SCHNITT EINES SAUERKIRSCHBUSCHS

Der Formschnitt des Buschs erfolgt zu Frühjahrsbeginn bis Frühjahrs-

Erhaltungsschnitt beim Sauerkirschfächer im Spätfrühling

Die neuen Triebe an den Speichen des Fächers (hier 'Morello') werden auf 5–10 cm Abstand ausgedünnt. Es sollen Triebe nahe am Ansatz der in diesem Jahr Tragenden stehen bleiben. Sie bilden das Fruchtholz des nächsten Jahres und werden angebunden. Alle Triebe, die vom Fächer nach außen wachsen, werden auf zwei Blätter gekürzt. Dadurch können Früchte und neue Triebe gut reifen und werden nicht zu dicht.

Ausdünnen

Älteres Fächergerüst
Nach dem Schnitt sollte der Fächer ausgewogen verzweigt sein und keine zu dicht sitzenden, sich kreuzenden Triebe zeigen. Für jeden Fruchttrieb sollte es ein oder zwei neue Triebe als Ersatz geben.

mitte *(siehe S. 166–167)*. Nach vier oder fünf Jahren wird nach der Ernte zwischen Hoch- und Spätsommer ein Verjüngungsschnitt *(siehe S. 167)* vorgenommen. Ein Viertel des älteren Holzes wird bis auf einen jungen Trieb entfernt, damit sich mehr neues Holz bildet. Bei älteren Bäumen wird das drei- und vierjährige Holz auf junge Triebe gekürzt. Wird der Baum nicht oder nur leicht geschnitten, trägt er nur noch außen.

SCHNITT EINER SAUERKIRSCHPYRAMIDE

Bei einer einjährigen Veredlung mit Seitentrieben wird zu Frühjahrsanfang bis Frühjahrsmitte die Stammverlängerung auf 10 cm über dem höchsten Seitentrieb gekürzt. Alle Seitentriebe unterhalb von 45 cm werden entfernt, die übrigen um die Hälfte auf eine nach unten gerichtete Knospe gekürzt. Im ersten Sommer wird die Stammverlängerung aufgebunden und im zweiten Frühjahr um die Hälfte des Neuaustriebs auf eine Knospe gegenüber dem vorjährigen Schnitt gekürzt. Die anderen einjährigen Triebe werden auf halber Länge gekappt. Im dritten Frühjahr wird die Stammverlängerung halbiert, man lässt die Seitenäste aber stehen. So fährt man fort, bis der Stamm 2-2,5 m Höhe erreicht hat. Im dritten Sommer ist kein Schnitt nötig. Ab dem vierten Sommer wird nach der Ernte das ältere Holz auf junge Triebe zurückgeschnitten, sodass die Pyramidenform erhalten bleibt. Wenn der Baum älter wird, muss das drei- und vierjährige Holz auf Ersatztriebe eingekürzt werden. Hat der Baum seine volle Höhe erreicht, werden Triebe an der Spitze im Hochsommer auf zwei Knospen gekürzt.

Schutz vor Vögeln
Im Frühsommer wird ein dünnes Netz über Bäume vor einer Wand gespannt. 2,5 m lange Bambusrohre dienen als Stützen. Sie werden 60 cm von der Basis eingeschlagen und angebunden. Das Netz darf die Früchte nicht berühren.

Erhaltungsschnitt beim Fächer nach der Ernte

Im Hochsommer, nach der Ernte, wird der Fächer (hier 'Morello') ausgedünnt. Fruchttriebe für das nächste Jahr werden aufgebunden. Abgetragene Triebe schneidet man zurück, sodass ein neuer Ersatztrieb stehen bleibt, der im nächsten Jahr trägt. Alle schlecht platzierten Triebe, auch solche, die nach außen oder zur Wand hin wachsen, entfernen. Triebe, die über den Fächer hinausgewachsen sind, auf einen niedrigeren Trieb zurückschneiden. Die restlichen Triebe mit Bast in einem Achterknoten aufbinden.

Abgetragenes Holz entfernen

Fächer vor dem Schnitt

Fächer nach dem Schnitt

SCHNITT EINES SAUERKIRSCHFÄCHERS

Nach dem Formschnitt *(siehe S. 173)* und wenn das Fächergerüst entwickelt ist, werden die Triebe im Spätfrühjahr bis Frühsommer ausgedünnt *(siehe S. 191)*. Das abgetragene Holz wird im Hochsommer entfernt *(siehe oben)*. Wenn der Fächer älter wird, sollte das drei- und vierjährige Holz auf junge Ersatztriebe gekürzt werden. Unterbleibt dieser Schnitt, trägt der Fächer nur noch außen.

REGELMÄSSIGE PFLEGE

Damit sich kräftige Ersatztriebe bilden, brauchen Sauerkirschen mehr Stickstoff als anderes Obst. Im Spätwinter werden 35 g/m² Kalisulfat auf den Wurzelraum gegeben, im zeitigen Frühjahr 70 g/m² schwefelsaures Ammoniak. Jedes dritte Jahr im Spätwinter werden 70 g/m² Superphosphat gegeben. Ein Mulch hält den Boden fruchtbar und feucht *(siehe S. 161)*. Bei Trockenheit im Frühjahr und Sommer sollte gegossen werden, besonders bei flachgründigem Boden. Trocknet der Boden aus und wird dann durchnässt, platzen die Früchte. Schutz vor Regen ist zu empfehlen *(siehe S. 190)*.

SAUERKIRSCHEN ERNTEN

Ein Sauerkirschbusch oder eine Pyramide trägt im Durchschnitt 13,5-18 kg Früchte, ein Fächer 5,5-15,75 kg. Kirschen werden vollreif mit den Stielen abgeschnitten.

HÄUFIGE PROBLEME

Sauerkirschen leiden unter denselben Problemen wie Süßkirschen *(siehe S. 190)*. Die Früchte sollten vor Vögeln geschützt werden *(siehe links)*.

EMPFEHLENSWERTE SORTEN

'Karneol' *Große, glänzende, braunrote, wenig saure Frucht. Für geschützte Standorte, stark wachsend.*

'Morina' *Braunrote, fast runde, feste Frucht mit würzigem Geschmack. Wenig frostempfindlich, mittelstark wachsend.*

Pfirsich und Nektarine

Pfirsiche *(Prunus persica)* und Nektarinen *(P. persica var. nectarina)* stammen aus China. Ihre Kulturansprüche sind ähnlich, alle für Pfirsiche beschriebenen Details gelten also auch für Nektarinen. Die Bäume sind zwar winterhart, blühen aber schon im zeitigen Frühjahr oder Spätwinter. Daher sind die Blüten durch Frost und widrige Witterung gefährdet. Pfirsiche gedeihen jedoch gut an warmen, geschützten Plätzen, am besten an einer Süd-, Südwest- oder Westwand. Für die Kultur im Freien sollte man auf Sorten achten, die im Hoch- bis Spätsommer reifen *(siehe Tabelle, S. 195)*. Später reifende Sorten gedeihen häufig schlecht im Freiland. Frühe und späte Sorten eignen sich allerdings gut für den Anbau im Gewächshaus.

Man unterscheidet zwei Pfirsichtypen: erstens die konventionellen, recht wüchsigen, die sich zu mittelgroßen Bäumen entwickeln, und zweitens kompakte Zwergformen, die im Kübel wachsen können. Konventionelle Pfirsich- und Nektarinensorten gedeihen in gut dräniertem, wasserhaltigem, mindestens 45 cm tiefem Boden mit einem pH-Wert von etwa 6,5. Flachgründiger Boden über Kalkgestein ist ungeeignet, wenn er nicht mit reichlich organischer Substanz verbessert wird.

Die kompakten Sorten gedeihen am besten in Kübeln an einem warmen Platz, etwa auf einer geschützten Terrasse. Sie blühen früh und sind anfällig für die Kräuselkrankheit *(siehe S. 257)*. Stehen sie den Winter über und während der Blüte im Gewächshaus, auf der Veranda oder im Folientunnel, lassen sich diese Probleme vermeiden.

BAUMFORMEN UND UNTERLAGEN

Der Wuchstyp der gewünschten Pfirsichsorte bestimmt, welche Baumformen möglich sind. Konventionelle Sorten werden als Büsche, Pyramiden und Fächer erzogen. Der Fächer ist die einzige Form, die auch in kühlerem Klima im Freien noch gut gedeiht und die beste Form für Pfirsiche unter Glas. Fächer brauchen 3,5–5 m Platz und werden 2–2,5 m hoch. Büsche und Pyramiden tragen im Freien an besonders günstigen Standorten. Es gibt nur wenige Unterlagen für konventionelle

Frostschutz für Blütenknospen
An der Wand erzogene Bäume (hier 'Hale's Early') brauchen im zeitigen Frühjahr Frostschutz: Wenn sich die Knospen zeigen, werden sie mit Vlies oder Schattiernetz bedeckt. Sobald sich die Blüten öffnen, wird das Vlies tagsüber aufgerollt, damit Insekten an die Blüten gelangen.

Pfirsichsorten. Am häufigsten ist die mittelstark wachsende Pflaumenunterlage 'St. Julien A'. Pfirsiche kann man sogar direkt aus Samen heranziehen *(siehe S. 195)*.

Kompakte Pfirsiche bilden sehr kurzgliedrige, regelmäßige Triebe und eignen sich nur als Buschbäume.

BESTÄUBUNG

Pfirsiche und Nektarinen sind selbstfertil, sodass auch ein alleinstehender Baum Früchte bildet. Sie werden von Insekten bestäubt, doch da sie sehr früh blühen, fliegen dann kaum Insekten. Meist ist Handbestäubung mit einem weichen Pinsel nötig *(siehe S. 157)*.

Da die Blüten und jungen Früchte sehr frostanfällig sind, brauchen sie unter Umständen besonderen Schutz *(siehe oben)*, wenn Spätfrost droht. Eine Folienabdeckung hilft die Kräuselkrankheit zu vermeiden, schützt vor leichtem Frost und verbessert die Umgebungstemperatur, was wiederum die Bestäubung fördert.

PFLANZUNG

Gepflanzt wird in der Ruhezeit, am besten zur Herbstmitte, da Pfirsiche im zeitigen Frühjahr austreiben. Wurzelnackte Pflanzen wachsen meist gut an und die Wurzeln von Containerpflanzen dürfen nicht mit dem Topf verwachsen sein. Bereiten Sie die nötigen Stützen und Drähte vor der Pflanzung vor. Pflanzgefäße werden mit lehm- oder tonhaltigem Substrat aufgefüllt. Ein junger Baum braucht einen Topf mit mindestens 20 cm Durchmesser.

SCHNITT UND ERZIEHUNG

Pfirsiche tragen am vorjährigen Holz wie Sauerkirschen und werden nach dem gleichen Prinzip geschnitten. Soll sich nach dem Schnitt ein neuer Trieb bilden, ist auf eine Blatt- statt auf eine Blütenknospe zurückzuschneiden. Daher sollte man beide Knospenformen unterscheiden können *(siehe unten)*. Man kann auch auf ein gemischtes Knospenbündel zurückschneiden und die beiden Blütenknospen entfernen. Pfirsiche werden im Frühjahr und Sommer geschnitten, um eine Infektion mit Bleiglanz *(siehe S. 252)* und Bakterienbrand *(siehe S. 252)* zu vermeiden.

Bei konventionellen Pfirsich- und Nektarinensorten werden Busch und Pyramide wie bei der Sauerkirsche geschnitten *(siehe S. 191–192)*. Kompakte Sorten wachsen langsam und müssen kaum geschnitten werden, außer um totes oder krankes Holz zu entfernen.

SCHNITT EINES PFIRSICH- ODER NEKTARINENFÄCHERS

Der Formschnitt beim Pfirsichfächer erfolgt wie auf S. 173 beschrieben, mit einem zusätzlichen Schnitt im Spätfrühling *(siehe nächste Seite)*. Pfirsiche wachsen anfangs meist kräftig, daher müssen die Triebe rechtzeitig

Pfirsichknospen erkennen
So wie andere Prunus-*Arten bilden Pfirsiche unterschiedliche Blatt- und Blütenknospen, oder eine Blattknospe wird von zwei Blütenknospen flankiert. Blattknospen sind an ihrer spitzen Form zu erkennen, die Blütenknospen sind rund.*

in Form gebracht werden. Alle senkrecht oder fast senkrecht wachsenden Triebe im Zentrum werden entfernt, da sie oft das übrige Astgerüst dominieren. Im dritten Sommer zeigen sich an den Leitästen einige Früchte; die erste wirkliche Ernte ist im vierten Sommer zu erwarten.

Ein älterer Pfirsichfächer wird regelmäßig im Frühjahr *(siehe Kasten, unten)* und im Sommer nach der Ernte geschnitten. Dabei sollte man für jeden Fruchttrieb einen Ersatztrieb bestimmen, der neben dem Fruchttrieb erzogen wird. Zustätzlich bleibt ein höherer Trieb als Reserve. Die Ersatztriebe werden flach angebunden, sodass möglichst viel Licht in den Fächer fällt. Gegen Ende des Sommers verholzen die Triebe und sind weniger biegsam. Die übrigen Triebe werden auf ein Blatt gekürzt. Alle Triebe, die zum Ausbau des Gerüstes dienen, werden aufgebunden. Triebe, die über den vorhandenen Platz hinauswachsen, werden gekappt. Nach der Ernte im Hochsommer bis Herbstmitte werden abgetragene Seitenäste auf den Ersatztrieb gekürzt, wenn kein Platz zur weiteren Ausbreitung vorhanden ist. Totes oder krankes Holz wird auf einen gesunden Trieb zurückgeschnitten. Hat sich viel verkahltes Holz entwickelt, wird der Abschnitt auf einen Ersatztrieb gekürzt.

REGELMÄSSIGE PFLEGE

Pfirsiche müssen jährlich gedüngt werden, um große, hochwertige Früchte sowie Ersatztriebe und Blütenknospen für das nächste Jahr zu bilden. Im Spätwinter werden 100 g/m² Volldünger über dem Wurzelraum ausgebracht, d.h. unter der Baumkrone oder auf der Länge des Fächers. Bäume an einer Wand profitieren von einer Zusatzdüngung mit flüssigem, kaliumbetonten Dünger; pro Baum sollte man während der Zeit der Fruchtentwicklung alle 10–14 Tage etwa 5 Liter in geeigneter Konzentration geben. Alle Formen gedeihen auf gemulchtem Boden besser.

Pfirsiche, vor allem an einer Wand erzogene Bäume, brauchen während des Wachstums viel Feuchtigkeit. Sie dürfen nicht austrocknen, sonst wird das Wachstum gebremst und der Stein platzt auf *(siehe S. 251)*. Besonders für Bäume an der Wand empfiehlt sich eine Tröpfchenbewässerung.

Schnitt eines Pfirsich- oder Nektarinenfächers

1 Bei einer verzweigten Veredlung im zeitigen Frühjahr auf jeder Seite einen kräftigen Seitenast 25-30 cm über dem Boden auf etwa 40 cm Länge und eine nach oben gerichtete Knospe kürzen. Die Äste an Rohre binden, die an den Drähten befestigt sind. Die Stammverlängerung und alle Triebe darunter entfernen. Im Sommer die Triebe für das Gerüst aufbinden: zwei auf jedem Leitast und einer darunter. Alle anderen Triebe bis auf ein Blatt kappen. Im nächsten Frühjahr die Haupttriebe um ein Viertel des vorjährigen Austriebs kürzen.

2 Im Spätfrühling werden die Triebe weiter aufgebunden. Dabei entfernt man alle Triebe, die nach innen wachsen und unter den Hauptästen sitzen; nach außen wachsende Triebe auf zwei Blätter kürzen.

3 Im Spätfrühling des folgenden Jahres werden die Seitenäste der Gerüstäste auf 10-15 cm Abstand ausgedünnt. Man entfernt alle Triebe, die auf die Wand zu oder nach außen wachsen, überzählige Triebe werden beim zweiten Blatt gekappt. Die übrigen Seitenäste aufbinden.

4 Beim älteren Fächer bestimmt man im Frühjahr am Ansatz der Fruchttriebe je einen Ersatztrieb und eine zweite Reserve weiter oben am Seitenast. Alle anderen Triebe bis zum ersten Blatt kürzen.

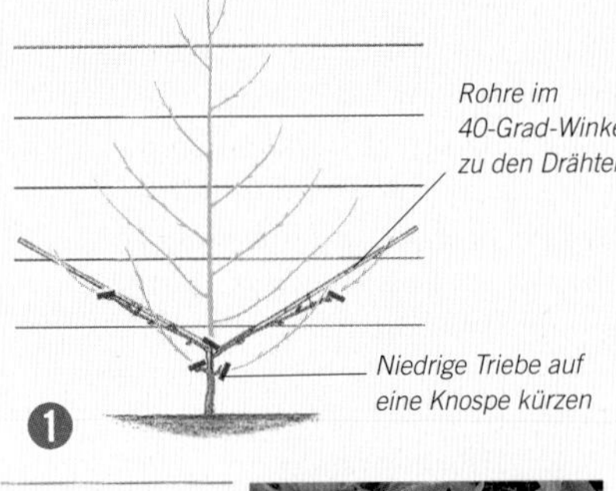

Rohre an Drähte binden und neue Triebe aufbinden

Senkrechte Triebe entfernen

2

Nach außen wachsende Triebe auf zwei Blätter kürzen

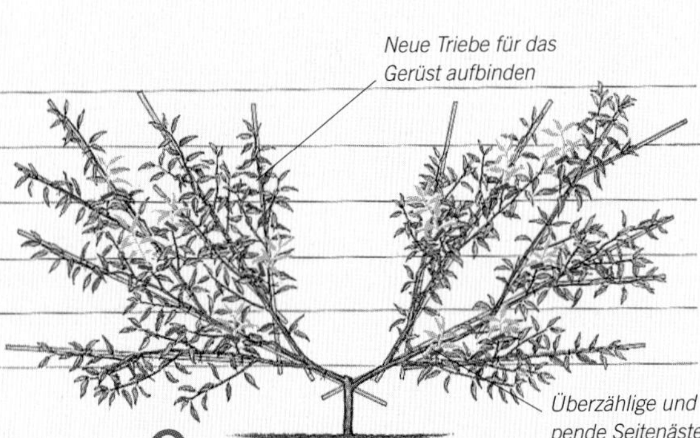

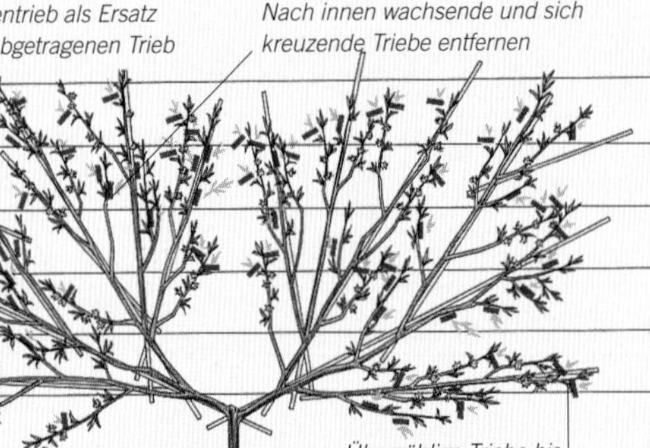

Kompakte Pfirsichsorten im Kübel werden während des Wachstums mit Flüssig- oder Depotdünger versorgt. Jährlich füllt man frisches Substrat auf und alle zwei Jahre wird der Baum in ein größeres Gefäß umgetopft. Hat der Baum die größte Topfgröße von 40 cm Durchmesser erreicht, wird er wieder in denselben Topf eingesetzt, nachdem loses Substrat ausgewechselt und das Wurzelwerk etwas eingekürzt wurde.

FRÜCHTE AUSDÜNNEN

Das Ausdünnen ist wichtig, um große Früchte zu erhalten *(siehe rechts)* und damit der Baum nicht überlastet wird. Nektarinen werden auf etwa 15 cm Abstand ausgedünnt.

ERNTE UND LAGERUNG

Pfirsiche tragen recht unterschiedlich, doch unter günstigen Bedingungen liefert ein Pfirsich- oder Nektarinenbusch im Durchschnitt 13,5–27 kg und ein Fächer 5,5–11 kg.

Pfirsiche werden geerntet, wenn sie reif oder fast reif sind. Nehmen Sie die Frucht in eine Hand und drücken leicht am Stielansatz. Fühlt sich das Fleisch weich an, ist die Frucht reif und sollte sich leicht vom Baum lösen. Die Früchte werden in gepolsterte Steigen gelegt, sodass sie sich nicht berühren. Manche können sofort gegessen werden, andere brauchen noch einen Tag oder zwei, um völlig auszureifen.

Früchte ausdünnen
Das geschieht in zwei Schritten: Wenn die Früchte etwa haselnussgroß sind, wird auf einzelne Früchte im Abstand von 10 cm ausgedünnt; missgebildete und eingeengte Früchte werden entfernt. Sobald die Früchte walnussgroß sind, wird auf 20–25 cm Abstand ausgedünnt.

Nach dem Ausdünnen haben die Früchte genügend Platz.

PFIRSICHE AUS SAMEN ZIEHEN

Der Pfirsich ist eine der wenigen Obstarten, die sich aus Samen ziehen lassen. Er weicht zwar genetisch vom Mutterbaum ab, die Abkömmlinge sind aber meist ähnlich bzw. etwas schlechter, selten jedoch besser. Die Bäume brauchen vier oder fünf Jahre, bis sie tragen.

Um sicherzugehen, sammelt man mehrere Kerne. Sie werden gesäubert und einige Tage in der Sonne getrocknet. Die Samen müssen eine Kälteperiode überstehen, bevor sie keimen, daher werden sie den Winter über in einer 50:50-Mischung aus scharfem Sand und Torf in einem 25-cm-Topf gelagert. Den Topf gräbt man an einer schattigen Stelle in die Erde, wo er mit einem feinen Draht vor Nagetieren geschützt und feucht gehalten wird. Eine Strohauflage schützt die Samen vor Frost.

Im Spätwinter legt man die Kerne einzeln in 14-cm-Töpfe mit tonhaltigem Substrat. Sie werden auf eine sonnige Fensterbank oder in ein Anzuchtbeet mit 15–20 °C gestellt. Die jungen Pflänzchen fixiert man mit Drahtringen an einen Stützstab. Im späten Frühjahr, wenn keine Frostgefahr mehr besteht, werden die Töpfe wieder im Freien eingegraben. Im nächsten Winter wird der beste Sämling an den endgültigen Platz gesetzt. Er sollte nur dann im Topf bleiben, wenn er auf Dauer zur Kübelpflanze bestimmt ist. Aus Samen gezogene Bäume werden ebenso geschnitten wie veredelte.

HÄUFIGE PROBLEME

Pfirsiche sind anfällig für viele Krankheiten, Schädlinge und Wachstumsstörungen, allen voran die Kräuselkrankheit *(siehe S. 257)*. Andere Probleme sind Blattläuse *(siehe S. 252)*, besonders an Wänden oder unter Glas, Rote Spinne *(siehe S. 260)*, Napfschildlaus *(siehe S. 259)*, Bakterienbrand *(siehe S. 251)*, Bleiglanz *(siehe S. 252)*, Monilia-Spitzendürre *(siehe S. 259)*, Bodenmüdigkeit *(siehe S. 252)* und Aufplatzen *(siehe S. 251)*.

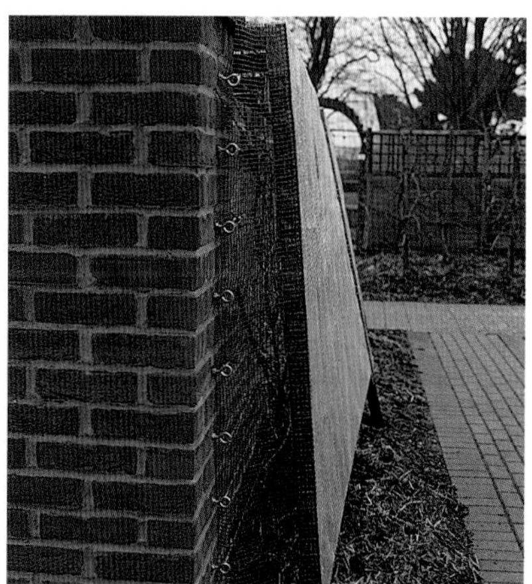

Regenschutz für einen Pfirsich
Vom November bis zum spätem Frühjahr hält ein Regenschutz die Knospen vorbeugend trocken und schützt vor Frost. Über einen Holzrahmen wird eine Folie gespannt, die Enden und die Basis bleiben dabei offen.

EMPFEHLENSWERTE PFIRSICH- UND NEKTARINENSORTEN

'Benedicte'	Große, runde, wohlschmeckende, weißfleischige Früchte. Reift Ende August. Gut lager- und transportfähig. Nur wenig anfällig für die Kräuselkrankheit.
'Dixired'	Festes, feines, gelbes Fruchtfleisch. Reift Ende August bis Mitte September. Wächst stark und ist genügsam und zuverlässig. Hervorragende selbstfruchtbare Sorte.
'Nectared 4' (Nektarine)	Mittelgroße, gelbfleischige Frucht. Reift ab Mitte August. Hartreif geerntet gut transportfähig. Früher, hoher Ertrag. Stark wachsend.
'Redhaven'	Mittelfeste, zarte, gelbfleischige Frucht. Reift Mitte bis Ende August. Verlangt guten Boden und einen warmen, geschützten Standort.
'Roter Ellerstädter'	Süß-säuerliche Frucht mit weißem Fleisch. Reift Mitte bis Ende September. Braucht warme, nährstoffreiche Böden in geschützten Lagen. Starker Fruchtbehang muss unbedingt ausgedünnt werden. Weitverbreitete Sorte.

Aprikose

Die Aprikose *(Prunus armeniaca)* stammt aus China und Zentralasien. Sie ist winterhart, blüht aber extrem früh und trägt daher im Freien oft unzuverlässig. Aprikosen gedeihen in gut dräniertem, gut wasserhaltigem, mindestens 45 cm tiefem Boden mit einem pH-Wert von 6,5–7,5. Bei leichtem, sandigem Boden *(siehe S. 22)* wird reichlich organische Substanz eingearbeitet, um die Wasserhaltefähigkeit zu steigern.

Aprikose unter Glas
In kälteren Regionen tragen Aprikosen am zuverlässigsten unter Glas. Ein Fächer ist ebenso dekorativ wie praktisch: Knospen und Früchte erhalten reichlich Licht und Wärme.

Frostschutz für das Aprikosenspalier
Kurz bevor sich die Knospen zeigen, wird der Baum mit Vlies oder Netz abgedeckt. Wenn sich die Blüten öffnen, rollt man die Abdeckung tagsüber auf, damit Insekten zum Baum gelangen.

BAUMFORMEN UND UNTERLAGEN

Aprikosen gedeihen an geschützten, warmen Standorten, erzogen als Büsche oder Pyramiden. Eine Pyramide im Kübel kann bei Bedarf unter Schutz aufgestellt werden. Wegen der frühen Blüte erweist sich ein Fächer an einer warmen Süd-, Südwest- oder Westwand als praktische Erziehungsform. Fächerbäume brauchen 3,5–5 m Platz und werden 2–2,5 m hoch. Am häufigsten werden die mittelstark wachsenden Unterlagen 'St. Julien A' und 'Torinel' verwendet.

BESTÄUBUNG

Aprikosen sind selbstfertil, daher kann ein Baum allein fruchten. Die Blüten werden von Insekten bestäubt, doch sie öffnen sich zu einer Zeit, wenn nur wenige Insekten unterwegs sind. Meist ist Handbestäubung nötig *(siehe S. 157)*. Die Blüten und Früchte sind sehr anfällig für Frostschäden, daher müssen sie besonders geschützt werden, wenn Spätfrost droht *(siehe oben, rechts)*.

PFLANZUNG

Gepflanzt wird in der Ruhezeit, am besten im Herbst, da Aprikosen bereits im Spätwinter neu austreiben. Wurzelnackte Pflanzen wachsen meist gut an. Containerpflanzen dürfen nicht mit dem Gefäß verwachsen sein. Bereiten Sie vor der Pflanzung die nötigen Stützen und Drähte vor.

SCHNITT UND ERZIEHUNG

Aprikosen tragen am ein- und zweijährigen Holz und älteren Fruchtspießen. Sie werden im Frühjahr und Sommer geschnitten, um eine Infektion mit Bleiglanz *(siehe S. 252)* oder Bakterienbrand *(siehe S. 251)* zu vermeiden. Der Formschnitt beim Busch wird auf *S. 166–167* beschrieben, der Erhaltungsschnitt ist unter Pflaume, *S. 186*, nachzulesen, der Schnitt einer Pyramide auf *S. 170*.

SCHNITT EINES APRIKOSENFÄCHERS

Der Formschnitt für das Grundgerüst *(siehe S. 173)* erfolgt zur Wintermitte oder im Spätwinter, da der Baum früh austreibt. Der Formschnitt im Sommer und der Erhaltungsschnitt entspricht dem der Pflaume *(siehe S. 186–187)*.

REGELMÄSSIGE PFLEGE

Im Spätwinter werden 35 g/m² schwefelsaures Kali auf den Wurzelraum (etwas breiter als die Astkrone) gegeben. Im zeitigen Frühjahr gibt man 20 g/m² Kalkammonsalpeter, jedes dritte Jahr im Spätwinter 70 g/m² Superphosphat. Nach dem Düngen im Frühjahr wird eine Mulchschicht aufgebracht. Bei Trockenheit im Frühjahr und Sommer sollte zusätzlich gewässert werden. Bei Aprikosen an der Wand ist eine Tröpfchenbewässerung *(siehe S. 53–54)* sehr nützlich.

FRÜCHTE AUSDÜNNEN

Aprikosen tragen selten allzu reichlich. Ist dies doch der Fall, werden die Früchte im Spätfrühling oder Frühsommer, wenn sie haselnussgroß sind, auf 5-8 cm Abstand ausgedünnt *(siehe S. 160)*.

ERNTE UND LAGERUNG

Aprikosen werden geerntet, wenn sie vollreif und weich sind und sich leicht vom Baum lösen. Sie sollten bald nach der Ernte verbraucht werden und können nur kurze Zeit kühl gelagert werden.

HÄUFIGE PROBLEME

Aprikosen leiden unter Napfschildläusen *(siehe S. 259)*, Aprikosensterben, Bleiglanz *(siehe S. 252)* und Bakterienbrand *(siehe S. 251)*. Gegen Vögel *(siehe S. 263)*, die an den reifenden Früchte fressen, hilft ein Netz *(siehe S. 192)*.

EMPFEHLENSWERTE SORTEN

Die Lebensdauer von Aprikosen ist häufig begrenzt. Oft kommt es zum plötzlichen Absterben der Bäume.

'Aprikose von Nancy' ('Nancy Marille'): *Große, mäßig saftige Frucht. Reift ab Mitte August. Starkwüchsig, bei hoher Fruchtbarkeit. Geringe Ansprüche an den Boden, bevorzugt Lagen mit warmem, niederschlagsarmem Sommer.*

'Hargrand': *Sehr große, feste, faserige, matt orangefarbene, leicht säuerliche Früchte. Reift von Ende Juli bis Anfang August. Wächst stark, breite, kompakte Krone. Sehr widerstandsfähig gegenüber Krankheiten und Kälte.*

Feige

Feigen (*Ficus carica*) werden seit Langem im Mittelmeerraum kultiviert. Sie gedeihen am besten in mediterranem Klima mit wenig Niederschlägen und kaum Frost. Sollen sie in kühleren Regionen gut tragen, brauchen sie einen warmen, sonnigen Platz. Feigen können als Spalier an einer Süd-, Südwest- oder Westwand erzogen werden; eine Hauswand ist ideal, da sie für zusätzliche Wärme sorgt. An geschützten Standorten in milden Regionen können Feigen als frei stehender Halbstamm oder Busch erzogen werden. Feigen kommen mit fast jedem gut dränierten Boden zurecht. Leichter, flachgründiger Boden, besonders über Kalkuntergrund, ist günstig; sehr humusreicher Boden fördert das Wachstum zu stark.

DIE RICHTIGE BAUMFORM

Die beste Form für Feigen im Freien ist der Fächer. Ein Baum braucht etwa 3,5 m Platz und wird 2–2,5 m hoch. Feigen können auch als Busch an sehr geschützten Plätzen oder im Topf gezogen werden. Als praktisch erweist sich eine Stammhöhe von etwa 60–90 cm bei offenem Boden. In Töpfen lassen sich Feigen als mehrstämmige Büsche oder als Hochstämme mit 60–90 cm Stammhöhe erziehen.

Feigen werden auf eigener Wurzel kultiviert und über Steckhölzer vermehrt *(siehe S. 199)*. Leider gibt es keine Unterlage, die den Wuchs begrenzt, daher wachsen Feigen in nährstoffreichem Boden und bei reichlich Regen sehr kräftig.

BESTÄUBUNG

Die in Mitteleuropa kultivierten Feigensorten entwickeln Jungfernfrüchte – samenlose Früchte, die ohne Bestäubung entstehen. Feigen unterscheiden sich von anderem Baumobst dadurch, dass die Blüte in der zukünftigen Frucht eingeschlossen und daher nie zu sehen ist; die Feige wird einfach immer größer.

PFLANZUNG UND WURZELBEGRENZUNG

Feigen sind als Containerpflanzen im Handel. Bei Kauf einer Jungpflanze sollte man darauf achten, dass die Wurzeln nicht mit dem Topf verwachsen sind. Gepflanzt wird im späten Frühjahr, wenn keine strengen Fröste mehr auftreten. Bis dahin soll die Pflanze kühl und frostfrei stehen. Wird eine Feige in offenen Boden gepflanzt, lohnt es sich, den Wurzelraum zu begrenzen; so bleibt der Baum kompakt und trägt gut, anstatt seine Energie in immer neue Triebe zu stecken. Die Größe des Wurzelraums bestimmt auch die Endgröße des Baums. Für einen 2-2,5 m hohen, 3,5 m breiten Fächer wird ein Wurzelraum von etwa 0,15 m^3 gebraucht. Dieser wird mit einem in die Erde gegrabenen, unten offenen Kasten aus Wegplatten, Ziegeln oder robustem Hartplastik gesichert *(siehe unten)*. Ein frei stehender Baum wird in einem Kasten mit vier Wänden (anstatt drei) gesetzt. Die Wurzeln lassen sich auch begrenzen, indem der Baum in eine schmale Rabatte zwischen einer Wand und einem betonierten Weg oder in ein Loch in einer befestigten Fläche gesetzt wird.

Bei Feigen in Kübeln werden die Wurzeln ohnehin begrenzt. Im Allgemeinen sind Behälter mit 30–40 cm Durchmesser am besten geeignet; größere Töpfe sind zwar möglich, lassen sich aber nicht mehr heben. Für eine gute Dränage kommt eine Schicht aus Tonscherben unten in den Topf, darauf ein Substrat mit Tonanteil.

SCHNITT UND ERZIEHUNG

Feigen tragen in warmem Klima zwar reichlich, in kühleren Regionen reift jedoch nur eine Ernte pro Jahr. Feigen entwickeln sich in den Blattachseln der jungen Triebe. Wenn kein Frost auftritt, überwintern sie etwa erbsengroß. Die Früchte reifen im Spätsommer bis zum Frühherbst des folgenden Jahres *(siehe S. 198)*. Gelegentlich (unter Glas regelmäßig) entwickelt sich eine zweite Ernte innerhalb einer Saison von Anfang bis Mitte Herbst. Reift diese zweite Ernte nicht aus, wird sie zur Herbstmitte entfernt.

Bau einer Pflanzgrube

1 **Für einen Fächer** hebt man vor einer Wand eine etwa 45 cm tiefe Grube aus und legt sie mit drei 60 cm × 60 cm großen Wegplatten aus. Die Oberkanten sollten mindestens 5 cm über dem Boden liegen, damit keine Wurzeln an der Oberfläche entlangkriechen. Der Boden wird 15–20 cm hoch mit groben Scherben oder Kies angefüllt. Dies sorgt für eine gute Dränage und hindert große Wurzeln am Weiterwachsen.

2 **Mit Kompost verbessertes** oder tonhaltiges Substrat mit einem Depotdünger wird in die Grube gefüllt, wobei ein Gießrand von 2,5 cm verbleibt. Die junge Feige wird in die Mitte gesetzt, an die Drähte gelehnt und eingepflanzt.

3 **In 45 cm Höhe** wird der Stamm auf eine seitwärts gerichtete Knospe zurückgeschnitten. Zum Schluss gießen und beschriften.

Feigen werden zweimal im Jahr geschnitten. Anfang bis Mitte Frühjahr, wenn keine Frostgefahr mehr besteht, werden sie in Form geschnitten. Im Sommer werden die Triebspitzen ausgekniffen *(siehe rechts)*, um die Bildung neuer Embryos für das nächste Jahr zu fördern und Licht an die reifenden Früchte zu lassen.

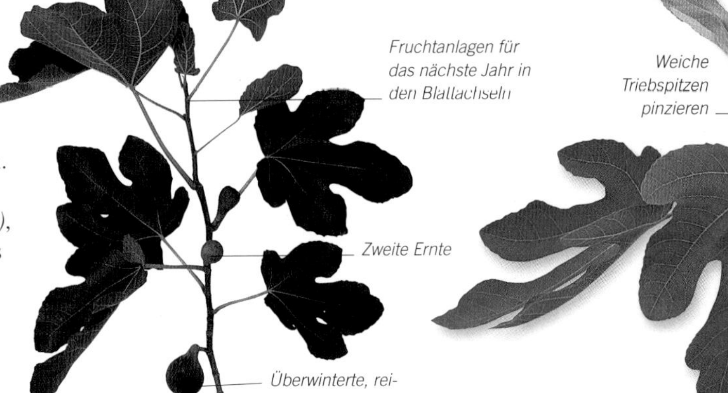

Entwicklung der Feigenfrüchte
Drei Entwicklungsstadien an einem Trieb: an der Basis eine reifende Frucht, die überwintert hat, darüber zwei in diesem Frühjahr gebildete Feigen, die unter günstigen Bedingungen ausreifen, und an der Spitze die jungen Früchte, die überwintern und im nächsten Jahr reifen.

Sommerschnitt
Damit sich kompakte Triebe mit Fruchtanlagen bilden, werden die Triebspitzen ausgekniffen, sobald sich im Spätfrühling fünf Blätter entwickelt haben. So können die Triebe reifen und im Herbst Früchte ansetzen.

SCHNITT BEIM HALBSTAMM ODER BUSCH

Der Formschnitt beim Halbstamm oder Busch wird ähnlich wie bei anderem Baumobst *(siehe S. 166–167)* und im zeitigen Frühjahr durchgeführt. Der Frühjahrsschnitt eines älteren Busches ist im Kasten unten beschrieben. Große, kahle Äste müssen nicht jedes Jahr entfernt werden, nur bei Bedarf. Jedes Jahr im Spätfrühling werden die Spitzen aller Triebe ausgezwickt, wenn sie fünf Blätter haben *(siehe oben, rechts)*. Der Schnitt einer Feige im Topf ist gegenüber beschrieben.

SCHNITT EINES FÄCHERS

Der Formschnitt eines Fächers erfolgt wie bei anderem Baumobst *(siehe S. 173)* im zeitigen Frühjahr, wenn die strengen Fröste vorüber sind. Hat der Baum mindestens zwei Seitentriebe, wählt man zwei gut platzierte Triebe aus und kürzt sie nur um ein Drittel ihrer Länge auf eine nach oben gerichtete Knospe, der Rest wird entfernt.

Der Schnitt eines älteren Fächers im Frühjahr ist im Kasten unten beschrieben. Im Frühsommer werden die Triebe weiter aufgebunden, damit sie volle Sonne bekommen und gut reifen.

VERJÜNGUNG EINER VERNACHLÄSSIGTEN FEIGE

Wurde ein Feigenbaum mehrere Jahre lang vernachlässigt, bilden sich die meisten Früchte an jungen Trieben außen am Baum, das Zentrum verkahlt. Bei einem vernachlässigten Busch wird im April/Mai ein Teil der älteren, kahlen Äste auf etwa 5 cm gekürzt. Sind viele alte Äste zu entfernen, wird die Arbeit besser auf zwei oder drei Jahre verteilt, damit die Feige nicht übermäßig stark austreibt. Von den neuen Trieben werden die kräftigsten und bestplatzierten belassen, die anderen schneidet man heraus.

Beim Fächer wird ebenfalls in der Frühjahrsmitte geschnitten. Zuerst werden die Äste, die von der Wand direkt nach außen wachsen, auf den Ansatz zurückgeschnitten. Zu dicht wachsende

Erhaltungsschnitt bei der Feige im Frühjahr

1 Mit der Baumsäge kürzt man etwa ein Viertel der ältesten, sehr dichten Triebe auf einen Stumpf von 5–8 cm am Ansatz, damit sich neue, wüchsige Triebe bilden.

2 Bevor sich die Knospen öffnen, werden Triebe, die zum Gerüst hin oder nach außen wachsen, sowie sich kreuzende Triebe entfernt; die verbleibenden Triebe bindet man auf.

Erhaltungsschnitt bei Feigenbusch
Im April/Mai werden lange, kahle Äste auf einen Stumpf von etwa 5 cm entfernt, damit sich am Ansatz neue Triebe bilden. Vom Frost geschädigte und zu dicht stehende Triebe auch entfernen.

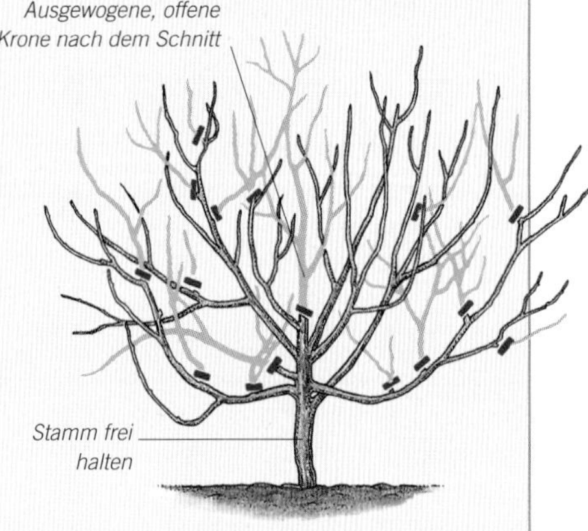

Äste kürzt man auf einen etwa 5 cm langen Stumpf ein. Sind viele Äste zu entfernen, sollte die Arbeit auf zwei oder drei Jahre verteilt werden. Bei beiden Formen werden alle Schösslinge an der Basis entfernt. Sie stören die Form des Baumes und ihr Wachstum geht zu Lasten anderer Triebe.

REGELMÄSSIGE PFLEGE

Jedes Jahr im zeitigen Frühjahr werden etwa 70 g/m² Volldünger mit hohem Kaligehalt (*NPK 1:1:2, siehe S. 20–21*) gegeben. Im Sommer erhält die Feige einen kalibetonten Flüssigdünger. Feigen müssen im Frühjahr und Sommer regelmäßig gegossen werden, da durch die Wurzelbegrenzung und die nötige gute Dränage die Wurzeln sehr leicht austrocknen können.

PFLEGE VON FEIGEN IN KÜBELN

Bäume in Kübeln erhalten im Frühjahr und Sommer jede Woche Flüssigdünger. Dabei wird im Wechsel einmal kalibetont und das nächste Mal mit ausgeglichenem Nährstoffverhältnis gedüngt. Das ganze Jahr über nach Bedarf gießen, denn das Substrat darf dann auf keinen Fall austrocknen.

Alle zwei Jahre wird die Feige in der Ruhezeit umgetopft. Man nimmt den Baum vorsichtig aus dem Topf, klopft das lose Substrat ab und schneidet dicke Wurzeln mit der Gartenschere zurück. Die Pflanze wird in neues, tonhaltiges Substrat in denselben oder einen etwas größeren Topf gesetzt.

WINTERSCHUTZ

Fruchtende Triebe und Embryos vertragen nur leichten Frost. In Regionen mit Winterfrost werden Feigen im November mit einer dicken Schicht aus Stroh oder Koniferenreisig umwickelt, die man mit Maschendraht befestigt *(siehe oben, rechts)*. Der Schutz wird im Frühjahr entfernt, wenn keine Frostgefahr mehr besteht, aber bevor die Knospen aufbrechen.

Bäume in Kübeln können an einen frostfreien Ort, in den Schuppen oder die Garage, gestellt werden. Müssen sie draußen bleiben, wird der Topf versenkt und die Krone wie oben geschildert eingehüllt. Der Schutz wird entfernt, sobald kein strenger Frost mehr zu erwarten ist.

Schnitt einer Feige im Topf
Feigen im Topf lassen sich mehrstämmig ziehen. Eine zwei- oder dreijährige Feige schneidet man bis zum Boden ab und wählt bis zu zehn gute Triebe aus. Jedes Jahr werden drei oder vier Hauptäste entfernt, damit immer junge Triebe nachwachsen. Im Sommer kneift man die Triebe nach dem fünften Blatt ab.

Frostschutz für Feigen
Feigen werden mit Stroh oder Koniferenreisig abgedeckt. Eine dünne Lage wird hinter die Stämme an der Wand verteilt und Bündel zwischen die Äste gesteckt, sodass die Stämme mindestens 5 cm dick bedeckt sind. Zur Sicherung klammert man ein weitmaschiges Netz an das Drahtgerüst.

VERMEHRUNG

Feigen werden im Herbst aus Steckhölzern vermehrt. Dazu schneidet man mindestens 30 cm lange Hölzer aus reifen, diesjährigen Trieben. Blätter und weiche Teile an der Spitze werden entfernt, sodass die Hölzer noch etwa 25 cm lang sind. Unten werden die Hölzer gerade geschnitten, oben aber schräg über einer Knospe. Die Hölzer steckt man in einen 15 cm tiefen Graben im Abstand von 10–15 cm. Sie sollten innerhalb weniger Monate bewurzeln. Bis zum Ende der folgenden Saison bleiben sie stehen und werden dann an ihren endgültigen Platz gesetzt.

FEIGEN ERNTEN

Feigen bringen je nach Baumgröße und Kulturbedingungen unterschiedliche Erträge. Geerntet werden die weichen Früchte. Erntereife Feigen hängen nach unten und ihre Schale wird vor allem am Stielansatz rissig. Bei der Ernte bricht man die Stiele vom Trieb.

HÄUFIGE PROBLEME

Folgende Schädlinge und Krankheiten treten an Feigen auf: Napfschildlaus *(siehe S. 259)*, besonders unter Glas oder an einem warmen Platz im Freien Rote Spinne *(siehe S. 260)*, Vögel *(siehe S. 263)* und Rotpustelkrankheit *(siehe S. 260)*.

EMPFEHLENSWERTE FEIGENSORTEN

Die rund 400 bekannten Sorten unterscheiden sich in Bezug auf die Form der Früchte (von breit oval bis birnenförmig), die Farbe der Haut und des Fruchtfleisches (hellgelb, grün, rotbraun bis dunkelrot und schwarz) sowie in der Reifezeit. Leider erfolgt die Benennung der Sorten sehr unzuverlässig, sodass die Aufzählung von Sorten nicht angebracht erscheint.

'Brown Turkey'	Süße Früchte mit brauner Schale und rötlichem Fruchtfleisch. Für die Kultur im Kübel oder an geschützten Stellen im Freiland.
'Violetta'	Sehr große, violette Früchte. Fruchtet schon als junge Pflanze reich und erweist sich als frosthärter als andere Sorten.

Quitte

Die echte Quitte *(Cydonia oblonga)* ist mit der Birne *(Pyrus communis)* nahe verwandt und stammt aus Zentral- bis Südwestasien. Sie wird oft mit den *Choenomeles*-Arten verwechselt, den Scheinquitten, deren Früchte ebenfalls essbar sind. Im Gegensatz zu diesen dornigen Sträuchern ist die echte Quitte ein dornenloser, mittelgroßer Baum. Quitten stellen dekorative, ertragreiche Bäume dar mit großen, den Heckenrosen ähnlichen Blüten. Die Früchte sind in kühlen Regionen zu hart, um sie roh zu essen; stattdessen werden sie eingekocht.

Quitten beanspruchen wegen ihrer frostanfälligen Blüten einen warmen, geschützten Platz, die Früchte brauchen Wärme zum Reifen. Unter Umständen benötigen sie zusätzlichen Schutz *(siehe S. 12–13)*. Sie gedeihen am besten in tiefgründigem, frischem Boden, gern an Bachläufen und Teichen, aber nicht in staunassem Boden.

Erhaltungsschnitt bei der Quitte

Vor dem Schnitt

Nach dem Schnitt

Vor dem Schnitt *(ganz links)* wachsen die Triebe ganz typisch in alle Richtungen und bilden ein dichtes Laubdach. Im Zuge des Winterschnitts werden sie ausgedünnt, damit Licht und Luft in die Krone gelangen. Man entfernt nicht mehr als ein Viertel der ältesten Äste bis zum Ansatz oder schneidet auf einen Trieb zurück, der ein Drittel des Durchmessers des entfernten Astes hat. Zu dicht gewachsene Äste *(oben)*, sehr wüchsige Triebe und schlecht wachsende Äste werden entfernt.

Nach dem Schnitt wirkt das Laubdach offener *(unten links)* und der Umriss klarer, es verbleiben viele fruchtende Äste.

BAUMFORMEN UND UNTERLAGEN

Quitten wachsen in der Regel als Halbstamm und Buschbaum, strenge Formen kommen nicht infrage. Quitten können auf eigener Wurzel wachsen, werden aber oft auf die Quittenunterlagen veredelt. 'Quitte MA' ist mittelstark wachsend und ergibt einen 3,5–4,5 m hohen und breiten Halbstamm. Die mittelschwach wachsende 'Quitte MC' entwickelt sich zu einem 3–3,5 m hohen und breiten Buschbaum.

BESTÄUBUNG

Quitten sind selbstfertil und werden von Insekten bestäubt. Es genügt also ein Baum.

PFLANZUNG

Gepflanzt wird in der Ruhezeit. Wurzelnackte Pflanzen wachsen meist gut an, ebenso wie nicht mit dem Topf verwachsene Containerpflanzen. Empfehlenswert sind zweijährige, schon verzweigte Buschbäume. Quitten sollten in den ersten zwei Jahren gestützt werden.

SCHNITT BEIM HALBSTAMM ODER BUSCH

Quitten tragen meist an den Spitzen der vorjährigen Triebe und bilden kaum Kurztriebe. Sie werden in der Ruhezeit zwischen Spätherbst und zeitigem Frühjahr geschnitten. Der Formschnitt erfolgt wie auf *S. 166–167* beschrieben. Er ist sehr wichtig, da Quitten unregelmäßig wachsen und ein gutes Grundgerüst brauchen. Tragende Bäume werden jeden Winter geschnitten *(siehe oben)*. Dieser Schnitt ist leicht durchzuführen, alle wüchsigen Triebe sind zu entfernen.

REGELMÄSSIGE PFLEGE

Regelmäßige Düngergaben wirken sich positiv aus. Im Spätwinter erhalten Quitten 20 g/m² schwefelsaures Kali auf die Wurzelfläche und im zeitigen Frühjahr 35–70 g/m² schwefelsaures Ammoniak. Jedes dritte Jahr gibt man 70 g/m² Superphosphat. Neigt der Boden zu Trockenheit, sollte man in den ersten vier Jahren jährlich gut mulchen. Bei Trockenheit im Frühjahr und Sommer wird gegossen.

ERNTE UND LAGERUNG

Die Erträge fallen bei Quitten recht unterschiedlich aus. Die Früchte werden geerntet, wenn sie vollreif, golden und aromatisch sind, meist Mitte bis Ende Herbst vor dem ersten Frost. Unbeschädigte Früchte werden kühl, dunkel und frostfrei gelagert und dürfen sich nicht berühren. Sie sollten nicht mit Äpfeln oder Birnen gelagert werden, da diese sonst den Quittengeschmack annehmen.

HÄUFIGE PROBLEME

Quitten werden zwar von den typischen Kernobstschädlingen befallen, aber kaum in großem Umfang. An Krankheiten treten auf: Quittenblattbräune *(siehe S. 260)*, Moniliafäule *(S. 259)*, Feuerbrand *(S. 254)* und Echter Mehltau *(S. 253)*.

EMPFEHLENSWERTE SORTEN

'Bereczki' *Große, aromatische Birnenquitte. Ertragreich. Für warme Lagen. Fleisch rötet sich nach dem Kochen.*

'Konstantinopeler' *Große, feinsäuerliche Apfelquitten. Fremdbestäubung ist günstig.*

'Radonia' *Große, breite Birnenquitten. Wenig anfällig für Chlorose auf kalkhaltigen Böden. Nur teilweise selbstfertil.*

'Vranja' *Fein säuerliche Birnenquitten mit sehr gutem Geschmack. Trägt früh.*

Mispel

Die dekorative Mispel *(Mespilus germanica)* ist mit dem Weißdorn und der Quitte verwandt.

Der in Südosteuropa und Zentralasien heimische Laubbaum ist in weiten Teilen Europas eingebürgert. Mit seinem ausladenden Wuchs stellt er eine elegante Erscheinung im Garten dar. Die einfachen weißen, rosenähnlichen Blüten erscheinen von Mitte bis Ende Frühjahr, die großen, ledrigen Blätter entwickeln schöne Herbstfarben. Die Früchte ergeben ein aromatisches Gelee. Man kann sie auch roh essen, wenn man fast bis zur Überreife abwartet *(unten)*.

Mispeln gedeihen an warmen, geschützten Plätzen in der Sonne oder im Halbschatten und kommen erfahrungsgemäß auf fast jedem gut dränierten Boden zurecht.

Reifende Mispeln zur Erntezeit
Die typischen braunen Mispelfrüchte sind 2,5–5 cm dick, wenn sie erntereif sind. Sie sollten bis in den Herbst am Baum bleiben, damit sie ihr Aroma entwickeln können.

BAUMFORMEN UND UNTERLAGEN

Wegen ihres ausladenden Wuchses kommen nur Hochstamm und Halbstamm für die Mispel infrage. Sie sollten etwa 5–6 m von anderen Pflanzen entfernt stehen, damit sie sich ungehindert entwickeln können.

Mispeln werden auf Quitten- oder Weißdornunterlagen veredelt. Quittenunterlagen bieten meist die größere Stabilität. Von diesen Unterlagen sind die halbwüchsigen Quitte MA und BA 29 die besten. Auf ihnen entwickelt sich ein Hoch- oder Halbstamm von 4–6 m Höhe und Breite.

BESTÄUBUNG

Mispeln sind selbstfertil und werden von Insekten bestäubt, es genügt also ein Baum.

PFLANZUNG

Gepflanzt wird in der Ruhezeit. Wurzelnackte Pflanzen wachsen meist gut an. Containerpflanzen gedeihen ebenfalls, wenn die Wurzeln nicht mit dem Gefäß verwachsen waren. Man wählt möglichst einen vorgezogen Hoch- oder Halbstamm, der bei der Pflanzung an einen niedrigen Pfahl gebunden wird. Wird ein einjähriger Baum gesetzt, sollte er einen hohen Stützpfahl erhalten (2 m hoch für einen Hochstamm, 1,5 m für einen Halbstamm), damit sich der Stamm gerade entwickelt.

SCHNITT BEIM HOCH- ODER HALBSTAMM

Beim vorgezogenen Hoch- oder Halbstamm werden in den ersten drei oder vier Jahren nach der Pflanzung die Leitäste um etwa ein Drittel des Sommeraustriebs auf eine nach außen gerichtete Knospe gekürzt. Kurze Triebe bleiben unbeschnitten, schlecht platzierte, zu dicht wachsende Äste werden im Winter entfernt. Bei Jungbäumen bindet man den Stamm auf und lässt ihn auf die gewünschte Höhe wachsen. Tief sitzende Äste werden entfernt, die anderen wiederum um ein Drittel gekürzt. Beim älteren Baum werden im Winter alle zu dicht stehenden oder toten Äste entfernt.

REGELMÄSSIGE PFLEGE

Jedes Jahr im Spätwinter werden 70 g/m² Volldünger auf die Wurzelfläche gegeben. In den ersten drei oder vier Jahren empfiehlt sich ein organischer Mulch aus gut verrottetem Dung, Kompost oder Rinde. Während dieser Zeit sollte man bei Trockenheit im Frühjahr und Sommer gut gießen; danach kommen Mispeln ohne zusätzliche Wassergaben aus.

ERNTE UND LAGERUNG

Mispeln werden in der Herbstmitte bei Trockenheit geerntet. Tauchen Sie die Stiele in eine starke Salzlösung, damit sie nicht faulen, und lagern Sie die Früchte kühl, dunkel und frostfrei, ohne dass sie sich berühren. Die Nachreife, bei der die Früchte weich und braun werden, dauert zwei bis drei Wochen. Dann sind sie roh genießbar.

HÄUFIGE PROBLEME

An Mispeln tritt selten ein Befall durch Schädlinge oder Krankheiten auf. Die Blattfleckenkrankheit, hervorgerufen durch den Pilz *Diplocarpon mespili*, kann auftreten, ebenso Monilia Fruchtfäule durch den Pilz *Monilinia mespili*.

EMPFEHLENSWERTE SORTEN

'Holländische' *Ausladender Wuchs. Verhältnismäßig große Früchte,.*

'Nottingham' *Recht kleine Früchte mit ausgezeichnetem Geschmack. Breiter Strauch, 3–4 hoch.*

Maulbeere

Wegen ihrer Früchte wird vor allem die Schwarze Maulbeere *(Morus nigra)* gepflanzt. Der langlebige, hübsche Baum stammt aus Westasien und wird in ganz Europa kultiviert. Die Weiße Maulbeere *(Morus alba)* dient für die Seidenraupenzucht, trägt aber schlechtere Früchte. Maulbeeren lieben geschützte, warme Plätze. Sie gedeihen auf allen gut dränierten Böden mit einem pH-Wert von 5,5–7, bevorzugen aber humusreichen, wasserhaltigen Boden.

BAUMFORMEN UND UNTERLAGEN

Maulbeeren werden im Freien am besten als Hoch- oder Halbstamm gezogen. Sie wachsen recht langsam und tragen erst nach rund fünf Jahren. Die ausladenden Bäume brauchen 5–10 m Abstand zu anderen Gehölzen und eignen sich daher nur für sehr große Gärten. In kühlen Regionen bekommt ihnen eine Erziehung am Spalier vor einer warmen Wand gut, wo sie 4,5 m breit und 2,5 m hoch werden.

Maulbeeren werden meist auf eigener Wurzel kultiviert oder auf Sämlingsunterlagen veredelt. Es gibt keine schwach wachsenden Unterlagen.

BESTÄUBUNG

Maulbeeren sind selbstfertil. Sie blühen relativ spät und sind daher kaum durch Spätfrost gefährdet.

PFLANZUNG

Gepflanzt wird in der Ruhezeit. Wurzelnackte Pflanzen wachsen meist gut an. Containerpflanzen gedeihen ebenfalls, wenn sie nicht mit dem Gefäß verwachsen waren. Kaufen Sie möglichst vorgezogene Hoch- oder Halbstämme, die sich schnell zu einem schön geformten Baum entwickeln.

SCHNITT BEIM HOCH- ODER HALBSTAMM

Maulbeeren werden in der Ruhezeit geschnitten, da sie während des Wachstums zu stark bluten. Im Winter nach der Pflanzung werden alle störenden oder zu tief sitzenden Triebe am Ansatz weggeschnitten. Jedes Jahr werden zwischen November und Februar alle schlecht platzierten Triebe entfernt. Ein herangewachsener Baum braucht kaum noch einen Schnitt; nur sich kreuzende, zu dicht wachsende, tote oder abgebrochene Äste werden entfernt.

Älterer Maulbeerbaum und seine Frucht

Ein eingewachsener Maulbeerbaum wirkt bald knorrig und wächst unregelmäßig. Eine ausgewogene Krone vorausgesetzt, sieht er sogar sehr dekorativ aus. Die Früchte (siehe kleines Bild) *werden geerntet, wenn sie schwarz und vollreif sind.*

SCHNITT BEIM SPALIER

Der Formschnitt erfolgt beim Spalier von Anfang bis Mitte des Winters. Beim fertig erzogenen Baum werden im Hochsommer die Seitentriebe am Stamm und an den Spalierästen auf drei bis vier Blätter gekürzt, damit sich Fruchtholz bildet.

REGELMÄSSIGE PFLEGE

Jedes Jahr gibt man im Winter 70 g/m² Volldünger auf den Wurzelbreich. Im Frühjahr wird mit organischer Substanz, wie gut verrottetem Dung, Kompost oder Rinde, gemulcht. In den ersten drei oder vier Jahren nach der Pflanzung sollte bei Trockenheit im Frühjahr und Sommer gewässert werden. Danach kommen Maulbeeren ohne zusätzliche Wassergaben aus. Die Äste älterer Bäume werden brüchig. Bei Bedarf wird von unten her ein gegabelter Stützpflock in den Boden gerammt, sodass der Ast in der Gabelung aufliegt.

MAULBEEREN ERNTEN

Die Erträge fallen bei Maulbeeren recht unterschiedlich aus. Die Früchte reifen in mehreren Wochen vom Früh- bis zum Hochsommer; reif sind sie fast schwarz und lösen sich leicht vom Baum. Zum Einkochen verwendet man nicht ganz reife Früchte. Der Saft hinterlässt leicht Flecken in der Kleidung. Unter großen Bäumen wird ein Tuch ausgebreitet und dann vorsichtig geschüttelt.

HÄUFIGE PROBLEME

Maulbeeren leiden selten unter Schädlingen und Krankheiten. Vögel *(siehe S. 263)* fressen die Früchte und die Bäume können an Maulbeerkrebs *(siehe S. 258)* erkranken.

EMPFEHLENSWERTE SORTEN

Eine benannte Zuchtform ist einem namenlosen Keimling stets vorzuziehen.

Morus nigra **'Chelsea'** *Alte Sorte mit saftigen, schmackhaften Früchten.*

Morus alba **'Pendula'** *Dekorative Hängeform.*

Haselnuss und Lambertsnuss

Diese beiden Formen der Haselnuss sehen ähnlich aus, es gibt auch Kreuzungen zwischen beiden. Die Haselnuss *(Corylus avellana)* hat einen kurzen Kelch, aus dem die Nuss herausschaut, die Lambertsnuss *(Corylus maxima)* dagegen einen langen Kelch, der die Nuss bedeckt. Hasel- und Lambertsnüsse gedeihen am besten in voller Sonne oder lichtem Schatten; sie wachsen noch in tiefem Schatten, tragen dann aber schlechter. Als Standort wollen die Sträucher einen geschützten Platz, keine Frostsenke. Die Bäume wachsen gut in ausreichend dräniertem Boden mit einem pH-Wert von 6,7–7,5. Leichter, sandiger Boden ist besser geeignet, da bei ausgesprochen nährstoffreichem Boden die Bäume zu stark wachsen.

Geknickte Haselnusstriebe
Im Hochsommer knickt man über 30cm lange, kräftige Seitenäste ungefähr in der Mitte ab und lässt sie hängen. Dadurch wird die Bildung von Blütenknospen gefördert und der Wuchs gebremst.

BAUMFORMEN UND UNTERLAGEN

Die beste Erziehungsform ist ein Busch mit offener Mitte auf einem Stamm von 30–45 cm Höhe. Der Pflanzabstand sollte 4,5 m betragen. Hasel- und Lambertsnüsse wachsen auf eigener Wurzel.

BESTÄUBUNG

Hasel- und Lambertsnüsse sind einhäusig, tragen also männliche und weibliche Blüten getrennt am selben Baum *(siehe unten)*. Die Blüten sind robust, erscheinen aber schon im Spätwinter, sodass sie doch unter Frost leiden. Hasel- und Lambertsnüsse sind selbstfertil, doch es wird nicht immer dann Pollen freigesetzt, wenn die weiblichen Blüten gerade empfänglich sind. Es ist daher mehr als eine Sorte für die Windbestäubung nötig.

Erfolgreiche Bestäubung
Der Wind trägt den Pollen von den Kätzchen zu den weiblichen Blüten, daher pflanzt man die Bäume am besten im Quadrat.

PFLANZUNG

Gepflanzt wird in der Ruhezeit. Wurzelnackte Pflanzen wachsen meist gut an. Containerpflanzen gedeihen ebenfalls, wenn sie nicht mit dem Gefäß verwachsen waren. Die beste Wahl ist ein vorgezogener Busch. Normalerweise wird der Busch für die ersten zwei oder drei Jahre gestützt.

SCHNITT

Der Formschnitt erfolgt im Winter nach der Pflanzung. Bei beiden Formen können etwa acht Äste stehen bleiben. Ist der Strauch herangewachsen, wird zweimal im Jahr geschnitten.

Im Sommer werden lange Seitentriebe abgeknickt. Im Frühjahr kürzt man die Leitäste um etwa die Hälfte auf eine nach außen gerichtete Knospe ein. Im vorigen Sommer geknickte kräftige Seitenäste werden auf drei bis vier Knospen eingekürzt oder ganz entfernt, wenn sie sehr wüchsig sind. Schwache Seitenäste bleiben stehen. Wird der Baum zu hoch *(über 3–3,5 m)*, kürzt man die Stammverlängerung auf einen niedrigeren Ersatztrieb ein. Alle Äste in der Mitte werden entfernt. Bei einem älteren Baum werden überlange Seitenäste auf einen Stumpf von etwa 2,5 cm Länge eingekürzt, um dort einen Neuaustrieb anzuregen. In der Wachstumszeit werden alle Schösslinge um den Busch entfernt.

REGELMÄSSIGE PFLEGE

Jedes Jahr im Spätwinter gibt man 70 g/m² Volldünger. In den ersten 3–4 Jahren wird im Frühjahr gemulcht und bei Trockenheit im Frühjahr und Sommer gegossen.

ERNTE UND LAGERUNG

Der Ertrag von Hasel- und Lambertsnüssen variiert stark. Geerntet wird im September, wenn die Kelche vergilben, aber noch nicht abfallen. Zu früh geerntete Nüsse lassen sich nicht gut lagern; bleiben sie zu lange hängen, machen sich Eichhörnchen und Mäuse darüber her. Die Nüsse werden in der Sonne getrocknet, die trockenen Kelche entfernt. Nüsse bewahrt man an einem kühlen Platz in luftigen Gefäßen auf.

HÄUFIGE PROBLEME

Haselnussbohrer *(siehe S. 256)* und Echter Mehltau *(S. 253)* können lästig werden. Eichhörnchen *(S. 253)* richten viel Schaden an.

EMPFEHLENSWERTE SORTEN

Haselnüsse

'Cosford' *Längliche Nuss mit dünner Schale. Zuverlässig, guter Bestäuber.*

'Hallesche Riesennuss' *Große, breit runde Nuss mit intensivem Geschmack. Gesunder Baum, selbstunfruchtbar, aber sehr ertragreich.*

'Rotblättrige Zellernuss' *Blätter im Austrieb blutrot, später vergrünend. Lamberts-Hybriden.*

'Webbs Preisnuss' *Große längliche, süße Nuss. Wächst nicht zu stark.*

Walnuss

Die weitverbreitete Echte Walnuss *(Juglans regia)* ist im Iran, in Zentralasien und China heimisch. Die nordamerikanische Schwarze Walnuss *(Juglans nigra)* ist wüchsiger und trägt minderwertige Nüsse. Walnüsse sind sehr schöne, aber riesige Bäume von 18–20 m Höhe und Breite. Sie wachsen anfangs langsam und werden in den ersten 20 Jahren 10 m hoch. Es gibt zwar kompaktere Sorten, doch selbst diese eignen sich nur für große Gärten. Walnussbäume sind winterhart, doch können Spätfröste die jungen Triebe schädigen. Sie gedeihen am besten an einem warmen, geschützten Platz abseits von Frostsenken in tiefgründigem, gut dräniertem, frischem Boden mit einem pH-Wert von 6,5 bis 7 und vertragen leicht alkalischen Boden.

BAUMFORMEN UND UNTERLAGEN

Walnüsse werden als Hochstamm mit Stammverlängerung erzogen. Veredelt wird meist auf eine *J.-regia-* oder *J.-nigra-*Unterlage. Pflanzen sollte man nur veredelte, benannte Sorten, da Keimlinge erst sehr spät und meist schlechtere Nüsse tragen.

BESTÄUBUNG

Walnüsse sind einhäusig – männliche und weibliche Blüten wachsen am selben Baum – und werden vom Wind bestäubt. Viele Sorten sind selbstfertil, doch die männlichen Blüten öffnen sich oft vor den weiblichen. Eine gute Ernte ist sicher, wenn zur Bestäubung im Umkreis von 80 m eine andere Sorte wächst. Spätfröste schädigen Blüten und junge Triebe und beeinträchtigen damit den Ertrag.

Walnussernte
Die Nüsse sind erntereif, wenn die grüne Außenschale platzt und die Nuss zu sehen ist (wie hier). *Zum Einlegen wird geerntet, bevor die Schalen fest werden.*

PFLANZUNG

Walnüsse pflanzt man im November oder zeitig im Jahr. Am besten setzt man drei- bis vierjährige vorgezogene Hochstämme. Mit dem Topf verwachsene Pflanzen sind zu meiden, da Walnüsse Pfahlwurzeln haben. Der Baum wird gestützt von einem 45–60 cm hohen Pfahl. Der Baum muss im Abstand von 12–18 m zu anderen Pflanzen stehen. Walnüsse geben Stoffe an den Boden ab, die das Wachstum mancher Pflanzen stören; in ihrem Wurzelraum sollten keine anderen Pflanzen wachsen.

SCHNITT UND ERZIEHUNG

Walnüsse werden möglichst wenig geschnitten, da sie leicht bluten. Zur Herbstmitte tritt am wenigsten Saft aus. Der Formschnitt ist unten beschrieben. Bei älteren Bäumen nur sich kreuzende oder abgebrochene Äste entfernen.

REGELMÄSSIGE PFLEGE

Auf magerem Boden streut man im zeitigen Frühjahr 70 g/m^2 Volldünger unter dem Laubdach aus. Nach der Pflanzung und in den ersten 3–4 Jahren wird gemulcht und bei Trockenheit gegossen.

ERNTE UND LAGERUNG

Walnüsse tragen sehr unterschiedlich. Zum Lagern werden die Schalen gesäubert, bevor sie sich verfärben, und in der Sonne getrocknet. Walnüsse werden in einer Lattenkiste kühl und luftig gelagert.

HÄUFIGE PROBLEME

Walnüsse sind abgesehen von der Marssonina-Krankheit *(siehe S. 258)* und dem Bakterienbrand *(S. 251)* unproblematisch. Krähen und Eichhörnchen *(S. 253)* fressen die Nüsse.

Formschnitt

Die Baumform mit Stammverlängerung entspricht der Pyramide; wegen des ausladenden Wuchses der Walnuss wirkt sie mit der Zeit jedoch runder. Der Formschnitt zielt auf eine senkrechte Stammverlängerung ab, an der alle Hauptäste ansetzen. Zuerst werden alle Konkurrenztriebe und senkrechten Triebe entfernt. Dann entfernt man alle Seitenäste im unteren Stammdrittel, sodass mehrere Äste im weiten Winkel für den Kronenaufbau verbleiben. In den Folgejahren kommt es darauf an, senkrechte Triebe zu entfernen und die Krone zu erhalten.

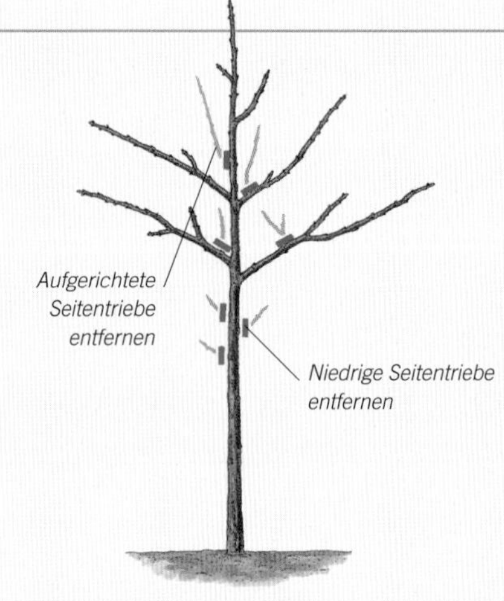

EMPFEHLENSWERTE SORTEN

'Nr. 26' *Relativ kleine Krone, entwickelt Früchte auch ohne Bestäubung. Etwas frostempfindlich, dafür wenig anfällig für Krankheiten.*

'Nr. 139' *Hervorragender Geschmack. Mittelstark wachsend, spätfrostgefährdet, in nassen Jahren anfällig für die Marssonina-Krankheit.*

'Nr. 286' *Mittelstark bis stark wachsend. Verlangt warmen, gut dränierten, frischen Boden. Für geschützte, spätfrostfreie Lagen.*

'Weinsberg 1' *Wächst mittelstark, für warme Standorte die beste Sorte, benötigt einen Bestäubungspartner.*

Mandel

Die Süßmandel *(Prunus dulcis)* ist nah mit Pfirsich und Nektarine verwandt. Sie stammt aus Zentralasien und dem östlichen Mittelmeerraum. Die Nüsse von Bittermandeln und vielen Mandelkeimlingen enthalten viel Blausäure und werden nur als Zierbäume kultiviert.

Mandeln stellen ähnliche Ansprüche wie Pfirsiche. Sie brauchen ein warmes Frühjahr und warmes, sonniges Wetter im Hoch- und Spätsommer, damit sie gut tragen und ausreifen. Da sie im zeitigen Frühjahr blühen – oft noch früher als Pfirsiche –, sind sie sehr anfällig für Frostschäden. Daher tragen sie in kühlem Klima unzuverlässig. An einem geschützten Platz sind sie jedoch schöne Ziergehölze, die zudem gelegentlich Nüsse tragen.

Mandeln wollen einen sonnigen, vor kaltem Wind geschützten Platz. Frostsenken sind zu meiden. Mandeln gedeihen auf gut dränierten Böden mit einem pH-Wert von vorzugsweise 6,5.

Reifende Mandeln
Mandelbäume erinnern stark an Pfirsichbäume, brauchen aber ein besonders warmes Klima, um gut zu reifen. Im Gegensatz zum Pfirsich müssen die Früchte nicht ausgedünnt werden.

BAUMFORMEN UND UNTERLAGEN

Mandeln werden am besten als Busch oder Fächer erzogen. Beide Formen wirken sehr dekorativ und ein Fächer lässt sich unter weniger günstigen Bedingungen noch an einer warmen Wand erziehen. Die Büsche sollten 4,5–6 m Abstand haben. Ein Fächer wird 3,5–4,5 m breit und 2–2,5 m hoch.

Mandeln auf der Unterlage 'St. Julien A' entwickeln sich zu mittelgroßen Bäumen. Pfirsich- oder Mandelunterlagen eignen sich ebenfalls, ergeben aber größere Bäume.

BESTÄUBUNG

Mandelsorten sind ganz oder teilweise selbstfertil, tragen aber bei Fremdbestäubung besser. Sie blühen im zeitigen Frühjahr, zu einer Zeit, wenn nur wenige Insekten fliegen, daher ist eine Bestäubung von Hand ratsam. Man verwendet zur Pollenübertragung von einer Blüte auf die andere einen weichen Pinsel *(siehe S. 157)*.

PFLANZUNG

Gepflanzt wird in der Ruhezeit, am besten zur Herbstmitte, da Mandeln früh austreiben. Wurzelnackte Pflanzen wachsen meist gut an. Containerpflanzen wachsen ebenfalls gut, wenn die Wurzeln nicht mit dem Topf verwachsen waren. Erforderliche Pfähle und Drähte richtet man schon vor der Pflanzung her.

SCHNITT UND ERZIEHUNG

Mandeln tragen wie Pfirsich und Nektarine am vorjährigen Holz und müssen entsprechend geschnitten werden, damit sie jedes Jahr genügend Fruchtholz bilden. Geschnitten wird am besten im Frühjahr und Sommer, um eine Infektion mit Bleiglanz *(siehe S. 252)* und Bakterienbrand *(siehe S. 251)* zu vermeiden.

Der Formschnitt beim Mandelbusch erfolgt wie auf *S. 166–167*, der Erhaltungsschnitt wie bei der Sauerkirsche *(siehe S. 191–192)*. Der Formschnitt eines Fächers ist auf *S. 173* beschrieben, der Erhaltungsschnitt unter Pfirsich *(siehe S. 193–194)*.

REGELMÄSSIGE PFLEGE

Es gelten die für Pfirsich gemachten Angaben *(siehe S. 194–195)*.

ERNTE UND LAGERUNG

Mandeln tragen nach drei oder vier Jahren, allerdings unregelmäßig. Bei erntereifen Mandeln platzen die Schalen auf und sie fallen zu Boden. Der am Baum verbliebene Rest wird geerntet und gesäubert *(siehe unten)*. Mandeln müssen kühl, luftig und mäusesicher im Schuppen oder in der Garage gelagert werden.

HÄUFIGE PROBLEME

Mandeln leiden unter ähnlichen Problemen wie Pfirsich und Nektarine *(siehe S. 195)*.

Mandeln säubern
Die weiche Außenschale wird entfernt. Die Nüsse werden gesäubert und gründlich, am besten in der Sonne getrocknet.

EMPFEHLENSWERTE SORTEN

In Mitteleuropa können nur wenige Sorten reifen:

'Ingrid' *Kräftiges Aroma.*

'Macrocarpa' *Große Früchte, resistent gegenüber Kräuselkrankheit.*

'Mandaline' *Selbstfertil. Mit rosafarbenen Blüten.*

ANBAU VON BEERENOBST

Planung

Zum Beerenobst gehören Himbeeren *(Rubus idaeus)* und Brombeeren *(Rubus fruticosus)*, die an Ruten fruchten, Strauchfrüchte wie Rote, Weiße und Schwarze Johannisbeeren *(Ribes rubrum, R. nigrum)*, Stachelbeeren *(Ribes uva-crispa)*, Kulturheidelbeeren *(Vaccinium corymbosum)* und Moosbeeren *(Vaccinium macrocarpon)* sowie die krautigen Erdbeeren (*Fragaria*-Arten), die schon innerhalb eines Jahres tragen. Himbeere und Brombeere tragen ab dem zweiten Jahr nach der Pflanzung; späte Himbeersorten fruchten oft noch im selben Jahr. Bei Strauchbeeren hängt die erste Ernte vom Alter der Pflanze und ihrer Fruchtbildung ab. Schwarze Johannisbeeren und Heidelbeeren tragen an diesjährigem oder vorjährigem Holz und fruchten daher innerhalb eines Jahres.

Erdbeeren im Topf
Mit ihren zierlichen Blüten, roten Früchten und schön geformten Blättern wirken Erdbeeren (hier 'Gorella') besonders attraktiv in Töpfen. Sie schätzen einen guten Wasserabzug, und die Früchte sind sicher vor Verschmutzung und Schneckenfraß.

BEERENOBST IM GARTEN

Beerenobst schmeckt hervorragend, wenn es direkt vom Strauch gegessen wird und ist in Bezug auf die Kulturmöglichkeiten im Garten besonders vielseitig. Eine separate Anbaufläche, 10–20 m groß und eventuell mit Netzen vor Vögeln geschützt, bringt genügend Früchte für eine vierköpfige Familie.

Beeren können sogar mit anderen Pflanzen im Ziergarten kombiniert werden: Manche Erdbeersorten haben weiße und rosa Blüten oder panaschierte Blätter. Mit ihrem langen, schlanken Wuchs sind Brombeeren und deren Hybriden ideale Rankpflanzen für Zäune und Torbögen. Durch dieses Mehr an Vielfalt werden außerdem mehr nützliche Insekten angelockt.

Beerenobst in Pflanzgefäßen bietet zusätzliche Möglichkeiten. Im Schutze eines Gewächshauses verlängert diese Methode die übliche Erntezeit (Frühsommer bis September) auf die Spanne Mai bis November. Geeignete Gefäße sind Hängekörbe, Tröge und große Töpfe oder auch Erdsäcke.

Hängender Garten
Hängekörbe sind praktisch für Erdbeeren (hier 'Viva Rosa'). Vier oder fünf Pflanzen kommen in einen 40-cm-Korb. Für ein gutes Wachstum werden der Topferde wasserhaltendes Gel und Depotdünger beigemischt.

GUTER BODEN FÜR BEERENOBST

Der ideale Boden für Beerenobst ist humusreicher, gut dränierter, etwa 45 cm tiefer Lehm. Schwerer Boden muss sorgfältig gepflegt werden, damit er wärmer und die Wasserführung verbessert wird. Schwarze Johannisbeeren und Brombeeren vertragen nasse Standorte besser als anderes Beerenobst, bevorzugen aber ebenfalls gute Dränage. Bei Sandboden muss die Fähigkeit, Wasser und Nährstoffe zu halten, verbessert werden. Durch Zugabe von organischer Substanz in Form von Kompost, Mist oder Gründüngung lassen sich die meisten Böden verbessern. Einzelheiten zur Bodenvorbereitung finden Sie auf *S. 37–40* und *S. 208.*

BODENBÜRTIGE KRANKHEITEN

Bodenprobleme *(siehe auch S. 252)* treten besonders in älteren Gärten auf, wenn Obstbeete wiederholt bepflanzt werden. Die über den Boden übertragenen Pilze bewirken, dass Pflanzen kümmern, wenn nahe verwandte Kulturen direkt hintereinander gepflanzt wurden. Eine Lösung wäre, den Oberboden auszutauschen, doch das ist teuer und bedeutet viel Arbeit. Wüchsige Sorten und die Pflanzung in eine schwarze Mulchfolie *(siehe S. 208)* bedingen eine geringere Anfälligkeit für Schwächekrankheiten.

Sicherheitshalber hält man nach Erdbeeren oder Kartoffeln mindestens fünf Jahre lang Abstand, bevor wieder

Erdbeeren auf die Fläche kommen, um das Risiko der Verticilliumwelke *(siehe S. 263)* zu mindern, die über den Boden übertragen wird. Es sind Flüssigpräparate mit nützlichen Mikroorganismen im Handel, um das Gleichgewicht wiederherzustellen.

NÄHRSTOFFE UND PH-WERT

Nährstoffgehalt und Säuregrad des Bodens wirken sich auf das Wachstum und den Ertrag von Beerenobst aus. Es lohnt sich, beides vor der Pflanzung zu bestimmen und regelmäßig zu kontrollieren, um Unter- oder Überdüngung zu vermeiden, was sich beides negativ auf die Ernte auswirkt. Erdbeerbeete müssen eventuell jährlich getestet werden, bei den Beerensträuchern genügt ein Test alle drei Jahre, wenn der Boden gut vorbereitet wurde. Bei starkem Regen und zu nassem Boden, vor allem in der Ruhezeit, werden bestimmte Nährstoffe wie Stickstoff ausgeschwemmt.

Beerenobst gedeiht am besten bei leicht saurem pH-Wert von 6,2–6,7. Kulturheidelbeeren brauchen einen niedrigeren pH-Wert von 4–5,5. In alkalischem Boden mit einem pH-Wert über 7 sind Mangan und Eisen für die Pflanzen nicht mehr verfügbar; Blattchlorosen *(siehe S. 253)*, besonders bei Himbeeren, und absterbende Seitentriebe sind die Folge. In saurem Boden sind manche Spurenelemente so leicht verfügbar, dass sie für viele Pflanzen giftig werden.

DER RICHTIGE STANDORT

Eine Südost-, Süd- oder Südwestwand bietet Beerenobst den wärmsten und sonnigsten Platz. In der Sonne reifen die holzigen Triebe gut aus, es bilden sich gesunde Blütenknospen und später reife, aromatische Früchte. Brombeeren und ihre Hybriden vertragen teilweisen Schatten. Frost ist besonders während der Blüte schädlich; erfrieren die Blüten, gibt es keine Früchte. Ist es nicht möglich, eine Frostsenke zu umgehen, sollte man frosthärteres Obst oder spät blühende Sorten wählen. Himbeeren und Brombeeren blühen später als Strauchfrüchte und viele Erdbeeren sind durch ihre spätere Blütezeit weniger frostgefährdet *(Frostschutzmethoden, siehe S. 209)*.

WINDSCHUTZ

Beerenobst braucht Schutz, damit junge Triebe, Blüten und Früchte nicht vom Wind beschädigt werden. Dadurch erhöht sich auch die Umgebungstemperatur leicht und ein günstigeres Klima entsteht. Dies beugt Krankheiten vor, fördert das Ausreifen von Früchten und Trieben und lockt Bestäuber und andere Nützlinge an. Bei Bedarf eignet sich eine Windschutzbarriere aus Kunststoff anstelle einer Hecke oder als vorläufiger Schutz an der windabgewandten Seite einer jungen Schutzpflanzung, solange diese heranwächst.

HÖHE UND NIEDERSCHLÄGE

Beerenobst gedeiht ihn Höhen bis zu 1800 m, braucht aber in dieser Höhe ausreichenden Schutz vor starkem Wind. Die Temperaturen sind dort allgemein niedriger und die Wachstumsperiode kürzer. Das sollte man bei der Sortenwahl beachten. Wasser ist für das Wachstum der Pflanzen und die Entwicklung der Früchte unentbehrlich, übermäßige Niederschläge (jährlich 900 mm oder mehr) führen zur Auswaschung von Nährstoffen aus dem Boden, fördern Krankheiten wie Grauschimmel und sie verursachen physische Schäden, die Krankheitserreger anziehen.

In ausgesprochen niederschlagsreichen Regionen zieht man Beerenobst vielleicht gleich im Gewächshaus oder im Folientunnel, die beide im Sommer und Winter schattiert und ausreichend belüftet sein müssen. Die einzelnen Sorten sind unterschiedlich anfällig für Grauschimmel.

PLANUNG DER ANLAGE

Sobald ein guter Standort für das Beerenobst bestimmt ist, geht es an die Verteilung der Pflanzen innerhalb der Fläche. Eine realistische Vorplanung zeigt, wie viele Sträucher Platz finden und sorgt dafür, dass höhere Pflanzen die niedrigeren nicht übermäßig beschatten. Quadratische oder rechteckige Flächen lassen sich leichter mit Netzen vor Vögeln schützen. Erdbeeren werden in ein separates Beet gepflanzt und nach drei bis vier Jahren ersetzt. Man kann sie auch mit Gemüse kombinieren und entsprechend der Fruchtfolge regelmäßig ersetzen. Bei der Auswahl achtet man darauf, dass die Sorten nacheinander fruchten. So kann man länger ernten und es reift nicht zu viel auf einmal.

Obst an der Wand
Himbeeren und Brombeeren sowie die meisten Beerensträucher wie diese Roten Johannisbeeren 'Jonkheer van Tets' lassen sich Platz sparend an Wänden oder Zäunen erziehen. Die Früchte erhalten hier so viel Sonne wie möglich, um zu reifen. Außerdem lassen sich die Pflanzen leichter vor Vögeln schützen und besser abernten.

Beerenobst pflanzen

Damit die Pflanzen gut anwachsen, reichlich tragen und gesund bleiben, ist es wichtig, den Boden vor der Pflanzung gut vorzubereiten *(siehe S. 37–40)*.

BODENVORBEREITUNG

Für die Bestellung mit Beerenobst wird die gesamte Fläche (und nicht nur einzelne Pflanzlöcher) vorbereitet. Zunächst gräbt man den Boden um und entfernt alle ausdauernden Unkräuter. Anschließend wird organische Substanz flach eingearbeitet, um ein rasches Anwachsen zu fördern. Zur Sicherheit wird zusätzlich gedüngt. Erstmals bestellte Flächen brauchen bis zu eine Schubkarre organische Substanz pro 3 m², 35 g/m² schwefelsaures Kali und 15 g/m² Superphosphat.

Es gibt verschiedene Möglichkeiten, ungünstige Böden zu verbessern *(siehe S. 22–26)*. Schwerer Boden sollte 20 cm hoch angehäufelt werden, um die Dränage und die Erwärmung des Bodens zu verbessern und die Phytophthora-Wurzelfäule *(siehe S. 260)* zu vermeiden. Bei flachgründigem Boden verbessert Anhäufeln die Bodentiefe.

Wird in ein Hochbeet gepflanzt, fügt man organische Substanz zu; schwerem Boden wird zusätzlich reichlich Splitt zugesetzt. Erdsäcke werden in Form gebracht, man schneidet genügend Löcher ein und wässert, falls das Substrat zu trocken ist. Für Pflanzgefäße eignet sich eine Mischung aus Torf oder Torfersatz und Gartenerde. Unten in das Gefäß kommt grobe Rinde und Splitt, um die Dränage zu verbessern. Depotdünger sorgt für die optimale Ernährung.

Wurzelnackte Pflanze

Während der Ruhezeit im Winter wird ein ausreichend großes Pflanzloch vorbereitet. Mit einem Stab misst man nach, ob die Pflanze später genauso tief sitzt wie in der Baumschule. Man hält die Pflanze auf dieser Höhe und füllt Erde auf.

Pflanzung von Containerpflanzen

1 Die schwarze Mulchfolie erwärmt den Boden und unterdrückt Unkräuter. Das 10 cm tiefe Beet erhält mit dem Rechen eine gewölbte Form. Die Folie wird etwa 30 cm breiter als das Beet zugeschnitten. Mit dem Spaten werden die Folienränder in eine Rinne um das Beet gestoßen.

2 Die Pflanzlöcher werden markiert und mit einem Messer kreuzweise in die Folie eingeschnitten.

3 Der Wurzelballen muss bequem in das ausgehobene Loch passen. Die Pflanze (hier eine Stachelbeere) setzt man ebenso tief in das Loch, wie sie vorher im Topf saß. Erde auffüllen und gut andrücken. Durch die Pflanzschlitze gründlich gießen.

AUSWÄHLEN UND PFLANZEN

Kaufen Sie wüchsige, gesunde Pflanzen. Für viele Obstarten gibt es Qualitätsstandards, nach denen die Pflanzen geprüft und als schädlings- und krankheitsfrei zertifiziert werden. Die Pflanzen werden wurzelnackt oder in Gefäßen geliefert. Die ersten sind meist preisgünstiger, können aber nur in der Ruhezeit – ab Frühherbst bis zum zeitigen Frühjahr – gepflanzt werden. Ist im Herbst der Boden noch warm, wachsen die Wurzeln besser an. Containerpflanzen kann man das ganze Jahr über pflanzen *(siehe S. 212)*, ebenso Erdbeer-Ableger.

Wurzelnackte Pflanzen sollte man sofort nach dem Kauf pflanzen. Ist dies nicht möglich, werden die Wurzeln in feuchten Torf oder Torfersatz und Kunststofffolie eingeschlagen und die Pflanze auf Betonboden in einem Wurzelwerk wird darin mit Erde bedeckt, die man gut festgedrückt hat. Vor der Pflanzung stellt man den Wurzelbereich für zwei Stunden in einen mit Wasser gefüllten Eimer. Ein Wachstumsförderer wie Seetangextrakt beschleunigt das Wurzelwachstum.

Beim Einpflanzen wird Erde gleichmäßig um die Wurzeln geschüttet, damit keine Luftlöcher entstehen. Die Erde wird gut angedrückt, bevor man gründlich gießt und mit organischer Substanz mulcht. Das meiste Beerenobst wird generell so tief gepflanzt, wie es zuvor schon in der Baumschule wuchs. Himbeeren, Brombeeren und Schwarze Johannisbeeren setzt man jedoch etwas tiefer.

Beerenobst in Pflanzgefäßen sollte auch noch im Sommer gut anwachsen, vorausgesetzt, man lässt es nicht austrocknen. Wurzelballen in Torferde trocknen stärker aus als ihre Umgebung. Um dem entgegenzusteuern, pflanzt man hier etwas tiefer, sodass der Wurzelballen bedeckt ist, und bringt eine Mulchschicht auf.

Pflegearbeiten

Eine gute Bodenvorbereitung bildet die Grundlage für gesunde Beerensträucher und durch regelmäßige Pflege bleiben die Pflanzen bei bester Gesundheit.

WASSERGABEN

Eine ausreichende Wasserversorgung ist wichtig für die Gesunderhaltung von Beerenobst, vor allem bei der Pflanzung und wenn sich die Früchte entwickeln. Ältere Pflanzen dürfen aber nicht zu viel Wasser erhalten, da sonst die Früchte leichter faulen und weniger gut schmecken. Außerdem verringert sich die Wurzelaktivität und Nährstoffe werden leicht ausgewaschen.

DÜNGUNG

Organische Substanz wird nicht nur vor der Pflanzung eingearbeitet, sondern muss jährlich in Form von Mulch aufgebracht werden. Das geschieht am besten im März oder April, wenn sich der Boden allmählich erwärmt. Heu wird leichter abgebaut als Stroh und setzt mehr Nährstoffe frei.

Zur Bodenbedeckung kann auch eine Gründüngung mit Roggen, Weißklee, Wicken und Senf im Hochsommer unter frisch gepflanzte Beerensträucher gesät werden. Zudem locken die Blüten der Gründüngungspflanzen Nützlinge an. Die Gründüngung wird geschnitten, bevor sich Samen bilden.

Geben Sie benötigte Düngemittel stets sparsam, um eine Überdosis und die Auswaschung ins Grundwasser zu vermeiden. Stickstoff und Kali werden jährlich im Frühjahr oder Frühsommer gegeben, Phosphor gelegentlich im Frühjahr. Mithilfe einer Bodenanalyse lassen sich pH-Wert und Kali- und Phosphorgehalt kontrollieren. Erdsäcke brauchen nach vier Wochen eine Flüssigdüngergabe. In andere Pflanzgefäße wird im Frühjahr ein Depotdünger nach Anweisung auf der Packung gegeben.

UNKRAUTKONTROLLE

Ausdauerndes Unkraut wird möglichst sofort entfernt; es stellt sonst eine Konkurrenz um Wasser, Nährstoffe und Licht dar. Da Unkrautbewuchs die Luftzirkulation unter dem Laubdach hemmen kann, können durch

▲ Schutz vor Vögeln
Ein Gestell aus kräftigen Pfählen und Drähten kann man leicht selbst errichten. Darüber wird ein Netz ausgebreitet, das mit Klammern am Boden befestigt wird.

◄ Regenschutz
Eine einfache Abdeckung mit Kunststofffolie schützt reife Früchte (hier Brombeere 'Loch Ness') *vor Schäden und verlängert die Erntezeit vom Hochsommer bis in den Herbst.*

Feuchtigkeit begünstigte Krankheiten auftreten. Auch einjährige Unkräuter konkurrieren um Nährstoffe und Wasser. Zwar locken manche Arten Nützlinge an und dienen als Gründüngung, doch sie sollten nur im Rahmen einer sorgfältigen biologischen Gartenpflege stehen bleiben – und auf keinen Fall Samen bilden.

FROSTSCHUTZ

Um Blüten und junge Früchte vor Frost zu schützen, reicht schon ein Abdecken der Sträucher mit Sackleinen oder Vlies. Erdbeeren können mit Vlies oder Hauben abgedeckt werden, bei strengem Frost zusätzlich mit Zeitungspapier. Obstpflanzen in Pflanzgefäßen sollte man bei Frostgefahr ins Haus holen.

PROBLEME BEI BEERENOBST

Bei guter Bodenvorbereitung, umsichtigem Pflanzen, regelmäßigem Schnitt und guter Pflege treten weniger Schädlinge und Krankheiten auf. Eine Überdüngung mit Stickstoff führt zu weichen Trieben, die saugende Insekten wie Blattläuse anlocken. Treten doch Probleme auf, besorgt man sich im Gartenfachhandel ein geeignetes Mittel. Oft stehen Nützlinge für die biologische Schädlingskontrolle zur Verfügung *(siehe S. 52)*. Halten Sie sich in jedem Fall genau an die Anweisungen des Herstellers.

Vögel machen sich besonders gern über Beerenobst her. Sie werden durch Farbe und Geruch der reifenden und überreifen Früchte angelockt und die Beeren dienen den Vögeln zugleich als Wasserspender. Den besten Schutz für reifendes Obst bietet ein Drahtkäfig. Dieser wird auch im Winter gebraucht, wenn sich Dompfaffen – besonders bei Stachelbeeren – über die Fruchtknospen des nächsten Jahres hermachen.

Obstkäfige sind als Bausatz in allen Formen und Größen erhältlich. Für ein recht einfaches Modell errichtet man Eckpfosten und stülpt Blumentöpfe oder Kunststoffflaschen darüber, die das Netz stützen. Ein feines Netz hält auch Schadinsekten (aber ebenso Nützlinge) fern; daher muss man das Netz während der Blüte an den Seiten aufrollen, damit bestäubende Insekten Zugang haben. Das Netz wird entfernt, solange keine Gefährdung durch Vögel besteht.

Ein über die Pflanzen gezogenes Netz ist preisgünstiger als ein Käfig, muss aber zur Ernte entfernt werden. Und wenn es nicht sehr gut befestigt ist, finden die Vögel einen Weg hinein. Lärmende Vogelscheuchen sind wirksam, können aber auch Ihnen und den Nachbarn auf die Nerven gehen. Man kann einfach eine Schnur durch den Garten spannen, die bei leichtem Wind summt. Dieses Geräusch stört Vögel, aber auch andere Tiere, etwa die Haustiere. Beerenobst in Pflanzgefäßen kann man geschützt aufstellen, solange die Früchte reifen.

BEERENOBST SCHNEIDEN

Tote, kranke und beschädigte Triebe müssen entfernt werden, damit die Pflanzen gesund bleiben. Ein Pflanzschnitt reduziert anfangs den Wasserbedarf. Ein Schnitt fördert zudem den Ertrag. Das Ausdünnen von Erdbeeren und von Fruchtholz bei Stachelbeeren *(siehe unten)* führt zu besserer Luftzirkulation, besseren Blüten und größeren Früchten, da weniger Blütenknospen vorhanden sind. Große Früchte bedeuten zugleich weniger Arbeitsaufwand bei der Ernte.

Der Schnitt ist auch wichtig, damit Beerensträucher ihre Form bewahren. Das Entfernen von zu dicht wachsenden und sich kreuzenden Ästen sorgt für ein ausgewogenes Gerüst. Ein Schnitt, der neue Triebe fördert, unterbricht den Lebenszyklus von Krankheiten wie Mehltau an Stachelbeeren und Schwarzen Johannisbeeren *(siehe S. 253)* und Rotpustelkrankheit *(siehe S. 260)* bei Roten und Weißen Johannisbeeren. Stachelbeeren sowie Rote und Weiße Johannisbeeren können auch als Kordon oder Fächer erzogen werden, um den Platz vor Wänden oder Zäunen zu nutzen, die Bewirtschaftung zu erleichtern und den Zierwert zu erhöhen.

Da die *Rubus*-Arten (außer im Herbst tragende Himbeeren) ihre Früchte am vorjährigen Holz bilden, müssen sie jährlich geschnitten werden, um das abgetragene Holz zu entfernen. Bei Erdbeeren müssen regelmäßig die Ausläufer entfernt werden *(siehe unten)*.

Erdbeeren auslichten
Bewurzelte Ausläufer konkurrieren um Wasser, Licht und Nährstoffe und gehen zulasten von Fruchtgröße und -qualität. Die Ausläufer werden dicht an der Elternpflanze entfernt.

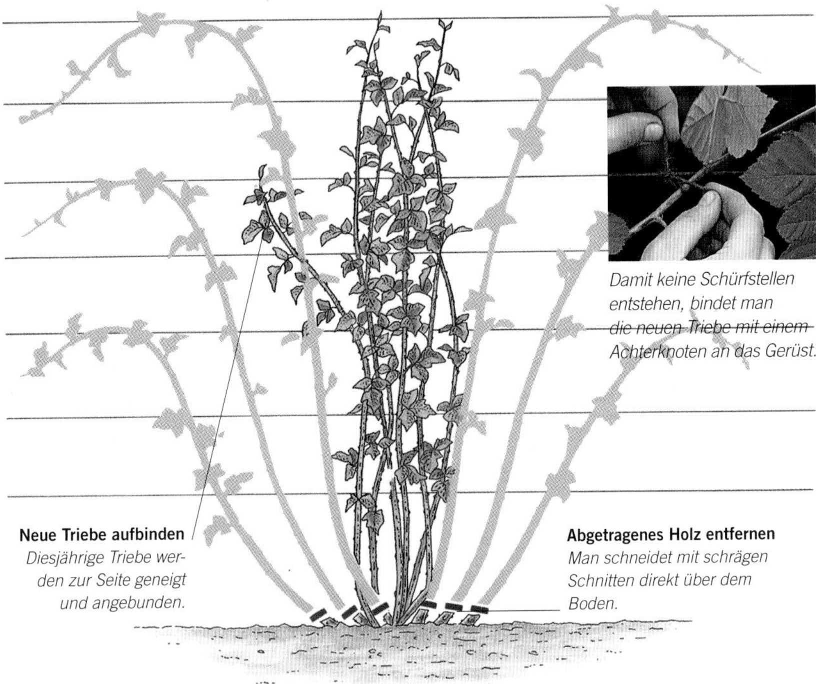

Schnitt und Erziehung von Brombeeren
Die neuen Triebe im Zentrum der Pflanze werden senkrecht angebunden. Die abgetragenen vorjährigen Triebe werden entfernt.

Die diesjährigen Triebe werden – sobald sie lang genug sind – zur Seite gebogen und an die Drähte gebunden.

ERZIEHUNG UND GERÜSTFORMEN

Erziehung geht Hand in Hand mit dem Schnitt. Dabei wird die grundlegende Form von Beerensträuchern festgelegt. Bei der Erziehung an einem Gerüst erhält dies zugleich die Form.

Himbeeren und Brombeeren werden traditionell an frei stehenden Drahtgerüsten erzogen, damit die Ruten nicht brechen und die Früchte vom Boden fernbleiben. Je nach Bedarf wird ein Drahtgerüst aus verzinktem Draht zwischen fest eingeschlagenen Pfosten gespannt *(siehe S. 216)*. Die Drähte lassen sich auch mithilfe von Ösen an Wänden oder Zäunen befestigen. Dabei muss jedoch bis zu 10 cm Platz zwischen Draht und Gerüst bleiben, damit die Luft zirkulieren kann.

An Holzgittern, Pergolen und Torbögen kommen Himbeeren und Brombeeren gut zur Geltung. Werden sie um einen einzelnen Pfosten erzogen, brauchen sie weniger Platz, müssen aber gut gepflegt werden, damit sie nicht zu sehr ausladen. Beerensträucher wie Schwarze Johannisbeeren und Kulturheidelbeeren werden immer wieder auf den Stock gesetzt (auf Bodenhöhe gekappt), um die Wuchskraft zu erhalten. Sie brauchen keine weiteren Schnittmaßnahmen. Stachelbeeren sowie Rote und Weiße Johannisbeeren werden entweder als Busch oder Stämmchen gepflanzt, um den Wuchs zu bremsen. Werden sie als Fächer oder Kordon erzogen, brauchen sie ein Drahtgerüst oder einen Zaun als Stütze.

Haupttrieb schneiden
Etwa ein Drittel des vorjährigen Wachstums entfernen, damit sich Verzweigungen bilden

Seitentriebe kürzen
Seitentriebe auf wenige Knospen einkürzen

Fruchtholz ausdünnen
Bei Roter und Weißer Johannisbeere oder bei Stachelbeeren werden lange Seitentriebe im Winter entfernt. Dadurch bilden sich fruchtende Kurztriebe am Haupttrieb.

BEEERENOBST

Erdbeere

Die süßen Erdbeerfrüchte kann man bei richtiger Sortenwahl und mit dem Einsatz von Pflanzgefäßen und Abdeckungen monatelang ernten - vom zeitigen Frühjahr bis Herbst.

Die Gartenerdbeere *(Fragaria × ananassa)* ist das Ergebnis einer Kreuzung aus *Fragaria chiloensis* und *F. virginiana*, die 1766 erstmals erwähnt wurde. Seitdem haben Züchter eine große Auswahl an ertragreichen, aromatischen und großfrüchtigen Sorten entwickelt. Erdbeeren werden in gemäßigten Regionen als winterharte Stauden gezogen, die bis zu vier Jahre lang tragen. In wärmeren Regionen werden sie oft als Einjährige behandelt und tragen über einen langen Zeitraum viele hochwertige Früchte.

Die Sorten werden nach der Erntezeit eingeteilt. Sommertragende Sorten legen ihre Blütenknospen in den kurzen Tagen im Spätsommer und Frühherbst an; mehrmals tragende Sorten bilden ihre Blütenknospen meist in den längeren Sommertagen. Monatserdbeeren *(siehe S. 214)* sind eine Zuchtform der Walderdbeere *Fragaria vesca* fo. *semperflorens*. Ihre Früchte sind zwar klein, aber süß und aromatisch. Gleiches gilt für die Erdbeerwiese, einer dicht wachsenden, viele Ausläufer treibenden Züchtung zwischen Garten- und Monatserdbeere.

Hängende Erdbeerernte
An einem festen Gerüst lässt sich ein mit Erdbeeren bepflanzter Erdkultursack aufhängen. An einem sonnigen Platz im Freien oder unter Glas kann man darüber hinaus noch früh ernten.

Hübsch und ertragreich
Rosa blühende Erdbeeren wie diese 'Viva Rosa' bringen Farbe in den Obstgarten. Sie wirken auch sehr gut als Einfassung von Blumenbeeten oder in Kübeln und Hängekörben.

Erdbeerpflanzen sind preiswert, kompakt und vielseitig. Auf dem Beet ausgepflanzt, können sich die Wurzeln ungehindert ausbreiten, was mehrjährigen Pflanzen zugutekommt. Die Pflanzen bleiben meist drei oder vier Jahre bei guter Gesundheit und ertragreich, bevor man sie ersetzen sollte. Erdbeeren lassen sich auch in eine Fruchtfolge einpassen, wobei dann jährlich neu gepflanzt wird. Hochbeete verbessern die Dränage bei schwerem Boden, bieten größere Wurzeltiefe bei steinigem Untergrund und verlängern, mit einer Mulchfolie abgedeckt *(siehe Kasten, rechts)*, die Wachstumsperiode.

Die Erdbeerzeit lässt sich ebenso dadurch verlängern, dass Erdbeeren in Gefäße wie Hängekörbe, Blumenkästen, Tonnen und Erdsäcke gesetzt werden. So sind sie nicht nur sicher vor bodenbürtigen Krankheiten, sondern man kann sie erhöht aufstellen, um Pflege und Ernte zu erleichtern. Pflanzgefäße kann man bei schlechtem Wetter unter Glas bringen und den Aufstellort im Garten nach Wunsch verändern.

Mit ihren hübschen Blüten, teils panaschierten Blättern und roten und weißen Früchten sollten Erdbeeren nicht auf den Obstgarten beschränkt bleiben. Rosa und weiß blühende Sorten lassen sich gut mit hängenden Himbeeren in einem dekorativen Gefäß kombinieren.

WELCHE MULCHFOLIE?

- **Kunststofffolien** unterdrücken einjährige und viele ausdauernde Unkräuter und ermöglichen eine frühe Bodenvorbereitung zur Pflanzung. Die Folie muss so dicht wie möglich am Boden anliegen, damit sich an der Oberfläche keine Pfützen bilden und die Früchte nicht faulen. Bei warmem Wetter lässt sie sich besser verlegen.
- **Schwarze Mulchfolie** erwärmt den Boden und sorgt so für eine frühere Ernte, kann aber im Sommer zu heiß werden.
- **Farbiger Kunststoff** bleibt kühl, da er die Wärme an den Boden abgibt, und kann die Ernte um bis zu vier Tage verfrühen.
- **Weiße Mulchfolie** und anderweitig reflektierendes Material hält den Boden kühler und verzögert den Beginn der Ernte, verstärkt aber den Lichteinfall auf die Blätter und fördert so Fotosynthese und Reifung. Bei reflektierenden Mulchfolien treten viel weniger Blattläuse auf, dadurch kommt es viel seltener zu Virusinfektionen.

Erdbeeren ins Flachbeet pflanzen

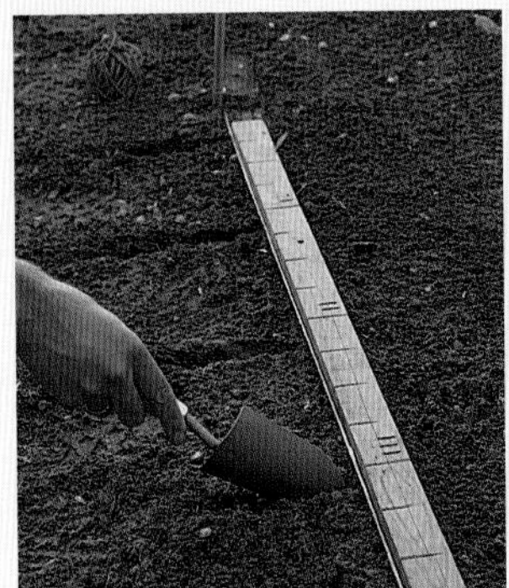

1 **Die Pflanzreihe** wird mit dem Lineal in gut vorbereitetem, ebenem Boden markiert. Danach misst man die einzelnen Pflanzlöcher im Abstand von 30–40 cm aus.

2 **An jeden markierten Punkt** setzt man eine Jungpflanze. Die Wurzeln dürfen nicht gequetscht oder geknickt werden; überlange Wurzeln auf höchstens 10 cm kürzen.

3 **Der Wurzelhals** muss mit dem Boden abschließen. Das Loch auffüllen, Boden mit dem Finger andrücken. Vorsichtig an einem Blatt ziehen, um festzustellen, ob die Pflanze fest sitzt.

4 **Gründlich gießen,** damit sich der Boden setzt. Im Anschluss an die Pflanzung alle Pflanzen gut feucht halten, besonders wenn sie neue Blätter bilden.

DAS ERDBEERBEET VORBEREITEN

Erdbeeren gedeihen in durchlässigem, humusreichem Lehmboden, daher muss das Beet gut vorbereitet werden *(siehe S. 205)*. Sorgen Sie für eine gute Bodenstruktur und Dränage, denn Wurzelkrankheiten entwickeln sich vor allem in staunassem Boden. Damit die Pflanzen gut wachsen und die Früchte ein gutes Aroma entwickeln, sind Schattenplätze zu meiden. Vor dem Pflanzen wird gut verrottete organische Substanz eingearbeitet – bei Ton- und Sandboden bis zu einer Spatentiefe. Ausdauernde Unkräuter müssen ausgegraben werden.

Will man Erdbeeren unter einer Mulchfolie im Hochbeet kultivieren, muss die Folie straff gespannt sein, damit sie den Boden erwärmt. Der Boden darunter sollte feinkrümelig und die Beetoberfläche leicht hügelig sein, damit das Wasser abläuft. Mulchfolien halten die Feuchtigkeit im Boden, doch die Pflanzen füllen die Pflanzlöcher bald aus und verhindern, dass Wasser zu den Wurzeln vordringt. Man muss also bei warmem, trockenem Wetter und während der Fruchtbildung zusätzlich gießen.

Pflanzung durch eine Mulchfolie
Die Mulchfolie wird straff über ein erhöhtes Beet von 10–20 cm Höhe und 120 cm Breite gespannt. Man schneidet die Folie in zwei versetzten Reihen im Abstand von 30–40 cm kreuzweise ein und setzt die Pflanzen so tief, wie sie im Topf waren. Gut andrücken und gießen.

PFLANZUNG

Nach alter Gärtnersitte werden Erdbeerausläufer abgenommen und aufs Beet gepflanzt. Doch es lohnt sich neue, zertifizierte Pflanzen zu kaufen. Im Hochsommer gepflanzte sommertragende Sorten wachsen gut an und tragen im folgenden Jahr. Wird im Herbst oder Frühjahr gepflanzt, sollte die erste Blüte entfernt werden, damit die Pflanzen im zweiten Jahr gut tragen. Mehrmals tragende Sorten werden im Herbst oder Frühjahr gepflanzt. Frigo-Pflanzen, die nach dem Aufnehmen bei –2 °C gelagert werden, sind zur Pflanzung vom Spätfrühjahr bis zum Hochsommer erhältlich. Werden sie in der Anfangsphase immer wieder fein besprüht, sollten sie nach 60 Tagen tragen. Ab dem zweiten Jahr fruchten sie zur normalen Jahreszeit.

Bewurzelte Ausläufer lassen sich einfach in ein abgerechtes Beet setzen, die man weiter kultiviert wie oben beschrieben. Erdbeeren wachsen auch gut in einem Hochbeet unter Mulchfolie *(siehe links)*. Mit einer speziellen Pflanzgabel gelingt es leichter, die Wurzeln in der Erde gerade zu richten.

Für Pflanzgefäße verwendet man ein lehmhaltiges Substrat oder gibt wasserhaltiges Granulat zu erdlosem Substrat, um die Gießhäufigkeit zu verringern. Eine Niedrigdruck- oder Dochtbewässerung ist ebenfalls nützlich, aber die Pflanzen dürfen nicht übermäßig viel Wasser bekommen.

REGELMÄSSIGE PFLEGE

Erdbeeren sind auf reichliche Wassergaben angewiesen: vor allem nach der Pflanzung, bis sich neue Blätter bilden, bei Trockenheit und wenn die Früchte reifen; sommertragende Sorten brauchen Wassernachhilfe im Frühherbst, damit sich genügend Blütenanlagen für das folgende Jahr bilden. Wenn Früchte zu sehen sind, wird nicht mehr von oben gegossen, besonders nicht gegen Abend, da die Feuchtigkeit Grauschimmel *(siehe S. 255)* und Schneckenbefall *(siehe S. 259)* fördert.

Fruchtende Pflanzen düngt man am besten über das Bewässerungssystem. Tomatendünger mit hohem Kaligehalt verbessert die Blütenqualität, das Aroma und die Farbe der Früchte. Pflanzen in Erdkultursäcken brauchen nach vier Wochen Wachstum und bis zur Blüte einen ausgewogenen Flüssigdünger. Von da an bis zur Ernte gibt man kalibetonten Dünger, dann wieder ausgewogenen Volldünger.

Über Mulchfolie und in Gefäßen entwickeln sich die Pflanzen zuverlässig und tragen gute Blüten und Früchte. Schlagen die Ausläufer, die sich an der Pflanze bilden, Wurzeln, konkurrieren sie um Wasser, Nährstoffe und Licht. Falls man sie nicht zur Vermehrung braucht *(siehe S. 214)*, werden sie möglichst bald entfernt *(siehe S. 210)*.

Im Frühjahr muss man die Pflanzen ausputzen, um Raum für neue Blätter zu schaffen *(siehe rechts)*. Die sich verstärkt gebildeten Ableger werden bei dieser Gelegenheit ausgedünnt *(siehe rechts)*.

Erdbeerpflanzen auslichten

1 Das Auslichten geschieht im zeitigen Frühjahr. Die Blätter bieten den Winter über etwas Schutz vor Kälte; nach dem Ausputzen erhält die Pflanze mehr Licht und Luft und kann kräftig durchtreiben. Abgestorbene, beschädigte oder kranke Blätter, alte Ausläufer und Früchte werden abgeschnitten oder abgezwickt, um keine Angriffspunkte für Schädlinge und Krankheiten zu bieten. Je gesünder das belassene Blattwerk, desto besser entwickeln sich die neuen Blätter, Blütenknospen und Wurzeln.

2 Bei älteren Pflanzen werden die Kronen entfernt, die sich an den Pflanzen entwickelt haben. Die kleineren Kronen werden am Ansatz entfernt, sodass noch drei oder vier pro Pflanze stehen bleiben. Danach verwendet die Pflanze ihre Energie auf die Früchte.

SCHUTZ DER ERNTE

Abdeckungen verlängern die Erntezeit und schützen die reifenden Früchte vor widriger Witterung und vor Vögeln. Werden Freilandpflanzen im zeitigen Frühjahr mit einer mindestens 45 cm breiten und 30 cm hohen Haube *(siehe S. 46–47)* oder mit Vlies *(siehe S. 48)* abgedeckt, beginnen Blüte und Fruchtbildung etwa sieben Tage früher.

Das Vlies wird über die Pflanzen gelegt oder für besseren Frostschutz über Drahtbögen gespannt. Während der Blütezeit entfernt man die Abdeckung tagsüber, damit Insekten zu den Blüten gelangen. Eine ähnliche Abdeckung im Frühherbst schützt späte Früchte vor Regen und Kälte.

Auch die jungen Früchte brauchen Schutz. Um Vögel fernzuhalten, spannt man ein Netz auf etwa 1,2 m hohen Pfosten über die Pflanzen. Die Früchte sollten nicht mit Erde beschmutzt werden. Mulchfolie empfiehlt sich daher als Abdeckung auf Hochbeeten. Für ebenerdige Beete eignet sich ein Mulch aus Stroh oder eine spezielle Erdbeerfolie *(siehe unten)*. Nasses Stroh kann Grauschimmelerreger *(siehe S. 255)* und Schnecken enthalten und sollte im Herbst entfernt werden.

Werden im April einige Erdbeerpflanzen mit einer 20–30 cm tiefen Strohschicht (bei Bedarf mit Netz befestigen) oder weißer Folie abgedeckt, verzögert sich die Blüte um sieben Tage, da der Boden zunächst kälter bleibt. Dadurch wird die Erntesaison etwas verlängert. Die Abdeckung entfernt man im späten Frühjahr, damit die Pflanzen normal weiterwachsen.

Die Ernte schützen

Mit Stroh
Sauberes Stroh schiebt man unter die Früchte, damit sie nicht mit Erde in Berührung kommen. Über schwarzer Mulchfolie schützt Stroh vor Verbrennungen.

Mit Erdbeermatten
Diese Fasermatten sind oft leichter erhältlich als Stroh und halten länger. Man legt eine Matte um jede Pflanze. Im Frühherbst werden so späte Früchte geschützt.

ERDBEEREN IN GEFÄSSEN

Um die Erntesaison weiter zu verlängern, kann man Erdbeeren im Topf ab April in ein frostfreies Gewächshaus stellen. Wird mindestens 10 °C hoch geheizt, blühen die Pflanzen früher, doch die Lufttemperatur sollte vor der Blüte nicht über 16 °C liegen, damit sich überhaupt Blüten bilden. Zur Zeit der Blüte wird die Temperatur auf 16°C erhöht, um die Bestäubung und Fruchtbildung zu fördern. Gibt es zu wenig bestäubende Insekten, kann man Fischköder-Maden schlüpfen lassen, um Fliegen zu erhalten. Man kann die Pflanzen auch von Hand mit einem Pinsel oder dem Haartrockner bestäuben. Nach der Fruchtbildung sollte die Temperatur bis zur Ernte bei 17 °C bleiben; ab 20 °C wird gelüftet.

Um die Bildung neuer Blätter und Blütenknospen für das folgende Jahr zu fördern, gießt und düngt man weiter bis zum Frühherbst, bei mehrmals tragenden Sorten bis zur letzten Ernte. Alle Pflanzen sollten im Winter der Kälte ausgesetzt werden; sie brauchen niedrige

Temperaturen zum Brechen der winterlichen Knospenruhe und für einen kräftigen Neuaustrieb.

VERMEHRUNG

Erdbeeren lassen sich leicht vermehren, indem man bewurzelte Ausläufer eintopft. Vermehren sollte man ausschließlich blattlausfreie zertifizierte Pflanzen des Vorjahres. Werden Ausläufer von älteren Pflanzen vermehrt, gibt es keine Garantie dafür, dass sie frei von Krankheiten und Viren sind.

ERDBEEREN ERNTEN UND LAGERN

Im Hochsommer gepflanzte wurzelnackte Ausläufer oder im zeitigen Frühjahr gepflanzte, in Töpfen bewurzelte Ausläufer tragen in der folgenden Saison. Eine gesunde Pflanze liefert mindestens 450 g Früchte. Gepflückt wird bei hohen Tagestemperaturen, dann sind die Früchte saftig und süß. Erdbeeren sind erst reif, wenn sie ganz rot sind, und man sollte sie möglichst rasch verzehren.

Will man Erdbeeren aufbewahren, erntet man, wenn die Spitze noch weiß ist. Sie werden schnell gekühlt und für einige Tage bei 2–4 °C gelagert. Erdbeeren lassen sich einfrieren, aber nur wenige Sorten sehen auch nach dem Auftauen noch appetitlich aus; eine davon ist 'Totem'.

EMPFEHLENSWERTE SORTEN

Einmaltragend

'Elsanta' *Mittelfrüh. Sehr gutes Aroma. Ertragreich.*

'Elvira' *Mittelfrüh. Säuerlich-süße, große Früchte.*

'Honeoye' *Früh. Säuerliche, sehr aromatische Früchte.*

'Korona' *Mittelfrüh. Große, aromatische Früchte. Wüchsig.*

'Polka' *Mittelspät. Ausgezeichneter Geschmack. Robust, sehr ertragreich.*

'Tenira' *Mittelfrüh. Süß-säuerliche, aromatische Früchte. Relativ robust, anspruchslos.*

Remontierend

'Mara des Bois' *Früh bis mittelfrüh. Kleine, süß-säuerliche, aromatische Frucht.*

'Ostara' *Früh bis mittel. Süß-säuerliche, saftige Früchte. Anfällig für Grauschimmel.*

'Rapella' *Erste Ernte früh, zweite mittelfrüh. Gut zum Bepflanzen von Ampeln und Kästen.*

Erdbeerwiese

'Florika' *Kleine bis mittelgroße, aromatische Früchte. Ertragreich. Gesund, bildet viele Ausläufer.*

'Spadeka' *Kleine Früchte mit gutem Geschmack. Gesund, bildet viele Ausläufer.*

HÄUFIGE PROBLEME

In Bezug auf Schädlinge und Krankheiten muss man das ganze Jahr über wachsam sein, vor allem im Gewächshaus. Besonders problematisch sind bei Erdbeeren Viren und Grauschimmel. Erdbeerviren *(siehe S. 254)* lassen sich vermeiden, indem man nur zertifizierte Pflanzen verwendet und Blattläuse *(siehe S. 252)* bekämpft. Zum Schutz vor Grauschimmel *(siehe S. 255)* hält man die Blätter trocken und sorgt für gute Belüftung. Überreife oder angeschimmelte Früchte müssen Sie stets entfernen.

Häufige Probleme sind Vögel *(siehe S. 209 und S. 263)*, Erdbeermosaikvirus, Laufkäfer und Wurzelfäule *(siehe S. 264)*. Gegen Rote Spinnen (auch im Gewächshaus) kann man Raubmilben einsetzen. Gibt es viele Schnecken *(S. 255, 259)* im Garten, meiden Sie nassen Mulch und fördern Sie ihre Fressfeinde. Unter Mulchfolie fühlen sich Dickmaulrüssler *(S. 253)* wohl. Echter Mehltau *(S. 253)* befällt abgedeckte Pflanzen und mehrmals tragende Sorten; dagegen hilft gute Belüftung und Bewässerung.

Der Erdbeerblütenstecher befällt im Hochsommer tragende Sorten. Die Insekten beißen einzelne Blüten ab, sodass sich weniger Früchte bilden. Bei schwachem Befall können Nützlinge das Problem lösen. Notfalls wird ein geeignetes Insektizid gespritzt, bevor sich die Blüten öffnen. Blattwanzen verursachen Missbildungen von Früchten bei mehrmals tragenden Sorten. Sammeln Sie die Insekten ab.

MONATSERDBEEREN

Die aromatischen, kleinfrüchtigen Erdbeeren (*Fragaria vesca* fo. *semperflorens*) kann man aus Samen heranziehen, aber man sollte sie alle zwei Jahre ersetzen. Gleich nach der Keimung wird pikiert; ausgepflanzt wird sowohl nach Herbst- als auch nach Frühjahrsaussaat im Spätfrühjahr. Zwischen den Pflanzen 30 cm und zwischen den Reihen 75 cm Abstand einhalten. Am besten abends ernten und zuckern und über Nacht ziehen lassen.

▶ Zierliche Früchte
Monatserdbeeren sind recht winterhart und säen sich im Garten leicht selbst aus. Die winzigen Früchte sind nicht so süß wie die der Gartensorten, aber doch sehr nützlich: Die Sorten wie die normale Walderdbeere eignen sich als Bodendecker im Küchengarten.

◀ Anzucht aus Samen
Getrocknete Monatserdbeeren zwischen den Fingern reiben, sodass sich die Samen lösen (siehe links). *In einer Papiertüte kühl und trocken lagern. Im Herbst oder Frühjahr in Anzuchterde säen und mit Quarzsand abdecken. Im Schatten bei 18–24 °C halten.*

Himbeere und Brombeere

Himbeeren *(Rubus idaeus)* und Brombeeren *(Rubus fruticosus)* bilden an den Seitentrieben langer, wüchsiger Ruten Blüten und Früchte. Zu dieser Gruppe zählen auch viele *Rubus*-Hybriden, darunter Loganberry, Boysenberry und Tayberry, die aus Artenkreuzungen innerhalb der Gattung *Rubus* entstanden. Manche sind weniger wuchskräftig als Brombeeren, andere haben keine Stacheln – damit scheinen sie ideal für den Obst- oder Ziergarten. Sie stellen zwar die gleichen Kulturansprüche wie Brombeeren, aber da sie in den USA gezüchtet wurden, sind sie in Mitteleuropa meist nicht frosthart.

Himbeeren haben eine Lebenserwartung von bis zu zehn Jahren, Brombeeren können 15 Jahre lang tragen. In der Regel bilden sich Früchte an Ruten des vergangenen Jahres, Herbsthimbeeren tragen an diesjährigen Ruten und nochmals im Folgejahr. Himbeeren entwickeln aufrechte Triebe – mit Ausnahme von *R.* × *stellarcticus*, deren hängende Ruten ideal als Bodendecker sind. *Rubus*-Hybriden und Brombeeren haben längere Triebe und müssen sorgfältiger geschnitten und gestützt werden, um sie vom Boden fernzuhalten. Himbeeren und Brombeeren blühen später als andere Obstgehölze und haben daher weniger unter Frost zu leiden. Sie tragen von Hochsommer bis Frühherbst. Werden sie vor Kälte und Frost geschützt, können Herbsthimbeeren bis in den Oktober tragen. Werden im Sommer tragende Sorten eingetopft und im Januar unter Glas gebracht, kann man sie bei leicht erhöhten Temperaturen vortreiben, sodass sie im April tragen *(siehe unten)*. So kann auch ein Hobbygärtner acht oder neun Monate lang Früchte ernten. Sie lassen sich gut einfrieren.

Himbeeren mögen die volle Sonne, Brombeeren vertragen auch Halbschatten, besonders bei hohen Sommertemperaturen. Windschutz *(siehe S. 12–13)* ist sehr wichtig.

Verschiedene Rutenfrüchte

Himbeere | Brombeere | Loganberry | Boysenberry | Tayberry

DIE PFLANZUNG VORBEREITEN

Qualitätspflanzen, gute Dränage und die richtige Pflanztiefe sind wichtig für eine gute Entwicklung. Zunächst wird die ganze Fläche umgegraben, wobei man Unkraut sorgfältig entfernt. Auf die Fläche wird organische Substanz wie gut verrotteter Stallmist oder Kompost eingearbeitet. Eine Bodenanalyse *(siehe S. 17)* zeigt, ob ein Mangel an einem bestimmten Nährstoff durch Düngung auszugleichen ist.

Vor allem Himbeeren brauchen eine gute Wasserführung *(siehe S. 16)*. Man kann sie bei schwerem Boden in ein Hochbeet pflanzen, wo sie eine bessere Dränage, höhere Bodentemperatur und einen tieferen Wurzelraum vorfinden. Späte Himbeersorten brauchen einen warmen, sonnigen Platz, damit sie noch vor dem ersten Frost reifen.

Entscheiden Sie sich frühzeitig für eine Gerüstform *(siehe S. 216)*, auch wenn Sie mit dem Bau bis zum Herbst nach der Pflanzung warten können. Himbeeren und Brombeeren werden traditionell in Reihen an ein frei stehendes Gerüst gesetzt. Man kann sie ebenso an waagerechten Drähten an Wänden oder Zäunen erziehen. Himbeeren werden oft in durchgehenden Reihen gepflanzt, Brombeeren und die Hybriden werden dagegen als einzelne Pflanzen behandelt.

PFLANZENAUSWAHL

Wüchsige, gesunde Exemplare einer benannten Sorte erhält man in einer

Himbeeren antreiben

1 Unbeschnittene Ruten werden im Januar ausgegraben, totes oder beschädigtes Holz wird entfernt. Jede Pflanze braucht mindestens eine gute Knospe und ein gutes Wurzelsystem. Zwei oder drei Ruten setzt man in einen 10-Liter-Topf mit leichtem, durchlässigem Substrat. Der Wurzelballen sollte 5–8cm unter der Oberfläche liegen. Gut festdrücken und angießen.

2 Der Rückschnitt erfolgt auf eine Knospe in etwa 120cm Höhe. Danach wird unter Glas weiter kultiviert. Zur Bestäubung und Fruchtbildung lässt man Insekten frei oder bestäubt selbst mit einem kühlen Haartrockner. Die Ernte beginnt im April.

anerkannten Baumschule. Neue Pflanzen sollten einen bleistiftdicken Stamm (7–10 mm) und mindestens eine weiße Knospe am Wurzelsystem haben. Diese entwickelt sich bald nach der Pflanzung zum neuen Trieb.

Himbeeren sind wurzelnackt oder als Containerpflanze erhältlich; Brombeeren und die Hybriden werden meist im Container verkauft. Wurzelnackte Himbeerruten pflanzt man im November oder Dezember. Ist der Boden gefroren oder staunass, verschiebt man die Pflanzung auf den Spätwinter. Containerpflanzen können jederzeit gepflanzt werden.

HIMBEEREN PFLANZEN

Himbeerpflanzen werden auf 35–45 cm Abstand in der Reihe gesetzt. Der Reihenabstand richtet sich nach der Wüchsigkeit der Sorte; bei den im Sommer tragenden Sorten sind es 1,5–2 m. Eine Reihe Herbsthimbeeren muss mindestens 2 m von anderem Obst entfernt stehen. Der größere Abstand sorgt dafür, dass immer wieder genügend Beeren reifen, da Herbsthimbeeren generell weniger ertragreich sind.

Damit neue Ruten austreiben und die ideale Höhe erreichen, setzt man Himbeeren nicht tiefer als 5–8 cm; unten am Stamm erkennt man gut den Übergang zum Wurzelbereich. Bei wurzelnackten Pflanzen kürzt man vor der Pflanzung lange Wurzeln auf 20 cm ein, damit sie neu austreiben, und breitet die Wurzeln waagerecht aus. Nach dem Andrücken wird die Rute auf 30 cm Länge gekürzt. Bei Containerpflanzen bleibt sie unbeschnitten, da ihr Wurzelsystem schon gut entwickelt ist. Himbeeren kann man auch in Pflanzgefäßen pflanzen, um früh zu ernten *(siehe S. 215)* oder um Bodenprobleme wie schlechte Wasserführung zu umgehen. Die Töpfe kann man während der Blütezeit geschützt aufstellen, falls Frost droht.

BROMBEEREN PFLANZEN

Nach der üblichen Bodenvorbereitung wird das erforderliche Gerüst am besten noch vor der Pflanzung errichtet. Der Abstand für Brombeeren und Hybriden variiert sehr stark. Eine mäßig wüchsige Sorte braucht 2,5–3,5 m Abstand zwischen den Pflanzen, eine besonders wüchsige Brombeersorte bis zu 4,5 m, damit sich die viel längeren Ruten aufbinden lassen. Die Ruten werden so gesetzt, dass der Wurzelballen etwa 8 cm hoch mit Erde bedeckt ist.

ERZIEHUNG VON HIMBEEREN UND BROMBEEREN

Eine sorgfältige Erziehung ist wichtig für gesunde, ertragreiche Beerenpflanzen. Die Ruten werden dadurch vor Windschäden geschützt, und neue las-

Stützen für Himbeeren und Brombeeren

Die gezeigten Systeme sind ideal für Himbeeren, während sich das Stocksystem gut für Brombeeren eignet. Alle *Rubus*-Sorten können als kompaktes, dekoratives Element an einem Torbogen erzogen werden. Eine Hecke braucht am wenigsten Platz und liefert die größte Ernte. Das Stocksystem ist besonders pflegeleicht, licht- und luftdurchlässig und zugänglich fürs Jäten. Als Stützen eignen sich Holzpfosten mit 75 mm Durchmesser und 2,5 m Höhe (davon kommen 75 cm im Boden). Zusätzlich werden Zwischenpfosten in höchstens 10 m Abstand benötigt. Der Draht sollte 3,5 mm stark und verzinkt sein.

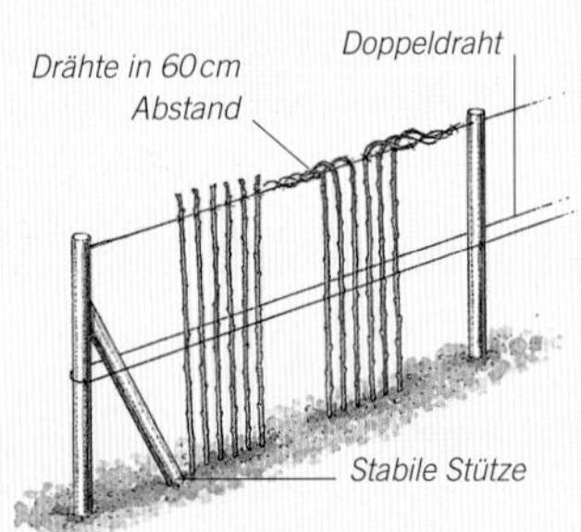

Hecke
Nach der Ernte werden unerwünschte Ruten entfernt und die neuen Triebe auf 10 cm Abstand an beide Doppeldrähte gebunden. Die Spitzen kürzt man im zeitigen Frühjahr 15 cm über dem oberen Draht.

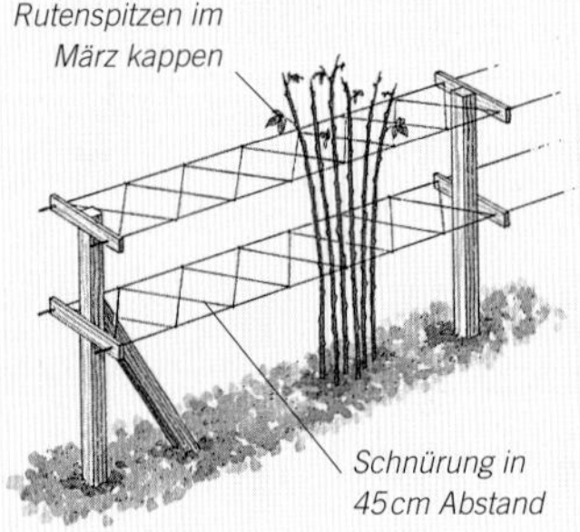

Doppeldrahtsystem
Schnüre werden zwischen zwei Drähte gespannt, sodass ein Netz für die neuen Ruten entsteht. Bei kräftigen Sorten bringt man eine zweite Lage Draht und Schnur an. Die Fruchtruten braucht man hier nicht anzubinden.

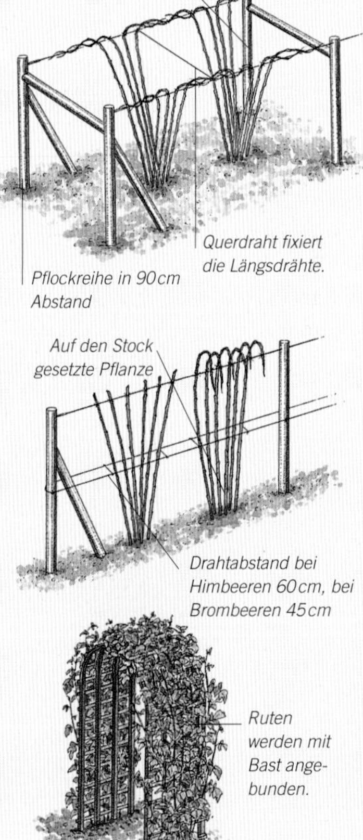

Skandinavisches System
Neue Ruten werden um einen der zwei parallelen Drähte geschlungen und in V-Form aufgebunden. Die Ruten für das folgende Jahr wachsen aus der Mitte der Fruchtruten, sodass die Früchte gut erreichbar sind.

Stocksystem
Alle Ruten werden bis auf sechs oder sieben pro Pflanze entfernt, die man fächerförmig an die Drähte bindet. Die Spitzen kürzt man 15 cm über dem oberen Draht ein oder sie werden umgeschlagen und angebunden (siehe auch S. 210).

Erziehung am Torbogen
Neue Ruten werden am Bogen hochgezogen und mit Bast angebunden. Die Spitzen brauchen meist nicht geschnitten zu werden. Fruchtende und nicht fruchtende Ruten sind schwer zu trennen, daher ist das Ernten mühsamer.

Ruten über Drähte biegen

Die langen, neuen Himbeerruten, die nach dem Schnitt der abgetragenen Ruten stehen bleiben, biegt man über die Drähte und bindet sie an den oberen Draht.

sen sich von tragenden Ruten trennen, um Ernte und Schnitt zu erleichtern. Dies verhindert die Übertragung von Krankheiten von den alten auf neue Ruten. Außerdem erhalten die Ruten mehr Licht und Luft und sind weniger anfällig für Schädlinge und Krankheiten. Bei der Wahl der Erziehungsform *(siehe linke Seite)* ist der vorhandene Platz sowie die Wüchsigkeit der Sorte zu bedenken.

Brombeeren sind meist wüchsiger als Himbeeren und müssen daher sorgfältiger erzogen werden. Verschiedene Systeme bieten Platz für die neuen Ruten, sodass sie nach oben wachsen und abseits von den derzeit tragenden Ruten aufragen können. Ein einfacher Fächer *(siehe S. 210)* eignet sich für weniger wüchsige Sorten; die neuen Ruten wachsen in der Mitte nach oben. Häufig werden alle Fruchtruten eines Jahrgangs in einer Richtung an die Drähte gebunden, sodass die neuen in der Gegenrichtung Platz haben. Wüchsige Sorten mit biegsamen Trieben lassen sich waagerecht in Wellen flechten, die man Platz sparend an die Drähte befestigt. Auch hier wachsen die neuen Ruten in der Mitte. Bei Sorten mit stacheligen Trieben empfiehlt es sich, bei der Arbeit Schutzhandschuhe zu tragen. Stachellose Sorten haben in dieser Hinsicht Vorteile und sind sicherer für Torbögen und ähnliche Elemente.

Himbeeren kann man den Winter über auch um die Drähte herumlegen *(siehe oben)*. Man schneidet die Ruten im Frühjahr 15 cm über dem höchsten Draht. Späte Himbeersorten brauchen weniger aufwendige Stützen, da ihre Ruten für den Winter abgeschnitten werden. Ein Draht auf jeder Seite der Reihe stützt die Ruten mit reifenden Früchten.

SCHNITT VON HIMBEEREN UND BROMBEEREN

Beim Schnitt werden abgetragene Ruten entfernt und so der Neuaustrieb aus den Wurzeln gefördert. Bleiben die alten Ruten stehen, übertragen sie Schädlinge und Krankheiten. Sie werden zudem leicht vom Wind gelockert. Die dadurch entstehenden Löcher im Boden füllen sich mit Wasser und die Wurzeln sterben ab.

Die Ruten von Himbeeren blühen und fruchten gewöhnlich im zweiten Jahr. Abgetragene Ruten schneidet man im Oktober am Boden ab. Mindestens zwei bleistiftdicke Ruten werden aufgebunden. Dünne Ruten werden entfernt, außerdem alle, die den niedrigsten Draht nicht erreichen oder mehr als 20 cm außerhalb der Reihe wachsen.

Um die Eiablage der Himbeergallmücke zu verhindern, welche die Himbeerrutenkrankheit überträgt *(siehe S. 256)*, schneidet man neue Ruten von Sommerhimbeeren ab, wenn sie 20 cm hoch sind. Neue Triebe zeigen sich nach zwei Wochen. Dies ermöglicht einen guten Zugang zu den reifenden Früchten am vorjährigen Holz, und die neuen Triebe erscheinen erst, wenn die Flugzeit der Himbeergallmücke vorüber ist.

Da Herbsthimbeeren an Ruten derselben Saison tragen, müssen alle Ruten im Winter am Boden abgeschnitten werden. Um die Erntezeit bis zur Herbstmitte zu verlängern, entfernt man abgetragene Ruten sofort, damit sich Ersatztriebe bilden. Eine zusätzliche Ernte im Spätfrühjahr ist möglich, wenn die abgetragenen Rutenspitzen im ausgehenden Winter geschnitten werden.

Brombeeren und Hybriden schneidet man wie sommertragende Himbeeren. Jedoch bindet man die neuen Ruten mit einer Schnur zusammen und befestigt sie an den Drähten, um sie vor Frost zu schützen. Kurz vor dem Neuaustrieb im Frühjahr bindet man sie wieder los und erzieht sie als Ersatz für die alten Ruten.

Ruten nach der Ernte schneiden

Abgetragene Ruten schneidet man am Boden ab, sodass keine Stümpfe als Fäulnisherde zurückbleiben. Bei sommertragenden Himbeeren, Brombeeren und Hybriden dürfen die neuen Ruten nicht beschädigt werden. Die besten wählt man aus zum Aufbinden, die anderen werden entfernt. Bei Herbsthimbeeren werden alle Ruten entfernt.

REGELMÄSSIGE PFLEGE

Wassergaben sind besonders wichtig, wenn sich die Früchte färben; die Früchte werden dadurch deutlich größer und schwerer. Bei der Wasserversorgung sollen die Früchte und die neuen Triebe nicht nass werden, da es sonst leicht zu Infektionen kommt.

Beim Abhacken von Unkräutern werden Wurzeln leicht an der Oberfläche beschädigt, daher ist Mulchen vorzuziehen. Gemulcht wird mit organischem Material im zeitigen Frühjahr. Schwarze Folie *(siehe S. 208)* unterdrückt Unkraut und den Neuaustrieb, sodass nur die stärkeren Ruten durch die Pflanzlöcher dringen. Ab dem zweiten Jahr gibt man jedes Frühjahr einen ausgewogenen Volldünger.

Während des Wachstums ist die Zahl der neuen Ruten zu kontrollieren, um die Ernte im Rahmen zu halten und weniger, aber bessere Ruten für das nächste Jahr zu haben. Für im Sommer tragende Himbeeren in Reihen belässt man zehn Ruten pro Meter, für Stocksysteme rechnet man mit sieben bis zehn Ruten pro Stock. Die wüchsigeren Brombeeren tragen auch bei bis zu 24 Ruten pro Stock noch gut. Unerwünschte Ruten werden ausgegraben, herausgezogen oder am Boden abgeschnitten. Ruten von Herbsthimbeeren müssen nicht ausgedünnt werden.

Um Blüten und junge Triebe vor Frost zu schützen, kann man Sackleinen oder Vlies über ein Gerüst spannen. Man muss jedoch tagsüber ausgiebig lüften. Wenn die Früchte sich färben, wird eventuell Schutz vor Vögeln erforderlich.

VERMEHRUNG

Junge Ruten kann man ganz einfach mit dem Wurzelballen ausgraben und neu einpflanzen. Sprossspitzen von Brombeeren und Hybriden bewurzeln, wenn sie mit dem Boden in Kontakt kommen. Man kann sie einfach aufnehmen, abschneiden und neu pflanzen. Durch Ansenken der Triebe lässt sich die Bewurzelung fördern. Vermehren sollte man aber nur neu gepflanzte, gesunde Pflanzen.

HIMBEEREN UND BROMBEEREN ERNTEN

Sommersorten der Himbeere reifen zur Ernte im Hochsommer und liefern 2–3 kg pro Meter in der Reihe. Herbsthimbeeren, die vom Spätsommer bis zum ersten Frost reifen, bringen bis zu 1 kg Früchte pro Meter. Bei Regen faulen die Früchte leicht, und die Erntezeit wird verkürzt. Daher sorgt ein Regenschutz für gute Früchte und verlängert die Ernte bis zum Frühwinter. Der Ertrag von Brombeeren erreicht 6,75–9 kg von einer 3 m langen Reihe.

Am besten schmecken die Beeren frisch gepflückt. Geerntet wird alle zwei bis drei Tage, damit überreife Früchte nicht zu schimmeln beginnen. Zum Schutz vor Austrocknung in Tüten verpackt, halten sie sich zwei bis drei Tage im Kühlschrank. Himbeeren und Brombeeren kann man gut einfrieren.

Rutenfrüchte ernten
Brombeeren erntet man mit Zapfen und Stiel; der Zapfen ist essbar, an ihm sitzen die Teilfrüchte der Sammelsteinfrucht. Himbeeren zum Essen und Konservieren werden mit den Fingerspitzen leicht zusammengedrückt und vom Zapfen gezogen. Vor dem Essen prüfen, ob Himbeerkäferlarven darin versteckt sind.

Himbeere ohne Zapfen

Brombeere mit Zapfen

HÄUFIGE PROBLEME

Himbeerrutenkrankheit *(S. 256)* und Blattfleckenkrankheit *(S. 252)* treten an Himbeeren und Brombeeren auf; es sind resistente Sorten im Handel. Himbeeren leiden öfter unter der Himbeerblattgallmilbe *(S. 256)* und Vogelfraß *(S. 263)* bei frühen Sorten und unter Himbeerviren *(S. 256)*. Probleme, die auch an Brombeeren auftreten: Himbeerkäfer *(S. 256)*, Grauschimmel *(S. 255)* und Chlorose *(S. 253)*. Befall durch Rostpilze *(S. 260)* ist selten gravierend. Die Brombeermilbe befällt Pflanzen an geschützten Plätzen. Das von Blattläusen *(S. 252)* übertragene Himbeervirus verringert Höhe und Wuchskraft der Ruten.

EMPFEHLENSWERTE HIMBEER- UND BROMBEERSORTEN

Sommertragende Himbeeren

'Rubaca' *Mittelspät. Guter Geschmack. Widerstandsfähig gegenüber Phytophthora-Wurzelsterben, sehr frosthart.*

'Rutrago' *Mittelspät. Große, feste, aromatische Frucht, hoher Ertrag. Resistent gegen Rutensterben und Himbeerblattlaus.*

'Schönemann' *Spät. Sehr große, süße Früchte. Wüchsig. Gut zum Einfrieren.*

'Tulameen' *Mittelspät. Sehr große, aromatische Früchte, fest, haltbar.*

Herbsttragende Himbeeren

'Autumn Bliss' *Ab August große Früchte mit festem Fleisch und gutem Geschmack. Reiche Ernte. Ruten brauchen kaum Stützen.*

'Rumiloba' *Ab August große, glänzende, feste Früchte. Sehr guter Geschmack. Resistent gegen Rutensterben und Himbeerblattlaus.*

Brombeeren

'Loch Ness' *Feste Früchte. Aufrechter, kompakter Wuchs, stachellos. Benötigt Frostschutz. Wenig anfällig für Fruchtfäule.*

'Navaho' *Süß-säuerliche, große Früchte. Stachellos, kompakt. Robust und winterfest.*

'Theodor Reimers' *Ausgezeichneter Geschmack. Bestachelt, bildet viele Seitentriebe.*

'Thornless Evergreen' *Haltbare Früchte. Stachellos, bildet aber bestachelte Wurzelschosse.*

Rubus-Hybriden

Tayberry *Sehr große, zapfenförmige, rotviolette Früchte mit süß-säuerlichem Aroma. Kultur nur in sehr begünstigten Regionen.*

Loganberry *Lange, säuerliche Früchte. Es gibt Sorten mit und ohne Stacheln. Kultur nur in sehr begünstigten Regionen.*

Stachelbeere

Bis zu 3000 Stachelbeersorten *(Ribes uva-crispa)* wurden seit dem 18. Jahrhundert beschrieben, derzeit sind bis zu 150 in Kultur. Neue Sorten vermeiden manche Probleme der Stachelbeerkultur, wie Mehltau, Blattfallkrankheit und die scharfen Stacheln. Die roten, grünen oder gelben Beeren sind die ersten im Jahr und werden roh oder gekocht als Dessert gegessen. Die natürliche Wuchsform variiert je nach Sorte von aufrecht bis hängend.

Stachelbeeren lassen sich zu verschiedenen Formen erziehen. Meist werden sie als Busch auf einem kurzen Stamm kultiviert, sodass die Krone für Pflege und Ernte leichter erreichbar ist. Stachelbeeren können auch als Hochstamm erzogen werden oder an einem frei stehenden Gerüst oder einer Wand als ein- oder mehrfacher Kordon oder Fächer. Kordons und Fächer an frei stehenden Drahtgerüsten wirken auffällig, wenn das Sonnenlicht durch die Zweige fällt.

Ein Hochstamm aus einer wüchsigen Sorte bringt eine bessere Platzausnutzung, denn darunter können Erdbeeren, Sommerblumen oder Gemüse wachsen. Weniger wüchsig sind auf *Ribes aureum* veredelte Pflanzen.

Stachelbeeren pflanzen

1 Das Pflanzloch groß genug für den Wurzelballen ausheben. Die Pflanze muss wieder genauso tief sitzen wie vorher.

2 Auffüllen, andrücken und gießen. Es muss ein Stammbereich von 10–20 cm frei bleiben. Unabhängig vom Pflanzzeitpunkt wird erst im Frühjahr geschnitten. Man wählt fünf Haupttriebe aus, kürzt sie auf 15–25 cm Länge ein und entfernt überzählige Triebe.

Stachelbeeren brauchen eine gute Dränage. Sie vertragen leicht alkalischen Boden und etwas Schatten. Da sie sehr früh blühen, dürfen sie nicht in Frostsenken gepflanzt werden. Für die brüchigen jungen Triebe ist zudem Windschutz *(siehe S. 12–13)* nötig. Stachelbeeren gedeihen auch in Pflanzgefäßen – eine gute Möglichkeit bei schlecht dräniertem Boden. Im Topf gezogene Pflanzen, die im Februar nach drinnen gebracht werden, treiben früher aus und tragen im späten Frühjahr.

Fruchtbildung bei Stachelbeeren
Stachelbeeren tragen an einjährigem Holz und älterem Fruchtholz. Ausdünnen sorgt für neues Fruchtholz. Beim Verjüngungsschnitt wird altes Holz entfernt.

BODENVORBEREITUNG

Zunächst wird eine 2,5–5 cm dicke Schicht aus gut verrotteter organischer Substanz eingearbeitet. Schweren, schlecht dränierten Boden gräbt man zwei Spatenstich tief um *(siehe S. 59)*. Man sollte den pH-Wert und den Nährstoffgehalt des Bodens ermitteln, um bei Bedarf Volldünger in die oberen 15–20 cm einzubringen.

PFLANZUNG

Stachelbeersträucher sind mit nackten Wurzeln oder als Containerpflanzen erhältlich. Achten Sie auf einen 10–20 cm hohen Stamm über dem Wurzelansatz und mindestens vier oder fünf junge Zweige. Als Hochstamm kultivierte Büsche sind bereits vorgezogen und bei Bedarf veredelt erhältlich.

Wurzelnackte Sträucher pflanzt man vom Herbst bis zum zeitigen Frühjahr. Containerpflanzen können jederzeit gepflanzt werden, brauchen aber unter Umständen reichlich Wasser, damit sie anwachsen. Zur Unkrautbekämpfung und um den Boden feucht zu halten, legt man Mulchfolie aus und pflanzt die Stachelbeeren durch Schlitze. Da Stachelbeeren bis zu zehn Jahre lang tragen, sollte die Folie recht dick sein oder mit Rindenhäcksel oder Kies bedeckt werden.

Sträucher werden auf 1,2–1,5 m Abstand gepflanzt, einfache Kordons brauchen 30–40 cm Abstand, mehrfache Kordons pro weiterem Arm 30 cm mehr. Stachelbeerfächer benötigen 1,5 m Abstand. Hochstämme erhalten einen kräftigen Stützpfahl in Endhöhe.

Verjüngungsschnitt

Das Hauptziel des Verjüngungsschnitts ist die Erhaltung von acht bis zehn gut platzierten Zweigen. Diese Form lässt Licht und Luft eindringen, fördert neue Treibe und verhindert den Ausbruch von Krankheiten wie Grauschimmel und Amerikanischem Stachelbeermehltau. Auch die Ernte gestaltet sich einfacher.

Geschnitten wird im zeitigen Frühjahr, wenn sich Holz, das keine Knospen trägt oder durch Krankheit abgestorben ist, gut erkennen lässt. Entfernt werden auch schwach wirkende Triebe, deren Knospen wegen Mehltaubefall nicht ganz geschlossen sind. Ein weiterer Schnitt im Sommer verbessert die Durchlüftung, verringert die Gefahr von Pilzerkrankungen und sorgt für weniger, größere Früchte. Neue Sprosse an den Haupttrieben werden im zeitigen Frühjahr auf zwei gesunde Knospen gekürzt oder man schneidet sie im Frühsommer auf die Hälfte zurück.

▲ **Alte Zweige entfernen**
Mit der Baumschere werden unproduktive Zweige bis zum Ansatz entfernt.

◀ **Ausgewogene Form**
Nicht mehr als ein Drittel der Zweige, einschließlich der schwachen und beschädigten, entfernen.

SCHNITT UND ERZIEHUNG VON STACHELBEEREN

Der Schnitt hängt von der sortentypischen Wuchsform ab. Bei aufrechten Sorten schneidet man auf nach außen gerichtete Knospen, bei hängenden auf nach oben gerichtete Knospen.

Der Pflanzschnitt sollte einen vasenförmigen Busch mit vier bis fünf gleichmäßig platzierten Zweigen bewirken. Durch den Schnitt im Frühjahr werden Winterschäden gleich entfernt und die Schnitte verheilen besser. Beim zweijährigen Busch schneidet man im Frühjahr die neuen Triebe auf die Hälfte ihrer Länge. Überzählige neue Triebe, die nicht für den Gerüstaufbau gebraucht werden oder in der Mitte wachsen, werden entfernt.

Beim eingewachsenen Strauch fördert ein regelmäßiger Verjüngungsschnitt *(siehe oben)* neue, gut platzierte Triebe, der viel genauere Fruchtholzschnitt *(siehe S. 210)* fördert die Bildung von Fruchtspießen.

Für einen Hochstamm bindet man den stärksten senkrechten Trieb an den Pfahl. Weitere Triebe werden auf eine Knospe gekürzt. Ist der Hauptstamm 0,6–1,2 m hoch, kappt man die Spitze. Im nächsten Jahr wählt man vier bis fünf gut platzierte Triebe an der Spitze aus, entfernt die anderen und geht dann wie beim Busch vor. Kordons und Fächer werden wie Rote Johannisbeeren *(siehe S. 221–222)* erzogen.

REGELMÄSSIGE PFLEGE UND VERMEHRUNG

Bei Trockenheit, vor allem zur Zeit der Fruchtentwicklung, gibt man 25–50 Liter Wasser pro m². Stachelbeeren leiden häufig unter Kalimangel. Daher düngt man im Spätwinter mit 15 g/m² schwefelsaurem Kali, ergänzt durch einen ausgewogenen Volldünger. Zwischen Anfang und Mitte des Frühjahrs wird mit gut verrottetem Mist oder Kompost gemulcht. Ein gesunder Busch bildet weniger Schösslinge als ein schwacher. Alle Schösslinge werden (mit Handschuhen!) herausgezogen; werden sie nur abgeschnitten, bilden sich im nächsten Jahr noch mehr.

Blühende Pflanzen im Topf kommen zum Schutz vor Frost nach drinnen. Pflanzen im Freien werden mit Vlies oder Folie abgedeckt, um sie vor Frost zu schützen oder die Ernte zu beschleunigen. Eine Abdeckung mit Netzen hält Dompfaffen, die von Herbstmitte bis Mitte Frühjahr an den Blütenknospen fressen, und Früchte pickende Amseln ab.

Zur Vermehrung schneidet man etwa 30 cm lange Steckhölzer aus dem gesunden Holz, wie dies auch bei Schwarzen Johannisbeeren gemacht wird *(siehe S. 224)*.

STACHELBEEREN ERNTEN

Ein älterer Busch kann 3,5–4,5 kg liefern. Ein einfacher Kordon trägt bis zu 1 kg. Bei geschützten Pflanzen reifen die Beeren zwischen Mai und Juni. Frühe Beeren zum Einkochen erhält man von Freilandpflanzen, wenn im Frühsommer, sobald die Früchte 12 mm lang sind, jede zweite vorzeitig abgeerntet wird. Die anderen lässt man vollständig reifen. Beeren pflückt man mit dem Stiel, sie platzen sonst leicht.

HÄUFIGE PROBLEME

Häufig sind Stachelbeerblattwespen *(S. 262)*, Wanzen *(S. 263)*, Amerikanischer Stachelbeermehltau *(S. 262)*, Grauschimmel an Stachelbeeren *(S. 256)*, Blattfleckenkrankheit *(S. 252)*, Blattläuse *(S. 252)*, Vögel *(S. 263)* und diverse Raupen.

EMPFEHLENSWERTE SORTEN

'Invicta' *Mittelspät. Hellgrüne, feste Frucht. Weitgehend mehltauresistent.*

'Remarka' *Sehr früh bis früh. Große, rote Frucht mit gutem Geschmack. Widerstandsfähig gegenüber Mehltau.*

'Rokula' *Mittelspät. Mittelgroße, schwach behaarte, aromatische, rote Frucht. Resistent gegen Mehltau und Blattfallkrankheit.*

'Rixanta' *Mittelspät bis spät. Gelbe Frucht, hoher Ertrag. Wenig krankheitsanfällig.*

Rote und Weiße Johannisbeere

Johannisbeeren *(Ribes rubrum)* sind attraktive Zierpflanzen, vor allem mit Fruchtbehang. Die Sorten der Roten Johannisbeere durchlaufen ein unglaubliches Spektrum von Rottönen, Weiße Johannisbeeren reifen von reinem Weiß über Cremefarben bis fast Gelb. Die Früchte hängen in dichten Trauben, die sich in Bezug auf Länge und Fruchtgröße stark unterscheiden; im Sommer sind sie eine hübsche Tisch- und Speisengarnierung und ergeben köstliche Grütze, Gelees und Kuchen.

Beide Formen tragen am Ansatz der vorjährigen Triebe und an Kurztrieben am älteren Holz. Sie können in Buschform mit Stamm erzogen werden, aber auch als ein- oder mehrfacher Kordon oder Fächer, wenn zum Beispiel wenig Platz vorhanden ist. Unter Glas reifen die Früchte etwa zwei Wochen früher als ohne Schutz.

Johannisbeeren bevorzugen einen sonnigen bis halbschattigen, vor Wind geschützten Platz. Frostsenken sind zu meiden. Die Pflanzen können im Teilschatten oder an einer Nordwand erzogen werden; die Früchte reifen dann später und sind im Vergleich zu sonnengereiften weniger aromatisch. Gut dränierter, humusreicher, leicht saurer oder neutraler Boden ist wichtig.

BODENVORBEREITUNG UND PFLANZUNG

Bodenvorbereitung, Pflanzung und Abstände sind die gleichen wie bei der Stachelbeere *(siehe S. 219–220)*. Eine gute Dränage ist wichtig, da Rote und Weiße Johannisbeeren Staunässe nicht vertragen.

Kordons und Fächer brauchen ein Gerüst mit waagerechten Drähten an frei stehenden Pfosten oder einer Wand. Den ersten Draht befestigt man 60 cm über dem Boden, die folgenden in 60 cm Abstand. Bei der Pflanzung bindet man Stämme und Zweige an Bambusrohre, die wiederum an den Drähten befestigt werden. Zur Kultur in Pflanzgefäßen *siehe S. 208.*

SCHNITT UND ERZIEHUNG

Rote und Weiße Johannisbeeren werden vor allem im zeitigen Frühjahr geschnitten. Der Schnitt setzt immer über einer gesunden Knospe an, damit die Wunde schnell heilt, denn die Pflanzen sind anfällig für Grauschimmel *(siehe S. 255)* und Rotpustelkrankheit *(siehe S. 260)*. Im Sommer lassen sich die neuen Triebe gut brechen, was seltener zum Absterben führt als das Schneiden. Geschnitten wird wie bei Stachelbeeren beschrieben *(siehe S. 220)*.

SCHNITT EINES KORDONS

Schnitt und Erziehung eines einfachen Kordons sind unten beschrieben. Ein doppelter Kordon hat zwei senkrechte Haupttriebe in U-Form. Zu Beginn wählt man zwei kräftige Triebe, die sich fast gegenübersitzen.

Die Stammverlängerung wird direkt über dem höheren der beiden Triebe gekappt. Man kürzt alle Triebe darunter auf zwei Blätter ein und entfernt diese

Schnitt eines Kordons

1 Im zeitigen Frühjahr wird nach der Pflanzung die Stammverlängerung von einjährigen Pflanzen um die Hälfte des vorjährigen Wachstums gekürzt, andere Triebe auf eine Knospe.

2 Im Sommer nach der Pflanzung wird der Neuaustrieb eingekürzt. So konzentriert sich das Wachstum der Pflanze auf die Stammverlängerung. Seitentriebe werden auf ein Blatt eingekürzt. Diesen Vorgang jeden Sommer wiederholen.

3 Im zeitigen Frühjahr der folgenden Jahre wird der Neuaustrieb der Stammverlängerung um ein Viertel, bei schwachem Wuchs um die Hälfte gekürzt. Auf eine Knospe gegenüber der vorjährigen Schnittstelle schneiden, damit der Trieb gerade wächst. Hat der Kordon die gewünschte Höhe erreicht, wird der Neuaustrieb jedes Jahr im Spätfrühling auf eine Knospe gekürzt. Austriebe aus dem Stamm und den Seitentrieben bilden neues Fruchtholz.

Fruchtholz schneiden
Jedes Jahr werden die im vorigen Sommer geschnittenen Triebe auf eine Knospe gekürzt. Wenn sich Fruchtholz entwickelt, schwach tragende Stellen herausschneiden.

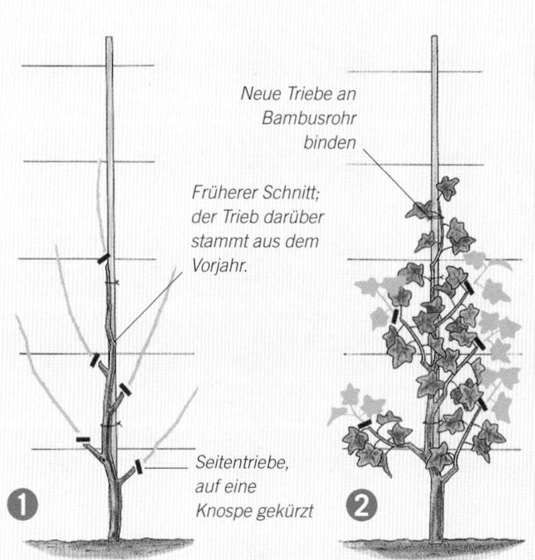

Neue Triebe kürzen
Wenn die im vorigen Winter geschnittenen Triebe etwa acht Blätter haben, werden sie durch Brechen oder Schneiden auf fünf Blätter gekürzt.

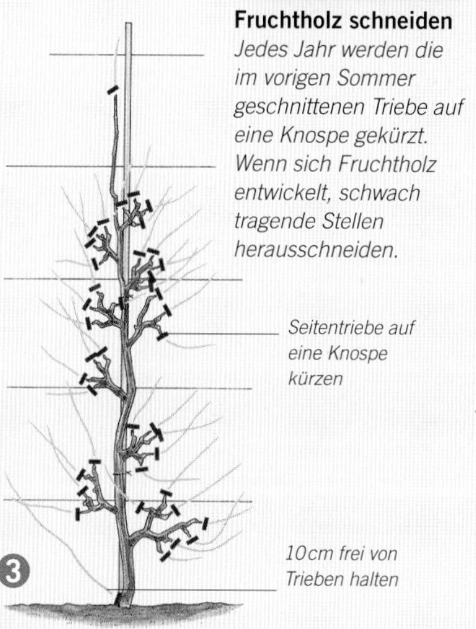

im Sommer ganz. Beide Triebe werden an Bambusrohre gebunden, die im Winkel von 30 Grad an den Drähten befestigt sind. Sind die Triebe mindestens 30 cm lang, bindet man sie an senkrecht gestellte Bambusrohre. Von nun an wird jeder Arm wie ein einfacher Kordon behandelt *(siehe S. 221)*. Beide Arme müssen stets gleich hoch bleiben, damit nicht einer den anderen dominiert.

Ein dreifacher Kordon hat eine Stammverlängerung und auf jeder Seite einen Stamm. Dafür werden drei gut platzierte Triebe ausgewählt. Die Stammverlängerung behandelt man wie einen einfachen Kordon, die beiden Seitentriebe wie einen doppelten. Alle drei werden auf gleicher Höhe gehalten, sodass keiner die anderen dominiert. Später behandelt man die drei senkrechten Arme wie einen einfachen Kordon.

SCHNITT UND ERZIEHUNG EINES FÄCHERS

Für einen Fächer wählt man nach der Pflanzung bis zu fünf kräftige Seitentriebe aus. Die Stammverlängerung über dem höchsten wird entfernt. Man bindet die Seitentriebe im Winkel von 45 Grad an Bambusrohre und kürzt sie auf die Hälfte ein. Im Sommer werden an jedem Trieb mehrere gut platzierte Seitentriebe gewählt, aus denen man ein dauerhaftes, ausgewogenes Gerüst formt. Allzu wüchsige Triebe werden entfernt.

Im zweiten Frühjahr kürzt man Triebe und Gerüst um die Hälfte und die Seitentriebe auf eine Knospe ein. Im folgenden Sommer bindet man weitere Triebe auf, sodass ein gleichmäßiges

Rote Johannisbeere als Fächer
Für einen Fächer werden mehrere gut platzierte Triebe mit bleibenden Seitentrieben gebraucht, um den Platz gleichmäßig auszufüllen. Meist werden fünf Haupttriebe erzogen, die Zahl hängt aber von der Wüchsigkeit der neuen Triebe ab; weitere Triebe nutzen die überschüssige Wuchskraft. Eine Wand bietet dem Fächer zusätzlichen Schutz, das Abdecken fällt außerdem leichter und die Früchte reifen etwas früher.

Zweiggerüst entsteht. Geschnitten wird wie beim Kordon, damit die Spitzen der Haupttriebe auf derselben Höhe bleiben und die mittleren, senkrechten Triebe nicht dominieren.

PFLEGE UND VERMEHRUNG

Im Spätwinter werden 15 g/m² schwefelsaures Kali oder Asche gegeben, bei leichtem, sandigem oder magerem Boden ergänzt durch einen ausgewogenen Volldünger. Bis zur Frühjahrsmitte, wenn sich der Boden erwärmt, bringt man organischen Mulch 2,5–5 cm dick auf. Ist der Boden trocken, gießt man zuvor 25–50 l/m² Wasser. Die Mulchschicht unter der Pflanze muss bis zur äußersten Zweigspitze reichen. Im Sommer, wenn die Früchte reifen, gießt man bei Bedarf in der gleichen Menge.

Ausdauernde Unkräuter werden ausgegraben, wenn der Boden feucht ist. Auch Schösslinge sind durch Ausreißen zu entfernen. Netze schützen die Büsche vor Vögeln *(siehe S. 209)*, sobald sich die Früchte verfärben. Schwarze, Rote und Weiße Johannisbeeren werden aus etwa 30 cm lange Steckhölzern aus gesundem Holz vermehrt.

JOHANNISBEEREN ERNTEN

Pflanzen unter Schutz können schon im Spätfrühling abgeerntet werden, im Freien dauert es bis zum Frühsommer. Ein reifer Busch bringt 4–5 kg, ein einfacher Kordon bis zu 1 kg Früchte. Die meisten Sorten sind dünnhäutig, daher werden die Früchte beim Ernten leicht gequetscht. Besser schneidet man die ganze Traube mit der Schere ab.

HÄUFIGE PROBLEME

Blattlausbefall *(siehe S. 252)* zeigt sich durch rote, blasig aufgeworfene Blätter an jungen Trieben. Weitere Probleme sind Vögel *(siehe S. 263)*, Blattwanzen *(siehe S. 252)*, Stachelbeerblattwespen *(siehe S. 262)*, Grauschimmel *(siehe S. 255)*, meist an Früchten, Säulenrost *(siehe S. 260)*, Rotpustel- *(siehe S. 260)* und Blattfleckenkrankheit *(siehe S. 252)*.

Blühende Rote Johannisbeere
Die Blüten kommen durch die Fächerform schön zur Geltung. Der Kontrast zwischen den klar umrissenen Blättern und feinen Blüten trägt zur dekorativen Wirkung bei.

EMPFEHLENSWERTE SORTEN

'Blanka' *Spät, gelblich weiße, säuerlich aromatische Früchte, langer Fruchtstand, neigt zum Rieseln.*

'Jonkheer van Tets' *Sehr früh. Rote, kräftig schmeckende Früchte, die leicht verrieseln. Etwas krankheitsanfällig.*

'Rolan' *Mittelspät. Rote, feste, aromatische Früchte. Wenig anfällig für Blattfallkrankheit, gering anfällig für Mehltau.*

'Rovada' *Spät. Feste, rote, säuerliche Früchte, regenfest. Ertragreich. Gesund.*

'Zitavia' *Früh. Gelblich weiße, feste, säuerlich milde Früchte. Ertragreich. Neigt wenig zum Rieseln. Spätfrostgefährdet.*

Schwarze Johannisbeere

Die pflegeleichten und ertragreichen Schwarzen Johannisbeeren *(Ribes nigrum)* bringen Trauben von köstlichen Früchten mit reichlich Vitamin C. Die großen, oft schwachtriebigen Büsche werden bis zu 2 m hoch und breit. Die Blüten sind unscheinbar, die Blätter hingegen duften, besonders nach einem Regen, sehr angenehm. Jostabeeren sind Hybriden aus Schwarzer Johannisbeere und Stachelbeere und werden wie Johannisbeeren kultiviert. Die stachellosen, sehr frostharten und wüchsigen Jostabeeren gedeihen selbst auf problematischen Standorten und im Schatten.

Schwarze Johannisbeeren tragen am besten an kräftigen jungen Trieben des vergangenen Sommers, etwas schwächer an zweijährigem und älterem Holz. Sie werden in der Regel als mehrstämmige Büsche erzogen; ein jährlicher starker Rückschnitt fördert die Bildung neuer Triebe. Sehr wüchsige Sorten wie 'Wellington XXX' lassen sich wie Stachelbeeren und Rote Johannisbeeren auf einem kurzen Stamm erziehen, um das Wachstum zu begrenzen. Zugleich erhält man einen dekorativen, kelchförmigen Busch.

Pflanztiefe bei Schwarzen Johannisbeeren

▲ Pflanztiefe prüfen
Mit einem Stück Holz, das über dem Pflanzloch liegt, wird die Pflanztiefe kontrolliert. Die Containerpflanze wird 5 cm tiefer gepflanzt, als sie in ihrem Topf saß.

▶ Wurzelnackter Busch
Das Loch wird so breit ausgehoben, dass sich die Wurzeln ausbreiten können, und so tief, dass die Sprosse 5 cm tiefer sitzen als zuvor, damit die basalen Knospen austreiben.

Wachstumsphasen
Beim Schnitt sollte möglichst viel glattes, junges Holz erhalten bleiben. Ein Teil des älteren, sich schälenden Holzes wird entfernt, auch wenn es noch einmal tragen und austreiben könnte.

Schwarze Johannisbeeren vertragen unterschiedlichen Boden, auch leicht alkalischen, er muss jedoch sehr nährstoff- und humusreich und gut wasserhaltend sein. Die Pflanzen verlangen keine optimale Dränage, der Standort sollte aber frostfrei und vor kaltem Wind geschützt sein.

Man kann Schwarze Johannisbeeren auch in Pflanzgefäßen ziehen und während der Blütezeit unter Glas stellen, um sie vor kaltem Wind zu schützen und die Bestäubung und Fruchtbildung zu fördern. Um die Ernte zu verfrühen, können sie auch von Winter bis Spätfrühling unter Glas bleiben.

PFLANZUNG

Zunächst werden ausdauernde Unkräuter entfernt. Danach gräbt man eine 5 cm dicke Schicht aus gut verrottetem Kompost oder Mist ein.

Es sind einjährige Pflanzen im Handel, aber nur zweijährige erhalten das Prädikat »krankheitsfrei« und sind mit Sortennamen etikettiert. Es ist ratsam, zertifizierte Pflanzen zu kaufen, denn Schwarze Johannisbeeren sind besonders anfällig für Viren. Wurzelnackte Pflanzen werden am besten im Herbst oder bis ins Frühjahr gesetzt. Containerpflanzen können jederzeit gepflanzt werden, im Sommer brauchen sie jedoch reichlich Wasser, um gut anzuwachsen.

In jedem Fall müssen die Pflanzen etwa 5 cm tiefer gesetzt werden, als sie vorher gewachsen sind. So bildet die Pflanze kräftige neue Triebe aus der Wurzel und diese jungen Triebe sind wichtig für einen ertragreichen Strauch *(siehe oben)*. Zwischen den Pflanzen ist ein Abstand von 1,5–2 m einzuhalten. Die Kultur in Pflanzgefäßen ist auf *S. 208* beschrieben.

SCHNITT UND ERZIEHUNG

Bei einer wurzelnackten Pflanze werden alle Triebe auf zwei Knospen 2,5 cm über dem Boden eingekürzt, damit die Wurzeln gut anwachsen.

Wird der Busch schon im Herbst gepflanzt, wachsen die Wurzeln vor dem Winter an. Schneidet man die Hälfte der Triebe nicht, kann man im nächsten Sommer einige Früchte ernten. Containerpflanzen werden nach

Winterschnitt der Schwarzen Johannisbeere

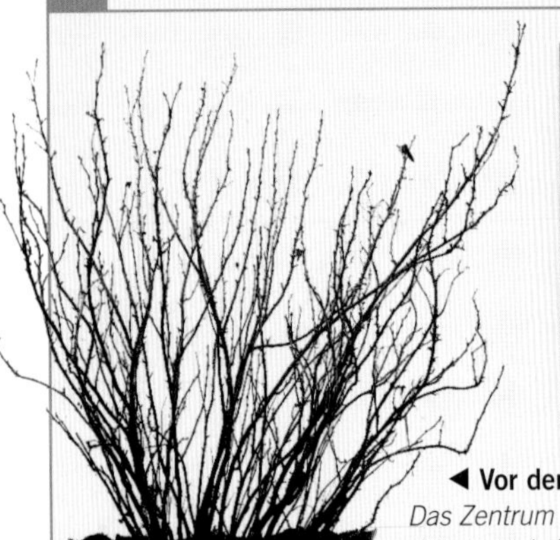

◄ Schnitt bis zum Boden
Ein Viertel der Sprosse wird bis auf 2,5 cm über dem Boden gekürzt, um den Austrieb anzuregen. Schwache, zu dicht sitzende und auf den Boden hängende Zweige werden entfernt. Einjähriges und älteres Holz bleibt gemischt stehen (siehe S. 223).

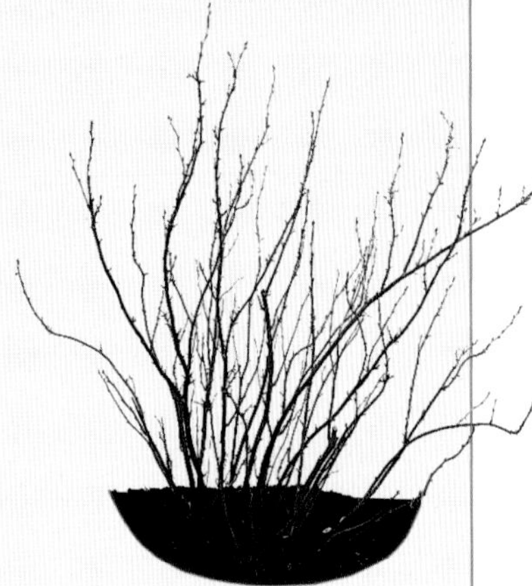

◄ Vor dem Schnitt
Das Zentrum des Busches ist zu dicht, es dringt wenig Licht und Luft zwischen die Sprosse ein, sodass die Früchte langsamer reifen.

► Nach dem Schnitt
Der Strauch hat eine ausgewogene Form, älteres Holz wurde entfernt, die verbleibenden Sprosse wurden ausgedünnt.

der Pflanzung nicht geschnitten; wird jedoch im Sommer gepflanzt und ist regelmäßiges Gießen nicht möglich, geht man wie bei im Herbst gepflanzten wurzelnackten Sträuchern vor, damit sich schnell ein kräftiges Wurzelwerk bildet.

Eingewachsene Johannisbeersträucher schneidet man im Winter wie oben beschrieben. Vernachlässigte Sträucher werden verjüngt, indem man alle Zweige im Herbst bis auf den Boden abschneidet und mulcht (*siehe unten*), um den Wurzeln die Nährstoffe zu liefern, die sie brauchen. Die neuen Triebe werden auf acht bis zwölf wüchsige, junge Triebe ausgedünnt.

REGELMÄSSIGE PFLEGE

Geben Sie im zeitigen Frühjahr einen ausgewogenen Volldünger und zusätzlich 25 g/m² Stickstoff. Jedes Frühjahr wird ausgiebig gemulcht mit Pilzsubstrat, Gartenkompost oder gut verrottetem Mist, um Nährstoffe zu liefern und Unkräuter zu unterdrücken.

Schwarze Johannisbeeren brauchen bei jedem Gießen mindestens 50 l/m². Wie oft gegossen wird, hängt von der Witterung und den Temperaturen ab. Wassergaben sind besonders wichtig bei Trockenheit und während der Fruchtreife. Um Krankheiten zu vermeiden, hält man den Busch trocken, indem man nur den Boden gießt oder ein einfaches Bewässerungssystem legt.

Vögel fressen die reifen Früchte, daher sollte man die Sträucher zur Reifezeit mit Netzen abdecken.

Schwarze Johannisbeeren in Pflanzgefäßen müssen alle zwei oder drei Jahre umgetopft werden. Wenn die Pflanze größer und schwerer wird, kann es sich lohnen, den Topf auf eine Platte mit Rollen zu stellen, sodass er sich bei Spätfrostgefahr leicht an einen geschützten Ort bringen lässt.

VERMEHRUNG

Schnittabfälle von neuen, zertifizierten Pflanzen eignen sich gut zur Vermehrung von Schwarzen Johannisbeeren. Ältere Pflanzen können jedoch Krankheitskeime in sich tragen. Die Steckhölzer werden auf 20 cm Länge zugeschnitten, am unteren Ende gerade unterhalb einer Knospe, oben schräg oberhalb einer Knospe; die weiche Triebspitze wird entfernt. Man steckt das Holz einfach in ein Beet oder in einen Behälter mit Anzuchtsubstrat. Steckhölzer bewurzeln schnell und bilden mehrere Triebe.

ERNTE

Die Früchte reifen von Früh- bis Spätsommer, bei Pflanzen unter Schutz etwa zwei Wochen früher. Ein ausgewachsener Busch trägt mindestens 4,5 kg Früchte.

Bei älteren Sorten reifen die Früchte einer Traube zu verschiedenen Zeiten. Man pflückt einzeln ab, ohne die Früchte zu beschädigen, sonst halten sie sich schlecht. Bei den neueren Sorten reifen alle Früchte einer Traube gleichzeitig. So lassen sich die ganzen Trauben mit der Schere abnehmen und gut lagern.

HÄUFIGE PROBLEME

Blattläuse (*siehe S. 252*), Johannisbeerblattgallmilbe (*S. 256*) und Stachelbeermehltau (*S. 262*) sind Probleme, die häufiger auftreten. Hinzu kommt, dass Vögel (*S. 263*), Blattwanzen (*S. 252*), Grauschimmel (*S. 255*), der vor allem die Früchte befällt, und Gallmilben Schäden hervorrufen können. Blattfleckenkrankheiten (*S. 252*) treten auf, sind aber selten gravierend.

EMPFEHLENSWERTE SORTEN

'Ben Lomond' *Mittelspät. Sehr große, feste, säuerliche Beeren. Widerstandsfähig gegenüber Pilzkrankheiten.*

'Bona' *Früh. Große, feste Früchte an kurzem Fruchtstand. Mehltauresistent, spätfrostgefährdet.*

'Ometa' *Mittelspät bis spät. Aromatische Früchte. Widerstandsfähig gegenüber Mehltau. Wüchsig.*

'Tenah' *Früh. Intensives Aroma, hoher Vitamin-C-Gehalt. Sehr robust, resistent gegenüber Krankheiten und ertragreich.*

'Titania' *Mittelspät. Große Beeren. Robust und sehr widerstandfähig gegenüber Krankheiten. Sehr stark und buschig.*

Jostabeere 'Josta', 'Jogranda' und 'Jostine' *Hybride aus Johannisbeere und Stachelbeere. Sehr große, schwarze Früchte. Stachellos, sehr wüchsig. Resistent gegenüber Säulenrost, Stachelbeerrost und Johannisbeergallmilbe.*

Heidelbeere

Die Kulturheidelbeeren *(Vaccinium corymbosum)* stammen aus Nordamerika und sind verzweigte, Laub abwerfende Sträucher.

PFLANZUNG

Der pH-Wert des Bodens muss lange vor der Pflanzung angepasst werden. Die Reaktion von neutralem bis alkalischem Boden lässt sich absenken, indem man Torf, Schwefel (als Schwefelblüte) und Sägemehl, einzeln oder gemischt, zugibt. Doch das ist aufwendig, und die Wirkung hält nicht lange an. Torf kann man direkt ins Pflanzloch einfüllen, die anderen Zuschlagstoffe arbeitet man ein Jahr vor der Pflanzung ein. Die Menge hängt von Bodentyp und pH-Wert ab. Sägemehl braucht Stickstoff zum Abbau und verringert so den verfügbaren Anteil im Boden. Geben Sie daher jährlich 15 g/m² schwefelsaures Ammoniak.

Andere Möglichkeiten sind die Anlage eines Hochbeets oder die Topfkultur. Ein 15–20 cm hohes, 1,5 m breites, mit Topferde aufgefülltes Hochbeet sichert eine gute Wasserführung über schlecht dräniertem Boden. Torfersatz hat oft einen hohen pH-Wert, daher muss man Schwefelblüte zumischen. Für die Kultur im Topf verwendet man Azaleensubstrat, dem Sand zugesetzt wird.

Gepflanzt wird von Herbst bis Frühjahr im Abstand von 1,5 m. Bei einer Topfkultur beginnt man mit einem 2-l-Topf und topft später in größere Pflanzgefäße um.

SCHNITT UND ERZIEHUNG

Kulturheidelbeeren schneidet man wie die Schwarze Johannisbeere *(siehe S. 223–224)* nach dem Laubfall bis auf den Boden zurück, um kräftigen Neuaustrieb zu fördern. Jedes Jahr, am besten im zeitigen Frühjahr, wenn die Blütenknospen zu erkennen sind, werden ein oder zwei unproduktive Zweige am Boden geschnitten.

REGELMÄSSIGE PFLEGE

Nach dem Schnitt gibt man einen ausgewogenen Volldünger und 15 g/m² Stickstoff (schwefelsaures Ammoniak). Um den pH-Wert niedrig zu halten und Unkraut zu unterdrücken, wird zur Frühjahrsmitte eine 8–15 cm dicke Mulchschicht aus saurem Material wie Rinde, Kiefernnadeln oder Torf aufgebracht. Zeigen die Blätter Chlorose *(siehe S. 253)*, lässt sich der pH-Wert durch Zugabe von Schwefelblüte senken.

Heidelbeeren brauchen reichlich Wasser, am besten saures Regenwasser. Geben Sie bei jedem Gießvorgang 50 l/m². Wer nur alkalisches Leitungswasser zur Verfügung hat, sollte seine Wirkung auf den Boden beobachten und entsprechend Schwefelblüte zuführen. Kulturen auf Hochbeeten brauchen mehr Wasser. Während der Blüte ist für Frost- und Windschutz durch Vlies oder Folie zu sorgen.

Heidelbeeren, die in Pflanzgefäßen wachsen, müssen alle zwei Jahre im Herbst umgetopft werden. Ausgewachsene, bis etwa 1,5 m hohe Pflanzen brauchen einen Topf mit 50 Liter Fassungsvermögen.

VERMEHRUNG

Im Frühsommer schneidet man 10–15 cm lange Stecklinge aus weichen, gesunden Trieben und entfernt die unteren Blätter. Die Stecklinge kommen in Töpfe mit einem Substrat aus einem Teil Torf und drei Teilen grobem Sand, die man im Anzuchtkasten aufstellt. Haben sie Wurzeln gebildet, wird umgetopft und die Pflänzchen werden abgehärtet. Alle zehn Tage gibt man einen kalibetonten Dünger. Auspflanzen kann man nach etwa einem Jahr.

▼ Den Ertrag steigern
Blütenknospen sind deutlich dicker als Blattknospen. Beim Schnitt belässt man möglichst diejenigen Zweige mit mehr Blütenknospen. Zweige mit mehr Blattknospen werden entfernt, sodass die Energie der Pflanze verstärkt in die Fruchtbildung geht.

Blattknospe

Blütenknospe

HEIDELBEEREN ERNTEN

Ernten kann man im Hoch- und Spätsommer. Dabei zieht man die Beeren vorsichtig vom Stiel. Ein Strauch trägt 2,25–5 kg.

HÄUFIGE PROBLEME

Vögel *(siehe S. 263)*, Grauschimmel *(S. 255)* und Chlorose *(S. 253)* treten oft auf.

EMPFEHLENSWERTE SORTEN

'Bluecrop' *Mittelfrüh. Große, feste, platzfeste Früchte. Lange Erntezeit. Frostfest.*
'Blueray' *Mittelfrüh. Große, feste, aromatische, vorzügliche Früchte. Hoher Ertrag. Widerstandsfähig gegen Blütenfrost.*
'Patriot' *Spät. Große, feste, sehr aromatische Früchte. Regelmäßiger und hoher Ertrag. Frostfestes Holz.*

▲ Reich tragende Heidelbeere
Frische Früchte der großen, ansehnlichen Kulturheidelbeeren haben nicht viel Aroma, lassen sich aber gut einfrieren. Außerdem ergeben sie herrliche Kuchen und Marmeladen.

Moosbeere (Cranberry)

Dieser immergrüne, ausladende, niedrig wachsende Strauch *(Vaccinium macrocarpon)* liebt sumpfigen Boden und eignet sich sogar für schlecht dränierte Böden. Die drahtigen Sprosse bilden am Boden Wurzeln, sodass sich die Pflanze schnell ausbreitet. Sie braucht Boden mit einem niedrigen pH-Wert und bevorzugt einen sonnigen, eher kühlen Platz.

Moosbeere mit Früchten *Wilde Moosbeeren wachsen in Mooren und Sümpfen; in Kultur brauchen sie ähnlich sauren und nassen Boden, um gut zu tragen.*

PFLANZUNG

Moosbeeren werden meist in ein abgesenktes Beet mit einem pH-Wert von 4–5,5 *(siehe unten)* gepflanzt. Es sind nur im Topf angezogene Pflanzen im Handel. Im Prinzip kann man jederzeit in ein wassergesättigtes Beet pflanzen oder man bereitet das Beet vor dem Winter vor und pflanzt im Frühjahr.

SCHNITT UND ERZIEHUNG

Moosbeeren müssen zur Wachstumsregulierung ausgedünnt werden, sobald eine Pflanze das ganze Beet bedeckt. Im Herbst nach der Ernte werden die Ränder zurechtgestutzt und schwache Triebe entfernt. Im zeitigen Frühjahr wird ausgedünnt. Überschüssige Sprosse schneidet man am Boden ab, sodass nur noch eine Lage von Trieben übrig bleibt. Mit der Heckenschere lassen sich die Triebspitzen schneiden, doch alle drei Jahre ist ein sorgfältigerer Schnitt nötig.

REGELMÄSSIGE PFLEGE UND VERMEHRUNG

Von Spätfrühling bis Hochsommer hält man das Beet mit reichlich Wasser feucht, am besten eignet sich Regenwasser wegen des niedrigen pH-Wertes. Alle drei Jahre bringt man nach dem Schnitt eine 2,5 cm dicke Schicht aus grobem, kalkfreiem Sand auf, damit die Sprosse bewurzeln und die Pflanze gut gedeiht. Der pH-Wert sollte so niedrig sein wie bei Heidelbeeren. Die Triebe von Moosbeeren bewurzeln bei Bodenkontakt leicht und lassen sich dann von der Pflanze abnehmen und neu pflanzen.

Das Moosbeerenbeet

Den Boden hebt man etwa einen Spaten tief und 1 m im Quadrat groß aus. Die Grube wird mit dünnem Kunststoffnetz ausgelegt, um den Wasserstand hoch zu halten, doch überschüssiges Wasser muss abfließen können. Ist der Boden besonders schwer und undurchlässig, hebt man die Grube 30 cm tief aus und verlegt ein Dränagerohr, das in einen Graben mündet. Das Rohr wird mit einer 8–10 cm dicken und kalkfreien Kies- oder Splittschicht abgedeckt. Darüber kommt feines Kunststoffnetz, damit der Oberboden nicht den Wasserabfluss verstopft. Die Grube füllt man mit einer Mischung aus zwei Teilen torffreier Moorbeeterde und einem Teil Erde auf (keine schwere oder alkalische Gartenerde verwenden). Als Alternative eignen sich reine torffreie Moorbeeterde oder ein anderes leichtes Substrat mit niedrigem pH-Wert. Zum Schluss bringt man eine 2,5 cm dicke, kalkfreie Sandschicht auf, um das Beet feucht zu halten und um Unkrautaufwuchs zu unterbinden. Die Mulchschicht fördert auch die Wurzelbildung. Regelmäßig muss man mit Regenwasser gießen.

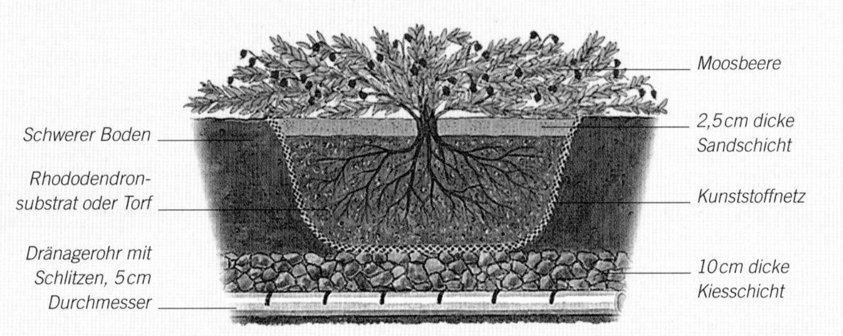

MOOSBEEREN ERNTEN

Die ersten Moosbeeren reifen im Spätsommer, besser jedoch wartet man, bis fast alle Früchte reif sind. Der Ertrag kann 0,5–0,75 kg/m² erreichen. Die Früchte werden einzeln gepflückt oder man durchkämmt mit den Fingern die Zweige. Moosbeeren lassen sich trocken bei Zimmertemperatur bis zu drei Wochen lagern, im Kühlschrank halten sie sich bei 2–4 °C bis zu drei Monate. Man kann sie auch einfrieren.

HÄUFIGE PROBLEME

Bei Moosbeeren treten kaum Probleme auf, außer Chlorose *(siehe S. 253)* in alkalischem Boden und Vogelfraß *(S. 263)*.

EMPFEHLENSWERTE SORTEN

'Early Black' *Früh. Dunkle schwarz-rote Früchte.*

'Searles' *Reift ab Mitte September. Tiefrote, sehr große, glanzlose Beeren. Auslese aus den USA, hat sich bestens bewährt.*

WEIN

Planung

Trauben *(Vitis vinifera)* werden seit Tausenden von Jahren wegen ihrer süßen Früchte und zur Weinherstellung kultiviert. In kühlerem Klima sind sie im Freiland weniger zuverlässig, die richtigen Sorten können jedoch unter günstigen Bedingungen bis in Höhenlagen von 400 m erfolgreich kultiviert werden. Trauben gedeihen am besten in Regionen mit einem warmen, frostfreien und eher trockenem Klima in Frühjahr, Spätsommer und im Herbst.

Wein lässt sich leicht aus Steckhölzern vermehren und auf eigenen Wurzeln kultivieren. Innerhalb der Weinanbaugebiete ist zum Schutz vor der Reblaus die Kultur gepfropfter Weinreben auf resistenten Unterlagen gesetzlich vorgeschrieben *(siehe unten)*.

Wein unter Glas
Viele Gewächshäuser und Wintergärten eignen sich für die Weinkultur, wenn sie gut belüftet sind. In einem kleinen Wintergarten lassen sich Reben als Kordon am First entlangziehen, im großen Gewächshaus können sie von den Seiten bis zum First hochwachsen. Für beide Methoden wird ein Gerüst aus Pfosten und Drähten gebraucht, um die Fruchtruten zu stützen (siehe S. 228–229).

WEIN IM GARTEN

Die Weinrebe ist eine wüchsige Kletterpflanze, die an einjährigen Trieben fruchtet und jedes Jahr sorgfältig geschnitten werden muss. Wegen ihrer Wuchskraft tritt beim Schnitt während der Wachstumsphase reichlich Saft aus. Daher werden alle wichtigen Schnittarbeiten während der Ruhezeit im ausgehenden Winter ausgeführt. Früchte bilden sich nur an den Trieben, die aus den Knospen des Vorjahrestriebes wachsen, deshalb ist ein regelmäßiger Schnitt unerlässlich. Man kennt mehrere gute Erziehungsmethoden, davon eignen sich Kordon, Hochstamm und Flachbogen besonders für die Kultur im Garten oder Gewächshaus.

EIN- UND MEHRFACHE KORDONS

Der Kordon oder Schnurbaum ist eine der vielseitigsten Erziehungsformen für Wein und wird häufig unter Glas angewandt. Er eignet sich auch für Rebstöcke an Wänden, Zäunen und Pergolen oder in Reihen an frei stehenden Drahtgerüsten.

Ein einfacher Kordon *(siehe S. 228)* besteht aus einem dauerhaften Stamm, der eine Reihe fruchtender Seitentriebe in etwa 20–30 Abstand bildet und von waagerechten Drähten gestützt wird. Der Stamm kann so lang sein, wie er Platz findet, üblich sind 2–4 m. Ein einfacher Kordon wird unter Glas senkrecht oder schräg erzogen, im Freien auch erst senkrecht und dann waagerecht an einer Pergola. Mehrfache Kordons *(siehe S. 229)* bestehen aus zwei (U-Form) oder mehreren senkrechten Stämmen in 1–1,2 m Abstand, die sich aus zwei waagerechten Armen erheben. Von den Stämmen können mehrere waagerechte Zweige im Abstand von etwa 60 cm abzweigen.

DAS FLACHBOGEN-SYSTEM

Bei diesem im Weinbau sehr gebräuchlichen System *(siehe S. 232)* werden die fruchtenden Arme jedes Jahr ersetzt. Ein einfacher Flachbogen hat einen Arm, ein doppelter zwei. Einfache Flachbogen sollten etwa 1 m, doppelte etwa 1,5 m auseinanderstehen. Sie werden an Drahtgerüsten erzogen.

REBEN ALS HOCHSTAMM

Als Hochstamm erzogene Reben haben einen klaren, hohen Stamm, der gut gestützt werden muss, und eine Gruppe Fruchtspieße an der Spitze *(siehe S. 230)*. Sie eignen sich für die Topfkultur und unter Glas, wenn der Platz für einen Kordon nicht reicht.

UNTERLAGEN

In den großen Weinbauregionen wird der Echte Weinstock *(Vitis vinifera)* stets auf Unterlagen amerikanischer Herkunft wie *V. labrusca* veredelt, die gegen die Reblaus *(siehe S. 233)* resistent sind.

Nur außerhalb der Weinanbaugebiete darf von Gesetzes wegen *V. vinifera* auf eigener Wurzel kultiviert werden. Die Unterlage ist passend zum Bodentyp auszuwählen: Für einen tiefgründigen, nährstoffreichen, kalkarmen Boden eignen sich (Kober) 125 AA sowie (Teleki) 5 C und SO (Selektion Oppenheimer) 4; für einen tiefen, nährstoffreichen Kalkboden 5 BB, 125 AA, 5 C und SO 4; für einen flachgründigen, mageren, steinigen, trockenen Boden (Kober) 5 BB und 125 AA; bei schwerem Ton 5 BB, 125 AA und SO 4; bei schwerem, kalkreichem Ton oder Kreide SO 4.

WEIN UNTER GLAS

In kühleren Regionen lassen sich Tafeltrauben unter Glas, im Gewächshaus oder im Wintergarten ziehen. In rauen Lagen und bei spät reifenden Sorten ist im Frühjahr und manchmal im Herbst zusätzliche Wärme nötig *(siehe S. 44)*. Reben unter Glas werden meist als Kordons erzogen, bei wenig Platz ist auch ein Hochstamm im Kübel möglich. Um gut zu tragen, braucht Wein eine Kühlperiode im Winter: Wird er in einem durchgehend beheizten Gewächshaus oder Wintergarten kultiviert, muss er in ein Gefäß umgesetzt und für einige Wochen ins Freie gestellt werden.

PFLANZUNG UNTER GLAS

Weinstöcke können im Gewächshaus von Frühherbst bis zum zeitigen Frühjahr gepflanzt werden. Pflanzt man die Wurzeln im Freien ein und führt die Reben ins Gewächshaus hinein, ist das Gießen und Düngen leichter. Pflanzen im überdeckten Grundbeet treiben jedoch früher aus, da sich der Boden früher erwärmt; sie brauchen aber gut vorbereiteten Boden mit reichlich Kompost und müssen regelmäßig gegossen werden. Mit der Zeit breiten sich die Wurzeln ins Freie aus.

EINFACHER KORDON

Dafür wird ein Gerüst aus straff gespannten, waagerechten Drähten in 20–30 cm Abstand benötigt *(siehe S. 162, S. 231)*. Der Formschnitt *(siehe unten)* ist

Formschnitt beim einfachen Kordon

1 Herbstmitte im 1. Jahr: Bei einem kräftigen, gesunden Weinstock wird nach dem Pflanzen der Leittrieb auf ein kräftiges Auge an reifem Holz, etwa 30 cm über dem Boden, gekürzt. Die Gartenschere muss scharf sein.

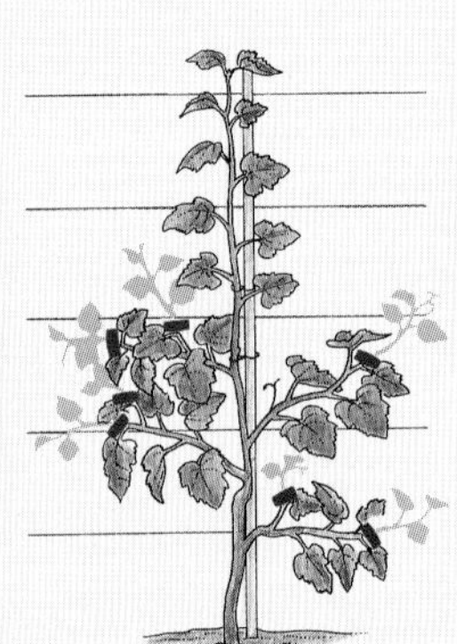

Seitentriebe pinzieren

2 Sommer im 1. Jahr: Den neuen Leittrieb bindet man an ein Bambusrohr und lässt ihn wachsen. Die stärksten Seitentriebe auf fünf bis sechs Blätter zurücknehmen. Alle Seitentriebe zweiter Ordnung bis zum ersten Blattansatz pinzieren.

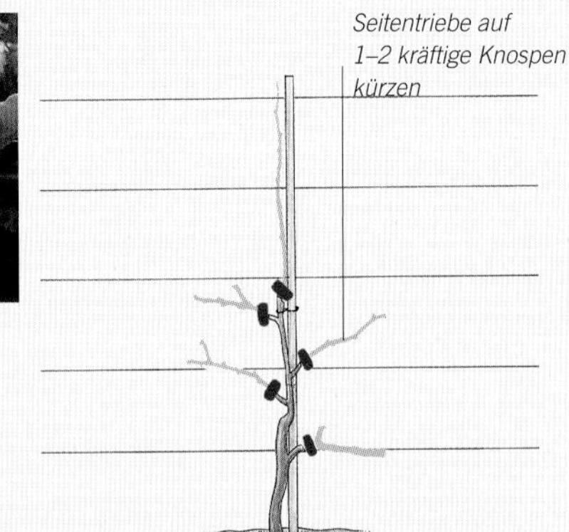

3 Winter im 2. Jahr: Nach dem Blattfall den Neuaustrieb des Leittriebs um die Hälfte bis zwei Drittel kürzen, sodass nur reifes, braunes Holz stehen bleibt. Alle Seitentriebe auf ein bis zwei kräftige Knospen kürzen (Zapfenschnitt).

4 Sommer im 2. Jahr: Den Leittrieb aufbinden, die Seitentriebe auf fünf bis sechs Blätter, Seitentriebe zweiter Ordnung auf ein Blatt kürzen. Alle Blütenstände (Gescheine) entfernen, nur bei sehr wüchsigen Reben darf sich einer zur Traube entwickeln.

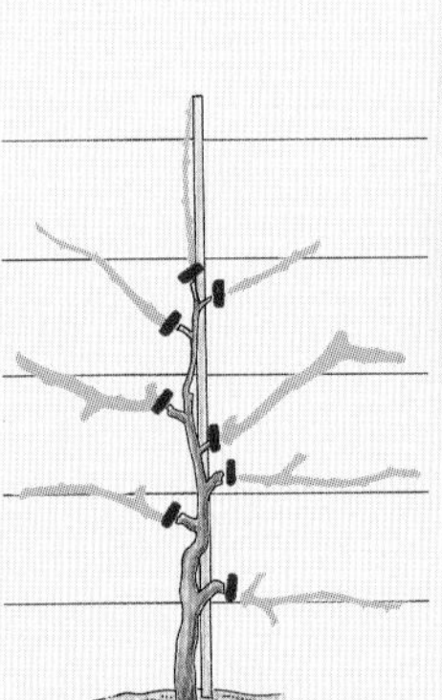

Alle Seitentriebe sorgfältig auf 1–2 kräftige Seitentriebe kürzen

5 Winter im 3. Jahr: Wie im vorhergehenden Winter den Leittrieb auf reifes Holz, die Seitentriebe auf ein bis zwei kräftig wirkende Augen zurückschneiden. Am Leittrieb sollte das Auge dem Schnittpunkt des Vorjahres gegenüberliegen.

6 Frühjahr im 3. Jahr: An jedem Fruchttrieb, dem Ansatzpunkt der Seitentriebe am Stamm, sollten drei bis vier neue Triebe wachsen, die man auf ein bis zwei kräftige Triebe ausdünnt. Der zweite dient als Ersatz, falls sich der erste nicht entwickelt.

erst nach einigen Jahren abgeschlossen, doch der Aufwand lohnt sich. Nach dem dritten Jahr wiederholt sich der Schnittzyklus, bis der Weinstock die gewünschte Länge erreicht hat. Dann wird die Zahl der Blütenstände, die sich zu Trauben entwickeln, langsam erhöht, bis eine Traube pro Fruchtspieß wächst.

MEHRFACHER KORDON

Im ersten Sommer wird eine kräftige, gesunde Rebe wie für einen einfachen Kordon aufgebunden *(siehe gegenüber)*. Früh im ersten Winter schneidet man den Stamm auf ein Auge in etwa 35–45 cm Höhe über dem Boden zurück. Im folgenden Sommer wählt man auf jeder Seite einen Trieb aus und bindet ihn im Winkel von 45 Grad an Bambusrohre. Zur Herbstmitte wird diese in die Waagerechte gebracht und etwa 60 cm vom Stamm entfernt auf ein Auge geschnitten. Für eine U-Form bindet man im folgenden Sommer die Endtriebe wie beim einfachen Kordon an. Man kürzt die Seitentriebe am waagerechten Stamm auf fünf Blätter, damit sich Fruchtholz bildet. Für einen größeren mehrfachen Kordon wird der äußerste Trieb im Winkel von 45 Grad und der benachbarte senkrecht erzogen. Dieser Vorgang wird wiederholt, bis die gewünschte Anzahl an Armen angelegt ist. Die Arme selbst werden wie beim einfachen Kordon weiter erzogen.

PFLEGE EINES MEHRFACHEN KORDONS

Der Schnitt erfolgt wie beim einfachen Kordon *(siehe unten)*, sodass die Ruten 1–1,2 m Abstand haben. Die waagerechten Arme sollten 50–60 cm weit auseinanderstehen. Durch Herunterbiegen der Sprosse wird die Bildung neuer Triebe angeregt *(unten)*.

Schnitt eines älteren einfachen Kordons

1 Im Sommer werden ein Seitentrieb pro Kurztrieb und ein Ersatztrieb ausgewählt, alle anderen werden entfernt. Seitentriebe kürzt man auf fünf bis sechs Blätter über einem Blütenstand, sodass eine Traube pro Seitentrieb verbleibt. Weitere Verzweigungen auf ein Blatt kürzen und weitere Blütenstände auszwicken.

2 Im Winter werden die Seitentriebe auf zwei Augen gekürzt. Zu langes Fruchtholz wird auf den Ersatztrieb zurückgenommen; die Fruchtruten sollten 25–30 cm Abstand haben. Zu dichtes und zu langes Fruchtholz mit der Baumsäge ausdünnen.

Im zeitigen Frühjahr wird der Leittrieb auf ein Auge unter dem höchsten Spanndraht gekürzt; er wird losgebunden, vorsichtig in die Waagerechte gebogen und an einem Draht fixiert. Dies fördert die Triebbildung im unteren Teil des Hauptstamms. Wenn sich die Knospen öffnen, den Leittrieb wieder senkrecht aufbinden.

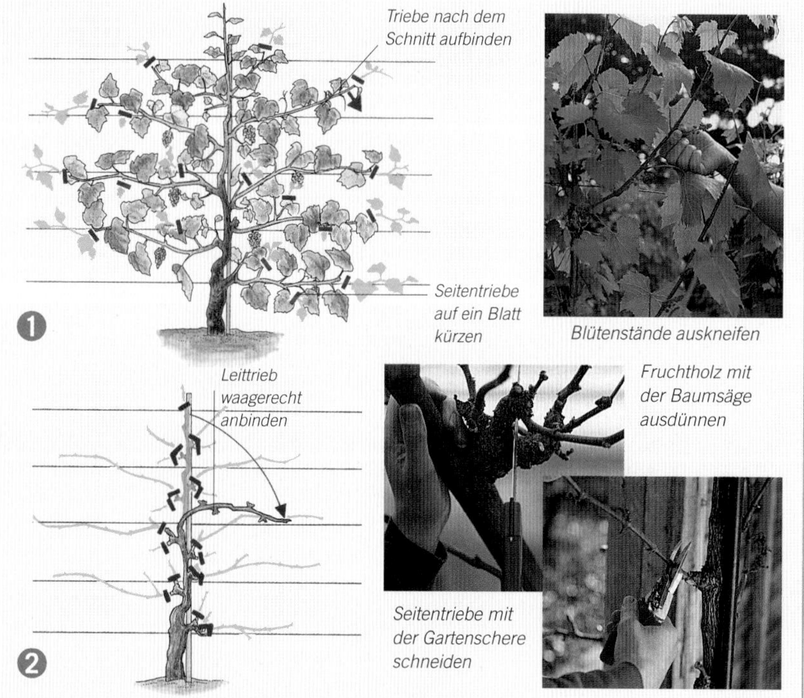

Schnitt eines älteren mehrfachen Kordons

1 Damit sich neue Triebe bilden, werden die Arme im zeitigen Frühjahr losgebunden und vorsichtig in die Waagerechte gebogen und an die Drähte gebunden. Die Knospen entwickeln sich in regelmäßigen Abständen entlang der Triebe *(siehe kleines Bild)*.

2 Haben sich alle Knospen geöffnet, werden die Sprosse losgebunden und vorsichtig wieder in die Senkrechte gebracht.

Erziehung eines Hochstamms

In den ersten ein bis zwei Jahren können sich die Seitentriebe am Stamm entwickeln. Im dritten Winter werden alle bis auf die oberen Fruchtruten entfernt. Den 1–1,2 m hohen Stamm bindet man an ein Bambusrohr. Fünf bis sechs Seitentriebe belässt man an der Spitze und kürzt sie auf fünf Blätter ein, untergeordnete Triebe werden auf ein Blatt gekürzt. Im ersten Erntejahr sollte sich nur eine Traube entwickeln, danach eine Traube pro Seitentrieb. Im Frühwinter die Seitentriebe auf zwei Augen kürzen.

Altes, zu dichtes Fruchtholz wird ausgedünnt.

Trauben ausdünnen
Haben sich Beerentrauben gebildet, werden die Einzelfrüchte ausgedünnt, damit sie sich groß und saftig entwickeln. Die Traube wird mit einem gegabelten Zweig gestützt, mit einer scharfen, feinen Schere entfernt man gleichmäßig verteilt etwa ein Drittel der Beeren, von oben nach unten.

REGELMÄSSIGE PFLEGE VON TRAUBEN UNTER GLAS

Weinreben, die unter Glas wurzeln und in Gefäßen gehalten werden, brauchen zusätzliche Nährstoffe. Sie sollten ab etwa einem Monat nach dem Austrieb bis zum Beginn der Reife einen flüssigen Kalidünger erhalten. Zur Wachstumsförderung gibt man einen ausgewogenen oder stickstoffbetonten Flüssigdünger.

Weinstöcke im Grundbeet des Gewächshauses oder in Gefäßen müssen während des Wachstums regelmäßig gegossen werden. Liegen die Wurzeln jedoch außerhalb des Gewächshauses, brauchen sie kaum zusätzliches Wasser.

Jährlich wird im ausgehenden Winter im Radius von 45 cm um jeden Stamm eine 5–8 cm dicke Mulchschicht aufgebracht aus gut verrottetem Mist, Gartenkompost oder Rinde. Das Mulchmaterial darf den Stamm nicht berühren.

Anfang bis Mitte des Winters sollte man unter loser Rinde prüfen, ob Schädlinge wie Wollläuse *(siehe S. 264)* oder Schildläuse *(siehe S. 261)* vorhanden sind. Falls ja, erhält der Stamm einen Winteranstrich.

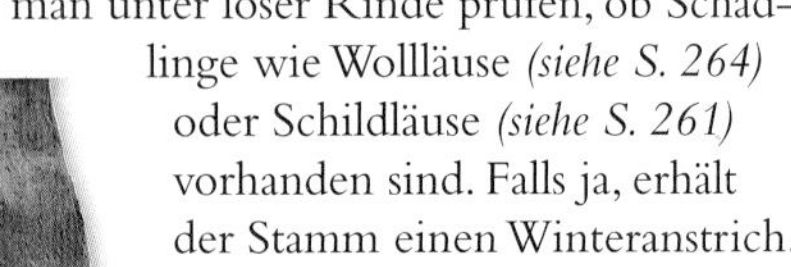

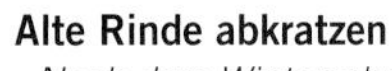

Alte Rinde abkratzen
Nach dem Winterschnitt wird mit einem scharfen Messer ein Großteil der alten, sich lösenden Borke entfernt. Dadurch verringert sich Befall mit Schädlingen, die sich in Rindenritzen verstecken.

TEMPERATURANSPRÜCHE

Die meisten Reben gedeihen in unbeheizten Gewächshäusern oder Wintergärten; in Regionen mit kurzer Wachstumsperiode oder bei spät reifenden Sorten kann jedoch eine Zusatzheizung nötig werden. Vor allem im Spätwinter wirken sich Nachttemperaturen von mindestens 4–7 °C positiv aus. Gründliches Lüften ist wichtig, sobald die Tagestemperaturen etwa 19 °C erreichen.

Wein, der im Topf wächst und in durchgehend beheizten Gewächshäusern oder Wintergärten steht, sollte bei Temperaturen unter 5 °C für vier bis sechs Wochen ins Freie gestellt werden, denn Blüten bilden sich nur nach einer bestimmten Kälteperiode.

BESTÄUBUNG DES WEINS

Manche Reben bilden unter Glas auch ohne Bestäubung Früchte. Den meisten bekommt es jedoch gut, wenn an warmen Tagen während der Blüte die Ruten bewegt werden. Bilden sich nur wenige Früchte, streicht man mit den Händen über die Blütentrauben, um Pollen von den Staubbeuteln auf die Narbe zu bringen. Halten Sie die Luftfeuchtigkeit während der Blüte niedrig und gießen Sie nicht von oben.

TAFELTRAUBEN AUSDÜNNEN

Ausdünnen ist nötig für große Beeren und um die Durchlüftung zum Schutz vor Grauschimmel zu fördern. Man schneidet mit der Schere, wenn die Beeren noch klein sind (*siehe oben*) und stützt die Traube mit einem kurzen, gegabelten Stock: Berührt man die Beeren mit den Fingern, wird die Bereifung beschädigt und es kann Infektionen nach sich ziehen. Zunächst entfernt man alle Beeren, die im Zentrum der Traube zu dicht wachsen, dann die weiter außen liegenden. Der obere Teil der Fruchttrauben sollten für eine gute Balance nicht zu stark ausgedünnt werden.

TAFELTRAUBEN ERNTEN

Tafeltrauben werden vollreif geerntet *(siehe unten)*. Man sollte die empfindlichen Beeren mit einem Stück Zweig als Hebel abnehmen. Nach Möglichkeit werden die reifen Trauben einzeln geerntet, da sie sich nur wenige Tage aufbewahren lassen.

Tafeltrauben ernten
Die Beeren sind reif, wenn ihre Haut durchscheinend wird. Um die Bereifung zu schützen, hält man den Zweig über der Traube fest und schneidet in einem Abstand von 4–5 cm neben dem Ansatz (siehe kleines Bild).

WEIN IM FREIEN

Ein warmer, sonniger Hang oder Zaun ist der günstigste Standort für Wein im Freiland. Rebstöcke vertragen unterschiedlichen Boden, wenn er mindestens 30 cm tief und gut dräniert ist. Sie haben tiefe, ausladende Wurzelsysteme und ertragen daher auch Trockenheit. Der ideale pH-Wert liegt bei 6,5–7. Die Pflanzen neigen bei flachgründigem Oberboden über Kalkgestein zu Kalkchlorose *(siehe Eisenmangel, S. 255)*, was sich mit Kalidünger ausgleichen lässt. Bei der Sortenwahl ist unbedingt die Eignung für die Freilandkultur zu berücksichtigen *(siehe S. 233)*.

Rebstöcke werden während der Ruhezeit zwischen Herbstmitte und zeitigem Frühjahr gepflanzt. Im Container herangezogene Pflanzen werden besser im Spätfrühjahr gekauft und gepflanzt, wenn sie schon austreiben und keine Frostgefahr mehr besteht. Reben lassen sich auch im Freiland als Kordon *(siehe S. 228–229)* oder Flachbogen erziehen.

FLACHBOGEN

Dies ist die am weitesten verbreitete Erziehungsform im Weinbau und eignet sich auch hervorragend für den Garten. Die Reben werden jährlich kräftig geschnitten und als einfache oder doppelte Bogrebe (mit einem oder zwei fruchtenden Armen) erzogen. Das ergibt in der Regel jedes Jahr hochwertige Fruchtknospen und eine gute Traubenernte. Die Rebstöcke sollten bei einer Bogrebe 1 m, bei einer doppelten 1,5 m weit auseinanderstehen. Will man Weinstöcke in mehreren Reihen pflanzen, richtet man sie von Nord nach Süd aus und setzt sie im Abstand von 1,5–2 m.

DAS GERÜST

Weinstöcke im Flachbogen brauchen ein Gerüst aus Pfosten und 2 mm starkem, verzinktem Draht. Die Pfosten werden im Abstand von 4–5 m gesetzt, je nach Pflanzabstand. Auf 40 cm und 55 cm Höhe wird jeweils ein einzelner Draht angebracht, auf 90 cm, 1,2 m und 1,5 m jeweils ein Doppeldraht. Die Drähte werden mit Spannbolzen an den Endpfosten und mit offenen Haken an den Zwischenpfosten befestigt, damit sie sich beim Winterschnitt leicht entfernen lassen. Die Endpfosten benötigen schräge Stützstreben, wie bei Obstbaumstützen beschrieben *(siehe S. 162–163)*. Reben an Wänden und Zäunen brauchen nur einfache Drähte, da die Triebe zwischen Draht und Wand durchgezogen werden.

ERZIEHUNG IM FLACHBOGEN

Für einen doppelten Flachbogen geht man nach der Anleitung zum Formschnitt auf *S. 232* vor. Eine einzelne Bogrebe wird ebenso erzogen; es werden nur zwei Triebe ausgewählt, von denen sich ein Arm entwickeln darf. Im ersten Erntejahr – das erste Jahr, in dem die Arme aufgebunden werden – belässt man nur eine oder zwei Trauben an jedem Arm, im zweiten Erntejahr zwei oder drei, damit der Rebstock nicht zu sehr belastet wird. Im dritten Jahr können alle Trauben ausreifen.

Ein eingewachsener Flachbogen wird jedes Jahr geschnitten *(siehe S. 232)*. Da bei Stümpfen mit drei Augen das Gerüst mit der Zeit immer höher wird, wählt man von Zeit zu Zeit einen weiter unten liegenden Trieb aus, auf den die Rebe im folgenden Jahr zurückgeschnitten wird.

REGELMÄSSIGE PFLEGE

Im Spätwinter gibt man etwa 70 g/m² Volldünger und 15 g/m² schwefelsaures Kali. In den ersten vier bis fünf Jahren (bei Pflanzen an einer Wand jedes Jahr) bringt man eine 5–8 cm dicke Mulchschicht aus gut verrottetem Mist, Gartenkompost oder Rinde im Radius von 45 cm aus. Sie darf den Stamm nicht berühren. Ältere Rebstöcke brauchen kaum Wasser, neu gepflanzte müssen bei Trockenheit im Frühjahr und Sommer gegossen werden. Die Blätter sollten im Spätsommer ausgedünnt werden *(siehe unten)*.

WEINTRAUBEN ERNTEN

Für die Weinherstellung müssen die Trauben möglichst viel Zucker enthalten. Der Zuckergehalt wird dabei mit Spezialinstrumenten festgestellt, aber ganz einfach kann man selbst schmecken, ob die Trauben reif und süß genug sind. Weiße Trauben werden meist durchscheinend und gelblich, wenn sie reif sind. Der Stiel der Traube wird am Ansatz geschnitten. Die Trauben sollte man frisch essen, sie halten sich jedoch für kurze Zeit an einem kühlen Ort.

Blätter ausdünnen
Im Spätsommer, wenn die Früchte reifen (hier die blaue 'Rondo'), werden die Blätter ausgedünnt, damit Sonnenlicht zu den Früchten gelangt. Mit der scharfen Gartenschere entfernt man alle Schatten werfenden Blätter am Ansatz. Bei der Arbeit die Beeren nicht berühren.

Formschnitt beim Flachbogen (zwei Bogreben)

1 Bei der Pflanzung im Winter wird ein Stützpfahl angebracht, an dem man die waagerecht gespannten Drähte befestigt. Die Rebe auf zwei Augen 15 cm über dem Boden einkürzen.

2 Sommer im 1. Jahr: Den Leittrieb bindet man mit Bast an den Pfahl. Seitentriebe kürzt man auf fünf Blätter, kräftige, aufrechte und niedrig wachsende Triebe werden entfernt.

3 Winter im 2. Jahr: Den Leittrieb kürzt man über drei kräftigen Augen unter dem niedrigsten Draht.

4 Frühjahr und Sommer im 2. Jahr: Man wählt drei kräftige Triebe aus und zieht sie am Pfahl in der Mitte hoch *(rechts)*. Die Seitentriebe der drei Haupttriebe schiebt man zwischen die Doppeldrähte, sodass sie waagerecht wachsen. Den Sommer über werden alle weiteren Triebe an der Basis der Pflanze entfernt.

5 Winter im 3. Jahr: Zwei der drei Seitentriebe bindet man in einem flachen Bogen rechts und links an die unteren Drähte. Bricht einer ab, dient der dritte als Ersatz, wenn nicht, wird er auf drei oder vier gute Augen gekürzt *(ganz rechts)*.

6 Sommer im 3. Jahr: Die Seitentriebe der Arme werden senkrecht durch die Doppeldrähte gefädelt. Die Spitzen kappt man, wenn sie oben angekommen sind; alle ihre Seitentriebe werden auf ein Blatt gekürzt. Drei Triebe lässt man aus dem mittleren Stumpf wachsen und kürzt ihre Seitentriebe (Fruchtarme des nächsten Jahres).

7 Winter im 4. Jahr: Die Arme losbinden und abschneiden. Wie bei Schritt 5 zwei der mittleren Triebe in die Waagerechte biegen und an die unteren Drähte binden. Wird der dritte nicht gebraucht, auf drei oder vier Knospen kürzen.

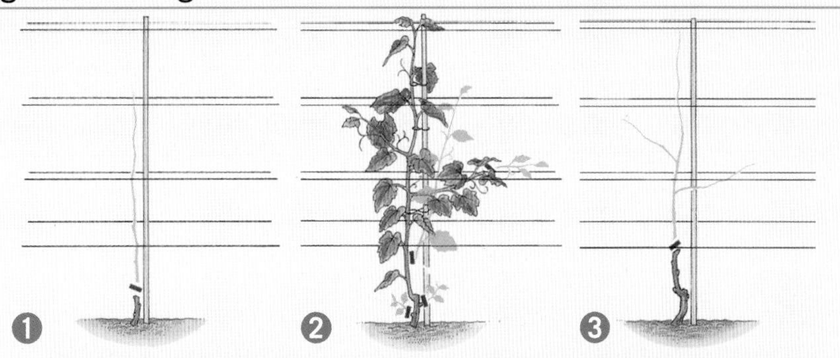

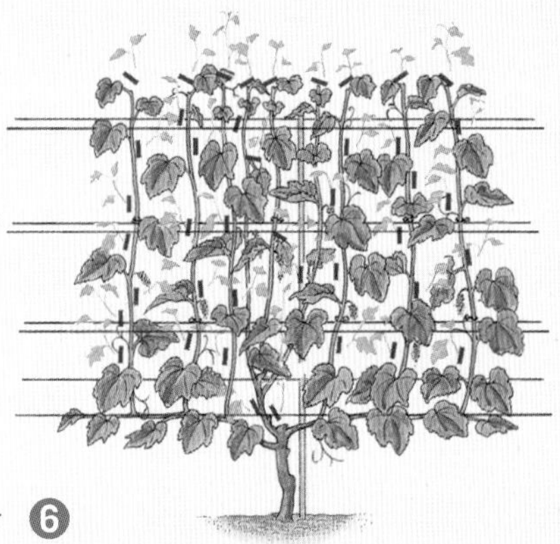

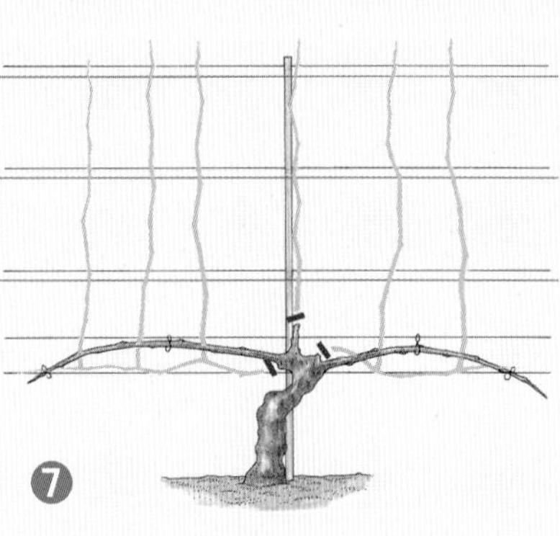

Schnitt eines ausgewachsenen Flachbogens

Im Sommer leitet man wie bei Schritt 6 gleichmäßig platzierte, fruchtende Seitentriebe von den Armen nach oben und schiebt sie zwischen die Doppeldrähte. Man lässt drei kräftige Triebe auf dem mittleren Stumpf stehen. Die Blüten an diesen Trieben werden entfernt. Bei Bedarf werden alle senkrechten Triebe 10–15 cm über dem höchsten Draht gekappt und alle ihre Seitentriebe auf ein Blatt gekürzt. Alle Triebe am eigentlichen Stamm werden entfernt. Im Frühwinter schneidet man wie bei Schritt 7 die abgetragenen Fruchtarme weg und bindet die Ersatztriebe auf.

Seitentriebe der Ersatztriebe werden entfernt

Sommerschnitt an Triebspitzen und Seitentrieben

EMPFEHLENSWERTE TAFELTRAUBEN

Früher verwendete man als Hausreben vorwiegend die Sorten der Weinrebe wie 'Dornfelder', 'Roter Gutedel', 'Weißer Gutedel' oder 'Königin der Weingärten'. Alle sind anfällig für die gefürchteten Rebkrankheiten Echter und Falscher Mehltau. Somit wurden die Pflanzen ohne regelmäßige Fungizidspritzungen stets geschwächt und wirkten wenig dekorativ, wogegen 14-tägige Spritzungen im Hausgarten alles andere als wünschenswert erscheinen. Da für den Hobbyanbau heute nur noch die neuen pilzresistenten Sorten empfohlen werden, haben diese Pilzkrankheiten ihren Schrecken verloren. Aufgrund der intensiven Züchtungsarbeit auf diesem Gebiet stehen inzwischen mehrere auch geschmacklich sehr ansprechende Sorten zur Verfügung. Alle genannten sind gut bis sehr gut frosthart und weisen eine gute bis sehr gute Pilzfestigkeit auf.

Weiße Trauben

'Birstaler Muskat' *Früh. Sehr süße Trauben mit Muskataroma. Kräftiger, aufrechter Wuchs. Robust, gute Frosthärte.*

'Fanny' *Mittelspät. Sehr große, runde Beeren mit fruchtigem, säurebetontem Aroma, Kerne kaum störend.*

'Garant' *Mittelfrüh. Große Beeren mit angenehmem Muskatgeschmack. Sehr stark wachsend.*

'Lakemont' ('New York') *Mittel. Kleinere, kernlose Beeren, mild im Geschmack, feines Fruchtaroma.*

'Palatina' *Früh. Sehr guter Geschmack mit würzigem Muskatton. Starker, aufrechter Wuchs. Winterfrosthärte wird etwas geringer bewertet.*

'Pölöskei Muskotaly' *Mittelspät. Große, runde Beeren in sehr großen, lockeren Trauben. Dezentes Muskataroma.*

Blaue Trauben

'Galanth' *Früh. Große, feste, süße Beeren, lockere, gleichmäßige Trauben. Dunkelgrünes Laub.*

'Muscat bleu' *Früh. Sehr große, ovale Beeren mit hervorragendem Muskataroma. Schön färbendes Herbstlaub.*

'Venus' *Mittelfrüh. Dicke, fleischige Beeren, große, lockere, gleichmäßige Trauben. Sehr große Blätter.*

'Osella' *Sehr früh. Große, knackige, süße Beeren in lockeren Trauben. Kräftiger Wuchs, dekorative Blätter.*

Rote Trauben

'Decora' *Mittelgroße Beeren mit feinem Bukett. Wächst aufrecht und hat sehr schönes Laub.*

'Ganita' *Sehr früh. Mittelgroße, fein bukettierte Beeren in sehr großen Trauben. Lange Erntefähigkeit.*

'Rosetta' *Mittel. Mittelgroße, verhalten bukettierte Beeren in mittelgroßen, kompakten Trauben.*

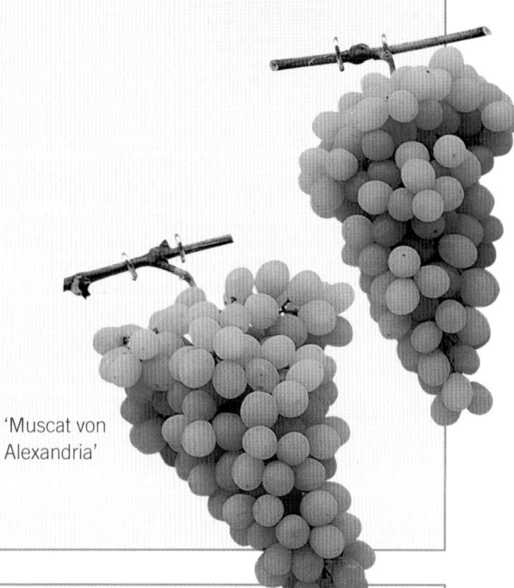

'Muscat von Alexandria'

HÄUFIGE PROBLEME

Reben leiden unter verschiedenen Problemen. Zwar erweisen sie sich in kühleren Regionen als weniger anfällig für Schädlinge (abgesehen von Vögeln), sind dann aber durch Krankheiten und Wachstumsstörungen bedroht. Reben unter Glas sind anfälliger für alle möglichen Probleme. Genaueres finden Sie unter Pflanzenprobleme, *S. 246–262.*

Schädlinge

Dickmaulrüssler *Die erwachsenen Käfer fressen an Blättern, die im Boden lebenden Raupen richten gefährlichen Schaden an Wurzeln an (*siehe S. 253*).*

Reblaus *Dieser Schädling verursachte im Weinbau schon großen Schaden. Er frisst an den Wurzeln und schwächt den Wuchs der Pflanze. Daher dürfen in Weinanbaugebieten von Gesetzes wegen nur auf resistente Sorten gepfropfte Reben gepflanzt werden.*

Schildlaus *Sie tritt meist nur unter Glas auf, auch an Reben vor einer Wand* (siehe S. 261).

Spinnmilbe *»Rote Spinnen« treten häufig unter Glas auf, im Freien eher selten* (siehe S. 260).

Traubenwickler *Die erste Larvengeneration des Jahres frisst an den Blütenständen (Heuwurm), die zweite an den Beeren (Sauerwurm). Die Gespinste der Larven sind mit Zernagtem durchsetzt.*

Wollläuse *Sie werden nur unter Glas gefährlich* (siehe S. 264).

Vögel *Wenn die Früchte reifen, schützt man Reben im Freien und die Öffnungen von Gewächshäusern mit Netzen.*

Wespen *Sie befallen früh reifende Sorten. Man kann Fallen einsetzen oder Früchte mit Musselintaschen oder Nylonstrümpfen schützen* (siehe S. 263).

Krankheiten

Echter Mehltau *Betroffen sind Blätter und Früchte im Freien und unter Glas* (siehe S. 253). *Es gibt widerstandfähige Sorten* (oben).

Falscher Mehltau *In kühleren Regionen tritt er seltener auf* (siehe S. 254).

Grauschimmel *Häufiges Problem im Freien wie unter Glas, regelmäßiges Schneiden und Ausdünnen dient der Vorbeugung* (siehe S. 255).

Wurzelfäule *Sie wird hervorgerufen durch die pilzlichen Erreger Hallimasch* (siehe S. 255) *und Phytophthora* (siehe S. 261).

Kulturfehler

Magnesiummangel *Tritt im Freien und unter Glas auf und ist leicht zu beheben* (siehe S. 258).

Ödeme *Befallen Reben unter Glas, wenn die Wurzeln durch Staunässe, Trockenheit, zu kleinem Wurzelraum oder zu hohem Ertrag geschwächt sind. Rechtzeitig einige Trauben entfernen und Wurzelprobleme lösen* (siehe S. 259).

Verbrennungen *Trauben und Blätter verbrennen im Gewächshaus in der Nähe des Glases, wenn sie nicht genügend Luft bekommen. Betroffene Teile entfernen und Durchlüftung verbessern* (siehe S. 263).

EXOTISCHE FRÜCHTE

Einige exotische Früchte eignen sich auch in Mitteleuropa für den Anbau im Gewächshaus. Die meisten brauchen Wärme und im Sommer viele Stunden Sonne, um gut zu fruchten und auszureifen. Doch bei sorgfältiger Pflege tragen sie auch bei uns im Wintergarten oder Gewächshaus. Wirtschaftlich lohnt sich der Anbau unter diesen Bedingungen nicht, doch insbesondere Zitrus- und Passionsfrüchte sind dekorative Zierpflanzen, die zudem essbare Früchte liefern. Die folgenden Tipps tragen zum Erfolg dabei, exotische Früchte zu kultivieren.

Zitrusfrüchte

Citrus-Arten

Viele Zitrusgewächse werden wegen ihrer Früchte kultiviert: Orangen, Grapefruit, Zitronen und Limetten, Kalamondinorangen (× *Citrofortunella mitis*) und Kumquats (*Fortunella japonica* und *F. margarita*). Die immergrünen Gehölze werden frei wachsend 3–10 m hoch und 5–8 m breit; sie müssen daher unter Glas kräftig zurückgeschnitten werden. In warmem Klima erscheinen Blüten und Früchte das ganze Jahr über, oft sogar gleichzeitig.

Die meisten kultivierten Zitrusgewächse sind veredelt, und die Unterlage bestimmt das Wachstum und wie stark man schneiden muss. Allgemein eignen sich schwach wachsende Unterlagen besser für die Kultur unter Glas.

Die *Citrus*-Arten überstehen Temperaturen um 0 °C, tragen aber nur in frostfreiem Klima bei heißen Sommern und einem durchschnittlichen Winterminimum um 15 °C gut. In Mitteleuropa können sie im frostfreien Gewächshaus oder Wintergarten stehen. Zitrusbäume gehen bei 13 °C in Ruhe über und brauchen nach der Blüte sechs Monate lang Temperaturen von mindestens 14 °C. Die Früchte reifen neun bis elf Monate nach der Bestäubung. Die meisten sind selbstfertil, sodass kein Bestäuber gebraucht wird.

■ **Standort** *Citrus*-Arten vertragen unterschiedlichen Boden, bevorzugen aber nährstoffreichen, gut dränierten, leicht sauren Boden (pH-Wert 6–6,5). Man pflanzt im Frühjahr in vorbereitete Beete oder in Gefäße von mindestens 60 cm Durchmesser mit tonhaltigem Substrat. Während der Winterruhe hält man die Pflanzen fast trocken; sobald die Temperaturen im Frühjahr steigen, wird wieder gegossen, damit sich Blüten bilden. Für volles Licht und beste Belüftung sorgen. Die Temperatur muss mindestens 14 °C nach der Blüte betragen; im Sommer darf sie auf 20–25 °C bei 75 % Luftfeuchte ansteigen. Je höher die Temperatur, desto aromatischer die Früchte. Bei Kälte und Zugluft fallen die Früchte ab.

■ **Schnittmaßnahmen** Zitrusgewächse lassen sich als Hochstamm ziehen *(siehe unten)*, was besonders für die Topfkultur ideal ist. Geschnitten wird zwischen Februar und März. Für die Erziehung als Busch wählt man drei oder vier Triebe über dem 50 cm hohen Stamm aus, um das Gerüst zu bilden. Diese werden um ein Drittel gekürzt, damit sie sich verzweigen.

In den nächsten drei bis vier Jahren werden diese Triebe und alle kräftigen Seitentriebe weiter gestutzt, um eine gleichmäßig buschige Form zu erhalten. Die Früchte werden in der Jugendphase des Baumes ausgedünnt. Ein entwickelter Baum wird möglichst wenig geschnitten: Überlange oder durch Kälte geschädigte Triebe werden entfernt, ebenso tote, kranke und sich kreuzende Zweige, damit die Krone kompakt, aber offen bleibt.

■ **Pflege** Gut gießen und während des Wachstums monatlich stickstoffreichen, mäßig kalihaltigen Flüssigdünger geben, der auch Spurenelemente enthält. Die Bäume nicht austrocknen lassen, da sonst die Früchte abfallen. Schösslinge aus der Unterlage am Ansatzpunkt abschneiden. Kübelpflanzen jedes dritte oder vierte Jahr im zeitigen Frühjahr umtopfen.

■ **Ernte und Lagerung** Ein Baum trägt pro Jahr etwa ein Dutzend Früchte. Diese lässt man ausreifen und schneidet sie mit der Schere an einem kurzen Stiel ab. Unbeschädigte Früchte halten sich bei 4–6 °C und guter Belüftung mehrere Wochen.

■ **Vermehrung** Für benannte Sorten ist das Okulieren die übliche Vermehrungsmethode. Sie ähnelt der Chip-Veredlung *(siehe S. 154)*, doch anstelle eines »Chips« wird ein Auge auf die Unterlage gepfropft. Die Rinde der Unterlage wird etwa 25 cm über dem Boden T-förmig eingeschnitten. Man entnimmt mit leicht gewölbter Schnittführung ein Auge der gewünschten Sorte aus einem reifen neuen Trieb. Das Auge schiebt man in den Einschnitt und verbindet die Stelle mit Kunststoffband, damit sie nicht austrocknet. Das Band nach vier bis sechs Wochen entfernen. Wenn der

Erziehung eines Hochstamms

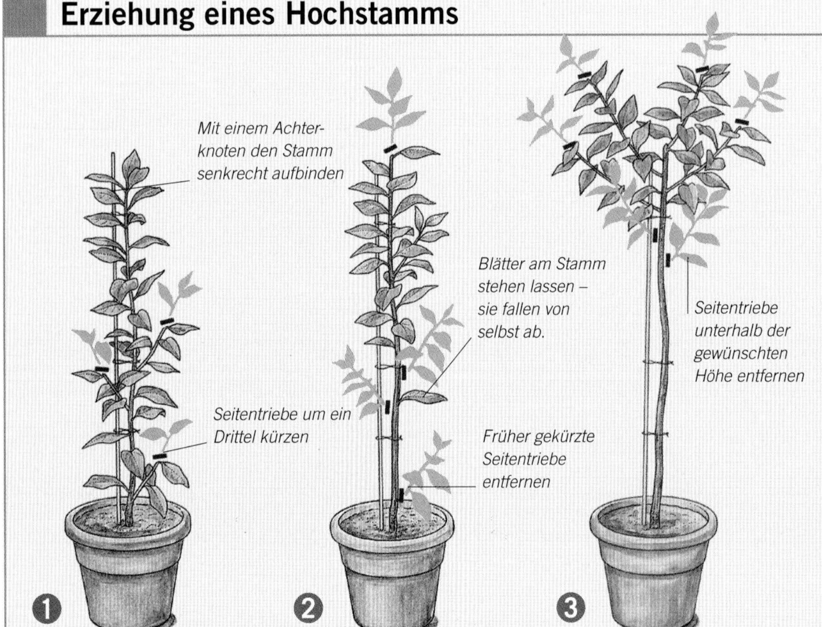

1 Beim Einpflanzen den Hauptstamm senkrecht aufbinden, alle Seitentriebe um ein Drittel kürzen.

2 Den Hauptstamm auf die gewünschte Stammlänge in der Höhe einer gesunden Knospe zurückschneiden. Neue Seitentriebe nicht kürzen, da sie den Stamm verstärken, aber alle Seitentriebe entfernen, die im vergangenen Jahr gekürzt wurden.

3 Haben sich drei oder vier gut platzierte Seitentriebe über der gewünschten Stammhöhe entwickelt, werden alle Triebe darunter entfernt. Die verbleibenden Triebe beim dritten oder vierten Blatt einkürzen. In den folgenden Jahren wie oben beschrieben schneiden, um eine runde Form zu erhalten.

gepfropfte Trieb 3 cm lang ist, werden darüber die Triebe der Unterlage gekappt.

Citrus-Arten lassen sich sogar aus Samen anziehen. Bei vielen entwickeln sich die Nachkommen zwar ähnlich wie die Eltern, doch es kann über sechs Jahre dauern, bis die Pflänzchen Früchte tragen, und möglicherweise sind die Früchte minderwertig. Es lohnt sich eher, benannte Sorten zu kaufen.

■ **Häufige Probleme** Zitrusgewächse werden von Wollläusen *(S. 264)*, Roter Spinne *(S. 260)*, Schildläusen *(S. 261)* und Weißer Fliege *(S. 263)* befallen. Wurzelfäule *(S. 264)*, Wurzelgallennematoden *(S. 264)*, Mittelmeerfruchtfliege *(S. 258)* und Thripse *(S. 262)* werden manchmal lästig. Von Blattläusen übertragene Viren *(S. 252)* bedingen eine geringere Wuchskraft, kleinere Früchte und Narben an den Früchten. Daher gegen Blattläuse spritzen.

■ **Empfehlenswerte Zitrusgewächse**

Citrus aurantium 'Fasciata', Bitterorange, Pomeranze: Dunkelgrünes Laub von Grün auf Gelb, später orangefarben auf Gelb gemaserte Früchte.

C. latifolia, Persische Limette: Besonders kälteverträglich. Süße Frucht.

C. limon 'Lisbon', Zitrone: Mittelgroße Frucht, toleriert Temperaturschwankungen.

C. limon 'Meyeri': Robusteste, kompakteste Zitrone. Kleine, rundliche, saure Frucht.

C. madurensis, Kalamondinorange: Kleine, dekorative Frucht. Gut zum Einkochen.

C. paradisi 'Marsh Seedless', Grapefruit: Reich blühend. Kernlose, weißfleischige Frucht.

C. reticulata 'Clementine', Mandarine: Kompakt. Kleine, süße, saftige Frucht.

C. sinensis 'Washington Navel', Orange: Süße, saftige, kernlose Navelorange.

Fortunella marginata: Ovale, orangefarbene, pflaumengroße Früchte, die man mit der Schale verzehrt.

Kiwi

Actinidia arguta, A. chinensis

Kiwis sind rankende, Laub abwerfende Pflanzen, die bis zu 9 m lange Triebe entwickeln. Sie brauchen ein stabiles Klettergerüst und viel Platz. Kiwis benötigen Temperaturen von 5–25 °C, damit sie gut tragen, sie überstehen aber in der Ruhezeit bis zu –8 °C. Windschutz ist sehr wichtig. Kiwis gedeihen in Mitteleuropa gut an einer Süd- oder Westwand. Es ist selten möglich, sie im Wintergarten zu kultivieren, aber ein eigener Folientunnel oder eine Abspannung bieten in kühleren Regionen Schutz.

■ **Standort** Kiwis wollen tiefgründigen, gut durchlüfteten Boden mit reichlich organischer Substanz und einem pH-Wert von 6–7. Pro Pflanze 50–110 g Volldünger zugeben. Gepflanzt wird im Winter in 4–5 m Abstand an ein stabiles Gerüst mit waagerechten Drähten in 30 cm Abstand. Für die Bestäubung muss eine männliche (nicht fruchtende) mit mehreren (normalerweise vier) weiblichen Pflanzen kombiniert werden.

■ **Schnitt** Kiwis zieht man am besten am Spalier. Nach der Pflanzung bindet man den Leittrieb an einem senkrecht befestigten Bambusrohr auf. Je zwei Triebe werden an jedem waagerechten Draht entlanggeführt; sie ergeben das dauerhafte Astgerüst. Die Spitzen werden pinziert, wenn der Platz ausgefüllt ist. Die Früchte entwickeln sich am einjährigen Holz.

Seitentriebe belässt man in 50 cm Abstand und kürzt sie auf fünf Blätter ein. Diese sollten im folgenden Jahr fruchten. Sommerschnitt *siehe oben*. Etwa alle drei Jahre werden die Seitentriebe auf ruhende Knospen in der Nähe des waagerechten Haupttriebs eingekürzt.

■ **Pflege** Im Frühjahr mulchen und einen Volldünger mit hohem Anteil an Phosphat und Kali geben. Während des Wachstums gut feucht halten.

■ **Ernte und Lagerung** Etwa drei oder vier Jahre nach der Pflanzung sollten sich die ersten Früchte zeigen. Nebeneinander in Kisten lagern. In Frischhaltefolie halten sie sich bei Temperaturen knapp über dem Gefrierpunkt für vier bis sechs Wochen.

■ **Vermehrung** Im Frühjahr etwa 10–15 cm lange Kopfstecklinge von gesunden, nicht verholzten Trieben schneiden. Die Blätter im unteren Drittel entfernen und die Stecklinge in einen von unten beheizten Topf mit Stecklingssubstrat setzen. Haben sich Wurzeln gebildet, werden die Pflänzchen umgetopft, abgehärtet und ausgepflanzt. Im Winter kann man auch 20–30 cm Steckhölzer schneiden, die man in sandiges Substrat steckt. Wenn sich Wurzeln gebildet haben, auspflanzen. Auch die Veredlung durch Okulieren *(siehe Citrus)* oder Geißfußpfropfen *(siehe S. 155)* ist möglich.

■ **Häufige Probleme** Schädlinge oder Krankheiten sind selten.

■ **Empfehlenswerte Sorten**

Actinidia deliciosa

'Bruno': Weiblich. Große, längliche, borstige, dunkelbraune Früchte. Süßer Geschmack.

'Hayward': Weiblich. Große, ovale, blassbraune Früchte, weich behaart. Süßer Geschmack.

'Tomuri': Männlich. Guter Bestäuber.

Actinidia arguta

'Weiki' (»Bayernkiwi«): Besonders frosthart. Kleine, unbehaarte Früchte, die man mit der Schale verzehrt. Hervorragendes Aroma. Fruchtet meist erst ab dem fünften Standjahr.

Sommerschnitt bei Kiwis

Von Mai bis Juni ist auf Seitentriebe zu achten, die am Ansatz Früchte gebildet haben. Mit der Gartenschere kürzt man die Triebe auf fünf Blätter über der Frucht, dabei schneidet man direkt über einem Blatt. So kommen die Assimilate den Früchten zugute. Nach der Ernte die Seitentriebe auf zwei Knospen oberhalb der letzten Frucht kürzen. Dadurch entwickelt sich ein leistungsfähiges Fruchtholzsystem.

Passionsfrucht

Passiflora-Arten

Diese wuchsfreudige Kletterpflanze trägt gelbe oder violette Früchte an diesjährigen Trieben. Gewöhnlich werden die Gelbe Granadilla *(Passiflora edulis* fo. *flavicarpa)* und die Purpurgranadilla *(P. edulis)* ihrer Früchte wegen kultiviert.

Beide brauchen im Winter eine Mindesttemperatur von 10 °C. Während des Wachstums fühlen sich violette Sorten bei über 20 °C am wohlsten, gelbe hingegen erst bei mehr als 24 °C. Beide brauchen eine mäßig feuchte Atmosphäre.

■ **Standort** Passionsfrüchte gedeihen in voller Sonne, etwa im Beet an der Rückwand von Gewächshäusern oder Wintergärten. Sie vertragen jede Art von gut dräniertem Boden, dem gut zersetzte organische Substanz, Sand sowie Volldünger zugegeben wurde.

Für die Topfkultur ist ein humus- und nährstoffreiches Substrat mit Vorratsdünger zu wählen. Die Pflanzgefäße müssen mindestens 35 cm Durchmesser aufweisen.

Purpurgranadilla
Hat ein Trieb getragen, bildet er keine weiteren Früchte mehr und wird daher nach der Ernte auf zwei gesunde Knospen geschnitten.

Als Rankgerüst werden Gitter oder Drähte an einer Wand angebracht. Im Frühjahr auf etwa 3 m Abstand pflanzen.

Eventuell muss von Hand bestäubt werden; es bilden sich wenig Früchte, wenn die Temperaturen unter 16 °C fallen. Um die Produktivität zu erhalten, werden die Pflanzen alle fünf bis sechs Jahre ersetzt.

■ **Schnitt** Zwei Haupttriebe führt man nach oben und dann am Gerüst entlang. Sie bilden jedes Jahr herabhängende Seitentriebe, die Früchte tragen. Diese kürzt man ein, sodass sie nicht auf den Boden hängen. Bilden die Haupttriebe keine Blüten, werden die Spitzen pinziert. Jedes Jahr kürzt man nach der Ernte die herabhängenden Seitentriebe auf etwa 20 cm oder zwei Knospen ein; abgetragene Triebe tragen nicht wieder.

■ **Pflege** Beetpflanzen erhalten ab dem Frühjahr alle drei oder vier Monate Volldünger mit mäßigem bis hohem Stickstoffgehalt. Außerdem Mulchen und gut gießen. Topfpflanzen versorgt man während des Wachstums alle vier Wochen mit Flüssig- oder Volldünger.

■ **Ernte und Lagerung** Die Früchte sind am besten, wenn sie an der Pflanze bleiben, bis sie sich ganz gefärbt haben und leicht runzlig sind. Sie reifen aber auch nach, wenn man sie erntet, sobald sie sich färben. Die Früchte halten sich bei 6–7 °C und 85–90 % Luftfeuchte bis zu 21 Tage lang.

■ **Vermehrung** Für die Samengewinnung lässt man Samen aus reifen Früchten für einige Tage im Fruchtfleisch vergären; danach waschen und trocknen. Man sät in Anzuchterde aus und bedeckt das Saatgut leicht. Die Keimung erfolgt bei 20–25 °C. Sind die Keimlinge 20–35 cm hoch, werden sie an den endgültigen Platz gepflanzt.

Für die Stecklingsvermehrung schneidet man von Frühjahr bis Frühsommer 15–20 cm lange Stücke weicher oder halbreifer Triebe, die man in Anzuchterde steckt. Man hält die Stecklinge entweder im von unten beheizten Kleingewächshaus, oder aber sie müssen regelmäßig besprüht werden, bis sie bewurzelt haben.

Die Passionsfrucht kann auch durch Chipveredlung (*siehe S. 154*) vermehrt werden.

■ **Häufige Probleme** Passionsfrucht leidet unter Blattläusen (*siehe S. 252*), Fruchtfliegen, Roter Spinne (*S. 260*) und Schildläusen (*S. 261*). Das von Blattläusen übertragene Gurkenmosaikvirus (*siehe S. 256*) lässt die Pflanze verholzen.

■ **Empfohlene Sorten**

'Crackerjack': Reich blühend. Große, aromatische, tiefviolette bis schwarze Früchte.

'Golden Nuggett': Reich blühend, süße, goldgelbe Früchte.

Ananas

Ananas comosus

Die Ananas ist eine mehrjährige Pflanze aus der Familie der Bromeliengewächse. Sie stammt aus den Tropen und braucht daher viel Licht, um Früchte zu bilden, außerdem mäßige Luftfeuchtigkeit und Temperaturen von 18–30 °C. Die Pflanzen fruchten mit etwa drei Jahren. Ananas in Gefäßen sind pflegeleichter, liefern aber kleinere Früchte als Beetpflanzen.

■ **Standort und Pflanzung** Ananas bevorzugen sandigen Lehm mit einem pH-Wert von 5–6,5, kommen aber auch mit anderen Verhältnissen zurecht. Im Frühjahr setzt man die Schösslinge in vorbereitete Beete auf 30 cm Abstand bei 60 cm Reihenabstand oder mit 50 cm Abstand nach allen Seiten. Es eignen sich ebenso Töpfe mit 30 cm Durchmesser und ein sehr humusreiches Substrat.

Ananas brauchen viel Licht, Temperaturen von mindestens 20 °C und etwa 70 % Luftfeuchte. Wärme von unten fördert das Wachstum. Ananas ist sehr empfindlich gegenüber Zugluft. Um im Gewächshaus das richtige Kleinklima für die Pflanze zu schaffen, eignet sich ein »Zelt« aus Kunststofffolie.

■ **Pflege** Regelmäßig gießen, vor allem junge Pflanzen; ein dicker organischer Mulch hält die Feuchtigkeit im Boden. Während des Wachstums alle drei bis vier Wochen stickstoffreichen, mäßig kalihaltigen Flüssigdünger geben.

■ **Ernte und Lagerung** Die Pflanzen tragen jeweils nur eine Frucht. Werden die Früchte gelb, schneidet man den Stamm unter der Frucht ab, sodass ein kleiner Stiel stehen bleibt. Die Früchte halten sich bei 8 °C und 90 % Luftfeuchte etwa drei Wochen lang.

■ **Vermehrung** Dafür schneidet man die Schösslinge in den Blattachseln, am Sprossansatz oder unter der Frucht ab, taucht die Schnittfläche in Holzkohle und lässt sie mehrere Tage trocknen. Die unteren Blätter entfernen und den Schössling zum Bewurzeln bei 18–21 °C in sandiges Substrat stecken. Auch der obere Blattschopf lässt sich als Steckling verwenden. Haben sich Wurzeln gebildet, kommen die Pflänzchen in 15-cm-Töpfe.

Vermehrung aus der Blattrosette
Man trennt die Blattrosette einer reifen Ananas bis 1 cm tief in die Frucht ab und schneidet das untere Fruchtstück zapfenförmig zu. Die Rosette bewurzelt in einem Topf mit Stecklingssubstrat.

■ **Häufige Probleme** Wollläuse (*siehe S. 264*), Wurzelgallennematode (*S. 264*), Schildläuse (*S. 261*), Rote Spinne (*S. 260*), und Thripse (*S. 262*) befallen die Ananas. Bei zu nasser Umgebung tritt Phytophthora-Fäule (*siehe S. 260*) auf.

■ **Empfehlenswerte Sorten**

Zum Vermehren aus der Blattrosette einer gekauften Ananas eignet sich die schnell reifende 'Queen' mit süßem, aromatischem Fleisch; sie wird importiert aus Kenia oder Malaysia. Außerdem kommt 'Smooth Cayenne' aus Hawaii und von den Azoren infrage; sie hat glatte, stachellose Blätter und saftige, sehr aromatische Früchte.

Olive

Olea europea

Oliven sind langsam wachsende, immergrüne Bäume, die unter optimalen Bedingungen 9–12 m hoch und 7–9 m breit werden. Sie gedeihen im Mittelmeerraum bei idealen Temperaturen von 5–25 °C. Die Bäume tragen Jahrzehnte lang, entwickeln oftmals bizarre Wuchsformen und eine knorrige Rinde. Damit sich Früchte bilden und reifen, brauchen die Bäume lange, heiße Sommer und kühle Winter. Sie sind zwar mäßig winterhart, aber auch ältere Bäume leiden, wenn die Temperaturen unter −10 °C fallen.

In Mitteleuropa kann man Oliven in Pflanzgefäßen ziehen, um sie den Winter über ins Haus zu holen. Sie können an sehr begünstigten Plätzen im Freien wachsen und bilden dort in sehr warmen Jahren sogar einige Früchte.

■ **Standort und Pflanzung** Bevorzugt wird ein gut dränierter Standort mit mäßig bis schwach humushaltigem, alkalischem Boden bis pH-Wert 8,5. Ein warmer Standort ist wichtig. Für Windschutz sorgen.

Bewurzelte Stecklinge oder veredelte Pflanzen müssen gut gestützt werden. Ölbäume setzt man auf 7–12 m Abstand. Für die Kultur unter Glas werden Töpfe mit mindestens 30–35 cm Durchmesser benötigt, sowie nährstoffreiches, tonhaltiges Substrat, dem man Depotdünger zumischt.

Oliven werden vom Wind bestäubt, die meisten Sorten sind selbstfertil, im kühleren Klima sind jedoch oft zwei oder mehr Pflanzen nötig, um die Bestäubung zu fördern.

■ **Schnitt** Oliven schneidet man im zeitigen Frühjahr. Der Haupttrieb wird entfernt, wenn er etwa 1,5 m hoch ist. Drei oder vier kräftige Zweige darunter wählt man für das Grundgerüst und hält den Stamm darunter frei von Trieben. Beim regelmäßigen Schnitt werden ältere Äste entfernt, um neue Triebe zu fördern (die Früchte erscheinen an einjährigem Holz) und um die Krone offen zu halten.

Damit Olivenbäume im Topf klein bleiben, werden die Hauptäste jedes Jahr auf einen geeigneten Ersatztrieb zurückgeschnitten.

■ **Pflege** Zwei- bis dreimal im Jahr gibt man einen Volldünger mit mäßigem bis hohem Stickstoffgehalt. Regelmäßig gießen, solange sich der

Baum entwickelt, und mit organischem Material mulchen. Pflanzen in Gefäßen während des Wachstums feucht halten und alle drei bis vier Wochen flüssig düngen.

Topfpflanzen werden erst dann ins Freie gestellt, wenn keine Frostgefahr mehr besteht. Die Temperaturen im Sommer sollten über 21 °C liegen. Oliven können im kalten Gewächshaus trocken überwintern, wenn die Wurzeln vor Frost geschützt werden. Oliven brauchen eine Kälteperiode, um zu blühen.

■ **Ernte und Lagerung** Oliven im Freiland tragen drei bis vier Jahre nach der Pflanzung. Die Erntezeit hängt von der Verwendung der Oliven ab: Oliven zum Fermentieren werden reif, aber noch grün geerntet; durch den Verarbeitungsprozess verliert sich der bittere Geschmack. Tafeloliven werden geerntet, wenn sie schwarz und fest sind, zur Entwässerung in Salz eingelegt und dann in Olivenöl oder Lake aufbewahrt.

■ **Vermehrung** Oliven werden meist aus Sprossabschnitten vermehrt. Im Winter schneidet man etwa 30 cm lange Steckhölzer aus ein- oder zweijährigem Holz. Man taucht sie in Bewurzelungspulver und steckt sie bis zur Mitte in einen Topf mit Anzuchtsubstrat. Bei 13–21 °C dauert die Bewurzelung etwa 30 Tage.

Später wird in größere Töpfe umgepflanzt. 10–15 cm lange, halbweiche Stecklinge können im Sommer geschnitten werden.

Sorten werden auf wüchsige Oliven- oder schwächer wüchsige *Osmanthus*-Unterlagen okuliert *(siehe Zitrusfrüchte, S. 235)*.

■ **Häufige Probleme** Olivenschorf *(siehe S. 251)*, Wurzelgallennematode *(siehe S. 264)*, Schildläuse *(S. 261)* und Verticilliumwelke *(S. 263)* befallen Oliven im Freiland. Unter Glas treten häufig Fruchtfliegen, Rote Spinne *(S. 260)*, Thripse *(S. 262)* und Weiße Fliegen *(S. 263)* auf.

■ **Empfehlenswerte Sorten**
'El Greco': Große Frucht, kleiner Kern.
'Aglandou' und 'Cailletier' sind selbstfruchtbare Sorten.
In Gartenmärkten angebotene Pflanzen sind meistens nicht mit Sortennamen etikettiert.

Älterer Olivenbaum
Olivenbäume sind sehr langlebig; die hübschen cremeweißen Blüten erscheinen im Spätfrühling, die Früchte im Spätsommer.

Kaktusfeigen vermehren

1 Einen Sprossabschnitt mit der Gartenschere oder einem Messer von der Pflanze trennen, sehr große Abschnitte in zwei oder drei Teile schneiden. Arbeiten Sie zum Schutz vor den Dornen mit Handschuhen und Papier- oder Papphülsen.

2 Warm und trocken müssen die Sprosse einige Tage liegen, damit die Schnittstelle abheilt. Die Stücke setzt man einzeln in Töpfe mit sandigem Substrat und Splitt. Bewurzelte Stecklinge pflanzt man in größere Töpfe oder ins Beet.

Kaktusfeige

Opuntia ficus-indica

Die vor allem in den trockenen Subtropen vorkommende Kaktusfeige braucht Temperaturen zwischen 18 und 25 °C, um gut zu tragen. Sie verträgt aber auch Temperaturen um etwa 10 °C. Die Früchte entwickeln sich an der Spitze der Sprossabschnitte. Sie erreichen in etwa die Größe von Gänseeiern und wiegen zwischen 100 und 200 g.

Bei der Arbeit an der Pflanze sollte man Handschuhe tragen wegen der winzigen, mit Widerhaken versehenen Dornen (Glochiden). Kommerziell genutzte Sorten sind oft fast dornenlos. Die 3–5 mm dicke Schale der Kaktusfeigen ist ungenießbar. Man kann das gelartige Fruchtfleisch genießen, indem man die Früchte ähnlich wie Kiwi auslöffelt.

Standort Kaktusfeigen bevorzugen sandigen, gut durchlüfteten Boden mit einem pH-Wert von 5,5–7. Bewurzelte Sprossabschnitte kann man unter Glas in ein Beet oder in Töpfe mit sandigem Substrat pflanzen. Es empfiehlt sich, etwas Depotdünger und Splitt oder Sand zur Verbesserung der Dränage zuzugeben. Bei Temperaturen von 18–25 °C und höchstens 60 % Luftfeuchte treten kaum Krankheiten auf.

■ **Pflege** Kaktusfeigen gedeihen bei Trockenheit und brauchen kaum Wasser, wenn sie einmal angewachsen sind. Sie benötigen nur selten eine schwache Düngergabe, sofern der Boden nicht extrem mager ist.

■ **Ernte und Lagerung** Die ersten Früchte zeigen sich drei oder vier Jahre nach der Pflanzung. Als Reifekriterium dient der Farbumschlag, die Früchte werden weich, die Dornenhaare lösen sich. Die Früchte trennt man mit einem scharfen Messer ab. Man sollte die wenig haltbaren Früchte innerhalb weniger Tage verzehren; sie lassen sich aber für kurze Zeit kühl lagern.

■ **Vermehrung** Opuntien werden meist aus Sprossabschnitten vermehrt *(siehe oben)*; sie bewurzeln innerhalb von zwei bis drei Monaten.

■ **Häufige Probleme** Wollläuse kommen häufiger einmal vor *(siehe S. 264)*. In feuchter Umgebung tritt die Umfallkrankheit auf *(siehe S. 262)*.

■ **Empfohlene Sorten**
Reife Früchte färben sich je nach Sorte gelb, lachsfarben, rot, violett, dunkelbraun oder bleiben grün.

Gartenplaner

Gute Planung ist die Grundlage eines ertragreichen Nutzgartens. In dieser übersichtlichen Tabelle sind alle Informationen aus dem Text zum Säen, Pflanzen und Ernten von Gemüse, Erdbeeren und einjährigen Kräutern zusammengefasst, sodass Sie die optimale Nutzung Ihres Gartens für das ganze Jahr planen können.

Die Zeit, die Sie sich für Überlegungen nehmen, welches Gemüse Sie wo pflanzen, zahlt sich im folgenden Jahr aus. Die Tabelle lässt sich übrigens auch mit dem Fruchtfolge-Diagramm von Seite 31 kombinieren. Setzen Sie Prioritäten: Wenn Sie so viel wie möglich Gemüse selbst ziehen wollen, müssen Sie viele Arten in verschiedenen Sorten pflanzen, um das ganze Jahr über ernten zu können. Vielleicht wollen Sie aber auch nur das anbauen, was es im Laden kaum zu kaufen gibt.

Für jedes Gemüse zeigt die Tabelle bis zu drei Möglichkeiten der Anzucht und Kultur: im Gewächshaus, im Frühbeet oder im Freien.

Oft hängt diese Entscheidung von den örtlichen klimatischen Bedingungen oder von der Winterhärte der jeweiligen Gemüseart ab. Wer verschiedene Kulturmethoden nutzt, kann länger ernten. Wo es sinnvoll erscheint, zeigen zwei Zeilen für die Freilandkultur den Effekt verschiedener Pflanzzeiten auf die Reifedauer, etwa bei mehrjährigem Gemüse wie Spargel.

Die Tabelle zeigt auch, wie lange einzelne Arten das Beet besetzt halten. So können Sie abschätzen, wie viele Pflanzen Sie im Lauf des Jahres unterbringen können. Planen Sie erst den Platz für Ihr Lieblingsgemüse ein und füllen Sie dann die Lücken im Beet und im Ernteplan mit anderen interessanten Sorten.

So funktioniert der Gartenplaner

Die Tabelle gibt an, ob eine Vorkultur im Gewächshaus oder Frühbeet erforderlich ist, oder ob das Gemüse auch im Freien gedeiht. Sie ist nach den vier Jahreszeiten unterteilt, die wiederum in Früh (F), Mittel (M) und Spät (S) eingeteilt sind. Die farbig unterlegten Zeitangaben zeigen, welches Gemüse lange im Beet bleibt und welches sich als Zwischenfrucht eignet. Im zeitigen Frühjahr gesäte Möhren sind zum Beispiel im Frühsommer schon abgeerntet, sodass man eine Reihe Erbsen für den Herbst säen kann – und zugleich erhält der Boden durch den Fruchtwechsel eine Erholungspause.

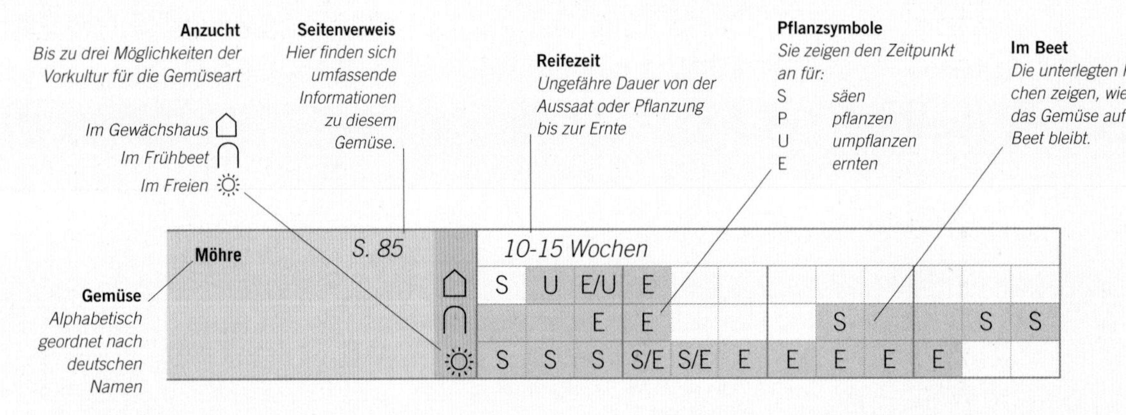

Gemüseart			Jahreszeit											
			FRÜHJAHR			SOMMER			HERBST			WINTER		
			F	M	S	F	M	S	F	M	S	F	M	S
Amarant	S. 125		10–12 Wochen											
		Gewächshaus			S	U/E	E	E	E					
		Freien				S	E	E	E					
Artischocke	S. 133		60–64 Wochen											
		Gewächshaus			E	E/U								S
		Freien		P	P		E	E						
Aubergine	S. 111		16–24 Wochen											
		Gewächshaus	S	S	U	U	E	E	E					S
Barbarakraut	S. 103		4–12 Wochen											
		Gewächshaus	E	E					U	U	E	E	E	E
		Freien		S	S	S				E	E	E	E	
Basilikum	S. 142		6–8 Wochen											
		Gewächshaus	S	S	U	E	E	E	E	E				
		Freien			P		E	E						

Gemüseart			Jahreszeit											
			FRÜHJAHR			SOMMER			HERBST			WINTER		
			F	M	S	F	M	S	F	M	S	F	M	S
Bleichsellerie	S. 122		34–38 Wochen											
		Gewächshaus	S	S	U	U				E	E			
Blumenkohl (Frühsommer)	S. 78		16–30 Wochen											
		Gewächshaus		U		E							S	S
		Frühbeet	U			E				S				
Blumenkohl (Sommer)	S. 78		16 Wochen											
		Gewächshaus	S	S		U		E	E					
		Freien		S	U			E	E					
Blumenkohl (Herbst)	S. 78		16–18 Wochen											
		Gewächshaus		S	S	U	U		E	E				
Blumenkohl (Mini)	S. 78		13–18 Wochen											
		Freien		S	S	U/S	U/S	E	E	E	E			

Gemüseart			Jahreszeit											
			FRÜHJAHR			SOMMER			HERBST			WINTER		
			F	M	S	F	M	S	F	M	S	F	M	S
Brokkoli	S. 79		15–18 Wochen											
		⌂		E	E					S		U		
		☼	S	S	S	E/S	E/S	E	E					
Busch- und Stangenbohne	S. 98		9–14 Wochen											
		⌂	S	S	S	U/E	E	E						
		∩		S	S		E	E	E	E				
		☼			S	S	E	E	E					
Cardy	S. 133		36–38 Wochen											
		⌂		S	S/U	U	E	E	E					
Chicorée	S. 106		23–27 Wochen											
		☼			S	S				E	E	E	E	E
Chinakohl	S. 125		9–10 Wochen											
		⌂		S	S	U		E	E					
		☼				S	S	S/E	E	E				
Chinesischer Brokkoli	S. 126		10 Wochen											
		⌂		S	S	U	E	E	E	E				
		☼				S		E	E					
Choy Sum	S. 126		10 Wochen											
		⌂		S	S	U/S	U/E	U/E	E					
		☼						S		E				
Dicke Bohne	S. 98		14–32 Wochen											
		⌂	S/U	S/U	E	E								S
		∩			E	E	E							S
		☼	S	S		E	E	E						
Einlegegurke	S. 118		14–18 Wochen											
		⌂		S	S	U	U	E	E					
		☼		S	S				E					
Eiskraut	S. 103		4–12 Wochen											
		⌂		S		U/E	E	E	E					
Endivie	S. 103		12–14 Wochen											
		⌂		S	S	U	U	E						
		∩				S	S		E	E	E			
Erbse	S. 99		12–14 Wochen											
		⌂	S/U	S/U	U	E								
		∩				E								S
		☼		S	S	S/E	S/E	E	E					
Erdbeere einmaltragend	S. 211		40–52 Wochen											
		∩	P	P	E/P	E/P	P							
		☼			E/P	E/P	P	P						
Erdbeere remontierend	S. 211		36–52 Wochen											
		∩	P	P	P/E	P/E	P/E	E	E					
		☼			P/E	E/P	E/P	E/P	E					
Etagenzwiebel	S. 92		36–40 Wochen											
		☼		P				P/E						
Feldsalat	S. 104		4–12 Wochen											
		∩	S/E				S							S
		☼	S	E	E	S	S	S	E	E	E	E		
Fenchel	S. 121		15–18 Wochen											
		⌂	S	SU	SU	E	E							
		☼				U/S	U/S	E	E					
Feuerbohne	S. 99		14 Wochen											
		⌂	S	S	S	U/E	E	E	E					
		∩		S	S	U/S/E		E	E	E				
Frühlingszwiebel (bzw. Lauchzwiebel)	S. 93		10–14 Wochen											
		☼	S	S	S	E/S	E	E	E					S
Grünkohl	S. 79		28–42 Wochen											
		⌂	E/S	ES	S	U/S	U				E	E	E	E
		☼	E	ES	S	U/S	U/S	U			E			
Haferwurzel	S. 85		27–45 Wochen											
		☼	ES	S						E	E	E	E	E
Kartoffel (früh)	S. 85		14–20 Wochen											
		∩	P	P		E	E	E						

Gemüseart			Jahreszeit											
			FRÜHJAHR			SOMMER			HERBST			WINTER		
			F	M	S	F	M	S	F	M	S	F	M	S
Kartoffel	S. 85		20 Wochen											
		☼		P	P		E	E	E	E				
Knoblauch	S. 92		22–32 Wochen											
		☼	P	P	E	E	E	E	P/E	P				P
Knollensellerie	S. 121		24–28 Wochen											
		⌂	E S	E/U/S	U	U		E	E	E				
Knollenziest	S. 134		40–50 Wochen											
		☼	P	P						E	E	E		
Kohlrabi	S. 79		12–16 Wochen											
		⌂	S	S/U	U/E	E								S
		☼		S	S	S	E/S	E/S	E	E				
Komatsuna	S. 104		4–12 Wochen											
		⌂	S/U	S/U	S/E	E	S	S/E	S/U	E	E			S
		☼					S	S	U/E	E	E			
Kopfkohl (Frühkohl)	S. 80		31–33 Wochen											
		⌂		E	E	S			U					
		☼		E	E	S								
Kopfkohl (Frühsommer)	S. 80		12–14 Wochen											
		⌂	S	U	U	E	E							S
		☼	S	U	U	E	E							
Kopfkohl (Sommer, Herbst)	S. 80		10–14 Wochen											
		⌂		S		U	U	E	E	E				
		☼				U	U	E	E	E				
Kopfkohl (Winter)	S. 80		22–36 Wochen											
		⌂	E		S	U/S	U				E	E	E	E
		☼	E			U/S	U				E	E	E	E
Kresse und Senf	S. 107		2 Wochen											
		☼	S/E	S/E	S/E	S/E	S/E	S/E	S/E	S/E	S/E	S/E	S/E	S/E
Kürbis	S. 117		23–27 Wochen											
		⌂		S	S/U	S/U			E	E				
		☼			U				E	E				
Limabohne	S. 100		14–23 Wochen											
		⌂		S	S	U		E	E					
		∩		S	S			E	E					
Malabarspinat	S. 126		10–12 Wochen											
		⌂			S	S/U/E	U/E	E	E					
Mangold	S. 128		8–12 Wochen											
		⌂		S	S/U	E/S	E	E	E	E	E			
		☼	E	E	E		S	S/E	E	E	E			
Meerkohl	S. 134		2 Jahre, 18 Wochen											
		⌂	S/E	S/E	U	U								S
		☼	E	E/P	E									
Mibuna und Mizuna	S. 105		4–12 Wochen											
		⌂					S	S/U	E					
		∩					S	S	S/U		E			
		☼					S	S	E	E	E			
Möhre	S. 86		10–14 Wochen											
		⌂	S	U	E/U	E								S
		∩	S		E	E								S
		☼		S	S	S/E	S/E	E	E					
Monatserdbeere	S. 211		10–20 Wochen											
		∩	S	S/P/E	P/U/E	E	E	E	E/S	U/S	U/S			
		☼			P	E	E	E						
Neuseeländerspinat	S. 127		7–10 Wochen											
		⌂		S	U	E								
		☼			S	S	E	E	E					
Okra	S. 112		18–23 Wochen											
		⌂	S	S	U	U	E	E						
Pak Choi	S. 105		10–12 Wochen											
		⌂		S	S	T	U/E	U/E						
		☼				S	E	S/E	E	E				
Paprika	S. 112		18-23 Wochen											
		⌂	S	P	U	U	E	E	E					S
		☼		P			E	E	E					

Gemüseart	Seite		Jahreszeit: FRÜHJAHR F	M	S	SOMMER F	M	S	HERBST F	M	S	WINTER F	M	S
Pastinake	S. 87		28–42 Wochen											
		☼	E/S	S						E	E	E	E	E
Peperoni (Chili)	S. 112		18–23 Wochen											
		⌂	S	S	U	U	E	E	E					
Perlzwiebel	S. 93		20–22 Wochen											
		☼	S	S			E							
Petersilie	S. 144		10–14 Wochen											
		⌂	S	U/S	U/S	U/E	U/E	E	E	E		S	S	
		∩		S	S			E	E					
		☼			S	S	S	S	E	E				
Porree	S. 93		18–40 Wochen											
		⌂	S	U	U			E	E	E				S
		☼	S	S		U	U	U	E	E	E	E	E	E
Portulak	S. 105		4–12 Wochen											
		∩		S	S	E	E							
		☼			S	S	S/E	E	E	E				
Radicchio	S. 106		9–14 Wochen											
		⌂		S	S	U	E	E	E	E				
		☼				S		E/S	E	E	E	E		
Radieschen	S. 106		2–8 Wochen											
		⌂		U	E									S
		∩	S		E	E								
		☼		S	S	E/S	E/S	E/S	E	E	E	E	E	
Rettich	S. 106		12–20 Wochen											
		☼					S	S	E	E	E	E	E	
Rhabarber	S. 134		2 Jahre											
		⌂			U	E	E	E						S
		☼	P	P	P/E	P/E	E	P	P	P				
Rosenkohl	S. 80		20–40 Wochen											
		⌂	S	S/U	U				E	E				
		☼		S	U	U	U			E	E	E		
Rote Bete	S. 87		8–12 Wochen											
		∩	S	S	S	E	E	E						S
		☼				S	S		E	E				
Rotkohl	S. 80		12–16 Wochen											
		⌂	S	S	U	U	E	E			E			
		☼	S	S	U	U	E	E			E			
Rucola	S. 107		4–12 Wochen											
		∩	E	E/S		E			S					
		☼			E/S	S	E/S	E/S	E	E				
Salat, alle Formen	S. 104		Schnittsalat und Herzen 8–10 Wochen Weichblättrig: 10–12 Wochen Eichlaub, Krauser, Römischer Salat: 12–13 Wochen Eissalat: 14 Wochen											
		⌂	S/U	U	U	E	E							S
		∩	E	E	E				S					S
		☼	S	S	S	S	E/S	E/S	E/S	E	E			
Salatgurke	S. 118		14–18 Wochen											
		⌂	S	S	S/U	S/U	E	E						
		∩		S				E	E	E				
		☼			S	S		E	E					
Schalotte	S. 94		16–32 Wochen											
		⌂	S/U	U	U			E						
		☼	P	S/P	P/S		S/E	E				P		
Schnittsellerie	S. 122		12–15 Wochen											
		⌂	E S	E/U/S	U	U	E/S	E/U	E	E				
Schwarzwurzel	S. 87		27 Wochen											
		☼	S	S						E	E	E	E	E
Sarepta-Senf und Senfspinat	S. 127		6–8 Wochen											
		⌂			S	S	U/E	U/E	E					
		☼				S	S	S/E	E	E	E			
Senf, Abessinischer			5–8 Wochen											
		☼	S	S	E/S	E/S	E/S	E/S	E	E				
Sommerkürbis	S. 117		14–18 Wochen											
		⌂		S	S/U	U	E	E						
		☼				S			E	E				
Spargel	S. 135		2–3 Jahre											
		⌂	S	S/E	E	U								S
		☼		P/E	P/E	P/E								
Spargelerbse	S. 100		9–14 Wochen											
		⌂		S	U	E	E	E						
		☼			S		E	E						
Spargelkohl	S. 81		15–20 Wochen oder 46–50 Wochen											
		⌂	E/S	E/U/S	E/U/S	U	U	U/E	E	E	E			E/S
		☼	S	E/S	S	S/U	S/U/E	U/E	E	E		U		
Speisezwiebel	S. 94		aus Samen: 24–40 Wochen aus Steckzwiebeln: 24–36 Wochen											
		⌂	S/U	U				E	E					S
		☼		S	S/P	S/E	S/E	S/E	S/E					
Spinat	S. 128		10–12 Wochen											
		⌂	U/E	S										
		☼		S	S	E	S/E	E	S/E	E	E			S/E
Stangensellerie, selbst bleichend	S. 122		20–24 Wochen											
		⌂	S	S/U	U	U	E	E	E	E				
Steckrübe	S. 88		20–26 Wochen											
		⌂		S	S	S			E	E	E	E		
Stielmus	S. 88		4–6 Wochen											
		☼	S	E				S	S	E	E			
Süßkartoffel	S. 88		27 Wochen											
		⌂	S	S	U	U			E					
Tomate	S. 113		18–23 Wochen											
		⌂	S	S	U	U	E	E	E					S
		☼			P		E	E	E					
Tomatillo	S. 113		18–23 Wochen											
		⌂	S	S	U	U	E	E	E					
Topinambur	S. 135		40–45 Wochen											
		☼	P	P	P				E	E	E			
Wassermelone	S. 118		18–23 Wochen											
		⌂		S	U	U		E	E					
Weiße Rübe	S. 88		6-10 Wochen											
		∩	S	S	E	E	E							
		☼		S	S	S/E	S/E	S/E	E	E	E			
Winterportulak	S. 107		12 Wochen											
		⌂					S	U	E					
		☼					S	S/U	U	E	E	E		
Winterzwiebel	S. 94		24–30 Wochen											
		☼	E/S/P	E/S/P	E/S/P	S/E	S/E	E	E	E	E	E	E	S/E
Wurzelpetersilie	S. 88		28–36 Wochen											
		☼	S/E					E	E	E	E			E
Zucchini	S. 119		14–18 Wochen											
		⌂		S	S/U	U	E	E						
		☼			S	S			E	E				
Zuckermais	S. 111		18 Wochen											
		⌂		S		U		E	E					
		☼			S/P	S/P	P	E	E					
Zuckermelone	S. 119		18–23 Wochen											
		⌂		S		U		E	E					
		∩			S	S			E					

Durchschnittserträge

Die Mengenangaben stellen Richtwerte dar; sie schwanken von Jahr zu Jahr, je nach Wetter, Pflanzabstand, Erntephase, Alter der Obstbäume und -sträucher und Kulturbedingungen. Die Werte geben jedoch gute Anhaltspunkte, um die benötigte Menge an Pflanzen zu bestimmen. Genaueres finden Sie bei den einzelnen Gemüse- und Obst-Arten auf den *Seiten 74–135* und *174–237*. Kräuter werden nahezu ganzjährig geerntet und sind hier nicht aufgeführt.

DURCHSCHNITTSERTRÄGE FÜR GEMÜSE

Gemüseart	Ertrag
Amarant	7,25 kg pro 3 m Reihe
Artischocke	6–15 große, 24–60 kleine Köpfe pro 3 m Reihe
Aubergine	3–4,5 kg pro 3 m Reihe
Barbarakraut	18–20 Köpfe pro 3 m Reihe
Blattsellerie	15–20 Pflanzen pro 3 m Reihe
Blumenkohl	6–8 Köpfe (oder bis zu 20 Miniköpfe) pro 3 m Reihe
Busch- und Stangenbohnen	4,5 kg pro 3 m Reihe
Cardy	3–6 Stiele pro 3 m Reihe
Chicorée	12–18 kg pro m^2 Treibfläche
Chinakohl	9–12 Köpfe pro 3 m Reihe
Chinesischer Brokkoli	9–12 Bund pro 3 m Reihe
Choy Sum, Chinesischer Blütenkohl	9–12 Bund pro 3 m Reihe
Dicke Bohne	3 kg pro 3 m Reihe
Einlegegurke	30 Früchte pro Pflanze
Eiskraut	4,5 kg pro 3 m Reihe
Eissalat	9 Köpfe pro 3 m Reihe
Endivie	9–12 Köpfe pro 3 m Reihe
Erbse	3 kg pro 3 m Reihe
Feldsalat	2 kg pro m^2
Fenchel	1,4–2,25 kg pro 3 m Reihe
Feuerbohnen	6 kg pro 3 m Reihe
Frühlingszwiebel	250–300 pro 3 m Reihe
Grünkohl	1,8–2,25 kg pro 3 m Reihe
Gurke	15 Früchte pro Pflanze
Haferwurzel	1,5 kg pro 3 m Reihe
Kartoffel	früh: 4,5 kg pro 3 m Reihe Haupternte: 10 kg pro 3 m Reihe
Knoblauch	17 Knollen pro 3 m Reihe
Knollensellerie	10 Knollen zu 225–400 g pro 3 m Reihe
Knollenziest	20–30 Knollen pro Pflanze
Kohlrabi	2,5 kg pro 3 m Reihe
Kohlrübe	6 kg pro 3 m Reihe
Komatsuna	6–9 Köpfe pro 3 m Reihe
Kopfkohl (Frühkohl)	12 Köpfe zu 110–250 g pro 3 m Reihe
Kopfkohl (Sommer- und Herbstkohl)	6–8 Köpfe zu 450–900 g pro 3 m Reihe
Küchenzwiebel	60 kleine, 30 große, 15 sehr große Zwiebeln pro 3 m Reihe
Kürbis	1 große oder 4–6 kleine Früchte pro Pflanze
Limabohnen	560 g pro 3 m Reihe
Malabarspinat	3 kg pro 3 m Reihe
Mangold	6 kg pro 3 m Reihe
Meerkohl	8–12 Stangen pro Pflanze
Mibuna und Mizuna	6–9 Köpfe pro 3 m Reihe
Möhre	3 kg pro 3 m Reihe
Neuseeländerspinat	6 kg pro 3 m Reihe
Okra	1,5 kg pro 3 m Reihe
Pak Choi	9–12 Köpfe pro 3 m Reihe
Paprika	2,75–4,5 kg pro 3 m Reihe
Pastinake	4 kg pro 3 m Reihe
Peperoni	3–4,5 kg pro 3 m Reihe
Perlzwiebel	1–1,5 kg pro 3 m Reihe
Porree	früh: 4–6 kg pro 3 m Reihe spät: 3–5 kg pro 3 m Reihe
Portulak	20–24 Bund pro 3 m Reihe
Radicchio	8-9 Köpfe pro 3 m Reihe
Radieschen im Sommer	100–120 Stück pro 3 m Reihe
Rettich	10 pro 3 m Reihe
Rhabarber	4,5–13,5 kg pro 3 m Reihe
Rosenkohl	60–70 Röschen pro Pflanze
Rote Bete	30 Rüben zu 450 g–1 kg pro 3 m Reihe
Rübstiel, Stielmus	500 g pro 3 m Reihe
Rucola	9–12 Bund pro 3 m Reihe
Salat (Buttersalat)	9–12 Köpfe pro 3 m Reihe
Salat (Eichenblatt oder kraus)	8–9 Köpfe pro 3 m Reihe
Salat (Römischer)	9–12 Köpfe pro 3 m Reihe
Salatherzen	18–20 Mini-Köpfe pro 3 m Reihe
Schalotte	60–180 Schalotten pro 3 m Reihe
Schwarzwurzel	1,5 kg pro 3 m Reihe
Senf, Abessinischer	6–9 kg pro 3 m Reihe
Senf, Kresse, Sarepta-Senf	1,5 kg pro m^2
Sommerkürbis	6–8 kleine Früchte pro Pflanze
Spargel	9–12 Stangen pro Pflanze
Spargelbohne	560 g pro 3 m Reihe
Spargelerbse	450 g pro 3 m Reihe
Spargelkohl	300 g pro Pflanze
Speiserübe, Mairüben	30 Rüben zu 500–750 g oder 48 Mini-Rüben pro 3 m Reihe
Spinat	6 kg pro 3 m Reihe
Stangensellerie	12 Bund zu 450 g pro 3 m Reihe
Steckrübe	6 kg pro 3 m Reihe
Süßkartoffel	1,5 kg pro 3 m Reihe
Tomate als Busch i. Freiland	4 kg pro Pflanze
Tomate als Ranke i. Freiland	1,8–4 kg pro Pflanze
Tomate als Ranke im unbeheizten Gewächshaus	2,75–5 kg pro Pflanze
Tomatillo	1–2 kg pro Pflanze
Topinambur	10–12 Knollen pro Pflanze
Wassermelone	1–2 Früchte pro Pflanze
Winterzwiebel	200–300 oder 40–50 große pro 3 m Reihe
Winterkürbis	1 große oder 4–6 kleine Früchte pro Pflanze
Wirsing	8–10 Köpfe zu 250–450 g pro 3 m Reihe
Wurzelpetersilie	3 kg pro 3 m Reihe
Zucchini	2 große oder 6–12 kleine Früchte pro Pflanze
Zuckerhut	8–9 Köpfe pro 3 m Reihe
Zuckermais	6–9 Kolben pro m^2
Zuckermelone	2–4 Früchte pro Pflanze

DURCHSCHNITTSERTRÄGE FÜR OBST

Gemüseart	Ertrag	Gemüseart	Ertrag
Apfel, Busch	27–55 kg pro Baum	Johannisbeere, Weiße	4–5 kg pro Strauch
Apfel, einfacher Kordon	2,25–4,5 kg pro Baum	Mandel	stark schwankend
Apfel, Fächer	5,5–13,5 kg pro Baum	Maulbeere	stark schwankend
Apfel, Spalier	13,5–18 kg pro Baum	Mispel	13,5–27 kg vom älteren Hochstamm
Apfel, Zwerg/ Spindel/Pyramide	13,5–22,5 kg pro Baum	Moosbeere	0,5–0,75 kg pro m²
		Nektarine, Busch	13,5–27 kg pro Baum
Aprikose, Busch	13,5–45,5 kg pro Baum	Nektarine, Fächer	5,5–11,25 kg pro Baum
Aprikose, Fächer	5,5–17,75 kg pro Baum	Pfirsich, Busch	13,5–27 kg pro Baum
Birne, Busch	18–45,5 kg pro Baum	Pfirsich, Fächer	5,5–11,25 kg pro Baum
Birne, einfacher Kordon	1,75–3,5 kg pro Baum	Pflaume, Busch	13,5–27 kg pro Baum
Birne, Fächer	5,5–13,5 kg pro Baum	Pflaume, einfacher Kordon	3,5–6,75 kg pro Baum
Birne, Spalier	9–13,5 kg pro Baum	Pflaume, Fächer	6,75–11,25 kg pro Baum
Birne, Zwerg/ Spindel/Pyramide	9–18 kg pro Baum	Pflaume, Pyramide	13,5–22,5 kg pro Baum
		Quitte, Busch	25–45,5 kg vom älteren Baum
Brombeere	6,75–9 kg pro 3 m Reihe	Sauerkirsche, Busch	13,5–18 kg pro Baum
Erdbeere	450 g pro Pflanze	Sauerkirsche, Fächer	5,5–15,75 kg pro Baum
Feige	2,25–9 kg vom älteren Fächer	Stachelbeere	3,5–4,5 kg pro Strauch
Haselnuss, Lambertsnuss	5–15,75 kg vom älteren Strauch	Süßkirsche, Busch	13,5–45,5 kg pro Baum
Heidelbeere	2,25–5 kg pro Strauch	Süßkirsche, Fächer	5,5–15,75 kg pro Baum
Himbeere	6,75–9 kg pro 3 m Reihe	Süßkirsche, Pyramide	13,5–27 kg pro Baum
Johannisbeere, Rote	4–5 kg pro Strauch	Walnuss	stark schwankend
Johannisbeere, Schwarze	4,5 kg pro Strauch	Weintraube	2,25–3,5 kg oder 8–10 Trauben vom älteren einfachen Kordon oder Guyot

Arbeiten im Jahreslauf

Die Tabelle listet die im Nutzgarten anfallenden Arbeiten auf. Sie ist eine Kurzfassung der beschriebenen Tätigkeiten und soll Ihnen die Planung erleichtern. Dennoch hängt der richtige Zeitpunkt vor allem von den vorherrschenden klimatischen Bedingungen ab. Die Saatzeiten verschieben sich zum Beispiel in Südwest- und Mitteldeutschland und in Mittelgebirgslagen nach hinten. Dazu kommen die jährlichen Witterungsschwankungen.

ARBEITEN IM JAHRESLAUF

Gemüse und Kräuter	Obst
Spätwinter	**Spätwinter**
■ **Aussaat im Freien** bei günstigem Wetter: Dicke Bohnen, Erbsen, Haferwurzel, Spargelkohl, Lauch, Pastinaken, Petersilie, Rucola, Rettich, Rosenkohl, Rotkraut, Salat, Schwarzwurzel, Sommerblumenkohl, Speiserüben, Spinat, Zwiebeln und winterharte einjährige Kräuter. ■ **In rauen Lagen** die Aussaat mit Hauben schützen. ■ **Aussaat unter Glas oder ins Frühbeet:** Auberginen, Cardy, Fenchel, Gurken, Knollensellerie, Lauch, Möhren, Paprika, Petersilie, Rote Bete, Salat, Spargelbohne, Stangensellerie, Süßkartoffeln, Tomaten, Tomatillos und nicht winterharte Kräuter wie Basilikum. ■ **Pflanzen:** Frühkartoffeln, früher Blumenkohl, Knoblauch, Meerkohl, Rhabarber, Schalotten, Spargel, Steckzwiebeln, Topinambur, Wirsing. ■ **Den letzten Winterkohl** unter Hauben ernten. ■ **Alte Triebe** von mehrjährigen Kräutern abschneiden; Kräuterballen teilen, wenn nicht schon im Herbst geschehen. ■ **Wuchernde Kräuter** in eingesenkten Töpfen ausgraben, teilen und neu pflanzen. ■ **Kräuter,** die den Winter über eingetopft waren, wegwerfen oder auspflanzen. ■ **Regelmäßig hacken** zwischen den Pflanzen, damit kein Unkraut aufkommt. ■ **Mulchen,** um den Boden feucht zu halten. ■ **Pflanz- und Saatbeete** mit der Grabegabel lockern, Unkraut entfernen, düngen. ■ **Gründüngung** auf freie Flächen einsäen.	■ **Regelmäßig hacken** zwischen den Pflanzen zum Schutz vor Unkraut. ■ **Pflanzung und Schnitt** von Obstgehölzen abschließen. ■ **Junge Bäume,** Obststräucher, Himbeeren und Brombeeren mulchen und düngen. ■ **Unkraut** unter Obstbäumen am besten von Hand entfernen, um Wurzelschäden durch Hacken zu vermeiden. ■ **Fächer** von Pfirsich, Nektarinen und Aprikosen schneiden. ■ **War Mehltau aufgetreten,** Stachelbeeren kurz vor dem Öffnen der Blüten und danach in 14-tägigem Abstand spritzen. ■ **Netze kontrollieren,** damit sie wirklich gegen Dompfaffen schützen, die gern die Knospen fressen. ■ **Spalierbäume** von Hand bestäuben, wenn keine Insekten fliegen. Blüten vor Frost schützen. ■ **Die Bestäubung** von Wein unter Glas fördern. ■ **Brombeeren und Hybridbeeren** kontrollieren und nach Bedarf aufbinden. ■ **Erdbeerausläufer** in vorbereiteten Boden setzen und mulchen. ■ **Dürre, beschädigte und kranke Blätter** und alte Ausläufer aus dem Erdbeerbeet entfernen. ■ **Ältere, blühende** Erdbeeren mit Hauben oder Vlies abdecken, um früher ernten zu können. Die Abdeckung tagsüber entfernen, damit bestäubende Insekten Zugang haben.

ARBEITEN IM JAHRESLAUF

Gemüse und Kräuter	Obst
Zeitiges Frühjahr	**Zeitiges Frühjahr**
■ **Aussaat im Freien:** Blumenkohl, Brokkoli, Erbsen, Feldsalat, Haferwurzel, Kopfkohl, Kohlrabi, Lauch, Mangold, Möhren, Rettich, Rosenkohl, Rote Bete, Rucola, Salat, Spargelkohl, Schwarzwurzel, Speiserüben, Spinat. Folgesaaten regelmäßig gebrauchter Kräuter beginnen. ■ **Aussaat unter Glas**: Busch- und Stangenbohnen, Dicke Bohnen, Limabohnen und Feuerbohnen, Honigmelonen, Knollensellerie, Mais, Okra, Spargelbohne und Stangensellerie. ■ **Auspflanzen:** Artischocken, Kartoffeln, Steckzwiebeln und Topinambur. ■ **Umpflanzen:** Kopfkohl, Lauch, Meerkohl, Winterheckenzwiebel und Wirsing. ■ **Stützen** für Erbsen und Stangenbohnen stecken. ■ **Kartoffeln anhäufeln;** Rosenkohlstümpfe entfernen. ■ **Gemüse im Container** umtopfen oder Kopfdünger geben.	■ **Blüten** von jungen Erdbeerpflanzen entfernen; sie sollten im ersten Jahr nicht tragen. ■ **Die Pflanzung** von Himbeeren abschließen, falls nicht im Spätherbst geschehen. ■ **Bei Feigenbäumen** neue Triebe schneiden und aufbinden. ■ **Spalierobst** bei Bedarf von Hand mit weichem Pinsel bestäuben. ■ **Netze,** Stützen und Binder kontrollieren. ■ **Junge Steinobstbäume** schneiden und Leittriebe von aufgebundenen Bäumen und Pflaumenpyramiden einkürzen. ■ **Mandeln, Pflaumen** sowie am Spalier erzogene Süßkirschen vor Frost während der Blüte schützen. ■ **An Stachelbeer- und Johannisbeersträuchern** Sägewespenlarven absammeln.
Frühjahrsmitte	**Frühjahrsmitte**
■ **Aussaat unter Glas:** Gartenkürbisse, Kürbisse, Sommerkürbisse, Zucchini. ■ **Aussaat im Freiland:** Herbst-, Winter- und Frühjahrs-Blumenkohl, Busch- und Stangenbohnen, Feuerbohne, Chicorée, Endivie, Erbsen, Haferwurzel, Mais, Mangold, Möhren, Pastinaken, Portulak, Rettich, Rucola, Salat, Schwarzwurzel, Spinat und Wurzelpetersilie. ■ **Unter Glas umpflanzen** oder eintopfen: Auberginen, Gurken, Paprika, Tomaten und Tomatillos. ■ **Kräftige Sämlinge** von Blumenkohl und anderem Kohl, Cardy, Fenchel, Lauch, Knollensellerie, Stangensellerie, Zucchini und Gartenkürbisse abhärten und auspflanzen. Bei Bedarf mit Hauben oder Vlies schützen. ■ **Erbsen** mit Rankhilfen versehen; Kartoffeln fertig anhäufeln, Gemüsebeete jäten und mulchen. ■ **Im Freiland** winterharte und bedingt winterharte einjährige Kräuter säen. ■ **Ernten:** Dicke Bohnen, Kohl, Rettich, Rhabarber, Schnittsalat, Spargel ■ **Den Boden** für die Pflanzung feuchtigkeitsliebender Kräuter vorbereiten.	■ **Stachelbeeren ernten,** die unter einer Abdeckung verfrüht wurden. ■ **Unerwünschte** neue Himbeerruten herausziehen. ■ **Vor allem Spalierbäume** nach Bedarf gießen. ■ **Erdbeerbeet** jäten, Stroh und etwas Schneckenkorn um die Pflanzen verteilen, falls Nacktschnecken auftreten. ■ **Beerensträucher** während der Fruchtbildung mit Netzen abdecken. ■ **Aufbinden ausgewählter Triebe** von an der Wand erzogenen Pfirsichen, Nektarinen, Aprikosen und Pflaumen, schlecht platzierte neue Triebe entfernen. ■ **Sauerkirschfächer** schneiden. ■ **Neue Weintriebe** pinzieren und Knospen entfernen, sodass je zwei Seitentriebe stehen bleiben. ■ **Blüten entfernen** bei frisch gepflanzten Obstbäumen.
Spätes Frühjahr	**Spätes Frühjahr**
■ **Aussaat:** Busch- und Stangenbohnen, Chicorée, Endivie, Erbse, Fenchel, Feuerbohne, Freilandgurken, Frühlingszwiebeln, Kohlrabi, Kohlrüben, Kürbisse, Mangold, Möhren, Petersilie, Radicchio, Rettich, Rote Bete, Rucola, Salat, Spargelkohl, Zucchini, Zuckerhut. ■ **Pflanzen unter Glas:** Auberginen, Gurken, Paprika, Tomaten und Tomatillos. ■ **Im Freien pflanzen:** Blumenkohl, Brokkoli, Feuerbohnen, Freilandtomaten, Grüne Bohnen, Grünkohl, Knollensellerie, Kopfkohl, Kürbisse, Lauch, Limabohnen, Mais, Rosenkohl, Stangensellerie, Winterkürbis, Wirsing, Zucchini. ■ **Freilandgemüse** nach Bedarf gießen, düngen und jäten. ■ **Einjährige und zweijährige Kräuter** wie Dill, Fenchel, Koriander und Petersilie alle zwei bis vier Wochen ins Freiland säen. Regelmäßig ernten und ausputzen. ■ **Kräuter in Töpfe pflanzen,** feuchtigkeitsliebende Kräuter mulchen. ■ **Ernten:** Blumenkohl, Kohl, Möhren, Rettich, Rote Bete und Salatzwiebeln.	■ **Obstgehölze** bei Trockenheit kontrollieren und gießen. ■ **Regelmäßig pflücken:** Erdbeeren, Himbeeren, Johannisbeeren und Stachelbeere. ■ **Neue Triebe** an Brombeeren und Hybridbeeren aufbinden. ■ **Erdbeerausläufer** entfernen, wenn sie nicht zur Vermehrung gebraucht werden. ■ **Bäume** und alle Spaliere auslichten. ■ **Gerüsttriebe** von Pflaumen und Süßkirschen am Spalier aufbinden, andere Triebe kürzen, alle ungünstig stehenden Triebe entfernen. ■ **Ausgewählte Triebe** von Pfirsich und Nektarine am Spalier aufbinden, bei Bedarf Früchte ausdünnen. ■ **Bei Feigen** Triebspitzen pinzieren. ■ **Reifende Früchte** von Kirschen am Spalier vor Regen und Vögeln schützen. ■ **An Apfel- und Pflaumenbäumen** Pheromonfallen zum Schutz vor Wicklerlarven aufhängen.
Frühsommer	**Frühsommer**
■ **Bei der Kartoffelernte** auf Krautfäule achten. ■ **Rosenkohl** und anderen Kohl an ungeschützten Standorten anhäufeln. ■ **Geiztriebe und Spitzen** von Tomaten im Freiland ausbrechen, wenn sich vier oder fünf Fruchtbüschel gebildet haben. ■ **Knoblauch** ausgraben und die Knollen trocknen. ■ **Klettergemüse** stützen oder aufbinden. ■ **Bei Rosenkohl** Kopfdünger geben, anderes Gemüse nach Bedarf gießen, düngen und jäten. Kräuter in Töpfen gießen. ■ **Kräuter ausputzen,** wenn keine Samen gesammelt werden. ■ **Ernten:** Sommergemüse, Schnittsalat und Kräuter. ■ **Stecklinge** von mehrjährigen Kräutern schneiden. ■ **Reife Samen** von ein- und zweijährigen Kräutern sammeln. Reinigen und in Papiertüten kühl, dunkel und trocken lagern. ■ **Aussaat:** Kohlrabi, Rote Bete, Spargelkohl, Zwiebeln und fernöstliches Gemüse.	■ **Brombeerruten** aufbinden. ■ **Nach der Ernte** die Blätter von Erdbeerpflanzen abschneiden, das Stroh entfernen und Unkraut jäten. Bei Trockenheit gießen. ■ **Früchte an Obstbäumen** ausdünnen, wenn der natürliche Fruchtfall ungenügend erscheint. ■ **Spaliergehölze** weiter erziehen und aufbinden. ■ **Sehr stark tragende Äste** von Pflaumenbäumen bei Bedarf stützen. ■ **Brombeeren und Himbeeren** gegen den Himbeerkäfer schützen.
Hochsommer	**Hochsommer**
■ **Zwiebeln und Schalotten** ausgraben, trocknen und lagern. ■ **Kartoffelkraut** abschneiden und nach Möglichkeit verbrennen, falls es von Krautfäule befallen ist.	■ **Sommerschnitt** bei strengen Formen von Apfel und Birne. ■ **Gut bewurzelte Ausläufer** in neue Erdbeerbeete pflanzen.

ARBEITEN IM JAHRESLAUF

Gemüse und Kräuter

- **Aussaat:** Endivie, Frühjahrskohl, Kohlrabi, Radieschen, Schwarzwurzel, Speiserüben, Spinat, Rettich, fernöstliches Gemüse und Winter-Schnittsalate.
- **Ernten:** Weiterhin Sommergemüse, Schnittsalat und Kräuter; außerdem: Mini-Blumenkohl, Herbstkohl, jungen Lauch, Mais, frühe Pastinaken, frühen Rosenkohl.
- **Mehrjährige, verholzende Kräuter** ausputzen, die Ersten zurückschneiden.
- **Im Frühjahr gesäte Gründüngung** untergraben, bevor sie blüht.
- **Zweijährige Kräuter** im zweiten Jahr regelmäßig pflücken und ausputzen.

Spätsommer

- **Kartoffelkraut** abschneiden, dann die Kartoffeln ernten.
- **Riesen- und Winterkürbis** ausreifen lassen.
- **Herbstkohl** ernten, Winterkohl weiter anhäufeln, **Frühjahrskohl** umpflanzen.
- **Aussaat:** Fernöstliches Gemüse, Winterheckenzwiebel und Spinat.
- **Winterharte Salate** wie Feldsalat für die frühe Ernte im nächsten Jahr säen.
- **Chicorée zum Treiben** aufnehmen, Radicchio und Zuckerhut zur späteren Ernte im Kalthaus einschlagen.
- **Ältere Kräuter** ausgraben, teilen und für den Winter eintopfen.
- **Reife oder halbreife Stecklinge** von verholzenden Kräutern schneiden.
- **Horste und rhizombildende Kräuter** nach der Blüte teilen, wenn nicht im Frühjahr geschehen. Bewurzelte Absenker von verholzenden Kräutern umpflanzen.
- **Sämlinge** zweijähriger Kräuter an ihren endgültigen Platz setzen.

Frühherbst

- **Ernten:** Erster Zuckerhut, Wurzelgemüse wie Möhren, Kohlrüben, Rote Bete und Speiserüben ernten, kühl und frostfrei lagern.
- **Knoblauch pflanzen; Aussaat:** Dicke Bohnen, Erbsen, Frühsommer-Blumenkohl, Möhren und Spargelkohl. Jungpflanzen abdecken.
- **Weiter ernten:** Herbstkohl und Wurzelgemüse und dann einlagern.
- **Bohnen- und Tomatenstangen** entfernen, Pflanzenreste abräumen.
- **Die Stängel** von Spargel und Topinambur schneiden.
- **Abgeerntete Flächen** umgraben und düngen.
- **Jungpflanzen** zweijähriger Kräuter an ihren endgültigen Platz setzen.
- **Aussaat im Freien:** winterharte einjährige Kräuter für das nächste Jahr.

Herbstmitte

- **Artischocken** mit Stroh oder Heidekraut abdecken.
- **Rhabarber und Knoblauch** pflanzen.
- **Pflanzen unter Glas:** Dicke Bohnen, winterharter Salat; Winterheckenzwiebel.
- **Wurzelgemüse** ernten und lagern, Herbstkohl in Netzen aufhängen.
- **Mit Kohlhernie infizierte** Kohlreste außerhalb des Gartens entsorgen.
- **Empfindliche Kräuter** in Gefäßen vor dem ersten Frost ins Haus bringen.
- **Die letzten zweijährigen Kräuter** an ihren endgültigen Platz setzen.
- **Aussaat im Freiland:** letzte winterharte einjährige Kräuter zur frühen Ernte im nächsten Jahr. In kalten Regionen die Sämlinge den Winter über abdecken.
- **Abgefallenes Laub** sammeln und daraus Laubkompost bereiten.
- **Abgeerntete Flächen** umgraben und düngen.

Spätherbst

- **Wintergemüse** ernten.
- **Winterwirsing** ins Frühbeet oder Gewächshaus pflanzen.
- **Boden für die Pflanzung** im Frühjahr vorbereiten; nach Bedarf kalken.

Frühwinter

- **Rhabarber** ab Januar vortreiben.
- **Aussaat unter Glas:** Dicke Bohnen, Frühsommer-Blumenkohl, Möhren, Lauch, Salat, Schalotten und Zwiebeln.
- **Pflanzen:** Schalotten und Steckzwiebeln, Knoblauch unter Glas pflanzen.
- **Kartoffeln** in Kisten vorkeimen.

Mitte des Winters

- **Die letzten Flächen** umgraben, düngen und für das Frühjahr vorbereiten.
- **Anzuchtbeete** für die erste Aussaat vorbereiten.
- **Vorbereitete Saatbeete** mit Mulchfolie abdecken (Bodenerwärmung).
- **Aussaat unter Glas:** Dicke Bohnen, Erbsen, Frühsommerkohl, Lauch, Meerkohl, Rettich, Rosenkohl, Schalotten, Speiserüben, Spinat und Zwiebeln.
- **Aussaat unter Glas mit Zusatzwärme:** Artischocken, Salat und Tomaten.

Obst

- **Nach der Ernte** bei sommertragenden Himbeeren alte Ruten abschneiden. **Zwetschgen und Pflaumen** bei Bedarf nach der Ernte schneiden, beschädigte Zweige entfernen.
- **Sommerschnitt** bei Pfirsich und Nektarine nach der Ernte.
- **Johannis- und Stachelbeersträucher** auslichten.
- **Sauerkirschfächer** schneiden, abgetragenes Holz entfernen, neue Triebe aufbinden.

Spätsommer

- **Nach der Ernte** alte Ruten von Brombeeren und Hybridbeeren am Boden abschneiden, neue Ruten aufbinden.
- **Unter Obstbäumen** gründlich jäten.
- **Von Mehltau befallene Triebe** an Stachelbeeren abschneiden und verbrennen.
- **Neue Obstbäume** und -sträucher bestellen.
- **Den Sommerschnitt** bei streng erzogenen Apfel- und Birnbäumen abschließen.
- **Bei Sauerkirschen** spätestens jetzt am Spalier Triebe kürzen und abgetragenes Holz entfernen; neue Triebe aufbinden.

Frühherbst

- **Gute Früchte ernten,** kühl und frostfrei lagern.
- **Bei Bedarf Stecklinge** von Stachelbeer- und Johannisbeersträuchern schneiden.
- **Den Boden** für die Pflanzung neuer Obstbäume und -sträucher vorbereiten.
- **Monatserdbeeren** ausputzen, abgestorbenes Laub entfernen.

Herbstmitte

- **Die letzten Äpfel und Birnen** ernten, gute Früchte einlagern.
- **Neue Obstbäume** und -sträucher sowie Himbeerruten möglichst bald nach dem Laubfall pflanzen.
- **Auslichtungsschnitt** bei Hasel- und Lambertsnuss.
- **Bindestellen** und Manschetten zum Schutz vor Hasenfraß an Obstbäumen kontrollieren.

Spätherbst

- **Den Boden** für die Pflanzung im Frühjahr vorbereiten.

Frühwinter

- **Äpfel und Birnen** im Lager regelmäßig kontrollieren, Angefaultes entfernen.
- **Apfel- und Birnbäume** an frostfreien Tagen schneiden.
- **Bei günstigem Wetter** weiter Obstbäume und -sträucher pflanzen.
- **Bei strenger Witterung** die Gefäße von Kübelpflanzen abdämmen.
- **Pfirsich und Nektarine** vorbeugend gegen die Kräuselkrankheit behandeln.

Mitte des Winters

- **Erdbeerpflanzen** für eine frühe Ernte mit Hauben abdecken.
- **Pollen abgebende Zweige** von Hasel- und Lambertsnuss schneiden und zur Bestäubung in andere Sträucher hängen.
- **Spätestens jetzt:** Auslichtungsschnitt bei Johannis- und Stachelbeeren.
- **Bei günstigem Wetter** Obstbäume und -sträucher pflanzen.
- **Bindestellen und Fraßschutz** an Obstbäumen kontrollieren.

Pflanzenprobleme

Das wichtigste Mittel gegen Pflanzenprobleme im Küchengarten sind die richtigen Kulturtechniken, die Erhaltung der Bodenfruchtbarkeit und Hygiene. So entwickeln sich kräftige Pflanzen, die widerstandsfähig gegenüber Schädlingen, Krankheiten und Kulturstörungen sind. Doch auch in einem gepflegten Garten können Probleme auftreten. Dieses Kapitel bietet daher einen Überblick über die häufigsten Probleme. Manche Pflanzen, etwa Kohl, sind recht empfindlich, andere wie die Mispel erkranken kaum.

Zum leichteren Nachschlagen sind Schädlinge, Krankheiten und Kulturstörungen im Abschnitt »Pflanzenprobleme A–Z« zusammen aufgeführt (*siehe S. 251–264*). Gegenmittel sind auf verschiedenem Weg zu finden.

Die häufigsten Probleme sind jeweils am Ende der Kulturbeschreibungen aufgeführt; dort finden Sie Querverweise. Mithilfe der Tabellen (*siehe S. 247–249*) können Sie schnell die sichtbaren Symptome nachschlagen. Wenn Sie zum Beispiel deformierte Wurzeln beim Meerkohl feststellen, schauen Sie in der Spalte »Wurzeln und Knollen« nach; dort finden Sie als Hauptverdächtigen Kohlhernie. Die dritte Möglichkeit für erfahrene Gärtner besteht darin, Einzelheiten direkt nachzuschlagen und ihren Verdacht bestätigt zu finden.

Unter »Pflanzenprobleme von A–Z« sind chemische und biologische Bekämpfungsmethoden genannt, außerdem Kulturmethoden, die dabei helfen, einen Befall oder eine Infektion zu vermeiden. Es ist äußerst wichtig, schnell einzugreifen: je früher Sie ein Problem angehen, desto weniger Schaden erleiden die Pflanzen, und die Ernte ist nicht in Gefahr. Nicht behandelte Probleme können sich auf andere Pflanzen ausbreiten oder sich im Boden festsetzen und über Jahre hinweg die Pflanzen schädigen.

Schnell nachschlagen

▼ Schadsymptome

Die folgenden Tabellen nennen die Kulturpflanzen nach ihrem deutschen Namen. Die Probleme sind dem Pflanzenteil, an dem sich die Symptome zeigen, zugeordnet.

Kultur	Symptome		
	Wurzeln und Knollen	Blätter und Sprosse	Früchte und Samen
Erdbeere	Erdbeerwurzelfäule, Dickmaulrüssler, Verticilliumwelke	Blattläuse, Echter Mehltau, Erdbeerviren, Rote Spinne	Botrytis, Echter Mehltau, Schnecken, Laufkäfer, Vögel

Hier zeigen sich die Symptome
Bei Erdbeeren befällt Echter Mehltau Blätter, Spross und Früchte.

▶ »A–Z«-Liste

»Pflanzenprobleme von A–Z« ist ein Verzeichnis der Schädlinge, Krankheiten und Kulturstörungen, welche die beschriebenen Pflanzen befallen. Jeder Eintrag nennt die betroffenen Pflanzen, Symptome, Ursachen und Bekämpfungsmethoden (bevorzugt biologische) oder Abwehrmethoden.

Bohnenblattlaus, Schwarze

■ **Vorkommen** Bohnen, Rote Bete, Artischocke und Cardy.
■ **Symptome** Schwarze, 2 mm lange Insekten sammeln sich an Sprossspitzen und unter Blättern. Die Pflanze wird geschwächt, es bilden sich keine Schoten.
■ **Ursache** Die Blattlaus *Aphis fabae*.
■ **Maßnahmen** Pflanzen regelmäßig kontrollieren; bei fast ausgewachsenen Bohnen befallene Triebspitzen auskneifen. Spritzungen mit Kali-Seife, Pyrethrine + Rapsöl wirken, bevor sich ein schwerer Befall entwickelt.

Bohnenfliege: *siehe* Wurzelfliege

Betroffene Pflanzen
Hier sind die am häufigsten betroffenen Pflanzen aufgeführt, aber auch Wirtspflanzen bzw. Arten, die zwar befallen, aber kaum geschädigt werden.

Querverweis
zum entsprechenden Eintrag

HÄUFIGE PROBLEME BEI GEMÜSE

Kultur	Symptome		
	Wurzeln und Knollen	Blätter und Sprosse	Früchte und Samen
Amarant	–	Blattläuse, Echter Mehltau	–
Artischocke	Hallimasch, Wurzellaus	Schnecken, Schwarze Bohnenblattlaus	Blütenfäule, Knospenfäule
Aubergine	–	Blattläuse, Rote Spinne, Verticillium-welke, Weiße Fliege	Grauschimmel
Barbarakraut		kaum Probleme	
Blumenkohl		wie Kopfkohl	
Bohnen	Bohnenfliege, Fußkrankheiten, Wurzellaus	Brennflecken-krankheit, Fett-fleckenkrankheit, Rost, Rote Spinne, Schnecken, Schwarze Bohnenblattlaus	Brennflecken-krankheit, Mäuse, Rost, Vögel
Brokkoli		wie Kopfkohl	
Cardy	Wurzellaus	Schnecken, Schwarze Bohnenblattlaus	Blütenfäule
Chicorée	Nacktschnecken, Salatwurzellaus	Blattrandnekrosen, Schnecken	–
Chinakohl		wie Kopfkohl	
Chinesischer Brokkoli		wie Kopfkohl	
Choy Sum		wie Kopfkohl	
Dicke Bohne	–	Blattrandkäfer, Rost, Schokoladen-flecken, Schwarze Bohnenblattlaus	Mäuse, Pferde-bohnenkäfer, Rost
Eiskraut	–	Nacktschnecken	–
Endivie		wie Chicorée	
Erbsen	Fußkrankheiten	Erbsenblasenfuß, Falscher Mehltau, Gestreifter Blatt-randkäfer, Grüne Erbsenblattlaus, Mäuse, Vögel	Brennflecken-krankheit, Erb-senblasenfuß, Erbsenwickler, Falscher Mehl-tau, Pferde-bohnenkäfer, Vögel
Feldsalat	–	Blattläuse, Schnecken	–
Fenchel	Schwarzfäule	Nacktschnecken	–
Grünkohl		wie Kopfkohl	
Gurke	Fußkrankheiten, Thrips	Echter Mehltau, Gur-kenmosaikvirus, Rote Spinne, Schnecken, Weiße Fliege	bitterer Geschmack, missgebildete Früchte
Haferwurzel	–	Weißrost	
Kartoffel	Drahtwurm, Eulenraupen, Kartoffelschorf, Schnecken, Pulverschorf, Sclerotinia-Fäule, Zystennematoden	Frostschäden, Kartof-felkäfer, Kartoffelviren, Kraut- und Braunfäule, Schwarzbeinigkeit	– –
Knoblauch		wie Zwiebel	
Knollenziest	Wurzellaus	Schnecken	
Kohlrabi		wie Kopfkohl	–
Kohlrübe	Kleine Kohlfliege, Kohlgallenrüssler, Kohlhernie	Bormangel, Erdflöhe, Echter und Falscher Mehltau, Mehlige Kohlblattlaus	–
Komatsuna		wie Kopfkohl	
Kopfkohl	Eulenraupen, Kleine Kohlfliege, Kohlhernie, Schnakenlarven	Blattflecken (bakteriell), Bormangel, Echter und Falscher Mehl-tau, Erdflöhe, Mehlige Kohlblattlaus, Molyb-dänmangel, Raupen, Schnecken, Vögel (Tauben), Weiße Fliege, Weißrost	Schießen
Kresse	–	Grauschimmel, Umfallkrankheit	–
Kürbis	Fußkrankheiten	Echter Mehltau, Gurkenmosaikvirus, Schnecken	–
Malabarspinat		kaum Probleme	
Mangold	–	Blattfleckenkrankheit	–
Meerkohl	Kohlhernie	Erdflöhe	–
Mibuna		wie Kopfkohl	
Minze	–	Pfefferminzrost	–
Mizuna		wie Kopfkohl	
Möhre	Möhrenfliege, Violetter Wurzel-töter, Wurzellaus	Blattläuse, Falscher und Echter Mehltau	–
Neuseeländer-spinat		wie Spinat	
Okra	–	Blattläuse, Rote Spinne, Weiße Fliege	Grauschimmel
Pak Choi	–	wie Kopfkohl	
Paprika und Peperoni	–	Blattläuse, Botrytis, Rote Spinne, Schnecken, Viren, Weiße Fliege	Blütenendfäule
Pastinake	Möhrenfliege, Pastinaken-krebs, Violetter Wurzeltöter	Echter und Falscher Mehltau, Selleriemi-nierfliege	–
Porree	Eulenraupen, Zwiebelfliege	Porreerost, ansonsten wie Zwiebel	–
Portulak	–	Schnecken	–
Radieschen und Rettich	Kleine Kohlfliege, Kohlhernie	Erdflöhe, Schnecken	–
Rhabarber	Hallimasch	Blattfleckenkrankheit, Schnecken, Wurzel- und Stammfäule, Viren	–
Rosenkohl		wie Kopfkohl	–
Rote Bete	Eulenraupen	Blattflecken (pilzlich), Bormangel, Mangan-mangel, Schwarze Bohnenblattlaus, Umfallkrankheit	–
Rübstiel	–	wie Speiserübe	–
Rucola		Erdflöhe, Schnecken	–
Salat	Drahtwurm, Eulenraupen, Salatwurzellaus, Schnakenlarven, Sklerotinia-Fäule	Blattläuse, Blattrandnekrose, Falscher Mehltau, Grauschimmel, Schnecken	

HÄUFIGE PROBLEME BEI GEMÜSE

Kultur	Sypmtome		
	Wurzeln und Knollen	Blätter und Sprosse	Früchte und Samen
Schwarzwurzel	–	Weißrost	–
Sellerie (Blatt-, Knollen- und Stangensellerie	Fußkrankheiten, Möhrenfliege, Violetter Wurzeltöter	Blattflecken (pilzlich), Schnecken, Sellerieminierfliege	–
Senf	–	Grauschimmel, Umfallkrankheit	–
Senf, Abessinischer		wie Kopfkohl	–
Sonnenblume	–	Schnecken	–
Spargel	Fusarium-Welke, Fußkrankheiten, Violetter Wurzeltöter	Fußkrankheiten, Schnecken, Spargelhähnchen	–
Spargelkohl		wie Kopfkohl	
Speiserübe	Kleine Kohlfliege, Kohlhernie, Eulenraupen, Kohlgallenrüssler, Drahtwürmer	Echter und Falscher Mehltau, Erdflöhe	–
Spinat	–	Falscher Mehltau, Rost, Vögel	Schießen
Süßkartoffel	–	Blattläuse, Rote Spinne, Weiße Fliege	–
Tomatillo		kaum Probleme	–
Tomate	Fußkrankheiten, Kartoffelzystennematoden	Kraut- und Braunfäule, Magnesiummangel, Raupen, Rote Spinne, Viren, Weiße Fliege	Blütenendfäule, Geisterflecken, Raupen, unvollständige Reifung
Topinambur	Nacktschnecken, Wurzellaus	Schnecken, Sklerotinia-Fäule	–
Wassermelone		wie Zuckermelone	
Winterportulak		Blattläuse, Nacktschnecken	–
Wurzelpetersilie		wie Pastinake	

Kultur	Sypmtome		
	Wurzeln und Knollen	Blätter und Sprosse	Früchte und Samen
Zucchini	Fußkrankheiten, Thrips	Echter Mehltau, Gurkenmosaikvirus, Rote Spinne, Schnecken, Weiße Fliege	Bitterer Geschmack, Nacktschnecken, schlechte Fruchtbildung
Zuckermais	–	Fritfliege, Mäuse, Vögel	Eichhörnchen, Maisbeulenbrand
Zuckermelone	Fußkrankheiten, Thrips	Blattläuse, Gurkenmosaikvirus, Echter Mehltau, Rote Spinne, Schnecken, Weiße Fliege	–
Zwiebeln (Speisezwiebel, Etagenzwiebel, Frühlingszwiebel, Lauchzwiebel, Schalotte, Winterzwiebel)	Fusarium-Welke, Zwiebelhalsfäule, Zwiebelweißfäule, Zwiebelfliege	Falscher Mehltau, Halsfäule, Mehlkrankheit, Nematoden, Viren, Vögel, Zwiebelblasenfuß, Zwiebelhalsfäule	Schießen

HÄUFIGE PROBLEME BEI OBST

Frucht	Symptome		
	Wurzeln	Blätter und Sprosse	Früchte und Blüten
Ananas	Phytophthora-Fäule, Wurzelgallennematoden	Wollläuse, Schildläuse, Rote Spinne, Thrips	–
Apfel	Hallimasch, Phytophthora-Wurzelfäule	Apfelschorf, Blutlaus, Blütenwelke, Bodenmüdigkeit, Echter Mehltau, Eisenmangel, Feuerbrand, Frostspanner, Mehlige Apfelblattlaus, Monilia-Spitzendürre, Obstbaumkrebs, Raupen, Rote Spinne, Wanzen	Apfelblattsauger, Apfelsägewespe, Apfelschorf, Apfelwickler, Monilia-Fruchtfäule, Feuerbrand, Frostschäden, Stippigkeit, Wanzen, Vögel
Aprikose	Hallimasch, Phytophthora-Wurzelfäule	Bakterienbrand, Bleiglanz, Kräuselkrankheit, Napfschildlaus, Triebsterben	Vögel

Frucht	Symptome		
	Wurzen	Blätter und Sprosse	Früchte und Blüten
Birne	Hallimasch, Phytophthora-Wurzelfäule	Birnengallmücke, Birnengitterrost, Birnenschorf, Blattläuse, Bodenmüdigkeit, Feuerbrand, Frostspanner, Monilia-Spitzendürre, Obstbaumkrebs, Raupen, Schwarze Kirschblattwespe	Apfelwickler, Birnenpockenmilbe, Birnenschorf, Bormangel, Eichhörnchen, Feuerbrand, Frostschäden, Monilia-Fruchtfäule, Vögel
Brombeere	Hallimasch, Phytophthora-Wurzelfäule	Blattläuse, Brennfleckenkrankheit, Brombeermilbe, Chlorose, Himbeerrutenkrankheit, Viren	Grauschimmel, Himbeerkäfer
Erdbeere	Erdbeerwurzelfäule, Dickmaulrüssler, Verticilliumwelke	Blattläuse, Echter Mehltau, Erdbeerviren, Rote Spinne	Botrytis, Echter Mehltau, Schnecken, Laufkäfer, Vögel

HÄUFIGE PROBLEME BEI OBST

Frucht	Symptome		
	Wurzeln	Blätter und Sprosse	Früchte und Blüten
Feige	–	Frostschäden, Napfschildlaus, Rote Spinne, Rotpustelkrankheit	Frostschäden, Vögel
Haselnuss, Lambertsnuss	Hallimasch, Phytophthora-Wurzelfäule	Echter Mehltau, Rost	Haselnussbohrer, Eichhörnchen
Heidelbeere	Phytophthora-Wurzelfäule	Chlorose, Grauschimmel	Vögel
Himbeere	–	Blattläuse, Blattfleckenkrankheit, Brennfleckenkrankheit, Chlorose, Himbeerblattgallmilbe, Himbeerrutenkrankheit, Viren, Wurzelsterben	Grauschimmel, Himbeerkäfer, Vögel
Kaktusfeige	–	Wollläuse	–
Kiwi		kaum Probleme	
Mandel	Hallimasch, Phytophthora-Wurzelfäule	Blattläuse, Bleiglanz, Kräuselkrankheit, Rote Spinne, Schildläuse	Aufplatzen, Frostschäden
Maulbeere	Hallimasch	Maulbeerkrebs	Vögel
Mispel		kaum Probleme	
Moosbeere	–	Chlorose	Vögel
Olive	Hallimasch, Phytophthora-Wurzelfäule, Wurzelgallennematode	Olivenschorf, Rote Spinne, Schildläuse, Thrips, Verticilliumwelke, Weiße Fliege	Fruchtfliege
Passionsfrucht	Hallimasch	Blattläuse, Rote Spinne, Schildläuse	Gurkenmosaikvirus, Mittelmeerfruchtfliege
Pfirsich und Nektarine	Hallimasch, Phytophthora-Wurzelfäule	Bakterienbrand, Blattläuse, Bleiglanz, Kräuselkrankheit, Napfschildlaus, Rote Spinne	Aufplatzen, Eichhörnchen, Frostschäden, Monilia-Fruchtfäule
Pflaume	–	Bakterienbrand, Bleiglanz, Frostspanner, Kleine Pflaumenblattlaus, Kräuselkrankheit, Mehlige Pflaumenlaus, Raupen, Rote Spinne, Scharkakrankheit, Vögel	Frostschäden, Monilia-Fruchtfäule, Pflaumenwickler
Quitte	Hallimasch	Quittenblattbräune, Echter Mehltau, Feuerbrand, Frostschäden, Verticilliumwelke	Monilia-Fruchtfäule, Frostschäden
Rote und Weiße Johannisbeere	–	Blattfleckenkrankheit, Blattläuse, Rotpusteln, Stachelbeerblattwespe, Wanzen	Botrytis, Vögel
Sauerkirsche und Süßkirsche	Hallimasch, Phytophthora-Wurzelfäule	Blattläuse, Bleiglanz, Bakterienbrand, Frostspanner, Magnesiummangel, Monilia-Spitzendürre, Schwarze Kirschblattwespe, Verbrennungen	Frostschäden, Kischfruchtfliege, Monilia-Fruchtfäule, Vögel
Schwarze Johannisbeere *siehe auch Rote und Weiße Johannisbeere*	Hallimasch, Phytophthora-Wurzelfäule	Amerikanischer Stachelbeermehltau, Blattläuse, Blattwanzen, Brennnesselblättrigkeit, Johannisbeergallmilbe, Johannisbeerblattgallmücke, Johannisbeersäulenrost, Viren	Grauschimmel, Vögel
Stachelbeere	Hallimasch, Phytophthora-Wurzelfäule	Amerikanischer Stachelbeermehltau, Blattläuse, Blattwanzen, Grauschimmel, Insektenlarven, Stachelbeerblattwespe, Blattfleckenkrankheiten, Vögel	Eichhörnchen, Mehltau
Walnuss	–	Bakterienbrand, Blattfleckenkrankheit der Walnuss, Walnuss-Gallmilbe	Eichhörnchen, Vögel
Wein	Dickmaulrüssler, Hallimasch, Phytophthora-Wurzelfäule	Dickmaulrüssler, Echter und Falscher Mehltau, Magnesiummangel, Napfschildlaus, Ödeme, Rote Spinne, Verbrennungen, Wollläuse	Grauschimmel, mangelnde Fruchtreife, Vögel, Wespen
Zitrusfrüchte	Wurzel- und Stammfäule	Rote Spinne, Schildläuse, Schmierläuse, Thrips, Weiße Fliege	Fruchtfliege, Viren

Schwarze Bohnenblattlaus an einer Artischocke
Es gibt Schädlinge und Krankheiten, die praktisch alle Pflanzen betreffen, etwa Blattläuse, Schnecken und die Umfallkrankheit. Sie werden in der Tabelle nur aufgeführt, wenn sie eine besondere Gefährdung darstellen.

Die häufigsten Probleme

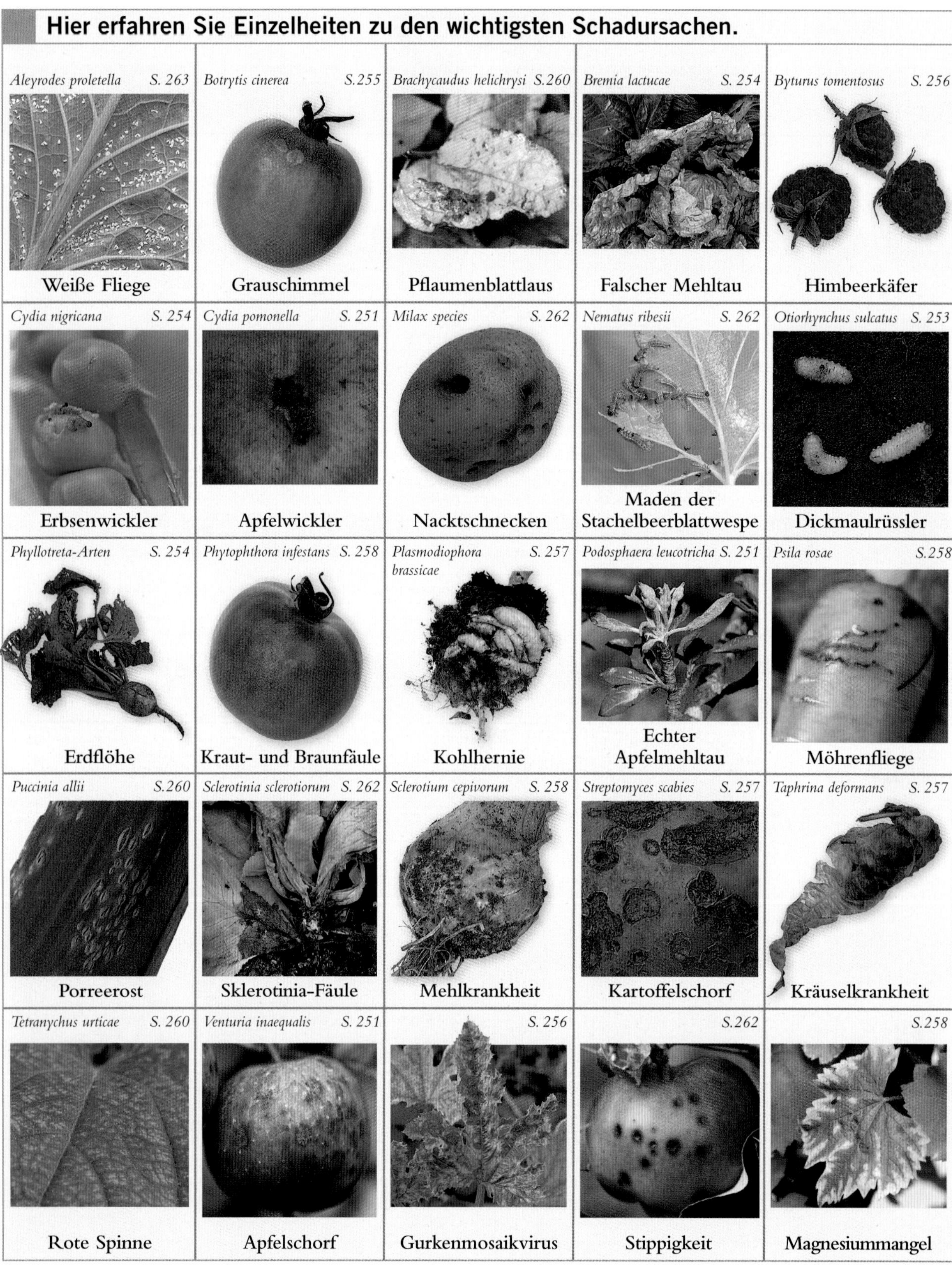

PFLANZENPROBLEME VON A–Z

Älchen: *siehe* Nematoden
Amerikanischer Stachelbeermehltau: *siehe* Stachelbeermehltau

Apfelblattlaus, Mehlige

■ **Vorkommen** Apfel.
■ **Symptome** Junge Blätter werden im Frühjahr von 2 mm langen, rötlich grauen Insekten befallen. Durch Fraßschäden rollen sich die Blattspitzen auf, die Blätter werden gelb. Die Läuse fressen auch Früchte an, die teilweise nicht mehr weiter wachsen und am unteren Ende eingedrückt wirken.
■ **Ursache** Die Eier der Mehligen Apfelblattlaus *(Dyaphis plantaginea)* überwintern am Baum und schlüpfen, wenn sich die Knospen öffnen. Die Blattläuse bleiben bis zum Früh- oder Hochsommer im Baum, danach ziehen sie auf den Breitwegerich um.
■ **Maßnahmen** Ein Leimring im März/April verhindert, dass Ameisen Läuse in die Krone verschleppen. Bei Bedarf mit Neem spritzen, besser Florfliegen gezielt aussetzen.

Apfelblattsauger

■ **Vorkommen** Apfel.
■ **Symptome** Blassgrüne, flache, bis 2 mm lange Insekten befallen die Blüten im Frühjahr; die Kronblätter werden braun, bei starkem Befall sterben die Blüten ab.
■ **Ursache** Die saugenden Insekten *(Psylla mali)* schlüpfen mit dem Austrieb aus überwinterten Eiern. Der Schaden wird von den Larven während der Blüte verursacht. Adulte Tiere erinnern an geflügelte Blattläuse und sind nach dem Blütenfall auf den Blättern zu sehen.
■ **Maßnahmen** Mit einem Stammanstrich die überwinternden Eier bekämpfen. Vor der Blüte mit Kali-Seife behandeln.

Apfelmehltau, Echter

■ **Vorkommen** Apfel, weniger stark an Birne, Quitte und Mispel.
■ **Symptome** Die Blätter sind mit einem pudrig weißen Pilzbelag *(siehe S. 250)* bedeckt. Junge Blätter werden von überwinterten Sporen infiziert. Sie entwickeln sich nicht richtig, sind missgestaltet und sterben vorzeitig ab. Die Sprosse zeigen im Winter silbrig weiße Flecken.
■ **Ursache** Der Pilz *Podosphaera leucotricha* überwintert in Apfelknospen und an Sprossen. Er breitet sich in heißen Sommern bei starkem Taufall schnell aus. Trockener Boden fördert die Entwicklung.
■ **Maßnahmen** Gute Wasserversorgung und Mulchen. Stark befallene Triebe entfernen. Die Baumkrone offen halten, damit die Luft zirkulieren kann. Mit Schwefel oder Myclobutanil spritzen.

Apfelsägewespe

■ **Vorkommen** Apfel.
■ **Symptome** Junge Früchte fallen im Früh- bis Hochsommer ab und zeigen Fraßlöcher an den Seiten. Die Löcher sind mit den Exkrementen der weißen Larven mit braunem Kopf gefüllt. Die reifen, missgebildeten Früchte besitzen eine bandförmige Narbe.
■ **Ursache** Die Sägewespe *Hoplocampa testudinea* legt ihre Eier während der Blüte in die Früchte ab. Die Larven fressen Gänge in die Frucht, erst unter der Haut, dann zum Kern. Stark geschädigte Früchte fallen ab; wenn die Larve stirbt, bevor sie das Kernhaus erreicht, reift die Frucht (wird aber narbig und missgebildet). Die Larven verlassen die Frucht und verpuppen sich im Boden.
■ **Maßnahmen** Beschädigte Früchte vernichten, bevor die Larven sie verlassen und sich verpuppen. War der Baum in früheren Jahren stark befallen, sieben Tage nach dem Blütenfall mit Rainfarn- oder Wermuttee spritzen.

Apfel-, Birnen- und Olivenschorf

■ **Vorkommen** Apfel, Birne und Olive.
■ **Symptome** Schwarze oder braune Schorfflächen auf jungen Früchten *(siehe S. 250)*. In schweren Fällen sind die Früchte missgebildet. Braune oder olivgrüne Flecken erscheinen auf den blasig wirkenden Blättern. Die Blätter fallen vorzeitig ab, die Ernte im nächsten Jahr ist schwächer. Auch junge Triebe werden befallen.
■ **Ursache** *Venturia inaequalis* bei Äpfeln und Birnen, *V. pirina* bei Birnen und *Spilocaea oleagina* bei Oliven. Die Pilze überwintern an jungen Blättern und an Falllaub. Schorf kommt vor allem in niederschlagsreichen Jahren an Bäumen mit dichtem Astwerk vor.
■ **Maßnahmen** Abgefallene Blätter vernichten. Schorfige Triebe entfernen, um die Überwinterung zu unterbinden. Regelmäßig schneiden, um die Durchlüftung zu verbessern, damit die Krone nach Regenfällen rasch abtrocknet. Resistente Sorten wählen, etwa die Tafeläpfel 'Fiesta', 'Florina', 'Reglindis', 'Rebella' und 'Topaz'. Die Birnen 'Conference', 'Herzogin Elsa' und 'Williams Christ' sind ebenfalls schorffest. Geeignete und zugelassene Fungizide wie Kupferoxychlorid wirken nur, wenn sie zum richtigen Zeitpunkt und regelmäßig gespritzt werden. Für Oliven liegt keine Zulassung vor.

Apfelwickler

■ **Vorkommen** Apfel und Birne.
■ **Symptome** Im Hoch- bis Spätsommer fressen kleine, weiße Raupen mit braunem Kopf Gänge in die Früchte. Bis zur Reife haben die Larven den Kern erreicht, die Früchte sind ungenießbar; am unteren Ende oder an anderen Stellen sind Ausgänge erkennbar *(siehe S. 250)*. Der Schaden ist ähnlich – aber nicht so schlimm – wie bei der Apfelsägewespe, der Apfelwickler kommt jedoch häufiger vor. Ein Eintrittsloch ist nicht erkennbar.
■ **Ursache** Die Larven des Apfelwicklers (*Cydia pomonella*). Die Weibchen legen im Früh- bis Hochsommer Eier an die Früchte. Die Larven schlüpfen zwei Wochen später und fressen sich vom unteren Ende in die Frucht, sodass keine Löcher zu sehen sind. Danach verpuppen sie sich unter loser Rinde. Die meisten überwintern, manche erscheinen jedoch schon im Frühherbst als zweite Generation.
■ **Maßnahmen** Wellkartonfanggürtel am Stamm nehmen die Larven auf; sie werden Ende August verbrannt. Pheromonfallen locken Männchen an und verringern die Paarungsmöglichkeiten der Weibchen. Pheromonfallen zeigen auch an, wann die Wickler Eier legen. Ab Mitte Juni drei- bis viermal alle zwei Wochen mit Granulosevirus-Präparat spritzen.

Aufplatzen

■ **Vorkommen** Verschiedene Kulturen.
■ **Symptome** Früchte oder Sprossen platzen meist der Länge nach, manchmal nur am Fruchtstiel auf; der Rest der Pflanze wirkt vollkommen gesund. Ohrwürmer dringen in die Wunden ein. Die Risse trocknen aus und verheilen, doch durch Infektionen kann die Pflanze absterben und faulen. Früchte schmecken oft schlechter.
■ **Ursache** Meistens eine unregelmäßige Versorgung mit Wasser und Nährstoffmangel, etwa Kalziummangel, außerdem schwache Bestäubung und starke Temperaturschwankungen.
■ **Bekämpfung** Boden durch Mulchen feucht halten. Pflanzen gut düngen und gießen. Obst von Hand bestäuben. An beschädigten Stellen auf Infektionen achten und diese behandeln. Beschädigte Früchte entfernen, sie sind Infektionsherde.

Bakterienbrand

■ **Vorkommen** Baumobst.
■ **Symptome** Bakterienbrand befällt Kirsche, Pflaume, Aprikose, Pfirsich und Nektarine. Klar umrissene Rindenflächen sinken ein, bernsteinfarbenes Harz tritt aus (»Gummifluss«). Die Knospen an den Zweigspitzen öffnen sich nicht, die Blätter welken und sterben ab. Die Blätter an befallenen Ästen sind klein, gelb und oft durchlöchert (Schrotschusseffekt).
■ **Ursache** Die Bakterien *Pseudomonas mors-prunorum* und *P. syringae* (Kirsche und Pflaume, Aprikose und Pfirsich). Bakterieninfektionen treten meist bei Regen und Wind im Herbst oder feuchtem Wetter im Frühjahr auf, wenn die jungen Triebe sehr anfällig sind, beginnend an den Blättern. Später wird die Rinde infiziert – meist durch Wunden, die durch Schnitt, Frost oder Laubfall entstehen. Infektionen im Sommer sind selten.
■ **Maßnahmen** Obstbäume im Sommer oder Spätwinter schneiden, Schnittwerkzeuge desinfizieren. Befallene Teile mindestens 10 cm tief ins gesunde Holz zurückschneiden, befallene Äste möglichst verbrennen.

Bakterienbrand der Walnuss

■ **Vorkommen** Walnuss.
■ **Symptome** Eckige, schwarze Flecken an Blättern und Blattstielen. Ähnliche Symptome an den Früchten.
■ **Ursache** Das Bakterium *Xanthomonas juglandis*.
■ **Maßnahmen** Befallene Blätter sofort entfernen.

Birnengallmücke

■ **Vorkommen** Birne.
■ **Symptome** Nach anfänglich gutem Wachstum werden junge Birnenfrüchte kurz nach dem Blütenfall vom unteren Ende her schwarz. Die befallenen Früchte sind verwachsen und fallen im Frühsommer vorzeitig ab. Bei schwerem Befall kann der gesamte Fruchtbesatz verloren gehen. In den Früchten finden sich 2 mm lange, blass-orangegelbe Larven. Die Früchte schwellen dadurch unnatürlich an, was den Eindruck eines schnellen Wachstums hervorruft.
■ **Ursache** Die Larven der Gallmücke *Contarinia pyrivora*. Beim Fruchtfall dringen die Larven in den Boden ein und verpuppen sich in Seidenkokons. Sie erscheinen im folgenden Frühjahr als adulte Insekten. Diese Mücke ist eine von zwei Arten, die Birnen befallen.
Die andere richtet keinen schweren Schaden an.
■ **Maßnahmen** Früh oder spät blühende Birnen entgehen oft der Aufmerksamkeit der Gallmücke, daher bevorzugt diese Sorten pflanzen. Bei kleinen Bäumen die befallenen Früchte entfernen, bevor sie zu Boden fallen.

Birnengitterrost: *siehe* Rostpilze.

Birnenpockenmilbe

■ **Vorkommen** Birne, seltener auch Apfel.
■ **Symptome** An jungen Birnenblättern erscheinen rosa oder gelbliche Blasen oder erhöhte Flecken, die an die Kräuselkrankheit des Pfirsichs erinnern. An geöffneten Blättern entstehen breite Streifen seitlich der Mittelrippe; im Hochsommer werden die Blasen schwarz. Sie haben weniger als 3 mm im Durchmesser und sind nicht mit den größeren Wunden durch Apfelschorf zu verwechseln.
■ **Ursache** Die Milbe *Eriophyes pyri* lebt in den Blättern. Die Blasen sind die Reaktion der Pflanze auf chemische Verbindungen in den Ausscheidungen der Milben.
■ **Maßnahmen** Die Blasen lassen den Baum zwar kränklich erscheinen, doch der Schaden beeinflusst nur das Aussehen, nicht aber die Ernte. Beim Austrieb mit Rapsöl spritzen. An kleinen, leicht befallenen Bäumen kann man die kranken Blätter von Hand entfernen. So wird der Besatz der folgenden Jahre eingedämmt.

Birnenschorf: *siehe* Apfel-, Birnen- und Olivenschorf

Bitterkeit

■ **Vorkommen** Gurke.
■ **Symptome** Früchte schmecken bitter.
■ **Ursache** Bestäubung der fruchtenden weiblichen durch männliche Blüten oder zu viel Stickstoff im Boden.
■ **Maßnahmen** Männliche Blüten sofort entfernen (weibliche Blüten tragen winzige Fruchtansätze direkt hinter der Blüte) oder rein weibliche Sorten pflanzen. Auf ausgewogene Düngung achten.

Blattfleckenkrankheiten (bakteriell)

■ **Vorkommen** Gurke, Kohl und Maulbeere.
■ **Symptome** Graue oder braune, meist eckige oder runde Flecken auf den Blättern, oft mit einem gelben Hof. Es sind keine erhöhten Pilzkörper wie bei pilzlichen Blattflecken erkennbar.
■ **Ursache** Verschiedene Bakterien spielen eine Rolle, etwa *Pseudomonas syringae* pv. *maculicola* bei Kohl, *P. syringae* pv. *lachrymans* bei Gurken und *P. syringae* pv. *mori* bei der Maulbeere. Sie werden meist über Spritzwasser, gelegentlich auch durch Stammverletzungen verbreitet (wie Bakterienkrebs, der Blattflecken bei den *Prunus*-Arten hervorruft). In den meisten Fällen ist nur das Aussehen beeinträchtigt; es zeigt aber an, dass die Pflanze unter Stress oder einem ernsteren Problem leidet.
■ **Maßnahmen** Infizierte Blätter entfernen, nicht von oben gießen.

Blattfleckenkrankheiten (pilzlich)

■ **Vorkommen** Mangold, Rote Bete, Sellerie, Brombeere, Himbeere, Johannisbeere und Stachelbeere.
■ **Symptome** Graue oder braune, runde Flecken auf den Blättern; sie fließen ineinander, sodass große Blattflächen absterben. Oft sind sie von konzentrischen Ringen aus verfärbtem Gewebe umgeben und weisen kleine, erhöhte, schwarze oder braune Fruchtkörper auf.
■ **Ursache** Verschiedene Pilze, von denen einige wirtsspezifisch sind, etwa *Ramularia beticola* und *Cercospora beticola* bei Roter Bete. Obwohl ganze Blätter absterben, ist die Störung nicht gefährlich; sie weist jedoch auf ein anderes, ernsteres Problem hin.
■ **Maßnahmen** Befallene Blätter bei Bedarf entfernen. Am Ende der Saison Falllaub und Erntereste abräumen, damit möglichst wenig Sporen überwintern. Anbau höchstens alle vier Jahre auf derselben Fläche. Für einzelne Kulturen darf Difenoconazol eingesetzt werden.

Blattfleckenkrankheit der Walnuss

■ **Vorkommen** Walnuss.
■ **Symptome** Die Blätter zeigen braune Flecken und fallen vorzeitig ab. Ähnliche Flecken zeigen sich an den Früchten, die sich schwarz verfärben.
■ **Ursache** Der Pilz *Marssonina juglandis* überwintert an Falllaub.
■ **Maßnahmen** Befallene Blätter aufsammeln und entsorgen. Es gibt kein Pflanzenschutzmittel.

Blattläuse

■ **Vorkommen** Fast alle Pflanzen werden befallen; manche Arten sind auf einen Wirt spezialisiert.
■ **Symptome** Befallene Pflanzen wachsen schlechter und entwickeln verkrüppelte Blätter. Die Blattoberflächen sind oft klebrig vom Honigtau; dieser entsteht, wenn sich Schwärzepilze auf den Ausscheidungen der Blattläuse ansiedeln. Blattläuse entwickeln mehrere Generationen in einer Vegetationsperiode. Viren werden oft durch die Saugtätigkeit der Blattläuse übertragen.
■ **Ursache** Etwa 2 mm lange Blattläuse, je nach Art grün, grau, rosa, schwarz, gelb oder braun.
■ **Maßnahmen** Überwinternde Eier an Obstbäumen oder -sträuchern bekämpft man mit einem Stammanstrich während des Winters. Generell triebige Stickstoffdüngung vermeiden. Direkte Bekämpfung ist möglich mit Rapsöl, Kali-Seife oder Neem bei Obst, für einzelne Kulturen ist Deltamethrin zugelassen.
■ *Siehe auch* Schwarze Bohnenlaus, Salatwurzellaus, Mehlige Kohlblattlaus, Grüne Erbsenlaus, Kleine Pflaumenblattlaus, Wurzellaus, Mehlige Apfelblattlaus, Wolllaus

Blattrandkäfer, Gestreifter

■ **Vorkommen** Erbse und Dicke Bohne.
■ **Symptome** Die Ränder von Erbsen- und Bohnenblättern weisen U-förmige Kerben auf, verursacht von 3–4 mm langen, grau-braunen Rüsselkäfern. Sie verlassen die Pflanze sofort, wenn sie gestört werden.
■ **Ursache** Der Käfer *Sitona lineatus* überwintert in Pflanzenabfällen und frisst ab dem zeitigen Frühjahr. Die Larven fressen die stickstoffhaltigen Wurzelknöllchen von Erbsen und Bohnen.
■ **Maßnahmen** Die Pflanzen kommen mit dem gewöhnlich geringen Schaden gut zurecht. Bei stärkerem Befall genügt mehrmaliges Absammeln.

Blattrandnekrose

■ **Vorkommen** Chicorée, Salat.
■ **Symptome** Die Blattränder sind braun verbrannt.
■ **Ursache** Kalziummangel, Botrytis oder Bakterien. Kalziummangel ist die häufigste Ursache.
■ **Maßnahmen** Wie bei Kalziummangel *(siehe S. 256)* und Grauschimmel *(siehe S. 255)*.

Blattwanzen

■ **Vorkommen** Erdbeere, Johannisbeere, Stachelbeere, Apfel, Birne und Pflaume.
■ **Symptome** Blätter an den Triebspitzen sind missgebildet und voller kleiner, ausgefranster Löcher; Triebspitzen sterben ab. Triebe aus befallenen Knospen sind verkrüppelt. Junge Äpfel weisen unregelmäßige Dellen auf, Erdbeeren sind ebenfalls verformt.
■ **Ursache** Die Wanze *Lygocoris pabulinus* ist blassgrün und etwa 6 mm lang. Andere Arten verursachen ähnlichen Schaden. Die Sauginsekten geben giftigen Speichel in die Triebspitzen ab, der die Zellen tötet. Sie sind von Spätfrühjahr bis Spätsommer aktiv, aber schwer zu fangen, da sie wegfliegen, wenn sie gestört werden.
■ **Maßnahmen** Anfällige Pflanzen im Sommer kontrollieren; die Wanzen am Morgen absammeln, wenn sie noch steif sind. Äpfel, Birnen und Erdbeeren eventuell mit Thiacloprid spritzen.

Bleiglanz

■ **Vorkommen** Steinobst, vor allem Pflaume und Kirsche, aber auch Apfel, Birne, Pfirsich und Nektarine sowie Mandel.
■ **Symptome** An einzelnen Zweigen erscheinen silbrig glänzende Blätter. Im Querschnitt daumendicker Äste zeigt sich braun verfärbtes Gewebe. Normal erscheinende Äste entwickeln vielleicht später Symptome. Befallene Astpartien fallen ab oder treiben im folgenden Frühjahr nicht mehr aus. An totem Holz bilden sich dunkel violettgraue Fruchtkörper, die oft in Gruppen dicht an der Rinde sitzen. Die genannten Symptome werden auch von anderen Faktoren verursacht, wie ungünstige Witterung, Trockenheit, Nährstoffmangel oder Insektenbefall.
■ **Ursache** Der Pilz *Chondrostereum purpureum* befällt frische Wunden an Laubbäumen und Sträuchern, meist hervorgerufen durch den Schnitt oder Insektenbefall. Die Sporen bilden sich in Fruchtkörpern an infizierten Trieben oder abgefallenem Holz. Sie verbreiten sich durch die Luft, durch Spritzwasser und über Schnittwerkzeuge. Der Pilz bildet einen Giftstoff, der die Blattoberfläche vom Blattgewebe ablöst; zwischen beiden Schichten sammelt sich Luft und verursacht den silbrigen Glanz. Die Blätter selbst tragen die Infektion nicht weiter.
■ **Maßnahmen** Nicht möglich. Schwach befallene Bäume erholen sich manchmal spontan. Die Infektion breitet sich im Baum aus, wenn nicht alle befallenen Zweige entfernt werden. Daher wird mindestens 15 cm unterhalb der offensichtlich befallenen Stelle bis ins gesunde Holz zurückgeschnitten.
Die Infektion tritt im Sommer seltener auf, daher sollte man alle anfälligen Bäume im Sommer schneiden. Wundverschlussmittel werden zwar nur noch eingeschränkt empfohlen, doch bei Bleiglanz-anfälligen Bäumen ist eine Wundbehandlung gleich nach dem Schnitt sinnvoll. Generell Infektionsherde wie abgefallenes Holz beseitigen. Manche Pflaumen- und Kirschensorten sind besonders anfällig. Auch die Unterlage hat Einfluss auf die Widerstandskraft: 'Brompton' ist sehr anfällig; andere wie 'Pixie' sind einigermaßen resistent.

Blütenendfäule

■ **Vorkommen** Tomate und Paprika.
■ **Symptome** Eine Vertiefung erscheint am Blütenende der Früchte; das Gewebe am Ansatz wird ledrig und braun oder schwarz. Nicht alle Früchte eines Büschels werden befallen, auch nicht alle Büschel an einer Pflanze.
■ **Ursache** Kalziummangel aufgrund von Trockenheit, was die Aufnahme behindert. Durch den Kalziummangel brechen die Zellen zusammen und verfärben sich. Sehr saures Substrat erschwert das Problem.
■ **Maßnahmen** Ausreichende, regelmäßige Bewässerung. Tritt die Fäule auf, befallene Früchte entfernen und die Wasserversorgung verbessern. Kleinfrüchtige Sorten und Pflanzen im Grundbeet oder großen Kübeln sind weniger anfällig.

Blütenschimmel

■ **Vorkommen** Artischocke und Cardy.
■ **Symptome** Die Blütenköpfe bilden blassbraune Flecken, später wird der ganze Kopf runzelig und von einer pelzigen, grauen Pilzschicht bedeckt. Manchmal zeigen sich darauf winzige schwarze Fruchtkörper (Sklerotien). Bei schwerer Infektion kann die ganze Ernte verloren gehen.
■ **Ursache** Der Grauschimmelpilz *Botrytis cinerea*. Die Sporen werden durch Spritzwasser und über die Luft verbreitet, sie überdauern im Boden oder an Pflanzenabfällen als Sklerotien.
■ **Maßnahmen** Gute Kulturbedingungen und Hygiene sind äußerst wichtig, da ein so weitverbreiteter Pilz kaum zu bekämpfen ist. Feuchte, schattige Standorte meiden. Pflanzen durch regelmäßiges Gießen und Düngen gesund und wüchsig halten. Tote Knospen oder Blütenköpfe sofort entfernen; der Pilz befällt schnell totes oder beschädigtes Gewebe und breitet sich auf gesunde Pflanzenteile aus. Auf gesunde Triebe zurückschneiden. Pflanzenabfälle sofort entfernen.
■ *Siehe auch* Grauschimmel.

Blütenwelke

■ **Vorkommen** Apfel, Aprikose, Birne, Kirsche, Pfirsich, Pflaume.
■ **Symptome** Die Blütenbüschel welken unmittelbar nach Erscheinen. Von den abgestorbenen Blütenbüschel am Baum geht die Infektion der Blätter aus. Diese welken, werden braun, sterben ab und bleiben am Baum. Ockerfarbene, pilzliche Fruchtkörper in der Größe von Reißnägel erscheinen auf betroffenem Holz. Äste können teilweise absterben.
■ **Ursache** Der Pilz *Monilinia laxa* oder beim Apfel *M. laxa* fo. *laxa* überwintert auf infizierten Pflanzenteilen. Sporen verbreiten sich rasch bei hoher Luftfeuchtigkeit.
■ **Maßnahmen** Befallene Blütenbüschel ausschneiden, bevor die Infektion auf Blätter oder Fruchtspieße übergreift.

Blutlaus

■ **Vorkommen** Apfel.
■ **Symptome** Eine wollige, weiße Wachsschicht erscheint im Spätfrühjahr und Sommer an der Rinde von Apfelbäumen. Sie wird von rötlich bis schwarzbraunen Läusen abgesondert, die oft in Gruppen um alte Schnittwunden und Rindenrisse auftauchen. Später wandern sie zu jungen Zweigen und verursachen krebsartige Wucherungen (Blutlauskrebs). Befallene Triebe erfrieren leicht, weil das Holz verspätet ausreift. Wenn die Triebe bei Frost aufplatzen, bieten sie einen Ansatzpunkt für Obstbaumkrebs *(siehe S. 259)*.
■ **Ursache** Die Blutlaus *Eriosoma lanigerum* überwintert im Nymphenstadium unter loser Rinde.
■ **Maßnahmen** Befallene Triebe beim Baumschnitt entfernen, Blutlauskolonien abbürsten. Winterspritzung mit Ölemulsion, die Kolonien mit Schmierseife und Spiritus bepinseln oder bespritzen. Schlupfwespen als die wirksamsten natürlichen Feinde fördern, Zweige mit parasitierten Blutläusen in befallene Bäume hängen.

Bodenmüdigkeit

■ **Vorkommen** Beerenobst, Baumobst.
■ **Symptome** Neu gepflanzte Bäume und Sträucher gedeihen nicht und beginnen abzusterben. Es liegen keine Kulturfehler vor wie Trockenheit, Staunässe oder falsche Pflanzung. Das Problem tritt auf, wenn die Bäume an eine Stelle gepflanzt werden, wo dieselbe Art schon früher kultiviert wurde.
■ **Ursache** Die genaue Ursache der Bodenmüdigkeit ist nicht bekannt; diese

Erscheinung steht aber in Zusammenhang mit Nematoden, Viren, bodenbürtigen Pilzen und Nährstoffmangel. Letzterer geht auf eine Infektion der Wurzeln zurück, welche die Aufnahme von Nährstoffen erschwert. Außerdem sondern die Wurzeln mancher Pflanzen Substanzen ab, die andere Pflanzen derselben Art in zu großer Nähe vertreiben; in der Natur würde dieser Mechanismus eine Konkurrenz verhindern.

■ **Maßnahmen** Betroffene Pflanzen erholen sich eventuell an einem neuen Standort. Das Problem lässt sich vermeiden, indem Pflanzen nicht an Stellen gesetzt werden, wo schon Pflanzen derselben Art gewachsen sind. Es gibt kein zuverlässiges Gegenmittel. Wenn es absolut nötig ist, kann der Boden an den betroffenen Stellen ausgetauscht werden. Dafür muss ein Wurzelbereich von mindestens 45 cm Kantenlänge ersetzt werden. Gut eingewachsene Containerpflanzen mit gesundem Wurzelsystem, Stickstoffdüngung und gründliches Gießen können das Problem reduzieren. Den Boden sollte man durch die Einarbeitung einer reichlichen Menge gut verrotteter organischer Substanz gesund erhalten.

Bohnenblattlaus, Schwarze

■ **Vorkommen** Bohnen, Rote Bete, Artischocke und Cardy.

■ **Symptome** Schwarze, 2 mm lange Insekten sammeln sich an Sprossspitzen und unter Blättern. Die Pflanze wird geschwächt, es bilden sich deshalb keine Schoten.

■ **Ursache** Die Blattlaus *Aphis fabae*.

■ **Maßnahmen** Pflanzen regelmäßig kontrollieren; bei fast ausgewachsenen Bohnen befallene Triebspitzen auskneifen. Spritzungen mit Kali-Seife, Pyrethrine + Rapsöl wirken, bevor sich ein schwerer Befall entwickelt.

Bohnenfliege: *siehe* Wurzelfliege
Bohnenrost: *siehe* Rost

Bormangel

■ **Vorkommen** Verschiedene Kulturen.

■ **Symptome** Je nach befallener Pflanze.

■ Birne: Verformte Früchte weisen harte, braune Flecken im Fruchtfleisch auf. Eventuell sterben Triebe ab.

■ Blumenkohl: Röschen wachsen schlecht und werden braun. Hauptspross, Blattstiele und Mittelrippen sind rau.

■ Erdbeere (nicht häufig): Schwacher Wuchs. Die kleinen Blätter wirken faltig und an der Spitze gelb. Die kleinen, blassen Beeren zeigen eine typische »Taille« am Kelch.

■ Möhre: Die aufgeplatzte Wurzel hat oft einen gräulichen Kern, die Rüben platzen auf. Gelb und rötlich verfärbte Blätter.

■ Kohlrübe und Speiserübe: Grau oder braun verfärbte, konzentrische Ringe im unteren Teil der Wurzel.

■ Kopfkohl: Missgebildete Blätter und hohle Sprosse.

■ Rettich: Stumpfe, aufgeplatzte Schale, holziges Gewebe.

■ Rote Bete: Krebsartige Stellen an der Wurzel, oft Fäule im Kern, die sich in Form von braunen Ringen im Wurzelgewebe und am Wurzelhals zeigt. Die Blätter sind klein und nekrotisch.

■ Sellerie: Quer verlaufende Risse in den äußeren Blattstielen, Rötung des inneren Gewebes, manchmal Blattverformung.

■ **Ursache** Bormangel tritt oft bei leichtem Boden auf, da dieses Element relativ leicht ausgewaschen wird. Er kommt auch bei zu stark gekalktem oder sehr trockenem Boden vor.

■ **Maßnahmen** Bei Gemüse und Erdbeeren vor der Aussaat oder Pflanzung 35 g Borax pro 20 m² Fläche geben. Borax mit feinem Gartensand mischen, damit es sich gleichmäßiger verteilt. Birnen bei Blütenfall mit 70 g Borax auf 22 Liter Wasser mit einem Netzmittel spritzen. Borax wird häufig überdosiert.

Botrytis: *siehe* Grauschimmel

Brennfleckenkrankheit der Bohne

■ **Vorkommen** Busch-, Stangen- und Feuerbohne.

■ **Symptome** Verschiedene Pilze verursachen Flecken auf Blättern, Sprossen und Früchten. Befallenes Gewebe stirbt ab, in schweren Fällen die ganze Pflanze. Bei Bohnen zeigen sich senkrechte, vertiefte braune Streifen an den Sprossen. Die Blattadern färben sich rot, die Blätter braun und sterben ab. Rotbraune Flecken erscheinen auf den Schoten, bei Nässe bildet sich danach rötlicher Schleim.

■ **Ursache** *Colletotrichum lindemuthianum* und andere Arten sind die häufigsten Verursacher. Die Sporen können durch Regen oder Spritzwasser übertragen werden.

■ **Maßnahmen** Infizierte Pflanzen sofort entfernen; ihre Samen nicht sammeln, da sie die Krankheit weitertragen. Wenig anfällige Bohnensorten pflanzen, auf gesundes Saatgut achten. Die Beete für den Anbau jährlich wechseln.

Brennfleckenkrankheit der Erbse

■ **Vorkommen** Erbse.

■ **Symptome** Eingefallene, braune oder gelbe Flecken an Blättern, Sprossen, Blütenstielen und Hülsen. An diesen Stellen zeigen sich auch stecknadelgroße Fruchtkörper.

■ **Ursache** Verschiedene Pilze, darunter *Ascochyta pisi* und *A. pinodes*. Sie befallen meist ausgewachsene Pflanzen, manchmal aber auch Keimlinge, die meist absterben. Die Erreger überdauern an Pflanzenabfällen; werden Samen aus infizierten Hülsen gesammelt, erkranken die Keimlinge.

■ **Maßnahmen** Infizierte Pflanzenteile am Ende der Saison vernichten. Keine Samen von infizierten Pflanzen sammeln. Jährlich die Beete wechseln.

Brennfleckenkrankheit der Himbeere

■ **Vorkommen** Brombeere, Himbeere und Loganberry.

■ **Symptome** Linsenförmige, violette Flecken mit silbergrauem Zentrum auf den Ruten breiten sich auch auf Blätter und Blütenstiele aus. Werden sie größer, platzen die Ruten auf und sterben ab.

■ **Ursache** Der Pilz *Elsinoë veneta* tritt besonders im Frühsommer auf.

■ **Maßnahmen** Infizierte Ruten sofort entfernen. Keine anfälligen Sorten pflanzen.

Brennnesselblättrigkeit

■ **Vorkommen** Schwarze Johannisbeere.

■ **Symptome** Es bilden sich gelbliche Blätter mit verkürzten Hauptadern. Sie bleiben klein und sind weniger gelappt als normal. Blüte und Fruchtbildung sind schwächer.

■ **Ursache** Ein von der Johannisbeerblattgallmilbe verbreitetes Virus. Oft sind auch große Knospen vorhanden.

■ **Maßnahmen** Infizierte Pflanzen sofort entfernen; die Krankheit ist nicht heilbar; kranke Pflanzen stecken gesunde in ihrer Nähe an. Nur garantiert virusfreie Pflanzen kaufen.

Chlorose

■ **Vorkommen** Verschiedene Kulturen.

■ **Symptome** Die Blätter, aber auch anderes Gewebe färbt sich gelb, rot oder orange. Das Hauptsymptom ist auf den Verlust von Chlorophyll zurückzuführen; der grüne Blattfarbstoff verdeckt andere natürliche Pigmente, die dann zum Vorschein kommen.

■ **Ursache** Meist Mangel an Eisen und Mangan (Eisenmangelchlorose), Stickstoff oder Magnesium. Auch Viren und ungünstige Kulturbedingungen wie Staunässe, Kälte oder Kontakt mit Herbiziden können die Ursache sein.

■ **Maßnahmen** Den Nährstoffmangel beheben, Quellen von Virusinfektionen entfernen und schlechte Kulturbedingungen verbessern.

■ *Siehe auch* Eisenmangel, Magnesiummangel, Manganmangel.

Dickmaulrüssler

■ **Vorkommen** Hauptsächlich Erdbeeren.

■ **Symptome** Adulte Insekten und Larven richten Schaden an. Die Käfer fressen von Frühjahr bis Herbst die Blattränder buchtig ein; dieser Schaden ist vor allem unansehnlich, doch er weist auf die viel größere Gefahr durch die cremeweißen Larven hin, die verborgen im Boden an den Wurzeln fressen bzw. die Rinde verholzender Triebe. Die Pflanzen wachsen langsam, welken und sterben ab. Der Fraß durch die Larven *(siehe S. 250)* schwächt die Pflanzen beträchtlich. Vor allem Kübelpflanzen sind durch die Larven gefährdet.

■ **Ursache** Der nachtaktive Dickmaulrüssler *(Otiorrhynchus sulcatus)*. Die langsamen, matt schwarzen Käfer werden 1 cm lang, haben birnenförmige Körper und etwa in der Mitte abgeknickt wirkende Fühler. Sie legen im Lauf einiger Monate mehrere Hundert Eier ab. Die beinlosen, im Boden lebenden Larven werden 1 cm lang und sind leicht gebogen. Die Käfer überwintern im Boden und werden bei zunehmenden Bodentemperaturen wieder aktiv.

■ **Maßnahmen** Die Käfer in der Dämmerung absammeln und vernichten. Zur biologischen Bekämpfung eignen sich pathogene Nematoden *(Steinernema kraussii* oder *Heterorhabditis megidis)*. Die Nematoden-Präparate bringt man Ende Mai und eventuell im September auf die betroffenen Beete aus oder gießt die Töpfe damit an. Sie wirken nicht bei trockenem, schwerem oder kaltem Boden. (Die Temperatur muss mehrere Stunden lang über 11 °C liegen.) Es sind keine Pflanzenschutzmittel zugelassen.

Drahtwürmer

■ **Vorkommen** Salat, Wurzelgemüse und Keimlinge.

■ **Symptome** Die Keimlinge sterben ab, die Sprosse werden direkt unter der Erde abgefressen. Kartoffeln und Möhren weisen im Spätsommer umfangreiche Gangsysteme auf. Schlanke, gelbliche, 25 mm lange Larven mit braunem Kopf und drei kurzen Beinpaaren finden sich im Boden und in den Knollen. Sie haben einen kleinen, gut erkennbaren Auswuchs am hinteren Ende.

■ **Ursache** Die Larven von Schnellkäfern wie *Agriotes lineatus, A. obscurus, A. sputator* und *Athous haemorrhoidalis* treten vor allem auf frisch umgebrochenen ehemaligen Grasflächen auf. Wird der Boden weiter bestellt, nehmen sie im Lauf von drei bis vier Jahren stetig ab.

■ **Maßnahmen** Kartoffeln sofort bei Reife ernten, um den Schaden gering zu halten. Kartoffel-, Futterrüben- oder Möhrenscheiben als Köder auslegen und regelmäßig absammeln. Zeitweise auf den Salatanbau verzichten und Salat als Köderpflanzen einsäen.

Echter Apfelmehltau: *siehe* Apfelmehltau

Echter Mehltau

■ **Vorkommen** Bei den verschiedensten Kulturen.

■ **Symptome** Eine pudrige, weiße Pilzschicht erscheint zunächst auf der Blattoberfläche, später auch auf der Blattunterseite. Mehltau befällt alle oberirdischen Pflanzenteile, je nach Pflanzenart und Erreger. Echter Mehltau tritt vor allem an den Triebspitzen auf.

■ Befallene Blätter und Pflanzenteile vergilben und verkrüppeln, befallene Früchte platzen auf, da sie nicht mehr normal wachsen können. Auf den Blättern tötet der Mehltau kleine Gewebeteile ab, die einfallen und ein Loch hinterlassen. Die Pflanze wächst schlecht, in extremen Fällen fallen die Blätter vorzeitig und die Pflanze stirbt ab.

■ **Ursache** Verschiedene Pilze, darunter *Erysiphe-, Golovinomyces-, Neoerysiphe-* und *Podosphaera*-Arten. Diese treten besonders bei trockenem Boden, aber feuchter und stehender Luft auf.

■ **Maßnahmen** Pflanzen ausreichend, aber nicht von oben gießen. Befallene Blätter sofort entfernen. Auf resistente Sorten achten. Für manche Kulturen sind Fungizide zugelassen, die teilweise auch gegen Falschen Mehltau wirken.

Eichhörnchen

■ **Vorkommen** Hasel- und Lambertsnuss, Baum- und Strauchobst, Erdbeere, Zuckermais.

■ **Symptome** Eichhörnchen fressen Triebspitzen, Blütenknospen, Nüsse und Früchte und richten bisweilen viel Schaden an. Sie entfernen auch Etiketten und schärfen ihre Zähne daran.

■ **Ursache** Das Eichhörnchen *(Sciurus vulgaris)*.

■ **Maßnahmen** Eine Bekämpfung erscheint in gefährdeten Hausgärten nicht angebracht. Früchte, die für Eichhörnchen interessant sind, kann man mit Netzen schützen, falls dies notwendig erscheint. Dauerhafte Käfige aus Draht eignen sich am besten, da die Tiere Kunststoff durchnagen. Diese Tiere sollten auf jeden Fall geschützt werden.

Eisenmangel (Chlorose)

■ **Vorkommen** Apfel, Birne, Heidelbeere, Himbeere und Brombeere.
■ **Symptome** Gelbfärbung der Blätter zwischen den Adern *(siehe S. 253)*, oft in Verbindung mit einer an den Rändern beginnenden Braunfärbung. Junge Triebe werden früher und stärker befallen als ältere.
■ **Ursache** Eisenmangel tritt meist zusammen mit Manganmangel *(siehe S. 258)* auf. Er betrifft vor allem Säure liebende Pflanzen wie Heidelbeeren, die in alkalischem Boden wachsen, daher die Bezeichnung Kalkchlorose. Er betrifft aber auch andere, nicht unbedingt Säure liebende Pflanzen. Eisenmangel im Boden ist selten, doch Eisen (und Mangan) sind zum Beispiel für die Pflanzen nicht verfügbar, wenn der Boden zu alkalisch ist; komplexe chemische Vorgänge sorgen dafür, dass durch Kalzium das Eisen im Boden festgelegt wird.
■ **Maßnahmen** Säure liebende Pflanzen gedeihen nur bei geeigneter Bodenreaktion. Betroffene Obstgehölze können mit einem Eisenchelatdünger behandelt werden, der zugleich Mangan und andere Spurenelemente enthält. Alkalische Böden nicht mehr kalken. Bei sehr alkalischem Boden eventuell vor der Pflanzung Schwefel oder Aluminiumsulfat und Ferrosulfat geben. Säure liebende Pflanzen mit saurem Material wie Kiefernnadeln oder Koniferenrinde mulchen; dieses auch vor der Pflanzung in den Boden mischen. Einen geeigneten Dünger verwenden (z.B. Rhododendron-Dünger).

Erbsenblasenfuß

■ **Vorkommen** Erbse und Dicke Bohne.
■ **Symptome** Blätter und Hülsen kümmern und sind verfärbt; sie schimmern silbrig oder haben braune Narben. Die Schoten enthalten wenige Erbsen am Stielende. Adulte Tiere, die Thripse, sind schwarz, 2 mm lang und haben schmale, längliche Körper. Die Larven sind ähnlich, aber blassgelb.
■ **Ursache** Der Erbsenblasenfuß *(Kakothrips robustus)* erscheint im Spätfrühjahr und Frühsommer. Die meisten sind von Hoch- bis Spätsommer aktiv; in heißen, trockenen Sommern können sie lästig werden.
■ **Maßnahmen** Auf Thripse achten, wenn sich die Hülsen bilden und bei Bedarf die Pflanzen von unten mit kaltem Wasser abspritzen.
Raubmilben kann man zur Bekämpfung vor allem unter Glas einsetzen.

Erbsenblattlaus, Grüne

■ **Vorkommen** Erbse.
■ **Symptome** Große, blassgrüne, rosa oder gelbe Blattläuse befallen junge Triebe und stören das Wachstum.
■ **Ursache** Die Grüne Erbsenlaus *(Acyrthosiphon pisum)*. Diese Art überträgt zahlreiche Viruskrankheiten, die Leguminosen befallen können.
■ **Maßnahmen** Bei lästigem Befall – wenn die Blattläuse vor der Blüte auftreten – mit Kali-Seife behandeln oder Gesteinsmehl stäuben.
■ *Siehe auch* Blattläuse.

Erdbeersamen-Laufkäfer

■ **Vorkommen** Erdbeere.
■ **Symptome** Samen werden aus den reifenden Erdbeeren gelöst, sodass vertrocknete, braune Flecken zurückbleiben. Die Früchte werden angefressen, was oft an Schneckenfraß erinnert.
■ **Ursache** Schnell laufende, 15 mm lange schwarze Laufkäfer (*Pterostichus*-Arten oder *Harpalus rufipes*), die alle nachtaktiv sind.
■ **Maßnahmen** Das Erdbeerbeet unkrautfrei halten, damit sich keine Laufkäferpopulation entwickelt (zu anderen Jahreszeiten fressen sie Unkrautsamen). Eingegrabene Marmeladengläser dienen als Fallen, darin verirren sich aber auch Nützlinge. Synthetische Pflanzenschutzmittel sind nicht zugelassen.

Erbsenwickler

■ **Vorkommen** Erbse.
■ **Symptome** Bis zu 6 mm lange Larven mit dunkel geflecktem, cremeweißem Körper und schwarzem Kopf dringen in die Hülsen junger Erbsen ein *(siehe S. 250)*. Sie treten in großer Zahl im Hoch- und Spätsommer auf.
■ **Ursache** Der Erbsenwickler *(Laspeyresia nigricana)* überwintert in Pflanzenabfällen. Er legt seine Eier während der Erbsenblüte. Die adulten Insekten sind von Früh- bis Spätsommer aktiv. Früh oder spät gesäte Erbsen, die nicht zu dieser Zeit blühen, sind in der Regel sicher.
■ **Maßnahmen** Erbsen früh oder spät säen, um den Zeitpunkt der Eiablage zu umgehen. Fruchtwechsel einhalten und Erbsen in Mischkultur mit Tomaten anbauen.
Eine Woche nach Beginn der Blüte mit einem Wermut-Rainfarn-Brühe spritzen.

Erdbeerviren

■ **Vorkommen** Erdbeere.
■ **Symptome** Die Pflanze verkümmert, die Blätter bleiben klein und werden gelb. Verschiedene Verfärbungsmuster sind zu sehen: Streifen, Ringe, Mosaik oder Ränder. Die Pflanzen gedeihen nicht, blühen und tragen schwach.
■ **Ursache** Verschiedene Viren, die häufigsten sind Blattrandvergilbung, Erdbeerscheckung, Kräuselkrankheit und die Mosaikkrankheit, die von Nematoden übertragen wird.
■ **Maßnahmen** Befallene Pflanzen vernichten, wenn sich Symptome zeigen. Es stehen keine Pflanzenschutzmittel zur Verfügung. Blattläuse *(siehe S. 252)* bekämpfen, da sie Viren übertragen. Fruchtwechsel einhalten. Infizierte Pflanzen nicht vermehren; Ausläufer zeigen nicht immer Symptome, verbreiten aber die Krankheit. Nur garantiert virusfreie Erdbeerpflanzen kaufen.

Erdbeerwurzelfäule

■ **Vorkommen** Erdbeere.
■ **Symptome** Im Spätfrühjahr fallen kleinwüchsige Pflanzen mit steifen, rotbraunen Blättern auf. Die Wurzeln haben einen roten Kern.
■ **Ursache** Der Pilz *Phytophthora fragariae* vermehrt sich in nassem, schwerem Boden und entwickelt in den zerfallenden Wurzeln Dauersporen. Diese gelangen in den Boden, wo sie länger als zehn Jahre überdauern. Der Pilz wird über Erde an Schuhen, Werkzeugen oder über befallene Pflanzen eingeschleppt.
■ **Maßnahmen** Infizierte Pflanzen und Erde an den Wurzeln sofort vernichten. Keine Erdbeeren an denselben Standort pflanzen, Erde von der infizierten Stelle nicht im Garten verbreiten.

Erdflöhe

■ **Vorkommen** Kartoffel, Kohl, Kohlrübe, Meerkohl, Rettich, Rucola und Speiserübe.
■ **Symptome** Etwa 2 mm lange, glänzend schwarze Käfer, manchmal mit gelb gestreiften Deckflügeln, springen von den befallenen Blättern, wenn sie aufgestört werden. Manche Arten sind bis zu 4 mm lang und metallisch blau oder gelbbraun. Sie fressen kleine runde Löcher in die Blattoberfläche *(siehe S. 250)*, selten durch das ganze Blatt. Das beschädigte Gewebe trocknet aus und wird blassbraun.
Starker Befall kann Keimlinge töten und bei älteren Pflanzen das Wachstum stören.
■ **Ursache** Die vielen Erdfloharten sind eigentlich Käfer. Kohl wird meist von *Phyllotreta*-Arten befallen, die Kartoffel von *Psylliodes affinis*. Die Flöhe schädigen die Blätter, die im Boden lebenden Larven die Wurzeln. Erwachsene Käfer sind zur Frühjahrsmitte und im Spätsommer aktiv.
■ **Maßnahmen** Bei günstiger Witterung säen, damit die Keimlinge das empfindlichste Stadium schnell hinter sich bringen. Keimlinge und junge Pflanzen mit Vlies oder ähnlichem Material abdecken. Taunasse Pflanzen mit Gesteinsmehl oder Algenkalk bestäuben.

Eulenraupen

■ **Vorkommen** Wurzelgemüse, Kohl, Salat und Lauch.
■ **Symptome** Junge Pflanzen welken und sterben ab. Die Wurzeln werden direkt unter der Erdoberfläche abgetrennt. An Wurzelgemüse zeigen sich Fraßlöcher. Bis zu 4 cm lange, cremebraune oder grünbraune Raupen sind im Boden in der Nähe befallener Pflanzen zu entdecken. Nachts fressen sie auch Blätter über der Erde.
■ **Ursache** Die im Boden lebenden Raupen mehrerer Arten von Nachtfaltern (den Eulen) wie Hausmutter *(Noctua pronuba)*, Primeleule *(Noctua comes)*, Saateule *(Agrotis segetum)* oder Ausrufezeichen *(Agrotis exclamationis)*.
■ **Maßnahmen** Erdeulen arbeiten sich entlang von Pflanzenreihen vor; man entdeckt sie beim Sieben der Erde aus der Umgebung beschädigter Pflanzen. Unkrautbekämpfung reduziert die Anzahl dieser Schädlinge. Zur Bekämpfung eignet sich *Bacillus thuringiensis*.

Falscher Mehltau

■ **Vorkommen** Verschiedene Kulturen.
■ **Symptome** Verfärbte, gelbe Stellen an der Blattoberfläche und pelziger, blassgrauer oder violetter Pilzbefall an der Unterseite *(siehe S. 250)*. Breitet sich die Infektion aus, sterben große Flächen oder ganze Blätter ab. Falscher Mehltau befällt meist junge Pflanzen und solche in feuchter Umgebung. Er ist nicht leicht vom Echten Mehltau zu unterscheiden *(siehe S. 253)*, der eher in trockener Umgebung auftritt.
■ **Ursache** Verschiedene Pilze, meist *Peronospora-*, *Bremia-* und *Plasmopara*-Arten. Manche sind wirtsspezifisch: *Peronospora parasitica* tritt an Kohl auf, *P. destructor* bei Zwiebeln, *P. farinosa* fo. *spinaceae* bei Spinat, *Bremia lactucae* bei Salat und *Plasmopara viticola* bei Wein.
■ **Maßnahmen** Infizierte Blätter sofort entfernen. Durchlüftung durch Unkrautbekämpfung und größere Pflanzabstände verbessern. Gewächshaus gut belüften. Nicht von oben gießen. Vorbeugend mit Schachtelhalmbrühe spritzen. Für einzelne Kulturen ist Fosetyl zugelassen.

Fettfleckenkrankheit der Bohne

■ **Vorkommen** Busch-, Stangen- und Feuerbohne.
■ **Symptome** Kleine, eckige Flecken erscheinen an den Blättern, sie wirken erst wässrig, dann werden sie dunkler; sie sind von einem leuchtend gelben Hof umgeben. Die Blätter vergilben zwischen den Adern, schließlich verfärben sie sich ganz und sterben ab. Wachstum und Ertrag werden stark beeinträchtigt. Sind Sprosse oder Hülsen infiziert, zeigen sie graue Flecken, die ebenfalls feucht wirken.
■ **Ursache** Das Bakterium *Pseudomonas syringae* pv. *phaseolicola* wird durch Spritzwasser verbreitet. Die Erstinfektion erfolgt meist über das Saatgut.
■ **Maßnahmen** Infizierte Blätter sofort entfernen, nicht von oben gießen. Am Ende der Saison alle befallenen Pflanzen vernichten und keine Samen davon einlagern. Auf resistente Sorten achten.

Feuerbrand

■ **Vorkommen** Obstgehölze aus der Familie der Rosengewächse wie Apfel, Birne, Quitte und Mispel. Zierpflanzen wie *Cotoneaster*, Eberesche, Felsenbirne, Feuerdorn und Weißdorn werden befallen und verbreiten die Infektion.
■ **Symptome** Blüten welken und fallen ab, kurz darauf die benachbarten Blätter und Sprosse. Viele Triebe sterben ab, in wenigen Jahren die ganze Pflanze. Die Infektion tritt meist während der Blüte in der Krone verteilt auf; gesunde Sprosse wachsen neben infizierten. Die Rinde an jungen Sprossen fällt ein, beim Zurückschneiden ist eine fuchsrote Verfärbung im Holz zu sehen. Befallene Stellen sondern Schleimtropfen ab, die Bakterien enthalten. Die Symptome erinnern an die Monilia-Spitzendürre *(siehe S. 259)*.
■ **Ursache** Das Bakterium *Erwinia amylovora* ist bei warmem, nassem Wetter sehr aktiv. Es dringt meist durch die Blüten ein, aber auch durch Wunden am Spross. Es wird durch Spritzwasser und über Schnittwerkzeuge verbreitet. Feuerbrand ist eine meldepflichtige Krankeit, die beim nächstgelegenen Pflanzenschutzamt angezeigt werden muss. Dies ist vor allem in Obstbaugebieten wichtig.
■ **Maßnahmen** Befallene Sprosse mindestens 60 cm tief ins gesunde Holz zurückschneiden. Schnittabfälle vernichten, Werkzeuge sterilisieren. Stark befallene oder kleine Bäume müssen eventuell ganz entfernt werden. Werden Zierpflanzen neben anfälliges Obst gesetzt, sind mögliche Infektionsherde zu meiden. Es gibt kein wirksames Pflanzenschutzmittel.

Fritfliege

Vorkommen Zuckermais.

Symptome Gelbe Längsstreifen erscheinen an jungen Blättern, die dann ausfransen. Die Pflanzen gedeihen nicht, die Ernte fällt spärlich aus. Bei schwerem Befall sterben die Triebspitzen und eventuell ganze Pflanzen ab. 5 mm lange, weiße Larven sind im Hochsommer an den Blättern und Sprossen zu entdecken.

Ursache Die Fliege *Oscinella frit* legt ihre Eier im Frühsommer an den Wurzelhals der Pflanze. Die Larven schlüpfen nach zwei bis drei Wochen und fressen sich in den Spross. Bis zu drei Generationen entwickeln sich von Frühsommer bis Herbst; dann überwintern die Larven an Gräsern und Getreide.

Maßnahmen Bekämpfung von Unkraut, besonders von Gräsern. Gute Wachstumsbedingungen schaffen, damit die Pflanzen schnell anwachsen; danach sind sie weniger anfällig. Keimlinge einzeln in Töpfen unter Glas anziehen und nach der Eiablage im Frühsommer auspflanzen.

Frostschaden an Blättern und Sprossen

Vorkommen Verschiedene Blattgemüse und Frühkartoffeln.

Symptome Vor allem an den Triebspitzen und anderen ungeschützten Stellen wirken die Blätter wie verbrannt und werden braun oder schwarz. Befallene Teile welken und sterben ab, junge Triebe neben erfrorenen Blättern sterben ebenfalls ab. Gelegentlich treten einzelne Schadstellen an gesunden Sprossen auf.

Ursache Frost schädigt das Gewebe mancher kälteempfindlicher Obst- und Gemüsearten. Empfindliche Pflanzen, überwinternde und frühe Sorten sind sehr anfällig; unerwartet auftretende Spätfröste richten besonders großen Schaden an.

Maßnahmen Standorte sorgfältig auswählen, besonders für frostempfindliche Pflanzen. Frostsenken und Standorte in direkter Morgensonne möglichst meiden. Empfindliche Pflanzen wie Frühkartoffeln mit Vlies abdecken. Bei Kartoffeln dämmt Anhäufeln den möglichen Schaden ein. Eine Gabe mit schwefelsaurem Kali im Herbst fördert die Ausbildung kräftiger Triebe und reduziert den Schaden an überwinternden Pflanzen wie Brokkoli.

Frostschaden an Knospen und Blüten

Vorkommen Verschiedene Kulturen, besonders Obstgehölze.

Symptome Fest geschlossene oder teilweise geöffnete Knospen verfärben sich. Sie werden meist braun und weich. Knospen an exponierten Stellen werden stärker geschädigt. Je nach Entwicklungsstadium sind Knospen und Blüten unterschiedlich gefährdet, deshalb werden immer einige überleben. Trotzdem wird die Obsternte insgesamt verringert.

Ursache Frost schädigt die Zellen schwer; sie platzen auf, da die Eiskristalle die Zellwand durchbrechen. Der Schaden wird durch schnelles Tauen noch verschlimmert. Empfindliche Pflanzen und früh blühende Sorten sind sehr anfällig; Spätfröste, die nach der Öffnung der Knospen auftreten, richten besonders großen Schaden an.

Maßnahmen Standorte sorgfältig auswählen. Frostsenken und Standorte mit direkter Morgensonne möglichst meiden. Empfindliche Pflanzen wie Pfirsich und Nektarine an eine warme, geschützte Wand setzen und bei Frostgefahr mit Vlies abdecken. In spätfrostgefährdeten Regionen spät blühende Sorten pflanzen. Regionale Sorten wählen, denn diese meist älteren Sorten wurden passend zum vorherrschenden Klima ausgelesen. Man erhält sie bei den örtlichen Baumschulen.

Frostspanner

Vorkommen Obstbäume.

Symptome Die Blätter sind mit seidigen Fäden zu einem Nest für die gelbgrünen Raupen mit blassen Längsstreifen verbunden. Die 25 mm langen Raupen fressen vom Öffnen der Knospen bis zum ausgehenden Frühjahr die Blätter. Sie nagen auch an Blüten und beschädigen junge Äpfel, die sich unförmig weiter entwickeln.

Ursache Die Larven des Frostspanners *(Operopthera brumata)*. Die adulten Spanner erscheinen von Spätherbst bis Mitte Winter. Nur die Männchen haben Flügel; die Weibchen besitzen einen verdickten Körper und sind flugunfähig. Wenn sie aus den Puppen im Boden schlüpfen, kriechen sie den Stamm hinauf und legen ihre Eier an die Zweige.

Maßnahmen Leimringe *(siehe S. 52)*, die zur Herbstmitte unten um den Stamm gelegt werden, hindern die Weibchen an der Eiablage. Die frisch geschlüpften Raupen werden beim Öffnen der Knospen mit Neem bekämpft.

Fruchtfliegen: *siehe* Kirschfruchtfliege und Mittelmeerfruchtfliege

Fruchtansatz, schlechter

Vorkommen Viele Obstkulturen: Erdbeeren, Himbeeren, Apfel, Birne und weiteres Baumobst.

Symptome An den Bäumen erscheinen wie normal Blüten, die sich aber nicht zu Früchten weiterentwickeln. An Erdbeeren und Himbeeren bilden sich einige unvollständige Früchte oder sie sind verkrüppelt. An Himbeeren können einzelne Teilfrüchte eingetrocknet oder braun sein, während benachbarte Beeren komplett ausgeformt sind.

Ursache Es kommen verschiedene Ursachen infrage. Bei Obstbäumen kann das Erscheinungsbild auf schlechte Befruchtung zurückgehen, wenn eine geeignete Bestäubersorte fehlt oder Frost die Blüten geschädigt hat *(siehe S. 255)*. Bei allen Früchten kann das Fehlen bestäubender Insekten wie Bienen ein Grund dafür sein, entweder weil sie in der Umgebung fehlen oder sie fliegen nicht aufgrund von regnerischer oder windiger Witterung.

Maßnahmen Beim Pflanzen von Obstbäumen sollte man auf die Bedingungen für die Bestäubung achten und eine entsprechende Sortenwahl treffen. Nach Möglichkeit wählt man selbstfertile Sorten. An geschützten Standorten kommt es seltener zu Frostschäden, dort sind auch Bienen begünstigt. Viele blühende Pflanzen locken bestäubende Insekten an. Synthetische Spritzmittel sind mit Bedacht einzusetzen; gespritzt wird erst in der Dämmerung, nach dem Ende des Bienenfluges.

Fusarium-Welke

Vorkommen Gehölze und krautige Pflanzen, Erbsen sind häufig betroffen.

Symptome Krautige Sprosse welken ganz oder teilweise, verholzte Pflanzen behalten ihre Form, doch die Blätter an befallenen Teilen welken. Das Hauptsymptom sind braune oder schwarze Flecken der inneren Gefäße, die unter der Rinde oder in der Wurzel zu erkennen sind. Der Tod der Pflanze ist kaum zu vermeiden. Bei kühlem, feuchtem Wetter zeigt sich eine blassrosa oder weiße Pilzschicht an infiziertem Gewebe.

Ursache Verschiedene Formen des Pilzes *Fusarium*, meist *F. oxysporum*, verursachen die Welke. Die Pilze sind oft wirtsspezifisch; sie verschließen alle Leitbahnen mit einer gummiartigen Substanz, wodurch die Pflanze wie bei Trockenheit welkt. Im Gegensatz zur vorübergehenden Trockenheit erholen sich von *Fusarium* befallene Pflanzen nicht, wenn sie gegossen werden. Der Pilz kann auch ohne Wirt mehrere Jahre im Boden oder in Pflanzenabfällen überdauern.

Maßnahmen Infizierte Pflanzen sofort entfernen und vernichten, um die Verbreitung zu verhindern. Nicht kompostieren. Wenn möglich, den Boden in unmittelbarer Umgebung der Wurzeln entfernen. Für mindestens fünf Jahre keine verwandten Pflanzen an dieselbe Stelle setzen. Es gibt kein Pflanzenschutzmittel.

Fußkrankheiten

Vorkommen Artischocke, Bohnen, Erbse, Kürbisse, Melone, Sellerie, Spargel, Tomate, Obst unter Glas und Beerenobst.

Symptome Durch Infektionen am Sprossansatz wird das Gewebe dunkel und weich. Die oberen Teile welken, verfärben sich und sterben ab. Gleichzeitig faulen die Wurzeln.

Ursache Verschiedene Pilze, oft die Verursacher der Umfallkrankheit *(siehe S. 262)*. Andere Pilze wie *Fusarium* und *Verticillium* (*siehe S. 255, S. 263*) verursachen Welke und Fäulnis am Stängelgrund.

Maßnahmen Für infizierte Pflanzen gibt es kein Mittel. Der Ausbreitung der Krankheit muss durch sofortiges Entfernen der befallenen Pflanzen und der Erde an ihren Wurzeln verhindert werden. Streng auf Hygiene achten, Töpfe, Schalen und Geräte vor Gebrauch gründlich waschen. Nur sterilisiertes Substrat und zum Gießen Leitungswasser verwenden.

Gallmilben: *siehe* Johannisbeerblattgallmilbe und Birnenpockenmilbe

Gehäuseschnecken

Vorkommen Sehr viele Kulturen.

Symptome Verschiedene Pflanzen, vor allem weiche Blätter, werden von Frühjahr bis Herbst angefressen. An Blüten, Blättern, Früchten und Sprossen zeigen sich unregelmäßige Löcher. Oft wird die Oberfläche abgefressen, das Gewebe darunter trocknet aus und wird braun, wie etwa am Spross der Cardy. Silbrige Schleimspuren bleiben zurück. Schnecken sind vor allem in der Dunkelheit und bei Nässe aktiv. Bei saurem Boden sind sie seltener, da er zu wenig Kalzium für ihr Gehäuse enthält.

Ursache Am meisten Schaden verursacht die Gefleckte Weinbergschnecke *(Cornu aspersum)*, während Schnirkelschnecken (*Cepaea*-Arten) viel weniger gefährlich sind.

Bekämpfung Wie bei Nacktschnecken. Eine biologische Bekämpfung ist weniger wirksam, da Gehäuseschnecken auf der Erde leben und daher weniger von den Nematoden befallen werden. Da die Schnecken oft gemeinsam überwintern, kann man größere Mengen durch das Aufstellen geeigneter Winterverstecke wie Dränagerohre, Holzlatten oder Blumentöpfe beseitigen.

Geisterflecken

Vorkommen Tomate.

Symptome Unreife Früchte zeigen blassgrüne oder gelbe Ringe. Wenn die Früchte reifen, werden die Ringe gelb oder blassorange.

Ursache Der weit verbreitete Pilz *Botrytis cinerea*, der Grauschimmel verursacht. Die Früchte sind essbar; die Verfärbung ist eine überempfindliche Reaktion auf Sporen. Diese werden durch Regen, Spritzwasser und die Luft übertragen.

Maßnahmen Da die Früchte genießbar bleiben, müssen sie nicht behandelt oder weggeworfen werden. Hygiene verringert die Ansteckungsgefahr.

Siehe auch Grauschimmel.

Gestreifter Blattrandkäfer: *siehe* Blattrandkäfer

Grauschimmel (Botrytis)

Vorkommen Verschiedene Kulturen.

Symptome Eine pelzige, graue oder graubraune Pilzschicht *(siehe S. 250)* bedeckt infizierte Flächen. Der durch die Luft übertragene Pilz lebt an totem oder lebendem Pflanzengewebe und befällt die meisten oberirdischen Gewebe. Er dringt oft durch Wunden ein. Früchte werden schon über die Blüten infiziert; der Pilz ruht, bis die Frucht reift. Bevor sich die Fruchtkörper entwickeln, verfärbt sich das Gewebe braun und wird weich. Das Wachstum über der befallenen Stelle lässt nach, die Blätter werden gelb und welken, Blüten und Früchte sterben ab. Die Infektion von Kronblättern oder Früchten führt zu Farbänderungen ohne Fäulnis; die Blüten wirken ausgebleicht oder zeigen blassbraune Flecken (Geisterflecken). Die Sporenbehälter – kleine schwarze Sklerotien – überdauern bei ungünstigen Bedingungen im Boden, so lange bis günstige Umstände für die Keimung eintreten.

Ursache Der Pilz *Botrytis cinerea*; die Sporen werden durch Spritzwasser und den Wind übertragen.

Maßnahmen Es sind keine Pflanzenschutzmittel zugelassen. Hygiene ist das Wichtigste, denn die Bekämpfung des Pilzes ist schwierig. Pflanzenabfälle sofort entfernen. Tote und verletzte Pflanzenteile entfernen, bevor sie infiziert werden. Erkranktes Gewebe sofort gründlich ausschneiden. Stets für gute Durchlüftung der Kulturen sorgen und weite Pflanzabstände einhalten. Beete und Kulturen im Herbst und Frühjahr mit Schachtelhalmbrühe überbrausen, Überdüngung vermeiden.

Grauschimmel an Stachelbeeren

■ **Vorkommen** Stachelbeere, seltener Schwarze Johannisbeere.
■ **Symptome** Absterben der Sprosse. Meist sind nur einige befallen, doch die Infektion breitet sich oft aus; ist der Stamm oder Wurzelhals befallen, stirbt der ganze Strauch ab. Bei feuchtem Wetter zeigt sich eine pelzige, graue Pilzschicht an betroffenen Stellen. Die Blätter der infizierten Sprosse werden braun und fallen ab. Früchte vertrocknen.
■ **Ursache** Der Pilz *Botrytis cinerea (siehe auch Grauschimmel)* wird durch die Luft und über Spritzwasser übertragen.
■ **Maßnahmen** Infizierte Triebe sofort abschneiden und vernichten, alles fleckige, verfärbte Holz auf eine Knospe an gesundem Holz zurückschneiden. Infizierte Früchte entfernen, da sie Infektionsherde darstellen. Beim Knospenaustrieb mit Netzschwefel spritzen.

Grüne Erbsenblattlaus: *siehe* Erbsenblattlaus

Gurkenmosaikvirus

■ **Vorkommen** Verschiedene, darunter Aubergine und vor allem Kürbisse.
■ **Symptome** Pflanzen und Blätter verkümmern, die Blätter zeigen ein gelbes Mosaikmuster *(siehe S. 250)*. Die Pflanze bildet kaum Blüten und stirbt ganz ab. Bei Gurken, Zucchini und Gartenkürbissen bilden sich – wenn überhaupt – kleine, kernige, dunkelgrüne Früchte mit gelben Flecken; sie sind hart und ungenießbar.
■ **Ursache** Das Gurkenmosaikvirus hat viele Wirtspflanzen und wird über saugende Insekten wie Blattläuse übertragen.
■ **Maßnahmen** Infizierte Pflanzen vernichten; es gibt keine Pflanzenschutzmittel. Das Infektionsrisiko durch Bekämpfung von Blattläusen und Unkraut senken. Nach der Arbeit an kranken Pflanzen erst die Hände waschen, bevor gesunde Pflanzen berührt werden. Resistente Sorten sind die Aubergine 'Bonica', Zucchini 'Tarmino' und in aller Regel die aktuellen Sorten der Salat- und Schälgurken.

Hallimasch

■ **Vorkommen** Obstgehölze, Erdbeere, Rhabarber und Artischocke. Die meisten verholzenden Pflanzen sind anfällig.
■ **Symptome** Die Blätter verfärben sich und welken, Bäume treiben im Frühjahr nicht mehr aus. Sie sterben schnell oder über mehrere Jahre hinweg ab. Obstbäume tragen ungewöhnlich gut, bevor sie absterben. An Wurzeln und am Stammansatz zeigt sich eine weiße Pilzschicht mit deutlichem Champignon-Aroma zwischen Rinde und Holzgewebe. Um das Wurzelsystem bilden sich Rhizomorphe, das sind lange, zähe Stränge aus Pilzmyzel, die an schwarze oder braune Schnürsenkel oder alte Baumwurzeln erinnern. Wird die dunkle äußere Rinde entfernt, zeigt sich eine rosa oder weißliche Pilzschicht. Der Pilz ernährt sich von totem Holz, aber das Myzel wächst durch den Boden und dringt in lebendes Wurzelgewebe ein. Rhizomorphe sitzen auch unter der Rinde am Stammansatz infizierter Pflanzen. Im Spätsommer oder Herbst zeigen sich honigfarbene, feste Pilzkörper in Gruppen an der Basis der Pflanze oder in Kolonien entlang der Wurzeln.
■ **Ursache** Verschiedene, mehr oder weniger virulente *Armillaria*-Arten. Diese infizieren nur Pflanzen, die unter Wurzelverletzungen oder anderen Stressfaktoren leiden. Ohne Laboruntersuchungen sind die einzelnen Arten nur an den Schäden zu erkennen, die sie verursachen. Der Pilz breitet sich durch direkten Wurzelkontakt und über die Rhizomorphe aus, die bis zu 1 m pro Jahr wachsen.
■ **Maßnahmen** Pflanzen durch Kulturmaßnahmen wie Düngen, Mulchen und Gießen gesund erhalten. Wurzelverletzungen bei der Bodenbearbeitung vermeiden. Hallimasch ist ein Schwächeparasit, der vor allem Pflanzen angreift, die gestresst sind, etwa durch Trockenheit, zu starkem Schnitt oder ernsten Krankheitsbefall. Alle toten Bäume mit den Wurzeln entfernen, ohne Rücksicht auf die Todesursache, da totes Holz eine gute Lebensgrundlage für den Hallimasch bietet.
So viel wie möglich vom Wurzelsystem infizierter Pflanzen zu entfernen.

Haselnussbohrer

■ **Vorkommen** Haselnuss, Lambertsnuss.
■ **Symptome** Im Spätsommer zeigen sich Löcher von 1–2 mm Durchmesser in den Nussschalen; es sind die Ausgänge der Bohrerlarven, die sich nun im Boden verpuppen. Weiße Maden mit blassbraunem Kopf fressen den Nusskern aus.
■ **Ursache** Die Larven des Haselnussbohrers *(Curculio nucum)*. Der erwachsene Rüsselkäfer ist 1 cm lang und hat einen schlanken Rüssel, der mehr als halb so lang ist wie der Körper.
■ **Maßnahmen** Meist ist nur ein kleiner Teil der Ernte befallen, synthetische Spritzungen richten wenig aus. Am besten den Boden unter den Sträuchern im Herbst bearbeiten.

Hasenfraß

■ **Vorkommen** Verschiedene Kulturen.
■ **Symptome** Alle Teile von Blattpflanzen werden bis auf etwa 50 cm Höhe abgefressen. Baumrinde wird abgenagt; umschließt der Schaden den ganzen Stamm, stirbt der Baum. Rinde wird zu jeder Jahreszeit gefressen, doch bei geschlossener Schneedecke sind die Bäume besonders gefährdet.
■ **Ursache** Hasen und Kaninchen.
■ **Maßnahmen** Der einzig sichere Weg, Nager vom Garten fernzuhalten, ist ein Zaun. Dieser muss 1,2–1,4 m hoch sein und 30 cm tief schräg unter der Erdoberfläche verlaufen, damit die Tiere keine Gänge darunter graben. Die Maschen dürfen höchstens 25 mm groß sein, sonst schlüpfen junge Kaninchen durch. Auch Tore müssen mit Draht geschützt werden und sollten die meiste Zeit geschlossen bleiben. Bäume einzeln mit Maschendraht oder Kunststoffspiralen am Stammansatz schützen. Der Gartenfachhandel bietet hier die unterschiedlichsten Möglichkeiten an. Abwehrstoffe sind in der Regel nicht zuverlässig.

Himbeerblattgallmilbe

■ **Vorkommen** Himbeere.
■ **Symptome** Rundliche, blassgelbe Flecken erscheinen ab dem Spätfrühjahr auf der Blattoberseite; darunter liegen etwas dunklere Flecken. Bis zum Hochsommer haben sich die Blätter fast ganz verfärbt, an den Triebspitzen sind sie verkrüppelt. Es kommt zu keinen gravierenden Schäden. Befallene Ruten werden normal hoch und tragen sogar ausreichend Früchte. Die Symptome erinnern an eine Virusinfektion, doch in diesem Fall werden Ertrag und Wuchskraft deutlich geschwächt.
■ **Ursache** Die Milbe *Phyllocoptes gracilis* saugt an den Blättern. Im Herbst verbirgt sie sich an oder in Knospen und ruht den Winter über.
■ **Maßnahmen** Pflanzen an warmen, geschützten Standorten werden stärker befallen. Die Sorten sind unterschiedlich anfällig. Erkundigen Sie sich im Fachhandel.

Himbeerkäfer

■ **Vorkommen** Himbeere, Brombeere und Hybridbeeren.
■ **Symptome** Reife Früchte zeigen trockene Flecken am Stielende *(siehe S. 250)*. Cremeweiße, 8 mm lange Larven fressen anfangs am Blütenboden und später an den unreifen Früchten. Sie sind am besten nach der Ernte zu entdecken, wenn sie die Früchte verlassen und durch die Schüssel kriechen.
■ **Ursache** Die Larven des kleinen, graubraunen Käfers *Byturus tomentosus*, der seine Eier im Früh- und Hochsommer an die Blüten legt.
■ **Maßnahmen** Leimfallen in 1–1,5 m Höhe aufhängen und nach der Flugzeit zerstören. Zur Bekämpfung sind keine Pflanzenschutzmittel zugelassen.

Himbeerrutenkrankheit

■ **Vorkommen** Himbeere, Brombeere und Hybridbeeren.
■ **Symptome** Um die Knospen neuer Ruten bilden sich rosaviolette Flecken, die sich über die Ruten ausbreiten. Rindenstücke lösen sich im Sommer und Herbst von den Ruten, diese sterben ab und werden brüchig. Im Herbst entwickeln die Ruten eine gräulich silberne Farbe und sind mit vielen nadelkopfgroßen, schwarzen Fruchtkörpern bedeckt. Infizierte Ruten tragen im folgenden Frühjahr nur sehr wenige Knospen, die, wenn sie überleben, nur wenige Früchte tragen.
■ **Ursache** Verschiedene Pilze rufen die Infektion hervor: *Leptosphaeria coniothyrium* oder *Didymella applanata* dringen durch Wunden ein. Diese entstehen durch den Schnitt, Spätfröste oder die Larven der Mücke *Resseliella theobaldii*, die unter der Rinde fressen. Die Larven sind klein, rot oder rosa und 4 mm lang.
■ **Maßnahmen** Beim Schnitt auf glatte Ränder achten, nach Möglichkeit vor Frost schützen. Bei Mückenbefall den Boden um die Ruten im Winter umgraben, damit Vögel und schlechtes Wetter die überwinternden Larven erreichen können. Keinen Stickstoffdünger geben, der weiche, anfällige Triebe fördert. Für ausgeglichene Wasserversorgung und gute Bodenabdeckung sorgen. Bestand schon im Vorsommer lichten und nur die stärksten Ruten stehen lassen. Befallene Ruten und verfärbtes Holz am Stock entfernen. Eventuell im Herbst und Frühjahr mit 5 % Tonerdemehl und 5% Wasserglas spritzen. Resistente Sorten pflanzen und Standort wechseln. Zur Bekämpfung gibt es keine Pflanzenschutzmittel.

Himbeerviren

■ **Vorkommen** Himbeere.
■ **Symptome** Die Blätter zeigen ein gelbes Mosaikmuster; es kommt zu verkrüppeltem Wuchs, die Blätter rollen sich nach unten, die Pflanze bleibt klein und gedeiht nicht. Der Ertrag ist oft gering.
■ **Ursache** Verschiedene Viren, die einzeln oder gleichzeitig auftreten.
■ **Maßnahmen** Befallene Pflanzen sofort entfernen. Ersatzpflanzen unbedingt an einen neuen Standort setzen. Viren übertragende Insekten wie Blattläuse bekämpfen; manche Viren werden auch von Nematoden übertragen.

Johannisbeerblattgallmilbe

■ **Vorkommen** Schwarze Johannisbeere.
■ **Symptome** Die Knospen wirken im Winter groß und rund; sie öffnen sich wenig und treiben nicht oder kaum aus. Sie enthalten Hunderte winziger weißer Milben. Die Knospen schwellen im Winter, doch vertrocknete Knospen sind jederzeit zu finden. Der Befall schwächt die Wuchskraft, gefährlicher ist aber, dass die Milben die Brennnesselblättrigkeit *(siehe S. 253)* übertragen.
■ **Ursache** Die Milbe *Cecidophyopsis ribis* legt Eier im Sommer und Herbst, Larven schlüpfen im Winter in den Knospen. Öffnen sich die Knospen im zeitigen Frühjahr, befällt sie bisher gesunde Knospen.
■ **Maßnahmen** Auffallend große Knospen an leicht befallenen Sträuchern noch im Winter entfernen. Stark befallene Pflanzen nach der Ernte vernichten und im Herbst ersetzen. Die Sorte 'Ben Hope' ist resistent.

Johannisbeerblattgallmücke

■ **Vorkommen** Schwarze Johannisbeere.
■ **Symptome** Die Blätter kräuseln sich und erreichen nicht die volle Größe; sie vertrocknen. Auch Triebspitzen sterben ab, Verzweigungen entstehen.
■ **Ursache** Weiße, 2 mm lange Maden fressen an den Blättern der Triebspitzen. Die Larven der Mücke *Dasineura tetensi* sondern Stoffe ab, welche die typischen Blattfalten hervorrufen.
■ Jeden Sommer entwickeln sich drei Generationen; die ersten Symptome erscheinen mit den Blüten im Spätfrühjahr. Während sich die Maden im Boden verpuppen, entwickeln sich normale Blätter, bis die nächste Generation aktiv wird.
■ **Maßnahmen** Die erste Generation ist wohl die schädlichste, da sie das normale Wachstum der Triebe stört. Daher zur Geruchsüberdeckung Anfang April starken Rainfarntee spritzen. Befallene Triebe auswickeln. Zur Bekämpfung sind keine Pflanzenschutzmittel zugelassen.

Johannisbeersäulenrost: *siehe* Rostpilze

Kalimangel

■ **Vorkommen** Verschiedene Kulturen.
■ **Symptome** Schwache Blütenbildung, oft zu kleine Blüten und entsprechend

schlechte Fruchtbildung. Bei Tomaten trägt der Mangel oft zur unvollständigen Reifung bei *(siehe S. 263)*. Die Blätter wirken am Rand und an der Spitze verbrannt und zeigen unterseits violettbraune Flecken.
■ **Ursache** Zu geringer Kaligehalt im Boden. Dies betrifft meist leichten Sandboden und Boden mit geringem Tonanteil.
■ **Maßnahmen** Im Frühjahr und Herbst mit Kali düngen oder Gesteinsmehl bestäuben.

Kalkchlorose: *siehe* Chlorose, Eisenmangel

Kalziummangel

■ **Vorkommen** Verschiedene Kulturen.
■ **Symptome** Triebe und junge Blätter wachsen schlecht und rollen sich ein. Die Symptome unterscheiden sich je nach Pflanze und Pflanzenteil.
■ **Kartoffel:** Eingerollte Blätter, schwache Triebe.
■ **Kohl:** Braunfärbung von Rosenkohlröschen und Kohlköpfen.
■ **Möhre:** Hohle Rüben.
■ **Salat:** Blattrandnekrose *(siehe S. 252)*.
■ **Sellerie:** Schwarzfärbung der inneren Blätter.
■ **Ursache** Kalziummangel im Boden oder Substrat oder geringe Verfügbarkeit wegen trockener oder saurer Umgebung.
■ **Maßnahmen** Pflanzen gut gießen und mulchen. Saure Böden aufkalken, um den pH-Wert zu erhöhen.
■ *Siehe auch* Stippigkeit, Blütenendfäule.

Kartoffelkäfer

■ **Vorkommen** Aubergine, Kartoffel, Paprika und Tomate.
■ **Symptome** 1 cm lange, gelborangefarbene Käfer mit je fünf schwarzen Streifen auf den Deckflügeln und ihre runden, orangeroten Larven mit schwarzem Kopf und zwei Reihen schwarzer Flecken seitlich am Körper fressen die Blätter, bis die Pflanzen fast kahl sind.
■ **Ursache** Der Kartoffelkäfer (*Leptinotarsa decemlineata*) stammt aus Nordamerika, ist aber in ganz Europa außer den Britischen Inseln verbreitet.
■ **Maßnahmen** Larven und Käfer rechtzeitig absammeln. Ein Neem-Produkt spritzen oder die Blätter mit Gesteinsmehl überstäuben.

Kartoffelschorf

■ **Vorkommen** Kartoffel, Kohlrübe, Rettich, Rote Bete und Speiserübe.
■ **Symptome** Auf der Schale der Knolle bilden sich raue, erhöhte, korkige Flecken *(siehe S. 250)*. Die Schale platzt auf, sodass ausgefranste Ränder entstehen. Der Schaden bleibt oft oberflächlich. Das Innere der Knollen wird meist nicht beschädigt, verfärbt sich aber manchmal unter den Schorfstellen.
■ **Ursache** Der Strahlenpilz *Streptomyces scabies* tritt vor allem in Sandboden mit wenig organischer Substanz auf, ist aber ein natürlicher Bestandteil der Mikroflora der meisten Böden. Kartoffeln in frisch bepflanzten früheren Grasflächen sind besonders anfällig. Der Organismus gedeiht in gekalktem Boden, in saurem tritt er seltener auf.
■ **Maßnahmen** Den Boden vor der Pflanzung von Kartoffeln nicht kalken. Organische Substanz einarbeiten, bei Trockenheit gut gießen; es besteht ein Zusammenhang zwischen trockenem Boden und der Vermehrung dieses Organismus. Mit saurem Material wie schwefelsaures Ammoniak oder Superphosphat kann das Krankheitsrisiko verringert werden. Die Ernte wird zwar selten stark reduziert und die Knollen bleiben essbar, doch meist müssen sie dick geschält werden, um genießbar zu sein. Fruchtwechsel einhalten und resistente Sorten wählen.

Kartoffelviren

■ **Vorkommen** Kartoffel.
■ **Symptome** Verschiedene Kulturen, je nach Kartoffelsorte, Kulturbedingungen, Virus oder Virengruppe. An den Blättern zeigen sich z.B. gelbe Flecken, Streifen oder Mosaikmuster, dunkle Flecken und Verwachsungen, Versteifung und Aufrollen der Fiedern. Werden mehrere Jahre lang Saatkartoffeln aus eigener Ernte verwendet, lassen Wuchskraft und Qualität nach.
■ **Ursache** Verschiedene Viren wie Blattrollvirus, Tabakvirus und Kartoffelviren X und Y.
■ **Maßnahmen** Nicht möglich. Kartoffeln immer in ein frisches Beet pflanzen, keine Saatkartoffeln aufbewahren, sondern virusfreie kaufen.

Kartoffelzystennematode

■ **Vorkommen** Kartoffel und Tomate.
■ **Symptome** Die Blätter werden nach und nach gelb und trocknen vom Stammansatz her aus. Kartoffelpflanzen sterben vorzeitig ab, meist ab Hoch- bis Spätsommer, und liefern nur wenige kleine Kartoffeln. Treten Kartoffelnematoden erstmals im Garten auf, zeigen zunächst nur kleine Pflanzengruppen die Symptome. Jedesmal, wenn Kartoffeln am selben Standort gezogen werden, vergrößert sich die Zahl der befallenen Pflanzen, bis sich der Anbau nicht mehr lohnt. Auch Tomaten werden befallen. Werden die Pflanzen sorgfältig ausgegraben, sind kugelige Zysten von 1 mm Durchmesser an den Wurzeln zu erkennen. Dies sind die angeschwollenen Körper weiblicher Nematoden, die bis zu 600 Eier enthalten können.
■ **Ursache** Zwei Arten von Nematoden befallen Tomaten und Kartoffeln. Die Zysten des Gelben Kartoffelzystenälchens *(Globodera rostochiensis)* sind anfangs weiß, werden dann gelb und schließlich braun. Die des Weißen Kartoffelzystenälchens, *(G. pallida)* verfärben sich von Weiß nach Braun, ohne vorher gelb zu werden. Beide entwickeln sich in den Wurzeln; bei Reife schwellen die Weibchen an und drängen durch die Wurzelwand nach außen. Die Nematoden stören die Aufnahmen von Wasser und Nährstoffen, was zu schlechtem Wachstum und eingeschränkter Ernte führt.
■ **Maßnahmen** Es gibt kein Pflanzenschutzmittel für den Hobbygärtner. Die Eier der Kartoffelnematoden können als Zysten viele Jahre im Boden überleben. Durch die Wurzelausscheidungen der Wirtspflanzen werden sie zum Reifen angeregt. Eine durchdachte Fruchtfolge kann den Aufbau einer gefährlichen Schädlingspopulation verzögern, doch die normale drei- oder vierjährige Fruchtfolge reicht nicht aus, um einen vorhandenen Befall auszuhungern. Es gibt einige relativ resistente Sorten wie die Frühkartoffeln 'Accent', 'Nadine', 'Pentland Javelin', 'Rocket', 'Swift' und die Sommersorten 'Alhambra', 'Cara', 'Harmony', 'Kingston', 'Maris Piper', 'Maxine', 'Sante', 'Stemster'.

Kirschblattwespe, Schwarze

■ **Vorkommen** Birne, Kirsche, Pflaume und Mandel.
■ **Symptome** Die Blätter werden von Spätsommer bis Mitte Herbst von keulenförmigen, blassgelben, 1 cm langen, raupenartigen Larven angefressen. Diese sind mit schwarzem Schleim bedeckt, sodass sie wie Nacktschnecken wirken. Sie fressen die Blattoberflächen ab, das beschädigte Gewebe wird braun und trocknet aus.
■ **Ursache** Die Larven der Sägewespe (*Caliroa cerasi*), die zwei oder drei Generationen pro Sommer entwickelt.
■ Die Larven überwintern in Kokons im Boden.
■ **Maßnahmen** Es stehen keine zugelassenen Insektizide zur Verfügung.

Kleine Pflaumenblattlaus: *siehe* Pflaumenblattlaus

Kohlblattlaus, Mehlige

■ **Vorkommen** Kopfkohl und Kohlrübe.
■ **Symptome** Gelbe Flecken erscheinen von Mitte Frühjahr bis Mitte Herbst auf den Blättern. Darunter finden sich entsprechende Kolonien grauweißer Blattläuse, die mit einem mehligen, weißen Wachs bedeckt sind. Im Frühsommer befallen die Blattläuse die Triebspitzen, die neuen Blätter wirken verkrüppelt und zeigen blasse Flecken. Bei schwerem Befall kann die Triebspitze absterben, sodass sich Verzweigungen bilden.
■ **Ursache** Die Blattlaus *Brevicoryne brassicae*.
■ **Maßnahmen** Nützlinge durch Blütenpflanzen in der Nähe fördern. Mit Rapsöl spritzen.

Kohlfliege, Kleine

■ **Vorkommen** Kohlgewächse.
■ **Symptome** Die Pflanzen welken an sonnigen Tagen schnell und wachsen langsam. Keimlinge sterben nach dem Umpflanzen ab. Beinlose, 9 mm lange, weiße Maden fressen die Feinwurzeln. Sie befallen auch die Rüben von Rettichen, Speiserüben und Kohlrüben.
■ **Ursache** Die Maden der Fliege *Delia radicum*. Sie entwickelt von Mitte Frühjahr bis Frühherbst drei Generationen. Sie legt ihre Eier in der Nähe der Pflanze in den Boden ab.
■ **Maßnahmen** Angewachsene Pflanzen überwachsen einen Befall, junge Setzlinge sind jedoch bedroht. Hierzulande sind für den Hobbygärtner keine Insektizide gegen diesen Schädling zugelassen. Man kann zur Zeit der Eiablage den Wurzelhals mit Schmierseifenlösung abspritzen oder Chlorpyrifos streuen. Eine Abdeckung der Saatreihen und Setzlinge mit Vlies schließt die Eier legenden Fliegen aus. Setzlinge lassen sich auch mit einem Kragen am Wurzelhals aus Teppichunterlage, Pappe oder Dachpappe von etwa 10 cm Durchmesser schützen. Die Weibchen legen die Eier statt in den Boden auf dem Kragen ab, wo sie sich nicht entwickeln können.

Kohlgallenrüssler

■ **Vorkommen** Kohlgewächse.
■ **Symptome** An den Wurzeln bilden sich runde Schwellungen, die 4 mm lange, beinlose, weiße Larven enthalten. Die Symptome erinnern an die der Kohlhernie *(siehe S. 257)*. Zur Unterscheidung die Gallen aufschneiden: Rüsslergallen sind hohl und enthalten Larven oder zeigen runde Austrittslöcher, wenn die Larven sich im Boden verpuppt haben. Kohlhernie-Gallen sind massiv und weniger regelmäßig geformt.
■ **Ursache** Die Larven des Käfers *Ceutorhynchus pleurostigma*. Der Käfer legt seine Eier an die Wurzeln von Kopfkohl, Kohlrüben, Radieschen und Speiserüben. Das oberirdische Wachstum wird selten gestört, die Käfer sind nur äußerst lästig an Wurzelgemüse.
■ **Maßnahmen** Vereinzelt vorkommende Gallen auskneifen.

Kohlhernie

■ **Vorkommen** Alle Kohlgewächse, auch Goldlack und wild wachsende Arten.
■ **Symptome** Krebsartige Wucherungen an den Wurzeln, aber schlechte Wurzelbildung *(siehe S. 250)*, blasse, chlorotische Blätter. Die Pflanzen welken bei Hitze leicht, auch wenn der Boden feucht ist. Die Ernte fällt dadurch geringer aus, die Pflanzen sterben ab.
■ **Ursache** Der Schleimpilz *Plasmodiophora brassicae* kann im Boden über 20 Jahre ohne Wirt überleben. Die Infektion dringt über die Haarwurzeln ein; wenn sich die faulenden Wurzeln zersetzen, gelangen Sporen in den Boden. Der Erreger wird durch die Erde an Schuhen, Werkzeugen und Schubkarren, durch Gartenerde oder Mist und direkt an infizierten Pflanzen eingeschleppt. Er entwickelt sich besser in saurem und staunassem Boden.
■ **Maßnahmen** Dränage verbessern und den Boden kalken. Infizierte Pflanzen sofort vernichten, bevor sich die Wurzeln zersetzen. Pflanzen selbst in 5-cm- oder größeren Töpfen anziehen, sodass ihr Wurzelsystem sich bis zur Auspflanzung gut entwickelt. Pflanzen nur aus zuverlässiger Quelle kaufen und vor der Pflanzung gründlich kontrollieren. Zwiebelgewächse als Vorkultur ziehen und das Beet vor dem Pflanzen aufkalken. Unkraut bekämpfen: Ackersenf, Hirtentäschel und Hederich dienen als Wirtspflanzen. Sporen nicht an Schuhen und Werkzeug im Garten ausbreiten, keinen potenziell infizierten Boden in andere Gartenbereiche bringen. Nach einem Befall sieben Jahre lang keinen Kohl anbauen.

Kohlmottenschildlaus: *siehe* Weiße Fliege

Kräuselkrankheit

■ **Vorkommen** Pfirsich, Nektarine, Mandel.
■ **Symptome** Die Blätter entwickeln gleich nach dem Knospenschwellen blassgrüne, später leuchtend rote oder violette Falten und Blasen *(siehe S. 250)*. Eine weiße, pudrige Sporenschicht zeigt sich an der Blattoberfläche, die Blätter fallen vorzeitig.

Die zweite Generation Blätter im Sommer ist meist gesund. Bei Nektarinen verursacht die Infektion raue, leicht erhöhte Flecken an den Früchten; Pfirsichfrüchte werden meist nicht befallen.

■ **Ursache** Der Pilz *Taphrina deformans*. Tritt die Infektion mehrere Jahre nacheinander auf, werden Wachstum und Ertrag stark verringert. Der Pilz überwintert in Form von Sporen in Rindenritzen oder Knospen. Er wird durch Wind und Spritzwasser verbreitet.

■ **Maßnahmen** Befallene Blätter sofort entfernen. Bäume gut düngen und gießen, um gesunde, neue Triebe zu fördern. Pflanzen unter Glas werden selten befallen, da die Abdeckung die Ausbreitung der Sporen bremst. Bäume im Freien an der Wand profitieren von seitlich offenen, transparenten Abdeckungen von Mitte Winter bis Spätfrühjahr. Lassen sich die Bäume nicht abdecken, zur Zeit des Knospenschwellens und nochmals im Herbst mit Difenoconazol spritzen.

Kraut-, Braun- und Fruchtfäule

■ **Vorkommen** Kartoffel und Tomate.

■ **Symptome** Braune Flecken erscheinen an Blättern und Früchten oder Knollen *(siehe S. 250)*, vor allem an der Spitze und am Rand. Eine flaumige, weiße Pilzschicht zeigt sich in feuchter Umgebung um die Flecken, meist an der Blattunterseite. Das Kraut stirbt ab. Auf den infizierten Knollen bilden sich eingesunkene, dunkelbraune Flecken, darunter ist das Gewebe rotbraun verfärbt.
Sie sind anfangs trocken, riechen aber oft unangenehm und werden schleimig, da Sekundärinfektionen auftreten. Bei Tomaten werden zunächst die Früchte, später auch die Blätter befallen. Die Frucht bleibt hart und wird runzelig.

■ **Ursache** Der Pilz *Phytophthora infestans*. Die an den Blättern entwickelten Sporen werden durch Spritzwasser und über die Luft übertragen, bei Regen und durch Bewässerung werden sie zu den Knollen transportiert. Der Pilz wird nur aktiv, wenn in zwei aufeinanderfolgenden 24-Stunden-Zeiträumen jeweils 11 Stunden lang mindestens 10 °C und eine relative Luftfeuchte von 89 % herrschen.

■ **Maßnahmen** Infektionsrisiko durch hohes Anhäufeln reduzieren. Befallene Pflanzen sofort entfernen. Auf resistente bzw. tolerante Sorten achten, der Erreger zeigt sich genetisch sehr anpassungsfähig. Als weniger anfällig gelten derzeit die Kartoffelsorten 'Désirée', 'Granola', 'Ostara' und 'Sirema'. Übermäßige Stickstoffdüngung meiden und bei starker Infektionsgefahr mit Kupfermitteln oder einem zugelassenen Fungizid spritzen.

Kupfermangel

■ **Vorkommen** Verschiedene Kulturen.

■ **Symptome** Die Blätter verfärben sich gelb oder blaugrün und sterben mitunter ab. Die Symptome sind jedoch leider sehr unspezifisch und schwer von anderen Problemen zu unterscheiden.

■ **Ursache** Kupfermangel ist selten und tritt besonders bei saurem Boden auf.

■ **Maßnahmen** Eine Gabe Volldünger mit einem Anteil an Spurenelementen *(siehe S. 20)* hilft meist.

Magnesiummangel

■ **Vorkommen** Apfel, Kirsche und Wein, Kartoffel, einige Kohlarten, Salat, Tomate.

■ **Symptome** Gelbe Stellen zwischen den Blattadern und an den Blatträndern (Chlorose); deutliche grüne Bänder bleiben neben den Adern stehen *(siehe S. 250)*. Wenn die grüne Farbe zurückweicht, zeigen sich andere Pigmente, die Blätter können also auch rot, violett oder braun werden. Apfelbäume werden bei schwerem Befall ganz entblättert. Die Symptome sind gegen Ende der Saison besonders auffällig, ältere Blätter zeigen zuerst die Mangelsymptome (vergleiche Eisenmangel). Magnesium ist in der Pflanze sehr mobil und wird bei Knappheit von den älteren Blättern zu den jüngeren an der Triebspitze transportiert.

■ **Ursache** Magnesiummangel tritt vor allem bei sehr saurem Boden auf sowie nach starkem Regen in leichtem Sandboden. Bei hohem Wasserangebot wird Magnesium leicht aus dem Boden ausgewaschen. Zu viel Kalidünger oder schwefelsaures Kali verschlimmern den Mangel, da ein hoher Kaligehalt im Boden die Magnesiumaufnahme für die Pflanzen erschwert.

■ **Maßnahmen** Zum Kalken eventuell Magnesiumkalk verwenden. Für schnelle Abhilfe Magnesium als Blattdünger geben: 200 g Bittersalz auf 10 Liter Wasser mit einem Netzmittel geben (entsprechend 40 g Bittersalz pro m^2), oder man verteilt 70–140 g Kieserit pro m^2 Boden.

Maisbeulenbrand

■ **Vorkommen** Zuckermais.

■ **Symptome** Einzelne Kolben sind deutlich vergrößert und missgebildet. Sie werden blassgrau, platzen auf und setzen pulvrige schwarze Sporen frei. Diese werden bei nassem Wetter vom Regen übertragen, eine schwarze Flüssigkeit fließt die Pflanze hinunter. An Blättern bilden sich entlang der Mittelader perlschnurartig aufgereihte kleine Beulen, die später Sporen freisetzen. Der Pilz wandert nicht durch die Leitbahnen der Pflanze, dadurch wachsen gesunde und infizierte Kolben an derselben Pflanze.

■ **Ursache** Der Brandpilz *Ustilago maydis*. Die Sporen werden durch Luft und Regen übertragen; sie infizieren die Pflanzen direkt, über das Saatgut oder über den Boden. Der Pilz tritt vor allem in heißen Sommern auf.

■ **Maßnahmen** Bei Trockenheit ausreichend gießen. Befallene Kolben entfernen, bevor die Körner aufplatzen. Am Ende der Saison infizierte Pflanzenreste vernichten. Mindestens fünf Jahre lang keinen Mais an dieselbe Stelle pflanzen.

Manganmangel

■ **Vorkommen** Verschiedene Kulturen, darunter Bohnen, Erbse, Kohl, Pastinake, Rote Bete, Spinat und Obstgehölze.

■ **Symptome** Gelbe Stellen zwischen den Blattadern älterer Blätter, häufig mit braunen Flecken durchsetzt. Bei Kartoffeln sind die jungen Blätter blass und kräuseln sich. Erbsen- und Bohnensamen zeigen fast kreisrunde, braune Flecken, wenn die Keimblätter auseinandergezogen werden.

■ **Ursache** Manganmangel tritt vor allem in saurem Torfboden und schlecht dräniertem Sandboden auf. Er kann durch zu viel Eisen im Boden verursacht werden, kommt aber auch in Verbindung mit Eisenmangel vor.

■ **Maßnahmen** Anfälligen Boden nicht zu stark kalken. Befallene Pflanzen wie vom Hersteller empfohlen mit einer Mangansulfatlösung spritzen.

■ *Siehe auch* Chlorose, Eisenmangel.

Mangelnde Fruchtreife bei Weintrauben

■ **Vorkommen** Wein unter Glas.

■ **Symptome** Einzelne Beeren einer Traube färben sich nicht normal. Blaue Trauben bleiben rot, weiße werden durchscheinend. Die Beeren werden runzlig wie Rosinen und schmecken wässrig oder unangenehm.

■ **Ursache** Kulturprobleme: zu viel oder zu wenig Wasser, zu wenig Dünger, zu starke Ernte und undurchlässiger Boden.

■ **Maßnahmen** Befallene Beeren entfernen, die Blätter mit einem Blattdünger besprühen. Für gute Dränage sorgen und sorgfältig, aber nicht übermäßig gießen.

Marssonina-Krankheit: *siehe* Blattfleckenkrankheit der Walnuss

Maulbeerkrebs

■ **Vorkommen** Maulbeere.

■ **Symptome** Kleine Krebsringe um den Stamm lassen die Triebe absterben. Winzige, rötlich braune Pusteln zeigen sich im Sommer an den Krebsstellen.

■ **Ursache** Der Pilz *Gibberella baccata*.

■ **Maßnahmen** Befallene und abgestorbene Triebe entfernen. *Siehe auch* Obstbaumkrebs.

Mäuse

■ **Vorkommen** An eingelagertem Obst, Gemüse und Samen. Im Garten sind Erbse und Zuckermais besonders gefährdet.

■ **Symptome** Samen von Erbsen, Bohnen und Zuckermais sowie Keimlinge werden abgefressen. Im Herbst und Winter sind eingelagerte Früchte in Gefahr, da die Mäuse dann in Gebäuden nach Futter suchen.

■ **Ursache** Haus-, Wald- und Feldmaus.

■ **Maßnahmen** Mausefallen aufstellen, wo Mäuse Schaden angerichtet haben. Im Garten die Fallen unter Balken oder Steine stellen, sodass Vögel und Haustiere sicher sind. Lebendfallen müssen mindestens zweimal täglich kontrolliert werden, da die kleinen Tiere schnell an Hunger, Stress, Wasserverlust oder einem Herzschlag sterben. Sie sollten mindestens 300 m von der Falle entfernt ausgesetzt werden.

Mehlige Apfelblattlaus: *siehe* Apfelblattlaus

Mehlige Kohlblattlaus: *siehe* Kohlblattlaus

Mehlkrankheit der Zwiebel

■ **Vorkommen** Zwiebelgewächse.

■ **Symptome** Die Blätter werden gelb und welken. Am Ansatz der Zwiebeln und Wurzeln zeigt sich eine flaumige, weiße Pilzschicht *(siehe S. 250)*, die später kleine, schwarze Fruchtkörper (Sklerotien) bildet. Diese fallen auf den Boden, wo sie länger als sieben Jahre überdauern.

■ **Ursache** Der Pilz *Sclerotium cepivorum*.

■ **Maßnahmen** Weiter Fruchtfolge einhalten. Infizierte Pflanzen sofort entfernen und vernichten, mindestens acht Jahre lang keine verwandten Pflanzen im selben Beet ziehen. Es gibt kein Pflanzenschutzmittel.

Missgebildete Früchte

■ **Vorkommen** Kürbisse.

■ **Symptome** Die Früchte sind klein, kernig, ungewöhnlich dunkelgrün mit gelben Flecken und zudem hart und ungenießbar.

■ **Ursache** Gurkenmosaikvirus *(siehe S. 255)*. Das Virus hat viele Wirtspflanzen und wird über saugende Insekten wie Blattläuse übertragen.

■ **Maßnahmen** Infizierte Pflanzen vernichten; es gibt kein Pflanzenschutzmittel. Infektionsrisiko durch Bekämpfung von Blattläusen und Unkraut, das als Zwischenwirt dienen kann, verringern. Nach der Arbeit mit infizierten Pflanzen gründlich die Hände waschen.

Mittelmeerfruchtfliege

■ **Vorkommen** *Citrus*-Arten, Passionsfrucht, Pfirsich, Pflaume, Olive und Melone.

■ **Symptome** Kleine, weiße Maden befallen das Fruchtfleisch; sie verursachen auch Gallen. Die adulten Insekten findet man an den Pflanzen: Sie erinnern an Stubenfliegen, sind bis zu 6 mm lang, haben rotorangefarbene Köpfe, schwarze, gelb und weiß gezeichnete Körper und gefleckte Flügel.

■ **Ursache** Viele Arten. *Ceratitis capitata* ist im Mittelmeerraum und den Subtropen heimisch, in kühleren Zonen tritt sie im Gewächshaus auf. Sie wird mit gekauften Früchten oder über importierte Pflanzen eingeschleppt. Die Fliegen vermehren sich bei günstigen Temperaturen das ganze Jahr über und sind in südlichen Regionen gefährliche Obstschädlinge, in Mitteleuropa stellen sie in aller Regel kein Problem dar.

■ **Maßnahmen** Gelbleim- und Pheromonfallen reduzieren die Population, die Zweiten, indem sie männliche Fliegen anlocken und dadurch die Fortpflanzung stören. Futterfallen locken beide Geschlechter an. Es steht kein zugelassenes Pflanzenschutzmittel zur Verfügung.

Möhrenfliege

■ **Vorkommen** Möhre, Pastinake, Petersilie und Sellerie.

■ **Symptome** Schlanke, 9 mm lange, cremeweiße Maden fressen Gänge in die Wurzeln. Rostig braune Bahnen erscheinen auf der Wurzel, wo Gänge unter der Oberfläche zusammenbrechen *(siehe S. 250)*. Beschädigte Wurzeln faulen im Lager.

■ **Ursache** Die Larven der Möhrenfliege *Psila rosae*, die von Spätfrühjahr bis Frühherbst drei Generationen entwickelt.

■ **Maßnahmen** Eine Abdeckung mit Vlies oder sehr feinem Netz hindert die weiblichen Fliegen an der Eiablage. Nach dem Spätfrühjahr gesäte Möhren verpassen die erste Generation, vor dem Spätsommer geerntete die zweite. Mischkultur mit Zwiebelgewächsen durchführen. Der Falterflug lässt sich mit gelben Leimtafeln feststellen. Es steht kein zugelassenes Pflanzenschutzmittel zur Verfügung. Resistente Sorten sind 'Flyaway', 'Resistafly', 'Sytan'.

Molybdänmangel

■ **Vorkommen** Blumenkohl und Brokkoli.
■ **Symptome** Die kleinen, gelb gefleckten Blätter sterben ab. Die Triebspitzen sind oft verwachsen.
■ **Ursache** Molybdänmangel im Boden ist selten, doch in saurem Boden ist das Element eventuell schlecht verfügbar. Es wird für die Aufnahme von Stickstoff gebraucht; daher rühren die abnormale Zellbildung und das gestörte Wachstum.
■ **Maßnahmen** Den pH-Wert von saurem Boden durch Kalken erhöhen. Stattdessen befallene Flächen mit Ammonium- oder Natriummolybdat angießen: für 1 m² 2,5 g in 0,5 Liter Wasser auflösen.

Monilia-Fruchtfäule, Schwarzfäule

■ **Vorkommen** Baumobst.
■ **Symptome** Weiche, dunkle Stellen auf der Schale; das Fruchtfleisch zerfällt, die Fäule breitet sich schnell auf die ganze Frucht aus. Erhöhte cremeweiße Pusteln erscheinen an infizierten Stellen in konzentrischen Ringen. Die Früchte werden mumifiziert und sind ein Herd für weitere Ansteckungen.
■ **Ursache** Der Pilz *Monilinia fructigena* an den meisten Obstarten, *M. laxa* hauptsächlich an Pflaumen. Der Pilz dringt durch Wunden wie Picklöcher, Frostrisse, Apfelwicklerlöcher und Schorfinfektionen ein. Die Sporen werden von Vögeln, Insekten, Spritzwasser oder direkten Kontakt übertragen.
■ **Maßnahmen** Möglichst alle Wunden vermeiden. Schadinsekten bekämpfen, Vogelnetze anbringen, infizierte und abgefallene Früchte sofort entfernen, mumifizierte Früchte mit dem Stiel abnehmen und vernichten.

Monilia-Spitzendürre

■ **Vorkommen** Apfel, Birne, Kirsche, Pflaume, Aprikose und Pfirsich.
■ **Symptome** Blütenbüschel welken, sobald sie sich öffnen. Tote Büschel bleiben am Baum und infizieren die Blätter, die welken, absterben und ebenfalls hängen bleiben. Erhöhte, hautfarbene, nadelkopfgroße Pilzpusteln erscheinen an infizierten Stellen. Einzelne Sprosse können absterben.
■ **Ursache** Der Pilz *Monilinia laxa*, bei Äpfeln *M. laxa* fo. *laxa*. Er überwintert an befallenen Sprossen oder in Form von Pusteln an Blüten und Blättern. Der Wind verbreitet die Sporen bei feuchtem Wetter schnell.
■ **Maßnahmen** Verletzungen vermeiden, indem man z.B. Schorf bekämpft. Infizierte Blütenbüschel entfernen, bevor die Blätter oder das Fruchtholz befallen werden. Dem Hobbygärtner stehen keine wirksamen Fungizide zur Verfügung.

Mottenschildlaus: *siehe* Weiße Fliege

Nacktschnecken

■ **Vorkommen** Verschiedene Kulturen.
■ **Symptome** Unregelmäßige Fraßlöcher erscheinen an Blüten, Blättern und Spross. Manche Arten leben im Boden und fressen die Knollen von Kartoffeln *(siehe S. 250)* und Topinambur. Nacktschnecken sondern einen silbrigen Schleim ab; diese Spuren an den befallenen Pflanzen sind das Hauptindiz für Schneckenfraß.
■ **Ursache** Verschiedene Arten treten im Garten auf: die Ackerschnecke *(Deroceras reticulatum)*, Große Wegschnecke *(Arion ater)*, die Gartenwegschnecke *(A. hortensis)* und Kielnacktschnecken (*Milax*-Arten). Sie sind das ganze Jahr über allgegenwärtig und fressen, solange die Temperaturen über 5 °C bleiben, meist nachts.
■ **Maßnahmen** Nacktschnecken lassen sich nie ganz vertreiben, deshalb sollten sich die Maßnahmen auf den Schutz von Keimlingen und weichblättrigen Pflanzen wie Salat konzentrieren. Eine Möglichkeit stellt die Jagd mit der Taschenlampe an milden, feuchten Abenden dar. Halb mit Bier gefüllte, eingesenkte Gläser oder Joghurtbecher locken Schnecken an. Auch Grapefruitschalen, die mit der offenen Seite nach unten abgelegt werden, sind sehr beliebt; die Schnecken können morgens aufgesammelt und entsorgt werden. Töpfe lassen sich durch ein Kupferband rund um den oberen Topfrand schützen.
■ Die räuberischen Nematoden *Phasmarhabditis hermaphrodita* eignen sich zur biologischen Bekämpfung bei frischem, gut dräniertem Boden und Temperaturen über 5 °C. Sie wirken am besten im Frühjahr und Herbst. Die Nematoden dringen in die Schnecken ein, wenn sie sich für den Tag in den Boden zurückziehen; dort setzen sie ein Bakterium frei, das bei den Schnecken eine tödliche Krankheit hervorruft. Die Nematoden vermehren sich in den Schneckenkadavern und breiten sich von dort aus weiter aus. Das Mittel wirkt besonders gegen im Boden lebende Schnecken, allerdings nur auf einer begrenzten Fläche. Unter günstigen Bedingungen wird die Population für bis zu sechs Wochen reduziert. Der Schaden an Kartoffelknollen lässt sich auch durch eine baldige Ernte reduzieren.
■ Herkömmliches Schneckenkorn enthält Metaldehyd, durch das die Schnecken übermäßig Schleim absondern und an Wasserverlust sterben; bei nassem Wetter können sie sich wieder erholen. Es kann Haustiere und Vögel schädigen, die vergiftete Schnecken fressen. Sind Haustiere im Garten, sollte Schneckenkorn nicht ausgestreut, sondern in alten Dränagerohren neben gefährdeten Pflanzen ausgelegt werden. Produkte auf der Basis von Methiocarb oder Eisen-III-Phosphat wirken zuverlässig, ohne dass die Schnecken ausschleimen. Das Ausstreuen von schwefelsaurem Ammoniak oder Kalkstickstoff dämmt ebenfalls den Befall ein.
■ Auf stark befallen Flächen lohnt es sich, Beete für empfindliches Gemüse mit Schneckenzaun zu umgeben.

Napfschildlaus, Gewöhnliche

■ **Vorkommen** Viele Baum- und Strauchfrüchte, darunter Ananas, Aprikose, Feige, Pfirsich und Nektarine, Pflaume.
■ **Symptome** Schildförmige, hochgewölbte, bis zu 5 mm lange, braune Schorfstellen erscheinen an den Sprossen befallener Pflanzen. Die Schildäuse stechen die Rinde an und verursachen durch Saftentzug Wachstumsstörungen und Verkrüppelungen. Rußtau bildet sich auf den von Honigtau verklebten Blättern. Der Befall tritt vor allem an warmen, geschützten Plätzen auf, etwa bei Pflanzen vor einer Wand oder im Gewächshaus.
■ **Ursache** Die Weibchen von *Eulecanium corni* bergen unter dem Schild ihre Eier. Pro Jahr wächst eine Generation heran.
■ **Maßnahmen** Krusten abkratzen, danach mit einem Blattlausmittel oder mit warmer Schmierseifenlösung plus Brennspiritus-Zusatz spritzen. Winterspritzung mit Mineralöl. *Siehe auch* Schildlaus.

Nassfäule der Kartoffel

■ **Vorkommen** Kartoffel.
■ **Symptome** Die Blätter bleiben klein, färben sich gelb und rollen sich an den Rändern leicht ein, vor allem die oberen Blätter. Der Sprossansatz ist schwarz, schleimig und am Boden verfault. Wird er durchgeschnitten, sind schwarz verfärbte Punkte zu erkennen. Auf den Knollen bilden sich braune Flecken mit hellerer Mitte; das Gewebe wird breiig und riecht modrig. Die Mutterknolle verfault völlig, die Pflanze stirbt ab, bevor geerntet werden kann.
■ **Ursache** Das Bakterium *Erwinia carotovora* var. *atroseptica* tritt vor allem in nassem Boden auf und wird durch symptomfreie, aber infizierte Saatkartoffeln eingeschleppt. Befallene Pflanzen sind im ganzen Beet zwischen den gesunden, anscheinend nicht infizierten Pflanzen zu sehen. Das Bakterium dringt durch Wunden ein, die entstehen, wenn Saatkartoffeln ausgegraben werden.
■ **Maßnahmen** Kartoffeln nicht bei nassem Wetter ernten, vorsichtig ausgraben, um sie nicht zu beschädigen; beide Faktoren erhöhen das Infektionsrisiko. Alle Abfälle entfernen, keine Knollen liegen lassen; sie sind ein Infektionsherd. Nur gesunde, nicht beschädigte Kartoffeln einlagern; infizierte faulen im Lager und stecken gesunde an. Wenig anfällige Sorten wählen.

Nematoden

■ **Vorkommen** Verschiedene Kulturen.
■ **Symptome** Nematoden verursachen Missbildungen, Verfärbungen und den Tod der Pflanze. Viele sind wirtsspezifisch und rufen an den jeweiligen Pflanzen typische Symptome hervor.
■ **Ursache** Nematoden, auch Älchen oder Fadenwürmer, sind mikroskopisch kleine Tiere. Nicht alle sind schädlich; viele fressen totes Gewebe, Bakterien, Pilze und andere Kleinstlebewesen. Manche Nematoden leben parasitisch und werden zur Bekämpfung von Nacktschnecken und Dickmaulrüsslern eingesetzt. Die schädlichen Arten leben in der Wirtspflanze oder an ihren Haarwurzeln. Nematoden übertragen durch ihre Saugtätigkeit auch Viren.
■ **Maßnahmen** Nachdem virusinfizierte Pflanzen entfernt wurden, sollte dieselbe Fläche nicht mit verwandten Pflanzen bestellt werden, da es sonst schnell zur Neuinfektion durch Nematoden kommt. Nematoden brauchen für den normalen Lebenszyklus feuchten Boden, doch ruhende Larven und Eier können ungünstige Bedingungen jahrelang überdauern. Nematoden und Viren werden im Garten meist über infizierte Pflanzenabfälle oder Erde an Schuhen, Werkzeugen und Wurzelballen verbreitet – daher auf Hygiene achten. Es gibt kein wirksames synthetisches Mittel gegen im Boden lebende Nematoden. *Siehe auch* Kartoffelzystennematode, Wurzelgallennematode, Stängelnematode, Vektor.

Obstbaumkrebs

■ **Vorkommen** Baumobst.
■ **Symptome** Pilzliche Erreger befallen Apfel, Birne und Maulbeere. Rindenstücke sinken ein, meist bei einer Knospe oder Wunde. Die Rinde verfärbt sich, schrumpft und platzt auf, sodass konzentrische Ringe entstehen; die infizierte Stelle schwillt an. Wächst der Krebs weiter, umschließt er den ganzen Trieb, sodass alle Bereiche darüber absterben. Infizierte Früchte faulen vor der Reife. Im Sommer zeigt der Krebs weiße Pusteln, im Winter erscheinen rote Fruchtkörper.
■ **Ursache** Die Pilze *Neonectria galligena* (Apfel und Birne) und *Gibberella baccata* (Maulbeere) treten vor allem im Frühjahr auf *(siehe auch Maulbeerkrebs, S. 258)*. Pilzsporen werden vom Wind übertragen und dringen durch Blattnarben, Schnitt-, Insekten- oder Frostwunden oder Schorfinfektionen ein *(siehe auch Apfel- und Birnenschorf, S. 251)*.
■ **Maßnahmen** Stauende Nässe im Boden und Rindenverletzungen vermeiden. Keine anfälligen Sorten wie 'Cox Orange', 'Berlepsch', 'James Grieve', 'McIntosh' oder 'Spartan' pflanzen. Baumpflege mit Stammanstrich und eine Winterspritzung mit Bentonit und Wasserglas durchführen. Befallene Stellen 15 cm tief ins gesunde Holz ausschneiden, Schnittwerkzeuge danach desinfizieren, Schnittabfälle vernichten. Gefährdete Bäume bei nasskalter Herbstwitterung zwei- oder dreimal bei beginnendem Blattfall mit einem Kupfermittel spriten. Pflanzenschutzmittel stehen nicht zur Verfügung. Spritzungen gegen Apfelschorf und Echten Mehltau an Apfel tragen zur Vorbeugung bei.

Obstbaumspinnmilbe: *siehe* Rote Spinne

Ödeme

■ **Vorkommen** Verschiedene, Wein ist besonders anfällig.
■ **Symptome** Erhöhte, warzenartige Auswüchse erscheinen unten an den Blättern, aber auch an Trauben. Anfangs sind sie grün, dann werden sie braun und korkig. Befallene Blätter sind oft verkrüppelt.
■ **Ursache** Es handelt sich um eine Kulturstörung, bei der die Blätter mehr Wasser aufnehmen, als sie wieder abgeben. Kleine Zellgruppen schwellen zu blasigen, blassgrünen Warzen an. Werden die Bedingungen nicht verbessert, platzen die Zellen auf und werden braun und korkig. Die Störung tritt bei hoher Luftfeuchtigkeit und überschüssigem Wasser auch an den Wurzeln auf.
■ **Maßnahmen** Nicht zu viel gießen, Dränage verbessern, unter Glas gut lüften. Pflanzen auf größeren Abstand setzen, um die Belüftung zu verbessern. Befallene Blätter nicht entfernen, da dies das Problem nur verschlimmert.

Olivenschorf: *siehe* Apfel-, Birnen- und Olivenschorf

Pastinakenkrebs

Vorkommen Pastinake.

Symptome Raue Krebsstellen an der Wurzel. Sie sind meist rotbraun, orangebraun oder schwarz.

Ursache Der Pilz *Itersonilia pastinacae*, seltener *Mycocentospora acerina*. Er breitet sich von infizierten Blättern auf den Boden aus und dringt durch beschädigte Haarwurzeln oder durch Möhrenfliegenschaden *(siehe S. 258)* ein.

Maßnahmen Dränage verbessern, Wurzelverletzungen möglichst vermeiden. Bei späterer Aussaat in engeren Abständen bilden sich kleinere Wurzeln, die weniger anfällig sind.

Pfefferminzrost

Vorkommen Minze (*Mentha*-Arten), Majoran und Bohnenkraut.

Symptome Blätter sind gelb gefleckt; bei Minze sind die neuen Sprosse auffällig verdreht. Orangefarbene Fruchtkörper erscheinen an Sprossen und Blättern, die später gelborange und dann dunkelbraun werden.

Ursache Der Pilz *Puccinia menthae* überwintert in Form von Sporen im Boden und in infizierten Rhizomen.

Maßnahmen Beim ersten Befall sofort Blätter abernten. Befallene Pflanzen entfernen und vernichten, im Frühjahr neue Pflanzen aus zuverlässiger Quelle kaufen und an einen neuen Platz setzen. Der Pilz lässt sich durch die Bodenbehandlung mit einem Abflammgerät abtöten.

Pferdebohnenkäfer

Vorkommen Dicke Bohne und Erbse.

Symptome Löcher in trockenen Bohnen und Erbsen sind die Ausgänge der adulten Käfer. Bei frischen Bohnen deuten kleine, blasse, runde Flecken auf die Anwesenheit einer Käferlarve hin.

Ursache Verschiedene Käfer befallen Bohnen und Erbsen: *Bruchus rufimanus* tritt häufig an Dicken Bohnen auf. Er legt Eier zur Zeit der Samenbildung in die Schoten. Die Larven entwickeln sich im Lager und erscheinen im folgenden Jahr als Käfer.

Maßnahmen Vor der Aussaat auf Löcher kontrollieren und stark beschädigte Samen wegwerfen. Die Larven fressen nur einen Teil der Keimblätter, nicht den Embryo, sodass der Same keimfähig bleibt. Für den Hobbygärtner gibt es keine zugelassenen Pflanzenschutzmittel.

Pflaumenblattlaus

Vorkommen Pflaumen und Zwetschgen.

Symptome Kurz nach dem Austrieb im Frühjahr kräuseln sich die Blätter und verdorren *(siehe S. 250)*, die Triebe sind gestaucht. An der Blattunterseite sind bis zu 2 mm lange, kleine, blass gelbgrüne Insekten und ihre abgeworfenen Häute zu erkennen.

Ursache Die Blattlaus *Brachycaudus helichrysi* befällt im Spätfrühjahr und Frühsommer als geflügelte Insekten ihre Zwischenwirte, das sind verschiedene krautige Pflanzen. Danach wachsen die neuen Blätter normal weiter. Die Blattläuse kehren im Herbst zurück und legen überwinternde Eier an Zweige und Knospen. Diese Generation schlüpft im Spätwinter und befällt die jungen Knospen.

Maßnahmen Überwinternde Eier an trockenen, milden Tagen von Anfang bis Mitte Winter mit einem Mineralölmittel bekämpfen. Befallene Triebspritzen mit scharfem Wasserstrahl oder mit Schmierseifelösung abspritzen. Bei starkem Befall mit Kali-Seife behandeln. Synthetische Pflanzenschutzmittel sind nicht zugelassen.

Pflaumenwickler

Vorkommen Pflaumen und Zwetschgen.

Symptome 12 mm lange, braunköpfige, blassrosa Raupen fressen im Inneren der reifenden Früchte, vor allem rund um den Stein.

Ursache Die Raupen des Schmetterlings *Graphilita funebrana*. Sie fliegen von Mai bis Juni und von Juli bis August. Die Larven der zweiten Generation verlassen nach dem Reifefraß die Früchte und überwintern unter der Rinde.

Maßnahmen Befallene Früchte im Hochsommer vernichten, bevor die Larven sie verlassen. Pheromonfallen locken männliche Motten an, sodass weniger Paarungen stattfinden und sich weniger Larven entwickeln. Außerdem zeigen die Fallen an, wann die Wickler fliegen und Eier ablegen.

Phytophthora-Wurzelfäule

Vorkommen Verschiedene Kulturen, darunter Ananas, Apfel und andere Obstbäume, Erdbeere und Himbeere.

Symptome Die Pflanzen beginnen vom Wurzelhals her zu faulen. Die spärlichen Blätter verfärben sich und sterben ab. Das Wurzelwerk ist schwarz, Feinwurzeln sterben ab. Sprosse verfallen, die ganze Pflanze kann absterben. Die Rinde am Hauptstamm ist rötlich oder schwärzlich braun.

Ursache Verschiedene im Boden oder Wasser lebenden Pilze der Gattung *Phytophthora*, davon ist *P. cinnamoni* der häufigste und verursacht die Wurzelfäule bei Obstbäumen. *P. cactorum* ist der Erreger von Fruchtfäule bei Äpfeln und Kragenfäule bei Apfel und anderen Obstbäumen. *P. syringae* befällt ebenfalls Obstbäume. *Phytophthora* ruft auch die Umfallkrankheit hervor *(siehe S. 262)*.

Maßnahmen Auf Hygiene achten, nur mit Leitungswasser gießen. Wasser- und Lufthaushalt im Boden verbessern. Der Pilz gedeiht unter den gleichen feuchten Bedingungen wie etwa die Ananas. Infizierte Pflanzen mit der umgebenden Erde entfernen. Es gibt kein Pflanzenschutzmittel. *Siehe auch* Fußkrankheiten, Kraut- und Braunfäule der Kartoffel, Erdbeerwurzelfäule.

Porreerost

Vorkommen Porree, Schalotten, Zwiebeln, Knoblauch und Schnittlauch, auch bei anderen Zwiebelgewächsen.

Symptome An den äußeren Blättern entstehen linsenförmige, 1–2 mm lange, kräftig orangefarbene Pilzpusteln. Wenn sie platzen, werden auffällige, leuchtend orangefarbene Sporen frei. Die befallenen Blätter werden gelb und sterben ab. Die inneren Blätter werden selten befallen.

Ursache Der Pilz *Puccinia allii* tritt meist in feuchter Umgebung auf.

Maßnahmen Alle befallenen Blätter bei der Ernte vernichten. Am Ende der Saison Pflanzenabfälle gründlich abräumen; Lauch und andere Zwiebelpflanzen jedes Jahr an einem anderen Platz pflanzen. Triebige Stickstoffdüngung meiden. Bei der Pflanzung 15–20 g pro m² schwefelsaures Kali geben oder mit Pflanzenpflegemittel spritzen; beides trägt zur Festigung des Gewebes bei und stärkt die Widerstandskraft. Weite Pflanzabstände einhalten, um die Luftzufuhr zu verbessern, Unkraut bekämpfen. Resistente Lauchsorten wie 'Alaska', 'Batina, 'Catalina' und 'Titan' pflanzen.

Pulverschorf

Vorkommen Kartoffel und Tomate.

Symptome Kleine Schorfflecken zeigen sich an den Knollen. Sie sind kraterförmig eingesunken mit leicht erhöhtem Rand. Reift der Schorf, platzt er auf und gibt Sporen an den Boden ab. Es bilden sich gallertartige Wucherungen an Wurzeln und Ausläufern. In seltenen Fällen entwickelt sich eine Krebsform des Pulverschorfs, die zu deutlichen Deformierungen der Knolle führt, die an die Symptome des heute sehr seltenen Kartoffelkrebses erinnern. Beim Pulverschorf sind die Auswüchse an der Knolle glatt, nicht warzig, der Krebs befällt niemals die Wurzeln.

Ursache Der Pilz *Spongospora subterranea*. Er tritt vor allem in nassen Jahren und bei schwerem Boden auf, besonders dort, wo schon lange Kartoffeln angebaut werden.

Maßnahmen Alle infizierten Knollen entsorgen; nicht kompostieren, da sie die Krankheit übertragen. Nach dem Auftreten der Krankheit mindestens drei Jahre lang keine Kartoffeln pflanzen. Vor der Pflanzung den Wasser- und Lufthaushalt des Bodens verbessern.

Quittenblattbräune

Vorkommen Quitte.

Symptome Viele kleine, unregelmäßige, rote Flecken erscheinen an den Blättern; sie werden später schwarz und fließen ineinander. Die Blätter vergilben und fallen vorzeitig ab. Manchmal zeigen sich ähnliche Flecken an den Früchten.

Ursache Der Pilz *Diplocarpon mespili*. Er überwintert an infizierten Trieben.

Maßnahmen Abgefallene Blätter vernichten, infizierte Sprosse ausschneiden.

Rostpilze

Vorkommen Verschiedene Kulturen.

Symptome Je nach Wirtspflanze und Rostpilz werden Blätter und Sprosse befallen. Sporen oder Pusteln sind meist leuchtend orange oder dunkelbraun, die Farbe schwankt jedoch je nach Jahreszeit; anfangs sind sie oft gelb oder orange und werden dann braun. Rostpilze durchlaufen verschiedene Entwicklungsstadien, die dann z.B. Winter-, Frühjahrs- und Sommersporen freisetzen. Befallene Stellen verfärben sich meist, das Gewebe stirbt ab.

Ursache Verschiedene Pilze, häufig *Puccinia-* *(siehe S. 250)*, *Uromyces-*, *Phragmidium-*, *Melampsora-* und *Gymnosporangium*-Arten. Viele brauchen einen Zwischenwirt, um ihren Lebenszyklus zu vollenden, andere bleiben bei einer Art. So überwintert der Birnengitterrost auf manchen Wacholderarten, und beim Johannisbeersäulenrost wandern die Wintersporen auf fünfnadelige Kiefern. Der Bohnenrost dagegen macht keinen Wirtswechsel durch und überwintert auf Ernterückständen. Alle brauchen feuchtes Milieu für ihre Verbreitung und sind daher bei feuchtem Wetter besonders lästig.

Maßnahmen Befallene Blätter entfernen. Belüftung verbessern, möglichst resistente Sorten wählen. Gegen Pflaumenrost kann Difenoconazol eingesetzt werden. Es gibt keine geeigneten Fungizide zur Bekämpfung von Rost an anderem Obst und Gemüse.

Siehe auch Porreerost, Pfefferminzrost.

Rote Spinne

Vorkommen An vielen Kulturen, z.B. Obstbäume und Pflanzen im Gewächshaus.

Symptome Die Blätter verlieren ihre gesunde grüne Farbe; sie entwickeln einen silbrigen Glanz und werden zunehmend stumpf und chlorotisch. Feine blasse Flecken sind an der Blattoberseite von Obstbäumen zu entdecken *(siehe S. 250)*, zahlreiche 1 mm lange, dunkelrote oder gelbgrüne Milben und kugelige Eier finden sich an der Unterseite. Schwerer Befall löst vorzeitigen Laubfall aus. Bei starkem Befall bedecken feine, weiße Gespinste die Blätter und Sprossen. Die Blätter vertrocknen und fallen vorzeitig, nur junge Blätter bleiben an den Sprossspitzen.

Ursache Die Saft saugende Obstbaumspinnmilbe *(Panonychus ulmi)* tritt im Freien auf, besonders in heißen, trockenen Sommern. Unter Glas wird die Gemeine Spinnmilbe *(Tetranychus urticae)* lästig. In heißen, trockenen Sommern zieht sie ins Freie und befällt verschiedene Pflanzen.

Maßnahmen Die Obstbaumspinnmilbe stellt bei nicht gespritzten Bäumen meist kein Problem dar, da Raubmilben und andere Fressfeinde für natürliche Kontrolle sorgen. Spritzmittel töten oft auch viele nützliche Insekten. Werden Bäume regelmäßig mit Insektiziden gespritzt, entwickeln sich problematische Milbenbestände; ihre überwinternden Eier in Rindenspalten sind mitunter so zahlreich, dass der Stamm einen rötlichen Schimmer zeigt. Wird die Spinnmilbe zum Problem, kann man mit einem geeigneten Akarizid spritzen.

Die Gewöhnliche Spinnmilbe vermehrt sich bei Wärme schnell; manche Formen sind gegen Pestizide resistent. Zweimal pro Tag mit Wasser sprühen schränkt die Aktivität ein. Die biologische Bekämpfung mit der Raubmilbe *Phytoseiulus persimilis* ist unter Glas recht erfolgreich, vorausgesetzt sie wird ausgesetzt, bevor sich ein starker Spinnmilbenbefall entwickelt. Die Raubmilbe braucht relativ hohe Tagestemperaturen und kann im Sommer auch im Freiland eingesetzt werden. Werden Pflanzen unter Glas zweimal täglich mit sauberem Wasser besprüht, entsteht eine hohe Luftfeuchtigkeit, bei der die Milben inaktiv sind. Unter Glas kann mit Rapsöl gespritzt werden; aber es sind in der Regel mehrere Behandlungen erforderlich.

Rotpustelkrankheit

Vorkommen Johannisbeeren und Feigen sind sehr anfällig, aber auch andere holzige Pflanzen können erkranken.

Symptome Leuchtend korallenrote Pusteln erscheinen an totem Holz. Sie zeigen sich oft erst, wenn das Gewebe schon seit

Wochen abgestorben ist. Weitere Triebe sterben ab; breitet sich die Infektion nach unten aus, stirbt die ganze Pflanze.

■ **Ursache** Der Pilz *Nectria cinnabarina* lebt an toten Zweigen, Bohnenstangen, Balken und anderem altem Holz und bildet das ganze Jahr über Sporen. Diese werden durch Spritzwasser verbreitet. Die Infektion dringt durch Wunden oder tote Stümpfe nach dem Schnitt ein und befällt lebendes Gewebe, das dann abstirbt. Ohne Behandlung stirbt die Pflanze.

■ **Maßnahmen** Infiziertes Gewebe sofort ein Stück weit in gesundes, lebendes Holz zurückschneiden. Infiziertes Gewebe vernichten. Auf Hygiene achten, um Infektionsherde zu vermeiden.

Rotwild

■ **Vorkommen** Obstbäume.

■ **Symptome** Triebe werden abgefressen, aber auch Blüten. Da die Tiere keine Schneidezähne im Oberkiefer haben, reißen sie die Triebe ab. So entsteht ein sauberer Schnitt durch einen Teil des Triebes und ein ausgefranster durch den Rest. Stämme und Äste werden auch durch das Fegen beschädigt – männliche Tiere scheuern an der Rinde den Bast von ihrem Geweih.

■ **Ursache** Rehe, Dam- und Rothirsche.

■ **Maßnahmen** Die Tiere können in waldnahen Lagen Zäune einfach überspringen. Um Rehe abzuhalten, muss der Zaun mindestens 2 m hoch sein. Bei der Futtersuche sind sie neugierig, neue Pflanzungen ziehen sie besonders an. Es kann sich lohnen, frisch gepflanzte Bäume durch Draht- oder Kunststoffmanschetten (oder Käfige) zu schützen.

Salatwurzellaus, Wollige Wurzellaus

■ **Vorkommen** Salat, Chicorée, Endivie.

■ **Symptome** Die Pflanzen welken und wachsen bei Sonne, auch in feuchtem Boden, schlecht. Werden sie ausgegraben, sind die Wurzeln und die umgebende Erde mit einem weißen Wachspulver überzogen. Bei näherem Hinsehen zeigen sich cremegelbe, bis zu 2 mm lange Läuse an den Wurzeln.

■ **Ursache** Die Salatwurzellaus *(Pemphigus bursarius)* frisst von Hoch- bis Spätsommer an den Wurzeln von Freilandsalat.

■ **Maßnahmen** Salat gut gießen und jedes Jahr an einen anderen Platz setzen. Resistente Sorten wie die Kopfsalate 'Donatan' und 'Targa' wählen. Wurzelläuse sind schwerer zu bekämpfen als Blattläuse, der Befall kann jedoch durch wiederholtes Gießen des freigelegten Wurzelbereichs mit Rainfarnbrühe reduziert werden.

Schießen

■ **Vorkommen** Verschiedene Kulturen, etwa Kohl, Zwiebelgewächse und Spinat.

■ **Symptome** Vorzeitige Blüten- und Samenbildung, bevor die Pflanze ganz ausgereift oder abgeerntet ist.

■ **Ursache** Verschiedene Faktoren. Die häufigsten sind niedrige Temperaturen während einer kritischen Wachstumsphase und extrem trockener Boden während des frühen Wachstums.

■ **Maßnahmen** Keine frühen Sorten von betroffenem Gemüse pflanzen, da sie stärker zum Schießen neigen.

■ Stattdessen auf schossfeste Sorten achten, die gut erhältlich sind.

Schildläuse

■ **Vorkommen** Verschiedene Kulturen.

■ **Symptome** Triebe und Blätter vieler Freiland- und Gewächshauspflanzen werden befallen. Die Insekten überziehen ihren Körper mit einem Wachsschild. In der Jugend sind sie beweglich, wenn sie aber eine geeignete Nische gefunden haben, bleiben sie dort für den Rest ihres Lebens. Ihr Schild ist grau oder braun und flach oder kuppelförmig. Die Größe liegt je nach Art bei 1–6 mm. Manche Schildläuse sondern Honigtau ab, auf dem sich Sternrußtau bildet. Die meisten Freilandarten schlüpfen im Hochsommer, unter Glas vermehren sie sich das ganze Jahr über.

■ **Ursache** Viele Arten von Schildläusen.

■ **Maßnahmen** Die meisten Schildläuse verbergen ihre Eier unter dem Körper. Die Nymphen sind anfälliger für Pflanzenschutzmittel. Für die Bekämpfung an Pflaumen ist Rapsöl zugelassen

■ *Siehe auch* Napfschildlaus.

Schlechte Fruchtbildung

■ **Vorkommen** Erdbeere, Himbeere, Apfel, Birne und andere Obstgehölze.

■ **Symptome** An Bäumen bilden sich normale Blüten, aber keine Früchte. Bei Himbeeren und Erdbeeren entwickeln sich einige Früchte unvollständig, andere sind verwachsen. Bei Himbeeren sind einzelne Körnchen der Beere trocken und braun, benachbarte Beeren bleiben jedoch intakt.

■ **Ursache** Verschiedene Kulturen. Bei Obstbäumen kann schlechte Bestäubung wegen eines fehlenden Bestäubers der Grund sein oder Frost während der Blüte. Schlechte Bestäubung kann auch auf fehlenden Insekten, meist Bienen, beruhen, entweder weil keine in der Nähe sind oder weil sie wegen kalter, nasser, windiger Witterung nicht fliegen und ihre Aufgabe erfüllen können.

■ **Maßnahmen** Bei der Pflanzung von Obstbäumen auf die Bestäubungsverhältnisse achten; nach Möglichkeit selbstfertile Sorten wählen. Geschützte Standorte suchen, um Frostschäden zu vermeiden; davon profitieren auch die Bienen. Weitere Blütenpflanzen in die Nähe setzen, um bestäubende Insekten anzulocken. Insektide vorsichtig einsetzen und möglichst gegen Abend nach Ende des Bienenfluges spritzen.

■ *Siehe auch* Kalimangel.

Schmetterlingsraupen

■ **Vorkommen** Verschiedene Kulturen.

■ **Symptome** Die meisten Raupen (wie die Larven des Kohlweißlings) fressen am Laub. Ausgefranste Löcher erscheinen auf den Blättern, eventuell bleibt schwarzer Kot zurück; die Schuldigen sitzen meist auf der Blattober- oder -unterfläche. Manche Insektenlarven befallen Wurzeln, andere bohren sich in Sprosse oder in Blätter ein oder fressen Früchte und Beeren.

■ **Ursache** Die Larven von Schmetterlingen und Käfern unterscheiden sich in Bezug auf Größe, Farbe und Behaarung, sind aber meist lang und röhrenförmig mit gut erkennbarem Kopf. Ein wichtiges Bestimmungsmerkmal ist die Anzahl der Beinpaare am Vorderleib und am Abdomen.

■ **Maßnahmen** Einzelne Raupen lassen sich leicht von Hand absammeln; da sie meist nachts fressen, am besten mit der Taschenlampe. Sie können biologisch mit *Bacillus thuringiensis* bekämpft werden, oder man spritzt mit einem zugelassenen Insektizid, wenn sich Fraßspuren zeigen.

■ *Siehe auch* Apfelwickler, Erdeule, Erbsenwickler, Pflaumenwickler, Frostspanner.

Schnakenlarven

■ **Vorkommen** Junger Kohl, Salat und Erdbeere. Jungpflanzen sind zudem auch sehr anfällig.

■ **Symptome** Die Pflanzen werden gelb, welken und sterben ab. Die Symptome sind ähnlich wie bei Eulenraupen *(siehe S. 254)* und manchen Fußkrankheiten *(siehe S. 255)*. Die Wurzeln sind abgefressen; wird die Erde um die betroffene Pflanze gesiebt, kann man die beinlosen, bis zu 4,5 cm langen, graubraunen Larven ohne erkennbaren Kopf entdecken. Der Schaden tritt meist im Frühjahr, besonders auf frisch umbrochenen Wiesenflächen auf.

■ **Ursache** Schnaken, vor allem der Arten *Tipula paludosa*, *T. czizìki* und *T. oleracea*, legen ihre Eier im Spätsommer in den Boden; die Larven schlüpfen zwei Wochen später. Sie fressen im Herbst und wieder im folgenden Frühjahr und Sommer. Meist entwickelt sich eine Generation pro Jahr, doch nach einem warmen, feuchten Sommer und Herbst gibt es riesige Populationen.

■ **Maßnahmen** Sind die Larven so groß, dass sie erkennbaren Schaden anrichten, richten Insektizide kaum noch etwas aus. Eine biologische Bekämpfung mit dem Nematoden *Steinernema feltiae* ist möglich, doch der Boden muss dafür feucht und warm sein (mindestens 12 °C). Die Larven werden von Staren, Drosseln und Amseln gefressen; wird der Boden im Herbst umgegraben, sind sie für die Vögel zugänglich. Wird eine Grasfläche in ein Gemüsebeet umgewandelt, sollte nach starkem Regen oder Bewässerung schwarze Kunststofffolie ausgelegt werden. Die Larven kommen an die Oberfläche und sammeln sich unter der Folie, wo man sie absammeln kann. Bei starker Befallsgefahr Algenkalk um die Setzlinge herum einarbeiten.

Schokoladenflecken

■ **Vorkommen** Dicke Bohne.

■ **Symptome** Dunkelbraune Flecken entstehen an Blattoberflächen, braune Streifen an Spross, Schoten und Blüten. Auch Samen sind oft befallen. Schwere Infektionen vernichten die Pflanze, leichte Fälle verringern jedoch nur die Ernte.

■ **Ursache** Der Pilz *Botrytis fabae* gedeiht am besten bei hoher Luftfeuchtigkeit. Er überwintert an Pflanzenresten und wird über Samen übertragen.

■ **Maßnahmen** Bohnen in gut dränierten Boden setzen. Auf größeren Abstand pflanzen als empfohlen (über 25 cm), um den Luftaustausch zu verbessern. Unkraut zwischen den Reihen entfernen, um die Luftfeuchtigkeit gering zu halten. Keinen Stickstoffdünger geben, der weiche, anfällige Triebe fördert; schwefelsaures Kali bewirkt ein etwas festeres Gewebe.

■ **Schorf:** *siehe* Apfel-, Birnen- und Olivenschorf

Schwarzbeinigkeit

■ **Vorkommen** Kartoffel.

■ **Symptome** Die Blätter sind verkrüppelt und vergilbt mit leicht eingerolltem Blattrand, am deutlichsten auf den obersten Blättern. Der Stängelgrund wirkt schwärzlich, schleimig und fault auf Bodenniveau. Wird der Stängel durchgeschnitten, wird eine typische schwarze Fleckung erkennbar. Die Saatkartoffel ist völlig verfault, die Pflanzen sterben womöglich ab, bevor eine Ernte erzielt wird.

■ **Ursache** Das Bakterium *Pectobacterium atrosepticum* kommt vor allem auf feuchten Böden vor und wird über befallene und dennoch symptomfreie Saatkartoffeln eingeschleppt. Befallene Pflanze erkennt man im Bestand zwischen gesunden, offensichtlich nicht betroffenen Pflanzen. Das Bakterium infiziert die im Boden wachsenden Pflanzen über Wunden oder wenn Saatkartoffeln hochgenommen werden.

■ **Maßnahmen** Kartoffeln nicht bei feuchter Witterung ernten und Beschädigungen vermeiden. Alle Pflanzenrückstände entfernen, verworfene Kartoffeln nicht auf Haufen werfen und stehen lassen. Nur vollkommen gesunde und unbeschädigte Knollen einlagern. Infizierte Kartoffeln faulen im Lager, die Fäule breitet sich dann auf gesunde Knollen aus. Keine anfälligen Sorten pflanzen.

Schwarze Bohnenblattlaus: *siehe* Bohnenblattlaus

Schwarze Kirschblattwespe: *siehe* Kirschblattwespe

Schwarzfäule

■ **Vorkommen** Sellerie und Fenchel.

■ **Symptome** Die Pflanzen bleiben klein; gelbe und grünschwarze, oft eingesunkene Stellen erscheinen an Wurzeln, Knollen und am Stängelgrund. Manchmal sind an Fenchelknollen und Selleriestangen rotbraune Streifen zu sehen.

■ **Ursache** Der Pilz *Rhizoctonia solani*. *Rhizoctonia*-Arten sind häufige Verursacher der Umfallkrankheit und von Fußkrankheiten *(siehe S. 262, 255)*.

■ **Maßnahmen** Es gibt kein Pflanzenschutzmittel. Befallene Pflanzen mit der Erde um die Wurzeln sofort entfernen, damit sich die Krankheit nicht ausbreitet. Hygienische Maßnahmen wie das gründliche Waschen von Töpfen, Schalen und Geräten vor der Aussaat beugen der Infektion vor. Nur sterilisiertes Substrat verwenden, mit Leitungswasser gießen. Dünn aussäen, für gutes Licht sorgen und die Keimlinge nicht länger im Warmen stehen lassen, als für die Keimung nötig ist.

Sellerieminierfliege

■ **Vorkommen** Knollen- und Stangensellerie, Pastinake, Liebstöckel und Petersilie.

■ **Symptome** An den Blättern zeigen sich trockene, braune Flecken, wo das innere Blattgewebe von weißen, bis zu 7 mm langen Maden gefressen wurde (Minierfraß). Bei starkem Befall wirken die Pflanzen verbrannt, bei Sellerie schmecken die Sprosse unangenehm bitter.

■ **Ursache** Die Larven der Sellerieminierfliege *Acidia heraclei*. Zwei Generationen pro Jahr richten von Spätfrühjahr bis Spätsommer vor allem an jungen Pflanzen Schaden an.

■ **Maßnahmen** Die betroffenen Blätter von Hand entfernen. Für zügiges Wachstum sorgen, da ältere Pflanzen eher gemieden werden.

Sklerotinia-Fäule

■ **Vorkommen** Verschiedene Kulturen.

■ **Symptome** Blätter welken, Infektionen von Früchten und des Wurzelhalses sind häufig; sie werden braun und schleimig *(siehe S. 250)*. Es entsteht ein watteartiger Belag; darin finden sich schwarze Fruchtkörper (Sklerotien).

■ Früchte und Knollen werden im Lager befallen.

■ **Ursache** Der Pilz *Sclerotinia sclerotiorum* tritt vor allem in kühler, feuchter Umgebung auf und überwintert im Boden. Er bildet dann die kelchförmigen schwarzen Sporenbehälter (Apothezien), von denen die Infektionen im Folgejahr ausgehen.

■ **Maßnahmen** Vorbeugend Schachtelhalmbrühe spritzen und schnelles Wachstums fördern. Alle befallenen Pflanzen sofort vernichten. Am Ende der Saison alle Pflanzenabfälle entsorgen. Anfällige Pflanzen für mindestens vier Jahre nach einem Befall nicht mehr an dieselbe Stelle setzen.

Spargelhähnchen

■ **Vorkommen** Artischocke, Spargel.

■ **Symptome** Die Pflanzen verlieren die Blätter, wenn der Käfer und seine Larven Rinde und Blätter abfressen. Beschädigte Stellen werden gelbbraun und trocknen aus.

■ **Ursache** Der Käfer *Crioceris asparagi* und seine Larven. Der Käfer ist 6–8 mm lang, schwarz mit rotem Thorax und sechs gelben Flecken auf den Deckflügeln. Im Spätfrühjahr kommt er aus dem Boden und legt Eier an Trieben und Blättern ab. Die grauschwarzen, buckligen, 1 cm langen Larven haben drei Beinpaare. Sie erscheinen im Spätfrühjahr oder Frühherbst; jedes Jahr entwickeln sich zwei Generationen.

■ **Maßnahmen** Überwinternde Käfer vernichten, alte Sprosse am Ende der Saison vernichten. Ab dem Spätfrühjahr Käfer und Larven absammeln. Mit Quassia-Schmierseifenlösung abspritzen.

Stachelbeerblattwespe

■ **Vorkommen** Stachelbeere, Rote und Weiße Johannisbeere.

■ **Symptome** Schneller, starker Blattverlust durch Skelettierfraß, bis zur Ernte ist der Strauch oft kahl. Blassgrüne, bis zu 2 cm lange Larven *(siehe S. 250)* mit schwarzen Flecken fressen an den Blättern; in einem Jahr können sich drei Generationen entwickeln.

■ **Ursache** Die schwarze-orangefarbene Larve schlüpft im April aus dem Überwinterungskokon. Drei Arten befallen Stachelbeere und Johannisbeere: *Nematus ribesii, N. leucotrochus* und *Pristiphora appendiculata*.

■ **Maßnahmen** Die Sträucher ab April kontrollieren; Blattunterseiten untersuchen. Der Befall beginnt meist in der Mitte des Strauches, die Larven entblättern den Strauch nach oben und außen. Großer Schaden entsteht, bevor sie entdeckt werden.

Stachelbeermehltau, Amerikanischer

■ **Vorkommen** Schwarze Johannisbeere und Stachelbeere.

■ **Symptome** Ein grauweißer Pilzbelag erscheint an Blattoberflächen, Sprossen und Früchten. Junge Triebe sind unförmig und sterben ab. Der Mehltau auf der Fruchtoberfläche verbräunt und lässt sich abkratzen. Die Früchte sind unansehnlich, aber essbar, beim Kochen werden sie braun.

■ **Ursache** Der Pilz *Podosphaera mors-uvae*, der durch stehende Luft und Überdüngung mit Stickstoff gefördert wird. Er überwintert an den Zweigen und in den Knospen.

■ **Maßnahmen** Befallene Zweige sofort entfernen: Triebe ausdünnen und Durchlüftung verbessern. Hochstämmchen pflanzen. Stickstoffüberdüngung meiden. Resistente Sorten wie 'Invicta' oder 'Remarka' pflanzen. Bei Knospenaustrieb ein Pflegemittel mit Schwefelzusatz spritzen.

Stängelnematode

■ **Vorkommen** Zwiebelgewächse.

■ **Symptome** Das Laub junger Zwiebeln wirkt bläulich, geschwollen und unregelmäßig verdreht. Das Gewebe wird weich und mehlig; es wird oft mit anderen Krankheiten infiziert. Die Pflanzen sterben vor der Reife ab; Zwiebeln, die spät im Jahr infiziert wurden, faulen im Lager.

■ **Ursache** Der Nematode *Ditylenchus dipsaci*.

■ **Maßnahmen** Es gibt kein wirksames Pflanzenschutzmittel. Befallene Pflanzen sofort entfernen. Die Nematoden werden über Pflanzenabfälle oder Erde an Schuhen oder Werkzeugen und über Wurzelballen verbreitet. Zwiebelsaatgut aus zuverlässiger Quelle kaufen, um keine Nematoden einzuschleppen. Fruchtfolge reduziert den Befall; unempfindliche Pflanzen wie Salat, Kohlrübe, Speiserübe und Kohl setzen.

Staunässe

■ **Vorkommen** Alle Kulturen.

■ **Symptome** Die Blätter, in extremen Fällen auch die Blüten, welken und vergilben. Die gelben Blätter fallen vorzeitig ab. Die Wurzeln zeigen Abbausymptome; die äußere Haut schält sich und lässt sich leicht vom Wurzelkern abziehen.

■ **Ursache** Übermäßiges Gießen, zu viel Regen oder schlechte Dränage können eine Rolle spielen.

■ **Maßnahmen** Den Boden verbessern und nicht zu viel gießen. Bei schwerem Boden vor der Pflanzung auf großen Flächen große Mengen Sand und reichlich gut verrottete organische Substanz einarbeiten. Ein Blattdünger kann die Auswirkungen leichter oder vorübergehender Staunässe abschwächen, er regt die Wurzelbildung an, um Verluste zu ersetzen.

Stickstoffmangel

■ **Vorkommen** Verschiedene Kulturen.

■ **Symptome** Schwaches Wachstum, kleine, gelbe (chlorotische) Blätter. Bei manchen Pflanzen färben sich die Blätter bei sinkendem Chlorophyllgehalt rot oder violett. Die ältesten, unteren Blätter sind als erste betroffen; wird der Mangel nicht behoben, leiden alle Teile der Pflanze. Blüte, Frucht-, Wurzel- und Knollenbildung sind gestört.

■ **Ursache** Stickstoffmangel tritt häufig auf leichten Böden oder Böden mit geringem Anteil organischer Substanz auf. Auch Flächen mit früher reichem Ertrag können betroffen sein. Bei kühler Witterung im Frühjahr tritt vorübergehender Stickstoffmangel auf; dieser gleicht sich jedoch aus, wenn sich der Boden erwärmt und die Mikroorganismen im Boden aktiv werden. Stark mit Holzschnitzeln gemulchter Boden zum Beispiel leidet unter Stickstoffmangel, da zum Abbau des Holzes viel Stickstoff festgelegt wird.

■ **Maßnahmen** Regelmäßig Kompost und gut verrotteten oder abgelagerten Mulch aufbringen sowie Stickstoffdünger geben. Leguminosen wie Erbsen und Bohnen anbauen, die mithilfe von Bakterien Stickstoff in ihren Wurzelknöllchen einlagern und so den Boden verbessern. Gründüngungspflanzen wie Inkarnatklee und Saatwicke führen dem Boden ebenfalls Stickstoff zu.

Stippigkeit

■ **Vorkommen** Apfel.

■ **Symptome** Die Apfelschalen zeigen leicht vertiefte, braune Flecken von 1–3 mm Durchmesser *(siehe S. 250)*. Das Fruchtfleisch schmeckt leicht bitter. Die Flecken entwickeln sich manchmal noch am Baum, häufiger aber im Lager. Große Früchte und solche von stark tragenden Bäumen sind besonders gefährdet.

■ **Ursache** Kalziummangel in den Früchten. Der Kalziumgehalt des Bodens kann zwar ausreichend hoch sein, aber bei trockenem Wetter nimmt der Baum nicht genug auf – daher sind große Früchte und stark tragende Bäume besonders anfällig. Die Symptome werden ebenso von zu viel Kalzium und Magnesium in den Früchten verursacht.

■ **Maßnahmen** Mit einem Mulch den Boden feucht halten und Bäume gut wässern. Nicht zu viel Stickstoffdünger geben, ein ausgewogener Dünger ist besser.

Thrips, Trauermücke

■ **Vorkommen** Erbse, Lauch, Zwiebeln u. a.

■ **Symptome** Eine feine, silbrig weiße Schicht erscheint auf der Blattoberfläche. Das Wachstum wird gestoppt. Adulte Thripse erscheinen auf den Blättern; im Gegensatz zu vielen Sauginsekten fressen sie auch oben auf den Blättern und nicht nur darunter.

■ **Ursache** Die meisten Thripse sind schmale, schwarze, 2 mm lange Insekten mit zwei fransigen Flügelpaaren.

■ Bei eingefalteten Flügeln sind die Fransen jedoch nicht immer erkennbar. Die Nymphen haben keine Flügel und sind cremegelb. Manche Thripse übertragen Viren. Die häufigsten Arten im Gemüsegarten sind Zwiebel- und Erbsenblasenfuß (*Thrips tabaci* und *Kakothrips pisivorus*).

■ **Maßnahmen** Wie bei Erbsenblasenfuß *(siehe S. 254)* und Zwiebelblasenfuß *(siehe S. 264)*.

Triebsterben

■ **Vorkommen** Holzige Pflanzen wie Obstbäume und -sträucher.

■ **Symptome** Die Sprosse sterben meist von der Spitze, aber auch vom Ansatz oder der Mitte her ab. Selten sind alle Sprosse gleichzeitig betroffen. Dunkle, eingefallene Flecken zeigen sich an der Infektionsstelle. Die Blätter welken, werden gelb und verdorren. Ohne Behandlung breiten sich die Symptome am Stamm entlang bis zum Wurzelhals aus, sodass die ganze Pflanze abstirbt.

■ **Ursache** Verschiedene Pilze, von denen manche durch Wunden eindringen, andere befallen bisher gesunde Sprosse. Auch Wurzelinfektionen mit im Boden lebenden Schwächepilzen wie *Phytophthora* *(siehe S. 260)* führen zum Absterben von Gehölzen. Ungünstige Kulturbedingungen können eine Ursache sein, besonders wenn die Triebe von der Spitze her absterben. Dazu gehören Trockenheit, Staunässe oder wenn neu gepflanzte Obstgehölze schlecht anwachsen, weil zu wenig gegossen wird.

■ **Maßnahmen** Befallene Sprosse bis ins gesunde Holz zurückschneiden. Kulturbedingungen verbessern.

Trockenheit

■ **Vorkommen** Verschiedene Kulturen.

■ **Symptome** Abhängig von der Pflanze und davon, ob die Trockenheit regelmäßig, dauerhaft oder gelegentlich auftritt. In den ersten Fällen ist schlechtes Wachstum die Folge; welke Blätter sind das erste Anzeichen von Trockenheit. Dauert sie länger, bilden sich weniger Blüten; Knospen und Früchte fallen ab, die Früchte sind klein und minderwertig. Starker Regen oder plötzliches Gießen nach Trockenheit lässt Früchte und Sprosse aufplatzen.

■ **Ursache** Zu wenig Regen oder schlechte Bewässerung sind die offensichtlichen Ursachen. Gelegentlich behindert ein Wurzelschaden die Wasseraufnahme. Pflanzen in Gefäßen oder mit wenig Wurzelraum sowie Pflanzen in leichtem, durchlässigem Sand- oder Kalkboden sind besonders anfällig.

■ **Maßnahmen** Regelmäßig gießen, damit der Boden nicht ganz austrocknet. Die Wasserhaltigkeit des Bodens durch reichlich organische Substanz und Mulchen verbessern. Kübelpflanzen vor austrocknendem Sonnenlicht schützen und wasserhaltendes Granulat ins Substrat geben.

Umfallkrankheit

■ **Vorkommen** Alle Keimlinge, auch Senf und Kresse.

■ **Symptome** Die Keimlinge fallen um und zeigen oft verfärbte Wurzelhälse, die durchnässt wirken. Die Infektion verbreitet sich schnell, eine ganze Schale mit Keimlingen stirbt innerhalb weniger Tage ab. Noch nicht gekeimte Samen laufen nicht mehr auf. Eine pelzige, weiße Pilzschicht erscheint an der Oberfläche der Keimlinge.

■ **Ursache** Im Boden lebende Pilze, vor allem *Pythium-*, *Phytophthora* und *Rhizoctonia*-Arten. Sie vermehren sich in nassem Substrat und bei anhaltender Wärme. Die Hauptursache für die Umfallkrankheit ist zu dichtes Säen, sodass die Keimlinge nicht genug Licht erhalten. Sie wird auch von mangelnder Hygiene gefördert. Nicht sterilisiertes Substrat, Töpfe, Schalen und Geräte sowie Wasser aus der Tonne können Sporen enthalten.

■ **Maßnahmen** Strenge Hygiene; Töpfe, Schalen und Gerät vor der Verwendung reinigen. Nur sterilisiertes Markensubstrat verwenden. Nur mit Leitungswasser gießen. Dünn säen, auf ausreichende Belichtung achten. Die Keimlinge dürfen nicht länger bei Wärme stehen, als für die Keimung nötig ist. Bei beginnender Keimung mit Schachtelhalmbrühe oder Algenextrakten überbrausen.

Unvollständige Reifung

■ **Vorkommen** Tomate.
■ **Symptome** Harte, grüne oder gelbe Flecken reifen nicht aus. Der Schaden ist nur an reifen Früchten zu sehen; Früchte an den unteren Zweigen sind häufiger befallen.
■ **Ursache** Die Störung wird meist einer Fehlernährung zugeschrieben. Kalimangel *(siehe S. 256)* ist der häufigste Grund, aber auch trockener Boden oder ein schlecht funktionierendes Wurzelsystem kann eine Rolle spielen. Hohe Temperaturen im Gewächshaus verstärken den Schaden.
■ **Maßnahmen** Pflanzen gut mit einem kalibetonten Dünger versorgen *(siehe S. 20)*. Das Gewächshaus gut belüften, gut gießen.

Vektor

Viele Viren, die Pflanzen befallen, werden von Schädlingen übertragen, die als Vektoren bezeichnet werden. Fast alle sind saugende Insekten wie Blattläuse *(siehe S. 252)* und Thripse *(siehe dort)*. Wenn sie an einer Virus-infizierten Pflanze saugen, nehmen sie Viren auf und übertragen sie mit auf die nächste Wirtspflanze. Manche im Boden lebenden Nematoden *(siehe S. 259)* übertragen ebenfalls Viren. Dies ist also einer der Gründe, gegen Schädlinge vorzugehen. Manche Vektoren saugen bzw. fressen an verschiedenen Pflanzen und richten zwar selbst keinen gefährlichen Schaden an; sie übertragen aber im Extremfall über 100 verschiedene Viren, die einen Bestand beträchtlich schwächen können. Es gibt keine chemischen Mittel gegen Viruskrankheiten. Virus-infizierte Pflanzen sollten vernichtet werden, neue Pflanzen desselben Typs sollte man in frischen Boden setzen.

Verbrennungen

■ **Vorkommen** Verschiedene Kulturen, Gewächshauspflanzen wie Wein sind anfälliger.
■ **Symptome** Verbranntes Gewebe, meist an weicheren Organen wie Kron- oder Laubblättern, wird blassbraun oder bleicht aus. Beschädigte Stellen trocknen aus. Sprossen verbrennen gelegentlich auf der Sonnenseite.
■ **Ursache** Sonnenlicht und -hitze ist die häufigste Ursache, aber auch kalter, trockener Wind ist schädlich. Bei Sonnenbrand wird das Problem durch Wassertropfen an den Blättern verstärkt, die wie ein Brennglas wirken. Sonnenbrand an der Rinde tritt bei jungen Bäumen mit dünner Rinde auf. Wassertropfen vergrößern auch bei niedrigen Temperaturen den Schaden, wenn sie in kalten Nächten im Frühjahr und Herbst an den Blättern bleiben. Zufälliger Kontakt mit Herbiziden oder ungeeigneten Pestiziden – etwa durch verwehte Spritzmittel – verursacht ähnliche Symptome.
■ **Maßnahmen** Am frühen Abend gießen, damit die Blätter vor Anbruch der Nacht abtrocknen können und nicht sofort hellem Sonnenlicht ausgesetzt sind. Im Gewächshaus ausreichend schattieren. Vor dem Einsatz von Pflanzenschutzmitteln die Angaben des Herstellers genau lesen, v.a. prüfen, ob das Mittel für die betreffende Pflanze geeignet ist.

Verticilliumwelke

■ **Vorkommen** Aubergine, Erdbeere, Apfel, Birne, Kirsche, Olive, Pflaume, Quitte.
■ **Symptome** Die Blätter welken. Fast alle Blätter an befallenen Zweigen oder Sprossen zeigen Symptome, selten ist die ganze Pflanze gleichzeitig befallen. Die Blätter werden zwischen den Adern gelb oder braun und sterben ab. Kurz darauf stirbt der Spross ab, doch bei großen, verholzten Pflanzen kann es Jahre dauern, bis sie ganz absterben. Kleinere Sträucher oder krautige Pflanzen wie Erdbeeren können innerhalb einer Saison absterben. Wird die Rinde vom befallenen Spross gelöst, zeigen sich in den darunter liegenden Gefäßen violettbraune oder braune Längsstreifen, die am Wurzelhals besser zu erkennen sind. Im Zentrum der Wurzeln entwickelt sich ein verfärbter Kegel.
■ **Ursache** Die Pilze *Verticillium albo-atrum* und *V. dahliae* leben häufig in Pflanzabfällen, Pflanzengewebe und im Boden; nur die zweite Art bildet Mikrosklerotien als Überdauerungsorgane. Die Erreger leben auf verschiedenen Wirtspflanzen, daher können viele Unkräuter die Infektion übertragen.
■ **Maßnahmen** Nicht möglich. Befallene Pflanzen mit der Erde an den Wurzeln sofort entfernen.
■ Die Infektion wird durch Schnittwerkzeug übertragen; dieses muss nach der Arbeit an einer infizierten Pflanze gründlich gereinigt werden. An Standorte von infizierten Pflanzen keine Pflanzen derselben Art setzen.

■ **Violetter Wurzeltöter:** *siehe* Wurzeltöter, Violetter

Viruskrankheiten

■ **Vorkommen** Verschiedene Kulturen.
■ **Symptome** Die häufigsten Symptome von Viren sind verkümmerte und verwachsene Pflanzenteile. Sie können faltig werden, sich kräuseln oder aufrollen. Blätter und andere oberirdische Pflanzenteile zeigen meist gelbe Verfärbungen in Form von Flecken, Mosaik oder Streifen. Infizierte Pflanzen tragen meist schlecht oder gar nicht, oft sterben sie vorzeitig ab. Im Obstbau besonders gefürchtet ist die Scharkakrankheit bei Pflaumen und Zwetschgen, aber es gibt einige resistente Sorten *(siehe S. 186)*. Manche Viren rufen keine sichtbaren Symptome hervor; dies nennt man latente Infektion. Sie tritt oft bei Zwischenwirten auf: Das Gurkenmosaikvirus *(siehe S. 256)* kann in verschiedenen häufigen Unkräutern vertreten sein, die völlig gesund wirken, von denen ausgehend aber andere Pflanzen infiziert werden.
■ **Ursache** Es gibt viele verschiedene Virusarten, die einzeln oder zu mehreren Krankheiten verursachen, vor allem schädigen sie Pflanzen, die ohnehin unter Stress stehen. Viren werden auf verschieden Weise übertragen, am häufigsten durch saugende Insekten wie Weiße Fliege, Blattläuse, Thripse und Zikaden, aber auch durch Nematoden und Pilze.
■ In den meisten Fällen können Viren außerhalb einer Wirtspflanze nicht lange überleben. Insekten nehmen Viren auf, wenn sie an einer Pflanze saugen oder fressen; doch das Virus hat nur wenige Sekunden, Minuten oder gelegentlich Stunden Zeit, um einen neuen Wirt zu erreichen. Manche Blattläuse übertragen einmal aufgenommene Viren zeitlebens.
■ Viren werden ebenfalls durch die Arbeit an Pflanzen übertragen, etwa beim Pfropfen, bei der Arbeit mit Knollen und Zwiebeln und bei Routinearbeiten wie Schneiden, Entknospen oder Pinzieren.
■ **Maßnahmen** Nicht möglich. Befallene Pflanzen sofort entsorgen. Hände und Werkzeug nach der Arbeit mit infizierten Pflanzen gründlich waschen. Verwandte Pflanzen nicht in den Boden setzen, wo bereits infizierte Pflanzen gewachsen sind. Virenträger und Unkraut, das als Zwischenwirt dienen kann, bekämpfen. Infizierte Pflanzen nicht vermehren. Möglichst resistente Sorten wählen, garantiert virusfreie Pflanzen kaufen.

Vögel

■ **Vorkommen** Bohne, Erbse, Kohl, Spinat und Zuckermais, das meiste Strauch- und Baumobst, Steckzwiebeln.
■ **Symptome** Vögel fressen Blütenknospen, Früchte, Kohl- und Erbsenblätter, Erbsen- und Bohnensamen sowie Salatpflänzchen; außerdem ziehen sie Kohl- und Zwiebelsetzlinge heraus.
■ **Ursache** Dompfaffen sind meist schuld, wenn Obstbaumknospen gefressen wurden; die braunen Schuppen sind im Winter auf Schnee leicht zu finden. Da die gefräßigen Vögel in Schwärmen auftreten, kann schwerer Schaden entstehen. Die Endknospen bleiben oft intakt, im Frühjahr zeigen kahle Triebe mit Blüten an der Spitze den Schuldigen. Amseln, Stare und andere Vögel picken Früchte an oder fressen kleine Früchte wie Himbeeren ganz. Amseln ziehen oft Steckzwiebeln heraus. Tauben schädigen die Blätter von Kohl und Erbsen.
■ **Maßnahmen** Kleine Bäume und Sträucher lassen sich mit Netzen oder Käfigen schützen; an größeren Bäumen werden die besten Früchte in Musselinbeutel oder Nylonstrümpfe gepackt. Auch bei anderen Pflanzen ist ein dichtes Netz der einzig sichere Schutz. Vogelscheuchen, Glitzerstreifen und Katzen- oder Raubvogelattrappen wirken nur kurze Zeit; die Vögel gewöhnen sich schnell daran, besonders, wenn es sonst wenig zu fressen gibt.

Wanzen: *siehe* Blattwanzen

Walnussbrand

■ **Vorkommen** Walnuss.
■ **Symptome** Kleine schwarze, eckige Flecken erscheinen auf Blättern und Blattstielen. Der Befall kann auch auf Früchten auftreten, die sich dann von Grün nach Schwarz verfärben.
■ **Ursache** Das Bakterium *Xanthomonas*
■ *arboricola* pv. *juglandis*.
■ **Maßnahmen** Befallene Blätter bei ersten Auftreten der Symptome entfernen. Pflanzenschutzmittel stehen nicht zur Verfügung.

Weiße Fliege

■ **Vorkommen** Kohl, Kürbisse, Okra, Paprika, Süßkartoffel, Tomate und viele andere Gewächshauspflanzen.
■ **Symptome** Etwa 2 mm lange Insekten fliegen auf, wenn sie gestört werden *(siehe S. 250)*. Die adulten Insekten haben weiße Flügel. Sie legen ihre Eier an die Blattunterseite; daraus schlüpfen flache, ovale Nymphen. Das letzte Nymphenstadium wird manchmal als Puppe bezeichnet und ist plumper, oft behaart oder mit einer weißen Wachsschicht überzogen. Alle Stadien sondern klebrigen Honigtau ab, auf dem sich Sternrußtau bildet.
■ **Ursache** Die häufigsten Arten sind die Kohlmottenschildlaus *(Aleyrodes proletella)*, die Tabakmottenschlildlaus *(Bemisia tabaci)* und die Gewächshaus-Mottenschildlaus *(Trialeurodes vaporariorum)*, die in warmen Sommern auch Freilandpflanzen befällt. Erstere bildet mehrere Generationen während des Sommers und überwintert in ausgewachsener Form. Die Gewächshaus-Mottenschildlaus vermehrt sich unter Glas das ganze Jahr, überlebt aber in kühleren Regionen nicht im Freien.
■ **Maßnahmen** Bei der Kohlmottenschildlaus kann leichter Befall toleriert werden. Bei schwerem Befall kann man einzelne Gemüse-Arten mit Rapsöl, Kali-Seife oder einem zugelassenen synthetischen Insektizid spritzen.
Die Gewächshaus-Mottenschildlaus lässt sich am besten mit der Schlupfwespe *Encarsia formosa* bekämpfen. Sie wird zwischen April und September, bei entsprechend hohen Temperaturen ausgebracht, wenn die Schädlingspopulation zunächst noch gering ist; danach baut sich ein Gleichgewicht zwischen Schädling und Nützling auf. Gelbe Klebefallen sind wirksam und zeigen an, wie sich die Population entwickelt. Rußtau lässt sich an Tomaten und Gurken leicht mit einem feuchten Tuch abwischen. Insektizide schädigen auch die Schlupfwespe und wirken gegen manche Stämme der Weißen Fliege nicht.

Weißrost

■ **Vorkommen** Kohl, Haferwurzel und Schwarzwurzel.
■ **Symptome** Die Pflanzen zeigen weiße, kalkartige Pusteln, meist an der Blattunterseite, und oben entsprechende gelbliche Vertiefungen. Das Gewebe wirkt verkrüppelt.
■ **Ursache** Die Pilze *Albugo candida* bei Kohl und *A. tragopogonis* bei Haferwurzel und Schwarzwurzel. *A. candida* überlebt an Wirten wie Goldlack, Judassilberling und Hirtentäschel; *A. tragopogonis* befällt einige Margeritenarten.
■ **Maßnahmen** Befallene Pflanzen sofort entfernen. Nicht zu dicht pflanzen, um eine gute Luftzufuhr zu gewährleisten; dann können sich die Pilze nicht vermehren. Beim Gießen das Wasser nicht über die Pflanze gießen, um keine Sporen in den Boden zu schwemmen. Keine Zwischenwirte in die Nähe pflanzen.

Wespen

■ **Vorkommen** Reife, zuckerreiche Früchte.
■ **Symptome** Das weiche, innere Gewebe der Früchte wird ausgefressen, sodass

große Hohlräume entstehen. Relativ weichhäutige Früchte können die Wespen selbst anfressen; bei Obst mit härteren Schalen wie Äpfeln und Birnen vergrößern sie schon vorhandenen Schaden durch Vogelfraß.

■ **Ursache** Staaten bildende Wespen sind häufige Fruchtschädlinge: *Vespula germanica*, *V. vulgaris* und die in Bäumen nistenden *Dolichovespula media* und *D. sylvestris*.

■ **Maßnahmen** Büschel reifender Früchte mit Musselinbeuteln oder Nylonstrümpfen schützen. Wespen (und Hornissen) sind harmlos, es besteht kein Grund, sie zu töten. Wenn sie lästig erscheinen, kann man sie mit Zitronenscheiben, gespickt mit Gewürznelken, verjagen. Gefäße, in die man zuckerhaltige Lösungen einfüllt, locken Wespen weg von den Früchten.

Windschaden

■ **Vorkommen** Alle Kulturen.

■ **Symptome** Die Blätter wirken verbrannt, eine Seite der Pflanze ist oft stärker betroffen als die andere. Der größte Schaden entsteht in der Hauptwindrichtung. Wo dauerhaft starker Wind herrscht, wie an der Küste oder in exponierten Höhenlagen, wachsen die Bäume schief. Salzhaltiger Wind kann Pflanzen zum Absterben bringen.

■ **Ursache** Die Auswirkungen von Wind werden durch Windschneisen, wie sie etwa zwischen Häuserwänden entstehen, noch verstärkt.

■ **Maßnahmen** Windschutz bauen oder pflanzen *(siehe S. 12–13)*. Beeinträchtigte oder abgestorbene Triebe entfernen, damit keine Sekundärinfektionen auftreten.

Wollige Wurzellaus: *siehe* Salatwurzellaus

Wollläuse

■ **Vorkommen** Die meisten Gewächshauspflanzen wie *Citrus*-Arten, Ananas, Feigenkaktus und Wein.

■ **Symptome** Weiche, 4 mm lange, blassgraue oder rosa Insekten befallen die Sprosse, meist an unzugänglichen Stellen wie den Blattachseln. Sie sondern ein flaumiges, weißes Wachs ab, das ihre Eier verbirgt. Auf den Ausscheidungen, dem Honigtau, entwickelt sich Rußtau.

■ **Ursache** Mehrere Arten von Wollläusen treten im Gewächshaus auf; die häufigsten sind *Pseudococcus*- und *Planococcus*-Arten.

■ **Maßnahmen** Häufig von Hand absammeln. Liegen die Tagestemperaturen bei 24 °C und darüber, eignet sich zur biologischen Bekämpfung der Marienkäfer *Cryptolaemus montrouzieri*.

Wurzel- und Stammfäule

■ **Vorkommen** Rhabarber, Apfel, Erdbeere und *Citrus*-Arten.

■ **Symptome** Faulendes Gewebe am Wurzelhals. Die Fäulnis breitet sich auf Sprosse und Blätter aus, die Pflanze stirbt ab.

■ **Ursache** In Boden und Wasser lebende Pilze und Bakterien, oft mehrere (Rhabarber). *Phytophthora*-Arten befallen viele Pflanzen.

■ **Maßnahmen** Schnelles Handeln kann die Pflanze retten. Befallene Stellen bis in gesundes Gewebe ausschneiden.

■ *Siehe auch* Phytophthora-Wurzelfäule.

Wurzelfliege

■ **Vorkommen** Busch-, Stangen- und Feuerbohne, Kürbisse.

■ **Symptome** Ausgefranste Blätter und beschädigte Sprosse an jungen Keimlingen; Samen laufen nicht auf, da die Keimlinge unter der Erde abgefressen wurden. Ist der Vegetationspunkt zerstört, kann die Pflanze überleben, wächst aber langsam und bildet Seitentriebe.

■ **Ursache** Maden von *Delia platura* und *D. florilega*. Adulte Tiere erinnern an Stubenfliegen.

■ **Maßnahmen** Langsam keimende Samen sind stark gefährdet. Bei kaltem oder nassem Boden in Töpfe oder Schalen säen und auspflanzen, wenn sich die ersten Laubblätter bilden. Die Fliegen werden von frischer organischer Substanz angelockt; Dung im Herbst statt im Frühjahr ausbringen. Es gibt keine zugelassenen Insektizide.

Wurzelgallennematode

■ **Vorkommen** Verschiedene Kulturen.

■ **Symptome** Die Pflanzen gedeihen nicht, haben verfärbte Blätter und Schwellungen an den Wurzeln.

■ **Ursache** Winzige Nematoden leben an den Wurzeln und verursachen die Schwellungen (nicht mit den Stickstoff-Knöllchen an den Wurzeln von Leguminosen zu verwechseln). Die Gewebeveränderung stört die Aufnahme von Wasser und Nährstoffen. Es gibt mehrere Arten, meist aus der Gattung *Meloidogyne*.

■ **Maßnahmen** Befallene Pflanzen mit der Erde um die Wurzeln entfernen. Es gibt kein wirksames Pflanzenschutzmittel.

Wurzellaus

■ **Vorkommen** Verschiedene, z.B. Artischocke, Busch- und Stangenbohnen, Feuerbohne, Cardy, Knollenziest, Möhre, Pastinake Salat und Topinambur.

■ **Symptome** Befallene Pflanzen wachsen schlecht und welken bei warmem Wetter schnell, auch wenn der Boden feucht ist. Cremefarbene, manchmal blaugrüne, 2–3 mm lange Blattläuse sind an den Wurzeln und am Wurzelhals zu sehen. Wurzelläuse geben oft ein weißes Wachspulver ab, das an Bodenpartikeln um die befallene Stelle zu sehen ist.

■ **Ursache** Es gibt mehrere, oft wirtsspezifische Arten: *Smynthurodes betae* bei Busch-, Stangen- und Feuerbohnen, *Trama troglodytes* bei Topinambur, *Dysaphis crataegi* bei Möhre und Pastinake und *Pemphigus bursarius* bei Salat.

■ **Maßnahmen** Wurzelläuse sind schwerer zu bekämpfen als Blattläuse. Sie überwintern im Boden an Pflanzenresten aus dem Vorjahr; durch Fruchtwechsel lässt sich ein Befall vermeiden. Man kann den freigelegten Wurzelbereich mit Rainfarntee angießen. Befallene ausdauernde Pflanzen ausgraben, den Wurzelballen säubern und in frische Erde setzen.

■ *Siehe auch* Salatwurzellaus.

Wurzeltöter, Violetter

■ **Vorkommen** Blattgemüse, Kartoffel, Möhre, Pastinake, Rote Bete, Sellerie und Spargel, außerdem Klee, Luzerne.

■ **Symptome** Die Pflanzen sind gelb und wirken verkümmert. Wurzeln, Knollen und Rhizome sind von einer dunkelvioletten Pilzschicht überzogen; an dieser filzigen Masse hängt oft reichlich Erde. Die dicht sitzenden Pilzfäden tragen große, samtig schwarze Fruchtkörper (Sklerotien), die abfallen und im Boden bleiben. Das Gewebe unter dem Pilzgeflecht wird braun und fault, was wiederum zu Sekundärinfektionen führt.

■ **Ursache** Der Pilz *Helicobasidion brebissonii (H. purpureum)* tritt vor allem in nassem, saurem Boden bei warmem Wetter auf. Die schwarzen Sklerotien überdauern viele Jahre lang im Boden.

■ **Maßnahmen** Befallene Pflanzen vernichten, am besten bevor die Sklerotien abfallen. Alle am Ende der Saison verbleibenden Pflanzen entfernen. Für besten Wasserabzug sorgen. Vorerst keine Wirtspflanzen auf dieselbe Fläche setzen. pH-Wert senken, denn ein hoher pH-Wert begünstigt den Befall.

Zwiebelbasalfäule

■ **Vorkommen** Küchenzwiebel, Winterzwiebel und Knoblauch.

■ **Symptome** Die Fäule verbreitet sich vom Zwiebelboden nach oben. Zunächst vergilben die Blattspitzen, später faulen einzelne Schalotten. Infizierte Pflanzen sind praktisch tot.

■ **Ursache** Der Pilz *Fusarium oxysporum* fo. sp. *cepae* verursacht im Gegensatz zu anderen Formen von *F. oxysporum* (siehe S. 255) keine Welke. Er tritt vor allem in warm gemäßigtem Klima auf.

■ **Maßnahmen** Infizierte Pflanzen sofort vernichten, um die Ausbreitung zu verhindern. Nicht kompostieren. Fruchtfolge einhalten.

Zwiebelblasenfuß

■ **Vorkommen** Zwiebelgewächse wie Lauch.

■ **Symptome** Feine, weiße Flecken zeigen sich auf den Blättern von Zwiebeln und Lauch im Sommer. Schwarze oder blassgelbe, schmale, 2 mm lange Insekten sitzen an den Blättern.

■ **Ursache** Der Blasenfuß *Thrips tabaci*, dem viele Zierpflanzen als Wirt dienen. Thripse sind vor allem in heißen, trockenen Sommern lästig; leichter Befall ist unproblematisch, schwerer stört jedoch das Wachstum. Starker Befall ist am Verlust des grünen Blattfarbstoffs vor dem Spätsommer zu erkennen.

■ **Maßnahmen** Die Blattunterseiten mit kaltem Wasser abspritzen. Eventuell mit Spinosad spritzen.

Zwiebelfliege

■ **Vorkommen** Vor allem an Zwiebeln, aber auch an Knoblauch, Porree und Schalotte.

■ **Symptome** Junge Pflanzen brechen zusammen; ihre Wurzeln wurden von weißen, 8 mm langen Maden gefressen.

■ **Ursache** Die Maden der Fliege *Delia antiqua*, die der Stubenfliege ähnelt. Eine Generation entwickelt sich im Früh-, die zweite im Spätsommer; diese frisst an Wurzeln und bohrt sich in die Zwiebeln ein, sodass Fäulniserreger eindringen.

■ **Maßnahmen** Steckzwiebeln sind für die Maden der ersten Generation weniger anfällig als Keimlinge. Eine Vliesabdeckung hält die Eier legenden Weibchen fern. Befallene Pflanzen ausgraben und vernichten, bevor die Maden sich im Boden verpuppen. Es gibt keine Pflanzenschutzmittel für den Hobbygärtner; in den Zwiebeln sind die Maden ohnehin unerreichbar.

Zwiebelhalsfäule

■ **Vorkommen** Zwiebelgewächse.

■ **Symptome** Die Schuppen infizierter Zwiebeln werden vom Hals her fast transparent, blassbraun und weich; das Gewebe trocknet aus. An befallenen Stellen wächst ein dichter, grauer Pilzrasen. Winzige schwarze Fruchtkörper (Sklerotien), die mehrere Millimeter lang werden, erscheinen an befallenen Stellen; sie sitzen oft dicht am Hals der Zwiebel. Die stinkende Fäule tritt oft erst an eingelagerten Zwiebeln auf.

■ **Ursache** Verschiedene *Botrytis*-Arten. Die Sklerotien überleben im Boden oder an Zwiebelabfällen.

■ **Maßnahmen** Zwiebeln nicht länger als drei Jahre hintereinander an dieselbe Stelle pflanzen. Samen und Steckzwiebeln aus zuverlässiger Quelle kaufen, da der Pilz mit infiziertem Material eingeschleppt wird. Ab dem Hochsommer nicht mehr düngen, keinen Stickstoffdünger geben, da dieser weiche, anfällige Triebe fördert. Pflanzen gut gießen, Kulturbedingungen verbessern, sodass sich feste, ausgereifte Zwiebeln bilden. Vor der Ernte Zwiebelhälse umkippen lassen, nicht knicken, um das Wachstum zu stoppen; denn dadurch könnten Wunden und Eintrittspforten für die Krankheit entstehen. Beim Trocknen für die Lagerung Zwiebeln an einem überdachten, offenen, gut belüfteten Ort vor Regen schützen. Rote und gelbe Zwiebeln sind im Allgemeinen resistenter als weiße.

REGISTER

Fett gedruckte Seitenzahlen weisen auf Haupteinträge hin.

A

B

C

D

E

F

G

H

I

J

K

L

M

N

O

P

R

T

U

V

W

DANK

Berater (Pflanzenschutz):
Andrew Halstead (Schädlinge)
Beatrice Henricot, Chris Prior (Krankheiten)

Illustrationen
Karen Gavin, Zeichnungen
Gill Tomblin, Gartenpläne Seite 30

Register
Hilary Bird

Dank des Verlags
1. Auflage, 2002
Dorling Kindersley dankt den Mitarbeitern der RHS für ihr Engagement und ihre Hilfe, insbesondere:
In Vincent Square: Susanne Mitchell, Barbara Haynes und Karen Wilson.

In Wisley: Jim Arbury und Jim England für ihre wertvolle Hilfe während der Fotoaufnahmen, den geduldigen Mitarbeitern im Garten, besonders Jonathan Keyte, Dean Peckett, Anna Stankiewicz-Davies, Alessandra Valsecchi und Richard White, Paul Alexander und Mike Grant für die fachliche Beratung.

Wir danken für die Bereitstellung von Gerät und Pflanzen: Defenders Ltd, S.E. Marshall & Co. Ltd, Suttons Seeds, sowie Amanda Denis von Citrus Centre, R. Boskovic, T. Sonneveld und K.R. Tobutt für die gärtnerische Beratung.

Fotomodelle
Jim Arbury, Paul Atkinson, Murdo Culver, Jim England, Ron Gilkerson, Jonathan Keyte, Hannah Reid, Anna Stankiewicz-Davies, Kit Strange, Alessandra Valsecchi

Cheflektorat Anna Kruger
Redaktion Louise Abbott, Alison Copland, Helen Fewster, Candida Frith-Macdonald, Linden, Hawthorne, Jane Simmonds
Redaktionsassistenz Joanna Chisholm, Victoria, Heyworth-Dunne, Letitia Luff, Simon Maughan, Frank Ritter, Diana Vowles, Fiona Wild
Bildredaktion Lee Griffiths, Romaine Werblow, Samantha Nunn
Gestaltung und Satz Alison Donovan
Designassistenz Thomas Keene, Antonio Toma
DTP-Design Louise Waller
Bildrecherche Samantha Nunn

Durchgesehene 2. Auflage, 2012
Bildrecherche: Susie Peachey
DK Images: Lucy Claxton, Rose Horridge, Romaine Werblow

The Royal Horticultural Society
Mehr über die Arbeit der Gesellschaft erfahren Sie im Internet unter **www.rhs.org.uk**. Dort finden Sie Informationen über Veranstaltungen, eine Garten-Datenbank, internationale Pflanzenregister, die Ergebnisse von Pflanzentests und die Mitgliedschaft.

Bildnachweis
Der Verlag dankt folgenden Firmen und Personen für die freundliche Genehmigung ihre Fotos abzudrucken:
(Abkürzungen: u = unten, r = rechts, l = links, m = Mitte, o = oben, g = ganz)
Defenders Ltd: 52u (alle).
Garden Picture Library: Mayen/Le Scanff 11gol; Mel Watson 205go.
DK/Alan Buckingham: 4u, 98, 141 (*Anthriscus, Satureja*), 148 (*Mespilus, Morus, Prunus armenica*), 250 (*Psila rosae*, Bitterfäule, Magnesiummangel).
DK/Elaine Hewson: 141 (*Foeniculum, Salvia*).
GAP Photos: Elke Borkowski 2m.
Garden Picture Library: Mayer/Le Scanff 11ol; Mel Watson 205o.
John Glover: 7o, 36ul, 43om, 46umr, 46o, 181, 196om, 204o.
Holt Studios International: 45ur, 236u; Nigel Cattlin 17, 250or, 250mro, 250mr, 250um, 250uml; Inga Spence 206o.
Hozelock Ltd: 53ul, 54um.
Andrew Lawson: 151.
Joy Michaud/Sea Spring Photos: 44u, 75m.
Oxford Scientific Films: Bob Gibbons 185.
Photolibrary: Lynn Keddie 29mlu; Gary K. Smith 35gor; Juliette Wade 132gor.
Photos Horticultural: 32ul, 32um, 41u, 42ur, 48ul, 211u, 226o, 235u, 250ol.
Michael Pollock: 13um, 13ur, 23ol, 39om, 250uml, 250ugr.
Harry Smith Collection: 120ul, 177.